LE CONTRÔLE DE L'ACTIVITÉ DU POUVOIR EXÉCUTIF PAR LE JUGE CONSTITUTIONNEL

LES EXEMPLES FRANÇAIS, ALLEMAND ET ESPAGNOL

Fondée par
Georges Burdeau
Professeur honoraire
à l'Université de
droit, d'économie,
et de sciences sociales
de Paris

BIBLIOTHÈQUE
CONSTITUTIONNELLE
ET DE
SCIENCE POLITIQUE
TOME 98

Dirigée par
Jacques Robert
Professeur
à l'Université
de Paris II

LE CONTRÔLE DE L'ACTIVITÉ DU POUVOIR EXÉCUTIF PAR LE JUGE CONSTITUTIONNEL

LES EXEMPLES FRANÇAIS, ALLEMAND ET ESPAGNOL

Frédérique Rueda
Maître de conférences
à l'Université des sciences sociales
de Toulouse

Préface de
Henry Roussillon
Doyen de la Faculté de droit
de Toulouse

L.G.D.J

I.S.B.N. 2.275.01903.0
I.S.S.N. 0523-4948

PREFACE

Écrire une Préface est un moment très important dans la vie d'un Professeur d'Université; nous en avons tout à fait conscience au moment de rédiger celle de la thèse particulièrement remarquable de Mademoiselle Frédérique RUEDA. Une telle entreprise exige des qualités que seuls quelques collègues éminents, comme le Doyen Georges VEDEL, pour ne citer que lui, ont possédé pleinement jusqu'à devenir des spécialistes recherchés par les jeunes docteurs. Aujourd'hui, de façon peut-être égoïste, mais pour notre plus grand bonheur, nous avons gardé la plume, ou, plus justement, le clavier de notre vieux "Mac", afin de pouvoir dire nous-même tout le bien que nous pensons de cette thèse relative au "Contrôle de l'activité du Pouvoir exécutif par le juge constitutionnel - Les exemples français, allemand et espagnol".

Cette thèse, préparée en trois ans par une candidate brillante, titulaire d'un DEA de Droit public fondamental, mais aussi d'un DEA d'Histoire du droit, de la Faculté de droit de Toulouse, et préparée dans le cadre du Centre d'Études et de Recherches Constitutionnelles et Politiques, a obtenu les félicitations unanimes d'un jury particulièrement compétent et exigeant comprenant les Professeurs Pierre BON, Christian AUTEXIER, Michel VERPEAUX et Jean-Claude CABANNE. Qu'il nous soit permis, à ce stade de notre propos, de dire toute la peine qui a été la nôtre lorsque nous avons appris, quelques semaines seulement après la soutenance, la mort prématurée de notre collègue Jean-Claude CABANNE, qui a joué un rôle si important dans l'éveil de l'intérêt, on peut même dire la passion, de Mademoiselle Frédérique RUEDA pour la matière du droit constitutionnel et, sans aucun doute aussi, dans sa vocation à devenir à son tour enseignante.

I - Une grande thèse, c'est, bien sûr, la mise en œuvre d'un ensemble de grandes qualités : savoir chercher pour rassembler des connaissances; les mettre en perspectives; introduire une rationalité latente dans le chaos qu'elles constituent; présenter et défendre une idée, c'est-à-dire la fameuse "thèse" au sens strict, et ce avec un maximum de clarté; c'est-à-dire, en un mot, être pédagogue; le futur Professeur d'Université n'est-il pas, par nature, un enseignant autant qu'un chercheur?

Mademoiselle RUEDA possède, assurément, toutes ces qualités, et elle en a fait preuve tout au long de ses études, ainsi que dans ses fonctions d'ATER, et aujourd'hui de Maître de Conférences.

Mais, si grandes soient elles, si ces qualités ne trouvent pas un point d'application digne d'elles, c'est-à-dire un beau sujet, un grand thème de recherche, elles risquent de rester en grande partie stériles. Or il n'est un secret pour personne, et sans tomber dans une sorte de nostalgie du temps passé, de la "belle époque" juridique ou tout était à découvrir, ou presque - heureuses *terrae incognitae* du début du siècle - que les beaux sujets se font de plus en plus rares. Les directeurs de recherches se trouvent alors confrontés à un double danger : celui de proposer de grandes synthèses philosophico-idéologiques débouchant sur de véritables "pavés" pas toujours très clairs, ni novateurs; ou bien, celui de découper le droit positif en un nombre apparemment infini de "micro-sujets", sortes de super mémoires traitant de tel article, voire de tel alinéa, d'une Constitution, ou de tout autre texte relatif à l'organisation et au fonctionnement des pouvoirs publics suprêmes; mais le nombre d'articles de nos constitutions, malgré les révisions auxquelles ils sont de plus en plus soumis, demeure limité.

Tout se ramènerait, en définitive, à un débat assez vain, et bien franco-français, entre les "gourous" d'un côté, qui prétendraient monopoliser le beau rôle, et les positivistes de l'autre, accusés, injustement sans doute, d'être les besogneux, voire les "galeux" de la recherche juridique. A chacun de choisir alors son camp, et de supputer ce qui plaira le mieux devant un jury d'agrégation ou dans l'enceinte du CNU, sans oublier les commissions de spécialistes ! Comme si la vérité n'était pas, ici comme ailleurs, dans un juste milieu, dans une synthèse faite d'équilibre, ainsi que la concevait fort justement P. J. PROUDHON pour l'opposer à celle mutilante de HEGEL, même "remise sur ses pieds" par K. MARX ! Comment le jeune thésard à la recherche du bon sujet ne serait-il pas dans ces conditions, condamné au doute comme son Directeur conscient des enjeux et de sa propre responsabilité ?

Joie, par conséquent, de constater que la jeune étudiante de DEA, Frédérique RUEDA, anticipant sur les "vœux" du Ministre Claude ALLEGRE soucieux de fusionner DEA et École Doctorale, a su mettre a profit sa cinquième année d'études pour identifier ce qui devait occuper toutes ses journées et une bonne partie de ses nuits : le bon sujet !

II - Le sujet retenu, "Le contrôle de l'activité du Pouvoir exécutif par le juge constitutionnel - Les exemples français, allemand et espagnol", n'était pas évident. Il présente, avec quelques difficultés que la candidate a su surmonter, de nombreux intérêts; nous voudrions insister sur trois d'entre eux.

A - Tout d'abord, traiter du "contrôle de l'activité du Pouvoir exécutif par le juge constitutionnel", c'est se situer, d'emblée, avec les risques que cela comporte aux yeux de certains, dans le grand courant du constitutionnalisme moderne, qui doit tant au Doyen Louis FAVOREU, à savoir une "conception juridique du droit constitutionnel". La juridicisation de ce dernier ne doit cependant pas, à nos yeux tout au moins, signifier que le droit se réduit à sa dimension contentieuse, ce qui serait le mutiler gravement et retomber dans les travers fâcheux empruntés par le droit administratif français, à la suite du Conseil d'Etat, depuis plus d'un siècle. En effet, le droit ne saurait se ramener, en aucune manière, au droit du juge, fut-il constitutionnel, même "éclairé" par la doctrine. En effet, l'histoire de la démocratie depuis les origines a consisté, précisément, à faire sortir le droit et son processus d'élaboration du secret du prétoire, pour le placer au grand jour, sur l'Agora. Aussi Mademoiselle RUEDA s'est-elle délibérément placée dans une optique positiviste, mais "ouverte", c'est-à-dire intégrant en permanence la dimension institutionnelle et fonctionnelle non-contentieuse du phénomène du pouvoir et, comme elle l'écrit dans sa conclusion, en assumant le fait, constaté par un nombre croissant d'auteurs, de l'"irréductibilité du politique au droit". Il s'agit là d'un des apports importants de son étude.

B - Deuxième intérêt de ce sujet, et de la thèse : le fait que si le juge constitutionnel s'est essentiellement identifié, au XX° siècle, comme le "juge de la loi" resituée dans la fameuse pyramide des normes ("pyramide infernale", comme nous l'avons écrit, et qui aurait cette étrange particularité de placer la constitution à la fois à la base et au sommet de l'ordre juridique, position éminemment inconfortable !), cela ne saurait en aucune manière épuiser la totalité de la matière du contrôle de constitutionnalité, loin de là... Ce centrage sur la norme législative, exigé sans doute par un contexte historique dominé par une nécessaire réaction au légicentrisme et sur lequel il n'est pas possible, ici, de revenir, condamnait le juge constitutionnel à n'aborder la question du contrôle du Pouvoir exécutif que de façon "collatérale" - pour utiliser un terme à la mode - voire marginale. Nous assistons pourtant aujourd'hui, comme l'a fort bien relevé Frédérique RUEDA dans son introduction, à une sorte de reconstitution de l'unité du pouvoir politique dans le cadre, en particulier, des "régimes parlementaires majoritaires", autour du "pôle exécutif". Ceci ne signifie cependant pas, selon nous, qu'il faille considérer la théorie de la séparation des pouvoirs comme dépassée : il n'est que de voir la place importante qu'elle occupe dans l'ingéniérie constitutionnelle des "nouvelles démocraties".

Les recherches menées par l'auteur allaient alors la conduire, très rapidement, à une idée qui supporte son plan, et qui se révèle tout à fait éclairante : si les techniques contentieuses de contrôle du Pouvoir exécutif ne sont pas fondamentalement différentes de celles utilisées pour le contrôle de la constitutionnalité des lois, c'est-à-dire du Pouvoir législatif, le degré du contrôle varie de façon significative selon qu'il s'agit, d'une part, du Pouvoir exécutif dans l'exercice de la compétence législative - partie la plus classique du travail présenté -, ou, d'autre part, de ce qu'elle nomme, faute de mieux, les "compétences régaliennes du Pouvoir exécutif". Dans le premier cas il ne s'agit que d'un contrôle "indirect", et dans le second d'un contrôle "direct", c'est-à-dire beaucoup plus intense. On aurait aimé, peut-être, que dans la deuxième partie, si riche, de l'ouvrage, l'auteur fasse preuve de plus d'audace dans la présentation et l'étude de propositions et de suggestions visant accroître le contrôle des compétences "régaliennes", qui constituent le noyau dur spécifique du Pouvoir exécutif, sans pour autant tomber dans un catalogue programmatique. En effet, dans les différents exemples étudiés, français et étrangers, il reste beaucoup à faire, et trop souvent encore le Pouvoir exécutif ne voit pas contrôler de façon satisfaisante par le juge constitutionnel ses comportements les plus importants, d'où des lacunes regrettables. Mais l'actualité juridique des prochaines années donnera, n'en doutons pas, à Mademoiselle RUEDA, ou à d'autres, l'occasion de reprendre et de développer des analyses de ce type à partir de la plate-forme théorique qu'elle a su mettre en place.

C - Enfin, il faut féliciter l'auteur de cet ouvrage d'avoir osé sortir d'une étude strictement française, malgré l'importance de la matière qui lui aurait déjà été ainsi fournie. Ne soyons pas dupes : le droit constitutionnel a toujours été, par sa nature même, un droit comparé. Que certains des grands auteurs actuels insistent sur la nécessité d'asseoir tout effort de théorisation sur la connaissance des droits étrangers - et du contentieux constitutionnel en particulier - ainsi que sur une approche plus quantitative de notre phénomène, est sans aucun doute souhaitable, mais ne saurait révolutionner véritablement l'étude juridique du pouvoir politique. Ceci étant admis, Mademoiselle RUEDA a choisi délibérément de situer son champ de recherche et d'analyse dans une dimension européenne; ceci lui fait écarter l'exemple américain, ce que l'on peut regretter. Nous ne reviendrons pas ici sur les raisons très sérieusement réfléchies de ce choix, qu'elle expose avec conviction dans son introduction générale. On notera seulement, au passage, qu'il est peut-être possible de voir dans ce choix une sorte de prise de position implicite consistant à considérer le régime parlementaire rationalisé, que l'on rencontre dans les trois pays retenus (Allemagne, Espagne et France), non seulement comme le système de droit commun européen, mais aussi "mondial". En effet, d'une certaine manière, les péripéties de l'affaire CLINTON en 1998-1999 ont montré clairement que le régime présidentiel américain, né, vraisemblablement, d'une erreur d'interprétation du système politique anglais du XVIII° siècle, imputée parfois à MONTESQUIEU, n'a pas totalement renoncé à la "tentation parlementaire" : les États-Unis, eux aussi, assimilent responsabilité pénale et responsabilité politique puisqu'il est clair que si le Président américain n'a pas été condamné, ce n'est pas parce qu'il était innocent, mais, tout simplement, parce qu'il a gagné, ou n'a point trop perdu, les élections du "mid-term". Mais ceci justifierait une autre étude.

Ce qui est extrêmement positif, et dont il faut féliciter l'auteur, c'est, tout d'abord, qu'à aucun moment, et malgré son souci de clarté, elle n'a conçu son travail comme une simple juxtaposition de trois monographies : elle a véritablement ait œuvre comparative, ce qui est toujours très difficile; c'est, ensuite, que, comme en attestent les nombreuses citations et des annexes très riches, le tout facilité par une solide connaissance de l'allemand et de l'espagnol et des contacts personnels avec les meilleurs spécialistes de ces pays, rien de ce qui peut relever du champ d'étude et être utile à la démonstration poursuivie n'est véritablement omis.

III - Pour terminer ces trop brèves remarques sur un sujet aussi vaste et traité avec un talent indéniable, il reste à nous interroger, comme nous y incite, de façon trop timide, Frédérique RUEDA, sur l'avenir du contrôle de constitutionnalité dans sa globalité. En effet, il est évident que le contrôle des normes législatives va échapper de plus en plus à un juge constitutionnel spécifique, "central", quel que soit son nom ou son statut. On connaît déjà l'importance du juge ordinaire dans cette fonction en Allemagne et en Espagne, sans qu'on puisse véritablement parler d'un contrôle par voie d'exception, comme essaient de le faire croire certains. La France, par le biais du "contrôle de conventionnalité" exercé par le juge judiciaire et le juge administratif, et avec la bénédiction du Conseil constitutionnel, suit, avec un certain décalage, la même voie. De plus, la marginalisation et le "déclin annoncé" du juge constitutionnel ne pourront que s'accentuer avec le développement du contentieux normatif "européen" et l'utilisation de plus en plus efficace d'une protection européenne des droits fondamentaux dans le cadre d'un "ordre constitutionnel" ou pré-constitutionnel européen réunifiant les procédures dites "de Strasbourg" et "de Luxembourg".

Si tel devait être l'avenir, ne resterait-il pas au juge constitutionnel qu'à se replier, pour de nouveaux départs sans doute, sur un contrôle institutionnel et fonctionnel élargi du Pouvoir exécutif, que celui-ci soit national ou supranational et européen ? Des événements récents ont montré les "limites", pour ne pas dire plus, des procédures classiques de mise en œuvre de la responsabilité du Pouvoir exécutif, qu'elle soit conçue au plan pénal, évidemment, ou au plan politique : *impeachment* aux États-Unis, on l'a dit plus haut, "affaire du sang contaminé" en France, corruption au sein de la Commission européenne et démission du Président SANTER... Dans ces conditions, le juge constitutionnel a, peut-être, une carte majeure à jouer, comme il ressort de l'ensemble de cette thèse aussi riche par ce qu'elle décrit et analyse que par ce qu'elle se contente de suggérer.

C'est dire que nous voici en possession d'une étude majeure qui honore la jeune Maître de Conférences de la Faculté de Droit de Toulouse qu'est devenue, déjà, Frédérique RUEDA, chargée d'un cours de Finances Publiques - une autre manière de rester fidèle au droit constitutionnel - et auteur de plusieurs études, en particulier sur la pensée de Maurice HAURIOU, ce qui ne constitue pas un mauvais patronage. D'ailleurs, n'assistons-nous pas dans le domaine de la pensée juridique qui nous intéresse, en France en particulier bien entendu, mais aussi dans les pays voisins, à une sorte de revanche de Maurice HAURIOU sur Hans KELSEN, malgré certains "procès en sorcellerie" ? Ce n'est pas l'un des moindres mérites de cet ouvrage que de nous conduire sur ces frontières fragiles qui séparent, et rapprochent à la fois, les pensées des grands maîtres d'hier et d'aujourd'hui, et où s'élaborent, très modestement bien sûr, celles des maîtres de demain ?

TABLE DES ABRÉVIATIONS

AFDI	Annuaire Français de Droit International
AIJC	Annuaire International de Justice Constitutionnelle
BOE	Boletín Oficial del Estado
BVerfGE	Entscheidungen des Bundesverfassungsgerichts (Recueil des décisions de la Cour constitutionnelle fédérale)
BVerfGG	Bundesverfassungsgerichtsgesetz (Loi sur la Cour constitutionnelle fédérale)
CC	Conseil constitutionnel
CDE	Cahiers de Droit Européen
CE	Conseil d'Etat
CEDH	Convention Européenne des Droits de l'Homme
CJEG	Cahiers Juridiques de l'Electricité et du Gaz
Cs.	Considérant
D	Dalloz
DöV	Die öffentliche Verwaltung
DS	Droit Social
DVBl	Deutsches Verwaltungsblatt
F.	Fundamento juridico
G.	Grund
Gaz. Pal.	Gazette du Palais
GDCC	Les grandes décisions du Conseil constitutionnel
IVAP	Instituto Vasco de Administración Publica
JCP	Jurisclasseur Périodique
JDI	Journal de Droit International
JöR (n.F.)	Jahrbuch des öffentlichen Rechts (neue Fassung)
JZ	Juristenzeitung
LOPJ	Ley Orgánica del Poder Judicial
LOTC	Ley Orgánica del Tribunal Constitucional
NJW	Neue Juristische Wochenschrift
RA	Revue Administrative
RAP	Revista de Administración Publica
RCDIP	Revue Critique de Droit International Privé
RDP	Revue du Droit Public et de la Science Politique en France et à l'étranger
REDC	Revista Española de Derecho Constitucional
REP	Revista de Estudios Políticos
RFDC	Revue Française de Droit Constitutionnel
RFSP	Revue Française de Science Politique
RGDIP	Revue Générale de Droit International Public
RJC	Recueil de Jurisprudence Constitutionnelle
RPP	Revue Politique et Parlementaire
RRJ	Revue de la Recherche Juridique - Droit prospectif
RSAMO	Revue de la Science Administrative de la Méditerranée Occidentale
RSF	Revue de Science Financière
RTDE	Revue Trimestrielle de Droit Européen

RTDSS	Revue Trimestrielle de Droit Sanitaire et Social (auj. RDSS)
RUDH	Revue Universelle des Droits de l'Homme
STC	Sentencia del Tribunal Constitucional
TC	Tribunal Constitucional

SOMMAIRE

A la mémoire de mon père
A ma mère

INTRODUCTION

"L'histoire de la liberté, c'est l'histoire des limites du pouvoir de l'Etat."
Woodrow WILSON

"Par la nature des choses, la Justice constitutionnelle est comme un miroir ou se reflète - fragmentaire sans doute mais fidèle - l'image des luttes politiques suprêmes d'un pays."
Charles EISENMANN, "La Justice constitutionnelle et la Haute Cour d'Autriche"

Le Juge constitutionnel contrôle-t-il les activités du Pouvoir exécutif ? Une telle question peut au premier abord sembler paradoxale, dans la mesure où le champ de compétences traditionnel du Juge constitutionnel touche principalement le Pouvoir législatif, et où le contrôle de l'Exécutif semble exercé essentiellement par le Juge administratif ou le Juge ordinaire. Tel est pourtant l'objet de cette étude.

Cette analyse va être menée en Droit comparé, ce qui permettra de voir de quelle manière les hypothèses de ce travail se vérifient quand on les confronte à des expériences étrangères[1]. On peut en effet se demander comment concilier, en démocratie, le respect de la règle juridique suprême de l'Etat et l'exercice du pouvoir politique, par l'Exécutif notamment. Le Droit Comparé peut proposer des éléments de réponse par les modèles qu'il tend à dégager, tout en relativisant et en enrichissant l'analyse juridique et politique. L'approche comparative est en effet traditionnelle, ce qui ne signifie pas aisée, en Droit Constitutionnel. Celui-ci s'est même d'abord caractérisé par la comparaison, fondant un grand nombre de ses concepts théoriques sur sa combinaison avec la taxinomie (cf. par exemple Aristote ou Montesquieu). Cette orientation a cependant été longtemps négligée en France, du fait principalement de la spécificité de l'Histoire constitutionnelle et politique française; ainsi les oeuvres des grands maîtres du Droit Constitutionnel de la fin du XIX° siècle et du début du XX° siècle n'en font presqu'aucun usage. L'un des principaux objectifs de l'enquête comparative est de déterminer et d'expliquer les règles générales qui gouvernent le Droit positif des pays retenus comme termes de comparaison, avec leurs ressemblances significatives aussi bien que leurs différences. Là réside

---

[1] Les approches de Droit comparé "fournissent les techniques et concepts susceptibles de faciliter la compréhension des phénomènes juridiques." (Louis FAVOREU, Préface à la thèse de Jérôme TRÉMEAU, *La réserve de loi - Compétence législative et Constitution*, Economica-PUAM, 1997, p.6).

d'ailleurs une autre difficulté de cette étude, la dimension comparatiste multipliant les problèmes, du fait de perspectives nécessairement différentes selon les pays, et du fait que si les solutions retenues sont instructives, ce n'est parfois que parce qu'elles apportent la preuve que le point de vue retenu en France n'est pas le seul possible, ni nécessairement le plus approprié au problème posé.
Mais que comparer pour dégager des modèles pertinents ? Il est logique que cette pertinence soit "inversement proportionnelle au nombre de variables qu'ils incluent"[1], ce qui implique de ne pas retenir un nombre trop élevé de sujets de comparaison. De même, il convient, par hypothèse, de retenir des pays "comparables", c'est-à-dire dont les caractéristiques soient assez voisines pour que leur comparaison ait un sens. Les exemples de la France, de l'Allemagne et de l'Espagne ont donc été retenus ici pour leur particulière comparabilité. En effet, ce sont en premier lieu trois pays ayant atteint un niveau de développement comparable, dotés de cultures parentes, d'une histoire en partie commune et appartenant tous à l'Union Européenne. Ce sont ensuite trois démocraties parlementaires ou semi-parlementaires gouvernées en vertu du principe majoritaire, et historiquement, des systèmes juridiques dans lesquels la pratique du contrôle de constitutionnalité a eu du mal à s'imposer. D'autre part, l'Allemagne et l'Espagne ont en commun l'établissement de la démocratie après la fin de régimes autoritaires, ce qui explique certaines caractéristiques de leur contrôle de constitutionnalité, caractéristiques dont la comparaison avec le système français est fructueuse. Dans chacun de ces pays, une Cour spécialisée a été chargée d'exercer le contrôle de constitutionnalité : ils appartiennent donc peu ou prou au "modèle européen de Justice constitutionnelle", malgré la spécificité partielle du Conseil constitutionnel. Enfin, chacune de ces Cours est représentative d'un stade différent de l'évolution du constitutionnalisme en Europe (la "première vague" autrichienne de l'entre-deux guerres mise à part) : la République Fédérale allemande représente la vague postérieure à la Seconde Guerre Mondiale, comme la France qui reste cependant par bien des aspects (date d'instauration, but initial, moyens) un système largement *sui generis*, certains diront inachevé. L'Espagne, quant à elle, est représentative de la "troisième vague" des années 1970-1980, qui a tiré, en 1978, les leçons des expériences étrangères en la matière et représente la pointe avancée de la modernité en ce domaine.

Une telle étude ne peut faire l'économie de quelques précisions préliminaires. Il convient donc d'abord de rappeler les particularités du fonctionnement des régimes parlementaires contemporains, qui forment le cadre de cette étude et justifient certains partis pris de l'analyse (I-). On définira ensuite sommairement ce que sont l'"Exécutif", et les "activités du Pouvoir exécutif" (II-), avant de voir ce qu'il faut entendre par "Juge constitutionnel", et de préciser sa place dans le parlementarisme contemporain (III-).

---

[1] Jacques ZILLER, *Administrations comparées - Les systèmes politico-administratifs de l'Europe des Douze*, col. Domat-Droit Public, Montchrestien, 1993, Introduction. Voir aussi Philippe LAUVAUX, *Les grandes démocraties contemporaines*, PUF, Paris, 1998 (2° éd.), 907 p.

I - Une transformation de la pratique du parlementarisme : l'apparition d'une "unité fonctionnelle" entre Gouvernement et majorité parlementaire

Dans la conception classique du régime parlementaire, telle qu'elle a été forgée au XIX° siècle, le but d'une séparation souple des pouvoirs[1] est de garantir la liberté des gouvernés contre le despotisme des gouvernants, notamment grâce à l'instauration d'une responsabilité politique. On peut donc dire schématiquement que, dans ce système, l'accent est mis sur une opposition claire d'intérêts entre le pôle exécutif du pouvoir[2] et son pôle législatif, le Parlement. Au même titre que tous les Etats membres de la Communauté Européenne, la France, l'Allemagne et l'Espagne sont fondamentalement des régimes parlementaires[3], si l'on suit le critère classique de "la responsabilité gouvernementale devant une Assemblée élue"[4]. Le fonctionnement de ce modèle n'est cependant plus tout à fait conforme à ce canon.

Les choses sont en effet bien différentes aujourd'hui, tant dans la conception que dans la pratique contemporaines du régime parlementaire. A partir du début du XX° siècle, partout en Europe, l'importance du rôle de l'Exécutif s'est renforcée au détriment de celui du Parlement. Comme le résume Jean-Claude CABANNE, s'est peu à peu réalisée une "inadaptation généralisée de l'institution parlementaire à ce qu'il est désormais convenu de nommer les impératifs de la vie moderne"[5], du fait de plusieurs facteurs concomitants : institutionnalisation croissante de l'Exécutif, modernisation et développement de ses structures administratives entraînant une efficacité croissante, stabilité politique croissante de ses dirigeants[6]. S'y ajoute, d'autre part, l'avènement de la rationalisation du parlementarisme, rendu nécessaire par la paralysie progressive de Parlements dépassés par l'ampleur de leurs compétences[7], qui a eu pour effet d'encadrer plus ou moins sévèrement les manifestations de souveraineté du Parlement[1].

---

[1] Ces "pouvoirs" sont au nombre de trois, les grand auteurs classiques que l'on présente comme les "pères" de la séparation des pouvoirs divergeant quant au nom à leur donner. Ainsi pour John LOCKE (*Traité du Gouvernement Civil*, chap. XII), ce sont les pouvoirs législatif (confection de lois générales, constantes et durables), exécutif ("qui fasse exécuter ces lois, et qui conserve toute leur force"), et fédératif (chargé de régler les relations de l'Etat avec les autre Etats). Pour MONTESQUIEU (*De l'Esprit des Lois*, Livre XI, chap. VI) en revanche, les trois "puissances" correspondent aux fonctions juridiques de l'Etat : puissance législative, puissance exécutrice, et puissance de juger (qui ne doit être confiée qu'à des organes créés *ad hoc*).

[2] C'est-à-dire le Gouvernement et le Chef de l'Etat (généralement le Roi) dans les hypothèses de parlementarisme dualiste, et le Gouvernement seul dans les cas de parlementarisme moniste.

[3] Même si les particularités constitutionnelles de certains d'entre eux, comme la France et le Portugal, ont conduit certains auteurs à les qualifier de "régimes semi-présidentiels".

[4] Dans ce sens, voir Jacques ZILLER, *Administrations comparées - Les systèmes politico-administratifs de l'Europe des Douze*, col. Domat-Droit Public, Montchrestien, Paris, 1993, p.75.

[5] Jean-Claude CABANNE, *Réflexions sur le contrôle parlementaire en France*, Thèse Toulouse I, sous la direction de P. MONTANE de la ROQUE, 1975, p.2. Il explique ensuite que cet effacement de la fonction normative a été relayé par un développement de la fonction de contrôle.

[6] Voir en ce sens Manuel RAMIREZ, "Problematica actual del Parlamento", *Revista de Estudios Políticos* n°87, 1995, p.63 s.

[7] Mouvement amplement analysé, et résumé par Mauro CAPPELLETTI, pour lequel "les Assemblées législatives sont souvent trop nombreuses et ont trop à faire avec des questions et discussions de politique générale et de parti pour être en état de répondre avec la rapidité requise à la demande, qui s'est énormément accrue, de lois nouvelles." ("Des Juges législateurs ? Etude dédiée à la mémoire de Tullio

Aujourd'hui, la division entre les deux pouvoirs exécutif et législatif s'est largement estompée. Le point nodal sur lequel s'exercent les tensions inhérentes à la réalité du pouvoir, le centre de la lutte politique, s'est déplacé. Dans le modèle classique du parlementarisme, il se situait entre le Parlement et le titulaire du Pouvoir exécutif; il se place au contraire aujourd'hui entre un "pôle majoritaire"[2], qui dépasse la seule majorité parlementaire pour s'étendre au Gouvernement, et la minorité parlementaire[3]. Dans cette nouvelle configuration, la réalité du pouvoir revient au Gouvernement, auquel est confié un véritable "statut de directeur du travail législatif"[4], et, au-delà, de la politique de l'Etat[5]. Si l'on se réfère à l'analyse de Michel PIERRE sur les pouvoirs de l'Exécutif français[6], le Gouvernement a *de facto* les moyens de se servir, à son gré et selon les circonstances, des pouvoirs constitutionnellement prévus pour chaque Chambre, qu'il lui appartient d'orchestrer[7]. Dans les régimes parlementaires contemporains, Gouvernement et Parlement constituent donc, selon l'expression du Professeur Gilbert KNAUB[8], une "unité fonctionnelle" permettant à l'Exécutif de disposer à sa guise d'un éventail normatif

---

Ascarelli et d'Alessandro Pekelis", article de 1984, in M. CAPPELLETTI, *Le pouvoir des Juges - Articles choisis de Droit judiciaire et constitutionnel comparé*, 1990, p. 46).

1 Cette notion fut créée au début de ce siècle par le Professeur Boris MIRKINE-GUETZÉVITCH. Pour simplifier, on peut dire avec Georges BURDEAU, Francis HAMON et Michel TROPER que "rationaliser le parlementarisme, c'est introduire dans la Constitution des dispositifs qui renforcent la position du Gouvernement vis-à-vis du Parlement, et qui peuvent pallier l'absence d'une véritable majorité parlementaire." (*Droit constitutionnel*, LGDJ, 1997, p.418).

2 Qu'il est aussi possible de qualifier de "pôle législatif", dans la mesure où c'est lui qui exerce la réalité du pouvoir législatif.

3 Même si on peut différencier la situation française de celle de ses voisins allemands et espagnols. Chez ces derniers, le régime en place semble mériter le nom de "régime parlementaire" plus qu'en France. La situation de cette dernière est en effet compliquée par la dyarchie de l'Exécutif, et l'allégeance prioritaire du Premier Ministre au Président de la République (alors qu'ailleurs elle s'exerce envers la majorité parlementaire), ainsi que par le degré très poussé de rationalisation du parlementarisme, qui a pour but avoué de renforcer la position de l'Exécutif au sein des institutions. La possibilité de voir la "majorité présidentielle" se dissocier de la majorité parlementaire ne suffit pas à renverser cette tendance.

4 Michel PIERRE, "Note sur la rationalisation de la navette parlementaire et l'équilibre des pouvoirs constitutionnels", *RDP* 1982, p.1676.

5 On peut d'ailleurs noter que le sens de cette évolution n'avait pas échappé aux rédacteurs de la Constitution de 1958 : dans une note soumise au Comité Interministériel du 7 juillet 1958, il est clairement dit que "dans le contexte politique contemporain la fonction gouvernementale comporte nécessairement la faculté d'édicter des dispositions de portée générale, en d'autres termes de légiférer. C'est faute d'avoir pu disposer normalement d'un tel pouvoir que les Gouvernements des trente dernières années n'ont pu échapper à l'immobilisme qu'en engageant à tout propos leur existence pour obtenir du Parlement les textes qui leur étaient nécessaires. Pour remédier à cette situation, il faut restituer à l'Exécutif la plénitude de ses attributions en le mettant en mesure de gouverner sans avoir à quémander des moyens d'action au Parlement; à celui-ci revient, dans la rigueur des principes, la seule mission de contrôler l'action gouvernementale."(*in* Comité National chargé de la Publication des Travaux Préparatoires des Institutions de la V° République, *Documents pour servir à l'Histoire de l'élaboration de la Constitution du 4 octobre 1958*, La Documentation Française, Paris, 1988, vol. 1 : "Des origines de la loi constitutionnelle du 3 juin 1958 à l'avant-projet du 29 juillet 1958", p. 367).

6 Evolution rendue plus manifeste encore en situation de "cohabitation". Cf. Jean-Claude ZARKA, *Fonction présidentielle et problématique majorité présidentielle / majorité parlementaire sous la Cinquième République (1986-1992)*, Bibliothèque de Droit et de Science Politique, t.75, 1993. p.50 s. (Préface H. ROUSSILLON).

7 Voir la démonstration de Michel PIERRE, op. cit., p.1677.

8 Gilbert KNAUB, "Le Conseil constitutionnel et la régulation des rapports entre les organes de l'Etat", *RDP* 1983, p.1661.

dont la loi fait partie au même titre que le règlement[1]. Il n'y a donc plus à proprement parler de "pouvoir législatif" indépendant. Le "législateur" est "en réalité un ensemble complexe d'"acteurs""[2]; la fonction législative, qui reste exercée formellement par le Parlement, tend à devenir un simple mode technique d'édiction des normes prévues dans le programme politique du "pôle majoritaire"[3]. La seule prérogative théoriquement laissée aux parlementaires touche la fonction de contrôle, mais on peut s'interroger sur son efficacité dans un contexte de forte rationalisation du parlementarisme, tel qu'il prévaut dans les régimes étudiés ici[4].

Cette indéniable évolution due à l'émergence du "phénomène majoritaire", a eu lieu dans la plupart des régimes parlementaires contemporains[5]. L'émergence d'une majorité parlementaire stable, liée à la mainmise croissante des partis politiques sur la vie politique[6], "a autant d'importance pour le renforcement de l'Exécutif que les diverses procédures de rationalisation du régime parlementaire mises en place par la Constitution."[7]. Le plus souvent le parlementaire moyen n'a qu'une liberté d'action très limitée : redevable de sa carrière politique à un parti qui l'a soutenu, financé, lui a fourni un programme et un cadre d'action, il est une fois élu enrôlé dans le groupe parlementaire correspondant[8]. Dans ces conditions, le rôle et la nature de la majorité parlementaire changent beaucoup : "gouvernée" et "instrumentalisée", selon les termes du Professeur Pierre AVRIL[9], son influence baisse et, si elle est toujours

---

[1] Réserve faite des hypothèses de "Gouvernement minoritaire", relativement rares et reposant sur des mécanismes de rationalisation du parlementarisme.

[2] Guy BRAIBANT, "Qui fait la loi ?", *Pouvoirs* n°64, 1993, p.43. Voir également Dominique ROUSSEAU, *Droit du Contentieux constitutionnel*, Domat-Droit Public, Montchrestien, 1995 (3° éd.), p.71 s..

[3] Comme le note Pierre PACTET, "la véritable division n'est pas entre le pouvoir de faire la loi et celui de l'exécuter, mais entre d'une part, le pouvoir qui appartient aux organes exécutifs de diriger la politique nationale (...), et d'autre part la liberté laissée aux organes délibérants, c'est-à-dire aux assemblées parlementaires, de contrôler l'action gouvernementale." (*Institutions Politiques - Droit Constitutionnel*, Masson, Paris, 1998, p.116).

[4] La fonction de contrôle s'exerce principalement par la voie de la censure, sévèrement encadrée en France (conditions de délais et de majorité), et en Allemagne et en Espagne (exigence d'une "motion de censure constructive").

Existe aussi une fonction d'évaluation des lois, encore peu effective en France, et à peine plus en Allemagne et en Espagne.

Voir par exemple Jean-Claude CABANNE, *Réflexions sur le contrôle parlementaire en France*, *op. cit.*

[5] En partie pour des raisons liées au mode de scrutin présidant aux élections législatives. Même le mode de scrutin espagnol, pourtant proportionnel, pénalise cependant les options minoritaires, et permet donc à un parti dominant de se dégager, et donc de gouverner.

[6] Voir le raisonnement pessimiste tenu par Manuel RAMIREZ dans son article "Problemática actual del Parlamento", op. cit., p.66 s. Il estime que l'émergence de l'"Etat des partis" est insuffisamment prise en compte dans l'analyse du fonctionnement des régimes parlementaires modernes, et que son influence réelle est assez grave pour ébranler les présupposés sur lesquels repose la neutralité étatique. Il approuve avec Manuel GARCIA PELAYO l'idée selon laquelle "Parlement et Gouvernement semblent aujourd'hui se transformer en structures de mise en oeuvre de décisions contenues dans le programme de partis politiques" (p.66-67). D'ailleurs "quand la majorité parlementaire est absolue, la tentation de ne pas écouter les arguments de l'opposition dépend toujours beaucoup plus du talent de négociation du parti qui compte que de l'existence d'authentiques ressorts parlementaires susceptibles de freiner la politique gouvernementale." (p.67).

[7] Dmitri-Georges LAVROFF, *Le Droit Constitutionnel de la V° République*, Dalloz, 1997, p.348-349.

[8] Voir dans ce sens Manuel RAMIREZ, *op. cit.*, toujours pessimiste, qui précise que ce parlementaire n'a alors rien d'autre à faire que parler quand on le lui demande, dans un sens déterminé, et de voter comme on le lui conseille, en s'alignant sur les consignes du président de son groupe.

[9] Pierre AVRIL, "La majorité parlementaire ?", *Pouvoirs* n°68, 1994, p.46 s.

censée exprimer la volonté générale, cette dernière, "prise en tenailles entre les contraintes du parlementarisme majoritaire et les disciplines du parlementarisme rationalisé, (...) se résout, bien souvent, à n'être rien d'autre que la volonté du gouvernement."[1].

Au terme de cette analyse, on voit donc que, dans la pratique contemporaine du parlementarisme, le "Pouvoir législatif" n'est plus dissociable du Pouvoir exécutif. Une étude du contrôle de l'action de ce dernier doit donc tenir compte de ce facteur. Cette situation nouvelle conditionne, évidemment, la manière dont pourra s'exercer le contrôle de l'Exécutif par le Juge constitutionnel.

II - Le "Pouvoir exécutif"

Une définition à la fois synthétique et précise du Pouvoir exécutif est assez difficile à formuler, notamment quand il s'agit de distinguer son titulaire de la fonction qu'il exerce[2]. Pour John LOCKE[3], c'est l'un des trois pouvoirs au sein de l'Etat, qui concerne l'application des lois à l'intérieur de ce dernier, mais dispose aussi d'une "prérogative" qui lui permet d'agir suivant son jugement, pour le bien public. Cette expression "n'est pas utilisée dans le vocabulaire juridique antérieur au XVIII° siècle en France"[4]. Mais quand elle apparaît, c'est d'abord pour faire figure de simple organe chargé de l'application des lois[5], d'où son nom, puis pour désigner l'"Etat administrant au sens large"[6]. Ainsi, au début de ce siècle, Joseph BARTHELEMY lui donne pour mission "la gestion et l'administration des affaires publiques"[7]. On a pu en proposer plus récemment une définition plus large, bien que négative : "le pouvoir public qui, selon l'ordre juridique de l'Etat en question, n'est confié ni aux assemblées législatives ni aux tribunaux"[8]. On peut également se reporter à la définition donnée par le *Vocabulaire juridique* de l'Association Henri Capitant[9] : "Organe ou groupe d'organes chargé d'exercer à titre principal (...) des

---

[1] Thierry RENOUX et Michel DE VILLIERS, *Code Constitutionnel - Commenté et annoté*, Litec, 1994, p.25, note sous DDH 6.

[2] On peut par exemple se référer au *Lexique des termes juridiques* de Raymond GUILLIEN et Jean VINCENT (dir.), (Dalloz, 1995, 583 p.), V° "Exécutif" :

1. Fonction consistant à assurer l'exécution des lois. En fait, il ne s'agit pas d'une exécution passive : la fonction exécutive est devenue une fonction d'impulsion, d'animation et de direction générale de l'Etat.
2. Organe (ou ensemble d'organes : Chef de l'Etat, Cabinet ministériel) appelé aussi Gouvernement, qui exerce la fonction exécutive et se différencie de l'assemblée ou Parlement par le nombre restreint de ses membres.

[3] Dans son *Essai sur le Gouvernement civil.*

[4] Dmitri-Georges LAVROFF, "Le renforcement de l'exécutif dans les systèmes constitutionnels contemporains", in *Droit Constitutionnel et Droits de l'Homme - II° Congrès mondial de l'Association Internationale de Droit Constitutionnel*, Aix-en-Provence, 31 août-5 septembre 1987, Economica, Paris, 1987, p.341.

[5] Voir dans ce sens la définition donnée dans le *Dictionnaire juridique* de MM. Pierre GUIHO et alii, V° "Exécutif (Pouvoir)" : "Autorité chargée de faire exécuter les lois. (...)".

[6] Sur cette évolution, voir D.-G. LAVROFF, *idem*, p.341 s..

[7] Joseph BARTHELEMY, *Le rôle du pouvoir exécutif dans les Républiques modernes*, Giard et Brière, Paris, 1906, p.9.

[8] Hannfried WALTER, "Questionnaire systématique", in *Gerichtsschutz gegen die Exekutive - Judicial protection against the Executive - La protection juridictionnelle contre l'exécutif*, Carl Heymanns Verlag KG - Oceana Publications Inc. - Köln-New-York, t.1, 1969, p.19.

[9] édité par G. CORNU.

compétences (...) consistant à gouverner effectivement, même si elles excèdent la simple mise en exécution des lois, mais le plus souvent, sous la réserve des fonctions législative et juridictionnelle. (Elles incluent) alors, par exemple, la direction de la politique étrangère, celle de l'administration et de la force armée, l'initiative des lois, etc.".

On désignera ici, indifféremment par les termes "Pouvoir exécutif" ou "Exécutif", les organes "actifs" de la branche exécutive des institutions, c'est-à-dire le (ou les) titulaire(s) effectif(s) du pouvoir dit "exécutif", au sommet de l'Etat. Ces deux termes, mêmes imparfaits, ont l'avantage d'être utilisés partout dans le monde.

Comment identifier les "activités" du Pouvoir exécutif qui vont constituer l'objet de cette étude ? Précisons tout d'abord qu'on n'abordera pas le statut de l'Exécutif, de quelque intérêt que puisse être son contrôle[1]; on ne traitera pas davantage des "actes" émanant de l'Exécutif en tant que tels[2], et notamment des actes administratifs, qu'au demeurant le Juge administratif contrôle avec une efficacité certaine[3].

On consacrera donc cette analyse aux activités de l'Exécutif, au sens de "puissance d'agir, ensemble des manifestations sous l'angle de la puissance, de la cadence et de l'efficience"[4]. Ceci implique d'aborder et de traiter des thèmes très différents, dont le seul lien est de constituer une activité du Pouvoir exécutif, et de ne les examiner que sous ce seul angle, quel que puisse être leur intérêt intrinsèque. On s'aperçoit ainsi que le Pouvoir exécutif a peu de rapports avec un "pouvoir exécutant" au sens strict du terme.

Ces activités sont de deux sortes. Viennent en premier lieu à l'esprit celles qui sont l'apanage du Pouvoir exécutif, en application d'un critère organique; qui seront qualifiées ici de "régaliennes" - appartenant au Roi - donc à l'Exécutif[5]. Ceci concerne l'activité diplomatique au sens large (y compris l'élaboration du Droit communautaire dérivé), et la compétence pour recourir au peuple au niveau national. On ne consacrera cependant de développement spécifique, ni aux compétences de l'Exécutif lors des circonstances exceptionnelles - aussi bien leur régime a-t-il déjà été fixé par le Juge ordinaire -, ni aux "actes de gouvernement" en tant que tels, déjà

---

[1] ce qui permet d'écarter le contentieux lié aux élections, nominations ou révocations de ces organes.

[2] au sens d'*instrumentum*, c'est-à-dire d'"écrit nécessaire à la validité ou à la preuve d'une situation juridique" (*Lexique des termes juridiques*, Dalloz, 1995), par opposition au *negotium*, qui désigne l'opération même en laquelle consiste cet acte juridique.

[3] Voir, sur l'intervention du Juge constitutionnel dans ce contrôle, l'ouvrage des Professeurs Louis FAVOREU et Thierry RENOUX, *Le contentieux constitutionnel des actes administratifs*, col. Droit Public, Sirey, Paris, 1992, 206 p..

[4] Dictionnaire Larousse, V° "Activité".

[5] Qualificatif qui peut être mis en relation avec celui des fameux "droits régaliens" appartenant à la puissance publique. Ce terme dérive des "régales", qui désignaient sous l'Ancien Régime tous les droits qui appartenaient au Roi, du fait de sa souveraineté (en distinguant les "grandes régales" (*majora regalia*), appartenant au Roi *jure singulari & proprio*, et ne peuvent de ce fait être séparées de lui, et les "petites régales" (*minora regalia*), "qui n'étant point nécessairement inhérentes au sceptre, peuvent en être séparées" (Claude-Joseph de FERRIÈRE, *Dictionnaire de droit et de pratique...*, Dupleix, 1779, t.1, p.570).

"Les droits royaux sont les droits qui composent (le) domaine du Roi. Toutes les prérogatives qui lui sont spécialement réservées, & qui sont comme affectées à la Couronne, sont aussi appelées droits royaux & de souveraineté (...)."(*Dictionnaire de Ferrière*, *op. cit.*, t.2, p.601).

Voir également pour l'émergence de cette notion, Jacques KRYNEN, *L'Empire du Droit*, Gallimard, 1993.

fort bien étudiés[1]; d'ailleurs les décisions du Juge constitutionnel en la matière sont trop peu nombreuses pour justifier un développement original. On étudiera, en revanche, certains de ces actes quand ils manifestent une activité spécifique de l'Exécutif, mais uniquement à propos de cette dernière - tel sera le cas du décret de dissolution ou du recours au référendum.

Les activités du Pouvoir exécutif s'étendent cependant au-delà de celles qui sont clairement désignées par l'application ci-dessus précisée du critère organique. Dans les régimes parlementaires, qui reposent, on le sait, sur une séparation souple des pouvoirs, il y a interpénétration des activités de ces derniers, ce qui suscite des difficultés pour isoler la fonction exécutive en tant que telle. Il paraît donc plus conforme à la réalité d'adopter également un critère fonctionnel, afin d'inclure dans cette étude des activités qui dépendent de l'Exécutif sans lui être directement attribuées par la théorie de la séparation des pouvoirs. Ceci concerne essentiellement toutes les interventions de l'Exécutif dans l'activité législative au sens large, grâce à la notion de "pôle législatif".

Le champ d'intervention du Pouvoir exécutif s'étant largement développé au cours de ce siècle, dans les directions indiquées, les risques de violation de la Constitution se sont multipliés d'autant, et ceci justifie l'intervention d'un contrôle de la part du Juge constitutionnel[2].

III - La place du Juge constitutionnel dans le parlementarisme contemporain

Il faut à présent préciser ce qu'on entend par "Juge constitutionnel". On désignera ici par cette expression le Juge du modèle européen de justice constitutionnelle, juridiction spécialisée pratiquant un contrôle concentré de la constitutionnalité des normes, par opposition au modèle américain, qui repose sur un contrôle diffus de cette constitutionnalité. Dans cette optique, et malgré ses indéniables particularités, le Conseil constitutionnel français est assimilé au "modèle européen". Tout le problème vient de ce que le rôle général attribué jusqu'à ce jour au Juge constitutionnel est le contrôle du respect de la Constitution, principalement par le Pouvoir législatif.

Le contrôle de la constitutionnalité des activités du Pouvoir exécutif doit être replacé dans le cadre plus général du développement du constitutionnalisme dans le monde. La reconnaissance de la Constitution comme règle juridique suprême de l'Etat de Droit a fait du Juge constitutionnel chargé de la faire respecter un arbitre privilégié des relations entre Droit et Politique, position intéressante à étudier mais aussi assez périlleuse pour lui (comme le montre l'évolution du constitutionnalisme dans le pays qui lui a donné le jour, les Etats-Unis[3]). Se pose alors pour l'observateur le problème

---

[1] Voir Pierre SERRAND, *L'acte de gouvernement (Contribution à la théorie des fonctions juridiques de l'Etat)*, thèse Paris II, sous la direction du Pr. Stéphane RIALS, 1996, et notamment p.57-62.

[2] Sur certains risques de violation de la Constitution par l'Exécutif, voir Philippe ARDANT, *Institutions politiques et Droit Constitutionnel*, LGDJ, 1998, Titre 2, Chapitre 3, Section 2.

[3] Voir dans ce sens l'exposé synthétique de Stephen M. GRIFFIN, *American constitutionalism - From Theory to Politics*, Princeton University Press, Princeton, New-Jersey (USA), 1996, notamment le Chapitre 3 '"Judicial review and american democracy", spéc. p.112-118.

de savoir si le Juge constitutionnel peut tout contrôler, et jusqu'où peut aller la "juridictionnalisation du politique".
Le développement d'un contrôle de constitutionnalité des activités de l'Exécutif semble constituer une évolution normale, du moins dans une optique "normativiste", selon laquelle toute norme doit pouvoir être soumise à un contrôle de sa conformité à une norme supérieure[1] - en l'occurrence la norme suprême : la Constitution[2]. Ainsi, "à l'heure où les gouvernements sont des appareils décisionnels puissants qui tendent souvent à s'affranchir du contrôle de la représentation politique, le contre-pouvoir que constitue la justice constitutionnelle est sans doute une garantie appréciable et nécessaire."[3].
Il s'agit même en un sens, d'un point de vue "institutionnel", d'un "impératif stratégique"[4] : toute institution cherche, en effet, à accroître son pouvoir en étendant sa sphère de compétences, sous peine de "disparaître" au moins symboliquement à moyen terme[5]. La logique interne des Juges constitutionnels est donc de développer leur contrôle le plus possible, y compris à l'occasion sur les activités de l'Exécutif, véritable détenteur du Pouvoir dans l'Etat. Pour employer une image classique, Exécutif et Juges constitutionnels sont donc dans l'idéal deux pouvoirs se contre-balançant l'un l'autre, comme les deux plateaux d'une balance : d'une part les Juges constitutionnels empêchent l'Exécutif de s'affranchir du respect de la Constitution, et d'autre part l'Exécutif empêche les Juges d'abuser du pouvoir que leur donne leur capacité d'interpréter la Constitution. Chacun empêche donc l'autre d'aller au bout de

---

[1] Mais le normativisme soulève le grave problème des limites du Droit et de l'ordre qu'il engendre. On peut sur ce point se rapporter à l'analyse développée par Jacques CHEVALLIER, pour lequel "l'érection du droit en "ordre" est une entreprise précaire, aléatoire et toujours remise en chantier : si le droit se présente comme un système cohérent, rigoureux, logique, des *brèches* incessantes réapparaissent dans cette systématicité, exigeant un travail d'ajustement, d'élagage, de colmatage; de même, l'effet normatif n'est jamais acquis d'avance, et des *glissements* hors de la normativité ne manquent pas de se produire, imposant le recours à des mesures coercitives. L'ordre n'est en fait qu'un *idéal* auquel le droit tend de toutes ses forces; mais cet idéal, qui sous-tend l'ensemble des démarches juridiques, ne peut jamais être réellement atteint, dans la mesure où sa réalisation signerait l'arrêt de mort d'un droit figé dans un ordre compact, immobile et glacé; la distance qui réapparaît constamment entre l'idéal d'ordre et le fonctionnement concret du droit crée une *tension* positive, indispensable pour alimenter la dynamique juridique." (Jacques CHEVALLIER, "L'ordre juridique", *in* CURAPP, *Le droit en procès*, PUF, 1984, p.49).

[2] Sans même aller jusqu'à la conception globalisante défendue par le Professeur Dominique ROUSSEAU, pour lequel un développement le plus large possible de la jurisprudence constitutionnelle est souhaitable, afin de consacrer ce qu'il appelle la "démocratie continue" (voir par exemple *La démocratie continue - Actes du colloque de Montpellier, 2-4 avril 1992*, col. La Pensée juridique moderne, Bruylant-LGDJ, 1995), par le moyen du respect de la "transcendance des droits de l'homme".

[3] Jean MARCOU, *Justice constitutionnelle et systèmes politiques - Etats-Unis, Europe, France*, col. La Politique en Plus, PUG, Grenoble, 1997, p.6. L'auteur ajoute : "Mais l'on ne peut nier qu'il est aussi le reflet d'un certain déclin de la politique.". Nous ne le suivons qu'en partie sur ce point, puisque ce travail veut montrer que le Juge ne peut pas tout contrôler, et que subsiste encore aujourd'hui l'"irréductibilité du politique".

[4] Dans le sens employé par Jacques MEUNIER, *Le pouvoir du Conseil Constitutionnel - Essai d'analyse stratégique*, col. La pensée juridique moderne, Bruylant-LGDJ, Bruxelles-Paris, 1994.

[5] Comme l'explique Jean-Claude CABANNE, "Les rapports entre les pouvoirs ne sont jamais des rapports de collaboration mais toujours des rapports de nature "polémologique"... L'équilibre ne régit jamais de tels rapports car toujours l'un des pouvoirs domine l'autre... ils alternent simplement dans cette domination en fonction du contexte idéologique et institutionnel qui détermine toujours un rapport de force." (*Réflexions sur le contrôle parlementaire en France*, *op. cit.*, p.413).

la logique de tout pouvoir constitué, qui est de s'approprier la totalité du Pouvoir, comme l'avait fort bien montré Montesquieu.

Les Juges constitutionnels ont donc été amenés à affirmer leur position dans le champ des pouvoirs, mais il leur a fallu éviter de mettre leur existence en péril par des interventions trop visibles dans le domaine politique. En effet, la condition de l'efficacité de leur contrôle est qu'il soit accepté par les instances contrôlées, c'est-à-dire que les détenteurs du pouvoir politique ne se sentent pas directement menacés par lui dans leurs prérogatives essentielles[1]. Or, ce qui caractérise la position de tous les organes juridictionnels qui ont affaire à l'Exécutif (d'une manière très générale, puisque cette observation est valable aussi bien pour la Cour Suprême des Etats-Unis que pour les Cours constitutionnelles du modèle européen) est en définitive leur absolue impuissance à contraindre. Non seulement ils n'ont jamais le dernier mot, mais ils prendraient même de gros risques en rendant une décision non respectée par l'Exécutif, car c'est en définitive tout l'édifice de leur crédibilité qui vacillerait du même coup. Les Juges constitutionnels face à l'Exécutif se sont donc réfugiés aussi souvent que possible derrière le paravent de la neutralité du contrôleur impartial (pour se protéger dans le cadre de leur "action indirecte"), et le reste du temps ont pratiqué une prudente politique de "judicial self-restraint" (quand ils ne pouvaient se dispenser de contrôler directement les actes de l'Exécutif), même si la "neutralité" parfaite n'existe pas[2]. Comme le note le Doyen Henry ROUSSILLON pour la France, mais cette remarque est transposable aux autres Juges constitutionnels, "le Conseil ne pourra atteindre la sérénité qu'à condition de savoir rester modeste."[3].

En fait, on peut dire que le contrôle de constitutionnalité de l'activité de l'Exécutif est paradoxal, car les champs d'action du Juge constitutionnel et du Pouvoir exécutif ne se recouvrent qu'imparfaitement. Comme l'explique pertinemment le Professeur Pierre AVRIL, "la Constitution désigne, selon l'angle sous lequel on choisit de l'observer, le fondement de l'édifice politique ou le sommet de la hiérarchie juridique; le choc des images de la base et du sommet provoquant un léger vertige, le malaise ne peut être surmonté qu'en prenant conscience que les deux figures n'appartiennent pas à la même dimension. Le paramètre de cette double spirale, (...) est donné par la combinaison du droit et de la politique ou, pour dire les choses plus brièvement, par une exacte définition du droit constitutionnel, qui est un *droit politique*."[4]. Cette image, même si elle est parfois contestée, permet d'expliquer la circonspection du Juge constitutionnel quand il intervient dans la "pyramide politique", car ce n'est pas lui qui la domine, mais le Pouvoir constituant, maîtrisé par la classe politique, et essentiellement par l'Exécutif.

---

[1] L'exemple espagnol de la loi organique de 1985 est caractéristique : elle a aboli le contrôle de constitutionnalité des lois "a priori", coupable d'avoir été utilisé comme une arme politique aux mains de l'opposition, et a été votée par la Droite comme par la Gauche, tout le corps politique s'étant senti menacé par son existence.

[2] Celui qui prétend rester neutre "agit" passivement, selon l'état des forces en présence au moment où il prend sa décision, et donc prend finalement parti sans le reconnaître, et même la "non-action" peut favoriser celui qu'on aurait pu gêner, ou défavoriser celui qu'on aurait pu aider.

[3] Henry ROUSSILLON, "L'avenir du Conseil constitutionnel : la banalisation", *Administration* n°177, Octobre-Décembre 1997, p.42.

[4] P. AVRIL, *Les conventions de la Constitution*, col. Léviathan, PUF, 1997, p.157-158.

Comment étudier le contrôle exercé par le Juge constitutionnel sur les activités du Pouvoir exécutif ? Notre analyse aurait pu s'appuyer sur les voies de recours possibles et leurs effets[1]. Cela aurait cependant inutilement haché la démonstration. On examinera donc ici les rapports existants entre le Juge constitutionnel et le Pouvoir exécutif en tant qu'institutions. Le but est en effet d'étudier comment le Juge constitutionnel utilise les différentes techniques juridictionnelles dont il dispose, dans le cadre de son contrôle de l'Exécutif. Le fait que ces procédures soient plus ou moins nombreuses (par exemple l'existence éventuelle d'un recours direct des citoyens), et que leur combinaison ne soit pas identique d'un pays à un autre a dans cette perspective une importance moindre, car il n'est pas obligatoirement lié à un usage extensif des possibilités ouvertes. On pourra ainsi constater que le Conseil constitutionnel français, moins bien doté du point de vue des recours possibles que le Tribunal constitutionnel espagnol, a cependant souvent eu une démarche plus contraignante pour le Pouvoir exécutif que son homologue.

On s'appuiera principalement sur la jurisprudence des Cours constitutionnelles des pays étudiés, d'une part parce que cela est nécessaire à un tel sujet, et d'autre part pour des raisons pratiques d'accessibilité et de compréhension des données. Les sources doctrinales ne seront donc employées que secondairement, dans la mesure où cela peut mettre en perspective et expliquer la jurisprudence, mais aussi, bien sûr, les évolutions prévisibles ou souhaitées.

Le contrôle de constitutionnalité des activités du Pouvoir exécutif diffère-t-il fondamentalement de celui, classique, exercé par le Juge constitutionnel sur le Pouvoir législatif ? En fait, on verra qu'il ne s'en écarte pas beaucoup du point de vue de la nature des techniques employées, mais plutôt par la manière dont elles sont utilisées. En effet, le Juge constitutionnel semble moduler l'intensité de son contrôle en fonction du type d'activité contrôlée. A partir de la distinction déjà posée entre les différents secteurs d'activité de l'Exécutif, on peut dégager deux types d'interventions des Cours constitutionnelles : un contrôle "direct" à l'encontre des activités "régaliennes" de l'Exécutif, et un contrôle "indirect" sur son intervention dans le domaine législatif. Or, en examinant les faits on se rend compte que l'intervention des Cours est particulièrement efficace quand elle s'exerce par un contrôle "indirect", qui leur permet d'influencer appréciablement l'activité de l'Exécutif sans s'en prendre directement à lui. En revanche elles se montrent beaucoup plus prudentes dans l'exercice d'un contrôle direct à l'encontre des activités "régaliennes" de l'Exécutif, car ce faisant elles sont directement confrontées à lui, et sont susceptibles de prendre des risques trop considérables au regard de l'efficacité qu'elles peuvent en attendre[2]; mais il s'agit là d'une politique jurisprudentielle bien comprise plutôt que de la volonté d'imposer strictement le respect de la Constitution. On adoptera ce plan pour cette étude : il présente l'avantage d'exposer clairement les résultats d'une recherche

---

[1] Existent en effet aussi bien des recours abstraits que concrets, ainsi que des recours ouverts directement aux citoyens. Mais tous n'existent pas partout, et ils n'ont pas la même importance selon les systèmes. Ainsi la France ignore les recours ouverts directement aux citoyens, alors qu'ils occupent une large place dans les systèmes allemand (*Verfassungsbeschwerde*) et espagnol (*recurso de amparo*). De même, le Conseil constitutionnel juge de recours déposés *a priori*, alors que l'Allemagne et l'Espagne lui préfèrent dans la plupart des cas des recours *a posteriori*.

[2] Ceci explique que même quand elles ont l'occasion d'étendre leur compétence de ce côté-là par une interprétation élargie de la Constitution, elles s'en dispensent généralement.

nécessairement complexe, puisque reposant sur les nombreuses activités du Pouvoir exécutif.

On étudiera donc le contrôle de l'activité du Pouvoir exécutif par le Juge constitutionnel, dans un ordre de difficulté croissante. On commencera par le contrôle indirect exercé par le Juge constitutionnel sur l'intervention de l'Exécutif dans l'exercice de la compétence législative, dans le but d'en montrer l'efficacité (Partie 1). Puis on examinera comment il mène son contrôle direct sur les activités "régaliennes" de l'Exécutif, c'est-à-dire celles qui relèvent spécifiquement de lui, dans le but d'en montrer les difficultés et les limites (Partie 2).

Première partie

LE CONTROLE INDIRECT DU POUVOIR EXECUTIF LORS DE L'EXERCICE DE LA COMPETENCE LEGISLATIVE

"Les théories, même reposant sur des faits réels, ne sont que des foyers de lumière que nous projetons sur les choses pour les éclairer à notre commodité."
Maurice HAURIOU

L'intervention du Juge constitutionnel est ici qualifiée d'indirecte, car l'exercice de la compétence législative est traditionnellement dévolu au Parlement. Or, comme nous venons de le voir, la situation actuelle dans la plupart des démocraties européennes, en matière d'activité législative, témoigne d'un affaiblissement relatif de la position du Parlement par rapport à celle de l'Exécutif au sein du processus législatif, bien que le nombre de textes adoptés selon la procédure législative ait tendance à augmenter. L'exercice du pouvoir législatif est en fait, dans une large mesure, conditionné par l'intervention de l'Exécutif, du fait notamment, dans le cadre parlementaire, de la combinaison entre "fait majoritaire" et rationalisation du parlementarisme.

Or, selon le mot bien connu de Georges BURDEAU, "légiférer, c'est gouverner"; il est donc intéressant de voir de quelle manière les Cours constitutionnelles, dont un des rôles principaux a été le contrôle de l'activité du Législateur, se sont adaptées à cette évolution, y compris en France dès 1958, même si ce fut sous une forme particulière. Il semblerait que, par la "juridicisation" du processus législatif qu'a entraîné leur action, elles aient fait office de "contrepoids" (à défaut d'être de vrais "contre-pouvoirs") permettant d'éviter que des déséquilibres trop marqués se creusent entre les organes constitutionnels. Mais ce qui nous intéresse ici est qu'en contrôlant "la politique législative de l'Exécutif"[1], elles contrôlent par là même, mais de manière indirecte et inavouée, l'activité gouvernementale.

Pour étudier de quelle manière le contrôle des Cours constitutionnelles touche l'intervention de l'Exécutif dans l'exercice de la compétence législative, nous allons passer en revue les différentes hypothèses d'intervention de ce dernier en la matière,

---

[1] Dominique ROUSSEAU, *Droit du contentieux constitutionnel*, *op. cit.*, p.382.

en allant de l'hypothèse où cette intervention est la plus indirecte, à celle où elle est la plus marquée.

Nous allons donc voir, tout d'abord, que l'influence de la jurisprudence constitutionnelle est bien réelle au stade de la préparation du texte législatif (Titre 1). Il conviendra ensuite d'examiner dans quelles limites le contrôle constitutionnel en matière de procédure législative est contraignant pour l'Exécutif, alors que ce dernier a généralement été mis en mesure de la maîtriser (Titre 2). Nous étudierons enfin le contrôle des délégations de compétences parfois demandées par l'Exécutif au Parlement : ces dernières sont en effet un autre mode d'exercice de la compétence législative, qui échappe cette fois dans une large mesure à l'intermédiaire des parlementaires, mais aurait dû en principe rester soustrait au Juge constitutionnel (Titre 3).

Titre premier

L'INFLUENCE DE LA JURISPRUDENCE CONSTITUTIONNELLE SUR LA PREPARATION DU TEXTE LEGISLATIF PAR L'EXECUTIF

Comme nous l'avons vu, dans les régimes parlementaires contemporains, Gouvernement et Parlement constituent, une "unité fonctionnelle"[1], qui permet à l'Exécutif de disposer à sa guise d'un large éventail normatif, dont la loi fait partie au même titre que le règlement. Ces deux institutions entretiennent des rapports étroits, qui se manifestent dès le début du processus législatif, lors de la préparation des futurs textes de loi. Nous constaterons donc que la plupart des textes législatifs ont une origine gouvernementale (Chapitre 1).

Mais cette première phase du processus législatif n'échappe pas entièrement au Juge constitutionnel, contrairement à ce qu'on pourrait penser au premier abord. Nous montrerons donc ensuite que dès ce stade l'intervention du Juge constitutionnel est incontestable, même si la fonction qu'il remplit relève plus de l'influence que d'un contrôle formalisé (Chapitre 2).

---

[1] Gilbert KNAUB, "Le Conseil constitutionnel et la régulation des rapports entre les organes de l'Etat", *RDP* 1983, p.1661.

CHAPITRE PREMIER

L'ORIGINE GOUVERNEMENTALE DE LA PLUPART DES TEXTES LEGISLATIFS

La prépondérance du Gouvernement en matière d'élaboration des lois est évidente, d'un point de vue tout à la fois statistique et technique (Section 1), mais elle est atténuée par le caractère parfois difficile des rapports qu'il entretient avec sa majorité parlementaire (Section 2).

Section 1

Une prépondérance nette du point de vue statistique et technique

Après avoir examiné le contenu des statistiques relatives aux proportions respectives d'initiatives gouvernementales et parlementaires en matière législative (§ 1), nous essaierons de dégager quelques explications à ce phénomène (§ 2).

§ 1 - Les enseignements des statistiques

Il est constant que, dans la pratique contemporaine du système parlementaire, l'écrasante majorité des textes législatifs est d'origine gouvernementale (au sens large, qui comprend d'ailleurs les services administratifs[1]). Cela se conçoit d'ailleurs, du fait que "prennent la forme de lois les mesures contenues dans le programme politique du Gouvernement."[2].

Ce phénomène se vérifie bien entendu pour la France, où toutes les statistiques témoignent du fait qu'environ 80 % des textes soumis au Parlement sont des projets de loi (même si on note aujourd'hui une tendance à l'augmentation du nombre de

[1] La "législation de chefs de bureau" (Guy BRAIBANT, "Qui fait la loi ?", *Pouvoirs* n°64, 1993, p.43).

[2] Juan Luis PEREZ FRANCESCH, "Notas acerca del Gobierno como órgano de dirección política en la Constitución española de 1978", *op. cit.*, p.216.

propositions, due à la révision constitutionnelle du 4 août 1995 modifiant les règles de fixation de l'ordre du jour[1]). A la fin du processus législatif, près de 90 % des lois ont pour origine des projets déposés par le Gouvernement, et visent à mettre en oeuvre les politiques voulues par le Gouvernement, et, au-delà, par le Président de la République (sauf en période de cohabitation).

En Allemagne, le Gouvernement fédéral, sous l'autorité du Chancelier fédéral, participe aussi largement au pouvoir législatif, et près de 80 % des textes législatifs sont produits par ses services[2]. De plus, comme l'indique le Professeur Christian AUTEXIER, "la prépondérance des initiatives gouvernementales est encore plus élevée que ne le révèlent les relevés statistiques, car une part importante des initiatives efficaces du Bundestag est en fait d'origine gouvernementale, pour contourner la formalité du passage au Bundesrat (...) et permettre d'éviter ainsi des confrontations précoces tactiquement dommageables."[3]. Il faut cependant remarquer que le rôle du Parlement fédéral est relativement moins passif que celui du Parlement français : il "apparaît beaucoup plus comme un *Arbeitsparlament*[4], c'est-à-dire un Parlement s'investissant surtout à travers ses Commissions dans le travail de confection des lois et de contrôle des activités gouvernementales, que comme un *Redeparlament*[5] qui, tel la Chambre des Communes britannique, s'affirmerait d'abord comme un lieu de débat et de délibération."[6]. Ainsi le Bundestag, plus libre que l'Assemblée nationale française, intervient beaucoup plus profondément dans le processus de préparation des textes qui lui sont soumis, et le Bundesrat a un droit de veto sur les textes qui concernent directement les Länder[7].

En Espagne enfin, entre 80 et 90 % des textes votés par les Cortes Generales sont d'origine gouvernementale, avec des variations s'expliquant par les différentes

---

[1] Elles sont passées de 8 % à environ 16 %. De même, au cours de la X° législature (1993-1997), un peu plus de 18% des lois adoptées ont été issues de propositions de lois, contre un peu plus de 10 % à l'issue de la IX° législature (1988-1993) (Source : "Bilan statistique de l'application des lois sous la X° législature (2 avril 1993 - 21 avril 1997) - Avec actualisation au 2 juin 1997", Service des Commissions du Sénat, 1997, p.48).

[2] A titre d'exemple, pendant la X° législature du Bundestag (1983-1987), sur un ensemble de 528 textes présentés, 285 l'ont été par le Gouvernement fédéral (54 %), 182 par le Bundestag (34,5 %), 61 par le Bundesrat (11,5 %). Si l'on compare avec les chiffres correspondants concernant les textes votés, sur 320 lois, 244 étaient d'origine gouvernementale (77 %), 42 émanaient du Bundestag (13%) et 34 du Bundesrat (10 %). (Source : Alfred KATZ, *Staatsrecht - Grundkurs im öffentlichen Recht*, CF MÜLLER, 1991, n°432 *in fine*). Voir aussi le tableau présenté par Olivier JOUANJAN, "L'élaboration de la loi en République Fédérale d'Allemagne", *Pouvoirs* n°66, 1993, p.89.

[3] Christian AUTEXIER, *Introduction au droit public allemand*, col. Droit fondamental - Droit politique et théorique, PUF, Paris, 1997, p.56.

[4] "Parlement de travail".

[5] "Parlement de discussion". Cette distinction entre *Arbeitsparlament* et *Redeparlament* doit être rapprochée de la classification de l'américain Polsby, qui distingue les "Législatifs-arène"et les "Législatifs-transformateurs": selon lui, les premiers se contentent d'adopter des textes élaborés en dehors d'eux par l'Exécutif, alors que les seconds, beaucoup plus actifs, s'investissent librement dans cette élaboration (cité dans Alec STONE, *The birth of Judicial Politics - The Constitutional Council in comparative perspective*, OUP, 1992, p.213 s.).

[6] Olivier DUHAMEL et Yves MÉNY, *Dictionnaire constitutionnel*, PUF, 1992, V° "Allemagne Fédérale".

[7] Ces textes, qui comportent un enjeu pour la préservation des droits des Länder, sont appelés *Zustimmungsgesetze*. Voir sur ce point C. AUTEXIER? *Introduction au droit public allemand*, *op. cit.*, p.43 s., et les articles 77 et 78 de la Loi Fondamentale.

conditions de majorité, le Gouvernement étant là encore avantagé par rapport au Parlement dans l'initiative législative[1].

§ 2 - Les raisons de cette prépondérance

Cette prépondérance s'explique en premier lieu bien sûr par l'effet des mécanismes du parlementarisme rationalisé. Mais au-delà, plusieurs facteurs pratiques interviennent également.

Au rang de ceux-ci, par-delà les prérogatives du Gouvernement dans la procédure législative et l'appui de sa majorité, il faut mentionner l'évolution des questions politiques. Comme le note le Professeur Charles DEBBASCH, "en passant du domaine des idées générales, celui du dialogue et des débats sur le plan de la rationalité (...) au domaine de la technicité, les problèmes politiques ont tendance à échapper aux assemblées."[2]. En effet le Gouvernement dispose des services de l'Administration centrale et de leurs compétences techniques[3], et est donc mieux armé que les parlementaires pour proposer des textes solidement argumentés dans des matières souvent techniques et de plus en plus interdépendantes[4].

Le déclin de l'initiative législative[5] est aussi "la conséquence de la complexité des lois modernes qui exige non seulement l'imagination créatrice du cerveau politique et juridique, mais les connaissances d'un économiste doublé d'un spécialiste en toute une série de sciences annexes."[6].

Enfin, comme l'a montré le Doyen Louis FAVOREU pour la France - mais ce raisonnement est transposable, avec quelques nuances dues au contexte différent, dans les autres démocraties contemporaines -, la jurisprudence constitutionnelle a naturellement tendance à favoriser l'orientation de la politique normative du

---

[1] Selon les chiffres fournis par le site Web du Congrès des Députés (<http://www.congreso.es>), on voit que, selon les législatures, les pourcentages varient de la manière suivante :
- entre 40 et 62 % des textes sont présentés par le Gouvernement, la proportion ayant tendance à diminuer par rapport à celle des propositions de loi (qui sont passées de 40 % à 60 %).
- entre 80 et 90 % des textes adoptés ont été présentés par le Gouvernement (la proportion variant entre 9 % et 23 % pour les textes présentés par le Parlement).

[2] Charles DEBBASCH et alii, *Droit Constitutionnel et Institutions Politiques*, Economica, 1990, p.141.

[3] Cf. l'appréciation de Robert ESCARPIT, pour lequel "dans l'exercice de la démocratie numérique, le vrai *kratos* appartient donc à ceux qui fixent les ordres du jour et établissent les menus. Appuyés maintenant sur un équipement informatique extrêmement performant, ils n'ont aucun mal à saturer la faculté décisionnelle non seulement de l'électeur, mais encore du preneur de décision désigné à qui a été confiée l'apparence du *kratos*." (R. ESCARPIT, "De l'arbitrage à l'arbitraire : archie, cratie et pouvoir décisionnel", in P. AVRIL : *La présidence de la république en France et aux Etats-Unis*, Economica, Paris, 1986, p.339).

[4] Cf. D.-G. LAVROFF, op. cit., p.606 s.
Cette compétence se retrouve d'ailleurs dans la procédure suivie par notre Conseil constitutionnel pour instruire le dossier des lois sur la constitutionnalité desquelles il est amené à se prononcer : il s'adresse au Secrétariat Général du Gouvernement, qui lui répond "en liaison avec les départements ministériels intéressés"(voir à ce propos Georges VEDEL, "Excès de pouvoir législatif et excès de pouvoir administratif (I)", *Cahiers du Conseil Constitutionnel*, Etudes et doctrines, 1996, p.60).

[5] Voir, en matière d'amendements, les tableaux proposés par Dmitri-Georges LAVROFF, *in Le droit constitutionnel de la V° République*, Dalloz, 1997, p.708-709.

[6] Union Interparlementaire, *Les Parlements dans le monde - Recueil de données comparatives*, Bruylant, Bruxelles, 1986, p.983.

Gouvernement vers la loi, puisque cela lui permet d'augmenter par là-même son propre champ d'intervention[1].
Une telle intervention de l'Exécutif dans les tâches théoriquement réservées au Législatif n'a donc rien d'étonnant. Aux différentes fonctions de l'Etat ne correspondent pas toujours des organes distincts : il est fréquent que l'exercice d'une fonction soit partagée entre plusieurs organes[2].

Section 2

Un correctif : les rapports parfois difficiles du Gouvernement avec sa majorité parlementaire

L'exposé que nous venons de faire doit cependant être nuancé en fonction de l'importance de la majorité parlementaire qui soutient le Gouvernement. Comme l'explique clairement Nadine LAGRANGE dans sa thèse, "il est rare, pour ne pas dire impossible, qu'un (mandat) se déroule entièrement dans la sérénité"[3], ce qui implique la potentialité pour le Chef du Gouvernement de ne disposer que d'une majorité relative, ou pour le Président de la République de perdre la majorité à l'Assemblée nationale (la "cohabitation", phénomène propre à la V° République[4]).
Malgré son caractère exceptionnel, la cohabitation ne pose pas trop de problèmes au Gouvernement qui l'expérimente. Certes, le Premier ministre ne bénéficie pas de l'appui du Président de la République, et se retrouve donc dans la position d'un chef de gouvernement de régime parlementaire "classique" (c'est-à-dire qu'il est responsable en fait et en droit devant le seul Parlement). On ne peut cependant pas s'en tenir à ce degré d'analyse. En effet, le rapport de forces se complique et s'écarte du modèle habituel, du fait du statut particulier de l'opposition : celle-ci dispose d'une légitimité supérieure à celle qui est la sienne d'ordinaire[5], car elle est le soutien d'un Chef de l'Etat affaibli[6]. Du fait de la nécessité de faire pièce à ses

---

[1] C'est l'une des thèses centrales de *La politique saisie par le Droit - Alternances, cohabitation et Conseil constitutionnel*, Economica, 1988, 158 p..

[2] Cette idée ressort notamment de la thèse de Pierre SERRAND, *L'acte de gouvernement (Contribution à la théorie des fonctions juridiques de l'Etat)*, sous la direction de Stéphane RIALS, Paris II - Panthéon Assas, 5 juillet 1996, 773 p.

[3] Nadine LAGRANGE, *Le phénomène majoritaire, fondement de la V° République ?*, thèse Clermont-Ferrand I, sous la direction du Pr. R. CHIROUX, 1986, p.106. Cette idée est parfaitement transposable aux autres régimes parlementaires connaissant le phénomène majoritaire.

[4] Voir pour plus de détails sur ce phénomène Jean-Claude ZARKA, *Fonction présidentielle et problématique majorité présidentielle / majorité parlementaire sous la Cinquième République (1986-1992)*, *op. cit.* (notamment la première Partie), ou Marie-Anne COHENDET, *La cohabitation - Leçons d'une expérience*, col. Recherches politiques, PUF, 1993, 343 p. (notamment p.31 à 52).

[5] car sa position n'est pas institutionnalisée chez nous comme elle peut l'être en Grande-Bretagne, avec le *Shadow Cabinet*.

[6] Cette subordination de l'opposition parlementaire au Chef de l'Etat n'a cependant rien d'automatique, comme le montre la récente tentative de révision de la Constitution relative au Conseil Supérieur de la Magistrature. L'opposition parlementaire s'est en effet très largement démarquée de la volonté clairement affirmée de Jacques Chirac de faire aboutir ce projet, au point que le texte, voté dans les mêmes termes par les deux Assemblées, n'a finalement pas été présenté au Congrès, le risque étant trop grand qu'il soit repoussé.

éventuelles tentatives de déstabilisation, la majorité parlementaire aura donc tendance à se montrer plus disciplinée, et à faire bloc derrière le Premier ministre[1]. Mais en cas de majorité relative, ou quand sa majorité est particulièrement ténue ou manque de cohésion, le Gouvernement doit prendre des précautions particulières[2]. Grâce à la rationalisation du parlementarisme, il peut très largement se passer du Parlement, au moins en France[3], mais en pratique il évitera autant que possible de se servir de ces techniques, préférant jouer des rapports de forces qui résultent du contexte politique présidant à l'élaboration d'un texte donné, et acceptant de négocier[4]. Il semble que, "soit spontanément, soit par nécessité, Gouvernement et majorité parlementaire sont contraints à essayer de trouver des compromis."[5]. Ce recours au compromis sera suffisant si la nécessité politique n'est pas trop forte, et ce n'est donc que dans un deuxième temps, qu'il faudra éventuellement (et le moins fréquemment possible) utiliser les procédures constitutionnelles de rationalisation du parlementarisme.
Il faut donc nuancer l'idée selon laquelle les Assemblées seraient de simples "Chambres d'enregistrement". Elle a peut-être été vraie en France aux débuts de la V° République, mais elle doit être de plus en plus relativisée aujourd'hui, même dans notre pays, du fait d'une tendance à la revitalisation des institutions parlementaires. Si le Parlement ne détient de toute évidence plus la réalité du pouvoir législatif, il n'en exerce pas moins une indéniable "influence" sur son usage[6]. Comme le note Maryse BAUDREZ dans sa thèse, "finalement, si la législation est "maîtrisée par le Gouvernement, elle est aussi "négociée" avec le Parlement". C'est donc "beaucoup moins en termes de coercition (...) qu'en termes de persuasion"[7] qu'il faut raisonner en la matière.

Nous venons donc de constater que l'Exécutif est à l'origine d'une large majorité des textes législatifs votés par le Parlement. La phase de préparation des textes de loi

---

[1] sous réserve de complications dans la composition de la majorité parlementaire : ainsi, aujourd'hui, l'existence de courants rivaux dans la majorité parlementaire "cohabitationniste" socialiste introduit une incertitude sur sa fidélité au Premier Ministre, l'Assemblée étant dirigée par un de ses "concurrents" (Voir dans ce sens Caroline MONNOT, "De la présidence de l'Assemblée, M. Fabius surveille le travail de M. Jospin", *Le Monde*, 29 juillet 1997, p.1 et 6).

[2] Voir Jacques FOURNIER, *Le travail gouvernemental*, FNSP, 1987, p.81 s.

[3] Comme le remarque Didier MAUS, "la double contrainte constitutionnelle et majoritaire permet au Gouvernement, quasiment sans aucune exception, de faire adopter ses projets de loi." ("Le Conseil constitutionnel, arbitre légitime", *Le Figaro*, 3/09/1996).
La situation est un peu différente en Allemagne et en Espagne, où la rationalisation du parlementarisme s'exerce surtout à l'égard des moyens permettant au Parlement de renverser le Gouvernement, et concerne moins le travail législatif.

[4] Entretien avec M. Alain DELCAMP, Directeur du Service des Commissions au Sénat (26 juin 1997) : le Gouvernement est "maître du jeu", mais il n'a pas toujours les textes qu'il veut, étant le plus souvent obligé de faire des concessions pour ne pas déclencher de "bras de fer".

[5] Guy CARCASSONNE, "La stratégie de ceux qui saisissent", in Association Française des Constitutionnalistes, *Vingt ans de saisine parlementaire du Conseil constitutionnel - Journées d'Etudes du 16 mars 1994* , Economica-PUAM, 1995, p.51.

[6] Ce qui ressortait déjà de l'analyse de Pierre AVRIL en 1981, dans une étude sur "Le Parlement législateur", paru dans la *RFSP* , vol. 31, n°1, "Le Parlement français sous trois Présidents - 1958-1980". Voir notamment sa conclusion , p.31 : "l'influence du Parlement est bien réelle.".

[7] Maryse BAUDREZ, *Les actes législatifs du gouvernement en Italie - Contribution à l'étude de la loi en Droit Constitutionnel italien*, Economica-PUAM, Paris, 1994, p.290.

implique donc au premier chef le Pouvoir exécutif. Nous allons maintenant voir que, dès cette phase, le Juge constitutionnel exerce une incontestable influence.

CHAPITRE 2

LES MANIFESTATIONS DE L'INFLUENCE DU JUGE CONSTITUTIONNEL

Nous nous trouvons à ce stade à l'extrême début du processus qui aboutira au vote et à la promulgation d'une loi. Peu de formalités à caractère juridique sont exigées : il est donc difficile au Conseil constitutionnel d'exercer un contrôle positif[1]. Ceci ne l'empêche cependant pas, comme nous allons le voir, d'intervenir en la matière. Nous examinerons en premier lieu le contenu de cette intervention (Section 1), avant d'en exposer les conséquences, qui concernent l'auto-censure des auteurs des textes (Section 2).

Section 1

Le contenu de l'intervention du Juge constitutionnel

Du fait de ses multiples manifestations (§ 1), l'intervention du Juge constitutionnel pèse de plusieurs manières sur l'élaboration du texte législatif, même si elle relève à ce stade de l'influence plus que du contrôle. Cette constatation a parfois conduit à une dénonciation du risque d'un contrôle politique, qui s'exercerait

---

[1] La seule formalité digne de ce nom pour les lois ordinaires est prévue par l'article 39 : la consultation obligatoire du Conseil d'Etat avant la délibération en Conseil des Ministres. Mais jamais le Conseil constitutionnel n'a eu à statuer sur le point de savoir si elle avait été respectée (voir Thierry RENOUX et Michel de VILLIERS, *Code Constitutionnel - Commenté et annoté*, Litec, 1995, p.375). Dans certaines matières, il arrive cependant qu'une consultation soit imposée sous peine de non-conformité formelle du texte en question : projets de plan ou de programme à caractère économique (contrôlé par le Conseil constitutionnel dans une décision n°86-207 DC, des 25 et 26 juin 1986, "Privatisations", Cs. n°5 - Notes : P. AVRIL et J. GICQUEL, *Pouvoirs* n°40, 1987, p.178; L. FAVOREU, *RDP* 1989, p.399; *GDCC* n°39, p.652; B. GENEVOIS, *AIJC* 1986, p.427 et 454; Y. GUYON, *Revue des Sociétés* 1986, p.606; J. RIVERO, *AJDA* 1986, p.575), ou encore organisation des DOM ou des TOM (décision n°82-141 DC, du 27 juillet 1982, "Communication audiovisuelle", Cs. n°15 et 16 - Notes : P. AVRIL et J. GICQUEL, *Pouvoirs* 1982, n°23, p.180; R. ETIEN, *RA* 1982, p.509; L. FAVOREU, *RDP* 1983, p.333).
De plus il arrive que le Conseil constitutionnel ne suive pas l'avis exprimé par le Conseil d'Etat et respecté par le Gouvernement...Pour éviter les problèmes engendrés par cette incertitude juridique subsistant malgré cette procédure, Louis FAVOREU et Loïc PHILIP envisagent "une consultation du Conseil constitutionnel au cours de la procédure parlementaire; mais ce serait alors faire très directement participer le Juge constitutionnel à l'élaboration de la loi, ce qui nous semble contraire à l'esprit de la Constitution." (L. FAVOREU et L. PHILIP, *GDCC*, Dalloz, 1997, p.488).

en fait indirectement sur l'Exécutif, à travers sa participation à l'exercice de la compétence législative (§ 2).

§ 1 - Des manifestations multiformes

De tout ce qui précède découle une évidence : le contrôle exercé par le Juge constitutionnel sur la constitutionnalité des lois touche effectivement le Pouvoir exécutif, même dans l'hypothèse où aucune compétence de contrôle de l'Exécutif ne lui est expressément dévolue par la Constitution. Ce contrôle peut être envisagé sous trois angles distincts, qui déterminent chacun un aspect différent de l'influence exercée par le Juge constitutionnel sur la préparation de la loi.
Tout d'abord le Juge constitutionnel intervient comme un "contre-pouvoir". Sa tâche n'est plus comme dans un système parlementaire traditionnel de faire respecter l'équilibre constitutionnel entre les pouvoirs exécutif et législatif, mais bien en définitive d'arbitrer les relations entre la majorité (le Gouvernement et sa majorité parlementaire) et l'opposition[1]. Son contrôle est alors logiquement déclenché par l'opposition parlementaire, comme un "moyen de contrôle offert à une minorité politique face au développement d'une législation (...) dont la responsabilité politique incombe au Gouvernement."[2]. Il apparaît donc aux yeux des rédacteurs gouvernementaux de la plupart des futurs textes de loi comme une arme aux mains de l'opposition politique, ce qui induira de leur part une auto-limitation du même type, politique.
En deuxième lieu, le Juge constitutionnel fait figure de contrepoids institutionnel face à l'affaiblissement politique du Parlement, devenant "la seule institution ayant un impact sur le processus législatif dont le Gouvernement ne peut ni ignorer, ni renverser, ni casser les préférences (...)."[3]. En France, à partir de la "grande alternance" de 1981, le Conseil constitutionnel s'est métamorphosé en "un acteur puissant", "(altérant) les processus gouvernementaux au coeur même de l'Etat français"[4]. Il y dispose aussi, comme le note Jean-Claude ZARKA, d'un "authentique pouvoir d'empêcher" limitant "la toute-puissance virtuelle du président de la République"[5], alors que ce dernier bénéficie d'une totale irresponsabilité, à la fois juridique et politique[6].

[1] Voir dans ce sens Gilbert KNAUB, "Le Conseil constitutionnel et la régulation des rapports entre les organes de l'Etat", *op. cit.*, p.1161.
Comme le fait par ailleurs remarquer Yves MÉNY, il veille au respect des "règles du jeu" et précise s'il y a lieu leur contenu (voir Y. MÉNY, *Politique comparée...*, *op. cit.*, p.409-410).
[2] Bruno GENEVOIS, *La jurisprudence du Conseil constitutionnel - Principes directeurs*, STH, 1988, p.11.
[3] Alec STONE, *The birth of Judicial Politics - The Constitutional Council in comparative perspective*, *op. cit.*, p. 214. Voir aussi, dans le même sens, Didier MAUS, "Le Conseil constitutionnel, arbitre légitime", *op. cit.*.
[4] Alec STONE, *op. cit.*, p.225.
[5] Jean-Claude ZARKA, *Le Président de la V° République*, Ellipses, 1994, p.96-97.
[6] Sur l'irresponsabilité du Chef de l'Etat en France, voir, entre autres, les travaux de Pierre AVRIL, et notamment "Pouvoir et responsabilité", *Mélanges Burdeau*, p. 9 s., J.-Cl. ZARKA, *Fonction présidentielle...*, *op. cit.*, p.160-175, Pierre AUVRET, "La responsabilité du Chef de l'Etat sous la V° République", *RDP* 1988, p.77 s., ou encore, sur le mode polémique, Jean-François REVEL,

Enfin, il fait figure de censeur, potentiellement d'autant plus redoutable que le contenu des règles à respecter n'est pas toujours prédéterminé, et qu'il utilise de plus en plus des méthodes constructives[1]. Méthode originale initialement développée aux Etats-Unis, dans le cadre d'un contrôle par voie d'exception, mais adoptée par les Juges constitutionnels du "modèle européen", "la construction de la loi repose sur une démarche très logique qui consiste à présumer que le législateur n'a pas voulu méconnaître la Constitution et que si un doute apparaît sur ce point il faut donner à la loi un sens qui ne la mette pas en contradiction avec la norme de référence (...,) fut-ce en forçant un peu les choses."[2]. Elle provoque alors un autre type d'auto-limitation de la part de l'Exécutif quand il rédige les lois, mais de type juridique cette fois.

§ 2 - Le risque d'un contrôle "politique"

Une telle activité, située à la "charnière" entre le Droit et le Politique, peut comporter pour le Juge constitutionnel le risque de se livrer à un contrôle "politique", "en opportunité". Ce danger est unanimement dénoncé dans tous les pays où existe une telle institution[3]. Nous en rechercherons en premier lieu les raisons (I-), avant d'en voir les manifestations (II-), et ce même si les arguments employés concernent le plus souvent la simple préservation de la liberté du Législatif, et ne remontent pas jusqu'à l'impact du contrôle de constitutionnalité sur la réalisation des objectifs politiques de l'Exécutif.

I - Les raisons de l'existence d'un tel risque

Ce risque de "contrôle politique" est en premier lieu dû à l'ambivalence même de la matière dans laquelle s'exerce l'activité des Cours. Comme le remarque dans sa thèse Joseph PINI, "le contexte constitutionnel teinte immanquablement le domaine de la constitutionnalité d'une nuance politique, (du fait de) l'ambivalence de la notion de Constitution. Norme à part entière (...), elle est aussi le cadre et l'objet de confrontations de forces politiques dans l'Etat et en dehors de l'Etat, interagissant sous sa contrainte tout en cherchant à la contourner."[4]. Le texte législatif voté par le Parlement est donc le résultat de tractations et d'affrontements politiques, et toute activité de contrôle à son égard pourra être interprétée comme une remise en cause

---

L'absolutisme inefficace, ou contre le présidentialisme à la française, col. Agora, Presses Pocket, Paris, 1993, 208 p..

[1] Voir, sur ce point, Jacques FOURNIER, *Le travail gouvernemental*, FNSP, 1987, p.94.

[2] Henry ROUSSILLON, *Le Conseil constitutionnel, op. cit.*, p.74. On distingue classiquement les interprétations "neutralisantes", "constructives" et "directives".

[3] Voir par exemple pour l'Allemagne la recension faite par Peter HÄBERLE, "Verfassungsgerichtsbarkeit als politische Kraft", in P. HÄBERLE, *Verfassungsgerichtsbarkeit zwischen Politik und Rechtswissenschaft*, Athenäum Verlag (RFA), 1980, p.59-79.
Gunnar SCHUPPERT va jusqu'à dire qu'il s'agit d'un "poncif de la littérature concernant les limites de la jurisprudence." (G. F. SCHUPPERT, "Self-restraints der Rechtsprechung...", *op. cit.*, p.1191).

[4] Joseph PINI, *Recherches sur le contentieux de constitutionnalité*, thèse pour le Doctorat en Droit Public, sous la direction du Doyen L. FAVOREU, soutenue à Aix-Marseille III, janvier 1997, p.295.

politique de décisions prises par l'axe Gouvernement-majorité parlementaire - argument utilisé partout pour dénoncer le risque d'un "Gouvernement des Juges"[1]. Une telle analyse est sans doute exacte quand on examine les motivations de la saisine, lorsqu'elle émane des rangs de l'opposition parlementaire[2], mais peut-elle s'appliquer à l'activité de contrôle du Conseil elle-même ? Et dans quelle mesure ? D'autres occasions se présentent en effet également d'accuser le Juge constitutionnel de faire acte politique, et entre autres, comme l'a noté le Professeur Christian AUTEXIER pour le Conseil constitutionnel français, du fait que même un Juge indépendant "peut exercer une fonction de nature politique dans la mesure où son activité juridictionnelle ne peut se réduire totalement à une activité de type syllogistique."[3]. "Ainsi donc, même en se plaçant sur le terrain où se place habituellement la doctrine, on peut difficilement nier que le (Juge constitutionnel) accomplit des actes politiques."[4]. Son action est donc de ce fait même susceptible d'influer sur celle de l'Exécutif.
Il convient cependant de faire le départ en ce qui concerne ce débat entre deux sens du terme "politique" qu'il est facile de confondre : "partisan, politicien" et "touchant la conduite des affaires publiques". Comme le note Alain WERNER, "le contrôle juridictionnel doit être un contrôle sur les actes et non pas sur les comportements, qui ne peuvent être appréciés que par le suffrage universel et ses représentants."[5].

Cette crainte repose toutefois sur un fondement qui ne peut être ignoré. On peut en effet au moins se demander s'il est "admissible, dans un régime démocratique, que des individus (les juges) ou des groupes (le corps judiciaire), lesquels sont relativement exempts de responsabilité, puissent imposer leur propre hiérarchie des valeurs (...) en décidant du sens à donner à des concepts aussi imprécis que la liberté,

---

[1] Il a ainsi été utilisé en France pour dénier au Conseil constitutionnel la qualité d'organe juridictionnel, et dénoncer le risque de "Gouvernement des Juges". Voir par exemple à ce sujet Henry ROUSSILLON, *Le Conseil constitutionnel, op. cit.*, p.5-7.
Mais même en Allemagne où le statut de la Cour constitutionnelle fédérale est peu remis en cause, et où elle fait figure de "clef de voûte des institutions", "dès le commencement il y a eu (...) de sérieux conflits entre le législateur - c'est-à-dire la majorité parlementaire - et le Tribunal constitutionnel." (Jean-Pierre SCHNEIDER, "Continencia judicial y estructura normativa abierta del Derecho Constitucional", in Antonio LOPEZ PIÑA, *Division de poderes e interpretación - Haciá una teoria de la praxis constitucional, op. cit.*, p.74.

[2] Selon Guy CARCASSONNE, il convient de distinguer deux grandes définitions de la saisine du Juge constitutionnel par des autorités politiques : "l'une, c'est la saisine (...), stade suprême de l'hostilité politique à un texte; l'autre, c'est la saisine (...), moyen de sanctionner l'inconstitutionnalité. (...) En début de législature, mais également en fin de législature, c'est-à-dire dans les périodes où naturellement les clivages politiques ont toute leur force (...), c'est fréquemment la saisine stade suprême de l'hostilité politique qui l'emporte." (G. CARCASSONNE, "La stratégie de ceux qui saisissent", in Association Française des Constitutionnalistes, *Vingt ans de saisine parlementaire du Conseil constitutionnel - Journées d'Etudes du 16 mars 1994*, Economica-PUAM, 1995, p.52).
Toujours s'agissant de la saisine, Benoît MERCUZOT note avec raison que la contre-partie que les parlementaires saisissants reçoivent "de leur participation au développement du Conseil est finalement très faible. (Ils) peuvent avoir le sentiment que le contrôle de constitutionnalité sert davantage la Haute Instance qu'il ne les sert eux-mêmes." (B. MERCUZOT, "Les saisines parlementaires dans le contrôle de constitutionnalité des lois", id., p.152 s.).

[3] Christian AUTEXIER, "Le nouveau Conseil constitutionnel - Essai de définition de la fonction de contrôleur de constitutionnalité dans les démocraties occidentales", Extrait de la collection des travaux de la Faculté des Sciences Juridiques, Politiques et Sociales de Lille, p.17.

[4] *Idem*, p.22.

[5] Alain WERNER, "Le Conseil constitutionnel et l'appropriation du pouvoir constituant", *Pouvoirs* n°67, p.135.

l'égalité, le caractère raisonnable, la loyauté, la "procédure qui doit être suivie" ?"[1]. Leur appréciation peut en effet éventuellement aller à l'encontre de celle qu'en a fait le "pôle législatif", c'est-à-dire d'une part l'Exécutif qui est à l'origine de la politique à mettre en oeuvre, et d'autre part les parlementaires de sa majorité, qui ont voté le texte destiné à l'appliquer. On ne peut que tomber d'accord avec le Professeur Mauro CAPPELLETTI quand il estime qu'aucune solution générale et *a priori* ne peut être apportée à ce grave problème, qui ne peut "faire l'objet que de solutions relatives, déterminées en fonction de circonstances multiples"[2]. L'essentiel pour le Juge constitutionnel est de savoir garder la mesure dans l'exercice de son contrôle : le champ d'action relevant du Politique devrait normalement lui rester fermé.

II - Les manifestations de ce risque

On peut noter au titre des manifestations de ce risque de "politisation" du contrôle de constitutionnalité que, si la convergence dans la pratique des Juges constitutionnels que nous avons déjà relevée[3] est particulièrement nette pour les Hauts magistrats des pays occidentaux, et notamment européens, "leurs homologues américains font au contraire à présent une pause pour "panser les plaies" dues au fait que, (selon une opinion répandue) le pouvoir judiciaire s'est immiscé de façon exagérée dans le domaine de la politique."[4].
De même, la Cour constitutionnelle allemande, qui a tant fait pour "juridiciser" les problèmes politiques dans la perspective de la réalisation de l'Etat de Droit, est "en prise permanente avec l'exercice du pouvoir"[5], mais l'accomplissement de l'Etat de Droit en Allemagne déclenche tout de même aujourd'hui des controverses sur le bien-fondé d'un système "qui aboutit trop souvent à confier aux juges la mission des prendre les décisions essentielles, (et) à subordonner aux juges les autorités politiques."[6].

De même encore, en France, le Conseil constitutionnel est attaqué sur le choix et l'utilisation de ses critères de contrôle. Il utilise des critères d'appréciation tirés du "bloc de constitutionnalité" - expression due au Doyen Louis FAVOREU[7] -, dont le Conseil a lui-même défini le contenu, qui désigne toutes les dispositions auxquelles il accorde une valeur constitutionnelle, et par rapport auxquelles il exerce donc son contrôle de constitutionnalité. Le problème vient de ce qu'il ne donne pas nécessairement une définition très nette, et donc objective, de ces critères, alors que

---

[1] Mauro CAPPELLETTI, "Un problème majeur : contrôle juridictionnel des lois et principe de démocratie", *op. cit.*, p.215.
[2] *Idem*, p.216.
[3] Cf. *supra*.
[4] Mauro CAPPELLETTI, "Un problème majeur : contrôle juridictionnel des lois et principe de démocratie - Etude de Droit comparé", article de 1980, in M. CAPPELLETTI : *Le pouvoir des Juges - Articles choisis de Droit judiciaire et constitutionnel comparé*, 1990, p. 218.
[5] Jean GICQUEL, *Droit Constitutionnel et institutions politiques*, 1997, p.340. Il ajoute : "elle y est parfaitement intégrée, à la vérité.".
[6] Michel FROMONT, "République Fédérale d'Allemagne - L'Etat de droit", *op. cit.*, p.1225.
[7] Bien que cette expression soit parlante et permette d'établir un parallèle avec le "bloc de légalité" qui sert de référence au contrôle du Conseil d'Etat, on a pu remarquer qu'elle ne rendait pas exactement compte du caractère hétérogène et fortement évolutif de ces normes (Henry ROUSSILLON, *Le Conseil constitutionnel*, *op. cit.*, p.43-44).

cela permettrait d'en rendre l'application prévisible - et permettrait notamment aux rédacteurs des textes une plus saine appréciation des implications juridiques de leurs choix. D'une manière générale on peut se demander si le Conseil ne "prend (pas) trop de libertés avec les dispositions textuelles."[1].
Ce problème se pose par exemple pour tous les "principes à valeur constitutionnelle"[2], qui ne reposent sur aucun texte et relèvent donc de la seule (bonne) volonté du Conseil[3]. Il se pose aussi pour des normes de référence bien plus couramment employées, telles que la Déclaration des Droits de l'Homme et du Citoyen de 1789[4], ou les " principes particulièrement nécessaires à notre temps" et "principes fondamentaux reconnus par les lois de la République" tirés du Préambule de la Constitution du 27 octobre 1946[5]. En particulier, le caractère ambigu de ces derniers a fait l'objet de nombreuses analyses, notamment quant à leur rapport avec la notion de coutume[6], et quant à leur contenu lui-même, comme l'explique le

---

[1] Dmitri-Georges LAVROFF, *Le Droit constitutionnel de la V° République*, *op. cit.*, 1997, p.237.

[2] Comme le principe constitutionnel de la continuité du service public (décision n°79-105 DC, du 25 juillet 1979, "Droit de grève à la radio-télévision", Cs. n°1 - Notes : J.-Cl. BEGUIN, *JCP* 1981, I, n°19547; L. FAVOREU, *RDP* 1979, p.1705; L. FAVOREU, *Cahiers du CFPC* 1982, n°10, p.41; *GDCC* n°27, p.370; J.-P. JARNEVIC, *Revue Administrative de l'Est de la France* 1980, p.87; A. LEGRAND, *AJDA* 1980, p.191; M. PAILLET, *D* 1980, p.101; D. TURPIN, *DS* 1980, p.441; P. AVRIL et J. GICQUEL, *Pouvoirs* 1979, n°11, p.196; C. LOGMARIET, *DS* 1980, n°1, p.7), ou l'"exigence constitutionnelle" de pluralisme (décision n°86-217 DC, du 18 septembre 1986, "Liberté de communication", Cs. n°4 et 8 - Notes : R. ETIEN, *RA* 1986, p.458 et 564; L. FAVOREU, *RDP* 1989, p.399; B. GENEVOIS, *AIJC* 1986, p.430; Y. GUYON, *Revue des Sociétés* 1986, p.606; P. WACHSMANN, *AJDA* 1987, p.102; H/ MAISL, *D* 1987, Somm. p.381).

[3] Voir sur ce point Henry ROUSSILLON, *Le Conseil constitutionnel*, *op. cit.*, p.52, qui relève cependant que le Conseil n'abuse pas de cette source, qui pourrait le faire dériver vers le "gouvernement des Juges".

[4] Voir en particulier les présentations que font Michel TROPER et Louis FAVOREU de l'interprétation de cette Déclaration par le Conseil constitutionnel, *in* Eivind SMITH (Ed.), *Constitutional Justice under Old Constitutions*, Kluwer Law International, 1995. Ainsi, M. TROPER ("The Interpretation of the Declaration of Human Rights by a Constitutional Judge", p.161-174), montre combien ce texte est vague, ambigu et parfois formel : il en conclut que "les prescriptions de la Déclaration (...) n'ont pas de contenu spécifique. Elles sont de simples formes qui doivent être remplies avec ce qui est considéré comme "égalité" et "justice" à l'époque où le texte est appliqué." (p.174). Quant à Louis FAVOREU ("Property rights in contemporary Court practice - An example of interpretation of old constitutional texts", p.191-204), il conclut que, si l'âge d'un texte constitutionnel ne suffit pas, en soi, à lui faire perdre tout effet légal, et qu'il ne perd pas son sens et ses principales caractéristiques, son interprétation doit tout de même être nuancée en fonction de l'évolution de la société et de ses valeurs (p.199 s. notamment).

[5] Par exemple, *quid* du contenu du principe de "sauvegarde de la dignité de la personne humaine contre toute sorte d'asservissement et de dégradation", posé dans la décision "Bioéthique" (Cs. n°2), et rattaché assez artificiellement à l'alinéa 1° du Préambule de la Constitution de 1946 ?
Décision n°94-343-344 DC, du 27 juillet 1994, "Bioéthique" - Notes : M.-P. DESWARTES, *Journal International de Bioéthique* 1996, vol. 7, n°1, p.10; J.-P. DUPRAT, *LPA* 1994, n°149, p.34; M. EDELMAN, *D* 1995, Chron., p.205; L. FAVOREU, *RFDC* 1994, p.799; L. FAVOREU et T. S. RENOUX, *DS* 1995, Som. comm.; *GDCC* n°47, p.861; F. LUCHAIRE, *RDP* 1994, p.1647; B. MATHIEU, *RFDA* 1994, p.1019.

[6] Il semblerait que le Conseil constitutionnel (décision n°88-244 DC du 20 juillet 1988, "Loi d'amnistie", Cs. n°11 - Notes : P. AVRIL et J. GICQUEL, *Pouvoirs* n°48, 1989, Chronique constitutionnelle, p.185; L. FAVOREU, *RDP* 1989, p.399; B. GENEVOIS, *AIJC* 1988, Chron., p.392; M. PAILLET, *JCP* G, 1989, II, n°21202; F. LUCHAIRE, *D* 1989, J, p.269; X. PRÉTOT, *DS* 1988, p.755; P. WACHSMANN, *AJDA* 1988, p.753) condamne l'explication coutumière de cette catégorie de principes, donnée par exemple par Stéphane RIALS ("Les incertitudes de la notion de Constitution", *RDP* 1984, p.596, n.34), mais ne rejette pas pour autant tout appel à la tradition. Comme l'explique le Professeur Michel VERPEAUX (dans un article sur "Les principes fondamentaux reconnus par les lois de la République ou les principes énoncés dans les lois des Républiques ?", *Les Petites Affiches*, 1993, n°84 et 85), la position du Conseil quant à la notion de "tradition" reste souple : "on peut en déduire qu'il n'est pas nécessaire que

Professeur Michel VERPEAUX[1]. Des doutes sont aussi provoqués par certaines techniques de contrôle, telles par exemple que l'"erreur manifeste d'appréciation"[2], ou l'éventualité d'un contrôle de constitutionnalité *a posteriori* de lois déjà promulguées à l'occasion de lois postérieures "qui la modifient, la complètent ou affectent son domaine"[34], pour lesquelles la jurisprudence du Conseil apparaît pour le moins constructive.

Comme le relève le Président François LUCHAIRE, "à cet égard, la position du Conseil est très délicate (...). Il faut des règles précises pour s'opposer à la volonté

---

celle-ci soit préalable à la loi, mais cette dernière peut fort bien traduire une tradition ancienne." (n°84, p.12).

[1] Quant au contenu même de ces principes, on ne peut que constater qu'il s'agit d'"une catégorie juridique aux contours encore flous. Ils illustrent les difficultés d'un contrôle de constitutionnalité des lois fondé notamment sur un Préambule elliptique et qui est lui-même un renvoi à des textes antérieurs. Parmi les incertitudes pesant sur cette notion, figure le rattachement des principes à la République." (M. VERPEAUX, "Les principes fondamentaux...", *op. cit.*, n°85, p.9).
Voir également Michel VERPEAUX, "La reconnaissance et l'utilisation des principes fondamentaux reconnus par les lois de la République par le juge : la contribution de l'arrêt Koné du Conseil d'Etat à l'analyse de la hiérarchie des normes en matière de droits fondamentaux", *Dalloz* n°27, 17 juillet 1997, p.219-224.

[2] Voir par exemple la décision n°81-127 DC des 19 et 20 janvier 1981, "Sécurité et Liberté", précitée, ou plus encore la décision n°85-197 DC, du 23 août 1985, "Evolution de la Nouvelle-Calédonie", où le Conseil a fait preuve d'une certaine subjectivité dans sa propre appréciation. Voir sur ce point Henry ROUSSILLON, *Le Conseil constitutionnel, op. cit.*, p.78-80, et Laurent HABIB, "La notion d'erreur manifeste d'appréciation dans la jurisprudence du Conseil constitutionnel", *RDP* 1986, p.695 s..
Le Conseil constitutionnel a utilisé cette notion dernièrement , dans une décision n°96-372 DC du 6 février 1996, "Loi organique relative à la date de renouvellement des membres de l'Assemblée territoriale de la Polynésie française" (*JO* p.1872; Notes : J.-C. CAR, *RFDC* 1996, n°27, p. 581; Th. DI MANNO, *RFDC* 1996, n°26, p.383), où il entend "rechercher si les modifications introduites par la loi ne sont pas manifestement inappropriées aux objectifs que s'est assignés le législateur", et une décision n°96-377 DC, du 16 juillet 1996, "Loi tendant à renforcer la répression du terrorisme" (*JO* p.11108; Notes : F. LUCHAIRE, *RDP* 1996, p.1245; B. MERCUZOT, *D* 1997 n°6, p.69; NGUYEN Van Tuong, *JCP* G, 1996, II, n°22709; T. S. RENOUX, *RFDC* 1997, n°28, p.806; D. RICHARD, *Gaz. Pal.* 26-27 février 1997, p.2; O. SCHRAMECK, *AJDA* 1996, p.693; C. TEITGEN-COLY, et F. JULIEN-LAFERRIÈRE, *AJDA* 1997, p.86).

[3] Décision n°96-377 DC, du 16 juillet 1996, "Loi tendant à renforcer la répression du terrorisme...".

[4] Comme le relèvent Guillaume DRAGO et Nicolas MOLFESSIS dans leur "Chronique de Justice constitutionnelle" (*in Justices - Revue Générale de Droit Processuel*, 1997, n°5), la position du Conseil n'est pas très claire sur ce point. Après avoir refusé tout contrôle de constitutionnalité de lois déjà promulguées (décision n°78-96 DC du 27 juillet 1978, "Monopole Radio-Télévision", Cs. n°4 - Notes : P. AVRIL et J. GICQUEL, *Pouvoirs* n°7, 1978, p.165; M. CHENEVOY, *Annales de Clermont-Ferrand* 1978, p.145; C. FRANCK, *AJDA* 1979, p.30; L. HAMON, *D* 1980, J, p.169; L. PHILIP, *RDP* 1979, p.502), il a accepté en 1985 de connaître de la régularité de "termes d'une loi promulguée (...) à l'occasion de l'examen de dispositions législatives qui la modifient, la complètent ou affectent son domaine" (décision n°85-187 DC, du 25 janvier 1985, "Etat d'urgence en Nouvelle-Calédonie", Cs. n°3 - Notes : L. FAVOREU, *RDP* 1986, p.395; C. FRANCK, *JCP* G 1985, II, n°20356; *GDCC* n°37, p.608; B. GENEVOIS, *AIJC* 1985, p.400; F. LUCHAIRE, *D* 1985, p.361; M.de VILLIERS, *RA* 1985, p.355; P. WACHSMANN, *AJDA* 1985, p.362), sans préciser pour autant les conséquences d'une décision consacrant l'inconstitutionnalité de la loi antérieure. Faut-il estimer avec MM. Louis FAVOREU et Loïc PHILIP qu'il ne s'agit que d'un élément d'argumentation pour le Conseil dans sa décision sur la loi actuelle (*GDCC* n°37-3) ? Cependant, il semble logique que, "soit (la) saisine porte légitimement sur la loi ancienne (...) et il faut en tirer toutes les conséquences; soit elle ne peut porter sur la loi ancienne, et on ne voit guère pourquoi le Conseil en examinerait la constitutionnalité, même pour n'en tirer que des conclusions portant sur la loi nouvelle. (...) En tout état de cause, rien dans un système juridique qui fait droit à la suprématie des normes constitutionnelles, ne justifie l'application d'une disposition non seulement contraire à la Constitution, mais, plus encore, dénoncée comme telle par l'organe principalement chargé d'en assurer le respect." (G. DRAGO et N. MOLFESSIS, *op. cit.*).

générale; le Conseil peut les dégager (...); cela permet d'indiquer au Législateur ce qu'il lui est - constitutionnellement - permis ou interdit de décider. Mais par contre, si le Conseil formule une règle générale qui n'est pas absolument nécessaire à l'affaire qui lui est soumise, il paraît, d'une part ajouter à la Constitution, et d'autre part donner une leçon aux pouvoirs publics; c'est utile pour le commentateur mais cela peut agacer le législateur. (...) Entre ces deux attitudes le Conseil n'a pas entièrement choisi (...)"[1], et n'est sans doute pas près de le faire, tant ce choix est difficile à opérer en statuant au cas par cas. En attendant, l'Exécutif est contraint à des exercices périlleux d'"extrapolation jurisprudentielle", dans l'espoir de déterminer ce qui sera ou non admis par le Juge, pour pouvoir mettre en oeuvre ses choix politiques.

Section 2

Les conséquences de cette intervention : une auto-censure des auteurs des projets de loi

Telle que l'a définie le Professeur Alec STONE, cette "auto-limitation" se traduit dans "l'exercice par le Gouvernement d'une auto-restriction législative résultant de l'anticipation d'un recours à, et d'une décision négative éventuelle du" Juge constitutionnel[2]. Un tel phénomène est bien entendu difficile à prouver : il est cependant possible de s'appuyer sur des faits concomitants pour le mettre en évidence. Cette "auto-censure" comporte deux aspects étroitement liés, dont nous avons déjà évoqué les causes[3] : existe d'abord une auto-censure plutôt "juridique", qui se manifeste lors de la rédaction des textes (I-), mais on peut aussi en dégager une autre, plus spécifiquement politique, qui implique la nécessité pour le bloc dirigeant de négocier ses choix pour limiter le risque d'un recours au Juge constitutionnel (II-).

§ 1 - L'auto-limitation juridique des rédacteurs des projets de loi

L'apparition et le développement de la jurisprudence constitutionnelle ont profondément transformé les habitudes des rédacteurs des textes législatifs, et cette remarque vaut pour tous les types de contrôle de constitutionnalité. Comme le note Bruno GENEVOIS, "dès lors que le Gouvernement et le Parlement savent qu'ils doivent compter avec une possible intervention du (Juge constitutionnel), l'examen des problèmes de constitutionnalité a pris une place grandissante dans l'élaboration des projets de loi."[4]. "Le Gouvernement et les parlementaires (ont pris) l'habitude de

[1] François LUCHAIRE, *Le Conseil constitutionnel*, *op. cit.*, p.63.
[2] Alec STONE, *The birth of judicial politics in France - The Constitutionnal Council in comparative perspective*, *op. cit.*, p.122.
[3] Cf. *supra*, Section 1, Paragraphe 1.
[4] Bruno GENEVOIS, "L'influence du Conseil constitutionnel", *Pouvoirs* n°49, 1989, p.51.

tenir compte du possible contrôle par le (Juge constitutionnel) et de se conformer, autant que possible, aux décisions prises par celui-ci (, pratiquant) l'auto-censure préalable."[1]. Les pouvoirs publics font ainsi preuve d'un constant "souci de prévention des inconstitutionnalités"[2], dû entre autres au coût d'une éventuelle censure. Celle-ci se traduit en effet non seulement par une mise en difficulté politique (en cas de problème médiatiquement controversé), mais aussi par une perte de temps importante (qui apparaît quand on se rappelle qu'il faut au minimum six mois pour mener à bien une procédure législative, de l'élaboration du projet à sa phase parlementaire[3]), sans oublier le fait que la solution consistant à passer outre à une censure par une réforme constitutionnelle ponctuelle ne peut être employée qu'exceptionnellement, et seulement quand le problème s'y prête.

Le Gouvernement renforce de ce fait sa mainmise sur l'exercice de la compétence législative, puisqu'il y trouve l'occasion de mettre en oeuvre les compétences juridiques de ses services administratifs, souvent bien supérieures à celles dont disposent les parlementaires. Mais par là même on trouve un nouveau facteur appuyant la thèse de l'influence du Juge constitutionnel sur l'Exécutif lors de la préparation des lois.

En France, les Administrations centrales se sont vu reconnaître officiellement "au niveau national un rôle de conception, d'animation, d'orientation, d'évaluation et de contrôle"[4] lors de l'élaboration des lois. Dès le 27 mai 1988, devant les problèmes de constitutionnalité rencontrés par la production normative gouvernementale, le premier acte officiel du Gouvernement formé par Michel ROCARD fut d'édicter la fameuse "circulaire Rocard"[5]. Il s'agissait d'élaborer un nouveau code de conduite pour les services gouvernementaux, en leur imposant l'obligation de veiller à la conformité à la Constitution - et à la jurisprudence du Conseil constitutionnel - des projets de loi préparés par eux[6]. Ce souci est aujourd'hui devenu constant[7]. Cependant, même si les services juridiques des différents ministères interviennent dans ce but lors de la préparation des avant-projets, l'efficacité de leurs vérifications laisse parfois à désirer. Cette inefficacité relative est due à la fois à l'influence de

---

[1] Dmitri-Georges LAVROFF, *Le Droit Constitutionnel de la V° République*, Dalloz, 1997, p.15.

[2] Bruno GENEVOIS, "L'influence du Conseil constitutionnel", *Pouvoirs* n°49, 1989, p.51.

[3] Chiffre cité par les élèves de l'ENA, dans une étude sur "Les contraintes juridiques qui pèsent sur le travail gouvernemental", *in* ENA, *Le travail gouvernemental*, La Documentation Française, 1996, p.262.

[4] Décret n°92-604 du 1° juillet 1992, portant charte de la déconcentration, article 2.

[5] *JO* 25 mai 1988, p.7381.

[6] " Il convient de tout faire pour déceler et éliminer les risques d'inconstitutionnalité susceptibles d'entacher les projets de loi (...). Cette préoccupation doit être la nôtre même dans les hypothèses où une saisine du Conseil constitutionnel est peu vraisemblable. Je vous demande à cette fin de faire étudier attentivement par vos services les questions de constitutionnalité que pourrait soulever un texte en cours d'élaboration et de saisir le Secrétariat Général du Gouvernement suffisamment à l'avance pour lui permettre de se livrer également à cette étude.".

[7] C'est ce que montre par exemple Jean-Michel BLANQUER, dans son Mémoire de DEA d'Etudes Politiques, *Les freins constitutionnels aux politiques publiques - Les politiques publiques d'Education* (IEP de Paris, sous la direction de Jean-Louis QUERMONNE, septembre 1989, 83 p.) : il met en évidence les freins constitutionnels qui s'exercent par anticipation lors de l'élaboration des projets de lois, phénomène qu'il qualifie de "censure constitutionnelle sur la vie politique".

facteurs politiques (notamment celle des cabinets ministériels)[1], et à des facteurs structurels (d'une part l'insuffisance de la concertation entre les Ministères quand un projet en concerne plusieurs[2], et d'autre part des carences dans l'utilisation des ressources juridiques disponibles[3]). L'essentiel du travail juridique de filtrage du premier jet de la rédaction revient en fait, d'abord au Secrétariat Général du Gouvernement, "greffier de la République (et) conseiller juridique du premier Ministre"[4], qui veille à la bonne qualité juridique, et notamment à la régularité constitutionnelle[5], des textes qui passent devant lui, et en deuxième lieu au Conseil d'Etat (dans sa formation consultative). L'intervention de ce dernier, pour avis, est prévue par la Constitution elle-même, dans son article 39 alinéa 2, mais il peut aussi répondre à des consultations juridiques demandées par les Ministres. Son avis, établi après consultation de représentants des Administrations concernées, consiste en une nouvelle mouture du projet (qui peut différer plus ou moins du projet initial). Il est généralement suivi par le Gouvernement, qui y a d'autant plus d'intérêt que le Conseil constitutionnel tient généralement compte de l'opinion de la Haute Assemblée[6], et que le Conseil d'Etat, dans sa formation contentieuse, reprend généralement les positions de la formation consultative.

En Espagne, le principe est similaire : le Gouvernement bénéficie de l'assistance consultative du *Consejo de Estado*, prévue à l'article 107 de la Constitution[7]; cette consultation n'est cependant pas rendue obligatoire par la Constitution dans le cadre de l'élaboration des projets de loi. S'y rajoute toutefois l'intervention d'une formation interministérielle : tout projet de loi doit, avant d'être présenté au Conseil des Ministres, être soumis à l'examen de la "Commission Générale des Sous-Secrétaires d'Etat", dirigée par le Ministre de la Présidence, qui vérifie leur cohérence, notamment du point de vue juridique. Enfin, les projets de loi touchant "la constitution, l'organisation, le fonctionnement et le gouvernement des Judicatures et Tribunaux, ou au statut juridique des Juges et Magistrats" doivent être transmis au *Consejo General del Poder Judicial*[8].

En Allemagne, l'organisation adoptée est différente. "Les juristes sont présents à tous les stades de l'élaboration des normes"[9], et pas seulement à titre de conseil : chaque

---

[1] Selon les élèves-fonctionnaires de l'ENA, "la reconnaissance de la légitimité des services juridiques, notamment en matière de conseil, à tous les stades d'élaboration d'une norme, est parfois battue en brèche." (*in* ENA, *Le travail gouvernemental*, *op. cit.*, p.270). S'ajoute à ce facteur la crainte de divulgations prématurées des informations.

[2] *Idem*, p.271.

[3] *Idem*, p.266-270 et 272.

[4] *Idem*, p.256.

[5] En son sein, un conseiller technique, maître des requêtes au Conseil d'Etat, est chargé d'y veiller, avec l'assistance des services législatif et de documentation.

[6] Il semblerait que les problèmes de concurrence entre ces deux institutions soient de plus en plus résiduels. Voir, sur ce problème, les travaux du colloque sur *Conseil constitutionnel et Conseil d'Etat*, LGDJ-Montchrestien, 1988, et entre autres les communications de Franck MODERNE ("Complémentarité et compatibilité des décisions du Conseil constitutionnel et du Conseil d'Etat ?", p.313 s.), et de Jean-Louis QUERMONNE ("Les décisions et avis du Conseil d'Etat et du Conseil constitutionnel : enjeu politique", p.397 s.).

[7] Article 107 de la Constitution espagnole :
"Le Conseil d'Etat est l'organe consultatif suprême du Gouvernement...".

[8] Cf. art. 3.5 de la Ley Organica del Poder Judicial (LO 1/1980, du 10 janvier).

[9] ENA, *Le travail gouvernemental*, *op. cit.*, p.259.

projet, placé sous la responsabilité du directeur d'administration centrale compétent (souvent un juriste lui-même), est systématiquement supervisé par un spécialiste. S'ajoute à cette profonde juridicisation de l'appareil gouvernemental l'existence de "bureaux-miroirs" (*Spiegelreferate*) dans certains ministères, permettant la concertation transversale entre les différents ministères impliqués dans un projet, et la supervision systématique sur tous les projets de loi des Ministères de la Justice et de l'Intérieur, qui examinent leur conformité, d'une part aux droits et libertés protégés par la Loi Fondamentale, et d'autre part aux règles d'organisation des pouvoirs posés dans le même texte[1].
On voit donc combien l'organisation administrative de ces trois pays est profondément imprégnée par la conscience de la nécessité d'un respect des exigences constitutionnelles. Cette imprégnation culmine en Allemagne, avec une "juridicisation" diffuse de l'appareil administratif central qui n'a pas encore été atteinte en France.

§ 2 - L'auto-limitation politique du "pôle législatif"

"Le législateur est soumis à la règle de Droit et sait qu'il pourra être contrôlé et (...) cela le conduira dans certaines circonstances à s'auto-limiter."[2]. Comme nous l'avons déjà dit, cette auto-limitation est au premier chef le fait de l'Exécutif. Les circonstances qui la déclencheront peuvent être d'ordre politique. Ce constat s'applique essentiellement aux modes abstraits de contrôle de constitutionnalité des lois, tels qu'ils sont organisés en France.
Dans le contexte français, la saisine du Juge constitutionnel est en effet devenue depuis 1971, et surtout depuis 1974, comme on l'a vu plus haut, une arme politique pour l'opposition parlementaire. Comme le note Benoît MERCUZOT, le contrôle de constitutionnalité est pour certains parlementaires (de l'opposition, par définition exclus du couple Exécutif / majorité parlementaire) un moyen d'attaquer la politique suivie par ce couple, c'est-à-dire décidée par l'Exécutif avec l'appui (plus ou moins librement consenti) de sa majorité parlementaire.[3]. Dans ces conditions, on conçoit que le Gouvernement, auteur de projets de lois, puisse chercher à débarrasser ces derniers des dispositions politiquement les plus controversées dans l'espoir de leur éviter un examen, et *a fortiori* une censure. Il doit donc dans cette perspective procéder à un subtil jeu d'équilibre, entre d'une part les gages nécessaires qu'il doit donner à sa majorité parlementaire, et d'autre part les non moins nécessaires négociations avec l'opposition destinées à éviter des mesures de rétorsion - telles qu'un recours devant le Juge constitutionnel. Il apparaît en effet que, dans ce contexte, "un Gouvernement peut éviter (le) contrôle de constitutionnalité en trouvant un consensus suffisant au Parlement, si bien que les possibilités de

---

[1] Voir toujours ENA, *Le travail gouvernemental*, *op. cit.*.
[2] Louis FAVOREU, *Les Cours constitutionnelles*, Que sais-je n°2293, PUF, Paris, 1996 (3° éd.), p.69.
[3] Voir dans ce sens Benoît MERCUZOT, "Les saisines parlementaires dans le contrôle de constitutionnalité des lois", *in* Association Française des Constitutionnalistes, *Vingt ans de saisine parlementaire du Conseil constitutionnel - Journées d'Etudes du 16 mars 1994* , Economica-PUAM, 1995, p.141-152.

négociation avec l'opposition sont souvent aussi, voire plus, importantes que les aspects strictement juridiques d'un projet de loi."[1]. Ce mouvement est "encouragé" par les "nombreuses exceptions d'irrecevabilité, s'analysant d'ailleurs en exceptions d'inconstitutionnalité, déposées par les députés et les sénateurs de l'opposition à l'encontre de la plupart des textes et des projets de loi importants."[2]. Il revient donc finalement au Gouvernement de "décider jusqu'où il est disposé à compromettre ses objectifs pour assurer la constitutionnalité d'une loi. (...Il) peut simplement décider qu'un compromis avec certaines positions de l'opposition peut être moins douloureux que de souffrir les dommages d'une censure du Conseil."[3]. On peut même imaginer, bien qu'il soit évidemment difficile de le prouver, que l'argumentation "constitutionnelle" puisse servir à un Gouvernement pour s'exonérer de l'obligation de tenir des promesses de campagne électorale irréalistes ou trop difficiles à réaliser, quitte d'ailleurs à faire du Juge constitutionnel un bouc émissaire[4].

Ce phénomène est renforcé par la tendance unanimement constatée à une application extensive de la jurisprudence constitutionnelle par le législateur. Comme le note le Professeur Christine LANDFRIED pour l'Allemagne, "les hommes politiques anticipent le contrôle de constitutionnalité parce qu'ils cherchent à éviter d'entrer en conflit avec le Juge. De plus, ils ne tiennent pas seulement compte des principaux arguments de ces derniers, mais aussi des *obiter dicta.* Parfois ils attendent même que la solution à un problème donné vienne de la Cour constitutionnelle (...)."[5]. S'ajoutent à ces considérations les problèmes dus à la plus ou moins grande "prédictibilité"[6] de la jurisprudence constitutionnelle, celle-ci pouvant faire montre d'une grande créativité. De ce fait, même si le Gouvernement peut paraître bénéficier d'une plus grande liberté d'action dans les domaines où le Juge constitutionnel "n'a pas posé de règles, ou en a posé de favorables au Gouvernement"[7], le résultat n'est pas acquis pour autant.

Se développe donc une sorte de "normalisation" des comportements politiques, provoquée par la banalisation du contrôle de constitutionnalité des lois, et valable pour tous les pays concernés par ce phénomène. Le Professeur Alec STONE estime à ce sujet que "les variations significatives dans la conduite de la politique constitutionnelle peuvent (...) être expliquées par le plus grand penchant français pour les débats parlementaires polarisés et inflexibles, et par la plus grande tolérance allemande envers les solutions juridictionnelles à des conflits politiques."[8].

---

[1] Jacques ZILLER, *Administrations comparées - Les systèmes politico-administratifs de l'Europe des Douze*, *op. cit.*, p.142.
[2] Louis FAVOREU, *La politique saisie par le droit - Alternances, cohabitation et Conseil constitutionnel*, Economica, Paris, 1988, p.30.
[3] Alec STONE, *op. cit.*, p.128.
[4] Dans ce sens, voir A. STONE, *op. cit.*, p.129 s.
[5] Christine LANDFRIED, "Constitutional review and legislation in the Federal Republic of Germany", *in* Christine LANDFRIED (dir.), *Constitutional review and legislation - An international comparison*, Nomos, Baden-Baden, 1988, p.161.
[6] Henry ROUSSILLON, "L'avenir du Conseil constitutionnel : la banalisation", *Administration*, 1998, p.5.
[7] Alec STONE, *The birth of judicial politics...*, *op. cit.*, p.125.
[8] *Idem*, p.235.

L'influence exercée par le Juge constitutionnel sur la préparation des textes législatifs se caractérise donc en premier lieu par le contenu protéiforme du contrôle de constitutionnalité, dont les implications sont multiples. Cette activité lui permet de toucher le Pouvoir exécutif sous des angles différents (arme aux mains de l'opposition politique, contre-poids institutionnel et censeur juridictionnel), mais elle présente aussi, par là-même, un grand danger : elle risque toujours de prêter le flanc à l'accusation de politisation, le Juge constitutionnel étant soupçonné de vouloir substituer son appréciation à celle des autorités politiques à l'origine des textes contrôlés - et en particulier l'Exécutif. Les conséquences de cette intervention sont cependant claires : les auteurs gouvernementaux des textes législatifs s'auto-limitent, dans l'espoir d'une part de ne pas encourir la censure du juge, et même si possible d'éviter sa saisine.

L'influence de la jurisprudence constitutionnelle sur l'Exécutif "en amont" de la procédure législative proprement dite, lors de la préparation du texte législatif, n'est donc possible qu'à cause des nouveaux équilibres internes des régimes parlementaires contemporains. En effet, du fait de l'établissement de rapports étroits entre Gouvernement et Parlement, l'Exécutif a acquis une forte maîtrise sur la fonction législative : la plupart des textes législatifs sont aujourd'hui d'origine gouvernementale. Cette évolution a été concomitante au développement d'un usage "politique" de la saisine constitutionnelle, dû à la fonction de "rééquilibrage des pouvoirs" assumée par le Juge L'Exécutif a donc été contraint de tenir compte de la jurisprudence du Juge constitutionnel lors de la rédaction de ses projets de loi, dans le but d'éviter la censure - ce qui l'a contraint à s'auto-limiter.
Nous allons maintenant voir comment la jurisprudence constitutionnelle en matière de procédure législative touche elle aussi l'Exécutif, constituant cette fois-ci pour lui non plus seulement une influence, mais bien une contrainte importante.

Titre deuxième

LE CONTROLE CONSTITUTIONNEL DE LA PROCEDURE LEGISLATIVE : UNE REELLE CONTRAINTE POUR L'EXECUTIF

Comme nous avons pu le constater plus haut, la compétence législative n'est plus aujourd'hui le seul fait du Parlement : elle relève bien au contraire de ce que nous avons qualifié de "pôle législatif", c'est-à-dire de l'existence d'une communauté d'intérêts entre l'Exécutif et sa majorité parlementaire, dont la direction revient à l'Exécutif. Dans ce contexte, dont l'émergence est due à l'apparition du "fait majoritaire", le contrôle de constitutionnalité de la procédure législative a changé d'effet. Bien qu'il ait été au départ établi dans le cadre de la rationalisation du parlementarisme, au service de l'Exécutif, pour lui permettre de contrôler et de rendre plus efficace l'activité parlementaire, il offre aujourd'hui au Juge constitutionnel la possibilité d'intervenir indirectement dans l'activité de l'Exécutif. A ce titre, il constitue bien souvent une réelle contrainte pour ce dernier. On peut en effet remarquer que si, dans des hypothèses relativement limitées, le Juge constitutionnel continue à favoriser la maîtrise de l'Exécutif sur le jeu parlementaire, il développe de plus en plus sa censure sur lui. En fait, deux logiques sont à l'oeuvre en la matière : d'une part la logique initiale de défense de l'Exécutif, plus ou moins marquée selon les systèmes institutionnels, qui se manifeste principalement au cours de la phase parlementaire de la procédure législative, et d'autre part une logique "institutionnelle" qui le pousse à censurer ce même Exécutif, dans le cadre du développement de ses propres compétences.

Ce contrôle de constitutionnalité intervient donc à deux niveaux, et est dans tous les cas un facteur de contrainte sur l'activité de l'Exécutif : tout d'abord pour fixer les limites du champ d'intervention ouvert au législateur (Chapitre 1), et ensuite pour contrôler le bon déroulement de la procédure parlementaire (Chapitre 2).

CHAPITRE PREMIER

LE CONTROLE DES LIMITES DU CHAMP D'INTERVENTION DE L'EXECUTIF PAR LA VOIE LEGISLATIVE

Le but de ce chapitre est de montrer que le Juge constitutionnel agit à l'égard du pouvoir politique - et donc de son moteur, le Pouvoir exécutif - comme un véritable "aiguilleur normatif" : il canalise le flux normatif à l'occasion du contrôle de constitutionnalité, et préserve ainsi son propre champ de compétences. Ces développements sont donc entièrement sous-tendus par l'idée selon laquelle, en ce qui concerne le champ d'intervention du législateur, les intérêts de l'Exécutif sont les mêmes que ceux de sa majorité parlementaire. Le Pouvoir exécutif cherche en effet avant tout à mettre en oeuvre ses options politiques, par l'instrument de sa majorité (plus ou moins fidèle suivant sa cohésion), quitte à malmener dans ce but les répartitions constitutionnelles de compétences.
L'intervention en la matière des Cours constitutionnelles est marquée par un double mouvement : d'une part elles ont veillé à ne pas laisser restreindre le champ d'action du Pouvoir législatif (quand elles ne l'ont pas étendu grâce à leur jurisprudence, comme en France) (Section 1), et d'autre part elles ont favorisé un phénomène d'"entonnoir" (Louis FAVOREU) en forçant le législateur à remplir la totalité de ses compétences (Section 2). L'Exécutif est donc dans un nombre toujours croissant de cas forcé d'emprunter la voie législative pour exécuter son programme politique, et par là-même obligé de le soumettre à la censure du juge constitutionnel, mais il ne peut par ailleurs pas toujours s'en servir à sa convenance, quand le caractère privilégié de ce véhicule normatif pourrait lui être utile.

Section 1

Le contrôle du non-dépassement du champ de compétences dévolu à la loi

La fonction d'aiguillage du Juge constitutionnel se manifeste ici sous différentes formes, même s'il s'agit dans tous les cas de faire respecter la séparation des pouvoirs telle qu'elle est établie dans la Constitution, c'est-à-dire les champs d'action respectifs des différents pouvoirs constitués. Le dogme de la souveraineté de la loi, véhicule normatif privilégié, est bien dépassé aujourd'hui[1]. De nos jours des limitations du domaine d'intervention du législateur existent partout, avec toutefois un contenu et des effets différents selon le cadre constitutionnel envisagé. Les Constitutions des 3 pays retenus pour notre étude connaissent ainsi une limitation du domaine législatif, bien que son contenu soit sensiblement différent. En la faisant respecter, le Juge constitutionnel peut donc empêcher l'Exécutif d'utiliser la loi pour élargir le champ de ses capacités d'action. Mais nous allons voir que même quand il la laisse apparemment violer, ce n'est pas pour autant nécessairement avantageux pour l'Exécutif.

Le principal problème soulevé ici réside dans le fait que le sens et la portée du principe de séparation des pouvoirs varie selon les pays étudiés, malgré une origine commune[2]. Ainsi, si en France la difficulté majeure a concerné la délimitation du domaine de la loi (§ 1), en Allemagne et en Espagne elle s'est plutôt concentrée sur l'arbitrage des relations entre l'Etat central et les collectivités infra-étatiques[3] (§ 2).

§ 1 - Le contrôle du respect des domaines de la loi et du règlement: un avantage tout relatif pour l'Exécutif français

Ce contrôle se caractérise par trois aspects, que nous exposerons séparément bien qu'il soient liés : deux ont trait aux résultats de l'interprétation des articles de la Constitution relatifs à la distinction entre loi et règlement, et un autre à l'interprétation du domaine de la loi. Nous étudierons donc d'abord la neutralisation jurisprudentielle de la distinction entre les domaines de la loi et du règlement (I-), combinée à un usage restrictif par l'Exécutif des articles 37 al.2 et 41 de la Constitution (II-), puis l'extension jurisprudentielle du domaine législatif (III-). A première vue, cette jurisprudence est favorable à la liberté d'action de l'Exécutif. Ce n'est cependant qu'une apparence : elle permet surtout au Conseil de développer son champ de compétences, pour finalement, contrôler plus sûrement l'activité de l'Exécutif.

---

[1] Sur la suprématie de la loi en application de la théorie rousseauiste de "la loi, expression de la volonté générale", voir la démonstration appliquée par le Professeur CARRÉ DE MALBERG à la III° République, dans Raymond CARRÉ DE MALBERG, *La Loi, expression de la volonté générale - Etude sur le concept de la loi dans la constitution de 1875*, Sirey, Paris, 1931, 228 p., notamment Chapitre 1.

[2] Voir sur ce point Jacques ZILLER, *Administrations comparées*, *op. cit.*, 1993, p. 285.
Il explique que "certes, l'influence de Montesquieu en matière de doctrine de la séparation des pouvoirs est à peu près égale"dans tous les pays européens, mais que l'angle sous lequel son étude est abordée, ainsi que les problèmes pratiques ou doctrinaux qu'elle soulève, sont spécifiques à chaque pays, et présentent donc peu de points communs.

[3] Cette expression permettant de désigner ici à la fois les Etats fédérés allemands et les Communautés Autonomes espagnoles.

I - Le sort de la distinction constitutionnelle entre les domaines de la loi et du règlement

La conséquence logique (B-) de l'évolution du régime parlementaire est intervenue en 1982, avec la neutralisation de l'opposition entre domaine de la loi et domaine du règlement (A-), qui est à l'origine de nouvelles tentatives d'explication de la conjonction entre articles 34 et 37 de la Constitution[1].

A - L'IMPACT DE LA DECISION "BLOCAGE DES PRIX ET DES REVENUS"

La décision clé en la matière est celle du 20 juillet 1982, "Blocage des prix et revenus", n°82-143 DC, qui entérine une longue évolution et en tire les conséquences. Il n'est pas inutile d'en rappeler les points essentiels. Le Conseil constitutionnel y refuse de considérer le respect du partage constitutionnel des compétences entre Parlement et Gouvernement, instauré par les articles 34 et 37 de la Constitution, comme un moyen d'ordre public susceptible d'être invoqué par n'importe quel requérant[2]. Il met ainsi un terme à une controverse doctrinale sur ce thème, qui avait été alimentée par l'orientation initiale de sa jurisprudence sur ce point. Pendant très longtemps, il avait en effet accepté d'être saisi sur la base de l'article 61-2 de requêtes dirigées contre la violation par le législateur des limites de son domaine de compétence[3], et s'il avait fini par les rejeter, ce n'était qu'après les avoir examinées au fond[4]. Il choisit donc de laisser le Gouvernement et sa majorité parlementaire malmener la répartition constitutionnelle des compétences en matière normative, en reprenant pour l'essentiel une argumentation déjà développée par

---

[1] Sur le contenu, les avantages et les inconvénients de la notion de "réserve réglementaire", étudiée à partir de l'exemple français de la Constitution de 1958, voir l'intéressante thèse de Jordi BARRAT I ESTEVE, *La reserva reglamentaria*, soutenue à León (Espagne) en 1997, sous la direction du Pr. M. B. GARCIA ALVAREZ.

[2] En l'espèce par des parlementaires de l'opposition, qui se voient répondre par le Conseil : "Considérant (...) que les députés auteurs de la saisine ne sauraient se prévaloir de ce que le législateur est intervenu dans le domaine réglementaire pour soutenir que la disposition critiquée serait contraire à la Constitution."(Cs. 11).

[3] Ainsi dès les débuts de la V° République avec la décision n°64-27 DC du 18 décembre 1964 (Notes : L. FAVOREU et L. PHILIP, *GDCC* 1° éd. n°18, p.194; L. HAMON, *D* 1966, J, p.17, A. de LAUBADÈRE, *AJDA* 1965, p.100), mais aussi peu avant son "revirement", avec la décision n°78-95 DC du 27 juillet 1978, "Enseignement professionnel agricole" (Notes : P. AVRIL et J. GICQUEL, *Pouvoirs* n°7, 1978, p.175, 179; C. FRANCK, *AJDA* 1979, p.29; L. PHILIP, *RDP* 1979, p.486 et 487).

[4] Ainsi pour les décisions n°79-104 DC du 23 mai 1979, "Territoire de Nouvelle-Calédonie" (Notes : P. AVRIL et J. GICQUEL, *Pouvoirs* n°11, 1979, p.186; L. FAVOREU, *RDP* 1979, p.1695; L. HAMON, *Gaz. Pal.* 1981, n°53-55, p.12), n°80-119 DC du 22 juillet 1980, "Validation d'actes administratifs" (Notes : G. CARCASSONNE, *AJDA* 1980, p.602; L. FAVOREU, *RDP* 1980, p.1658; C. FRANCK, *D* 1981, p.65; *GDCC* n°29, p.414; L. HAMON, *D* 1981, IR, p.357; NGUYEN Quoc Vinh, *JCP* 1981, II, n°19603; Y. PLOUVIN, *Gaz. Pal.* 8-10 et 11-12 février 1981; M. de VILLIERS, *RA* 1981, p.33), n°82-139 DC du 11 février 1982, "Nationalisation II" (Notes : P. AVRIL et J. GICQUEL, *Pouvoirs* n°21, 1982, p.191; J.-M. BISCHOFF, *RCDIP* 1982, p.349; F. CHARTIER, *Gaz. Pal.* 1981, doct., p.448; B. CUBERTAFOND, *Actes* n°38, 1982; L. FAVOREU, *RDP* 1982, p.377; L. HAMON, *D* 1983, I, p.169; P. LÉONARD, *Gaz. Pal.* 1981, doct., p.440; NGUYEN Quoc Vinh et C. FRANCK, *JCP* 1982, II, n°19788; A. PIEDELIEVRE et J. DUPICHOT, *Gaz. Pal.* 1982, n°31/33, p.2; J. RIVERO, "Ni lu, ni compris ?", *AJDA* 1982, p.209; B. SAINT-GIRONS, *Revue des Sociétés* 1982, p.354; M. de VILLIERS, *RA* 1982, p.153), et n°82-142 DC du 27 juillet 1982, "Réforme de la planification" (Notes : P. AVRIL et J. GICQUEL, *Pouvoirs* 1982, n°23, p.184; R. ETIEN, *RA* 1982, p.509; L. FAVOREU, *RDP* 1983, p.133; H. JACQUOT, *AJDA* 1982, p.577; F. QUEROL, *JCP* 1988).

René CAPITANT et Michel DEBRÉ dans les années soixante : les dispositions des articles 37 al.2 et 41 "ont un caractère facultatif; (...) il apparaît ainsi que, par les articles 64 et 67, al. 1°, la Constitution n'a pas entendu frapper d'inconstitutionnalité une disposition de nature réglementaire contenue dans une loi, mais a voulu, (...) reconnaître à l'autorité réglementaire un domaine propre et conférer au Gouvernement, par la mise en oeuvre (de ces procédures), le pouvoir d'en assurer la protection contre d'éventuels empiétements de la loi (...)"[1].

Cette évolution a eu pour conséquence l'émergence de nouvelles tentatives d'explication du complexe art. 34 / art. 37. Selon leurs auteurs, ces deux articles n'avaient pas pour but de "dévaloriser" le Parlement, contrairement à ce qu'on avance parfois, mais visaient simplement à répartir l'exercice des compétences entre Parlement et Exécutif, selon ce qui est fondamental ou secondaire, principal ou accessoire[2].

B - UNE EVOLUTION LOGIQUE

Il s'agit là, comme nous l'avons vu, d'une évolution logique, puisque le Conseil constitutionnel entérine ainsi l'évolution du régime parlementaire, en acceptant une des manifestations les plus évidentes de l'"unité fonctionnelle" qui prévaut aujourd'hui entre le Gouvernement et sa majorité parlementaire. S'il ne l'avait pas fait, il aurait couru le risque de gêner et de ralentir inopportunément l'action du Gouvernement[3] (notamment en période d'alternance de majorité politique), attitude qui, nous l'avons dit, n'aurait d'ailleurs pas été dépourvue de dangers pour lui. Il semble donc à première vue avantager le Pouvoir exécutif, plutôt que le contrôler. Le seul "revers du tableau", de ce point de vue, réside dans ce qu'on appelle souvent le "déclin de la loi", constat visant le nombre croissant de lois mal écrites, confuses, mêlant intimement déclarations d'intention, dispositions générales et dispositions de détail.

---

[1] Décision n° 82-143 DC, "Blocage des prix et revenus", Cs. 11 (Notes : L. FAVOREU, *RDP* 1983, p.333; *GDCC* n°33, p.525; M. de VILLIERS, *RA* 1983, p.247 et 360).

[2] Ainsi Jean-Louis PEZANT soutenait-il en 1977 que "l'idée suivant laquelle il doit exister un rapport entre la nature de l'acte et son objet (...) nous paraît constituer le véritable fondement du système imaginé en 1958." (Jean-Louis PEZANT, "Contribution à l'étude du pouvoir législatif selon la Constitution de 1958", in *Mélanges Burdeau*, 1977, p.461). Son idée est que la loi comme norme ne voit pas sa valeur intrinsèque affectée par le nouvel ordre constitutionnel, car son statut une fois édicté ne change pas, mais que la fonction législative, par contre, est subordonnée, à la fois à l'Exécutif (du fait de sa rationalisation) et au Conseil constitutionnel ("dont les décisions forgent les conditions de son exercice" (*idem*, p.473)). Plus récemment, Marcel MONIN essayait quant à lui de "renverser quelques certitudes" (Marcel MONIN, "1989 : Réflexions à l'occasion d'un anniversaire : Trente ans de hiérarchie des normes", *Recueil Dalloz* 1990, Chronique, p.27 s.). Pour lui il a toujours été faux de dire que le pouvoir législatif n'avait qu'une "compétence d'attribution" sous la V° République : cette affirmation ne repose que sur des arguments de forme, sans tenir compte du fait que la Constitution de 1958 n'a opéré aucune redistribution fondamentale des compétences, se contentant de mettre en forme constitutionnelle des pratiques préexistant dans les Républiques antérieures. De même conteste-t-il la notion même de "hiérarchie des normes", car elle ne peut se déduire de la hiérarchie administrative entre les auteurs de ces normes : il estime que "le respect de règles ou de principes dépend moins de la place qu'on décide de leur assigner dans une hiérarchie des normes que de l'existence et de l'audace de Juges qui feront entrer dans leur propre compétence la possibilité de censurer l'acte qui les méconnaît." (*idem*).

[3] Sur ce point, voir entre autres les nombreuses prises de position du Doyen FAVOREU, rappelées dans les *Grandes Décisions du Conseil constitutionnel*, p.91 et p.523 par exemple.

Le grand intérêt de ce nouvel état de fait se trouve cependant ailleurs. Il est en réalité "stratégiquement" très intéressant pour le Conseil constitutionnel. Certes au premier abord, comme nous venons de le dire, il se refuse à sanctionner des agissements au moins tolérés, mais le plus souvent voulus par l'Exécutif. Mais jusqu'à quel point n'est-ce pas un "cadeau empoisonné"? L'essentiel des actes relevant du domaine réglementaire échappe en effet au contrôle du Conseil[1], contrairement aux lois, même si ces dernières restent statistiquement peu contrôlées. Donc, en favorisant le recours à la loi, c'est-à-dire le fait que le plus grand nombre possible de normes puissent prendre la forme législative, il protège et étend son champ de compétence, ce qui est dans sa logique d'institution. Mais au-delà même de cette considération, il faut aussi voir qu'il accroît ainsi son pouvoir. En effet, quand l'Exécutif décide de recourir à la voie législative pour émettre les normes qu'il souhaite voir appliquer, ce recours est facilité par le Conseil, mais cela implique en contrepartie de passer sous les fourches caudines du Conseil, en respectant les principes de constitutionnalité par lui définis. Notre hypothèse de contrôle indirect de l'Exécutif à l'occasion du recours à la loi se trouve donc vérifiée[2].

II - L'usage restreint des articles 37 al.2 et 41 de la Constitution

La disparition de la sanction "spontanée" par le Conseil constitutionnel de la distinction entre loi et règlement s'est doublée d'une forte diminution de l'usage des articles 37al.2 et 41 de la Constitution, qui devaient permettre à l'Exécutif de faire respecter lui-même ses prérogatives constitutionnelles en matière normative. Ces articles gouvernent finalement aujourd'hui des procédures statistiquement peu utilisées (A-), du fait d'une conjoncture politico-institutionnelle défavorable (B-).

A - DES PROCEDURES PEU UTILISEES

Ces deux articles représentaient dans l'esprit des rédacteurs de la Constitution de 1958 des instruments destinés à protéger le champ d'intervention de l'Exécutif contre d'éventuelles intrusions du pouvoir législatif[3]. Mais ils n'ont vraiment été

---

[1] Sous réserve dans une certaine mesure du contrôle des lois d'habilitation de l'article 38 (cf. *infra*).

[2] Sous réserve de son attitude de "self-restraint", que nous avons déjà évoquée plus haut.

[3] Cf. le discours de Michel DEBRÉ devant le Conseil d'Etat le 27 août 1958 : "Définir le domaine de la loi, ou plutôt du Parlement, ce n'est pas réduire la vie parlementaire, c'est également, par détermination des responsabilités du Gouvernement, assurer entre le Ministère et les Assemblées une répartition nécessaire des tâches. (...) La définition du domaine de la loi rend au règlement, c'est-à-dire à la responsabilité du Gouvernement, un domaine étendu. Il faut, en outre, qu'une arme soit donnée au Gouvernement pour éviter les empiétements à venir; c'est l'exception d'irrecevabilité qui peut être contestée par l'Assemblée, auquel cas le Conseil constitutionnel (...) a mission d'arbitrer.".
Voir aussi, dans le même sens, une intervention du Commissaire du Gouvernement JANOT lors de la discussion du projet de Constitution devant l'Assemblée Générale du Conseil d'Etat, le 28 août 1958 : "il a semblé au Gouvernement nécessaire que la Constitution définisse le domaine de la loi. Et il a semblé nécessaire, aussi, d'instituer un mécanisme qui garantisse, d'une part que la loi n'irait pas au-delà de son domaine, d'autre part, si elle en dépassait les limites, que cela puisse toujours être redressé par le Gouvernement."
(*in* Comité National chargé de la Publication des Travaux Préparatoires des Institutions de la V° République, *Documents pour servir à l'Histoire de l'élaboration de la Constitution du 4 octobre 1958*, vol. 3, "Du Conseil d'Etat au référendum - 20 août - 28 septembre 1958", p.257-258, et p.395).

utilisés qu'au début de la V° République, et leur usage est resté stagnant depuis, l'article 41 tombant même dans une quasi-désuétude. En fait comme le remarquent les Professeurs Thierry RENOUX et Michel de VILLIERS, "la pratique des pouvoirs publics est (...) à prendre en considération (...). Le Parlement (...) peut parfaitement voter des dispositions matériellement réglementaires dès lors que le Gouvernement, soit les intègre dans un projet de loi ou un amendement, soit n'oppose pas l'irrecevabilité à une proposition ou à un amendement parlementaire les contenant."[1].

Pour ce qui est des décisions du Conseil constitutionnel prises sur la base de l'article 37 alinéa 2, une étude statistique montre que leur nombre est resté à peu près constant depuis les débuts de la V° République, ne dépassant qu'exceptionnellement les 9 % des lois adoptées, et se situant habituellement dans une moyenne de 5,15 %. Ce chiffre doit être relativisé par la considération selon laquelle bien souvent seul un article de ces lois est visé, et qu'en conséquence les délégalisations opérées sont minimes[2]. Il apparaît de plus, selon l'analyse des Professeurs Thierry RENOUX et Michel de VILLIERS, que "les saisines les plus importantes sont provoquées par les travaux de codification"[3], quand interviennent la Commission Supérieure de Codification ou le Conseil d'Etat. On voit donc bien que l'utilité de cet article n'apparaît que ponctuellement, selon les besoins de la politique normative du Gouvernement, et n'est pas intrinsèquement liée à la volonté de ce dernier de protéger son domaine de compétence en tant que tel.

De même, si l'on se réfère à l'étude d'Eric OLIVA sur l'application de l'article 41, on voit que, de 1959 à 1991, il a été invoqué 158 fois, et principalement à l'encontre d'amendements[4]. Il ressort de cette thèse que, s'il est d'un usage très restreint en matière de respect de la distinction entre domaine législatif et domaine réglementaire, l'article 41 est tout de même utilisé par le Conseil constitutionnel pour sanctionner le respect de la séparation des pouvoirs *lato sensu*. Son auteur note ainsi que "l'étude des pratiques sanctionnées par l'article 41 de la Constitution montre que les parlementaires ont la tentation pour des motifs politiques d'empiéter sur les attributions du pouvoir exécutif par le canal législatif. (...) Le Conseil constitutionnel (...) a toujours interdit (au législateur) d'outrepasser ses compétences au mépris de la séparation des pouvoirs déterminée par la Constitution."[5], et donc en définitive de tenter de se substituer au pouvoir exécutif. On peut également relever, avec Bruno BAUFUMÉ, que l'usage de cet article obéit de la part du Gouvernement, dans une large mesure, à des critères politiques : "volonté de hâter, faciliter ou préserver le bon déroulement des débats", pour contrecarrer des tentatives

---

[1] Thierry RENOUX et Michel DE VILLIERS, *op. cit.*, p.328.

[2] Voir, dans le sens de cette relativisation, l'étude statistique opérée par Bruno BAUFUMÉ, *Le droit d'amendement et la Constitution sous la Cinquième République*, Bibliothèque Constitutionnelle et de Science Politique, tome 77, LGDJ, Paris, 1992, p.57, au terme de laquelle il conclut que "le nombre d'articles de lois concernés par une délégalisation est extrêmement faible".

[3] Thierry RENOUX et Michel DE VILLIERS, *Code constitutionnel - Commenté et annoté*, Litec, 1995, p.370.

[4] Eric OLIVA, *L'article 41 de la Constitution du 4 octobre 1958*, thèse Aix-Marseille III, sous la direction de L. FAVOREU, 1992, p.9 et tableau p.519.

[5] *Id.*, p.485-486, où il cite pour illustrer ses propos l'empiétement sur des compétences gouvernementales non-normatives, ou le fait d'adresser des injonctions au Gouvernement. Il vise aussi un peu plus loin les "cas dans lesquels le législateur méconnaît la combinaison des articles 20 et 52 de la Constitution."(p.487).

d'obstruction de la part de l'opposition parlementaire, ou pour "éviter un débat ou un scrutin périlleux en faisant immédiatement disparaître l'amendement qui en est le support."[1].

B - UNE CONJONCTURE DEFAVORABLE

Cette situation peut s'expliquer par la conjonction de deux facteurs convergents : l'inutilité politique de ces techniques d'écartement du Parlement, qui se double d'un grand attrait de l'outil législatif pour l'Exécutif.
Le premier facteur pertinent est de caractère en grande partie politique. Il tient au fait que le texte de la Constitution a été rédigé dans le contexte de la IV° République, c'est-à-dire d'un parlementarisme déséquilibré au détriment de l'Exécutif, où la multiplicité des tendances politiques représentées au Parlement ne permettait la plupart du temps que la formation de Gouvernements de coalition[2]. Les Constituants ont donc cherché à remédier à ce problème récurrent en dotant le Gouvernement de puissants moyens de pression sur un Parlement supposé rétif : d'où la rationalisation poussée du parlementarisme, et l'introduction d'une définition matérielle de la loi. Ces calculs n'ont cependant pas prévu un phénomène essentiel pour le fonctionnement de nos institutions : l'avènement du "fait majoritaire", c'est-à-dire de la présence assurée d'une majorité stable au Parlement , qui n'a été que rarement démentie[3]. Dans ces nouvelles conditions d'exercice de ses compétences, marquées par le soutien presqu'inconditionnel de sa majorité à l'Assemblée Nationale, le Gouvernement n'a pas souvent eu grand intérêt à utiliser ces procédures initialement prévues pour un contexte politique plus troublé[4] : quand elles ont lieu, les intrusions parlementaires sont de fait consenties.
Le second facteur pertinent, lui, est relatif à un problème pratique de politique normative : il est souvent plus intéressant pour l'Exécutif d'utiliser la loi que le règlement pour réaliser ses objectifs. En effet, comme le relève le Professeur Bertrand MATHIEU, "l'extension du champ d'intervention du législateur au domaine réglementaire, facilite l'action du Gouvernement. En effet, (...) il est plus facile de traiter dans un seul texte l'ensemble d'une question, dans ses aspects essentiels comme dans le moindre de ses détails. (De plus), les dispositions prises par la voie législative échappent au contentieux administratif."[5]. Cette idée se traduit en pratique dans l'usage de la validation par voie législative de situations illégales (ou de leurs conséquences) dues à l'activité réglementaire de l'Exécutif, intervention du Parlement dans une matière réglementaire, non seulement acceptée mais suscitée par

---

[1] Bruno BAUFUMÉ, *op. cit.*, p.55.
[2] Ce phénomène est comme on sait à l'origine, sous les III° et IV° Républiques, d'une très grande instabilité ministérielle, et donc d'une relative inefficacité des pouvoirs publics.
[3] Cf. *supra*.
[4] Voir dans ce sens les remarques de MM. RENOUX et DE VILLIERS, *op. cit.*, p.381, sous l'article 41 C :
"Or, ses inconvénients sont réels : le débat législatif est suspendu huit jours si (...) le Conseil constitutionnel est saisi; politiquement, les parlementaires n'apprécieront pas l'attitude du Gouvernement qui sera nécessairement perçue comme hostile; et ses avantages sont loin d'être évidents : le Gouvernement a d'autres moyens pour s'opposer aux initiatives parlementaires et il dispose de l'article C. 37, alinéa 2 pour reprendre sa compétence réglementaire.".
[5] Bertrand MATHIEU, *La loi*, Dalloz, Paris, 1996, p.97.

le Gouvernement[1]. Il apparaît que, "quoiqu'on pense de la nature de la séparation entre les domaines de la loi et du règlement (...), on ne peut que constater que (...), devant une situation jugée inéquitable et juridiquement normalement inextricable, Gouvernement et Parlement sont d'accord pour demander à l'intervention du Parlement l'équivalent d'une évasion juridique."[2]. Cette pratique a été admise par le Conseil constitutionnel, mais sous certaines conditions : ne pas concerner la matière pénale (où la loi ne peut être rétroactive), avoir pour but de remédier à l'absence de base légale des actes validés (le législateur devant être le seul à pouvoir régler ce problème), et ne pas comporter de censure d'une décision juridictionnelle ou d'injonction aux juridictions[3]. Comme le note le Professeur Bertrand MATHIEU, comme le Gouvernement tendait à demander un usage abusif de la technique de la validation au Parlement, le Conseil constitutionnel a été conduit à donner un coup d'arrêt à cette évolution, en refusant de reconnaître l'existence d'un motif d'intérêt général dans toutes les circonstances où un intérêt financier est en jeu[4].

On peut donc dire que la situation en la matière est paradoxale. Si ces articles sont peu utilisés, c'est parce qu'ils ne constituent pour le Gouvernement qu'une faculté d'intervention directe contre les entreprises du Parlement. Il n'a pas eu souvent à en faire usage puisque ce dernier est largement contrôlé par lui, et, de toute manière, le Conseil constitutionnel exerce, dans les rares cas où il est sollicité, le contrôle strict des empiètements parlementaires sur le domaine règlementaire qui avait été prévu par les Constituants.

En revanche, il a également été amené à connaître de la situation inverse, c'est-à-dire d'un Exécutif tentant d'utiliser la loi comme un "véhicule" normatif idéal pour résoudre ses problèmes de politique parlementaire (du fait de sa position relativement privilégiée dans l'ordre normatif, de son "prestige"). Là le Conseil, bien que tolérant pour des pratiques qui vont dans le même sens que sa propre jurisprudence (celui de l'extension de son champ de compétences) a été amené à sanctionner les abus du Gouvernement.

III - Une extension jurisprudentielle du domaine de la loi

La neutralisation de la distinction entre domaine de la loi et domaine du règlement s'est de plus doublée d'une authentique extension jurisprudentielle du champ de la loi. Est ainsi parachevé le tableau d'un Conseil constitutionnel "aiguilleur normatif", qui oriente autant que faire se peut le flux normatif vers la voie

---

[1] Voir sur ce point l'analyse de Bertrand MATHIEU, *op. cit.*, p.14 s., ainsi que son ouvrage sur *Les "validations" législatives, pratique législative et jurisprudence constitutionnelle*, Economica, 1987, 329 p..

[2] "Chronique constitutionnelle et parlementaire française", *RDP* 1968, p.374.

[3] Voir sa décision n°80-119 DC, "Validation d'actes administratifs", Cs n°3, 4, 6, 9.

[4] Voir le commentaire de CC n°95-369 DC, du 28 décembre 1995, *in* B. MATHIEU et M. VERPEAUX, "Chronique d'actualité - Jurisprudence constitutionnelle", *JCP* 1996, I, 3933, n°11, et, de Bertrand MATHIEU, "Les validations législatives devant le juge constitutionnel - Bilan d'une jurisprudence récente", *RFDA* 1996, p.783.

législative, selon ce que le Doyen Louis FAVOREU appelle "le phénomène de l'entonnoir"[1].
En effet, le Gouvernement peut être obligé de passer par le Parlement pour édicter certains types de règles, du fait de la jurisprudence restrictive du Conseil constitutionnel, parfois confirmée par celle du Conseil d'Etat. Comme le note le Professeur Jean-Claude VENEZIA, "les deux Hautes Juridictions apparaissent ainsi comme les répartiteurs suprêmes (au moins *pro parte*) de la compétence législative et de la compétence réglementaire (et) leur jurisprudence aboutit à étendre considérablement le champ de la compétence législative."[2].
On sait que cette évolution résulte d'abord de l'interprétation jurisprudentielle des dispositions constitutionnelles : peu à peu, le Conseil constitutionnel à considéré, d'abord, en 1965[3], que l'article 34 n'était pas le seul dans la Constitution à ouvrir la compétence législative, puis que les lois organiques pouvaient le faire elles aussi[4], puis que cette compétence pouvait découler du Préambule de la Constitution[5], c'est-à-dire aussi bien de la Déclaration des Droits de l'Homme et du Citoyen que du Préambule de la Constitution de 1946. On peut donc dire qu'existe une sorte de "plateau continental de la loi"[6], qui s'étend non seulement au "continent" de l'article 34, mais aussi aux "îles" parfois lointaines d'autres articles de la Constitution, et au "bloc de constitutionnalité" sous-jacent.

Mais cette extension de la compétence législative a "changé de dimension" quand le Conseil constitutionnel a décidé, en dehors de toute prescription constitutionnelle, que seul le législateur avait compétence pour déroger aux Principes Généraux du Droit à valeur législative, par une décision du 26 juin 1969[7], y compris dans les matières en principe réservées au pouvoir réglementaire. Ceci revient à ouvrir à l'intervention de la loi un champ presqu'indéfiniment extensible, au rythme des avancées jurisprudentielles du Conseil constitutionnel certes, mais aussi du Conseil

---

[1] Louis FAVOREU, *La politique saisie par le Droit - Alternances, cohabitation et Conseil constitutionnel*, Economica, Paris, 1988, p. 82.
Il constate ainsi que "les réformes envisagées par une nouvelle majorité arrivant au pouvoir sont presque toutes dirigées vers la voie législative ordinaire faute de pouvoir emprunter les autres voies; et cela (...) parce que la voie inférieure (règlementaire) est bouchée, et que la voie supérieure (constitutionnelle) est impraticable en l'état actuel des majorités se succédant au pouvoir."(p.82).
Ce phénomène peut s'observer aujourd'hui encore : la durée du travail va faire l'objet d'une loi applicable à toutes les branches d'activité, au lieu d'être règlementée secteur par secteur; de même on a parlé de déposer Lundi 10 novembre 1997 un projet de loi destiné à résoudre globalement les problèmes du secteur des transports routiers.

[2] Jean-Claude VENEZIA, "Sur l'exercice de la fonction exécutive par le Parlement de la V° République", in *Mélanges Burdeau*, 1977, p.486.

[3] Décision n°65-34 L du 2 juillet 1965, à propos des articles 72 à 74 (Note : L. HAMON, *D* 1967, J, p.405).

[4] A partir de la décision n°61-12 L du 17 février 1961 (Notes : L. HAMON, *S* 1961, J, p.255; M. WALINE, *RDP* 1961, p.649).

[5] Depuis la décision n°73-80 L du 28 novembre 1973, "Mesures privatives de liberté" (Notes : C. FRANCK, *GDJC* p.126; L. HAMON, *D* 1974, Chron. p.83; Y. MADIOT, *D* 1975, Chron. p.1; M.-L. RASSAT, *JCP* G 1975, I, n°2740; J. RIVERO, *AJDA* 1974, p.229; J. de SOTO, *RDP* 1974, p.889; J.-P. VALENS, *Gaz. Pal.* 1974, I, p.267).

[6] Henry ROUSSILLON, *Le Conseil constitutionnel*, *op. cit.*, p.114 s.

[7] Décision du 26 juin 1969, n°69-55 L, "Protection des sites" (Notes : *GDCC* n°18, p.235; M. VOISSET, *JCP* G, 1969, I, n°2290 bis).

d'Etat[1], dans la mesure où tous les Principes Généraux du Droit à venir sont potentiellement concernés, au même titre que ceux qui ont déjà été dégagés. Comme le remarquent de plus le Doyen Louis FAVOREU et le Professeur Loïc PHILIP, "le Conseil constitutionnel assure (ainsi), indirectement mais sûrement, un contrôle de la formation des décrets, (...) d'autant plus efficace (qu'il) envisage d'office et de manière systématique la conformité de la modification par le Gouvernement aux principes généraux du Droit"[2], en indiquant les principes applicables à l'interprétation de la loi.
On doit donc finalement constater qu'"un certain nombre de questions, qui ont été traitées par décret dans les années suivant 1958, devraient aujourd'hui faire l'objet de lois. Les nouveaux Gouvernements, sans doute plus souvent qu'autrefois, sont forcés de recourir au législateur pour faire passer les dispositions nécessaires à l'exécution de leurs programmes"[3], au risque de provoquer un encombrement de cette voie normative.

§ 2 - Le contrôle du respect du partage des compétences entre l'Etat central et des "régions"[4] : les situations allemande et espagnole

Ces deux situations, comme la française, ont trait au contrôle du respect de la séparation des pouvoirs dans l'exercice du pouvoir normatif. Elles s'en distinguent

---

[1] Il faut remarquer que les jurisprudences des deux Conseils ne concordent pas toujours parfaitement. Ainsi justement, le principe selon lequel "le silence de l'Administration vaut rejet", découvert par le Conseil constitutionnel dans sa décision n°69-55 L, a "immédiatement" été rejeté par le Conseil d'Etat, dans un arrêt du 17 février 1970, "Commune de Bozas", avant d'être réaffirmé par le Conseil constitutionnel dans une décision n°94-352 DC, du 18 janvier 1995 (Notes : F. BARLOY, *RA* 1995, p.483; L. FAVOREU, *RFDC* 1995, n°22, p.362; F. LAFAY, *JCP* G, 1995, II, n°22525; F. LUCHAIRE, *RDP* 1995, p.575; NGUYEN Van Tuong, *LPA* 1995, n°48, p.18; B. MATHIEU, *LPA* 1995, n°68, p.7; R. PELLET, *RA* 1995, n°284, p.142, et n°285, p.245).

[2] Louis FAVOREU et Loïc PHILIP, *Les Grandes Décisions du Conseil constitutionnel*, *op. cit.*, p.237. Ainsi, comme le montre Dominique ROUSSEAU, le Conseil a rappellé dans sa décision n°91-167 L du 19 décembre 1991, "Concours d'internat en médecine et pharmacie" (Notes : R. ETIEN, *RA* 1992, n°265, Chron. des décisions du C.C., p.33; L. FAVOREU, *RFDC* 1992, n°9, p.105), le caractère subordonné du pouvoir règlementaire, "renforcé par l'insistance du Conseil à le déclarer soumis au respect et de la loi et des principes généraux du Droit, formule qui reprend, en lui apportant toutefois le surcroît d'autorité lié à la position du Conseil constitutionnel, celle du Conseil d'Etat." ("Chronique de jurisprudence constitutionnelle - 1991-1992", *RDP* 1993, p.39 s.).

[3] Jacques FOURNIER, *Le travail gouvernemental*, *op. cit.*, p.89.

[4] En l'absence de terminologie juridique permettant d'identifier sûrement des sujets de droit aussi différents que les *Länder* allemands et les Communautés Autonomes espagnoles, nous reprenons la solution adoptée par le Professeur AUTEXIER, qui désigne sous le terme de "région", en s'inspirant "librement du projet de charte européenne de l'autonomie régionale (Conseil de l'Europe) : (les) collectivités les plus vastes au sein de chaque Etat, dotées d'organes élus, situées entre l'Etat et les collectivités de type communal, et disposant soit de prérogatives d'auto-administration, soit de prérogatives d'ordre étatique." (C. AUTEXIER, "La capacité des régions de conclure des accords avec d'autres régions, des Etats ou des organisations internationales", *in* G. VANDERSANDEN (dir.), *L'Europe et les régions - Aspects juridiques*, col. Etudes Européennes, Editions de l'Université de Bruxelles, Bruxelles, 1997, p.136).

cependant, en ce qu'elles inscrivent ce problème dans un contexte radicalement différent : celui d'un Etat composé[1].
L'existence d'une "réserve de loi"[2] est consacrée dans ces deux pays, mais dans des termes différents de ceux retenus en France, et dans la mesure où on reprend la conception actuelle de cette expression, telle que l'a définie Jérôme TRÉMEAU[3] : "une compétence minimum obligatoire du législateur, (qui) se distingue en ce sens du principe de légalité"[4]. Ainsi, en Allemagne, la "réserve générale de la loi"[5] concerne les matières et questions jugées particulièrement importantes, les "domaines normatifs fondamentaux"[6], qui doivent être réglées par des normes de rang législatif (par application de la *Wesentlichkeitstheorie*[7]). La doctrine allemande admet cependant que cette réserve de loi se divise entre une réserve formelle, exclusivement ouverte aux lois parlementaires, et une réserve matérielle, accessible à d'autres normes ayant force de loi[8]. Le départ entre ces deux sortes de réserves se fait en fonction de l'objet de la norme : relèvent de la réserve formelle les questions les plus importantes au sein de ces matières essentielles, les matières essentielles sans importance particulière relevant, elles, de la réserve matérielle[9]. En Espagne, existe aussi une "réserve de loi"[10], mais très générale, et qui se manifeste le plus nettement au profit d'une forme législative particulière correspondant à des matières jugées spécialement importantes, la *Ley orgánica*[11].
Pour le reste, les Cours constitutionnelles allemande et espagnole paraissent tenir pour acquises les implications de l'"unité fonctionnelle" entre le Gouvernement et sa

---

[1] C'est ce contexte particulier qui différencie radicalement l'étude de ce point de celle de la décentralisation en France, et du rôle qu'a joué le Conseil constitutionnel dans sa mise en place. En effet, dans le cas d'un Etat unitaire décentralisé, les collectivités locales n'ont pas d'autonomie normative, et l'Etat conserve une très large capacité d'intervention légitime (par la tutelle). Cette capacité est beaucoup plus réduite dans le cas d'un Etat fédéral ou d'un Etat régional, les collectivités infra-étatiques y étant dotées d'une autonomie bien plus large, notamment dans le domaine normatif (elles ne sont soumises qu'au respect de la Constitution fédérale).
[2] Voir sur ce point la thèse de Jérôme TRÉMEAU, sous la direction de L. FAVOREU, *La réserve de loi - Compétence législative et Constitution*, Economica-PUAM, 1997, 194 p.
[3] Cette conception actuelle s'éloigne de la conception initialement dégagée par la doctrine allemande au XIX° siècle, qui impliquait obligatoirement une idée de limitation de l'espace normatif accessible au législateur. Elle cherche en fait à imposer à ce dernier un champ de compétences irréductible, dans lequel son intervention est rendue nécessaire si ces matières doivent être réglementées.
[4] Jérôme TRÉMEAU, *op. cit.*, p.85.
[5] *der allgemeine Vorbehalt des Gesetzes.*
[6] C'est-à-dire *die grundlegenden normativen Bereiche*, selon l'expression employée par la Cour constitutionnelle fédérale dans sa décision "Kalkar I" de 1978, BVerfGE 49, 89 (126). Sont ainsi visés en particulier les droits fondamentaux et les principes généraux de l'Etat de Droit, particulièrement protégés par la Loi Fondamentale.
[7] C'est-à-dire "théorie du caractère substantiel", qui reçoit de multiples applications dans la théorie et la jurisprudence constitutionnelles allemandes.
[8] Voir *infra*, Partie 1, Titre 3, Chapitre 1, sur les habilitations législatives en Allemagne.
[9] Voir sur ce point J. LÜCKE, *in* Michael SACHS, *Grundgesetz Kommentar*, *op. cit.*, p.1329.
[10] A l'exclusion de toute "réserve réglementaire", par "volonté de ne pas créer une source de difficultés qui viendrait ajouter à l'incertitude relative à la délimitation des compétences entre l'Etat et (...) les Communautés Autonomes." (Jérôme TRÉMEAU, *La réserve de loi...*, *op. cit.*, p.83).
[11] Voir l'article 81 de la Constitution espagnole :
"1 - Les lois relatives à la mise en oeuvre des droits fondamentaux et des libertés publiques, celles qui approuvent les Statuts d'Autonomie et le régime électoral général et les autres qui sont prévues par la Constitution sont des Lois Organiques.
2 - L'approbation, la modification ou la dérogation aux Lois Organiques nécessite la majorité absolue au Congrès, lors d'un vote final sur l'ensemble du projet."

majorité parlementaire sur le statut de la loi; nous ne nous appesantirons donc pas sur ce point. Elles accordent en revanche une attention particulière au contrôle de l'intervention de l'Etat central (c'est-à-dire de l'Exécutif par le moyen de la loi, ce qui nous intéresse directement) dans le champ de compétences des collectivités subordonnées, *Länder* en Allemagne et Communautés Autonomes en Espagne. Il s'agit en l'espèce pour elles de préserver l'autonomie des collectivités locales, potentiellement menacée par l'action uniformisatrice du pouvoir central - et donc de l'Exécutif national. Elles ont donc strictement veillé au respect des limites posées par la Constitution, en assortissant celles-ci de précisions de leur cru.

Les solutions qu'elles ont dégagé face à ce problème commun diffèrent cependant, en partie du fait de la hiérarchie des normes en vigueur dans chaque pays : si l'Allemagne à opté pour une interprétation restrictive de la Loi Fondamentale (I-), l'Espagne insiste plutôt sur une politique d'arbitrage ponctuel des conflits de compétences (II-).

I - Une stricte application de la Loi Fondamentale en Allemagne

Après avoir rappelé le contenu de la conception allemande de la répartition des compétences dans un Etat fédéral (A-), nous verrons quel contrôle est exercé par la Cour constitutionnelle fédérale en la matière (B-).

A - LA CONCEPTION ALLEMANDE DE LA REPARTITION DES COMPETENCES ENTRE NIVEAU FEDERAL ET NIVEAU FEDERE

En Allemagne, Etat fédéral, la hiérarchie des normes reste conforme au modèle classique de la pyramide de Kelsen, adaptée à un Etat composé : Loi Fondamentale fédérale, lois fédérales, règlements fédéraux, Constitutions des Länder, lois des Länder, etc...[1].

On sait que le pouvoir législatif national s'exerce de manière exclusive dans certains domaines[2], et de manière "concurrente" avec les pouvoirs des Länder dans d'autres[3].

---

[1] Voir, sur la conception kelsénienne de la décentralisation, Otto PFERSMANN, "Hans Kelsen et la théorie de la centralisation et de la décentralisation : le cas de la supranationalité", *Revue d'Allemagne et des pays de langue allemande*, 1996, p.171-185.

En République Fédérale d'Allemagne, le cadre général dans lequel s'inscrit la hiérarchie des normes est posé par l'article 70 de la Loi Fondamentale, qui fixe la règle générale de répartition des compétences ("(1) Les Länder ont le droit de légiférer dans les cas où la présente Loi fondamentale ne confère pas à la Fédération des pouvoirs de légiférer.(2) La délimitation des compétences de la Fédération et des Länder s'effectue selon les dispositions de la présente Loi fondamentale relatives aux compétences législatives exclusives et concurrentes."). Au-delà de ce principe, les articles 71 (Compétence législative exclusive de la Fédération, notion), 72 (Compétence législative concurrente de la Fédération, notion), 73 (Compétence législative exclusive de la Fédération, liste des matières), 74 (Compétence législative concurrente de la Fédération, liste des matières), 74a (Compétence législative concurrente de la Fédération, traitements et pensions des personnels de la fonction publique) et 75 (Lois-cadres de la Fédération, liste des matières) fixent les règles complémentaires.

En cas de conflit s'applique la règle *Bundesrecht bricht Landesrecht*.

[2] Selon l'article 71 de la Loi Fondamentale, "dans le domaine de la compétence législative exclusive de la Fédération, les Länder n'ont le pouvoir de légiférer que si une loi fédérale les y autorise expressément et dans la mesure prévue par cette loi."

[3] La notion de compétence législative concurrente est expliquée à l'article 72 de la Loi Fondamentale :

Les listes des matières "exclusives" et "concurrentes" sont fixées par la Loi Fondamentale. Celle des pouvoirs exclusifs, fixée par l'article 73 de la Loi Fondamentale, est courte, couvrant les domaines traditionnels de compétence des Etats fédéraux, c'est-à-dire les pouvoirs régaliens essentiels, comme les affaires étrangères, la défense, la citoyenneté, les douanes, les services de télécommunications, etc...[1] Les compétences concurrentes sont visées à l'article 74 et 74a de la Loi Fondamentale[2].

Pour bien interpréter cette répartition des compétences, il convient cependant de connaître la conception du fédéralisme qui est retenue et appliquée en Allemagne : celle du "fédéralisme coopératif"[3]. La nature du fédéralisme, et donc des pouvoirs respectifs des composantes de l'Etat fédéral, a longtemps fait l'objet d'âpres discussions au sein de la doctrine allemande. Fallait-il estimer que l'Etat fédéral se subordonne les Länder comme un tout ses parties (école de la *Zweigliedrigkeit*), lecture favorable à son hégémonie, ou au contraire que le Gouvernement fédéral et ceux des Länder, égaux, se combinent pour former un Etat supérieur[4] (école de la *Dreigliedrigkeit*), solution évidemment plus favorable à l'influence des Länder ?[5] La Cour constitutionnelle fédérale n'a pas tranché clairement tout de suite. En 1957 elle a paru approuver la théorie de la *Dreigliedrigkeit*, en refusant à l'Etat central

---

"(1) Dans le domaine de la compétence législative concurrente, les Länder ont le pouvoir de légiférer aussi longtemps et pour autant que la Fédération n'a pas fait par une loi usage de sa compétence législative.

(2) Dans ce domaine, la Fédération a le droit de légiférer lorsque et pour autant que la réalisation de conditions de vie équivalentes sur le territoire fédéral ou la sauvegarde de l'unité juridique ou économique dans l'intérêt de l'ensemble de l'Etat rendent nécessaire une réglementation législative fédérale.

(3) Une loi fédérale peut décider qu'une réglementation législative fédérale pour laquelle il n'existe plus de nécessité au sens de l'alinéa 2 peut être remplacée par du droit de Land.".

[1] Article 73 de la Loi Fondamentale [Compétence législative exclusive de la Fédération, liste des matières] :
"La Fédération a la compétence législative exclusive dans les matières ci-dessous :
1. affaires étrangères ainsi que défense, y compris la protection de la population civile; 2. nationalité dans la Fédération; 3. liberté de circulation et d'établissement, régime des passeports, immigration et émigration, et extradition; 4. monnaie, papier-monnaie et monnaie métallique, poids et mesures ainsi que définition légale du temps; 5. unité du territoire douanier et commercial, traités de commerce et de navigation, libre circulation des marchandises, échanges commerciaux et monétaires avec l'étranger, y compris la police des douanes et des frontières; 6. navigation aérienne; 6a. transport sur des chemins de fer appartenant en totalité ou en majorité à la Fédération (chemins de fer de la Fédération), construction, entretien et exploitation des voies ferrées des chemins de fer de la Fédération ainsi que perception de redevances pour l'utilisation de ces voies ferrées; 7. postes et télécommunications; 8. statut des personnels au service de la Fédération et des collectivités de droit public dépendant directement de la Fédération; 9. concurrence et protection de la propriété industrielle, droits d'auteur et droits d'édition; 10. coopération de la Fédération et des Länder a) en matière de police criminelle, b) pour protéger l'ordre constitutionnel libéral et démocratique, l'existence et la sécurité de la Fédération ou d'un Land (protection de la constitution), et c) pour protéger contre des menées sur le territoire fédéral qui, par l'emploi de la force ou des préparatifs en ce sens, mettent en danger les intérêts extérieurs de la République fédérale d'Allemagne, ainsi que création d'un office fédéral de police criminelle et répression internationale de la criminalité; 11. statistique à finalité fédérale.".

[2] En une longue liste de 26 matières pour l'article 74, l'article 74-a étant relatif aux traitements et pensions des personnels de la fonction publique.

[3] ou *kooperativer Föderalismus*. Cf. *infra*, B- 2.

[4] *Gesamtstaat*, ou "Etat global".

[5] Pour un exposé des discussions sur ce point, voir Ekkehart STEIN, *Staatsrecht*, JCB Mohr, Tübingen (Allemagne), 1994 (9° éd.), p.287-288.

agissant au nom de l'intérêt de la R.F.A. en tant que telle, le droit d'intervenir dans la politique d'éducation d'un Land[1]. Mais en 1961 elle a au contraire semblé accepter la théorie inverse, quand elle a déclaré que "le *Bundesstaat* en tant que *Gesamtstaat* ne consiste pas en un Etat central indépendant (*Zentralstaat*), mais seulement en une organisation centrale qui, agissant avec les organisations des Etats membres, exerce, dans la sphère d'attribution prévue par la Loi Fondamentale, les fonctions gouvernementales qui sont dévolues à l'organisation de l'Etat dans un Etat centralisé. La Loi Fondamentale divise l'autorité seulement entre les organes de la Fédération et ceux des Etats, alors que l'Etat global (*Gesamtstaat*) naît d'une alliance entre les Etats sous la forme d'une fédération."[2]. Elle a en fait adopté une attitude très pragmatique, en essayant de tenir compte autant que possible des intérêts de l'Etat fédéral aussi bien que de ceux des Länder, par l'application du principe bien connu de la "loyauté fédérale"(*Bundestreue*)[3].

B - LE CONTROLE DE LA COUR CONSTITUTIONNELLE FEDERALE SUR LE RESPECT DE LA SEPARATION DES POUVOIRS

La défense de la répartition des compétences entre les pouvoirs publics est un des trois principaux chefs d'action de la Cour constitutionnelle fédérale, par la procédure des conflits liés à la structure fédérale (*föderative Streitigkeiten*)[4] (1-). Il ressort de sa jurisprudence qu'elle a "freiné la tendance centralisatrice de la Fédération, et notamment fait obstacle aux interventions de celle-ci dans les secteurs de compétence des Länder"[5], au travers d'une jurisprudence nuancée axée sur la défense du "fédéralisme coopératif" (2-) et la restriction des pouvoirs de la Fédération (3-).

1 - L'interprétation de la répartition constitutionnelle des compétences

Un des principaux problèmes posés par la séparation des pouvoirs en Allemagne réside dans le fait que les compétences législatives essentielles sont exercées par l'Etat fédéral, à travers les compétences exclusives et concurrentes, et que, en conséquence, la principale responsabilité des Länder est l'application du Droit fédéral. Pour empêcher le fédéralisme de se vider de sa substance par ce biais, la Cour constitutionnelle fédérale a interprété restrictivement les pouvoirs de la

---

[1] BVerfGE 6, 309, "Reichskonkordat".
[2] BVerfGE 13, 54, 77, "Neugliederung Hessen".
[3] Vieux principe déjà invoqué par les juristes allemands pour expliquer les relations entre Etat fédéral et Etats fédérés dans la Constitution allemande de 1871. Il consiste aujourd'hui pour la Cour constitutionnelle fédérale, en dehors de toute prescription constitutionnelle, à exiger aussi bien du Bund que des Länder qu'ils prennent en compte dans leur activité les intérêts de leur partenaire. Il a été invoqué pour la première fois en 1952, dans l'affaire "Wohnungsbauförderung", BVerfGE 1, 299, et sans cesse repris depuis, avec un net regain ces dernières années.
[4] A côté de la défense de l'ordre constitutionnel (qu'on a pu qualifier d'"espèce de police de la moralité politique"- G. BURDEAU, F. HAMON et M. TROPER, *Droit constitutionnel*, LGDJ, 1997 (25° édition), p.221) et de la défense du principe de constitutionnalité (des lois et des actes infra-législatifs). Sur la procédure des *föderativen Streitigkeiten*, voir Christian AUTEXIER, *Introduction au droit public allemand, op. cit.*, p.77-78.
[5] Louis FAVOREU, *Les Cours constitutionnelles*, Que sais-je n°2293, PUF, 1996 (3° éd.), p.65.

Fédération. Ainsi pour ses compétences exclusives : par exemple, en 1961, dans l'arrêt "1. Rundfunkentscheidung (Deutschland-Fernsehen)", elle a refusé d'inclure la télédiffusion dans le champ des télécommunications (qui est compris dans le champ des compétences fédérales exclusives), déclarant que "la Loi Fondamentale règle l'autorité législative de la Fédération et des Länder sur la base d'un principe favorisant la juridiction des Länder. La Fédération n'a d'autorité législative que dans la mesure où la Loi Fondamentale lui en confère (une). Donc on peut poser la règle selon laquelle les pouvoirs législatifs fédéraux ne peuvent découler que d'une mention expresse à cet effet, contenue dans la Loi Fondamentale. En cas de doute, il n'y a pas de présomption en faveur de la compétence fédérale. Au contraire, l'ordre systématique de la Loi Fondamentale demande une interprétation stricte de l'article 73 (...)."[1]. Quant aux compétences concurrentes, la Cour laisse à la libre appréciation du Parlement fédéral le point de déterminer si la Fédération doit intervenir, mais se réserve bien sûr le droit d'en contrôler les abus. Sur ce point, son interprétation est encore une fois étroite, refusant toute "théorie des pouvoirs implicites" à l'usage de la Fédération. On a pu citer sur ce point une décision censurant une loi fédérale réglant l'usage des explosifs, injustifiée selon elle dans le cadre de la compétence concurrente sur les "affaires économiques"[2].

Sur ce premier point la jurisprudence constitutionnelle n'est donc pas favorable à la liberté de l'Exécutif de mener la politique qu'il entend, en ignorant la répartition constitutionnelle des compétences.

2 - L'interprétation du "fédéralisme coopératif"

Toujours dans le cadre du contrôle de la répartition des compétences normatives, l'Allemagne a connu, comme la plupart des Etats fédéraux, un accroissement progressif des pouvoirs de la Fédération, en partie d'ailleurs du fait de la jurisprudence constitutionnelle favorisant le "fédéralisme coopératif"(c'est-à-dire cherchant à lutter contre les risques d'éclatement de la Fédération). Le "fédéralisme coopératif" concerne le travail en commun volontaire des différents niveaux de gouvernement, afin d'accomplir certaines missions[3]. Comme l'explique Udo KEMPF, peu à peu, "la nécessité d'accroître la coopération, les efforts de coordination qui en résultent, la transposition des décisions mêlant plusieurs niveaux de Droit public ont entraîné la formation de nombreuses commissions informelles et formelles (...) soit par les Länder, soit par l'Etat fédéral et les Länder ensemble. (...) Dans cette structure complexe (...), il s'est développé un système d'arrangements dont l'efficacité est réelle, mais qui transgresse la répartition originale des tâches entre l'Etat fédéral et les Länder et affaiblit, de ce fait, la compétence des Länder."[4]. Bien entendu des conflits ont éclaté, notamment en ce qui concerne la péréquation

---

[1] BVerfGE 12, 205, 228, "1. Rundfunkentscheidung (Deutschland-Fernsehen)".

[2] BVerfGE 13, 367, 371-372, "Explosive Control Case", cité in Donald KOMMERS, *The constitutionnal jurisprudence of the Federal Republic of Germany, op. cit.*, 1997, p. 76.

[3] Pour plus de détails sur cette notion, voir Heinz LAUFER, *Das Föderative System der Bundesrepublik Deutschland*, Arbeitshefte 6, Bayerische Landeszentrale für politische Bildungsarbeit, München (Allemagne), 1991 (6° éd.), p.168 s..

[4] Udo KEMPF, "Le système gouvernemental de la République Fédérale d'Allemagne", in Yves GUCHET (dir.), *Les systèmes politiques des pays de l'Union Européenne* , A. Colin, Paris, 1994, p.43-44.

des recettes fiscales entre Etat fédéral et Länder, ou pour l'établissement de l'"équilibre horizontal ou vertical des finances", qui veut que l'Etat fédéral ou les Länder les plus riches aident financièrement les Länder les plus pauvres. Ils ont été tranchés par la Cour constitutionnelle fédérale[1], toujours dans un esprit de pondération des droits et devoirs de chacun, et en veillant à ne pas laisser la Fédération brimer les Länder, ni ceux-ci s'exonérer de leurs devoirs.
Nous constatons donc ici encore que la Cour constitutionnelle fédérale, tout en encourageant le développement du "fédéralisme coopératif" dans un souci d'efficacité, n'en a pas moins veillé à ce que l'Exécutif fédéral n'en profite pas pour accroître exégérément ses pouvoirs au détriment des compétences des Länder.

3 - La jurisprudence sur les "Lois-cadres"

Découlant du précédent, un autre champ de développement de la jurisprudence de la Cour constitutionnelle fédérale sur la séparation des pouvoirs concerne les "lois-cadres"(*Rahmengesetze*) prévues à l'article 75 de la Loi Fondamentale[2]. Elles sont édictées par le Gouvernement fédéral pour répondre au besoin d'une politique nationale plus uniformisée, bien qu'elles touchent des matières relevant de la compétence exclusive des Länder, et sans que cela fasse disparaître la compétence principale de ces derniers. Il s'agit donc d'une extension exceptionnelle de la compétence de l'Etat central. Dans les litiges touchant ce type de lois, la Cour a toujours insisté sur le fait que, si la Fédération doit pouvoir y fixer plus que des principes fondamentaux, elle ne doit pas pour autant entraver le pouvoir discrétionnaire des Länder, ni les confiner dans un choix bloqué entre des solutions proposées par la loi-cadre[3].
Ici encore, on voit que, tout en acceptant une technique destinée à faciliter l'efficacité d'un bon gouvernement, la Cour constitutionnelle fédérale interprète restrictivement

---

[1] Les principes généraux de la matière ont été posés dans trois grandes décisions : BVerfGE 1, 167, "Finanzausgleich I", de 1952; BVerfGE 72, 330, "Finanzausgleich II" (intitulé "Föderatives Gleichbehandlungsgebot" sur le serveur GLaw de Axel TSCHENTSCHER), de 1986; et BVerfGE 86, 148, "Finanzausgleich III", de 1992.

[2] Article 75 de la Loi Fondamentale allemande [Lois-cadres de la Fédération, liste des matières] :
(1) Sous réserve des conditions prévues à l'article 72, la Fédération a le droit d'édicter des dispositions-cadres pour la législation des Länder dans les matières ci-dessous :
1. statut des personnes au service des Länder, des communes et d'autres collectivités de droit public, pour autant que l'article 74a n'en dispose pas autrement ;
1a. principes généraux de l'enseignement supérieur ;
2. statut général de la presse ;
3. chasse, protection de la nature et conservation des sites ;
4. répartition des terres, aménagement du territoire et régime des eaux ;
5. déclaration du domicile et cartes d'identité ;
6. protection du patrimoine culturel allemand contre son départ à l'étranger.
L'article 72, al. 3 est applicable par analogie.
(2) Des dispositions-cadres ne peuvent qu'exceptionnellement contenir des règles allant dans le détail ou directement applicables.
(3) Si la Fédération édicte des dispositions-cadres, les Länder ont l'obligation d'édicter les lois de Land nécessaires dans un délai raisonnable fixé par la loi.

[3] Principes posés dans des décisions relatives à l'harmonisation salariale dans différents Länder : BVerfGE 4, 115, "Besoldungsgesetz von Nordrhein-Westfalen"(1954), BVerfGE 18, 159, "Besoldungsgesetz von Schleswig-Holstein"(1964) et BVerfGE 30, 90, "Besoldungsgesetz von Hamburg"(1970).

les dispositions constitutionnelles relatives aux pouvoirs de la Fédération - et de l'Exécutif fédéral, afin qu'il n'empiète pas sur les prérogatives des Länder.

Il est donc clair à partir des trois exemples que nous avons exposés que la jurisprudence constitutionnelle allemande n'est que modérément favorable à l'action de l'Exécutif fédéral : elle lui concède les moyens d'agir efficacement, mais sans lui permettre d'en profiter pour échapper à la répartition constitutionnelle des compétences entre Bund et Länder. Elle est donc finalement plus sévère à l'égard des menées expansives de l'Exécutif que le Conseil constitutionnel français. Il est vrai qu'elle n'a pas en l'espèce les mêmes intérêts stratégiques, car elle ne gagnerait rien en termes de compétence à laisser le Bund violer impunément la Loi Fondamentale en la matière.

II - Des arbitrages ponctuels en Espagne

Le Tribunal constitutionnel espagnol peut connaître, non seulement de "conflits de compétences" entre Etat central et Communautés Autonomes, mais aussi de "conflits d'attributions" entre organes constitutionnels, initialement non prévus par la Constitution, mais dont la compétence lui a été attribuée par l'article 2-1-d de la LOTC (sans d'ailleurs que cette innovation suscite d'objections)[1]. Ceci lui permet d'être compétent très généralement pour "tous les conflits qui surviennent sur les compétences ou attributions attribuées directement par la Constitution, les Statuts d'Autonomie ou les Lois organiques ou ordinaires édictées pour délimiter les domaines propres de l'Etat et des Communautés Autonomes."[2].

En conséquence, après avoir exposé en quoi consiste le système espagnol de répartition des compétences entre Etat central et Communautés Autonomes (A-), nous verrons comment le Tribunal Constitutionnel exerce son contrôle dans ce contexte (B-). Nous verrons ensuite qu'il a également eu à trancher un problème de contenu du domaine de la loi, avec le point de savoir si cette dernière peut intervenir en des matières qui relèvent normalement de la compétence de l'Administration : c'est le problème des *Leyes singulares* (C-).

A - LE SYSTEME ESPAGNOL DE REPARTITION DES COMPETENCES ENTRE ETAT ET COMMUNAUTES AUTONOMES

La situation espagnole diffère profondément de celle qui prévaut en Allemagne. La répartition des compétences y suit un schéma beaucoup plus souple que celui qui est généralement retenu en matière de décentralisation ou de fédéralisme, ce qui rend son contrôle potentiellement plus délicat à exercer pour le Juge constitutionnel. La norme législative est en effet définie formellement[3], et le pouvoir de l'émettre attribué, au niveau étatique aux *Cortes Generales*, et au niveau autonomique aux Assemblées législatives des Communautés Autonomes. Il n'y a pas d'énumération constitutionnelle des compétences attribuées à l'Etat ou aux entités territoriales, mis

---

[1] Voir dans ce sens Francisco FERNANDEZ SEGADO, *El sistema constitucional español*, Dykinson, Madrid, 1992, p.1122.

[2] Article 59 LOTC.

[3] Francisco FERNANDEZ SEGADO, *op. cit.*, 1992, p.619.

à part deux articles fixant le cadre constitutionnel de la répartition, et une "réserve de loi organique"[1], interprétée avec quelques nuances par le Tribunal constitutionnel[2] comme "une authentique norme attributive de compétences à l'Etat"[3]. En dehors de cette réserve, les Statuts d'autonomie peuvent choisir eux-mêmes les matières dans lesquelles les Communautés exerceront leur compétence normative, en dehors de toute prescription émanant de l'Etat central, ce qui permet à chaque Communauté de conserver son originalité. En guise de cadre, l'article 148 énumère les matières dans lesquelles les Communautés Autonomes peuvent être compétentes[4], et l'article 149 fixe à l'alinéa 1 celles qui relèvent de la compétence exclusive de l'Etat[5], en précisant dans son alinéa 3 que la compétence normative dans les matières non choisies par les statuts d'autonomie reviendra à l'Etat[6]. Ce cadre n'est absolument pas figé, sauf peut-être pour ce qui concerne les matières réservées à l'Etat central - et donc directement ouvertes aux choix politiques de l'Exécutif national -, comme l'ont montré la pratique et la jurisprudence du Tribunal Constitutionnel.
Cette situation emporte une conséquence : les formules imprécises employées par la Constitution ont permis une large intervention du Tribunal Constitutionnel en vue de préciser leur sens. En effet, la Constitution applique une égalité de principe entre les

[1] Cf. *supra*, introduction de la section.
[2] Introduites par la STC 37/1981, du 16 novembre, et maintes fois reprises depuis.
[3] Francisco FERNANDEZ SEGADO, *El sistema ...*, *op. cit.*, p.940. Il ajoute cependant que finalement l'interprétation du Tribunal constitutionnel aboutit à ce que les dispositions qui prévoient des réserves au profit d'une catégorie de normes données ne sont pas pour autant attributives de compétences à un auteur déterminé.
[4] Article 148 de la Constitution espagnole :
"1 - Les Communautés Autonomes pourront exercer des compétences dans les matières suivantes :
1°. Organisation de leurs institutions d'auto-gouvernement;
...
22°. La surveillance et la protection de leurs édifices et installations. La coordination et les autres facultés en relation avec les politiques locales dans les termes qui seront établis par une loi organique.
2 - Après cinq ans, et par la réforme de leurs Statuts, les Communautés Autonomes pourront augmenter successivement leurs compétences dans le champ établi à l'article 149.".
[5] Article 149-1 de la Constitution espagnole :
"L'Etat détient une compétence exclusive sur les matières suivantes :
1°. La règlementation des conditions de base qui garantissent l'égalité de tous les espagnols dans l'exercice de leurs droits et dans l'accomplissement de leurs devoirs nationaux.
2°. Nationalité, immigration, émigration, extranéité et droit d'asile.
3°. Relations internationales.
4° Défense et Forces Armées.
5°. Administration de la Justice.
6°. Législation commerciale, pénale et pénitentiaire; législation processuelle, sans préjudice des nécessités spéciales qui dans cette matière dérivent des particularités du Droit substantif des Communautés Autonomes.
7°. Législation du travail; sans préjudice de son exécution par les organes des Communautés Autonomes.
...
32°. Autorisation pour la convocation de consultations populaires par voie de référendum.".
Cet article introduit notamment la notion de "lois de bases" (*leyes de bases*) édictées par l'Etat central, qui supposent l'intervention des Communautés Autonomes par le biais de normes de développement.
[6] Article 149-3 de la Constitution espagnole :
"Les matières non expressément attribuées à l'Etat par cette Constitution pourront revenir aux Communautés Autonomes, en vertu de leurs Statuts respectifs. La compétence sur les matières qui n'auront pas été prises par les Statuts d'Autonomie reviennent à l'Etat, dont les normes prévaudront, en cas de conflit, sur celles des Communautés Autonomes pour tout ce qui n'aura pas été attribué à leur compétence exclusive. Le droit étatique sera, dans tous les cas, supplétoire au droit des Communautés Autonomes.".

normes législatives émises par l'Etat central et celles émises par les Communautés Autonomes[1]. Ainsi, "le législateur étatique ne peut intervenir d'une manière générale dans le système de délimitation des compétences entre l'Etat et les Communautés Autonomes sans que cela soit expressément prévu par la Constitution ou les Statuts."[2]. Par voie de conséquence, "un conflit entre (eux) ne peut trouver de solution que par la seule voie juridictionnelle"[3].

Le Tribunal Constitutionnel a donc acquis ici un rôle d'arbitre juridictionnel entre les prétentions normatives des ordres étatique et autonomique. Or son interprétation a été largement favorable aux Communautés Autonomes, au détriment de l'Etat central et de ses options politiques.

B - LE CONTROLE DU TRIBUNAL CONSTITUTIONNEL SUR LE RESPECT DE LA REPARTITION DES COMPETENCES

La Constitution espagnole et la Loi Organique sur le Tribunal Constitutionnel (LOTC) confient au Tribunal Constitutionnel le soin de trancher les conflits de compétence qui pourraient surgir, soit entre Communautés Autonomes, soit entre l'Etat et une Communauté Autonome, seul ce dernier cas nous intéressant ici. Bien que le prestige de la loi soit protégé dans l'ordre constitutionnel espagnol[4], le Tribunal Constitutionnel interdit au législateur national de prendre des lois interprétatives qui toucheraient la délimitation constitutionnelle des compétences entre niveau national et niveau autonomique, par exemple en éliminant une alternative prévue par la Constitution[5].

Le Tribunal Constitutionnel distingue deux grandes hypothèses de conflits de compétences : le "conflit positif" dans lequel un désaccord ouvert est porté devant lui, et le "conflit négatif", dans lequel le problème naît de ce que deux Administrations publiques refusent d'exercer une compétence donnée, du fait de

---

[1] Voir article 149-3 CE *in fine*, *supra*.

[2] STC 76/1983, du 5 août, F. 4 a.

[3] Jacques ZILLER, *Administrations comparées - Les systèmes politico-administratifs de l'Europe des Douze*, *op. cit.*, p.287.

[4] Par exemple, dans une décision STC 29/1982, du 31 mai, le Tribunal Constitutionnel interprète l'article 66 de la Constitution espagnole, qui "énonce que les Cortes Generales représentent le peuple espagnol et exercent le pouvoir législatif dans l'Etat", comme le "pilier sur lequel se fonde le régime démocratique et parlementaire établi aujourd'hui en Espagne", ce qui implique selon lui "la primauté de la loi, norme sanctionnée et promulguée par le Roi (art. 62), en tant qu'expression de la volonté souveraine du peuple représenté par les Cortes, *uniquement* soumise à la suprématie de la Constitution (...)"(F. 1).

[5] Dans une décision STC 76/1983, du 5 août, F.4, le Tribunal a ainsi rappelé que :
"le législateur étatique ne peut intervenir indirectement dans la délimitation des compétences par le moyen de l'interprétation des critères qui lui servent de base. Il est certain que tout processus de mise en application normative de la Constitution implique toujours une interprétation des préceptes constitutionnels correspondants, réalisée par celui qui édicte la norme d'application. Mais le législateur ordinaire ne peut prendre des normes simplement interprétatives dont l'unique objet serait de préciser le sens unique, entre tous les possibles, qui doit être attribué à une disposition donnée de la Constitution, parce que, (ainsi...) il complète de fait l'oeuvre du pouvoir constituant et il se situe fonctionnellement sur le même plan, trangressant la distinction entre le pouvoir constituant et les pouvoirs constitués." (nous soulignons).

divergences dans l'interprétation de la Constitution[1]. Ce dernier cas sort du cadre de notre étude, puisqu'il ne repose par hypothèse sur aucun empiétement d'une autorité sur le domaine de compétences d'une autre.
Pour ce qui regarde les "conflits positifs de compétences", plusieurs problèmes se sont posés au Tribunal, qui les a tranché dans une jurisprudence souvent répétitive[2]. En ce qui concerne les actes susceptibles d'être attaqués, le Tribunal Constitutionnel a développé une jurisprudence largement ouverte. Il est compétent aussi bien quand les compétences visées sont de nature législative (attribuées aux Communautés Autonomes pour développer la Constitution) que quand elles sont de nature règlementaire. Mais il lui a d'abord fallu préciser le but de ce recours (1-), puis déterminer son objet (2-).

1 - Le but du "conflit positif de compétences"

En ce qui concerne son but tout d'abord, le "conflit positif de compétences" revêt deux aspects pour le Juge constitutionnel, qui se base sur l'article 66 LOTC : un premier, "subjectif", relatif à la détermination de la légitimité constitutionnelle de l'acte ou de la disposition controversée, et un second, "objectif", relatif à l'interprétation et à la fixation de l'ordre constitutionnel des compétences, qui implique l'attribution de la compétence controversée à son détenteur légitime, au-delà de la simple solution du cas concret[3]. En connaissant de tels recours, le Tribunal constitutionnel entend assurer "un système de garanties juridiques de la répartition des pouvoirs entre différents acteurs constitutionnels, la controverse sur la distribution constitutionnelle des compétences en relation avec l'activité de l'Etat et des Communautés Autonomes ayant le conflit comme finalité principale."[4]. Il refuse donc de trancher cette matière difficile une fois pour toutes et *a priori* : il revendique l'exercice de sa compétence *in concreto*, l'aspect "subjectif" du litige l'emportant sur ce point sur son aspect "objectif", qui en est cependant indissociable. Ce cas d'ouverture de la juridiction du Tribunal ne peut donc en aucun cas être utilisé dans un but préventif, même quand les requérants présentent un "conflit apparent" (mais fictif)[5]; le Juge décline donc toute compétence de nature déclarative, visant à prévenir des lésions qui ne se sont pas encore produites[6].
Ceci le met donc en prise directe avec la pratique de la répartition des pouvoirs, qui peut à tout moment donner lieu à des tentatives d'abus, notamment de la part du

---

[1] Pour des détails, voir par exemple Angel J. GOMEZ MONTORO, *El conflicto entre órganos constitucionales*, Centro de Estudios Constitucionales, Madrid, 1992, 508 p., ou Manuel PULIDO QUECEDO, "Sobre los conflictos negativos de competencias", *La Ley* n°2689, 26 février 1991.
[2] Il faut d'ailleurs noter le remarquable souci de didactisme dont fait preuve le Tribunal constitutionnel dans la rédaction de ses décisions, reprenant très souvent l'évolution passée de sa jurisprudence.
[3] Doctrine exposée dans une décision STC 110/1983, du 29 novembre, F. 1.
[4] STC 88/1989, du 11 mai, F. 2.
[5] Voir par exemple, au sein d'une abondante jurisprudence, les SSTC 166/1987, du 28 octobre (F. 2), ou 76/1991, du 11 avril (F. 2).
[6] Voir par exemple dans ce sens les SSTC 67/1983, du 22 juillet (F. 3); 95/1984, du 18 octobre (F. 2); 13/1988, du 4 février (F. 4).

niveau national, et lui permet alors de fixer pour l'avenir l'interprétation d'un point donné[1].

2 - L'objet du "conflit positif de compétences"

En ce qui concerne l'objet du "conflit positif de compétences", il touche exclusivement la détermination du champ de compétences constitutionnelles[2]. Pour commencer, le Tribunal constitutionnel espagnol a rappelé cette évidence. Mais, cette indication n'étant pas suffisante, et dans le but d'éviter un développement trop important de ce type de litiges, pour "éviter que le conflit positif de compétences se transforme en un moyen ordinaire et général de recours judiciaire, transformant le Tribunal Constitutionnel en un nouveau grade de juridiction, impropre ou anormal (...)"[3], il a exigé que ce conflit soit relatif à la définition constitutionnelle et statutaire des compétences respectives des parties. Il justifie cette exigence par le fait que le Tribunal Constitutionnel n'a de raison d'intervenir qu'en matière constitutionnelle, c'est-à-dire ici quand "les normes régulatrices des compétences (sont) des normes constitutionnelles ou appartiennent au bloc de constitutionnalité (art. 59 LOTC)[4] et que la lésion dénoncée porte atteinte au champ des attributions définies par la Constitution"[5]. Enfin, la dernière limite quant à l'objet du conflit positif de compétences tient au fait que le Tribunal Constitutionnel se déclare incompétent quand le litige qui est porté devant lui touche bien une compétence, mais ne porte pas sur l'attribution ou les limites de cette compétence. Quand un tel litige se limite à une controverse sur l'exercice concret de cette compétence dans une hypothèse spécifique, au sein de limites de compétences sur lesquelles existe un accord entre les parties, le Tribunal estime qu'il ne le concerne pas, car "le conflit de compétence ne peut être déclenché que pour définir les limites externes de la compétence ou du pouvoir étatique ou autonomique correspondant, mais pas pour vérifier l'exercice concret de ce pouvoir au sein de telles limites."[6].

C - LE PROBLEME DES *LEYES SINGULARES*

Enfin, l'Espagne a aussi connu, toujours dans le cadre de la séparation des pouvoirs, des problèmes quant à la fixation des limites des fonctions législative et exécutive : l'Exécutif peut-il demander au Parlement le vote de lois en des matières qui sont normalement de nature règlementaire ? C'est tout le problème de l'édiction

---

[1] "Certainement la nature du conflit de compétences lui donne aussi une dimension abstraite de contrôle qui va bien au-delà de la norme concrètement attaquée et de son éventuelle déclaration de nullité, ce qui devient manifeste quand le Tribunal Constitutionnel (...) énonce une déclaration générale relative au titulaire de la compétence controversée, déclaration qui fixe et interprète l'ordre de distribution des compétences." (STC 166/1987, du 28 octobre, F. 2).

[2] STC 32/1983, du 28 avril, F. 1.

[3] STC 88/1989, du 11 mai, F. 2.

[4] ce qui inclut les Statuts d'Autonomie.

[5] STC 88/1989, du 11 mai, F. 2.

[6] *Id.*. Cette solution était déjà apparue l'année précédente, dans un *Auto* n°886/1988, où le Tribunal Constitutionnel s'était déclaré incompétent parce qu'une Communauté Autonome avait déclenché un conflit positif de compétences alors que son différend avec l'Etat ne soulevait pas un vrai problème de compétence.

de "lois particulières" (*Leyes singulares*), qu'on peut rapprocher de celui des "validations législatives" en France.
Le Tribunal constitutionnel reconnaît que, comme nous l'avons rappelé plus haut, "l'évolution historique du système constitutionnel de division des pouvoirs a conduit à un assouplissement qui permet aujourd'hui de parler, sauf pour les réserves matérielles de Loi et pour les activités de pure exécution, d'une certaine fongibilité entre le contenu des décisions propres de chacune de ces fonctions". En conséquence, il admet la possibilité de recourir, quand le besoin s'en fait sentir, à des "lois particulières". Il rappelle cependant immédiatement que l'"on ne peut ignorer que la Constitution attribue le pouvoir législatif aux Cortes Generales (...) et l'exécution au Gouvernement (...), et, donc, que cette séparation doit être normalement respectée afin d'éviter le déséquilibre institutionnel qui découle de l'intrusion d'un de ces pouvoirs dans la fonction propre de l'autre. (...) L'adoption de lois particulières doit être circonscrite aux cas exceptionnels qui, par leur exceptionnelle étendue et complexité, ne peuvent pas être résolus par les instruments normaux dont dispose l'Administration, tenue d'agir en respectant le principe de légalité, ni par les instruments normatifs ordinaires, rendant l'intervention du législateur nécessaire (...)."[1].
On voit donc qu'ici comme en France, il s'agit principalement d'assurer le respect d'une saine administration des moyens normatifs dont dispose le pouvoir en place, et que le Juge constitutionnel, s'il se montre tolérant envers les "nécessités" de l'action de l'Exécutif, borne quand même les abus qui peuvent en résulter.

Section 2

Le contrôle de l'incompétence négative du législateur

Il ne suffit pas au Juge constitutionnel d'empêcher que le domaine d'action du législateur soit entamé, comme nous l'avons vu dans le point précédent : il lui faut encore veiller à ce qu'il ne se dépossède pas lui-même de ses compétences au profit de l'Exécutif. Ce phénomène peut en effet aisément se concevoir dans un contexte de parlementarisme majoritaire. C'est le problème auquel cherche à remédier la jurisprudence qu'il est convenu de qualifier chez nous de "l'incompétence négative du législateur". C'est ainsi que la loi devient un "moyen d'action normatif" que le pouvoir politique, et donc au premier chef l'Exécutif, est parfois obligé d'emprunter pour mettre en oeuvre ses options politiques. Cette jurisprudence constitutionnelle existe dans les trois pays étudiés, en dehors de toute prescription constitutionnelle (cette dernière n'est prévue que dans la Constitution portugaise[2]). Elle est, comme l'a

[1] STC 166/1986, du 19 décembre, F. 11 B.
[2] De telles dispositions étaient normales dans les Constitutions des anciens pays socialistes d'Europe de l'Est (voir sur le point un article d'Henry ROUSSILLON sur "Le problème du contrôle de la constitutionnalité des lois dans les pays socialistes", *RDP* 1977, p.97 s.). Dans l'Europe d'aujourd'hui, seule la Constitution portugaise, à son article 283, prévoit un recours direct, à titre principal, déclenchant le contrôle abstrait d'une inconstitutionnalité par omission. La décision prise sur un tel recours est

montré Jérôme TRÉMEAU, une manifestation de la "réserve de loi" qu'établissent les Constitutions modernes[1].

En replaçant la jurisprudence de l'"incompétence négative" dans le contexte de l'évolution contemporaine du parlementarisme[2], deux interprétations sont possibles. On peut d'abord y voir un moyen de protéger l'opposition contre la logique majoritaire qui prédomine aujourd'hui dans nos systèmes politiques : elle semble alors chercher à garantir l'intégrité du champ de compétences du Législatif contre les intrusions de l'Exécutif[3]. Mais elle peut aussi être interprétée différemment, d'une manière plus convainquante nous semble-t-il, comme un moyen pour le Juge constitutionnel de préserver ou même d'accroître son propre champ de compétences, soit en obligeant l'Exécutif à utiliser la loi pour pouvoir mettre en oeuvre sa politique, soit en l'obligeant à modifier une loi déjà existante pour l'adapter à un changement de circonstances, soit enfin en le forçant à intervenir pour assurer une sanction législative à certains droits constitutionnellement reconnus. C'est donc bien un moyen indirect pour le Juge constitutionnel de contrôler les activités du pouvoir exécutif, ce qui justifie sa présence au sein de cet exposé.

Il apparaît cependant, à l'étude de la jurisprudence constitutionnelle de la France, de l'Allemagne et de l'Espagne, relative à l'incompétence négative du législateur, que ce contrôle n'est pas univoque. L'examen de la doctrine étrangère sur la question, moins bridée que la française par une constante référence au modèle de la Justice administrative[4], montre qu'elle a déjà tenté d'introduire des typologies applicables à cette forme d'inconstitutionnalité. Pour le Professeur allemand WESSEL, il faut distinguer entre les "omissions" celles qui sont "absolues", quand il "manque une disposition du développement législatif de la prescription constitutionnelle", et celles qui sont seulement "relatives", cette dernière hypothèse recouvrant les cas d'une action partielle du législateur, "réglant certaines situations et pas d'autres et violant ainsi le principe d'égalité", et d'une "régulation (...) incomplète, défectueuse ou inadaptée aux hypothèses concernées par la norme."[5].

---

cependant simplement déclarative, et vise à faire connaître à l'organe législatif, seul compétent, l'inconstitutionnalité du non-accomplissement de son obligation de légiférer.

[1] Dans ces Constitutions "la compétence législative, déterminée par la Constitution, s'impose même au législateur. La loi se conçoit dans l'ensemble de ces pays comme possédant une compétence irréductible. (...) A l'exemple du droit comparé le Conseil constitutionnel a interprété les renvois à la loi présents dans la Constitution comme étant opposables au Parlement, imposant à ce dernier l'exercice effectif de sa compétence." (Jérôme TRÉMEAU, *La réserve de loi - Compétence législative et Constitution*, col. Droit Public positif, Economica-PUAM, 1997, p.391).

[2] Cf.*supra*.

[3] Cf. l'interprétation de François PRIET, "L'incompétence négative du législateur", *Revue Française de Droit Constitutionnel* n°17, 1994, p.73 : "La sanction de l'incompétence négative permet au Conseil constitutionnel de renouer partiellement avec un certain légicentrisme qui est au coeur du Droit public français (...) pour éviter cette sorte de démission de la représentation nationale (...)".

[4] Si elle est souvent utile et fructueuse, comme l'a encore montré l'étude sur l'excès de pouvoir législatif et administratif publiée par le Doyen VEDEL dans les *Cahiers du Conseil constitutionnel* n°1 et 2 (*op. cit.*), elle agit hélas fréquemment aussi comme un frein de l'analyse, empêchant de considérer pleinement le contentieux de constitutionnalité comme ce qu'il est, c'est-à-dire un contentieux indépendant malgré l'inévitable influence du puissant voisin du Conseil constitutionnel.

[5] WESSEL, "Die Rechtsprechung des Bundesverfassungsgerichts zur Verfassungsbeschwerde", *Deutsches Verwaltungsblatt* 1952, cité par Angela FIGUERUELO BURRIEZA, "La incidencia positiva del Tribunal constitucional en el poder legislativo", *Revista de Estudios Políticos* n°81.

Pour le Professeur italien Costantino MORTATI[1], en revanche, il convient de distinguer l'"omission" législative, qui "fait référence à tout type d'abstention d'agir face à ce qui est prescrit par la Constitution", et est donc un acte négatif de volonté, des "lacunes" dans une loi, qui, elles, peuvent se produire involontairement. Nous adopterons quant à nous cette dernière hypothèse de travail, qui utilise des termes plus évocateurs, et permet de bien distinguer les différents cas d'incompétence négative. Nous la compléterons cependant à la lumière de nos constatations[2].
Il semble donc qu'on puisse distinguer, d'une part un contrôle commun aux trois pays, celui des "lacunes" qui pourraient se faire jour dans l'oeuvre du législateur (§ 1), et d'autre part un contrôle plus "interventionniste", qui n'existe qu'en Allemagne et en Espagne, celui des "omissions" du législateur (§ 2).

§ 1 - Un contrôle commun aux trois pays : celui des "lacunes" dans l'oeuvre du législateur

Nous avons déjà vu qu'en matière de délimitation du champ de compétences du Pouvoir législatif, c'est en fait la volonté de l'Exécutif qui est à l'oeuvre. Pour accomplir son programme politique, il utilise selon ses préférences les différents moyens normatifs dont il dispose, la loi étant le plus puissant d'entre eux. Il arrive cependant qu'il préfère demander au Parlement de renvoyer au règlement le traitement d'une question qui relève normalement de la compétence législative. Cet exercice incomplet de sa compétence par le législateur est un vice propre aux yeux du Juge constitutionnel (I-), mais son contrôle est exercé avec beaucoup de prudence (II-).

I - Le contrôle des "lacunes" législatives : l'exercice incomplet de la compétence du législateur

Ce contrôle a reçu deux justifications de la part du Juge constitutionnel : il s'agit pour lui d'une part de veiller à ce que la loi encadre suffisamment l'activité de l'Administration (A-), et d'autre part de favoriser l'adaptation de la loi aux changements de circonstances qui altèrent son application (B-).

---

[1] Costantino MORTATI, "Appunti per uno studio sui rimedi giurisdizionali contro comportamenti omissivi del legislatore", *Il Foro Italiano* 1970, p.153-191.

[2] Nous nous écartons donc ici de l'option retenue par MM. Robert BADINTER, Georges VEDEL et Bruno GENEVOIS, quand, dans un article sur "Le contrôle de constitutionnalité des normes juridiques par le Conseil constitutionnel", paru à la *RFDA* 1987, p.844-862, ils ont confondu les deux notions au sein de celle d'omission. Pour eux, "les omissions ou lacunes d'une loi ne sont pas justiciables d'une voie de droit particulière. (...) Cependant, dans le cadre du contrôle qu'il exerce au titre de l'article 61 (...), le Conseil constitutionnel a dégagé deux types de raisonnement lui permettant de censurer les omissions imputables au législateur". A notre avis il s'agit là d'un contrôle des "lacunes" dans l'action du législateur, et non de ses "omissions" au sens propre du terme.

A - L'ENCADREMENT LEGISLATIF DE L'ACTIVITE ADMINISTRATIVE

C'est l'aspect prépondérant de l'analyse de l'incompétence négative du législateur en France[1]. Elle est interprétée comme un moyen pour le Conseil constitutionnel de sanctionner la délégation irrégulière de compétence, c'est-à-dire le fait pour le législateur de se décharger de l'exercice d'une de ses compétences propres sur une autre autorité - qu'il s'agisse d'ailleurs du pouvoir réglementaire de l'Exécutif[2], d'une collectivité locale, d'un établissement public[3], ou de l'Assemblée générale extraordinaire d'une société commerciale[4]. Ce contrôle peut certes avoir pour effet la défense des libertés individuelles[5], mais il s'exerce bien au-delà, dans toutes les hypothèses où le législateur laisse un trop large pouvoir discrétionnaire à l'Administration[6], permettant ainsi à l'Exécutif de disposer de compétences législatives directement, sans avoir à passer par des procédures contraignantes. Comme le remarque François PRIET, "sont (par là) prohibées toutes les formes de délégation autres que celle qui a été expressément prévue à l'article 38 de la

---

[1] Voir la décision n°85-198 DC, du 13 décembre 1985, "Amendement Tour Eiffel", Cs. n°12 : "Considérant que, si la mise en oeuvre d'une telle sauvegarde relève d'un décret d'application, il revenait au législateur de déterminer lui-même la nature des garanties nécessaires (...);". Notes : J. BOULOUIS, *AJDA* 1986, p.171; J. DUFAU, *JCP* 1986, I, n°3237; R. ETIEN, *RA* 1985, p.572; L. FAVOREU, *RDP* 1986, P.395; B. GENEVOIS, *AIJC* 1985, p.421 et427; F. LUCHAIRE, *D* 1986, J, p.345; P. SABLIÈRE, *CJEG* 1986, p.109.

[2] Cf. G. VEDEL, "Excès de pouvoir législatif et excès de pouvoir administratif", II, 1997, p.84 : "lorsque le législateur reste en-deçà de sa compétence et laisse ou confie au pouvoir règlementaire des matières réservées au pouvoir législatif.".

[3] Voir par exemple la décision n°87-239 DC du 30 décembre 1987, "Loi de Finances rectificative pour 1987", Cs n°4 et 5 :
"Considérant qu'en vertu de l'article 34 (...), il appartient au législateur de déterminer les limites à l'intérieur desquelles un établissement public à caractère administratif est habilité à arrêter un taux d'une imposition établie en vue de pourvoir à ses dépenses; Considérant qu'en s'en remettant à la seule décision des Chambres de Commerce et d'Industrie (...), le législateur est resté en deçà de la compétence qui est la sienne en vertu de l'article 34 de la Constitution.".
Notes : L. FAVOREU, *RDP* 1989, p.399; B. GENEVOIS, *AIJC* 1987, p.579.

[4] Comme ce fut le cas en 1994 avec la décision n°94-347 DC, "Actionnaires d'Air France", Cs n°8 : "Considérant (...) qu'en vertu de l'article 34 de la Constitution, la loi fixe les règles concernant les nationalisations d'entreprises (...) ainsi que les principes fondamentaux du régime de la propriété, des droits réels et des obligations civiles et commerciales; que, dans ces conditions, le législateur pouvait sans méconnaître sa compétence conférer, en édictant des dispositions nouvelles, à une assemblée générale extraordinaire de société anonyme la faculté de prévoir une indemnisation sous forme de distribution d'actions (...), dès lors que l'Assemblée générale a décidé (...) la dissolution de la société coopérative de main-d'oeuvre.".
Notes : J. TRÉMEAU, *RFDC* 1994, n°20, p.826; J. TRÉMEAU, *D* 1995, Som. commentés.

[5] Par exemple, dans sa décision n°94-352 DC du 18 janvier 1995 (*JO* p.1154), le Conseil constitutionnel a décidé que le législateur ne remplissait pas sa compétence en laissant à l'Administration trop de latitude en matière d'autorisation concernant une liberté individuelle.

[6] par exemple, dans leur commentaire des décisions n°83-164 DC du 29 décembre 1983, et n°84-184 DC du 29 décembre 1984, "Perquisitions fiscales", MM. FAVOREU et PHILIP (*GDCC* 1995, n°64, p.546-547) recensent toute une série de décisions du Conseil constitutionnel en matière fiscale où l'on voit qu'il interprète largement la compétence législative en matière fiscale, au détriment de l'intervention de l'Administration.
Décision n°83-164 DC, du 19 décembre 1983 - Notes : R. DRAGO et A. DECOCQ, *JCP* 1984, II, n°20160; R. ETIEN, *RA* 1984, p.142; *GDCC* n°34, p.540; L. PHILIP, *AJDA* 1984, p.97; A. VIALA et M. AMADIO, *Gaz. Pal.* 2 et 3 mars 1983.
Décision n°84-184 DC, du 29 décembre 1984 - Notes : R. ETIEN, *RA* 1985, p.140 et 252; L. FAVOREU, *RDP* 1986, p. 395; L. PHILIP, *RDP* 1985, p.651.

Constitution sous le nom d'ordonnances (, qui) est d'interprétation stricte."[1]. Il faut d'ailleurs remarquer, toujours avec lui, que l'incompétence négative du législateur "à la française" recouvre dans cette hypothèse aussi bien des délégations explicites qui le conduisent à s'amputer d'une partie de ses compétences, qu'une absence d'intervention qui revient elle aussi à laisser le champ libre au pouvoir réglementaire[2]. C'est cet aspect de la jurisprudence du Conseil constitutionnel qui a amené certains auteurs à constater que le Conseil, "conçu à l'origine pour contraindre le Parlement à ne pas sortir du domaine qui lui est assigné, se fait au fil des décisions le défenseur de sa compétence, au besoin contre lui-même."[3]. A notre avis il s'agit surtout pour le Conseil de forcer l'Exécutif à emprunter la voie législative pour édicter les règles essentielles et les principes qui gouvernent des matières qu'il juge particulièrement importantes, comme la matière fiscale, par exemple. Il s'agit de garantir le champ d'action de la norme législative, plus que de vraiment garantir la "compétence du législateur"[4].

Cette jurisprudence existe également chez nos voisins, toujours dans le but d'empêcher le législateur de laisser à l'Administration une trop grande latitude d'appréciation, quand le Parlement ne remplit pas entièrement la compétence qui lui est octroyée par la Constitution. Elle a été développée en Allemagne comme en Espagne à l'occasion de "contrôles concrets" déclenchés contre des lois à l'occasion de leur mise en application.

La Cour constitutionnelle fédérale allemande se reconnaît ainsi le droit d'apprécier si une loi est suffisamment précise pour obéir aux exigences posées par la Loi Fondamentale, et notamment si elle est assez précise pour guider efficacement l'action de l'Administration[5].

Le Tribunal constitutionnel espagnol, quant à lui, fait preuve d'une grande prudence dans son appréciation des rapports qui doivent exister entre la loi et le règlement administratif, en ce que les "lacunes" législatives qu'il censure sont principalement pour lui des "lacunes techniques provoquées par l'inactivité du législateur."[6]. Pour autant interdit-il lui aussi au législateur de disposer d'une "réserve de loi" établie à son profit par la Constitution, par des abandons de compétence sans conditions ou

---

[1] François PRIET, *op. cit.*, p.72 s..

[2] Id., p.69 s.

[3] Id., p.72. Il fait ici référence à un article de Jean RIVERO paru à l'*AJDA* en 1976, et au *Droit du Contenteux constitutionnel* de Dominique ROUSSEAU (1995, p.120 note 59).

[4] pour se référer à l'opinion exprimée par François LUCHAIRE, qui estime que "l'article 34 loin de limiter la compétence du législateur, au contraire la garantit." (*Le Conseil constitutionnel*, t.1, *op. cit.*, p.162).

[5] Ce fut par exemple le cas dans la célèbre décision "Kalkar 1", du 8 août 1978, BVerfGE 49, 89, Grund B II 2 : "Le législateur est obligé (...) de prendre toutes les décisions fondamentales dans les domaines normatifs principaux, tout spécialement dans les cas où des droits fondamentaux peuvent faire l'objet d'une règlementation gouvernementale. (...) Pour déterminer les domaines dans lesquels les actes du Gouvernement doivent trouver une base dans la loi, (... il faut) considérer le sujet concerné et l'"intensité" de la règlementation prévue ou intervenue, en tenant particulièrement compte des droits fondamentaux protégés par la Loi Fondamentale. (Il faut) aussi utiliser ces critères pour déterminer si le législateur a établi les règles législatives essentielles dans la matière, comme le réclame l'exigence constitutionnelle d'une intervention spécifique, et n'a pas laissé l'Administration le déterminer.".
En l'espèce, la Cour a cependant jugé que le comportement du législateur n'avait pas été inconstitutionnel.

[6] Angela FIGUERUELO BURRIEZA, "La incidencia positiva del Tribunal constitucional en el poder legislativo", *Revista de Estudios Políticos* n°81, p.68.

sous des conditions trop peu précises au profit du pouvoir réglementaire[1]. Il exige que les recours au pouvoir réglementaire soient clairement limités par la loi, et soient indispensables pour des motifs techniques ou pour rendre la loi elle-même plus efficace, sans que le législateur puisse abdiquer son pouvoir de fixer les règles et les objectifs que la réglementation doit suivre[2].
On voit donc que le Juge constitutionnel veille partout à empêcher l'Exécutif de trop malmener le domaine de la loi pour sa seule commodité.

B - L'ADAPTATION DE LA LOI AUX CHANGEMENTS DE CIRCONSTANCES

Le contrôle des lacunes de la loi s'applique aussi à un deuxième cas de figure, assez proche parfois du précédent : celui où, du fait de l'évolution des circonstances qui président à son application, une loi cesse d'être constitutionnelle.
En France, cette hypothèse apparaît lors du contrôle de l'abrogation des lois anciennes par une loi nouvelle, justement pour adapter le corpus législatif à une nouvelle conjoncture. En principe, le législateur ne peut pas se lier pour l'avenir, ce qui lui permet toujours d'intervenir sur une loi existante. Cependant, le Conseil constitutionnel estime que ce pouvoir d'abrogation n'est pas absolu : il "ne saurait aboutir à priver de garanties légales des exigences de caractère constitutionnel."[3].
En Allemagne l'hypothèse est un peu différente : dans le cadre d'un contrôle concret, le Juge constitutionnel peut estimer qu'une loi initialement constitutionnelle cesse de l'être, du fait de l'évolution de ses conditions d'application, et qu'en conséquence le législateur doit l'amender. Ce type de raisonnement apparaît par exemple dans la décision "Kalkar 1" de 1978, précitée, toujours dans le fondement n°II B 2 : "si le législateur met en oeuvre une politique sur la base de laquelle de nouveaux développements imprévus sont mis en cause, la Constitution peut obliger le législateur à réexaminer comment la politique de départ doit être modifiée à la lumière des nouvelles circonstances.". Il a aussi présidé à l'argumentation développée dans la décision "Fluglärm", du 14 janvier 1981[4], dans laquelle la Cour constitutionnelle fédérale expose qu'elle peut contrôler les cas où "le législateur par son inaction peut avoir violé un devoir constitutionnel d'amender une loi initialement

---

[1] Voir par exemple dans ce sens la STC 99/87, du 11 juin, et la STC 179/89, du 2 novembre.
[2] Voir par exemple dans ce sens les SSTC 83/84, du 27 juillet, 99/87 du 11 juin, ou 101/91, du 13 mai.
[3] Décision n°86-210 DC du 29 juillet 1986, "Régime de la presse" (Notes : P. AVRIL et J. GICQUEL, *Pouvoirs* n°40, 1987, Chronique constitutionnelle, p.184; R. ETIEN, *RA* 1986, p.458 et 564; L. FAVOREU, *RDP* 1989, p.399; B. GENEVOIS, *AIJC* 1986, p.432 et 439; G. PÉPY, *AJDA* 1986, p.527). Cette solution était déjà apparue dans les décisions n°83-165 DC du 20 janvier 1984, "Libertés universitaires", Cs n°42 ("... en revanche, l'abrogation totale de la loi d'orientation du 12 novembre 1968 dont certaines dispositions donnaient aux enseignants des garanties conformes aux exigences constitutionnelles qui n'ont pas été remplacées dans la présente loi par des garanties équivalentes n'est pas conforme à la Constitution.") (Notes : J. BOULOUIS, *AJDA* 1984, p.163; L. FAVOREU, *RDP* 1984, p.702; Y. GAUDEMET, *D* 1984, Chron., p.125; *GDCC* n°35, p.564; L. HAMON, *Gaz. Pal.* 19-20 décembre 1984, n°354-355; F. LUCHAIRE, *D* 1984, p.593; M. de VILLIERS, *RA* 1984, p.261) et n°84-185 DC du 18 janvier 1985, "Loi Chevènement", Cs n°8 ("...qu'il n'en serait autrement que si cette abrogation avait pour effet de porter atteinte à l'exercice d'un droit ou d'une liberté ayant valeur constitutionnelle...") (Notes : L. FAVOREU, *RDP* 1986, p.395; B. GENEVOIS, *AIJC* 1985, p.416 et 421).
[4] BVerfGE 56, 54.

constitutionnelle"[1]. Elle explique le raisonnement à suivre dans un tel cas : elle ne peut déclarer l'absence d'amendement inconstitutionnelle "que s'il est évident qu'une loi initialement valide est maintenant défectueuse du fait de changements de circonstances, et si, de plus, le législateur n'a rien fait, ou a pris des mesures manifestement erronées, pour remédier" à la situation[2]. Ce raisonnement existe dans des termes similaires en Espagne[3].

II - Un contrôle exercé avec prudence

Les lacunes des lois peuvent donc aboutir à des inconstitutionnalités en laissant l'Exécutif violer la répartition constitutionnelle des compétences normatives. Elles lui permettent en effet de pousser le Parlement à lui abandonner de fait la régulation de certaines matières théoriquement législatives, en ne s'en chargeant pas dans une loi. Le contrôle des Cours constitutionnelles en la matière est comme nous allons le voir prudent : elles insistent ici encore sur la nécessité pour elles de préserver l'autonomie de décision du pouvoir politique du législateur - qui rappellons-le est le seul à être directement visé dans ce contrôle, même si c'est la politique normative de l'Exécutif qui est finalement touchée - (A-), ce qui se traduit dans les techniques de contrôle utilisées (B-).

A - LE RESPECT DE LA LIBERTE DE DECISION POLITIQUE DES POUVOIRS PUBLICS

Le Conseil constitutionnel n'a jamais éprouvé le besoin de protester de sa bonne foi en matière d'incompétence négative du législateur, mais il l'a déjà fait par ailleurs[4].

Ses homologues allemands et espagnols sont quant à eux très explicites. La Cour constitutionnelle fédérale proclame ainsi qu'elle doit respecter la liberté de décision (*die Gestaltungsfreiheit*) et le pouvoir d'appréciation (*das Ermessen*) du législateur, auquel le peuple confère une légitimité directe. Dans sa décision "Kalkar 1" précitée, elle insiste sur le fait que tant que les risques[5] ne sont qu'à l'état de possibilités, sans degré élevé de probabilité, un Juge, même constitutionnel, n'a pas à substituer son appréciation à celle des autorités politiques pour ce qui regarde l'évaluation de la situation, d'une part parce que les critères légaux pour de telles décisions n'existent

---

[1] Grund B II, à propos en l'espèce du développement considérable du trafic aérien, qui entraînait des nuisances sonores insupportables pour les riverains de l'aéroport de Düsseldorf-Lohausen : ils demandaient la révision d'une loi de 1971 contre le bruit provoqué par les avions.

[2] Idem, Grund C II 1. En l'espèce, la Cour a estimé que le législateur allemand n'avait pas failli à ses obligations.

[3] Voir par exemple la STC 45/1989, du 20 février, F. 11, où le Tribunal constitutionnel a fait une déclaration d'inconstitutionnalité sans nullité, destinée à attirer l'attention des Pouvoirs Publics sur la nécessité de remédier à la lacune.

[4] Cf. *supra*, sur la conception restrictive qu'il expose de ses compétences.

[5] En l'occurrence les risques dûs à l'usage de centrales nucléaires dans un site peuplé, dans lesquels les requérants voyaient des circonstances susceptibles de forcer le législateur à modifier les conditions d'agrément à l'implantation d'une centrale.

pas, et d'autre part parce qu'il faut laisser les hommes politiques prendre leurs responsabilités politiques[1].
De même, le Tribunal constitutionnel espagnol précise toujours qu'il est de son devoir de respecter les capacités d'action politiques du législateur. Dès 1981, elle expliquait que "la Constitution est un champ de coïncidences assez large pour qu'en son sein existent des options politiques très différentes"[2], ce qu'elle a confirmé et développé en 1989, en disant que "la Constitution, comme champ normatif, laisse au législateur des marges plus ou moins importantes au sein desquelles il peut convertir en loi ses préférences idéologiques, ses options politiques et des jugements d'opportunité."[3].

B - LES TECHNIQUES DE CONTROLE DES "LACUNES" LEGISLATIVES ET LEURS LIMITES

Ces techniques sont passablement similaires pour le Conseil constitutionnel, la Cour constitutionnelle fédérale et le Tribunal constitutionnel, avec tout de même des variations dans la manière de les utiliser.

Ainsi le Conseil constitutionnel a-t'il à sa disposition la technique de la conformité sous réserve, qui lui permet de donner son interprétation de la loi, par une démarche "constructive", afin d'éviter qu'elle puisse être ultérieurement appliquée de manière inconstitutionnelle. Mais, comme le fait remarquer François PRIET, "les déclarations de conformité sous réserve restent malgré tout l'exception en matière de contrôle de l'incompétence négative"[4]. On peut penser que c'est pour tenir compte des dangers que comporte cette technique : "il serait beaucoup plus normal que le Conseil sanctionne l'inconstitutionnalité et fournisse ainsi au législateur l'occasion de s'exprimer à nouveau et en connaissance de cause (...). D'autant plus (qu'il) n'a aucune garantie que son interprétation sera bien respectée par les pouvoirs publics."[5]. C'est effectivement cette dernière solution qu'il adopte le plus souvent, en combinant éventuellement ce grief avec d'autres motifs d'inconstitutionnalité. La pratique du Conseil semble en tout cas marquée par le souci ultime de purger d'avance la loi de tout risque d'inconstitutionnalité, ce qui explique l'usage de l'incompétence négative comme d'un moyen d'ordre public, éventuellement soulevé d'office[6].

La situation est un peu différente en Allemagne, où la Cour constitutionnelle fédérale se montre particulièrement consciente des limites d'un tel contrôle : dans sa décision "Fluglärm", précitée, elle rappelle que l'oeuvre du législateur est protégée par le principe de séparation des pouvoirs. Cette constatation limite ses propres capacités d'intervention : "normalement, (elle) ne peut contrôler une telle décision que jusqu'à un certain point, à moins que des intérêts juridiques de la plus haute importance soient concernés. Ces considérations pèsent d'un poids encore plus grand

---

[1] Résumé du raisonnement tenu par la Cour dans le Grund B II 2 c.
[2] STC 11/1981, du 8 avril, F.7.
[3] STC 194/1989, du 16 novembre, F.2.
[4] Art. cité, p.82.
[5] Henry ROUSSILLON, *Le Conseil constitutionnel, op. cit.*, p.74.
[6] Cf. François PRIET, art. cité, p.83 s..

quand le problème ne vient pas seulement du fait que le législateur a violé son devoir positif de protéger (des valeurs objectives), mais qu'il l'a fait en n'amendant pas une loi existante."[1]. Il peut en effet s'agir là d'un simple oubli, mais parfois aussi - et sans que le Juge puisse l'apprécier facilement - d'un choix de nature politique, relevant de la politique normative de ce que nous avons appelé le "pôle législatif" (c'est-à-dire de l'ensemble formé par l'Exécutif et sa majorité parlementaire), choix qu'un organe juridictionnel peut éprouver des scrupules à contrôler.

La position du Tribunal Constitutionnel espagnol est elle aussi marquée par la conscience des dangers que comporte ce qui reste une grave atteinte aux prérogatives du législateur. Angela FIGUERUELO BURRIEZA explique ainsi que le Juge constitutionnel cherche à "combler" les lacunes "par des interprétations, selon la "méthode analogique" et des techniques herméneutiques"[2]. On peut ranger dans ces techniques les "sentences manipulatives", qu'elles soient "additives" ou "constructives", qui transforment le sens de la loi contrôlée, les décisions d'inconstitutionnalité partielle sans altération du texte normatif, et enfin les décisions "de simple inconstitutionnalité", qui déclarent l'inconstitutionnalité sans nullité, dans les hypothèses où la loi doit être adaptée à des changements dans les circonstances de fait qui conditionnent son application[3]. Le Tribunal constitutionnel se heurte cependant à des limites, qui viennent de ce que sa fonction n'est en définitive pas de créer du Droit *ex nihilo*. Il rencontre des cas où aucune reconstruction n'est "possible parce que la règle de droit nécessaire n'est pas déductible des principes et normes constitutionnelles", ou encore où "l'adoption du Droit qui comblerait la lacune entre dans le champ du pouvoir discrétionnaire du législateur", ou encore où il s'agit d'une matière trop particulière pour qu'il puisse valablement y appliquer le principe de l'analogie (comme en matière pénale par exemple)[4].

Si poussé qu'il puisse se révéler, puisqu'il enserre l'autorité politique - et principalement l'Exécutif - dans le réseau constitutionnel de répartition des compétences normatives, le contrôle des lacunes dans l'oeuvre du législateur reste malgré tout moins grave que celui de ses "omissions", qui est encore plus délicat à effectuer.

§ 2 - Un contrôle spécifique : celui des omissions du législateur

Ce contrôle s'aventure sur un terrain dangereux, celui de l'"obligation de légiférer". Cet important problème est longtemps passé inaperçu dans les pays occidentaux, qui concentraient leur analyse sur le contrôle de la constitutionnalité des agissements du pouvoir législatif. Sur ce point, l'étude de la doctrine des anciens pays socialistes d'Europe de l'Est est très instructive[5]. L'analyse qui y était faite de la

---

[1] Décision précitée, Grund C II 1.

[2] Angela FIGUERUELO BURRIEZA, article cité, p.68.

[3] Il s'est engagé dans cette voie depuis une sentence STC 45/1989, du 20 février, précitée, estimant que le principe posé dans une loi n'était pas inconstitutionnel en lui-même, mais le devenait parce que le législateur n'avait pas prévu le régime d'un cas particulier.

[4] Idem, p.69.

[5] Voir l'analyse qu'en fait Henry ROUSSILLON dans un article sur "Le problème du contrôle de la constitutionnalité des lois dans les pays socialistes", *RDP* 1977, p.97 s.

notion de Constitution reposait sur "deux éléments inséparables : 1) le devoir de mettre en oeuvre les dispositions de la Constitution, notamment en édictant les lois ordinaires nécessaires, 2) l'interdiction d'édicter toute loi ordinaire contraire à la Constitution."[1]. Cette idée et ses implications n'ont été admises et appliquées en Occident qu'assez tard : ainsi par exemple, la Cour Suprême américaine est parvenue en 1964 à imposer au législateur une mise en pratique des obligations contenues dans la Constitution, à l'occasion de recours contentieux[2].
Un tel concept, qui vise à permettre au Juge constitutionnel d'intervenir directement au principe des choix normatifs du "pôle législatif", et en particulier de l'Exécutif, est particulièrement délicat à exercer. Il apparaît qu'il est non seulement lié à des conditions d'exercice particulières - qui expliquent qu'il n'existe pas en France (I-), mais aussi difficile à mettre en pratique (II-).

I - Un contrôle lié à des conditions d'exercice particulières

Nous avons vu jusqu'à présent que le Juge constitutionnel avait admis d'exercer son contrôle sur le contenu des lois, pour vérifier qu'il ne comportait pas de lacunes au regard du champ de compétences constitutionnellement reconnu au législateur, et éventuellement obliger l'Exécutif à emprunter cette voie normative. Qu'en est-il de l'autre volet de l'incompétence négative du législateur, celui des "omissions"? On rentre ici dans le champ du non-traitement par une autorité d'une compétence qui lui est reconnue par la Constitution. Dans le cas des "lacunes", on se trouvait encore devant des actes, fut-ce par défaut ou *a contrario* quand une loi donnée omettait de se prononcer sur certains points qui relevaient théoriquement de sa compétence. Dans le cas des "omissions" vraies, il y a seulement absence d'acte de la part du législateur, dans un domaine que la Constitution lui a confié. C'est ce qui rend la décision du Juge constitutionnel de les contrôler particulièrement grave, en l'absence de mandat exprès confié à cet effet par le pouvoir constituant. C'est en effet la liberté d'appréciation du "pôle législatif" quant à l'opportunité de l'action du Parlement qui est par là remise en cause : il peut être constitutionnellement obligé de légiférer. Ce contrôle peut donc aboutir au risque de substituer l'appréciation en opportunité du Juge constitutionnel à celle de l'autorité politique. Du fait de la gravité de ce problème, ce contrôle n'est mis en oeuvre que rarement, et pour des motifs graves eux aussi.

En Allemagne, l'obligation de légiférer (*Gesetzgebungspflicht*) doit être replacée dans le cadre des deux principes constitutionnels généraux de l'"Etat social"(*der Sozialstaat*) et de l'"Etat de Droit"(*der Rechtsstaat*). La notion d'"Etat de Droit" nous est devenue familière; celle d'"Etat social" est elle aussi ancienne dans la pensée constitutionnelle allemande. Ses racines plongent dans l'idée luthérienne selon laquelle le Prince doit veiller au bien-être de ses sujets, reprise au XIX° siècle par Bismarck, puis par la Constitution de Weimar en 1919; elle est généralement acceptée aujourd'hui, malgré des controverses persistantes et inévitables sur ce que

---

[1] S. ROZMARYN, "La Constitution comme loi fondamentale", p.113, cité par H. ROUSSILLON, *op. cit.*, p.97-98.

[2] Jurisprudence de 1964, "Reynolds v. Sim", analysée par H. ROUSSILLON dans son article cité ci-dessus, p. 98-99, note 170.

doit être son contenu[1]. Ces deux idées se combinent dans la Loi Fondamentale pour aboutir à ce que le pouvoir législatif, émané du peuple, soit activement limité par le pouvoir constituant lui-même, lui aussi d'origine populaire, par le truchement de la Cour constitutionnelle fédérale[2]. Dans ce contexte, "la loi du 12 mars 1951 sur la Cour constitutionnelle fédérale n'admet le recours en carence contre le législateur que lorsque ce dernier s'est vu confier, par la Loi Fondamentale, un mandat constitutionnel exprès, le contenu et la portée de l'obligation du législateur devant être définis au moins dans leurs aspects essentiels."[3]. La Cour a elle-même développé le contenu de ces exigences dans sa décision "Fluglärm", précitée : elle a estimé que ce type de recours ne pouvait être accepté "qu'exceptionnellement et seulement quand le requérant pouvait invoquer des dispositions explicites de la Loi Fondamentale qui définissent, dans leur essence, le contenu et l'étendue du devoir du législateur."[4]. En pratique, ces mandats constitutionnels exprès visent la protection effective des droits fondamentaux proclamés dans la Loi Fondamentale[5], mission particulièrement gratifiante pour le Juge constitutionnel[6].

Le Tribunal Constitutionnel espagnol a adopté sur ce point une position elle aussi restrictive : il a estimé dans une décision STC 24/1982[7] que "l'inconstitutionnalité par omission existe seulement quand la Constitution impose au législateur la nécessité d'édicter des normes de développement de la Constitution et que le législateur ne le fait pas.". Il a d'ailleurs noté, dans une décision STC 11/81, combien ce contrôle était délicat à mettre en oeuvre[8]. Ce problème de contrôle des omissions se pose aussi essentiellement en matière de protection des droits et libertés constitutionnellement protégés[9], comme en Allemagne[10].

---

[1] Pour plus de détails sur cette notion, voir Donald KOMMERS, *The constitutionnal jurisprudence of the Federal Republic of Germany*, *op. cit.*, 1997, p.35 s..
[2] Cf. Ernst G. MAHRENHOLZ, "Constitución y ley - Acerca de la relación entre poder judicial y poder político", in Antonio LOPEZ PIÑA, *Division de poderes e interpretación - Haciá una teoria de la praxis constitucional*, Tecnos, Madrid, 1987, p.69.
[3] Marc VERDUSSEN, "Le recours des particuliers devant le Juge constitutionnel dans une perspective comparative", in Fr. DELPÉRÉE (dir.), *Le recours des particuliers devant le Juge constitutionnel*, Economica-Bruylant, 1991, p.162.
[4] Décision précitée, Grund B II. Sa jurisprudence est d'ailleurs constante sur la question : dans une décision BVerfGE 88, 103, la Cour explique ainsi que la Loi Fondamentale peut comporter des commandements explicites, ou des commandements consécutifs aux restrictions de la loi, susceptibles de transformer la liberté normale de l'initiative législative en obligation de légiférer (p.113-117).
[5] M. VERDUSSEN cite ainsi l'obligation d'assurer aux enfants naturels les mêmes conditions de développement physique et moral et de situation sociale qu'aux enfants légitimes (Id., p.163).
[6] Comme nous le verrons *infra*, Partie 2, Titre 1, Chapitre 2, Section 2.
[7] STC 24/1982, du 13 mai.
[8] STC 11/1981, du 8 avril, F. 4 : le contrôle de constitutionnalité n'est en aucun cas un contrôle en opportunité, et le Tribunal constitutionnel n'est absolument pas habilité à "reconstruire une norme qui n'est pas dûment explicitée dans un texte, pour conclure que c'est la norme constitutionnelle".
[9] A titre indicatif, la STC 11/1981 sus-citée concernait l'application du droit de grève, constitutionnellement reconnu (article 28-2 CE).
[10] On peut aussi se demander si une telle jurisprudence ne serait pas applicable en matière de conflits de compétences entre l'Etat et les Communautés Autonomes, le Tribunal ayant à veiller à ce que la passivité du législateur étatique ne bloque pas la production législative des Communautés Autonomes.

II - Un contrôle difficile à rendre efficace

Du fait de sa principale caractéristique - l'absence d'acte à contrôler - le contrôle de l'omission s'exerce électivement *a posteriori*, c'est-à-dire une fois que l'inconstitutionnalité due à l'absence d'une loi est apparue. Comme le remarque Angela FIGUERUELO BURRIEZA, souvent ce vice ne se révèle qu'à la faveur de "facteurs "extra-juridiques""[1]. De plus, en l'absence d'acte à attaquer, cette requête sera introduite directement par le citoyen : par *Verfassungsbeschwerde* en Allemagne, et par *recurso de amparo* en Espagne[2].
On comprend, dans ces conditions, pourquoi un contrôle des véritables "omissions" du législateur n'existe pas en tant que tel en France. Du fait de son mode particulier de contrôle, *a priori*, le Conseil constitutionnel ne peut que sanctionner les lacunes de lois positivement formulées. En l'état actuel des choses, devant une vraie "omission", il ne peut faire "rien d'autre que des exhortations glissées à l'occasion de telle ou telle saisine faisant ressortir les inconvénients du vide législatif."[3]. On peut d'ailleurs se permettre de douter que cette impossibilité pratique le gêne profondément : il a ainsi les mains presque libres pour établir le statut constitutionnel des matières en question, si quelques lois connexes lui en donnent l'occasion[4].

Quant aux techniques utilisées pour procéder à ce contrôle, en Allemagne, la Cour constitutionnelle est tenue, non seulement de constater qu'en n'édictant pas de loi le législateur a violé un droit fondamental, mais encore d'obliger "le législateur, en règle générale, à édicter la norme dans un temps convenable."[5]. Elle utilise alors la technique des "sentences d'inconstitutionnalité appellative". En Espagne, le Tribunal Constitutionnel dispose principalement de la technique des "recommandations au législateur", qui ont été en pratique formulées par lui avec une certaine modération[6]; elles sont considérées comme un instrument de communication directe entre le Tribunal et le Parlement. Malheureusement, il n'a parallèlement lui non plus aucun moyen de faire respecter ses décisions, hormis la bonne volonté du législateur condamné à agir[7].

---

[1] Angela FIGUERUELO BURRIEZA, article cité, p.68.

[2] Henry ROUSSILLON remarque d'ailleurs que les procédures employées dans les anciens pays "de l'Est" pour mettre en pratique le contrôle de l'accomplissement de ses obligations constitutionnelles par le législateur, reposaient essentiellement sur les citoyens, auxquels il était permis "d'intervenir, directement ou indirectement, dans le processus législatif afin de provoquer l'adoption d'un certain nombre de lois jugées nécessaires pour donner son maximum d'efficacité à la Constitution." (in "Le problème du contrôle de la constitutionnalité des lois dans les pays socialistes", *op. cit.*, p.99).

[3] Georges VEDEL, "Excès de pouvoir législatif et excès de pouvoir administratif - II", art. cité, 1997, p.86.

[4] Ainsi pour le droit de grève. On sait que le Préambule de 1946 renvoie à la loi pour en établir le statut, mais aucune loi générale n'est intervenue en la matière. Le Conseil constitutionnel a donc tiré parti des lois partielles qui en ont régi certains aspects pour développer un véritable statut jurisprudentiel du droit de grève (à partir de sa décision n°79-105 DC, du 25 juillet 1979, "Droit de grève à la radio-télévision").

[5] K. SCHLAICH, "Procédures et techniques de protection des droits fondamentaux : Tribunal Constitutionnel Fédéral allemand", in *Cours constitutionnelles européennes et droits fondamentaux*, Economica-PUAM, 1982, p.131.

[6] Voir par exemple la STC 96/1996, du 30 mai, cité dans la chronique "Espagne" de MM. ALBERTI, BON et MODERNE, *AIJC* t. XII, p.614.

[7] *Idem*, p.615.

Nous venons donc de voir que le Juge constitutionnel agit comme un véritable "aiguilleur normatif" à l'égard de l'Exécutif. Ce dernier pourrait en effet estimer avoir acquis, du fait de la rationalisation du parlementarisme, une large maîtrise de l'éventail des moyens normatifs (c'est-à-dire de la production des lois aussi bien que des règlements), afin de réaliser ses options politiques. Or le Juge constitutionnel l'empêche d'en user totalement à sa guise, du fait de son interprétation des dispositions constitutionnelles relatives au champ d'application de la loi. En effet, d'un côté, la Constitution prévoit des limites aux attributions du législateur, mais de l'autre, elle prévoit parfois à sa charge une obligation d'intervenir.

Le Juge doit donc en premier lieu prendre garde à ce que le législateur ne dépasse pas le champ de ses compétences, quand l'Exécutif préfère faire édicter des lois pour réaliser tel ou tel de ses objectifs politiques. Une différence apparaît à ce stade entre la France et ses deux voisins dans l'exercice de ce contrôle : si le Conseil constitutionnel a entendu très largement cette compétence, dans le but d'accroître ainsi le domaine de son intervention, les Juges constitutionnels allemand et espagnol ont en revanche été plus sévères. Cette divergence est due au fait que le Juge français n'avait à arbitrer que la répartition des compétences entre pouvoir législatif et pouvoir réglementaire au niveau étatique, alors que ses homologues cherchaient, dans le contexte différent d'Etats composés, à protéger l'autonomie de leurs collectivités infra-étatiques.

En second lieu il lui revient de veiller à ce que le "pôle législatif" ne s'exonère pas de ses compétences normatives quand l'Exécutif le jugerait préférable, soit en n'allant pas au bout de leur exercice (les "lacunes"), soit en les ignorant (les "omissions"). Cette mission est d'autant plus délicate que les Constitutions des trois pays concernés ne la prévoient pas; il l'exerce donc avec une prudence adaptée aux risques qu'elle implique.

CHAPITRE 2

LE CONTROLE DE LA PHASE PARLEMENTAIRE DE LA PROCEDURE LEGISLATIVE

Nous avons essayé de montrer dans le chapitre précédent que le contrôle du respect du champ d'intervention du législateur par le Juge constitutionnel touchait en fait directement l'Exécutif dans la conduite de sa politique normative, du fait d'une identité significative d'intérêts entre lui et sa majorité parlementaire. L'optique change lorsqu'on aborde la phase parlementaire de la procédure législative. A ce stade en effet, les intérêts de l'Exécutif ne peuvent plus être exactement confondus avec ceux de sa majorité. Bien au contraire, les parlementaires de la majorité gouvernementale cherchent, autant que possible, à obtenir du Gouvernement la modification de ses projets de loi en fonction de leurs propres objectifs. Quant au Gouvernement - puisque c'est de lui qu'il s'agit ici en priorité - il cherche au contraire à assurer sa maîtrise sur le travail parlementaire, afin d'en obtenir dans la mesure du possible le résultat qu'il souhaite, sans trop d'altérations. La poursuite de cet objectif lui est plus ou moins facilitée par le degré d'autonomie du Parlement dans la conduite de la procédure parlementaire : il est beaucoup plus important en Allemagne et en Espagne qu'en France, où la rationalisation du parlementarisme passe dans une large mesure par le contrôle de la procédure législative. Dans ce contexte, le rôle réservé au Juge constitutionnel par la Constitution est en principe celui d'un "défenseur de l'Exécutif", selon l'expression bien connue du Professeur Jean BOULOUIS[1]. Il est en conséquence intéressant de voir comment il exerce ces compétences : se montre-t-il ou pas favorable à l'activité de l'Exécutif en la matière ?

Une étude "linéaire" de la procédure législative telle qu'elle est suivie dans chacun des trois pays retenus risquerait de se révéler fastidieuse et peu instructive pour notre propos. Aussi, tout en rappelant quand le besoin s'en fait sentir les principes généraux qui la gouvernent, focaliserons-nous notre analyse sur les points saillants qui révèlent l'emprise du Juge constitutionnel et son contrôle sur les agissements de l'Exécutif. Ils concernent d'une part la phase préalable à la discussion en séance (Section 1), et d'autre part la discussion elle-même (Section 2).

---

[1] Jean BOULOUIS, "Le défenseur de l'Exécutif", *Pouvoirs* n°13, 1980, p.27 s., et notamment, p. 27 : "à l'origine il ne faisait de doute pour personne que le Conseil devait sa création, non pas au revirement d'une opinion devenue soudain favorable à un véritable contrôle de la constitutionnalité des lois (...), mais bien au souci d'assurer une sanction juridique aux dispositions qui, dans la nouvelle Constitution, consacraient, avec la restauration de l'autorité gouvernementale, l'indépendance et les prérogatives de l'Exécutif qui en étaient les conditions.".

Section 1

La phase préalable à la discussion en séance

D'une manière très classique, la phase préalable à la discussion en séance peut être subdivisée en deux parties; pour chacune de celles-ci, nous examinerons le degré de liberté laissé à l'Exécutif par la jurisprudence constitutionnelle. Nous verrons d'abord les problèmes que peut soulever le traitement de l'initiative législative (§ 1), avant de nous tourner vers ceux que présente l'organisation du travail parlementaire (§ 2).

§ 1 - Le contrôle de l'initiative législative

Se pose d'une part la question de l'attribution du droit d'initiative (I-), et d'autre part celle de la fixation de l'ordre du jour (II-).

I - Le problème du droit d'initiative

L'initiative législative consiste à proposer, soit la modification de la législation existante, soit la création d'une législation nouvelle. En la matière, le monopole législatif du Parlement, s'il a jamais existé, est aujourd'hui largement entamé : nous avons en effet vu dans le chapitre précédent que le Gouvernement est à l'origine d'une grande partie de la production législative. Ce constat se double de celui selon lequel, d'après les études de l'Union Interparlementaire, "les règles constitutionnelles courantes établissent, au stade essentiel de la mise en chantier de la loi, un partage d'attributions entre le pouvoir législatif et le pouvoir exécutif qui, dans les faits, se détériore au détriment du Parlement."[1].
Cette idée va être confirmée ici : les modalités de l'exercice du droit d'initiative diffèrent en effet entre les trois pays retenus pour notre étude, mais en définitive on s'aperçoit que l'initiative gouvernementale est globalement favorisée par rapport à l'initiative parlementaire. Le Juge constitutionnel veille cependant à ce que cette dernière ne disparaisse pas.

A - L'INITIATIVE LEGISLATIVE EN FRANCE

Elle est réglée par l'article 39 de la Constitution du 4 octobre 1958[2]. L'exercice de cette prérogative est libéralement attribué aussi bien au Gouvernement qu'à

---

[1] Union Interparlementaire, *Les Parlements dans le monde - Recueil de données comparatives*, Bruylant, Bruxelles, 1986, p.983.
[2] Article 39 de la Constitution de 1958 :
"L'initiative des lois appartient concurremment au Premier ministre et aux membres du Parlement.

chaque membre des Assemblées[1], malgré la suprématie du premier. Elle n'est pas exercée par ses titulaires dans les mêmes conditions : "alors que les parlementaires agissent à titre individuel et sont libres de leurs propositions dans le cadre des règles constitutionnelles, les projets de loi sont une oeuvre collective arrêtée en Conseil des Ministres."[2].

La Constitution ne pose que peu de conditions à l'exercice de l'initiative gouvernementale, et elles sont essentiellement d'ordre procédural. Ainsi, le Conseil constitutionnel a été amené à vérifier la régularité de la procédure suivie en Conseil des Ministres, mais le moins qu'on puisse dire est qu'il ne s'est pas montré d'une grande sévérité à cet égard : ainsi, la présence du Premier Ministre en personne n'est pas nécessaire[3]. Il a aussi estimé que la consultation d'organismes autres que le Conseil d'Etat, ou l'Assemblée territoriale d'un territoire d'outre-mer dans certaines circonstances, ne fait pas partie des conditions de constitutionnalité de la procédure législative[4].

Cette indulgence vis-à-vis de l'initiative gouvernementale se manifeste aussi par la protection que le Conseil lui accorde contre les entreprises du Parlement. Il interdit ainsi toute injonction parlementaire adressée au Gouvernement, qui pourrait avoir pour objectif de lier sa compétence[5], sauf s'il ne s'agit que de "mesures d'organisation du travail législatif et non (d')injonctions empiétant sur les droits du Gouvernement."[6]. De toute manière, le Conseil constitutionnel interdit au législateur de se lier pour l'avenir, qu'il s'agisse du droit d'initiative du Gouvernement ou de celui du Parlement[7].

Les projets de loi sont délibérés en Conseil des ministres après avis du Conseil d'Etat et déposés sur le bureau de l'une des deux assemblées. Les projets de loi de finances sont soumis en premier lieu à l'Assemblée nationale.".

[1] Selon le Droit parlementaire classique, que les rédacteurs de la Constitution ont suivi sur ce point, le droit d'initiative est en effet une prérogative attachée à la qualité de parlementaire.

[2] Dmitri-Georges LAVROFF, *Le Droit Constitutionnel de la V° République*, *op. cit.*, p.605.

[3] Décision n°84-179 DC, du 12 septembre 1984, "Limite d'âge des fonctionnaires", Cs n°1 à 3 :
"Considérant que les députés auteurs de (la saisine) soutiennent que la présente loi se trouve fondamentalement viciée en sa procédure par la non présence du premier ministre lors du Conseil des ministres (...) qui en a adopté le projet;
(...) que le Premier ministre a exercé le droit d'initiative qu'il détient de l'article 39 en signant lui-même le décret de présentation au Parlement du projet de loi délibéré (...) par le Conseil des ministres qui, conformément à l'article 9 de la Constitution, était présidé par le Président de la République;".
Notes : J. BOULOUIS, *AJDA* 1984, p.682; L. FAVOREU, *RDP* 1986, p.395; L. HAMON, *D* 1985, IR, p.661; F. ROHMER-BENOIT, *D*, 1986, J, p.97.

[4] Voir par exemple la décision n°82-142 DC, du 27 juillet 1982, "Réforme de la planification", Cs. n°17 (pour les organismes consultatifs pouvant intervenir dans l'élaboration des lois de plan), ou n°91-290 DC, du 9 mai 1991, "Statut de la Corse", Cs. n°48 (pour la consultation de l'Assemblée de Corse sur les projets de loi concernant la Corse) (Notes : C. CARPENTIER, *LPA* 1991, n°82, p.20; R. ETIEN, *RA* 1991, p.234; L. FAVOREU, *RFDC* 1991, n°6, p.305; *GDCC* n°44, p.756; B.GENEVOIS, *RFDA* 1991, n°3, p.407; C. HOUTEER, *LPA* 1991, n°74, p.17 et n°80, p.21).

[5] Décision n°76-73 DC, du 28 décembre 1976, "Loi de Finances pour 1977", Cs. n°8, confirmé par une jurisprudence constante (Notes : P. AVRIL et J. GICQUEL, *Pouvoirs* 1977, n°1, p.215 s.; M.-C. BERGERES, *JCP* G, 1979, II, n°19109; J.-C. DUCROS, *AJDA* 1977, p.308; L. PHILIP, *RDP* 1977, p.963).

[6] Décision n°82-142 DC, du 27 juillet 1982, "Réforme de la planification", Cs. n°16 (qui clôt un raisonnement développé dans les Cs. n°13 à 15).

[7] Décision n°82-142 DC, du 27 juillet 1982, "Réforme de la planification", précitée, Cs. n°8 :

La Constitution limite en revanche sévèrement, et au profit du Gouvernement, le droit d'initiative parlementaire. Jouent tout d'abord des considérations matérielles : son article 41[1] permet au Gouvernement d'opposer l'irrecevabilité à une proposition de loi qui "n'est pas du domaine de la loi ou est contraire à une délégation accordée en vertu de l'article 38 (...)". Nous avons vu *supra* qu'il n'était pas beaucoup utilisé. Jouent aussi, et beaucoup plus efficacement, des considérations d'ordre budgétaire énoncées par l'article 40[2]. Comme le remarque le Professeur Dmitri-Georges LAVROFF, ces dispositions "sont parfaitement justifiées et indispensables. (...) Il faut pourtant se rendre compte que les limitations (qu'elles imposent) peuvent affecter gravement le droit d'initiative des parlementaires."[3]. "Ce texte a d'abord été interprété strictement par le Gouvernement. (...) Cependant, la pratique, suivant en cela les travaux préparatoires du texte, en a fait prévaloir une application littérale"[4], grâce à la jurisprudence du Conseil constitutionnel[5].

"Considérant que le législateur ne peut lui-même se lier; qu'une loi peut toujours et sans condition, fût-ce implicitement, abroger ou modifier une loi antérieure ou y déroger; qu'ainsi (les dispositions d'une loi) ne peuvent limiter en rien le droit d'initiative du gouvernement et des membres du Parlement;".

[1] Cf. *supra* pour sa portée. Voir également la thèse d'Eric OLIVA, *L'article 41 de la Constitution du 4 octobre 1958*, *op. cit.*.

[2] Article 40 de la Constitution de 1958 :

"Les propositions et amendements formulés par les membres du Parlement ne sont pas recevables lorsque leur adoption aurait pour conséquence soit une diminution des ressources publiques, soit la création ou l'aggravation d'une charge publique.".

Ces dispositions constitutionnelles sont complétées par celles de l'article 42 de l'Ordonnance du 2 janvier 1959, qui applique aux lois de finances les restrictions prévues par l'article 40 pour tous les amendements et propositions parlementaires.

Le respect de ces articles est assuré par les parlementaires eux-mêmes au cours de la procédure législative, et le Conseil constitutionnel n'intervient qu'après, en cas de litige persistant entre le Gouvernement et le Parlement.

Voir par exemple sur ce thème, Etienne DOUAT, "Droit constitutionnel financier", *Jurisclasseur Droit administratif*, fascicule 1461, not. n°41 à 89; Loïc PHILIP, *Les fondements constitutionnels des finances publiques*, Economica, 1995, 112 p. et *Finances publiques*, Cujas, 1989, 422 p.; et les articles de Loïc PHILIP *in* L. PHILIP et L. SAIDJ (dir.), *Dictionnaire encyclopédique des Finances Publiques*, Economica, 1991 : "Conseil constitutionnel et Finances Publiques", p.408-416, et "Constitution et Finances Publiques", p.436-443.

[3] D.-G. LAVROFF, *op. cit.*, p.693.

[4] Pierre-Marie GAUDEMET et Joël MOLINIER, *Finances Publiques*, t.1 : "Budget/Trésor", 1996; n°207.

Sur les principes qui guident l'application de l'article 40, voir le tableau synthétique proposé par Loïc PHILIP, *in Les fondements constitutionnels de Finances publiques*, Economica, 1995, p.41 ("Tableau sur les différents cas de figure possibles d'application de l'article 40 de la Constitution", avec la justification de la solution retenue).

[5] Sa compétence n'avait pas été prévue à ce titre dans la Constitution, et c'est le Gouvernement qui l'a saisi au titre de l'article 61 de la conformité d'une loi à l'article 40 (décision n°60-11 DC, "Assurances maladie des exploitants agricoles" - Notes : *GDCC* n°9, p.117; L. HAMON, *D.* 1962, J. p.177; L. PHILIP, *S* 1961, p.165; X., *AJDA* 1961, p.87). Il refuse toujours de considérer qu'il est en la matière autre chose qu'un "juge d'appel" du contrôle normalement confié aux Assemblées elles-mêmes.

Ainsi, depuis 1977, il refuse d'examiner un moyen tiré de l'article 40 quand il n'a pas été préalablement soulevé au cours du débat parlementaire (Décision n°77-82 DC, "Coopération intercommunale", Cs. n°2, 3 et 4 - Notes : P. AVRIL et J. GICQUEL, *Pouvoirs* n°3, 1977, p.177; L. HAMON, *D* 1979, J, p.1; L. PHILIP, *RDP* 1978, p.481), et il semble même "exiger (...) que l'irrecevabilité (...) ait été contestée quant à son contenu."(Louis FAVOREU et Loïc PHILIP, *Grandes décisions du Conseil constitutionnel*, *op. cit.*, p.120, à propos de la décision n°94-329 DC, du 13 janvier 1994, "Révision de la loi Falloux", Cs. n°5 : "Considérant que cette décision a été contestée, durant le débat, par plusieurs députés (...): qu'ainsi la question de la recevabilité de la proposition de loi a été soulevée;" - Voir également Notes : A. ASHWORTH, *JCP* G 1994, II, n°22241; A. ASHWORTH, *LPA* n°53, 4 mai 1994, p.19; J.-P. COSTA,

Certes, le Conseil se montre d'un côté fidèle à sa mission initiale de "défenseur de l'Exécutif", notamment en matière de dépenses publiques. Il a ainsi précisé qu'il convenait d'interpréter l'article 40 comme permettant d'éviter que "des dispositions particulières ayant une incidence financière directe, puissent être votées sans qu'il soit tenu compte des conséquences qui pourraient en résulter pour la situation d'ensemble des Finances publiques"[1]. De même, il l'applique à des mesures constituant "une autorisation, indirecte mais certaine, de créer ou d'aggraver la charge publique"[2]. Cette "charge publique" concerne certes les dépenses de l'Etat figurant dans la Loi de Finances, mais le Conseil y inclut aussi celles des collectivités locales, des établissements publics administratifs[3], et des "régimes d'assistance et de sécurité sociale"[4], ce qui restreint encore la liberté d'action des parlementaires. Cette jurisprudence sévère a été complétée par le refus des compensations entre ressource nouvelle et charge nouvelle qui pourraient être proposées par les parlementaires pour contourner la prohibition de l'article 40[5], au nom du principe de la non affectation des recettes aux dépenses. Ce raisonnement est appliqué quel que soit le but poursuivi, fut-il celui d'un contrôle des dépenses publiques[6]. Du fait de sa stricte et fréquente application, on peut donc dire que "l'article 40 (...) détermine (dans une large mesure) le domaine à l'intérieur duquel le Parlement peut exercer la plénitude de son pouvoir législatif", et que "son rôle se réduit pratiquement à celui d'une chambre d'enregistrement dès lors qu'on entend appliquer strictement cet article."[7].

Cette intransigeance a cependant été quelque peu tempérée par ce même Conseil, en matière fiscale notamment, à partir du moment où sa fonction de "chien de garde" au profit de l'Exécutif a commencé à s'effacer[8]. Ainsi, il a admis une compensation entre ressources publiques, c'est-à-dire entre la diminution d'une ressource et la création

---

AJDA 1994, p.135; L. FAVOREU, *RFDC* 1994, n°17, p.325; B. GENEVOIS, *RFDA* 1994, p.209; F. LUCHAIRE, *RDP* 1994, p.609; J.-M. PONTIER, *RA* 1994, n°277, p.61; M. VERPEAUX, *LPA* n°28, 29 mars 1995, p.4). Cette jurisprudence montre qu'il ne veut pas devenir juge à titre principal des problèmes de conformité à l'article 40, et qu'il entend laisser le principal de cette compétence aux Assemblées elles-mêmes.

[1] Décision n°75-57 DC, du 23 juillet 1975, "Taxe professionnelle", Cs. n°4 (Notes : J.-M. BOLLÉ, *JCP* G 1975, II, n°18184; L. FAVOREU et L. PHILIP, *RDP* 1975, p.1324; C. FRANCK, *Gaz. Pal.* 1975, II, p.754; L. HAMON, *D* 1976, J., p.509; P. LALUMIÈRE, *AJDA* 1976, p.86; J.-C. MAITROT, *RSF* 1976, p.985).

[2] Décision n°81-134 DC, du 5 janvier 1982, "Loi d'orientation sociale", Cs. n°2 (Notes : P. AVRIL et J. GICQUEL, *Pouvoirs* n°21, 1982, p.191; L. FAVOREU, *RDP* 1983, p.333; L. HAMON, *D* 1982, IR, p.310).

[3] "... toutes celles antérieurement visées par l'article 10 du décret du 19 juin 1956 sur le mode de présentation du budget de l'Etat...", *in* décision n°60-11 DC, du 20 janvier 1961, "Assurances maladie", Cs n°2

[4] *Idem*, bien que ces derniers soient gérés par des organismes privés.

[5] Décision n°62-21 DC, du 12 mars 1963, Cs. n°4 (Note : L. HAMON, *D* 1964, J, p.489).

[6] Décision n°85-203 DC, du 28 décembre 1985, "Loi de Finances rectificative 1985", Cs. n°4 :
"Considérant que ... la circonstance que (cette disposition) répondait au souci d'assurer le contrôle des dépenses publiques ne pouvait, en aucun cas, faire échec à l'application de l'article 40 de la Constitution.".
Notes : L. FAVOREU, *RDP* 1986, p.395; B. GENEVOIS, *AIJC* 1985, p.405.

[7] L. FAVOREU et L. PHILIP, *GDCC*, *op. cit.*, p.120, n°2.

[8] Comme le rappelle Loïc PHILIP, ses décisions se sont peu à peu raréfiées en la matière (sauf pour le contrôle du contenu du règlement des Assemblées) (*Les fondements constitutionnels des Finances publiques*, Economica, 1995, p.39-40).

d'une ressource nouvelle. Il y pose trois conditions : que la ressource nouvelle "soit réelle, qu'elle bénéficie aux mêmes collectivités ou organismes que ceux au profit desquels est perçue la ressource qui fait l'objet d'une diminution et que la compensation soit immédiate"[1]. Comme le remarquent les Professeurs Pierre-Marie GAUDEMET et Joël MOLINIER, "cette interprétation laisse aux parlementaires une large liberté d'action en matière fiscale et leur permet de proposer la diminution d'un impôt pourvu qu'ils proposent en même temps la majoration d'un autre impôt."[2].
Le tableau de la maîtrise du Gouvernement en matière financière doit donc être nuancé selon qu'il s'agit de fiscalité ou de dépenses publiques : le Conseil favorise cette maîtrise en matière de dépenses publiques, mais empêche le Gouvernement de trop restreindre la compétence parlementaire traditionnelle en matière fiscale[3].
A cette réduction jurisprudentielle des prérogatives gouvernementales, s'ajoute le fait que, depuis l'ouverture de la saisine du Conseil à la minorité parlementaire, l'article 40 peut servir à censurer un usage abusif de leurs prérogatives par le Gouvernement ou sa majorité parlementaire, le Conseil ayant effectivement accepté d'effectuer ce contrôle[4].

Le droit d'initiative législative en France est donc très sévèrement encadré, mais principalement au détriment des parlementaires, celui du Gouvernement restant largement préservé. A ce stade, le principal contrôle du Conseil constitutionnel sur l'Exécutif consiste à l'empêcher de faire un usage abusif des armes dont il dispose pour "museler" l'initiative parlementaire.

B - L'INITIATIVE LEGISLATIVE EN ALLEMAGNE

Elle est réglée par l'article 76 alinéa 1 de la Loi Fondamentale du 23 mai 1949[5]. Le principal problème qui s'est posé à ce sujet a concerné la définition des termes employés dans cet alinéa : le Gouvernement, "des membres du Bundestag", le Bundesrat.

Le "Gouvernement fédéral" (*die Bundesregierung*) désigne ici le Chancelier et les Ministres. Le dépôt d'un projet de loi doit dans tous les cas être décidé en Conseil des Ministres. Les projets de loi sont soumis en vertu de l'article 76 alinéa 2[6] à une

---

[1] Décision n°76-64 DC, du 2 juin 1976, Cs. n°1 (Notes : L. FAVOREU et L. PHILIP, *RDP* 1977, p.466; P. MONTGROUX, *Annales de Clermont-Ferrand*, 1976, p.223).
Il faut cependant noter que cette compensation ne doit pas provenir de la réduction d'une charge pour un montant équivalent, car une telle proposition conduirait à une diminution des ressources globales, et serait donc irrecevable.

[2] P.-M. GAUDEMET et J. MOLINIER, *Finances Publiques*, *op. cit.*, n°207.

[3] "la maîtrise particulière que les Chambres ont conservé en matière fiscale où leurs pouvoirs sont traditionnellement et demeurent plus étendus que pour les autres matières financières" (P.-M. GAUDEMET et J. MOLINIER, *op. cit.*, n°207).

[4] Décision n°75-57 DC, du 23 juillet 1975, "Taxe professionnelle", et n°81-132 DC, du 16 janvier 1982, "Nationalisations I".

[5] Article 76 alinéa 1° de la Loi Fondamentale allemande :
"Les projets de loi sont déposés au Bundestag par le gouvernement fédéral, par des membres du Bundestag ou par le Bundesrat.".

[6] Article 76 alinéa 2 de la Loi Fondamentale allemande :
"Les projets du gouvernement fédéral sont d'abord soumis au Bundesrat. Le Bundesrat a le droit de prendre position sur ces projets dans un délai de six semaines. S'il demande une prolongation du délai pour un motif important, tenant notamment à l'ampleur d'un projet, le délai est de neuf semaines. Même

obligation de transmission au Bundesrat, aux fins d'information des Länder. Ce dernier peut alors prendre position à son propos (confirmation, rejet, ou propositions de modifications) à la majorité de ses voix lors d'une séance plénière. La Cour constitutionnelle fédérale a précisé que la prise de position du Bundesrat, facultative, ne le liait pas pour la suite de la procédure législative : elle est seulement indicative[1]. De plus, dans l'hypothèse où le Bundesrat dépasserait le délai prévu pour sa prise de position sur un projet de loi donné, le Gouvernement n'est pas pour autant autorisé à considérer qu'il y a forclusion de sa capacité à le faire. Il doit respecter l'émission d'une prise de position différée au cours de la procédure législative subséquente. Une position contraire manquerait au respect de "la prescription générale découlant de l'engagement du pouvoir législatif (et des organes disposant du droit d'initiative) à l'égard de la Constitution (article 20-3 de la Loi Fondamentale) d'épuiser au cours de la procédure législative (...) toutes les sources de connaissance accessibles."[2]. Le projet de loi est ensuite transmis au Bundestag pour que la procédure législative proprement dite puisse commencer, que le Gouvernement ait tenu compte de la position du Bundesrat (par exemple en intégrant celle-ci à son projet[3]) ou pas.
La contrainte provoquée ici par la jurisprudence constitutionnelle pour l'Exécutif consiste donc à l'obliger à respecter les droits d'expression des autres parties à la procédure législative.

L'Exécutif cherche en conséquence à contourner cette obligation d'informer le Bundesrat en utilisant le droit d'initative législative des membres de sa majorité parlementaire. L'initiative parlementaire est soumise en Allemagne à des contraintes particulières : dans le cadre du Bundestag[4], il s'agit en fait d'une forme d'initiative collective, pratique qui répond au "souci d'opérer, dès leur origine, une sélection qui permet de ne prendre en considération que les propositions qui présentent un caractère sérieux et trouvent l'appui d'une partie importante de l'opinion publique"[5], ce qui incline à parler d'un "pouvoir" plutôt que d'un vrai "droit" d'initiative[61]. Le

---

s'il n'a pas encore reçu la position du Bundesrat, le gouvernement fédéral peut transmettre au Bundestag après trois semaines un projet qu'il a exceptionnellement qualifié de particulièrement urgent lors de sa transmission au Bundesrat, ou après six semaines lorsque le Bundesrat a formulé la demande prévue à la troisième phrase ; il doit faire parvenir la position du Bundesrat au Bundestag sans délai après réception. Pour les projets de modification de la présente Loi fondamentale ou de transfert de droits de souveraineté selon les articles 23 ou 24, le délai pour prendre position est de neuf semaines ; la quatrième phrase n'est pas applicable.".

[1] Voir par exemple BVerfGE 3, 12 (17 s.).

[2] BVerfGE 65, 1 (55).

[3] Selon l'analyse du Pr. Dr. Jörg LÜCKE, dans son commentaire de l'article 76 de la Loi Fondamentale (*in* Michael SACHS, *Grundgesetz Kommentar*, *op. cit.*, p.1290), qui signale que c'est "en dépit d'un avis largement répandu et du § 45 III 5 du Règlement des Ministères Fédéraux - Partie spéciale".

[4] L'exercice de son pouvoir d'initiative par le Bundesrat ne suit pas les mêmes règles que celui du Bundestag. Ce pouvoir appartient au Bundesrat dans son ensemble : les représentants des Gouvernements des Länder n'en disposent donc pas en tant que tels. Toute proposition de loi émanant du Bundesrat doit avoir été approuvée à la majorité de ses membres (D'après l'article 30 § 1 du règlement du Bundesrat. Il y a 69 membres du Bundesrat; les propositions de loi en émanant doivent donc avoir recueilli au minimum 35 voix). Elle est ensuite transmise au Bundestag par le Gouvernement fédéral, qui a à cette occasion le droit de prendre position à son sujet (approbation, rejet ou propositions de modifications), avant d'être soumise (comme tous les projets de lois) à une première lecture qui permet au Bundestag de se prononcer sur elle (Toujours en vertu de l'article 76 alinéa 3, 6° phrase.).

[5] Union Interparlementaire, *Les Parlements dans le monde...*, *op. cit.*, p.987.

[6] L'expression "membres du Bundestag" (*aus der Mitte des Bundestages*) ne doit pas être comprise comme désignant le Bundestag entier (BVerfGE 1, 144, Grund 3 c.), mais plutôt comme une

contenu de l'expression *aus der Mitte des Bundestages* a été précisé dans le Règlement Intérieur du Bundestag (§ 76 I) : il s'agit d'une *Fraktion* de cinq pour cent des membres de cette Chambre[2] (règle dont la constitutionnalité a été acceptée par la Cour constitutionnelle fédérale[3]), qui débouche sur le fait qu'en pratique le dépôt de propositions de loi est monopolisé par les groupes parlementaires[4]. Il arrive donc que le Gouvernement fédéral fasse déposer un projet de loi élaboré par lui par une *Fraktion* qui le soutient au Bundestag, pour écarter la formalité de la prise de position du Bundesrat : cette pratique n'est généralement considérée comme constitutionnelle par la doctrine que quand elle sert à "accélérer" la procédure législative, sans avoir pour but de léser les droits du Bundesrat - ce qui peut être difficile à apprécier. On considère ainsi qu'il est constitutionnellement permis de faire déposer un projet par des députés, afin que la procédure législative (et notamment la première lecture et l'examen en Commission) commence, et en même temps de le transmettre sous forme de projet du Gouvernement au Bundesrat pour qu'il se prononce. L'essentiel est que ce dernier puisse exprimer son avis et le transmettre au Bundestag avant que celui-ci ait pris une décision définitive sur le texte en question. [5].

Par ailleurs, les projets gouvernementaux (aussi bien que les propositions de lois) sont soumis à une obligation de conformité à la Loi Fondamentale découlant de l'article 20 alinéa 3 de cette dernière[6], sous le contrôle de la Cour constitutionnelle fédérale. Celle-ci n'interprète cependant pas cette règle d'une manière trop stricte : ainsi elle n'estime pas que les titulaires du pouvoir d'initiative législative soient tenus par le contenu actuel de la Loi Fondamentale, mais seulement par les principes qui la gouvernent[7]. Cette libéralité n'est cependant qu'apparente, car il s'agit en fait d'une obligation de conformité à l'interprétation qu'elle en donne - manifestation de son propre pouvoir en la matière.

Les projets du Gouvernement doivent de plus être déposés au Bundestag accompagnés d'un exposé des motifs comprenant celui des motifs du Gouvernement

---

"habilitation à établir une sorte de "troisième pôle" dans le cercle de ceux qui disposent du pouvoir d'initiative" (selon l'expression de Jörg LÜCKE, dans son commentaire de l'article 76 de la Loi Fondamentale, *op. cit.*, p.1288. Il assimile cette disposition à un droit des minorités, souhaitable si l'on se réfère à la faculté du Bundestag de remplir sa fonction d'"organe spécial du pouvoir législatif".).

[1] Vient à l'appui de cette idée le fait que, une fois qu'un projet émanant du Bundestag est déposé, ses initiateurs perdent le pouvoir de le modifier, et ne peuvent plus le retirer que si la décision concernant la loi n'a pas encore été prise par l'assemblée plénière (*Cf.* article 76 alinéa 3, 6° phrase : "Le Bundestag doit discuter des projets et se prononcer dans un délai raisonnable.").

[2] Le Bundestag comprend actuellement en principe 656 membres, mais en fait 672 (chiffres fournis par le site Internet de l'Union Interparlementaire (<http://www.ipu.org>)). Donc le nombre de membres du Bundestag nécessaire au dépôt d'un projet est de 33 ou de 34.

[3] BVerfGE 51, 222 (236).

[4] ce qui est une manifestation de l'"Etat des partis" (*der Parteienstaat*) allemand.

[5] "Ainsi le droit du Bundesrat à prendre position (donc à influencer la décision du Bundestag sur la loi) est satisfait, et la procédure législative accélérée dans la mesure où la première discussion de la loi au sein du Parlement est déjà accomplie et où le travail dans les Commissions a déjà commencé." (Jörg LÜCKE, *op. cit.*, p.1292).

[6] Article 20 de la Loi Fondamentale (Fondements de l'ordre étatique, droit de résistance) :
(3) "Le pouvoir législatif est lié par l'ordre constitutionnel, les pouvoirs exécutif et judiciaire sont liés par la loi et le droit.".

[7] BVerfGE 2, 143 (145), Grund 12.

et l'avis du Bundesrat[1]. La Cour constitutionnelle fédérale estime que cette obligation découle elle aussi de l'article 20 alinéa 3 de la Loi Fondamentale, et doit être respectée dans la mesure où cela est nécessaire pour rendre compte de la constitutionnalité des projets, en fournissant la preuve d'une évaluation suffisante de la situation en cause[2].

On voit donc que le contrôle de la Cour constitutionnelle allemande s'exerce d'une manière plus équilibrée qu'en France : le Gouvernement est certes contraint par sa jurisprudence, mais au même titre que les autres titulaires du pouvoir d'initiative législative. De plus ces contraintes sont essentiellement dues au souci du respect des prérogatives des Länder (pour ce qui est de l'obligation de consulter le Bundesrat) et à la volonté d'obliger les rédacteurs de projets de loi à veiller à la constitutionnalité de leurs textes.

C - L'INITIATIVE LEGISLATIVE EN ESPAGNE

Elle est réglée par l'article 87 de la Constitution du 27 décembre 1978[3], et apparemment largement ouverte : au Gouvernement, mais aussi aux deux Chambres, aux Communautés Autonomes et aux citoyens. La mise en pratique est cependant plus mitigée.

D'après l'article 88 de la Constitution, les projets de loi déposés par le Gouvernement doivent être approuvés en Conseil des Ministres. Une condition supplémentaire les oblige à être accompagnés lors de leur dépôt sur le Bureau du Congrès d'"un exposé des motifs et des antécédents nécessaires pour se prononcer sur eux."[4]. Selon le Tribunal Constitutionnel espagnol, ces dispositions destinées à protéger la capacité législative des Chambres, doivent être interprétées avec pondération, afin de ne pas entraver excessivement l'action du Gouvernement. Ainsi, "l'absence d'un antécédent déterminé (n'a) d'importance que s'il (a pour effet de

---

[1] Cette exigence n'a rien d'exorbitant par rapport à celle qui s'applique aus propositions de lois émanant du Bundestag et du Bundesrat. En effet, les propositions du Bundestag doivent elles aussi être accompagnées d'un exposé des motifs; enfin celles du Bundesrat doivent être présentées au Bundestag avec l'avis du Gouvernement joint.

[2] BVerfGE 1, 144 (153, 158, 159, 161); elle estime cependant que la traduction de cette obligation dans les Règlements intérieurs du Bundesrat et du Bundestag ne doit pas aller au-delà de cet objectif en établissant des obligations de motiver excessives, sous peine de violer le pouvoir d'initiative de ces derniers.

[3] Article 87 de la Constitution espagnole :
"1. L'initiative législative appartient au Gouvernement, au Congrès et au Sénat, conformément à la Constitution et aux Règlements des Chambres.
2. Les Assemblées des Communautés Autonomes pourront solliciter du Gouvernement l'adoption d'un projet de loi ou remettre au Bureau du Congrès une proposition de loi, déléguant devant cette Chambre un maximum de trois membres de l'Assemblée chargés de sa défense.
3. Une loi organique régulera les formes d'exercice et les conditions de l'initiative populaire pour la présentation de propositions de loi. Dans tous les cas un minimum de 500.000 signatures accréditées sera exigé. Cette initiative ne pourra concerner les matières réservées à la loi organique, fiscales ou de caractère international, ni ce qui est relatif au droit de grâce.".

[4] Le Gouvernement espagnol a d'ailleurs publié le 15 novembre 1991 des Directives sur la forme et la structure des avants-projets de loi, destinées à attirer l'attention de leurs rédacteurs sur les exigences qui pèsent sur les textes, en termes de clarté et précision, rigueur et exactitude, cohérence et harmonie, à la fois interne et par rapport à l'ensemble de l'ordre juridique (voir Francisco FERNANDEZ SEGADO, *El sistema constitucional español*, 1992, p.620).

priver) les Chambres d'un élément de jugement nécessaire pour leur décision, (et), dans ce cas, le défaut, qui doit être immédiatement connaissable, (doit) être dénoncé devant ces mêmes Chambres (...)"[1]. De même, le retard du Gouvernement dans la transmission de l'exposé des motifs et du mémoire explicatif ne peut être relevé que "s'il (a) entamé les droits de députés ou de groupes parlementaires du Congrès"[2], et si de plus les intéressés ont protesté de leurs droits. Dans le cas contraire, "ce Tribunal ne peut examiner leur existence ou leur importance."[3].

Comme en Allemagne, le Gouvernement peut également utiliser à son profit le pouvoir d'initiative des membres de sa majorité parlementaire, qui est là aussi un pouvoir exercé par un groupe de parlementaires et non pas un droit individuel[4].

Le Tribunal constitutionnel exerce à ce stade de la procédure législative un contrôle assez restreint : il déclare en effet ne pouvoir contrôler que "les actes par lesquels les organes étatiques exercent leurs compétences, mais pas (...) la décision adoptée en vertu de critères politiques et d'opportunité" dans le cadre d'un exercice correct des compétences[5].

Est prévue d'autre part une limitation matérielle au domaine ouvert à l'initiative parlementaire : les propositions de lois ne doivent pas toucher les matières visées par une délégation législative en vigueur (prévue à l'article 84 CE), sauf en cas de vote d'une loi de dérogation totale ou partielle; elles doivent aussi s'abstenir d'augmenter les dépenses ou de diminuer les revenus relevant des matières de *Presupuestos*, sauf accord exprès du Gouvernement.

Les *Leyes de Presupuestos* sont des lois votées à l'initiative du Gouvernement, et prioritaires pour le Règlement des Chambres, afin de mettre en oeuvre les *Presupuestos Generales del Estado*, qui se rapprochent, avec quelques nuances, de nos Lois de Finances. Il s'agit selon l'article 134 de la Constitution espagnole d'une compétence exclusive du Gouvernement. Les *Presupuestos* "sont la traduction en chiffres du programme politique du Gouvernement, et l'instrument fondamental de son action"[6], et pas seulement (bien qu'au départ ce soit cela) sur le plan de la politique économique. Le Tribunal Constitutionnel les a considérés dans une décision STC 27/1981 (du 20 juillet) comme un "véhicule de direction et d'orientation de la politique économique, qui revient au Gouvernement.". Pour le Tribunal Constitutionnel, il s'agit d'"une spécialisation de la fonction législative"[7]. L'Exécutif espagnol fait cependant un usage très large de cet instrument normatif, afin de profiter des avantages qu'il lui offre en matière de conduite de la procédure

---

[1] STC 108/1986, du 29 juillet, F.3. Cela n'avait pas été le cas en l'espéce.

[2] *Idem*, F. 4.

[3] *Idem*, F. 4.

[4] Comme le note Francisco FERNANDEZ SEGADO, "les Règlements (des Chambres), en accord avec la perte d'influence du parlementaire considéré individuellement, ont fait reposer cette initiative principalement sur les Groupes parlementaires." (*El sistema constitucional español*, *op. cit.*, p.621).
Peuvent donc déposer des propositions de loi, soit un groupe parlementaire constitué, soit quinze députés, soit vingt-cinq sénateurs (c'est-à-dire un nombre de parlementaires équivalant pour chaque Chambre au chiffre requis pour former un groupe).

[5] *Idem*. Le Tribunal a rejeté dans cette affaire le recours en *amparo* de requérants qui prétendaient que les droits qu'ils auraient pu acquérir si une initiative législative avait été prise en considération étaient violés du fait de son rejet par la formation plénière du Congrès des Députés.

[6] Francisco FERNANDEZ SEGADO, *op. cit.*, p.646.

[7] STC 63/1986, du 21 mai

législative. On a ainsi pu constater que "la pratique de ces dernières années a été d'utiliser la *Ley de Presupuestos* pour introduire, avec la prévision de ressources et de dépenses, beaucoup d'autres aspects que (...) nous pourrions appeler "mesures de politique économique". De cette manière, la différence entre création et modification d'impôts a été interprétée de manière large, et on a introduit dans la *Ley de Presupuestos*, à côté d'un noyau *presupuestario* proprement dit, un ensemble de matières connexes qui justifient des doutes sérieux sur la possible dénaturation de telles lois, enlevant au législateur ordinaire la possibilité de les régler au travers de la procédure ordinaire sans les prérogatives gouvernementales qui accompagnent l'élaboration et l'approbation de la *Ley de Presupuestos*."[1]. Cette extension du domaine réservé à ce type de loi, qui permet donc à l'Exécutif d'empiéter sur les compétences législatives ordinaires, a été admise par le Tribunal Constitutionnel[2], mais assortie d'avertissements contre une éventuelle dénaturation de cet instrument normatif[3].

On retrouve donc ici des limitations du pouvoir d'initiative parlementaire en matière budgétaire au profit de la compétence gouvernementale voisines de certaines de celles qui existent en France. Jointes à la grande tolérance du Tribunal constitutionnel à l'égard des agissements du Gouvernement en la matière, puisqu'il se borne à émettre des "avertissements" contre les risques d'abus, elles aboutissent à privilégier l'Exécutif au détriment du Parlement.

Ce n'est donc pas à ce stade de la procédure législative que le contrôle du Juge constitutionnel sur l'Exécutif est le plus saillant. Il conserve au contraire des aspects marqués de son rôle traditionnel d'instrument de la rationalisation du parlementarisme. Ainsi en France et en Espagne le Juge constitutionnel, soit contrôle plus sévèrement l'initiative parlementaire, soit au moins veille à préserver la liberté d'action du Gouvernement, sans contrôler très sévèrement ses éventuels abus. En Allemagne en revanche, la Cour constitutionnelle semble avoir une jurisprudence plus équilibrée, veillant à la fois à préserver la liberté d'action de tous les protagonistes, et à assurer un égal respect de la Constitution quant au fond par chacun d'entre eux.

---

[1] Juan Luis PEREZ FRANCESCH, "Notas acerca del Gobierno como órgano de dirección política en la Constitución española de 1978 - En especial su incidencia en el ejercicio de las potestades normativas", *Revista de Estudios Políticos* n°79, 1993, p.218.

[2] Voir par exemple les SSTC 63/1986, du 21 mai, ou 65/1987, du 21 mai.

[3] Voir par exemple les SSTC 126/1987, du 16 juillet, ou 134/1987, du 21 juillet.

Notamment, la STC 126/1987 pose très clairement (F. 5) :

"La Loi à laquelle se réfère dans ses différents alinéas l'article 134 de la CE est celle qui, comme noyau fondamental, contient l'approbation des *Presupuestos Generales del Estado*, c'est-à-dire, la prévision des revenus et les autorisations de dépenses pour un exercice économique donné. Et, s'il est possible d'y inclure des matières qui, sans être strictement *presupuestarias*, ont une incidence sur la politique des revenus et des dépenses du secteur public ou la conditionnent, cela ne peut se faire que dans certaines limites - dérivées de la Constitution elle-même dans le cas des impôts -, et une telle inclusion ne peut ni dénaturer le contenu primordial qui caractérise une telle loi, ni faire que de telles matières fassent nécessairement partie de son contenu et ne puissent être réglées par une loi ordinaire.".

II - La fixation de l'ordre du jour

L'établissement de l'ordre du jour est certes essentiel pour que le travail parlementaire puisse être mené à bien, mais c'est aussi - et surtout pour ce qui regarde l'objet de notre étude - un enjeu capital pour le contrôle de la manière dont se déroule ce travail. Le problème se pose en effet de savoir dans quelle mesure les textes d'origine gouvernementale sont favorisés. En théorie, deux hypothèses peuvent être envisagées : soit le Gouvernement jouit d'une maîtrise absolue sur l'ordre du jour des Assemblées, qui lui permet au besoin de passer sous silence les questions gênantes pour lui, et dans tous les cas de favoriser les textes qu'il cautionne; soit le Parlement l'établit souverainement, au risque de gêner l'action du Gouvernement. En pratique, cette maîtrise n'est exclusivement réservée au Gouvernement que dans les pays qui ont adopté le modèle britannique[1]. Ailleurs, "un *modus vivendi* a toujours tendance à s'instaurer, sous peine de crises graves mettant en cause les rapports entre les pouvoirs législatif et exécutif."[2].

Nous mettrons de côté le système allemand, qui repose sur une autonomie (au moins théorique) des Assemblées : l'ordre du jour du Bundestag est fixé par le Conseil des Anciens (*Ältestenrat*), organe très autonome[3]. Le Gouvernement n'a qu'un pouvoir de sollicitation sur lui, même si, d'une part, sa composition reflète l'état des forces politiques au sein du Bundestag (ce qui implique que la majorité parlementaire, qui le soutient, sera sensible à ses sollicitations), et, d'autre part, le Gouvernement envoie un représentant assister à la fixation de l'ordre du jour - ce qui en pratique assure une priorité accordée aux projets de loi[4]. De plus, la Cour constitutionnelle n'a pas eu à se prononcer sur ce point.

Nous examinerons donc successivement la situation de la France (A-) et de l'Espagne (C-) au regard de ce problème.

---

[1] Comme le Royaume-Uni et le Canada par exemple. Encore les Premiers Ministres de ces deux pays délèguent-ils leur pouvoir au Chef de la majorité à la Chambre, qui l'exerce après avoir consulté les chefs de l'opposition et d'autres parlementaires (*cf.* Union Interparlementaire, *Les Parlements dans le monde - ...*, *op. cit.*, p.437).

[2] Union Interparlementaire, *op. cit.*, p.437.

[3] "Bien qu'il ne soit pas mentionné dans la Loi Fondamentale, le Conseil des Anciens s'est développé, au sein d'un Bundestag structuré en groupes parlementaires, comme un groupe de direction et un facteur d'entente essentiel. Sa composition et ses compétences sont déterminées dans le Règlement des Assemblées." (Prof. Dr. Siegfried MAGIERA, dans son commentaire de l'article 40 de la Loi Fondamentale, *in* Michael SACHS, *op. cit.*, p.972). Il se compose des Présidents des groupes parlementaires (*Fraktionen*) (Sur leur constitutionnalité, voir BVerfGE 80, 188 (227)), de leurs suppléants et de vingt-trois autres personnes, désignées par le jeu de leurs rapports de forces (§ 6 I 1 GOBT). Il est convoqué à l'initiative du Président, en général pendant les semaines de session, mais aussi, en outre, à la demande d'une *Fraktion* ou de 5 % des membres du Bundestag. Bien que ses compétences lui viennent d'un démembrement - qui n'est d'ailleurs pas obligatoire, ne figurant pas dans la Loi Fondamentale - de celles des Présidents en matière de direction, il peut cependant aussi, entre autres, "émettre un avis sur les présidences des Commissions et sur le plan de travail du Bundestag. Par ailleurs, il décide obligatoirement sur les affaires internes du Bundestag (...)." (Siegfried MAGIERA, *op. cit.*, p.972).

[4] Francis DELPÉRÉE, "La confection de la loi...", *op. cit.*, p.193.

A - UNE MAITRISE GOUVERNEMENTALE EN RECUL : LA SITUATION FRANCAISE

En France, l'ordre du jour est préparé par la Conférence des Présidents[1] avant d'être adopté par l'Assemblée concernée, selon les modalités fixées par l'article 48 de la Constitution[2], les articles 47 et 48 du Règlement de l'Assemblée nationale et 29, 31 et 33 alinéa 1° du Règlement du Sénat. C'est cependant l'Exécutif qui est au premier chef concerné par cette décision : la Conférence des Présidents est obligée de prendre acte de l'"ordre du jour prioritaire" arrêté par le Gouvernement, qui ne laisse qu'une place très limitée aux propositions émanant des Assemblées.
Pour le Conseil constitutionnel, cet acte doit être considéré comme une "décision gouvernementale", unilatérale, sur laquelle les Assemblées ne peuvent se prononcer par un vote (contrairement à l'ordre du jour complémentaire)[3]. Cette répartition des tâches est d'ailleurs rigoureusement contrôlée par le Conseil, comme le montrent ses décisions sur les règlements intérieurs des Assemblées[4]. La liberté d'action du Parlement semble donc étroitement entravée au profit de celle du Gouvernement, avec la bénédiction du Conseil.
Il faut cependant remarquer que l'application de l'alinéa 3 de l'article 48, introduit par la révision constitutionnelle du 4 août 1995[5], a introduit un "vent de changement"

[1] Qui comprend le Président de l'Assemblée, les Vice-présidents, les Présidents des Commissions permanentes, le rapporteur général de la Commission des Finances, et les présidents des groupes parlementaires.
[2] Article 48 de la Constitution française :
"Sans préjudice de l'application des trois derniers alinéas de l'article 28, l'ordre du jour des assemblées comporte, par priorité et dans l'ordre que le Gouvernement a fixé, la discussion des projets de loi déposés par le Gouvernement et des propositions de loi acceptées par lui.
Une séance par semaine au moins est réservée par priorité aux questions des membres du Parlement et aux réponses du Gouvernement.
Une séance par mois est réservée par priorité à l'ordre du jour fixée par chaque assemblée.".
[3] Décision n°59-2 DC, des 17, 18 et 24 juin 1959, "Règlement de l'Assemblée nationale", article 2 :
"Sont déclarés conformes à la Constitution, sous réserve des observations qui suivent, (...) : Article 48-6. - Pour autant que ces dispositions ne prévoient un vote de l'Assemblée nationale que sur les propositions arrêtées par la Conférence des Présidents en complément des affaires inscrites par priorité à l'ordre du jour, sur décision gouvernementale (...)". Notes : L. FAVOREU et L. PHILIP, *RDP* 1977, p.466; *GDCC* n°3, p.36; L. HAMON, *D.* 1959, p.501.
[4] Ainsi la décision n°59-3 DC, des 24 et 25 juin 1959, "Règlement du Sénat", article 3 : précise qu'un des articles de ce règlement est inconstitutionnel "par le motif qu'en cas de rejet d'un procès-verbal, l'inscription de sa discussion en tête de l'ordre du jour de la séance suivante pourrait faire échec à l'application des dispositions de l'article 48, alinéa 1°, de la Constitution, qui donne priorité à l'ordre du jour fixé par le Gouvernement.".
Il en est de même d'une décision n°69-37 DC, du 20 novembre 1969, portant sur une résolution modifiant le règlement de l'Assemblée nationale : dans son considérant n°5, elle indique "qu'en limitant à la seule Conférence des Présidents le pouvoir de déroger, par une décision prise au début d'une session et pour toute sa durée, à la règle suivant laquelle la matinée du jeudi est réservée aux travaux des commissions permanentes, les dispositions dont il s'agit rapprochées des dispositions de l'article 50, alinéa 3, qui interdisent à l'Assemblée de siéger pendant les matinées réservées aux réunions des commissions, font obstacle à l'application du principe édicté par l'article 48, alinéa 1°, de la Constitution (...)" (Notes : C. EMERI et J.-L. SEURIN, *RDP* 1971, J, p.172; L. FAVOREU et L. PHILIP, *GDCC* 1° éd. n°23, p.257; C. FRANCK, *GDJC* p.238; P.-E. GOOSE, *EUR* 1971, p.60; C. ROUSSEAU, *RGDIP* 1971, p.239).
[5] Sur l'influence de la révision du 4 août 1995 sur l'établissement de l'ordre du jour, voir Jean-Eric GICQUEL, "L'ordre du jour réservé aux Assemblées parlementaires", *Les Petites Affiches* n°81, 7 juillet 1997, p.4 s..

dans la pratique parlementaire : le Directeur du Service des Commissions du Sénat, Alain DELCAMP, indique ainsi qu'il s'est produit un "appel d'air" dans l'ordre du jour, le taux de propositions parlementaires arrivant en discussion étant passé d'environ 8 % à 16 %[1].

On peut rapprocher de ce problème celui de la convocation des Assemblées en session extraordinaire : prérogative présidentielle[2] dont l'usage a parfois été critiqué[3], elle est en principe insusceptible de contrôle juridictionnel[4]. Ainsi le Conseil constitutionnel, dont la compétence d'attribution ne s'étend pas à ce type d'actes, ne peut se les voir directement déférer - pas plus qu'aucun autre "(acte) de pure opportunité politique pris par l'Exécutif"[5]. Cette solution est cependant très controversée. Ainsi Maurice DUVERGER a-t-il estimé que la décision du Conseil constitutionnel du 23 août 1985[6], qui rappellait que la demande de nouvelle délibération d'une loi (article 10 de la Constitution)[7] devait être contre-signée par le Premier ministre, pouvait peut-être préfigurer un contrôle des pouvoirs du Chef de l'Etat en matière de convocation de sessions extraordinaires[8], et qu'"il ne serait pas plus choquant de voir le Conseil constitutionnel désavouer le Président de la République que de le voir désavouer l'Assemblée nationale, élue comme lui au suffrage universel."[9].

B - UN "ACTE INTERNE" NEGOCIE ENTRE EXECUTIF ET ASSEMBLEES : LA SITUATION ESPAGNOLE

En Espagne, l'ordre du jour est établi par la Présidence des Chambres, après consultation du Conseil des Porte-parole (*Junta de Portavoces*) et du Gouvernement, qui indique ses priorités. Le Conseil des Porte-Parole, institution nouvelle dans le parlementarisme espagnol, est devenu "une pièce clé des Chambres contemporaines, ce qui n'est rien d'autre que la conséquence obligée de l'abandon d'un parlementarisme individualiste, c'est-à-dire appuyé sur les personnalités politiques, et son remplacement par un autre, qui tourne autour des Groupes parlementaires."[10].

---

[1] Chiffres fournis lors d'un entretien, le 26 juin 1997.
Ce chiffre peut être rapproché du nombre de lois adoptées issues de propositions de lois : au cours de la X° législature (1993-1997), un peu plus de 18%, contre un peu plus de 10 % à l'issue de la IX° législature (1988-1993) (Source : "Bilan statistique de l'application des lois sous la X° législature (2 avril 1993 - 21 avril 1997) - Avec actualisation au 2 juin 1997", *op. cit.*).

[2] Cette pratique repose en fait sur deux actes discrétionnaires, gouvernés par des considérations d'opportunité : la demande de session extraordinaire faite au Président de la République par le Premier ministre, et la décision du Président d'y faire droit ou pas.

[3] Notamment en période de cohabitation, comme en 1986 lors de la "querelle des ordonnances" (voir *infra*, Titre 3).

[4] Pierre SERRAND estime, dans son intéressante thèse sur *L'acte de gouvernement (Contribution à la théorie des fonctions juridiques de l'Etat)* (thèse pour le Doctorat en Droit, Paris II, sous la direction du Pr. S. RIALS, 1996), que, "même s'il n'existe pas de jurisprudence sur ce point, (ces actes) peuvent, parce qu'ils concernent au premier chef les relations que l'Exécutif entretient avec le Parlement, être considérés comme des actes de gouvernement." (p.85).

[5] P. SERRAND, *op. cit.*, p.86.

[6] Décision n°85-197 DC, du 23 août 1985, "Evolution de la Nouvelle-Calédonie II", Cs. n°14.

[7] Cf. *infra*, II-.

[8] Maurice DUVERGER, *Bréviaire de la cohabitation*, PUF, 1986, p.58.

[9] *Idem.*

[10] Francisco FERNANDEZ SEGADO, *El sistema constitucional español*, *op. cit.*, p.610.

Il est à noter que l'article 89 alinéa 1° de la Constitution donne la priorité aux projets de loi dans la procédure législative, sous réserve que cela n'aboutisse pas à empêcher l'exercice des autres formes d'initiative législative.
Le Tribunal Constitutionnel a eu l'occasion de préciser sa jurisprudence relative aux *interna corporis acta*, c'est-à-dire aux actes des Chambres relatifs à leur propre fonctionnement, qui règlent les relations de la Chambre avec ses membres. Il en ressort qu'en principe, ceux-ci ne peuvent pas faire l'objet d'un recours en *amparo*, mais seulement dans la mesure où il n'y a pas de lésion des droits et libertés contenus dans le Chapitre 2 du Titre 1 de la Constitution. Une simple infraction aux normes réglementaires des Chambres rentre donc dans "la sphère d'immunité juridictionnelle propre" aux *interna corporis acta* des Chambres[2]. Comme l'explique Angela FIGUERUELO BURRIEZA[3], le Tribunal distingue en fait en premier lieu des vices de procédure qui violent radicalement le principe démocratique lui-même, et sont à ce titre soulevés d'office, comme les infractions aux normes qui garantissent la participation libre et égale à la composition des organes de prise de décision, ou à la règle de majorité lors des prises de décision. Il relève d'autre part des vices qui, bien qu'ils affectent le principe démocratique, n'altèrent cependant pas son contenu essentiel, comme ceux qui regardent le quorum, les convocations ou l'ordre du jour. Ceux-là ne deviennent invalidants que quand l'infraction est dénoncée par ceux qui sont affectés par le vice, devant les Chambres elles-mêmes (donc avant la fin de la procédure législative)[4].

Il ressort donc de tous ces éléments que l'influence du Gouvernement sur la fixation de l'ordre du jour est ici encore bien réelle, bien qu'elle ne soit pas assurée aussi solidement qu'en France.

---

[1] En effet, il est composé au Congrès des Députés des porte-parole des différents groupes parlementaires ou de leurs suppléants (éventuellement assistés d'un membre de leur groupe sans droit de vote), sous la présidence du Président de la Chambre assisté d'un Vice-président, d'un des Secrétaires de la Chambre et du Secrétaire Général; le Gouvernement peut s'il le juge utile y envoyer un représentant. Au Sénat il est présidé par le Président de la Chambre, et peuvent assister à ses réunions jusqu'à deux représentants des "Groupes territoriaux" au sein d'un groupe parlementaire, ainsi qu'un envoyé du Gouvernement. Ces deux Conseils ne sont cependant pas dotés des mêmes pouvoirs : celui du Congrès des Députés a un pouvoir décisoire, pour l'exercice duquel seuls les porte-parole des Groupes disposent du droit de vote; en revanche celui du Sénat a un rôle essentiellement consultatif. Comme l'indique Francisco FERNANDEZ SEGADO, "c'est dans la fixation de l'ordre du jour que s'apprécie le mieux le renforcement réglementaire du Président du Sénat par rapport à celui qui préside la Chambre Basse. L'ordre du jour des séances plénières du Sénat est fixé par le Président de la Chambre en accord avec le Bureau (*Mesa*) et après consultation du Conseil des Porte-Parole. Au contraire, l'ordre du jour des séances plénières du Congrès est fixé par le Président, en accord avec le Conseil des Porte-Parole." (Francisco FERNANDEZ SEGADO, *op. cit.*, p.617).

[2] ATC 12/1986, du 12 janvier, repris dans STC 161/1988, du 20 septembre, F. 3.

[3] Angela FIGUERUELO BURRIEZA, "La incidencia positiva del Tribunal constitucional en el poder legislativo", *Revista de Estudios Políticos* n°81, 1993.

[4] STC 108/1986, du 29 juillet.

§ 2 - L'organisation du travail parlementaire : le contrôle du fonctionnement des Commissions

On ne traitera ici que de la partie de l'organisation parlementaire sur laquelle les rapports entre Gouvernement et Parlement ont une incidence directe : le travail des Commissions parlementaires. Les Commissions parlementaires sont partout des éléments importants des Assemblées[1]. Elles ont en effet pour mission essentielle d'étudier préalablement aux Chambres les textes qui leur sont soumis, pour préparer, dans une mesure variable, leur décision[2]. Elles représentent donc un enjeu important pour le Gouvernement. Pour commencer, leur composition peut lui permettre d'exercer une influence indirecte importante sur le jeu parlementaire. En effet, que des qualifications particulières soient exigées de leurs membres ou pas, en pratique, le plus souvent, "ce sont (...) les groupes ou les partis politiques qui jouent (...) le rôle prépondérant, à condition que leur existence soit, sinon explicitement, du moins implicitement, reconnue."[3]. A ce facteur en est associé un second : les Commissions sont souvent composées suivant le principe de la représentation proportionnelle, ce qui garantit leur contrôle à la majorité parlementaire - et donc gouvernementale[4].
Leur rôle peut par ailleurs varier d'un Parlement à un autre, ce qui nuance l'intérêt pour l'Exécutif de chercher à influencer leur fonctionnement. Généralement, il y a répartition des tâches entre l'Assemblée plénière et les Commissions. Selon l'analyse de l'Union Interparlementaire, "l'importance du rôle des commissions se mesure essentiellement d'après le moment où les projets ou propositions de lois leur sont envoyés. Le moment de leur saisine est capital : il s'agit de savoir qui, de la commission ou de l'assemblée plénière, procédera au premier examen"[5], la première à se prononcer influençant profondément l'action subséquente de l'autre. Pour les trois pays étudiés ici, l'action des commissions intervient au début de la procédure législative, bien que ce soit dans des conditions différentes.[6].

---

[1]"Elles répondent à une nécessité pratique : les Chambres sont des corps trop nombreux pour pouvoir délibérer utilement si les problèmes qui leur sont soumis n'ont pas fait l'objet d'une étude préalable par un organisme plus restreint." (Union Interparlementaire, *Les Parlements...*, *op. cit.*, p.713).

[2] Le rôle des Commissions varie selon les pays, mais est toujours articulé autour de deux missions principales : l'examen des amendements qui peuvent être proposés au texte (nous examinerons *infra* leurs conditions de recevabilité) et l'élaboration d'un rapport synthétisant les conclusions de la Commission sur le texte. Elles opèrent une sorte de "tri" entre les diverses idées qui se confrontent en leur sein sur un projet donné, qui permet de faciliter le travail subséquent de la formation plénière de la Chambre concernée.

[3] *Idem*, p.717.

[4] Ce dernier argument, pour être important, doit cependant être nuancé. Comme l'explique Alain DELCAMP (Dans un entretien cité *supra*.), les rapports de personnes l'emportent souvent sur les rapports proprement politiques, dans la mesure où les débats ne sont pas publics, ce qui est généralement le cas. Les Commissions deviennent ainsi un élément d'apaisement des débats, des "centres privilégiés pour l'adoption d'accords et la recherche de compromis entre les différentes formations politiques." (Francisco FERNANDEZ SEGADO, *El sistema constitucional español*, *op. cit.*, p.612-613).

[5] Union Interparlementaire, *op. cit.*, p.1107.

[6]En France les textes déposés sur le bureau d'une assemblée sont automatiquement envoyés devant une Commission (spéciale ou permanente). En Allemagne, le texte est d'abord examiné par l'Assemblée plénière lors d'une première lecture, qui "amène à débattre des principes généraux du projet. Celui-ci est ensuite renvoyé en commission. La seconde lecture se donne (ensuite) pour objet de discuter du projet tel qu'il sort, éventuellement amendé, de la commission (et est suivie d'une troisième lecture débouchant sur le vote définitif)." (Francis DELPÉRÉE, "La confection de la loi...", *op. cit.*, p.195). La Cour constitutionnelle fédérale a cependant admis la constitutionnalité d'une délibération en seulement deux

Nous allons donc voir de quelle manière le Juge constitutionnel exerce son contrôle sur l'intervention de l'Exécutif dans le fonctionnement des Commissions parlementaires. Nous ne traiterons pas ici de la question des amendements[1], bien qu'une telle séparation puisse paraître artificielle, car des amendements peuvent être présentés après le passage en Commission, lors du débat en séance plénière. Les situations allemande, espagnole (I-) et française (II-) diffèrent à bien des égards.

I - Une absence de contrôle juridictionnel en Allemagne et en Espagne

Dans ces deux pays, la situation du Gouvernement est globalement désavantagée par rapport à celle du Parlement à ce stade de la procédure : il n'a que peu de moyens institutionnels de faire prévaloir son point de vue, et le Juge constitutionnel n'intervient pas pour le défendre contre des initiatives de sa majorité parlementaire. L'Exécutif ne dispose dans ce cadre que d'un pouvoir de négociation, alors que les Commissions deviennent des outils de pression potentiellement redoutables, bridés par la seule discipline majoritaire.

En Allemagne, le Parlement peut être qualifié de "Parlement de travail" (*Arbeitsparlament*) - expression qui désigne un Parlement qui ne se contente pas d'enregistrer sans discussion les textes qui lui sont soumis, mais au contraire les retravaille. Il est dans ces conditions normal que les Commissions jouent un rôle important dans l'élaboration d'un texte de loi. Nous avons vu qu'elles n'étaient saisies qu'après une première lecture en séance plénière destinée à la discussion des principes généraux gouvernant le texte en préparation. Elles sont donc liées par le sens de cette première délibération. Ensuite, comme le montre le Professeur Siegfried MAGIERA, "en tant qu'organes chargés de la préparation de décisions, les Commissions sont obligées de recommander une décision afin que le Bundestag puisse se prononcer - en répondant par "oui" ou par "non"."[2]. Elles ont donc pour but de soulager le Plenum d'un surcroît de travail[3]. Malgré l'étendue de leurs compétences, les recommandations de décisions, qu'elles peuvent adresser au Plenum ou vers l'extérieur, donc au Gouvernement, dans l'exercice de leurs diverses compétences, ne lient jamais leurs destinataires. Il est ainsi communément admis que

---

lectures, pourvu qu'une analyse complète des projets de loi ait été assurée (Voir à ce sujet BVerfGE 1, 144 (151) et 29, 221 (234)). En Espagne enfin, le projet ou la proposition de loi, déposé sur le Bureau du Congrès, est envoyé à la Commission compétente au moment où s'ouvre le délai de présentation des amendements. L'examen du texte par celle-ci ne peut cependant suivre son cours tant que le délai de présentation des amendements n'est pas terminé, car, si des "amendements à la totalité" (*enmiendas a la totalidad*) - c'est-à-dire visant l'ensemble du texte - sont déposés, un "débat de totalité" (*debate de totalidad*) devra être organisé pour voir s'il n'y a pas lieu de rejeter le texte d'emblée (A rapprocher des "exceptions d'irrecevabilité" et des "questions préalables" de la procédure française, qui n'interviennent cependant pas avant le début de l'examen du texte en séance plénière).

[1] que nous examinerons dans le prochain paragraphe.

[2] Siegfried MAGIERA, dans son commentaire de l'article 40 de la Loi fondamentale, *in* Michael SACHS, *Grundgesetz Kommentar*, *op. cit.*, p.973.

[3] Elles ne peuvent en principe que recevoir les projets qui leur sont transmis, ou bien des questions ayant un rapport direct avec eux (§ 62 I 2 GOBT). Cependant, elles ont, en outre, un droit d'auto-saisine limité, qui leur permet de s'occuper d'autres questions hors de leur champ de compétences habituel (§ 62 I 3 GOBT); de plus, d'autres droits peuvent leur être attribués par la Loi Fondamentale, les Règlements ou une décision du Bundestag (§ 62 I 4 4 GOBT).

seule l'assemblée plénière peut adopter une loi fédérale, même si le travail de préparation assuré par les Commissions est jugé indispensable[1].
Le Gouvernement allemand est donc peut-être plus qu'en France obligé de composer avec des Commissions législatives influentes, mais sans cependant être entièrement entravé par leurs recommandations.

En Espagne, l'organisation des commissions législatives est fixée par l'article 75 alinéa 2 et 3 de la Constitution[2], qui leur accorde des capacités étendues, puisqu'il prévoit la possibilité pour l'assemblée plénière de déléguer à une Commission législative compétence pour se prononcer sur un projet de texte législatif. C'est la raison pour laquelle le Professeur Francis DELPÉRÉE parle à leur propos d'une "perspective maximaliste" de "commissions délibérantes"[3]. La procédure normale reste cependant la préparation par le (ou les) rapporteur(s) (*ponente*)[4] d'un rapport, au vu du texte et des amendements par articles présentés. Ce rapport est suivi d'un débat complet au sein de la Commission (article par article avec audition des auteurs d'amendements), qui se conclut par l'adoption d'un *Dictamen* présentant l'avis de la Commission, transmis au Président de la Chambre.
C'est peut-être en Espagne que les Commissions représentent le plus un outil de pression redoutable de la part du Parlement, avec la possibilité qui leur est ouverte de légiférer dans certaines conditions à la place de l'assemblée plénière. Dans certains cas en effet s'applique une procédure importée d'Italie, prévue à l'article 75 de la Constitution[5] pour accélérer le travail parlementaire : celle des *Leyes de Comisión*. Dans cette hypothèse, le vote de la Commission est suffisant pour que la loi soit définitivement adoptée, sans qu'un retour en séance plénière soit nécessaire[6].
Les Commissions sont dans tous les cas très présentes dans le déroulement de la procédure législative, mais le "fait majoritaire" défend le Gouvernement d'atteintes trop graves à ses prérogatives.

---

[1] Voir dans ce sens l'analyse de Jörg LÜCKE, *op. cit.*, p.1294.
[2] Article 75 de la Constitution espagnole :
"2. Les Chambres peuvent déléguer aux Commissions Législatives Permanentes l'approbation de projets ou de propositions de loi. L'assemblée plénière pourra, cependant demander à tout moment le débat et le vote de n'importe lequel des projets ou propositions de loi qui aura fait l'objet de cette délégation.
3. Restent exceptés des dispositions de l'alinéa précédent la réforme constitutionnelle, les questions internationales, les lois organiques et "de bases" et les *Presupuestos Generales del Estado.*".
[3] Francis DELPÉRÉE, "La confection de la loi...", *op. cit.*, p.192.
[4] Une Commission peut en effet nommer une *Ponencia* collégiale de dix membres.
[5] Article 75 de la Constitution espagnole :
"2 - Les Chambres peuvent déléguer aux Commissions Législatives Permanentes l'approbation de projets ou de propositions de loi. L'Assemblée plénière peut cependant retenir à n'importe quel moment le débat ou le vote de n'importe lequel des projets ou propositions de loi qui auront fait l'objet de cette délégation.
3 - Restent exclus des dispositions de l'alinéa précédent la réforme constitutionnelle, les questions internationales, les lois organiques et de bases et les *Presupuestos Generales del Estado.*".
[6] Cette procédure donne cependant lieu à des controverses, dues au fait qu'une partie du Parlement décide de ce fait à la place de l'ensemble, et qu'ainsi certains parlementaires ne seront pas consultés sur le vote définitif d'une partie de la production normative du Parlement. Voir dans ce sens Luis Q. VILLACORTA MANCEBO, *Hacia el equilibrio de poderes - Comisiones legislativas y robustecimiento de las Cortes*, Valladolid, 1989.

II -Une jurisprudence avantageuse pour l'Exécutif : la situation française

Par contraste avec la situation que nous venons de décrire, la situation de l'Exécutif en France est non seulement avantagée par les dispositions constitutionnelles en vigueur, mais également par la jurisprudence du Conseil constitutionnel.

En premier lieu, les initiatives gouvernementales sont systématiquement favorisées par la procédure législative en vigueur. Une Commission parlementaire ne jouit donc de la plénitude de ses prérogatives que quand elle examine une proposition de loi : elle peut alors à sa guise en modifier le texte, en tout ou partie. Quand il s'agit d'un projet de loi, en revanche, elle voit sa liberté d'action restreinte : elle peut seulement proposer des amendements en regard du texte initial, et le débat parlementaire ultérieur portera d'abord sur le texte gouvernemental, les amendements proposés étant présentés ensuite. Quant au Gouvernement, il est relativement libre en matière d'initiative à ce stade de la procédure : il peut ainsi modifier un projet de loi déjà déposé par "lettre rectificative". La seule contrainte que fait peser sur lui le Conseil constitutionnel tient à ce que cette lettre doit être soumise à la même procédure que le texte initial, c'est-à-dire à un renvoi devant la Commission compétente, suivi de la rédaction par celle-ci d'un rapport complémentaire[1].

S'est également posé le problème de savoir si la discussion en séance plénière pouvait s'engager sans que le rapport de la Commission chargée de l'examen du texte ait été déposé, ou en présence d'un rapport incomplet. Dans l'affirmative, bien que les Règlements des Assemblées posent que le rapport doit être préalable à la discussion, l'influence des commissions diminuerait beaucoup, et leur intervention dans la procédure législative se réduirait à une simple formalité consultative. Le Conseil constitutionnel s'est prononcé sur la question en 1984, au détriment des prérogatives parlementaires, et donc au profit de l'Exécutif : il a en effet estimé que l'essentiel pour qu'une procédure législative soit constitutionnelle est que les articles 43 et 44 de la Constitution soient respectés - c'est-à-dire que les textes et les amendements qui les visent soient soumis aux Commissions pour examen. En conséquence, la rédaction d'un rapport et la nature de son contenu, n'étant prévues que par le règlement de l'Assemblée nationale, ne constituent pas une formalité substantielle dont le non-respect entraînerait *ipso facto* l'inconstitutionnalité d'un texte[2].

Le Conseil constitutionnel ne fait donc peser que peu d'obligations sur l'Exécutif à l'occasion de l'examen des textes législatifs en Commission : ses projets sont

---

[1] Décision n°78-100 DC, du 29 décembre 1978, sur la Loi de Finances rectificative pour 1978, Cs. n°11: "Considérant ainsi que les articles (...), ayant leur origine dans une lettre rectificative déposée par le Premier ministre, ont été soumis à bon droit à la procédure prévue par l'article 42 de la Constitution pour l'examen et le vote du texte d'un projet de loi;".
Notes : P. AVRIL et J. GICQUEL, *Pouvoirs* n°9, 1979, p.200; L. HAMON, *D* 1979, J, p.541; F. LACHAUME, *AFDI* 1979, p.855; L. PHILIP, *RDP* 1979, p.477.

[2] Décision n°84-181 DC, des 10 et 11 octobre 1984, "Entreprises de presse", Cs. n°2, 3, 4 et 5.
Notes : P. AVRIL et J. GICQUEL, *Pouvoirs* n°33, p.163; J.-J. BIENVENU, *AJDA* 1984, p.684; L. FAVOREU, *RDP* 1986, p.395; *GDCC* n°36, p.583; D. PERIER-DAVILLE, *Gaz. Pal.* 2-4 décembre 1984; M. de VILLIERS, *RA* 1984, p.580.

efficacement protégés contre des modifications qui n'auraient pas été préalablement négociées, et en revanche les propositions qui auraient passé le filtre de la fixation de l'ordre du jour sont entièrement offertes aux modifications opérées par sa majorité parlementaire.

Il ressort de l'ensemble des dispositions relatives au fonctionnement des Commissions législatives que la rationalisation du parlementarisme en matière de procédure législative est particulièrement poussée en France, où le Gouvernement est donc soumis à peu de contraintes à leur égard; le Conseil constitutionnel assure la pérennité de cet état de fait. La participation de l'Exécutif au travail législatif est moins libre chez nos voisins. Son influence en matière législative reste dans tous les cas peu contrôlée à ce stade de la procédure.

Section 2

La discussion en séance

La discussion en séance peut offrir à l'Exécutif de nouvelles occasions d'intervenir dans le déroulement de la procédure parlementaire, à la fois du point de vue du contenu du texte en préparation (c'est ce que nous verrons avec l'étude du régime des amendements (§ 1)), et du point de vue de l'organisation de la prise de décision (§ 2).

§ 1 - Le régime des amendements

Les amendements sont généralement présentés comme un prolongement du droit d'initiative législative, qui est à ce titre accordé à tous ses titulaires, ainsi qu'une manifestation du droit de parole. Ils peuvent être déposés à tout moment au cours de la procédure législative, mais leur régime peut être restrictif quand ils interviennent au moment du débat en séance plénière. D'une manière générale, s'ils sont une des dernières manifestations de la liberté d'action des parlementaires en matière législative[1], il faut les analyser plus en termes d'influence que de pouvoir direct. Leur succès dépend en général de leur acceptation par le Gouvernement, qui l'accorde quand ce sont de amendements techniques (spécialité du Sénat français), de forme, ou de rédaction[2], ou moyennant de substantielles modifications, quand ils touchent le fond du texte en discussion. Il ne faut cependant pas perdre de vue que, s'il est dans une plus ou moins large mesure maître du jeu législatif (et tout particulièrement en France, où il peut y intervenir directement), le Gouvernement n'a pas toujours les textes qu'il veut[3]. La plupart de ses pouvoirs sont plus ou moins négociés, et il ne

[1] Pour Olivier DUHAMEL et Yves MÉNY, c'est la "forme principale de l'initative parlementaire, celle-ci s'exerçant surtout par un pouvoir de modification qui s'applique, dans la grande majorité des cas, à des textes présentés par le Gouvernement." (*in Dictionnaire constitutionnel*, PUF, Paris, 1992,V° "Amendement").

[2] Arnaud TARDAN, "Le rôle législatif du Sénat", *Pouvoirs* n°44, p.107 s.

[3] Comme le souligne par exemple A. DELCAMP (entretien précité).

peut pas les utiliser *ex abrupto*, ne fut-ce que par égard pour sa majorité. Tout dépend donc encore une fois essentiellement de rapports de force.

Le régime des amendements n'a posé de difficultés résolues par le Juge constitutionnel qu'en France et en Espagne. En Allemagne, le régime des amendements est considéré comme un problème interne aux Assemblées : si leur dépôt est soumis à certaines restrictions, ce n'est pas au niveau constitutionnel, et le problème ne semble pas avoir soulevé de controverses majeures[1]. Nous étudierons donc en premier lieu la situation de l'Espagne (I-), avant de voir en quoi celle de la France est spécifique (II-).

I - Un contrôle de constitutionnalité protégeant les prérogatives gouvernementales : les conditions d'exercice du droit d'amendement en Espagne

En Espagne, les amendements peuvent être présentés à plusieurs moments au cours de la procédure législative. Une première série d'amendements peut d'abord être déposée pendant la période qui suit la publication du projet ou de la proposition de loi, dans un délai de dix jours devant le Sénat et de quinze jours devant le Congrès des Députés[2]. Les "amendements à la totalité" du texte (*enmiendas a la totalitad*) sont réservés aux groupes parlementaires en tant que tels, les autres amendements (*enmiendas al articulado*) pouvant être déposés par les parlementaires en tant que tels. D'autres amendements peuvent ensuite être déposés au cours du débat en Commission qui suit l'élaboration du rapport de celle-ci, ou lors du débat en séance plénière, avec l'accord du Président de la Chambre et dans la mesure où les groupes parlementaires ne s'y opposent pas. Dans ce cas cependant leur objet est limité : ils ne peuvent que chercher à établir une synthèse entre des amendements déjà déposés, ou à corriger des erreurs techniques ou rédactionnelles[3].

Le Tribunal constitutionnel a eu à se prononcer sur le problème des conditions de constitutionnalité des amendements, qu'il a tranché en 1987, en refusant d'accorder une protection exorbitante aux projets de loi. Il a en effet établi qu'il n'y avait en Droit espagnol aucune délimitation matérielle entre amendements et propositions de lois. En conséquence, "ni par son objet, ni par son contenu, il n'y a de limite à la faculté des membres des Chambres de présenter des amendements, sauf ceux qui, pour les amendements comme pour les propositions de lois, touchent les articles 84

---

[1] Devant le Bundestag, les amendements sont déposés par écrit, soit devant la Commission saisie du texte, soit lors des deuxièmes et troisièmes lectures par l'assemblée plénière. Ceux qui sont déposés à la troisième lecture doivent être signés par un groupe parlementaire ou vingt-six membres de l'assemblée, et porter sur des dispositions préalablement amendées en deuxième lecture. Tous les amendements sont systématiquement examinés en séance plénière, en commençant par ceux qui s'éloignent le plus du texte. Devant le Bundesrat, les amendements sont l'oeuvre des Länder. Ils doivent être déposés auprès de la Commission saisie du texte, et accompagnés d'un rapport explicatif. Les amendements rejetés en Commission ne peuvent être examinés en séance plénière que si le Land qui les a initialement proposés les présente à nouveau. L'influence des partis politiques et des Länder est donc prépondérante dans l'organisation du travail parlementaire, et le Gouvernement n'intervient qu'indirectement.

[2] Tous doivent être présentés par écrit, et signés par le Porte-parole du groupe parlementaire auquel appartient le député (simple formalité aux fins d'information).

[3] Sur ce sujet, voir Union Interparlementaire, *Les Parlements dans le monde*..., *op. cit.*, p.1148 s., et Francisco FERNANDEZ SEGADO, *El sistema constitucional español*, *op; cit.*, p.623 s.

et 134-6 de la Constitution, qui assurent un champ d'action propre au Gouvernement"[1], c'est-à-dire protègent les délégations législatives et les matières relevant des *Presupuestos*[2].

Le Juge constitutionnel protège donc le champ d'action du Gouvernement espagnol, mais en l'entendant strictement. L'Exécutif ne jouit pas pour autant d'une influence "positive" déterminante sur cette phase de la procédure législative. La situation est très différente en France.

II - Un exercice fortement conditionné par la jurisprudence constitutionnelle en France

En France, le droit d'amendement[3] est accessible aux parlementaires pris individuellement[4] et au Gouvernement[5]. Les amendements sont généralement déposés devant la Commission législative chargée de l'examen du texte proposé; ils peuvent également être déposés directement en séance plénière, mais le Gouvernement peut alors demander à ce qu'ils soient écartés pour n'avoir pas été soumis à la Commission[6].

Le Conseil constitutionnel a eu l'occasion de préciser dans sa jurisprudence le contenu et les limites du droit d'amendement, d'une manière très constructive[7]. Bien

---

[1] STC 99/87, du 11 juin, F. 1.

[2] Article 84 de la Constitution espagnole :
"Quand une proposition de loi ou un amendement est contraire à une délégation législative en vigueur, le Gouvernement peut s'opposer à leur adoption. Dans cette hypothèse, pourra être présentée une proposition de loi visant à obtenir une dérogation totale ou partielle à la loi de délégation.".
Article 134 - 6 :
"Toute proposition ou amendement qui suppose une augmentation des crédits ou une diminution des revenus relevant des *Presupuestos* requiert l'accord du Gouvernement pour pouvoir être adoptée.".

[3] Article 44 alinéa 1° de la Constitution française :
" Les membres du Parlement et le Gouvernement ont le droit d'amendement.".

[4] et égal pour les députés et les sénateurs, alors que dans la Constitution du 27 octobre 1946 seule l'Assemblée nationale avait le pouvoir d'adopter des amendements, le Conseil de la République ne pouvant que les proposer - situation modifiée lors de la révision constitutionnelle de 1954 - (sur ce point, voir les explications de Bruno BAUFUMÉ, *in Le droit d'amendement et la Constitution sous la Cinquième République*, *op. cit.*, p.24).

[5] Comme le rappelle Stéphane BAUMONT, "le droit d'amendement du Gouvernement (est une) création de la Constitution de 1958 (sous les III° et IV° Républiques, les membres des Assemblées Parlementaires se partageaient, seuls, la faculté de proposer des modifications au cours de la discussion des textes législatifs)..." ("Le Conseil constitutionnel et le droit d'amendement du Gouvernement - De l'amendement Tour Eiffel à l'amendement Séguin", *Annales de l'Université des Sciences Sociales de Toulouse*, 1987, p.179).

[6] Article 44 alinéa 2 de la Constitution :
"Après l'ouverture du débat, le gouvernement peut s'opposer à l'examen de tout amendement qui n'a pas été antérieurement soumis à la commission.".
Un intérêt de cette disposition pour le Gouvernement est évidemment que, comme nous l'avons vu plus haut, la majorité parlementaire, qui, par définition, le soutient, détient aussi la majorité dans les commissions, et est donc en mesure d'effectuer un "tri" des amendements, par exemple en fonction des intérêts gouvernementaux.

[7] Comme le rappelle Pierre PACTET dans sa préface à l'édition de la thèse de Bruno BAUFUMÉ, "force est de constater qu'en l'occurrence le Conseil s'est attribué à la fois le pouvoir de fixer discrétionnairement les limites qui ne sont prévues par aucun texte et d'apprécier s'il y a manquement à ces limites. Autant dire qu'il a pris en mains toutes les clés et qu'il est en mesure d'imposer, en marge des textes, la solution d'équité qui lui paraît opportune. " (*in* Bruno BAUFUMÉ, *Le droit d'amendement et la Constitution...*, *op. cit.*, p.X).

qu'il protège le Gouvernement contre les entreprises des parlementaires, comme la Constitution l'y incite, le Conseil n'hésite plus[1] à exercer plus ou moins directement son contrôle sur lui, quand il utilise son propre droit d'amendement. Comme le note Bruno BAUFUMÉ, "la démarche suivie par le Conseil constitutionnel, lorsqu'il est saisi d'une question concernant le droit d'amendement, est (...) très pragmatique : elle consiste essentiellement à rechercher si la mesure proposée ou la procédure suivie risque de porter atteinte ou a porté atteinte à l'exercice effectif du droit d'amendement"[2], en se basant plus pour cela sur la Constitution que sur les Règlements des Assemblées. Il poursuit donc à travers cette jurisprudence une visée d'émancipation, afin de devenir le garant indispensable du bon fonctionnement des mécanismes constitutionnels, et non le défenseur d'une institution donnée.
Pour commencer, il a introduit deux conditions à sa constitutionnalité : l'obligation d'un "lien avec le texte" discuté, et le respect des "limites inhérentes" à ce droit (A-); puis il a précisé ses conditions d'exercice, qui comprennent le respect des droits de la minorité parlementaire (B-).

A - LA DELIMITATION DU DROIT D'AMENDEMENT

Cette délimitation a été pour le Conseil constitutionnel l'occasion de développer un contrôle constructif sur le droit d'amendement gouvernemental. Elle passe par une double restriction : l'exigence d'un lien entre l'amendement et le texte qu'il vise (1-), et par le respect des "limites propres" à son exercice (2-).

1 - L'existence d'un lien avec le texte amendé

En premier lieu, le droit d'amendement est strictement contrôlé pour ce qui touche sa définition même : depuis 1985, le Conseil exige l'existence d'un "lien" entre le texte discuté et les adjonctions ou modifications que l'amendement entend apporter[3]. Cette disposition lui permet d'écarter les "cavaliers législatifs" (c'est-à-dire des dispositions législatives étrangères, par leur nature, au domaine de la loi dans laquelle elles sont insérées, qui obéissent à de simples raisons d'opportunité - contraintes dues au temps par exemple) que le Gouvernement peut être tenté d'introduire ou de faire présenter par sa majorité. Apparemment simple et logique, ce critère peut présenter quelques difficultés de maniement, comme avec le problème des "lois portant diverses dispositions ...", qui, par définition, se caractérisent plus par leur thème que par un sujet bien précis[4]. C'est pourquoi le Juge a précisé en 1986

[1] Jusqu'en 1985, il s'en tenait pour l'essentiel au contrôle de l'exercice du droit d'amendement parlementaire...
[2] Bruno BAUFUMÉ, *op. cit.*, p.33.
[3] Décision n°85-198 DC, du 13 décembre 1985, "Amendement Tour Eiffel", Cs. n°4 : "Considérant que l'amendement qui est à l'origine de l'article 3-II de la loi n'était pas dépourvu de tout lien avec le projet de loi en discussion; (...)".
[4] C'est justement le problème qui s'est posé avec la décision n°85-191 DC, "DDOS", pour laquelle le Conseil a estimé, dans son considérant n° 2 :
"... que, par suite, ont été adoptés selon une procédure conforme à la Constitution les articles contestés, qui ne sont pas dépourvus de tout lien avec les autres dispositions de la loi (...);".
Notes : L. FAVOREU, *RDP* 1986, p.395; B. GENEVOIS, *AIJC* 1985, p.403, 404 et 415.

le type de lien exigé entre un amendement et le texte auquel il se rapporte : objet étroitement spécifié et portée restreinte[1].
Cette "théorie du lien", comme l'appelle le Professeur Thierry S. RENOUX[2], "création jurisprudentielle originale de nouvelles normes constitutionnelles"[3] a été renforcée en 1994[4], quand le Conseil a précisé que son contrôle s'exerce en fait à un double niveau : "positivement, (il) sanctionne l'adoption d'un amendement dépourvu de tout lien avec le texte en discussion, négativement, (il) contrôle la constitutionnalité d'un rejet d'amendement "non dépourvu de tout lien" avec le texte en discussion."[5]. La nouveauté vient donc de ce qu'il accepte aujourd'hui d'apprécier la régularité de la procédure législative du point de vue de l'"erreur substantielle", ce qui constitue un pas de plus dans sa prise en main de la procédure législative[6], à l'occasion au détriment du libre-exercice des prérogatives gouvernementales.

2 - Le respect des "limites inhérentes à l'exercice du droit d'amendement"

En deuxième lieu, le Conseil constitutionnel ajoute à cette exigence, depuis 1987, une autre condition de recevabilité des amendements : celle du respect "par leur objet et leur portée, (les) limites inhérentes à l'exercice du droit d'amendement"[7],

---

Sur cette catégorie de lois, voir par exemple Bertrand MATHIEU, *La loi*, *op. cit.*, p.86 s., et p.119, ainsi que Thierry S. RENOUX et Michel de VILLIERS, *Code constitutionnel*, *op. cit.*, commentaire sous article C. 34.

[1] Décision n°86-221 DC du 29 décembre 1986, "Loi de Finances 1987", Cs. n°8 : "Considérant que ces diverses dispositions ne sont pas sans lien avec le texte en discussion; que, tant par leur objet, qui est étroitement spécifié, que par leur portée restreinte, elles n'ont pas dépassé les limites inhérentes à l'exercice du droit d'amendement; (...)".
Notes : P. AVRIL et J. GICQUEL, *Pouvoirs* n°41, Chronique constitutionnelle, p.201; G. CARCASSONNE, *Pouvoirs* n°41, p.163; L. FAVOREU, *RDP* 1989, p.399; B. GENEVOIS, *AIJC* 1986, p.423.

[2] Thierry S. RENOUX, dans la chronique "Jurisprudence du Conseil constitutionnel" de la *Revue Française de Droit Constitutionnel*, 1994, n°18, p.357.

[3] Stéphane BAUMONT, "Le Conseil constitutionnel et le droit d'amendement du Gouvernement...", *op. cit.*, p.181.

[4] Dans une décision n°93-334 DC, du 20 janvier 1994, "Peines incompressibles", Cs. n°6 :
"Considérant que le Sénat a écarté du débat en première lecture par l'adoption d'une motion d'irrecevabilité 46 amendements, lesquels visaient à insérer des articles additionnels aux titres IV et V du texte soumis à discussion; que ces amendements n'étaient pas sans lien avec les matières dont traitait le projet de loi; que toutefois cette méconnaissance du droit d'amendement doit être appréciée au regard du contenu des amendements dont s'agit et des conditions générales du débat; qu'en l'espèce, compte tenu de l'objet de ces amendements et des questions en débat elle n'a pas revêtu un caractère substantiel de nature à entacher de nullité la procédure législative;" (nous soulignons).
Notes : T. S. RENOUX, *RFDC* 1994, n°18, p.353; T. S. RENOUX et E. OLIVA, *D* 1995, Som. commentés.

[5] Thierry RENOUX, *idem*, p.357.

[6] Ce point pourrait donc être objecté au Doyen VEDEL quand il avance que "le Conseil ne paraît pas pratiquer la distinction reçue dans le contentieux administratif de l'excès de pouvoir entre ce qui est "substantiel" et ce qui ne l'est pas." (Georges VEDEL, "Excès de pouvoir législatif et excès de pouvoir administratif", II, *op. cit.*, p.84). Voir aussi la note 257 *infra*.

[7] Décision n°86-225, du 23 janvier 1987, "Amendement Séguin", Cs n°8. Notes : P. AVRIL et J. GICQUEL, *Pouvoirs* n°42, Chronique constitutionnelle, p.169 et 193; G. CARCASSONNE, *Pouvoirs* n°41, p.163; L. FAVOREU, *RDP* 1989, p.399; B. GENEVOIS, *AIJC* 1987, p.587 et 589; X. PRÉTOT, *DS* 1987, p.345; M. de VILLIERS, *RA* 1987, p. 139.

impératif qui peut pénaliser très directement le Gouvernement[1]. Ceci revient à n'appliquer les dispositions constitutionelles relatives au droit d'amendement qu'en en faisant une interprétation liée au reste de la Constitution[2]. Stéphane BAUMONT a bien montré que cette jurisprudence novatrice aboutit en fait à deux grandes conséquences : d'une part "ne pas accorder au gouvernement, légiférant aux lieux et place du parlement en déposant un "amendement-projet de loi", un pouvoir plus important qu'au législateur lui-même; (d'autre part) conserver au droit d'amendement son caractère de mécanisme compensateur par excellence des restrictions apportées par la Constitution de 1958 à l'étendue des pouvoirs du Parlement"[3]. Cette évolution a d'ailleurs été contestée par certains, comme reposant sur une appréciation largement subjective et une "conception "offensive"" du rôle du Conseil constitutionnel, qui sort peut-être de ce qu'elle devrait être[4].
Ces deux dernières conditions posées à la constitutionnalité des amendements ont été très vivement critiquées par la doctrine quand il s'est avéré que le Conseil les appliquait indistinctement aux amendements d'origine gouvernementale et parlementaire[5], en dehors des "cas limite" auxquels Bruno GENEVOIS les pensait réservées[6]. Le Doyen Louis FAVOREU a par exemple estimé qu'elles posaient "des conditions supplémentaires aux exigences constitutionnelles", réduisant "indûment la liberté" des parlementaires en matière d'amendement[7]. Quant au Professeur Thierry RENOUX, il soutient pour sa part que cette jurisprudence devrait être réservée aux amendements "d'origine gouvernementale - le détournement de procédure apparaissant de manière plus évidente"[8]. A la réflexion, la jurisprudence du Conseil telle qu'elle est aujourd'hui appliquée ne semble cependant pas particulièrement injustifiée ou injuste. En effet, s'il n'appliquait pas ces conditions comme il le fait, rien n'empêcherait un Gouvernement décidé à contourner les règles constitutionnelles de faire déposer un amendement - souhaité par lui, mais constituant un détournement de procédure - par sa majorité parlementaire... ce qui viderait les limites posées par le Conseil de tout leur contenu. De même, aujourd'hui, le droit d'amendement gouvernemental "n'est plus un habile subterfuge permettant à l'exécutif de faire passer à la sauvette (...) en accord avec sa majorité, un texte d'une

---

[1] Cela a justement été le cas en l'espèce, le Conseil estimant que l'"amendement Séguin", qui reprenait les dispositions d'un projet de loi, excédait, par son ampleur et son importance, ces limites (Cs. n°11), et ne pouvait donc entrer dans un autre projet de loi, même "portant diverses mesures d'ordre social".
Sur cette évolution jurisprudentielle et les controverses auxquelles elle a donné lieu, voir par exemple Stéphane BAUMONT, "Le Conseil constitutionnel et le droit d'amendement du Gouvernement -...", *op. cit.*, p. 177 s..
[2] En l'espèce, relier l'interprétation de l'article 44 alinéa 1° à celle des articles 39 alinéa 1° (initiative des lois) et 45 alinéa 1° (lecture devant les deux Assemblées).
[3] *op. cit.*, p.186.
[4] Olivier DUHAMEL et Yves MÉNY, *Dictionnaire constitutionnel*, *op. cit.*, V° "Amendement".
[5] Décision n°88-251 DC, du 12 janvier 1989, "Centre national de la fonction publique territoriale", Cs. n°3 et 4. Notes : A. CHAMINADE, *JCP* 1990, D, n°3441; L. FAVOREU, *RDP* 1989, p.399; J. FIALAIRE, *LPA* n°57, 1989, p.13; B. GENEVOIS, *AIJC* 1989, Chron., p.476; L. HAMON, *D* 1989, J, p.573; P. WACHSMAN, *AJDA* 1989, p.322.
[6] Bruno GENEVOIS, "Chronique de jurisprudence constitutionnelle française", dans l'*Annuaire International de Jurisprudence Constitutionnelle* III, 1987, p.589.
[7] Louis FAVOREU, "Chronique de jurisprudence constitutionnelle", *RDP* 1989, p.494.
[8] Thierry S. RENOUX, *op. cit.*, p.356.

ampleur législative reconnue"[1]. Il s'agit là en fait d'une des rares occasions où le Conseil limite ouvertement le pouvoir du Gouvernement en matière législative. Nous pouvons à cette occasion vérifier une fois de plus la pertinence de notre hypothèse de départ, selon laquelle le contrôle de constitutionnalité des lois exercé par le Conseil constitue en fait un contrôle indirect, mais bien réel, de l'activité de l'Exécutif - en l'occurrence du Gouvernement..

B - LES CONDITIONS DE L'EXERCICE DU DROIT D'AMENDEMENT

La détermination des conditions d'exercice du droit d'amendement a été l'occasion pour le Conseil constitutionnel de restreindre la tendance du Gouvernement et de sa majorité à limiter l'exercice du droit d'amendement parlementaire. Ces conditions comprennent une liberté d'amendement entière (1-) et l'exigence du respect des droits de la minorité parlementaire (2-).

1 - La liberté d'amendement à tous les stades de la procédure législative

En premier lieu, les conditions d'exercice du droit d'amendement doivent être identiques à chaque niveau de lecture devant les deux assemblées, sans qu'il y ait lieu de respecter les "acquis" de lectures antérieures. Cette jurisprudence permet d'écarter les dispositions des Règlements des assemblées qui pouvaient chercher à restreindre le droit d'amendement aux points restés litigieux entre les deux Assemblées[2]. Elle est donc favorable à une grande souplesse de l'usage de ce droit : ainsi, même en cas d'échec d'une Commission Mixte Paritaire, l'Assemblée nationale peut amender le texte de loi avant le vote définitif auquel le Gouvernement peut la convier[3]; de même, est possible le rétablissement par voie d'amendement de dispositions qui avaient été supprimées antérieurement par les deux assemblées[4]. Dans le même sens, on peut citer une décision du 17 mai 1973, où le Conseil constitutionnel a estimé que la liberté de sous-amendement n'a pas non plus à être restreinte par les Règlements

---

[1] S. BAUMONT, "Le Conseil constitutionnel et le droit d'amendement...", *op. cit.*, p.187.

[2] Décision n°89-268 DC, du 29 décembre 1989, "Loi de finances 1990", Cs. n°21 :
"des amendements peuvent (...) avoir pour effet d'affecter des dispositions qui ont déjà été votées dans des termes identiques par les deux assemblées;" (Notes : P. AVRIL et J. GICQUEL, *Pouvoirs* n°53, 1990, Chron. constit., p.164 et 182; R. ETIEN, *RA* 1990, p.426; B. GENEVOIS, *RFDA* 1990, p.143; B. GENEVOIS, *AIJC* 1989, Chron., p.476; L. PHILIP, *Droit Fiscal* 1990, n°12, p.464; L. PHILIP, *RFDC* 1990, n°1, p.122).
Une décision n°90-274 DC, du 29 mai 1990, "Droit au logement", Cs. n°3 et 4, précise dans le même sens :
"Considérant que les auteurs de la saisine font valoir qu'en vertu (des Règlements de l'Assemblée Nationale et du Sénat), la discussion des articles est limitée à partir de la deuxième lecture à ceux pour lesquels les deux assemblées n'ont pas adopté un texte identique;(...) que les règlements des assemblées parlementaires n'ayant pas en eux-mêmes valeur constitutionnelle, la seule méconnaissance des dispositions règlementaires invoquées ne saurait avoir pour effet de rendre la procédure législative contraire à la Constitution;" (Notes : P. AVRIL et J. GICQUEL, *Pouvoirs* n°55, 1990, Chron. constit., p.206; L; FAVOREU, *RFDC* 1990, n°3, p.497; X. PRÉTOT, *RTDSS* 1990, n°4, p.711; G. VEDEL, *Pouvoirs Locaux* 1990, n°7, p.85, et 1991, n°8, p.16).

[3] Décision n°81-136 DC, du 31 décembre 1981, "3° Loi de finances rectificative 1981", Cs. n°10.
Notes : P. AVRIL et J. GICQUEL, *Pouvoirs* n°21, 1982, p.198; L. FAVOREU, *RDP* 1983, p.333; L. HAMON, *D* 1982, IR, p.307.

[4] Décision n°90-274 DC, précitée, Cs. n° 5.

des Assemblées, même sous le prétexte qu'il risquerait de "dénaturer l'esprit" de l'amendement sur lequel il se greffe[1].

Cette souplesse, qui oblige le Gouvernement à tenir compte de l'action de l'opposition, peut d'ailleurs se révéler avantageuse aussi bien pour lui que pour les parlementaires : il a en effet ainsi à sa disposition une nouvelle occasion d'agir sur le travail législatif par la voie du dépôt d'amendements[2]. D'autre part, le Gouvernement se voit reconnaître par le Conseil la liberté de "choix, lorsqu'il veut faire adopter un texte, entre le dépôt d'un projet de loi et un amendement à un texte discuté par le Parlement."[3]. Ceci lui permet d'éviter l'étape de l'avis obligatoire du Conseil d'Etat, ainsi que la formalité du passage en Conseil des Ministres.

On peut cependant, d'un point de vue critique, se demander ce que devient cette liberté d'amendement proclamée par le Conseil, au regard de l'utilisation par le Gouvernement des armes redoutables que la rationalisation du parlementarisme met à sa disposition - ce qui n'est pas le cas dans les autres pays qui font l'objet de notre étude, où le Gouvernement n'a qu'un moyen d'"action" direct sur le Parlement : menacer de démissionner ou de dissoudre, armes ultimes, d'un maniement malaisé, et donc rarement utilisées. Ainsi du "vote bloqué" de l'article 44 alinéa 3[4], dont le but est de "permettre au pouvoir exécutif de faire adopter le texte dans une rédaction aussi proche que possible de sa version originale, sans pour autant mettre en cause la stabilité de l'équipe gouvernementale"[5], et dont les règles d'utilisation ont été précisées par le Conseil constitutionnel en 1960[6]. De même, dans la même perspective, du célèbre article 49 alinéa 3, souvent utilisé par le Gouvernement pour accélérer le vote des lois qu'il juge nécessaires à la mise en oeuvre de son programme, et dont l'usage a fait l'objet de nombreuses critiques, car il dépossède totalement le Parlement de son rôle législatif[7].

---

[1] Décision n°73-49 DC, du 17 mai 1973, Cs. n°7 :
"Considérant (...) qu'en somme, la notion de dénaturation de l'esprit d'un amendement par un sous-amendement présente un caractère éminemment subjectif et tellement imprécis qu'elle ne pourrait servir de fondement à l'appréciation par une assemblée parlementaire de la recevabilité d'un sous-amendement sans que fut compromis par là même l'exercice du droit d'amendement reconnu par la Constitution aux membres du Parlement et au Gouvernement;". Note : G. BERLIA, *RDP* 1973, p.1031.

[2] Ce qui a d'ailleurs été précisé par le Conseil lui-même, dans une décision n°85-191 DC, du 10 juillet 1985, "DDOS", Cs. n°2 : "Considérant que l'article 45 de la Constitution ne comporte, après l'intervention de la commission mixte paritaire, aucune restriction au droit d'amendement du Gouvernement, sauf en dernière lecture devant l'Assemblée nationale; (...)".

[3] GERJC, Chronique "France", à l'*Annuaire International de Justice Constitutionnelle* X, 1994, p.530.
Ce principe a été posé par la décision n°93-329 DC, "Révision de la loi Falloux", précitée, Cs. n° 11 :
"Considérant que (...) l'initiative législative du Gouvernement peut prendre à son choix la forme soit du dépôt d'un projet, soit d'un amendement à un texte discuté par une assemblée; qu'en particulier, (...) aucune disposition ne contraint le Premier ministre à présenter un projet de loi; (...)".

[4] Article 44 alinéa 3 de la Constitution :
"Si le gouvernement le demande, l'assemblée saisie se prononce par un seul vote sur tout ou partie du texte en discussion en ne retenant que les amendements proposés ou acceptés par le gouvernement.".

[5] Francis DELPÉRÉE, "La confection de la loi...", *op. cit.*, p.202.

[6] Décision n°59-5 DC, du 15 janvier 1960, Cs. n°2, 3, 4, 5 et 6.

[7] Ainsi, Jacques FOURNIER explique-t-il qu'"on en arrive à des situations dans lesquelles, pour peu que l'article 49 al.3 ait été utilisé dès le début du débat à l'Assemblée et qu'une question préalable "positive" ait été opposée lors du vote du texte au Sénat, la loi peut être adoptée sans avoir fait l'objet d'un débat réel au Parlement." (*in Le travail gouvernemental*, col. Amphithéâtre, Presses de la FNSP-Dalloz, Paris, 1987, p.90).

2 - Le respect des droits de la minorité parlementaire

Une autre condition importante posée à l'exercice constitutionnel du droit d'amendement est le contrôle par le Conseil constitutionnel du respect des droits de la minorité parlementaire. Ce contrôle s'était déjà manifesté dans des décisions relatives à la régularité de questions préalables[1] visant à rejeter un texte avant toute décision, attaquées comme ayant été présentées "dans le seul but d'interdire aux sénateurs le libre exercice du droit d'amendement"[2]. Le Conseil y déclarait que la question préalable avait été adoptée "dans des conditions qui n'affectent pas, au cas présent, la régularité de la procédure législative"[3], expression diversement interprétée par la doctrine dans le contexte de la décision[4], mais considérée dans tous les cas comme une référence aux motifs donnés en l'espèce par le Sénat de son attitude, ce qui constituerait un contrôle au fond susceptible d'entraîner à l'occasion une censure d'"un usage répété de la question préalable positive"[5]. Il accepte en effet de contrôler la méconnaissance manifeste des droits de cette minorité, par la formulation de son argumentation dans la décision sur la "Révision de la loi Falloux" de 1993, grâce, là encore, au recours à la notion de "formalité substantielle"[6]. Le Conseil "fait preuve, par cette solution, d'une grande souplesse; s'il rejette le grief porté par les requérants contre cette procédure de rejet en bloc des amendements par une motion d'irrecevabilité, il pose néanmoins des limites à la méconnaissance du droit d'amendement de la minorité"[7] et se donne les moyens de la sanctionner.
Là encore, il s'agit d'une limitation potentielle à l'hégémonie du "bloc majoritaire" sur la procédure législative, susceptible donc de gêner indirectement l'action du Gouvernement.

Voir, dans le même sens, les critiques polémiques de Jean-François REVEL, *in L'absolutisme inefficace, ou contre le présidentialisme à la française*, col. Agora, Presses Pocket, Paris, 1993, p.17 ou 22 par exemple.

[1] touchant donc des problèmes d'opportunité, et non de constitutionnalité comme l'exception d'irrecevabilité.

[2] Décision n°86-218 DC, du 18 novembre 1986, "Découpage électoral", Cs. n°2.

[3] *Idem*, Cs. n°4.

[4] qui faisait suite au refus du Président de la République de signer des ordonnances adoptées sur la base de l'article 38 de la Constitution. Voir par exemple Louis FAVOREU et Loïc PHILIP, *Les grandes décisions du Conseil constitutionnel*, *op. cit.*, p.685 s., et Bruno GENEVOIS, *La jurisprudence du Conseil constitutionnel - Principes directeurs*, STH, Paris, 1988, p147 s.

[5] Bruno GENEVOIS, *op. cit.*, p.147.

[6] Décision n°93-329, "Révision de la loi Falloux", précitée, Cs. n°20, 21 et 22, et notamment : "Considérant (...) qu'il appartient au Conseil constitutionnel, saisi de cette question, d'examiner si l'irrecevabilité des amendements en cause constitue une méconnaissance du droit d'amendement reconnu à tout parlementaire en application de l'article 44 de la Constitution; (...) que, même si certains de ces amendements ont pu être écartés sans justification appropriée, cette restriction au droit d'amendement qui doit être appréciée au regard du contenu des amendements dont s'agit et des conditions générales du débat n'a pas revêtu en l'espèce un caractère substantiel (...);".

[7] GERJC, Chronique "France", *AIJC* X, 1994, p.531.

§ 2 - L'organisation de la prise de décision

Un dernier type de problème peut se poser lors de la discussion en séance : il concerne les conditions de la prise de décision par les Assemblées, sur lesquelles l'Exécutif peut exercer son influence, sous le contrôle du juge constitutionnel.
En effet, quels que soient les pouvoirs respectifs des assemblées, leur accord sur le libellé d'un texte scelle la fin du processus législatif proprement dit (réserve faite de la promulgation du texte par le Chef de l'Etat, qui lui donne sa force juridique). Devant des divergences persistantes entre les Chambres, les moyens mis en oeuvre pour régler leurs désaccords sont le dernier terrain où peuvent se confronter Gouvernement et Parlement au cours de la procédure législative, et où l'intervention du Juge constitutionnel peut nous donner d'utiles indications sur les rapports qu'il entretient avec l'Exécutif (I-). Il peut aussi arriver que l'Exécutif souhaite demander aux Chambres d'examiner plus attentivement un texte donné, et de se prononcer à nouveau sur lui (II-).

I - Le règlement des désaccords entre les Chambres

Dans le modèle parlementaire classique, le texte controversé est alternativement soumis à chaque chambre jusqu'à ce qu'un accord se dégage sur sa rédaction, ce qui peut durer longtemps : c'est la "navette". Une autre solution consiste à réunir une "commission mixte" composée paritairement de membres des assemblées, pour trouver un terrain d'entente et leur proposer des solutions. Une dernière solution, qui peut être combinée avec les autres, consiste à donner le dernier mot à l'une des assemblées. Nous allons donc examiner quelles procédures de conciliation sont mises en oeuvre en France (A-), en Allemagne (B-) et en Espagne (C-).

A - Le controle de l'intervention de la Commission Mixte Paritaire en France

La Commission Mixte Paritaire est, comme son nom l'indique, un organe composé à parité de membres de l'Assemblée Nationale et du Sénat, où le Gouvernement n'est pas représenté, qui est chargé de chercher un terrain d'entente entre les deux assemblées quand elles sont en désaccord sur le libellé d'un texte. Sa convocation, facultative, intervient à l'initiative du Gouvernement, en vertu de l'article 45, alinéa 2, de la Constitution[1], quand la navette ne suffit pas à dégager un accord. C'est donc un outil de direction de la procédure législative à la discrétion du Gouvernement, destiné à lui permettre d'accélérer son cours, qui lui donne la

[1] Article 45, alinéa 2, de la Constitution française :
"Lorsque, par suite d'un désaccord entre les deux assemblées, un projet ou une proposition de loi n'a pu être adopté après deux lectures par chaque assemblée ou, si le gouvernement a déclaré l'urgence, après une seule lecture par chacune d'entre elles, le Premier ministre a la faculté de provoquer la réunion d'une commission mixte paritaire chargée de proposer un texte sur les dispositions restant en discussion.".

"maîtrise d'oeuvre"[1] dans le dialogue entre les deux assemblées. Le détail en est fixé aux alinéa 3 et 4 de l'article 45 de la Constitution[2].

Le Conseil constitutionnel s'est prononcé sur la constitutionnalité de plusieurs points du déroulement de cette procédure.

Ainsi, la définition du champ de la compétence des Commissions Mixtes Paritaires (CMP) qu'il a retenue est conforme à la sévérité du texte constitutionnel : dans une décision de 1976, il a estimé que l'article 45 alinéa 1 signifiait "que la Commission (...) ne peut proposer un texte que si celui-ci porte sur les dispositions restant en discussion, c'est-à-dire qui n'ont pas été adoptées dans les mêmes termes par l'une et l'autre assemblée;"[3]. Il résulte cependant de la jurisprudence indulgente du Conseil en matière d'amendements[4] que la rigueur apparente appliquée aux CMP perd beaucoup de son sens. En effet, cette jurisprudence entraîne le fait que la discussion sur un point donné du texte n'est virtuellement jamais close tant que la procédure législative n'est pas terminée. Un amendement peut toujours être déposé après l'échec d'une CMP[5]. De plus, la contrainte exercée sur le Gouvernement est assez faible : en cas de réussite de la CMP, le droit d'amendement du Parlement est supprimé si le Gouvernement n'y donne pas son accord, alors que celui du Gouvernement demeure (ce qui favorise ce dernier, puisque le Parlement ne peut plus contre-amender le texte)[6].

En fait, comme le remarquent les Professeurs Thierry RENOUX et Michel de VILLIERS, "la conjonction de la lettre de l'article 45, alinéa 3 confiant au Gouvernement une "espèce de police des amendements" quand les assemblées se

[1] selon l'expression de MM. T. S. RENOUX et M. de VILLIERS, *Code constitutionnel*, *op. cit.*, p.390.

[2] Article 45 de la Constitution française, alinéa 3 et 4 :
" Le texte élaboré par la commission mixte peut être soumis par le Gouvernement pour approbation aux deux assemblées. Aucun amendement n'est recevable sauf accord du Gouvernement.
Si la commission mixte ne parvient pas à l'adoption d'un texte commun ou si ce texte n'est pas adopté dans les conditions prévues à l'alinéa précédent, le Gouvernement peut, après une nouvelle lecture par l'Assemblée Nationale et par le Sénat, demander à l'Assemblée Nationale de statuer définitivement. En ce cas, l'Assemblée Nationale peut reprendre soit le texte élaboré par la commission mixte, soit le dernier texte voté par elle, modifié le cas échéant par un ou plusieurs des amendements adoptés par le Sénat.".

[3] Décision n°76-74 DC, du 28 décembre 1976, "Loi de finances rectificative 1976", Cs. n°4.
Notes : M.-C. BERGERÈS, *JCP* 1979, J, p.109; J.-C. DUCROS, *AJDA* 1977, p.308; L. PHILIP, *RDP* 1977, p.962.

[4] Cf. *supra*, et notamment l'admission d'une liberté d'amendement identique à tous les stades de la procédure législative, même en cas d'accord préalable des Assemblées sur un point du texte.

[5] Voir dans ce sens la formulation très claire de la décision n°85-199 DC, du 28 décembre 1985, "Amélioration de la concurrence", Cs. n°3 :
"Considérant (...) que l'article 45 de la Constitution ne comporte, au cours de la première lecture à l'Assemblée nationale suivant l'échec d'une CMP, aucune restriction particulière au droit d'amendement appartenant soit au Gouvernement soit aux députés; (...)." (Note : L. FAVOREU, *RDP* 1986, p.395).
Dans le même sens, voir également les décisions n°81-136 DC, du 31 décembre 1981, "3° Loi de finances rectificative 1981", Cs. n°10, ou n°85-198 DC, du 13 décembre 1985, "Amendement Tour Eiffel", Cs. n°4.

[6] Décision n°86-221 DC, du 29 décembre 1986, "Loi de finances 1987", Cs. n°5 :
"Considérant qu'il résulte des dispositions précitées de l'article 45 de la Constitution que l'adoption par la CMP d'un texte commun sur les dispositions restant en discussion ne fait pas obstacle à ce que le Gouvernement, en soumettant pour approbation aux deux assemblées le texte élaboré par la Commission mixte, modifie ou complète celui-ci par les amendements de son choix, au besoin prenant la forme d'articles additionnels; que ces amendements peuvent même avoir pour effet d'affecter des dispositions qui ont déjà été votées dans les mêmes termes par les deux assemblées; (...);".
Voir, dans le même sens, la décision n°86-225 DC, du 23 janvier 1987, "Amendement Séguin", Cs. n°8.

prononcent sur le texte de la CMP, et de la pratique gouvernementale ratifiée par le Conseil de l'exercice du droit d'amendement avant comme après la CMP, permet au Gouvernement de conduire la discussion législative avec une efficacité garantie, les seuls aléas tenant aux vicissitudes du fait majoritaire."[1]. Cette situation est de fait accepté par le Juge constitutionnel.

B - La jurisprudence touchant les rapports entre Bundestag et Bundesrat

Le problème du règlement des désaccords entre les Chambres se pose en Allemagne en des termes spécifiques, du fait du contexte spécial de l'Etat fédéral, et la Cour constitutionnelle a dû intervenir pour arbitrer entre les intérêts du Gouvernement fédéral, exprimés à travers la position du Bundestag, et ceux des Länder, défendus par le Bundesrat.
L'intervention de la Commission de Médiation est prévue par l'article 77 de la Loi Fondamentale, dans ses alinéa 2 et 2a[2]. Il convient, pour apprécier son efficacité, de distinguer entre les textes de loi qui nécessitent l'approbation du Bundesrat, et ceux pour lesquels le Bundestag peut décider seul en dernier ressort. La Cour Constitutionnelle fédérale a eu à se prononcer à plusieurs reprises sur cette distinction, alors que le nombre de ses décisions sur le reste de la procédure législative est finalement plutôt réduit. Les *Zustimmungsgesetze* sont des lois pour lesquelles une prescription de la Loi Fondamentale prévoit qu'elles ne peuvent être prises sans l'approbation du Bundesrat. Prévaut pour les identifier ce que la Cour constitutionnelle fédérale appelle le "principe de l'énumération" (*Enumerationsprinzip*)[3]. Toutes les autres lois sont *a contrario* appelées *Einspruchsgesetze*.

---

[1] Thierry RENOUX et Michel de VILLIERS, *Code constitutionnel..., op. cit.*, p.391.

[2] Article 77 de la Loi Fondamentale allemande :
"(2) Dans les trois semaines qui suivent la réception du texte de loi adopté, le Bundesrat peut demander la convocation d'une commission formée de membres du Bundestag et du Bundesrat en vue de la discussion commune de textes. La composition et la procédure de cette commission sont fixées par un règlement intérieur adopté par le Bundestag et qui requiert l'approbation du Bundesrat. Les membres du Bundesrat délégués dans cette commission ne sont pas liés par des instructions. Lorsque l'approbation du Bundesrat est requise pour une loi, le Bundestag et le gouvernement fédéral peuvent également demander la convocation de la commission. Si la commission propose une modification du texte de loi adopté, le Bundestag doit se prononcer à nouveau.
(2a) Si une loi requiert l'approbation du Bundesrat et qu'une demande selon l'alinéa 2, 1° phrase, n'a pas été formulée ou que la procédure de conciliation s'est achevée sans proposition de modification du texte de loi adopté, le Bundesrat doit se prononcer sur l'approbation dans un délai raisonnable.".

[3] BVerfGE 1, 76 (79).
Cette interprétation résulte entre autres des dispositions de la Loi Fondamentale qui mentionnent des "lois fédérales avec approbation du Bundesrat" ou des "lois qui nécessitent l'approbation du Bundesrat", qui ont en commun la caractèristique de concerner les intérêts des Länder (voir pour une énumération complète le commentaire du Pr. LÜCKE sur l'article 77 de la Loi Fondamentale, *in* Michael SACHS, *op. cit.*, p.1300 n°13 *in fine*). Au premier abord restrictive, elle semble favoriser l'Etat central au détriment des Länder. Cependant, le nombre des *Zustimmungsgesetze* a augmenté à la faveur des révisions successives de la Loi Fondamentale, pour l'adoption desquelles le Bundesrat a négocié son accord contre une intervention plus importante dans la procédure législative.

Les lois nécessitant l'approbation du Bundesrat dominent depuis la VI° législature (1969-1972)[1], du fait de l'interprétation extensive qu'en a donné la Cour constitutionnelle fédérale. Cette dernière s'est ainsi posée en protectrice des droits des Länder, et a fait du Bundesrat une puissante institution (qui n'est plus simplement consultative)[2], susceptible de s'opposer efficacement aux options politiques déterminées par le Gouvernement fédéral. Elle a par exemple énoncé qu'une loi ne comprenant qu'un seul article soumis à l'approbation du Bundesrat doit être malgré tout traitée comme une *Zustimmungsgesetz*[3]. Cette jurisprudence vaut aussi, selon une opinion presqu'unanime, pour les *Artikelgesetze* (qui équivalent à nos "lois portant diverses dispositions"), qui semblent devoir dans cette perspective être considérées comme des unités[4]. Par contre, l'abrogation de ces lois ne nécessite pas d'approbation du Bundesrat[5].

L'intervention de la Commission de médiation est évidemment plus significative dans le cas de lois nécessitant l'approbation du Bundesrat, puisqu'elle peut permettre d'éviter un blocage de la procédure législative - elle peut d'ailleurs dans ce cas être convoquée à la demande, non seulement du Bundesrat comme pour les lois "ordinaires", mais aussi du Bundestag et du Gouvernement fédéral[6].

Dans tous les cas, ses décisions ne sont que des propositions, à simple valeur de recommandation vis-à-vis du Parlement. Quand elles interviennent pour des *Einspruchsgesetze*, si le texte retenu par le Bundestag est confirmé par la Commission, ou si aucun accord ne peut être dégagé, aucun nouveau passage devant les Chambres n'est nécessaire de ce fait (§ 11 du Règlement de la Commission). Si le texte proposé par la Commission contient des amendements, le Bundestag doit à nouveau se prononcer, immédiatement, mais seulement sur les modifications proposées. Après l'intervention de la Commission de conciliation et quelle que soit son issue, le Bundesrat peut s'opposer à l'adoption du texte, par une décision votée à la majorité de ses voix. Le Bundestag doit alors à nouveau se réunir pour lever l'opposition, les conditions de majorité requises dépendant de l'importance de l'opposition manifestée par le Bundesrat.

En matière de conciliation, la jurisprudence de la Cour constitutionnelle développant la catégorie des lois soumises à l'approbation du Bundesrat a donc eu pour effet de réduire le domaine où le Bundestag (et donc le "bloc majoritaire") peut faire prévaloir sa volonté, et indirectement de forcer le Gouvernement à négocier sur de nombreux points avec les Länder[7].

---

[1] Alors qu'au départ les Constituants allemands avaient prévu que seuls environ 10 % des lois seraient soumises à l'approbation du Bundesrat, cette proportion est ajourd'hui passée à environ 60 % des lois (selon les chiffres cités par David CONRADT, *The German Polity*, Longman, NY, 1986, repris par Donald KOMMERS, *The Constitutional Jurisprudence of the Federal Republic of Germany*, *op. cit.*, p.101).

[2] Voir dans ce sens BVerfGE 37, 363 (384 s.), 55, 274 (320 s.) et 75, 108 (152), et l'analyse de Donald KOMMERS, *op; cit.*, p.101.

[3] BVerfGE 8, 274 (195).

[4] Dans ce sens, BVerfGE 24, 184 (199 s.) et 37, 363 (382).

[5] BVerfGE 14, 197 (219 s.).

[6] Selon les stipulations de l'article 77 alinéa 2, phrase 4.

[7] Il faut remarquer que le Gouvernement allemand, s'il paraît relativement dépourvu de ressources vis-à-vis de son Parlement par rapport à son homologue français, dispose quand même d'une "arme ultime" si leurs relations en venaient à trop se dégrader : la déclaration de l'"état de nécessité législative",

C - LE ROLE PONCTUEL DE LA COMMISSION MIXTE EN ESPAGNE

La Constitution espagnole prévoit à l'article 74 alinéa 2[1] l'intervention d'une Commission mixte, mais seulement pour des problèmes particuliers qui impliquent les Communautés Autonomes[2]. La contribution du Tribunal constitutionnel en la matière a consisté à interdire au Gouvernement de s'approprier l'attribution des ressources du Fonds de Compensation créé entre Communautés Autonomes par le biais des *Leyes de Presupuestos* (dont la procédure d'adoption le favorise beaucoup)[3]. En effet, une telle démarche aurait eu pour effet de soustraire cette compétence à l'intervention de la Commission Mixte; or le Tribunal considère que la Constitution, par son article 74 alinéa 2, réserve expressément cette attribution aux Cortes.

A l'exception des trois cas particuliers énumérés dans cet article, pour lesquels on tente d'obtenir l'accord du Sénat, l'Espagne a opté, dans l'article 90, alinéas 2 et 3, de sa Constitution[4], pour un système de prise de décision qui donne automatiquement le dernier mot au Congrès des Députés, sans qu'il y ait de véritable confrontation entre les points de vue des deux Chambres. C'est donc au Congrès d'accepter ou de refuser à la majorité simple les modifications proposées par le Sénat, et il peut passer outre son veto, soit immédiatement par une majorité identique, soit, en cas d'échec, deux mois plus tard par une majorité simple. Quant au Tribunal Constitutionnel, il a refusé de contrôler le respect de l'obligation de message motivé qui pèse sur le Sénat pour pouvoir émettre un veto, estimant qu'il s'agissait d'un acte interne aux Chambres, sur lequel elles ont seules compétence pour se prononcer, et qui en tout état de cause n'altère pas substantiellement la procédure législative[5].

---

instrument prévu par l'article 81 de la Loi Fondamentale et déclaré par le Président fédéral à la demande du Chancelier. Cette disposition lui permet de faire adopter un projet de loi devant lequel le Bundestag est réticent avec le seul accord du Bundesrat, et dans des conditions restrictives (déclaration d'urgence préalable, durée de six mois non renouvelable pendant la durée des fonctions du Chancelier qui y a recours).

[1] Article 74 alinéa 2 de la Constitution espagnole :
"Les décisions des Cortes Generales prévues aux articles 94.1, 145.2 et 158.2 sont adoptées par la majorité de chacune des Chambres. Dans le premier cas, la procédure commence devant le Congrès, et dans les deux autres, devant le Sénat. Dans tous les cas, s'il n'y pas d'accord entre le Sénat et le Congrès, on tente de l'obtenir par une Commission Mixte composée d'un nombre égal de Députés et de Sénateurs. La Commission présente un texte, qui est voté par les deux Chambres. S'il n'est pas approuvé dans les formes établies, le Congrès décide à la majorité absolue.".

[2] L'article 94.1 concerne l'autorisation des Cortes pour la conclusion de traités internationaux, l'article 145.2 les accords de coopération entre Communautés Autonomes, et l'article 158.2 la distribution des ressources du Fonds de Compensation destiné à corriger les déséquilibres économiques entre les différents territoires espagnols.

[3] STC 63/1986, du 21 mai, F. 6.

[4] Article 90 de la Constitution espagnole :
"2. Le Sénat, dans un délai de deux mois à partir du jour de la réception du texte, peut, par le moyen d'un message motivé, opposer son veto ou introduire des amendements à celui-ci. Le veto devra être approuvé à la majorité absolue. Le projet ne pourra être soumis à la sanction du Roi avant que le Congrès ait ratifié à la majorité absolue, en cas de veto, le texte initial, ou à la majorité simple, deux mois après l'interposition de celui-ci, ou se soit prononcé sur les amendements, les acceptant ou pas à la majorité simple.
3. Le délai de deux mois dont le Sénat dispose pour opposer son veto ou amender le projet se réduit à vingt jours naturels pour les projets déclarés urgents par le Gouvernement ou par le Congrès des Députés.".

[5] STC 57/1989, du 16 mars, F. 2.

Tout ceci constitue globalement une "prime" offerte au "bloc majoritaire", d'autant que, comme en France, le Gouvernement peut s'il le juge utile déclarer l'urgence pour réduire le "délai de réflexion" du Congrès. La conclusion de la procédure législative espagnole est donc rationalisée d'une manière qui rappelle celle qui existe en France, introduisant même une inégalité encore plus marquée entre les deux Chambres, tout ceci sans que le Tribunal constitutionnel ait trouvé d'occasion d'intervenir. Il se contente d'empêcher le Gouvernement d'abuser des avantages qui lui sont procurés par la Constitution.

II - Les demandes de nouvelle lecture et de nouvelle délibération

Ces demandes font traditionnellement partie des mécanismes de sanction d'un texte de loi, qui clôturent la procédure de prise de décision en matière législative. On peut cependant en traiter au titre de l'organisation de la prise de décision, car il s'agit bien d'une intervention de l'Exécutif - en l'espèce, le Chef de l'Etat - dans la conclusion de la procédure législative : il peut décider que les délibérations passées ne suffisent pas, et qu'il convient que les Chambres se réunissent à nouveau pour débattre d'un texte qu'elles ont cependant voté.
Cette procédure est une survivance du parlementarisme monarchique du siècle dernier, dans lequel le Roi exerçait une influence effective sur le fonctionnement des institutions, et pouvait par exemple, soit exercer un droit de veto, soit user de la possibilité de renvoyer devant les Chambres un texte donné[1]. Attachées à une forme dualiste de régime parlementaire, ces pratiques autrefois importantes ne se retrouvent aujourd'hui que dans de rares Constitutions de type parlementaire, car elles impliquent l'exercice par le Chef de l'Etat d'un pouvoir d'appréciation politique. Elles sont donc ignorées dans des régimes tels que ceux de la République Fédérale d'Allemagne et de l'Espagne. Ainsi, en Allemagne, le Président fédéral ne peut apprécier l'opportunité de la loi; il doit en revanche procéder à la vérification de sa régularité formelle, et peut refuser de la promulguer s'il estime que le texte viole un droit fondamental ou un principe défendu dans la Constitution[2]; ceci n'implique pour autant aucun pouvoir lui permettant de demander aux Chambres une nouvelle délibération. En Espagne, les pouvoirs du Roi sont encore plus limités : son intervention est purement formelle, matérialisant "l'incorporation définitive de la loi à l'ordre juridique"[3].

---

[1] Le pouvoir de demander une nouvelle délibération a historiquement remplacé le droit de veto. Comme l'indiquent Christian BIDEGARAY et Claude EMERI, "le veto allait être définitivement associé à un pouvoir réactionnaire dirigé contre la volonté populaire; la réactivation de la sanction dans les Chartes et la Constitution de 1852 y aidèrent largement. La République parlementaire n'acceptera alors de donner à son Président qu'une faculté technique d'amélioration de la loi mal faite, aisément surmontable; le pouvoir de demander une deuxième délibération." ("Du pouvoir d'empêcher : veto ou contre-pouvoir", *RDP* 1994, p.325-352).

[2] Cette possibilité est controversée, certains arguant du monopole de la Cour constitutionnelle fédérale dans l'interprétation de la Constitution pour refuser ce droit au Président fédéral. Mais, comme le remarque Christian AUTEXIER, "en l'absence de contestation dans les six cas recensés de refus, la controverse reste largement académique" (*Introduction au Droit public allemand*, *op. cit.*, p.55).

[3] Francisco FERNANDEZ SEGADO, *El sistema constitucional español*, *op. cit.*, p.626.

Un vestige des pouvoirs des anciens monarques constitutionnels subsiste en revanche encore en France, au profit du Président de la République : il peut, soit demander une nouvelle délibération de la loi ou de certains de ses articles[1], soit en demander une nouvelle lecture[2]. Ces possibilités ne doivent cependant pas s'analyser en un droit de veto, le Président ne pouvant imposer sa volonté aux Chambres à l'issue de cette procédure[3]. Ces décisions sont la prérogative de l'Exécutif, et relèvent en principe d'un choix discrétionnaire de sa part. Le Juge constitutionnel ne devrait donc pas pouvoir se prononcer sur eux. Or justement, il fait prévaloir en la matière une interprétation extensive de ses compétences, qui aboutit à lui permettre d'apprécier indirectement la constitutionnalité de ces actes. Il accepte ainsi depuis 1985 d'en connaître, considérant qu'ils entrent dans le cadre de la procédure législative[4]. Il estime aussi que les demandes de nouvelle délibération et de nouvelle lecture ne doivent pas être distinguées[5], parce qu'elles obéissent toutes deux à la même procédure et aux mêmes conditions. Comme le fait remarquer Pierre SERRAND, une telle lecture n'allait pas de soi : "on aurait pu déduire (de la formulation des textes) que la décision présidentielle de demander une nouvelle délibération ou une nouvelle lecture de la loi n'intervenait pas durant la procédure législative puisque le terme "loi" laisse supposer que la loi existe avant l'intervention présidentielle, donc que la procédure législative est terminée."[6]. Le Conseil semble au contraire estimer que la loi n'existe qu'à compter de sa promulgation, ce qui étend d'autant sa propre compétence - au détriment de l'Exécutif.
L'étendue de son contrôle n'est cependant pas très grande : s'il a pour effet de "juridictionnaliser ces actes"[7], cette évolution est plus importante du point de vue des principes que de celui de la portée pratique : il se contente d'en examiner la conformité formelle aux conditions posées par la Constitution - respect du délai posé à l'article 10, et exigence de contre-seing posé par l'article 19[8].

Le contrôle de l'intervention de l'Exécutif dans la phase parlementaire de la procédure législative est donc plein d'embûches pour le Juge constitutionnel.
De ce qui précède, il ressort que tout se passe en fait comme si une plus grande implication du Juge constitutionnel dans les conditions d'exercice de la procédure législative était liée à une intervention omniprésente du Gouvernement dans les conditions de fonctionnement du Parlement. Ainsi, en France, où le Gouvernement

---

[1] Article 10 alinéa 2 de la Constitution de 1958 :
"Il peut, avant l'expiration de ce délai, demander au Parlement une nouvelle délibération de la loi ou de certains de ses articles. Cette nouvelle délibération ne peut être refusée.".

[2] Article 23 alinéa 1° de l'ordonnance du 7 novembre 1958.

[3] Voir dans ce sens T. S. RENOUX et M. de VILLIERS, *Code Constitutionnel*, *op. cit.*, p.256, Commentaire sous article 10.

[4] Décision n°85-197 DC, du 23 août 1985, "Evolution de la Nouvelle-Calédonie II", Cs. n°23 :
"... il ne s'agit pas du vote d'une loi nouvelle, mais de l'intervention, dans la procédure législative en cours, d'une phase complémentaire ...;".

[5] Décision n°85-197 DC, Cs. n°15 et 16 : l'ordonnance du 7 novembre 1958 ne propose qu'une mise en application de l'article 10 de la Constitution.

[6] Pierre SERRAND, *L'acte de gouvernement*, *op. cit.*, p.653.

[7] P. SERRAND, *op. cit.*, p.654.

[8] *Idem*, Cs. n°14 :
"Considérant que l'exercice de la prérogative conférée au Président de la République par le 2° alinéa de l'article 10 (...) n'est soumis à aucune condition autre que celles résultant de ce texte et, en ce qui concerne le contre-seing, de l'article 19 de la Constitution;".

est puissant en la matière, le Conseil constitutionnel est largement intervenu. Cette intervention ne s'est d'ailleurs pas nécessairement faite au détriment direct de ce dernier, mais, par son existence même, elle a restreint ses pouvoirs en préservant certaines prérogatives parlementaires. En Allemagne et en Espagne, au contraire, le Gouvernement a peu de prérogatives directes dans le déroulement de la procédure (ce qui ne signifie cependant pas qu'il ne la contrôle pas indirectement), et le Juge constitutionnel a eu peu d'occasions de se prononcer à ce sujet. Quand il intervient, il veille cependant à faire respecter par l'Exécutif les limites des prérogatives qui lui sont constitutionnellement reconnues, en donnant une interprétation restrictive.

Il semblerait que la situation du Gouvernement soit globalement plus privilégiée en France et en Espagne qu'en Allemagne. Le comportement des trois Cours est d'ailleurs assez différencié : le Juge français intervient souvent, mais globalement avec prudence - sauf en matière d'amendements -, alors que le Juge allemand assure la protection des intérêts des Länder, et que le Juge espagnol s'efforce d'appliquer strictement la Constitution, qui avantage nettement le "bloc majoritaire", et donc le Gouvernement.

Nous avons vu au cours de ce titre que le contrôle de constitutionnalité en matière législative s'exerçait à deux niveaux, canalisant à chaque fois l'intervention de l'Exécutif. En premier lieu, le contrôle du champ d'intervention du législateur empêche le Gouvernement d'utiliser comme bon lui semble les outils normatifs dont il dispose : la loi, norme privilégiée, ne peut tout faire, que l'on se place dans la perspective d'un Etat unitaire ou dans celle d'un Etat composé; en revanche, il est des circonstances où elle doit être édictée. En deuxième lieu, la procédure parlementaire utilisée pour la produire doit respecter certains impératifs, qui contraignent le Gouvernement aussi bien que le Parlement.

L'intervention du juge constitutionnel semble avoir été plus libre dans le cadre du contrôle du domaine législatif. C'est sans doute dû au fait qu'il n'y est pas obligé de tenir compte de la mission de "défenseur de l'Exécutif" qui est traditionnellement la sienne dans le cadre du contrôle de la procédure législative.

Titre 3

LES DELEGATIONS DE COMPETENCES CONSENTIES PAR LE PARLEMENT A L'EXECUTIF

Certaines exceptions à la séparation des pouvoirs sont justifiées par la non-concordance entre la complexité actuelle et la rapidité des décisions à prendre, et une conception rigide de la séparation des pouvoirs, qui ferait du Parlement le seul titulaire du pouvoir de légiférer. Elles visent par conséquent à permettre de confier ce pouvoir de décision à l'Exécutif, par la technique des habilitations.
Nous sommes donc ici encore dans le cas d'une intervention de l'Exécutif dans l'exercice de la compétence législative, mais elle est cette fois-ci reconnue comme telle. En effet, si la loi ordinaire est comme nous l'avons vu très souvent l'oeuvre du pouvoir exécutif, c'est presque toujours le cas pour la loi d'habilitation : en France la compétence de proposition revient exclusivement au Gouvernement, et si, en Espagne, elle est partagée avec les *Cámaras*, en pratique c'est le Gouvernement qui utilise cette capacité. C'est donc bien un contrôle du pouvoir exécutif qui est en jeu. Le Juge constitutionnel peut être confronté à quelques difficultés supplémentaires dans cette hypothèse. Nous examinerons d'abord le contenu et les implications de la notion de délégation (Chapitre 1), avant d'évaluer l'efficacité du contrôle du Juge constitutionnel en la matière (Chapitre 2).

CHAPITRE PREMIER

LA NOTION DE DELEGATION LEGISLATIVE

La notion de délégation de compétences est complexe, et a donné lieu à de nombreuses applications en ce qui concerne les relations entre Exécutif et Législatif. Différents types de techniques peuvent servir à mettre en oeuvre le principe des délégations de compétences parlementaires à l'Exécutif. Une typologie assez complète peut résulter du croisement de deux critères : d'une part la présence ou l'absence d'habilitation parlementaire, et d'autre part la valeur législative ou infra-législative des normes prises en vertu de la délégation[1]. Certes une habilitation de l'Exécutif pour intervenir dans le domaine d'action normalement réservé au Législateur peut être accordée directement par la Constitution, et déboucher sur la création de normes ayant rang de loi, mais il ne s'agit pas là de véritable "délégation législative", puisque le Parlement n'intervient pas pour l'accorder ou la refuser. De même on peut imaginer que le Parlement autorise l'Exécutif à intervenir dans un domaine où lui seul est d'ordinaire compétent, mais avec pour conséquence la création de normes qui ne bénéficient pas de la valeur de la loi : là encore, la présence d'une autorisation parlementaire ne suffit pas pour qu'on puisse parler de "délégation législative". Seule la combinaison des deux critères évoqués ci-dessus peut donc caractériser ce type de délégation de compétences, parmi toutes les variétés imaginables.

Bien que seules les habilitations résultant de l'intervention du législateur et donnant naissance à des normes de rang législatif nous intéressent directement, nous commencerons cependant par passer en revue les différentes sortes d'habilitations, plus ou moins complètes, qui sont prévues par les Constitutions des trois pays que nous étudions. En effet, la délégation de compétences du Législatif à l'Exécutif, bien que généralement considérée comme nécessaire dans les régimes politiques

[1] Typologie des délégations de compétences parlementaires en France, en Allemagne et en Espagne, en fonction de la présence d'une habilitation législative et de la valeur des actes pris :

	Procédure	Habilitation législative	Valeur législative
France	art. 38 C.	+	-/+
	différentes dispositions constitutionnelles (art.47 3 et 92)	-	+
Allemagne	art. 80 L.F.	+	-
	différentes dispositions L.F.	-	+
Espagne	article 82 s. C.E.	+	+
	article 86 C.E.	-	+

contemporains, n'en a pas moins suscité de vives controverses au sein de la doctrine juridique. La Loi Fondamentale allemande a développé des solutions marquées par une nette opposition au principe même des techniques de délégations de compétences, sévèrement critiquées et contenues dans des limites étroites (Section 1). En France et en Espagne en revanche, les critiques de la doctrine se sont surtout concentrées sur l'intervention du Juge constitutionnel en la matière, le principe même du recours à de telles techniques n'étant aujourd'hui plus contesté[1] (Section 2).

Section 1

Les oppositions soulevées par la notion de délégation législative en Allemagne

Cette notion n'est acceptée qu'avec de sérieuses réserves dans le système constitutionnel de la "République de Bonn" : la technique elle-même a fait l'objet de sévères critiques touchant son principe même, et n'est acceptée que dans un contexte réduit (§ 1). Sa mise en oeuvre est, sinon, limitée à une technique sévèrement contrôlée : celle des *Rechtsverordnungen* de l'article 80 de la Loi Fondamentale (§ 2).

§ 1 - Une critique sévère du principe de la délégation législative

Cette technique est en principe rejetée comme attentatoire aux principes de l'Etat de Droit (I-), et n'est acceptée que dans le cas d'habilitations consenties par la Loi Fondamentale elle-même (II-).

I - Une technique attentatoire aux principes de l'Etat de Droit

La technique de la délégation du pouvoir législatif à l'Exécutif connaît une longue histoire en Allemagne. La Constitution de 1919, qui a fondé la République de Weimar, ne contenait aucune disposition réglementant expressément ce type de délégation de pouvoirs, et notamment aucun contrôle de l'Exécutif. Dans ce contexte constitutionnel, la pratique a débouché sur l'habitude de conférer à l'Exécutif le soin d'exprimer la volonté du législateur "d'une manière virtuellement illimitée"[2].

La Loi Fondamentale a, par réaction contre cet état de fait, implicitement exclu ce type de délégation. Cette exclusion a été commentée par la Cour constitutionnelle fédérale, qui a vigoureusement argumenté sur l'inconstitutionnalité du principe des délégations. Ce dernier est jugé contraire aux principes fondamentaux d'un Etat de Droit que sont le principe de démocratie (*das Demokratieprinzip*) et celui de séparation matérielle des pouvoirs (*die materielle Gewaltenteilung*), auxquels la

[1] Contrairement à ce qui était le cas en France sous les III° et IV° Républiques.
[2] Ingo von MÜNCH, cité par Donald KOMMERS, *The constitutional jurisprudence of the Federal Republic of Germany*, *op. cit.*, p.137.

Cour constitutionnelle fédérale fait constamment référence en la matière. Comme le relève le Professeur Christian AUTEXIER, la Cour a ainsi interprété l'article 129 III de la Loi Fondamentale comme visant à "protéger aussi bien le pouvoir législatif des atteintes de l'Exécutif sur le fondement d'anciens ordres juridiques (...), que l'Exécutif contre la prise en charge de fonctions, et donc de responsabilités, qui incombent à la représentation du peuple."[1]. Dans une autre décision, elle a développé sa conception de la séparation des pouvoirs établie par la Loi Fondamentale : le Parlement ne peut tout faire. "La Loi Fondamentale ne confère pas au Parlement une priorité totale dans la prise des décisions fondamentales. En insistant sur la séparation des pouvoirs elle impose des limites à l'autorité du Parlement (...). Une théorie monistique du pouvoir, incorrectement déduite du principe démocratique, qui conférerait un monopole du pouvoir de décision au Parlement, ne peut expliquer la distribution concrète et l'équilibre des pouvoirs politiques garantis par la Loi Fondamentale. D'autres organes et institutions de l'autorité politique ne manquent pas de légitimité démocratique (simplement) parce que les délégués parlementaires sont les seuls officiels élus par un vote populaire direct."[2].

La délégation est donc par principe jugée contraire au principe de la séparation des pouvoirs, ce dernier étant vu comme un des principes essentiels de la démocratie libérale; cette interprétation doit être maintenue même si cela doit enlever à l'Exécutif une grande partie de sa liberté d'action normative (qui relève, elle, du principe d'efficacité - *das Effizienzprinzip*). Ceci n'empêche cependant pas toute délégation de compétences du Législatif à l'Exécutif, mais dans des limites très étroites : quand la Loi Fondamentale elle-même le prévoit, ou au profit de règlements édictés en application des lois[3]. Quant aux habilitations prévues par des normes pré-constitutionnelles, elles sont en principe dépourvues de toute valeur juridique, rendues caduques par l'article 129 III [4] de la Loi Fondamentale[5]. Ceci doit cependant être nuancé, car "des habilitations pré-constitutionnelles - pour autant qu'elles soient toujours en vigueur - peuvent toujours servir de fondement à des règlements (pour autant qu'elles ne heurtent pas les dispositions de la Loi Fondamentale)."[6].

II - Une exception : les habilitations consenties par la Loi Fondamentale

Certaines habilitations à intervenir dans le domaine de compétences normalement réservé au Législatif sont consenties directement à l'Exécutif par la Loi Fondamentale. Mais ces habilitations constitutionnelles sont d'une part rares, et d'autre part manifestement dérogatoires au droit commun, du fait de leur portée très limitée, dans le temps aussi bien que quant à la matière concernée. C'est par exemple le cas des dispositions relatives à l'"état de défense", avec notamment l'article 115 k

---

[1] BVerfGE 2, 307 (329-330), du 10 juin 1953, décision citée dans Christian AUTEXIER, "Les ordonnances et les délégations législatives", *RFDA* 1987, p.749.
[2] BVerfGE 49, 89, "Kalkar I", Grund B. II. 1. a..
[3] Cf. *infra*, Paragraphe 2.
[4] Article 129 alinéa 3 de la Loi Fondamentale allemande :
"Lorsque des règles de droit au sens des alinéas 1 [maintenues en vigueur à titre de droit fédéral] et 2 [maintenues en vigueur à titre de droit de Land] autorisent à modifier, compléter ou édicter des règles de droit ayant valeur législative, ces autorisations sont caduques.".
[5] Cf. Ch. AUTEXIER, *op. cit.*, p.749.
[6] Jörg LÜCKE, *in* Michael SACHS, *Grundgesetz Kommentar*, *op. cit.*, p.1324-1325.

I[1], ainsi que des décrets-lois relatifs aux réfugiés et expulsés, réglés à l'article 119[2]). De ces dérogations résultent des normes qui bénéficient d'un rang législatif inconditionné : c'est le seul cas où des normes adoptées par l'Exécutif bénéficient du même statut que celles adoptées par le Parlement, et peuvent modifier ces dernières. Mais, du fait que ces exemples prévus par la Loi Fondamentale sont restreints, et de plus accordés directement par le Constituant (et non par le Législatif), la Cour constitutionnelle fédérale a précisé qu'ils ne sauraient être interprétés largement : il ne saurait donc y avoir extrapolation en la matière. En conséquence, cette exception ne vaut pas autorisation pour l'Exécutif d'enfreindre de manière habituelle l'interdiction qui lui est faite d'édicter des normes ayant un rang égal à celui des lois. Pour respecter les principes d'un Etat de Droit, les délégations législatives ne peuvent donc pas déboucher en Allemagne sur l'édiction de normes ayant une valeur législative. La Loi Fondamentale admet cependant une mise en oeuvre limitée de cette technique : les règlements prévus à son article 80.

§ 2 - Une mise en oeuvre limitée : les *Rechtsverordnungen* de l'article 80 de la Loi Fondamentale

L'application de la technique de la délégation n'est envisageable dans le cadre constitutionnel allemand que pour l'édiction de règlements d'application des lois, dans le cadre très strict prévu par l'article 80 de la Loi Fondamentale[3], et sous le contrôle vigilant de la Cour constitutionnelle fédérale, qui veille à ce que les droits fondamentaux des citoyens soient protégés[4]. Bien qu'on ne puisse pas parler à leur

---

[1] Article 115k de la Loi Fondamentale [Durée de validité des lois et règlements exceptionnels]
"(1) Aussi longtemps qu'elles sont applicables, les lois prises sur la base des articles 115c, 115e et 115g ainsi que les règlements pris en vertu de ces lois ont pour effet de suspendre toute disposition contraire. Ceci ne vaut pas pour les dispositions qui ont été édictées antérieurement sur la base de ces articles 115c, 115e et 115g.".

[2] Article 119 de la Loi Fondamentale allemande [Décrets-lois relatifs aux réfugiés et expulsés] :
"En ce qui concerne les réfugiés et les expulsés, et notamment leur répartition entre les Länder, le gouvernement fédéral peut, dans l'attente d'une réglementation législative fédérale, édicter avec l'approbation du Bundesrat des règlements ayant valeur législative. Ceux-ci peuvent autoriser le gouvernement fédéral à donner des instructions spéciales pour des cas particuliers. Sauf péril en la demeure, ces instructions doivent être adressées aux autorités administratives suprêmes des Länder.".

[3] Article 80 de la Loi Fondamentale allemande [Ediction de règlements] :
"(1) Le gouvernement fédéral, un ministre fédéral ou les gouvernements des Länder peuvent être autorisés par la loi à édicter des règlements. Cette loi doit déterminer le contenu, le but et l'étendue de l'autorisation accordée. Le règlement doit mentionner son fondement juridique. S'il est prévu dans une loi qu'une autorisation peut être subdéléguée, un règlement est nécessaire pour la délégation de l'autorisation.
(2) Sont soumis à l'approbation du Bundesrat, sauf disposition contraire de la loi fédérale, les règlements du gouvernement fédéral ou d'un ministre fédéral relatifs aux principes et aux tarifs d'utilisation des installations des postes et télécommunications, aux principes de la perception de la redevance pour l'utilisation des installations des chemins de fer de la Fédération, à la construction et à l'exploitation des chemins de fer, ainsi que les règlements qui sont pris en vertu de lois fédérales soumises à l'approbation du Bundesrat ou dont les Länder assurent l'exécution par délégation de la Fédération ou à titre de compétence propre.
(3) Le Bundesrat peut transmettre au gouvernement fédéral des propositions pour l'édiction de règlements requérant son approbation.
(4) Lorsque les gouvernements des Länder sont autorisés à édicter des règlements par une loi fédérale ou en vertu de lois fédérales, les Länder peuvent également réglementer par une loi.".

[4] Voir dans ce sens BVerfGE 41, 251 (266), "Speyer Kolleg".

sujet d'un véritable exercice par l'Exécutif des compétences du pouvoir législatif[1], il peut être intéressant d'étudier leur régime dans le cadre de notre raisonnement, car certains des critères de contrôle dégagés par le juge se retrouvent en France ou en Espagne, dans un contexte différent. Les deux traits saillants en sont, d'une part l'exigence d'une habilitation législative précise (I-), et d'autre part la place des *Rechtsverordnungen* pris sur cette base dans l'ordre juridique (II-).

I - L'exigence d'une habilitation législative strictement entendue

C'est cette habilitation qui va donner aux organes de l'Exécutif qu'elle désigne[2] le pouvoir normatif de prendre des *Rechtsverordnungen*[3]. Elle ne peut résulter que d'un acte ayant force de loi émanant du Parlement fédéral; cette "réserve législative" est globale, et se distingue de la "réserve de loi" normale en ce qu'elle s'applique même quand les règlements à prendre ne concernent pas les droits fondamentaux ou des matières à caractère essentiel. Il faut cependant noter que la délégation de la compétence de prendre des règlements en application d'une loi d'habilitation dans une matière déterminée ne vaut pas automatiquement abandon de la compétence normative du Bundestag en la matière pour la durée de l'habilitation[4]. Ce dernier peut toujours modifier ou amender cette habilitation. Cependant, une fois que des règlements ont été édictés sur cette base, une loi ne peut modifier partiellement un règlement que pour autant que cette intervention n'aboutit pas à "une division de la réglementation entre normes de rang réglementaire et normes de rang législatif, qui serait contraire aux principes de sécurité juridique et d'effectivité de la protection juridique."[5].

Il ressort de l'article 80 I que l'habilitation doit être précise et expresse quant à son contenu, à son but et à son étendue.

Ceci implique en premier lieu qu'elle respecte le champ de la réserve de loi prévue dans le système constitutionnel allemand : si les *Rechtsverordnungen* peuvent intervenir à l'intérieur de la "réserve de loi matérielle", ils se voient interdire le champ de la "réserve de loi formelle"[6], le départ entre ces deux catégories étant assuré par l'application de la "théorie du caractère substantiel"[7]. Ainsi, les dispositions normatives d'une importance particulière, comme par exemple celles qui assurent une péréquation entre des droits fondamentaux contradictoires, ne peuvent faire l'objet d'une réglementation que par le biais d'une loi parlementaire; en revanche, celles qui sont dépourvues d'une telle importance particulière peuvent l'être par des règlements quand une loi formelle les y habilite. On peut donc dire avec le Professeur Jörg LÜCKE que "la réserve de la loi parlementaire fonde une compétence exclusive de décision du législatif - une prohibition de délégation (*Delegationssperre*) - pour les matières qui sont de son ressort."[8], alors que dans le

[1] Cf. tableau *supra*, en note.

[2] Aux termes de la première phrase du paragraphe 1, peuvent être destinataires directs de l'habilitation (*Erstdelegatare*) soit le Gouvernement fédéral, soit un ou plusieurs Ministres fédéraux, soit un Gouvernement de Land. D'autre organes peuvent seulement être subdélégataires, et ne peuvent pas, à ce titre, être directement désignés par la loi.

[3] ou *Verordnungsgebungskompetenz*.

[4] Comme cela ressort d'une décision BVerfGE 12, 330 (346).

[5] J. LÜCKE, *op. cit.*, p.1325.

[6] Cf. *supra*, Titre 2, Chapitre 2, Section 1.

[7] ou *Wesentlichkeitstheorie*.

[8] J. LÜCKE, *op. cit.*, p.1329.

champ de la réserve de loi matérielle l'ordre constitutionnel autorise le partage d'une activité normative donnée entre Législatif et Exécutif.
En deuxième lieu, la loi d'habilitation doit être conforme à une exigence de clarté et de précision : il s'agit là d'un "filtre" institué par la Loi Fondamentale pour protéger à la fois le législateur parlementaire et les citoyens touchés par l'activité réglementaire. La doctrine allemande a coutume d'interpréter les termes du paragraphe 1 de l'article 80 comme étant relatifs à des exigences d'une part quantitatives (celles qui sont relatives à l'"étendue" de la délégation) et qualitatives (celles qui sont relatives à son contenu et à son but). La nécessité de préciser l'étendue de la délégation interdit les délégations illimitées : pour être constitutionnelle, une délégation doit être unique et limitée, et préciser clairement l'étendue du transfert du pouvoir normatif du Législatif à l'Exécutif. Il s'agit d'empêcher le législateur de transmettre à l'Exécutif, soit totalement, soit par secteurs entiers, le domaine normatif ouvert à l'article 80. Quant aux exigences constitutionnelles relatives au contenu et au but de l'habilitation, elles interdisent les habilitation globales et les blanc-seing accordés à l'Exécutif, afin de préserver la sécurité juridique[1] : les lois d'habilitation doivent (dans la mesure où la matière le permet[2]) préciser les directives applicables pour guider dans son action l'auteur des règlements futurs.

Dans cette optique, la Cour constitutionnelle fédérale ne distingue pas toujours clairement les implications des exigences de la Loi Fondamentale concernant le contenu, le but ou l'étendue de l'habilitation. Elle concentre plutôt son analyse sur "quelques axes - les formules relatives à la liberté de décision, à la programmation et à la prévisibilité - qui mettent l'accent tantôt sur un ou un autre élément de l'exigence de précision et qui privilégient éventuellement soit les exigences de démocratie et de séparation des pouvoirs, soit celles de l'Etat de droit et de la protection individuelle"[3], références constantes en la matière dans la jurisprudence constitutionnelle allemande. Comme le note le Professeur Donald KOMMERS, "ce qui est important pour la Cour est que le coeur de chaque pouvoir soit préservé de l'invasion d'une autre branche"[4] avec laquelle il est normalement en relation.

II - La place des *Rechtsverordnungen* dans l'ordonnancement juridique

La valeur des règlements pris sur habilitation législative est limitée. "Les *Rechtsverordnungen* sont des actes juridiques du pouvoir exécutif qui trouvent leur origine dans une habilitation législative et qui, eu égard à leur contenu à caractère obligatoire, se trouvent au même rang que les lois du Parlement"[5], c'est-à-dire qu'ils ont un effet externe normalement matériel (*regelmäßig materielle Außenwirkung*).

---

[1] Voir dans ce sens BVerfGE 49, 148 (164) et BVerfGE 60, 16 (48).

[2] Il ressort par exemple de BVerfGE 58, 257 (277) que le degré de précision exigé en application de l'article 80 I de la Loi Fondamentale est en fait fonction de la nature du sujet visé et des destinataires : il faut qu'elle soit "suffisamment précise" en fonction du contexte. Plus les matières concernées sont importantes et les effets pour les destinataires potentiellement lourds, plus l'habilitation doit être précise, à la fois quant à son contenu, à son but et à son étendue (voir aussi dans ce sens BVerfGE 49, 89, "Kalkar I", Grund B. II, 3, b. et BVerfGE 56, 1 (13)).
Comme nous le verrons *infra*, ce souci d'adaptation des exigences constitutionnelles à la matière traitée se retrouve dans la jurisprudence du Conseil constitutionnel français.

[3] J. LÜCKE, *op. cit.*, p.1330.

[4] Donald KOMMERS, *The constitutional jurisprudence of the Federal Republic of Germany*, *op. cit.*, p.145.

[5] Définition donnée par Jörg LÜCKE, dans son commentaire de l'article 80, *in* Michael SACHS, *op. cit.*, p.1326.

Ils se distinguent donc des lois issues du Parlement en ce qu'ils émanent de l'Exécutif tout en dépendant d'une loi, et des actes de l'Administration en ce que leur effet externe est identique à celui d'une loi (sans qu'ils aient pour autant valeur de loi). Dans la pyramide des normes, ils se trouvent donc entre la loi, dont ils ont l'effet sans avoir les caractéristiques, et les actes de l'Administration.

Comme on l'a vu plus haut, le système constitutionnel allemand n'admet pas que le Législatif puisse habiliter l'Exécutif à prendre des actes à valeur législative, sauf dans le cas d'habilitations constitutionnelles. Donc les règlements pris sur habilitation de l'article 80 I ne peuvent avoir valeur de loi. Dans ces conditions, ils ne devraient pas pouvoir non plus modifier une loi, notamment quand l'habilitation relève du domaine formel de la loi. Une telle hypothèse est cependant admise dans des cas limités, et à deux conditions : il faut d'une part que ces règlements ne fassent qu'exploiter une possibilité de réglementer qui leur est consentie par une habilitation législative. On considère alors que cette qualité de "règlements d'exécution d'une loi d'habilitation" l'emporte sur celle de "règlements modificateurs de lois", à condition cependant que la deuxième condition soit remplie : il doit exister des raisons objectives - appréciées par la Cour constitutionnelle fédérale - à cette habilitation permettant d'évincer la loi, ce qui exclut toute délégation "de confort" ou "de complaisance".

Dans tous les cas, de l'aveu même de la Cour constitutionnelle fédérale, si un règlement allait au-delà de l'habilitation donnée à l'Exécutif par le Législateur, "(son) auteur outrepasserait les limites du pouvoir qui lui a été délégué. Le règlement ne serait alors pas valide, car dépourvu de base légale suffisante."[1].

Il apparaît donc que, malgré une hostilité de principe due aux circonstances historiques et à une conception rigoureuse de la séparation des pouvoirs et de la protection de l'Etat de Droit, la République Fédérale d'Allemagne n'a pas pu faire l'économie d'une forme de délégation à l'Exécutif de compétences normalement attribuées au législateur. La Loi Fondamentale en a cependant beaucoup limité la portée, en exigeant une habilitation législative, et en ne conférant aux actes pris en vertu de ces habilitations qu'une valeur limitée, car conditionnée par la loi en vertu de laquelle ils ont été adoptés. Cette situation est spécifique à l'Allemagne : les problèmes soulevés par la technique de la délégation législative se sont posés dans des termes différents en France et en Espagne.

Section 2

Les difficultés soulevées par la notion de délégation en France et en Espagne

La pratique de la délégation a une histoire ancienne et souvent agitée aussi bien en France qu'en Espagne. Si le principe en a été accepté sans trop de difficultés, et traduit sous plusieurs formes dans leurs Constitutions (§ 1), c'est leur contrôle par rapport à la Constitution qui a soulevé des problèmes (§ 2).

[1] BVerfGE 34, 52, "Hessisches Richtergesetz", Grund B. II. 2. b..

§ 1 - Une technique acceptée dans son principe

Contrairement à l'idée défendue en France par Jean TOUSCOZ en 1964, l'unité de la notion d'ordonnance ne réside pas essentiellement dans l'utilisation de cette technique par le Général DE GAULLE[1]... Loin d'être spécifique à notre pays, elle est répandue dans la plupart des démocraties contemporaines, et correspond à une nécessité pratique de l'exercice du pouvoir politique. Comme le remarquait dès 1960 le Professeur Pierre MONTANÉ de la ROQUE, l'article 38 de notre Constitution consacre "une pratique française jusqu'alors juridiquement et politiquement discutée, mais en même temps s'aligne sur une pratique admise par les régimes britannique et américain, officialisée par des Constitutions démocratiques récentes (...)."[2]. Elle a été incluse dans la Constitution française après quelques controverses, alors qu'elle était beaucoup plus facilement acceptée en Espagne.
Cette technique se voit généralement reconnaître plusieurs avantages. Incontestablement, le principal est la possibilité de répondre aux "exigences d'une action rapide, (à) la technicité de certaines mesures et la répugnance des parlementaires à assumer la responsabilité de décisions électoralement délicates, (qui) rendaient inévitables ces dessaisissements du législateur."[3].

Plusieurs types de délégations de compétences parlementaires à l'Exécutif sont prévus dans les Constitutions française et espagnole. Nous commencerons par les présenter, avant de montrer que seules certaines de ces techniques répondent aux critères d'une véritable "délégation législative". Nous n'étudierons donc plus avant[4] que celles qui répondent à un critère plus réduit, correspondant à la "vraie" délégation.

I - France : les ordonnances de l'article 38

L'article 38 de la Constitution[5] introduit une dérogation à l'interdiction de principe des délégations de compétences en Droit public[6] : il aménage une procédure de délégation du pouvoir du Parlement au profit du Gouvernement (dans un contexte

---

[1] Jean TOUSCOZ, "La notion d'ordonnance", *in Etudes de Droit Public*, Cujas, 1964, p.233 s..

[2] Pierre MONTANÉ de la ROQUE, "L'article 38 de la Constitution du 4 octobre 1958 et la loi de pouvoirs spéciaux du 4 février 1960", in *Mélanges offerts à Jacques Maury*, t.2, 1960, p.199.

[3] Pierre AVRIL et Jean GICQUEL, *Droit parlementaire*, Montchrestien, 1996 (2° éd.), p.205. Voir aussi par exemple, dans le même sens, Dmitri-Georges LAVROFF, *Le Droit constitutionnel de la V° République*, Dalloz, 1997, p.676, ou Jacques FOURNIER, *Le travail gouvernemental*, Presses de la FNSP, 1987, p.91 ("Le Gouvernement peut craindre, sur un sujet difficile, de n'être pas suivi par sa majorité parlementaire. Il préfère alors demander à celle-ci de l'autoriser à prendre lui-même, par la voie d'ordonnances, ces mesures impopulaires dont il acceptera d'assurer la responsabilité."). Des considérations similaires valent pour l'Espagne.

[4] Cf. Chapitre 2.

[5] Article 38 de la Constitution de 1958 :
"Le Gouvernement peut, pour l'exécution de son programme, demander au Parlement l'autorisation de prendre par ordonnances, pendant un délai limité, des mesures qui sont normalement du domaine de la loi.
Les ordonnances sont prises en Conseil des Ministres après avis du Conseil d'Etat. Elles entrent en vigueur dès leur publication mais deviennent caduques si le projet de loi de ratification n'est pas déposé devant le Parlement avant la date fixée par la loi d'habilitation.
A l'expiration du délai mentionné au premier alinéa du présent article, les ordonnances ne peuvent plus être modifiées que par la loi dans les matières qui sont du domaine législatif.".

[6] Voir l'intéressante étude de Catherine BOYER-MÉRENTIER, *Les ordonnances de l'article 38 de la Constitution de 1958*, Economica-PUAM, 1996.

où le domaine de la loi est théoriquement strictement défini et limité[1]). Le Professeur Bertrand MATHIEU en propose une définition synthétique, selon laquelle "le Parlement attribue au Gouvernement, sous le contrôle du Conseil constitutionnel, un mandat que ce dernier devra exercer dans le respect de la Constitution et des règles de Droit supérieures, sous le contrôle des Juges constitutionnels et avec l'autorisation du président de la République."[2]. Le mécanisme retenu comporte une loi d'habilitation obligatoire, votée par le Parlement à la demande du Gouvernement, sur une matière donnée et pour un délai limité. L'habilitation permet au Gouvernement d'adopter des ordonnances qui, en attendant leur ratification, ont un statut d'acte réglementaire intervenant en matière législative, et, après ratification parlementaire (explicite ou implicite) pleine valeur législative.

Ce mécanisme reprend globalement[3], en le constitutionnalisant, celui des "décrets-lois" qui existaient sous les III° et IV° Républiques[4]. Il lui apporte quelques améliorations puisque, comme le remarque le Professeur Pierre MONTANÉ de la ROQUE, "sur le plan politique la Constitution de la V° République ne traite plus le Gouvernement en suspect, bien au contraire"[5], et une grande différence : le Parlement est dessaisi de sa compétence pour la durée de la délégation[6]. De plus, l'article 38 ne peut être utilisé dans les matières qui relèvent du domaine de la loi organique[7] (celles-ci - dont la liste est limitativement fixée par la Constitution - se voyant appliquer une procédure particulièrement protectrice, énoncée à l'article 46 de la Constitution)[8]. Cette procédure semble réservée au champ d'action de l'article 34[9] : comme le rappelle le Professeur Jean GICQUEL après le Professeur René

---

[1] Cf. *supra* : seule la jurisprudence constitutionnelle a limité les effets de ce qui était présenté aux débuts de la V° République comme une innovation majeure de la Constitution de 1958 : la distinction entre domaine de la loi et domaine du règlement, la compétence de principe étant attribuée à ce dernier.

[2] Bertrand MATHIEU, "Les rôles respectifs du Parlement, du Président de la République et du Conseil constitutionnel dans l'édiction des ordonnances de l'article 38", *RFDA* 1987, p.701.

[3] Pour un exposé synthétique de l'évolution du contenu de la notion d'ordonnances dans l'Histoire, voir C. BOYER-MÉRENTIER, *Les ordonnances...*, *op. cit.*, p.13 s..

[4] Sous cette dernière, on préférait parler de "délégalisation" plutôt que de "délégation" : certaines matières cessaient d'être législatives du fait d'une loi votée par le Parlement, et l'Exécutif pouvait alors les modifier par simples règlements. Cette explication permettait d'éviter de heurter de front l'interdiction constitutionnelle de recourir aux décrets-lois.

Voir sur ce sujet les explications de P. MONTANÉ de la ROQUE, "L'article 38 ...", *op. cit.*, p.200-201, et de Pierre BON, "Les délégations législatives en Droit comparé franco-espagnol", *in Etudes offertes à Jean-Marie Auby*, 1992, p.464-465.

[5] P. MONTANÉ de la ROQUE, *op. cit.*, p.201.

[6] Sur ce point, voir André de LAUBADÈRE, Jean-Claude VENEZIA et Yves GAUDEMET, *Traité de Droit Administratif*, LGDJ, 1996, p.618.

[7] Selon les termes de M. DEBRÉ (discours du 27 août 1958 devant le Conseil d'Etat), "une procédure particulière simplement marquée par un long temps de réflexion et des pouvoirs accrus du Sénat est destinée à faire des lois organiques des textes dotés d'une plus grande stabilité, c'est-à-dire, comme il se doit, entourés d'un plus grand respect." (cité dans T. RENOUX et M. de VILLIERS, *Code constitutionnel*, *op. cit.*, p.392).

[8] Comme l'indique M. D.-G. LAVROFF, "le Conseil constitutionnel a jugé que l'article 38 de la Constitution n'était pas applicable à des matières que la Constitution réserve à des lois organiques en raison de la spécificité de ces lois et de la procédure particulière à laquelle leur adoption est soumise" (*in Droit constitutionnel de la V° République*, *op. cit*, p.677).

[9] Décision n°81-134 DC, du 5 janvier 1982, "Loi d'orientation sociale", Cs. n°4 : "Considérant (...) qu'elle ne méconnaît pas davantage les dispositions de la Constitution relatives aux lois organiques dès lors que le texte soumis à l'examen du Conseil constitutionnel ne permet aucunement l'intervention d'ordonnances dans des matières que la Constitution réserve à de telles lois;".

Voir aussi décision n°86-208 DC, des 1° et 2 juillet 1986, "Découpage électoral I", Cs. n°7 : "Considérant qu'il résulte des dispositions susmentionnées de l'article 38 que, pour l'exécution de son programme, le Gouvernement se voit attribuer la possibilité de demander au Parlement l'autorisation de

CHAPUS, "le Gouvernement ne peut prétendre disposer d'un pouvoir plus étendu que celui exercé en temps ordinaire par les Assemblées."[1].

L'officialisation de cette pratique a soulevé des critiques[2], qui ont fini par s'apaiser peu à peu pour la plupart. Une d'entre elles subsiste cependant avec quelque raison, à condition de la replacer dans le contexte français : "admissible et même nécessaire dans des régimes dotés d'un exécutif faible, le recours à la législation déléguée est plus mal ressenti dans les régimes où un exécutif puissant dispose déjà d'un arsenal de pressions impressionnant sur un Parlement qui se sent alors réduit à un rôle de figurant (...) surtout quand (les délégations législatives) sont "arrachées" par l'utilisation de l'article 49 § 3."[3]. Il apparaît dans le contexte institutionnel qui est celui de la V° République "comme un accroissement regrettable du "pouvoir administratif" au détriment du "pouvoir politique"", voire un indice de "dérive technocratique", comme le souligne le Doyen Henry ROUSSILLON[4].

Les délégations de l'article 38 ont longtemps passé pour permettre au destinataire de l'habilitation d'agir, en principe tout au moins, avec une plus grande célérité que si la voie législative ordinaire avait été employée, mais ce but est peu conforme aux exigences du principe de séparation des pouvoirs, et la pratique s'en est révélée décevante lors des cohabitations et du fait de l'évolution de la jurisprudence constitutionnelle, peu à peu devenue plus sévère[5]. On peut cependant dire que, dans une certaine mesure, elles sont "en l'état actuel de notre droit, une soupape de sécurité destinée à éviter un blocage du mécanisme normatif et donc de la vie politique, (mais) avec l'accord du parlement et du Conseil constitutionnel."[6]. Elles étaient aussi réputées constituer une arme constitutionnelle destinée à contenir les états d'âmes de majorités parlementaires réticentes[7], mais, comme le remarque Maryse BAUDREZ, même quand le Gouvernement ne dispose pas d'une majorité solide (ce qui est pourtant le cas le plus fréquent), il trouve plus d'avantages à utiliser d'autres dispositions relativement plus "maniables", telles que les articles 44 al.3 ou

---

prendre, par voie d'ordonnances, (...) des mesures qui sont normalement du domaine de la loi; qu'au nombre de ces matières ressortissant à la compétence du législateur en vertu de l'article 34 de la Constitution, figure la fixation des règles concernant le régime électoral des assemblées parlementaires; que la délimitation des circonscriptions électorales est une composante de ce régime; que, dès lors, sans qu'il en résulte une atteinte au principe de la séparation des pouvoirs, l'article 38 de la Constitution peut être mis en oeuvre pour permettre l'intervention d'ordonnances à l'effet de délimiter des circonscriptions électorales;".

1 Jean GICQUEL, *Droit Constitutionnel et institutions politiques*, Montchrestien, 1997, p.642.

2 Les plus classiques rappellent celles qui ont été développées en Allemagne : le Parlement n'a pas l'*abusus* du pouvoir législatif, qui ne lui appartient pas : il ne peut donc le déléguer à un autre pouvoir. Certains membres du Comité Consultatif Constitutionnel ont aussi craint que ce soit une occasion pour le Parlement d'abdiquer sa souveraineté avec facilité (MM. DEJEAN et MARCILHACY, cités par P. MONTANÉ de la ROQUE, *op. cit.*, p.202, opinion partagée par ce dernier, p.204).

3 Olivier DUHAMEL et Yves MÉNY, *Dictionnaire constitutionnel*, PUF, 1992, V° "Ordonnance".

4 Henry ROUSSILLON, "Recours à l'article 38 de la Constitution - Des ordonnances, à quoi bon ?", *Gazette des Tribunaux du Midi*, 16 décembre 1995.

5 Voir par exemple Marie-Anne COHENDET, *La cohabitation, leçons d'une expérience*, PUF, 1993, p.120.

6 Louis FAVOREU, *La politique saisie par le Droit - Alternances, cohabitation et Conseil constitutionnel*, Economica, Paris, 1988, p.129.

7 Voir dans ce sens A.-H. MESNARD, "Ordonnances, lois d'orientation ou lois cadres ?", *RDP* 1982, p.1074 : "l'article 38, dans toute sa brutalité, (...) a été prévu pour l'usage qui en a été fait (...), à savoir pour donner à un Gouvernement majoritaire les moyens de gouverner, éventuellement malgré les "réticences" de sa propre majorité (...), une arme constitutionnelle, orthopédique, parmi beaucoup d'autres (...)".

49 al.3[1]. En fait, l'expérience montre que "ce n'est pas le moyen le plus rapide de transformer le programme de la majorité en textes juridiques" et que, de plus, "il n'est pas sûr que la rapidité soit en elle-même une qualité dans l'action politique."[2].

II - Espagne : decretos legislativos et decretos-leyes

La technique des délégations de certaines compétences du pouvoir législatif à l'Exécutif est connue et acceptée de longue date en Espagne[3], et c'est donc sans avoir à combattre d'insurmontables répugnances de la part des juristes et des hommes politiques que le Constituant de 1978 a pu en prévoir deux modes d'exercice. L'Espagne connaît en effet deux sortes de procédures permettant à l'Exécutif d'intervenir dans le domaine d'action du Législatif : celle des *Decretos-leyes*, prévue à l'article 86[4] de la Constitution, et celle des *Decretos legislativos*, prévue aux articles 82[5] et suivants.

On constate en pratique que le Gouvernement a tendance à recourir plus facilement aux *Decretos-Leyes*, dont la procédure est plus souple et le champ d'application interprété assez largement[6]. Cependant, seuls les *Decretos Legislativos* correspondent à de véritables délégations législatives. Comme le montre le Professeur Pierre BON, il n'y a pas "délégation législative *stricto sensu* dans l'hypothèse (...) dans laquelle l'Exécutif se voit attribuer le pouvoir d'édicter des

---

[1] Maryse BAUDREZ, *Les actes législatifs du gouvernement en Italie - Contribution à l'étude de la loi en Droit Constitutionnel italien*, Economica-PUAM, 1994, p.127.

[2] Henry ROUSSILLON, "Recours à l'article 38 ...", *op. cit.*.

[3] Voir sur ce point Pierre BON, qui explique qu'elle a été employée dès 1845, et utilisée sans interruption depuis, quels que soient les régimes qui se sont succédés en Espagne ("Les délégations législatives en Droit comparé franco-espagnol", *op. cit.*, p.464).

[4] Article 86 de la Constitution espagnole :
"1 - En cas de nécessité extraordinaire et urgente, le Gouvernement peut prendre des dispositions législatives provisoires sous la forme de Décrets-Lois, qui ne pourront pas affecter l'ordonnancement des institutions de base de l'Etat, les droits, devoirs et libertés des citoyens tels qu'ils sont réglés par le Titre I, le régime des Communautés Autonomes, ni le Droit électoral général.
2 - Les Décrets-Lois doivent être immédiatement soumis à un débat et à un vote d'ensemble devant le Congrès des Députés, convoqué à cet effet s'il n'était pas réuni, dans le délai de trente jours suivant leur promulgation. Le Congrès doit se prononcer expressément au cours de ce délai sur leur ratification ou leur abrogation, pour lesquelles le Règlement établira une procédure spéciale et sommaire.
3 - Durant le délai établi au paragraphe précédent, les Cortes peuvent les étudier au titre de projets de loi en employant la procédure d'urgence.".

[5] Article 82 de la Constitution espagnole :
"1 - Les Cortes Generales peuvent déléguer au Gouvernement le pouvoir de prendre des normes ayant rang de loi sur des matières déterminées non incluses dans l'article précédent. 2 - La délégation législative doit être autorisée par le moyen d'une *ley de bases* quand son objet est l'élaboration de textes complets, ou par celui d'une loi ordinaire quand il s'agit de fondre différents textes légaux en un seul. 3 - La délégation législative doit être autorisée au bénéfice du Gouvernement de manière expresse, pour une matière concrète et en fixant le délai de son exercice. La délégation disparaît par l'usage qu'en fait le Gouvernement par la publication de la norme correspondante. Elle ne peut pas être comprise comme concédée de manière implicite ou pour un temps indéterminé. Elle ne peut pas non plus permettre la subdélégation à des autorités distinctes du Gouvernement lui-même.4 - Les "lois de bases" délimitent avec précision l'objet et le champ de la délégation législative et les principes et critères qui doivent être respectés dans son exercice. 5 - L'autorisation pour refondre des textes légaux détermine le champ normatif auquel se réfère le contenu de la délégation, spécifiant s'il se limite à la simple formulation d'un texte unique ou s'il inclut la tâche de régulariser, éclaircir et harmoniser les textes légaux qui doivent être refondus.6 - Sans préjudice de la compétence propre des Tribunaux, les lois de délégation peuvent établir dans chaque cas des formules additionnelles de contrôle.".

[6] Voir dans ce sens Jacques ZILLER, *Administrations comparées - Les systèmes politico-administratifs de l'Europe des Douze*, Montchrestien, 1992, p.110.

normes juridiques dotées de certains attributs de la puissance législative directement par la Constitution sans qu'une loi de délégation du Parlement (...) soit nécessaire"[1], comme c'est le cas pour les *Decretos-Leyes* de l'article 86 de la Constitution. Bien qu'ils donnent naissance à des normes ayant "force de loi" (mais seulement après ratification), et qu'ils interviennent à peu de choses près dans le domaine de la loi[2], leur initiative revient au seul Gouvernement, ce qui interdit de parler de "délégation législative"[3].

Les *Decretos legislativos* constituent le deuxième type d'habilitation de l'Exécutif pour intervenir dans le champ d'action du Législatif qui est prévu par la Constitution espagnole. Bien qu'il soit relativement moins utilisé en pratique que la procédure des *Decretos-Leyes*, il correspond parfaitement au critère de la délégation législative que nous avons retenu[4]. Il s'agit pour le Gouvernement d'un "moyen d'accélérer la législation et d'éviter la transformation d'un texte par des amendements"[5] lors du déroulement de la procédure législative. La délégation peut cependant intervenir à l'initiative des *Cortes Generales*, comme dans le cas des *Rechtsverordnungen* allemands (alors qu'en France la procédure est déclenchée par le Gouvernement). Après l'obtention de la délégation (qui n'est jamais implicite) par le moyen du vote par les *Cortes* d'une *Ley de bases* (qui est une loi ordinaire[6]), le Parlement est dessaisi de sa compétence au profit du Gouvernement. Comme en France, ce dernier peut s'opposer à toute intervention parlementaire dans les matières déléguées[7]. L'acte adopté en application de cette loi de délégation est considéré comme législatif dès son émission. Ce mode de production normative connaît par ailleurs quelques limites : les délégations ne peuvent intervenir qu'en dehors du domaine de la *Ley Orgánica* prévue à l'article 81[8] de la Constitution[1]. On peut donc dire que s'applique ici une

---

[1] Pierre BON, "Les délégations législatives...", *op. cit.*, p.463.

[2] Sont en effet protégés des domaines essentiels dans lesquels on ne veut pas que le Législatif puisse intervenir avec un contrôle différé : l'ordre institutionnel (étatique et autonomique), les droits fondamentaux, et Droit électoral.

[3] Le Tribunal constitutionnel espagnol le présente comme "un instrument équivalent quant à sa force à la Loi, et utilisable quand une nécessité qualifiable de "extraordinaire" et "urgente" réclame une action normative qui, d'ordinaire, relève du législateur, mais qui précisément du fait de cette nécessité et parce qu'elle ne peut être satisfaite par une action normative émanant des Cortes Generales, est accessible au Gouvernement, avec un caractère provisoire jusqu'à ce qu'il en obtienne la ratification et, dans ce cas, la conversion en loi." (STC 111/1983, du 2 décembre, F. 8). Il estime donc qu'il y a seulement identité de rang normatif entre *Decreto-Ley* et loi, mais non pas identité de nature (*id.*, F. 2, repris dans la STC 60/1986, du 20 mai).

[4] Cf. *supra*, l'introduction de ce chapitre.

[5] Jacques ZILLER, *Administrations comparées...*, *op. cit.*, p.110.

[6] Cf. Pierre BON, "Les délégations législatives...", *op. cit.*, p.470-471, et notamment : "les deux catégories de lois de délégation, lois de bases et lois de refonte, sont des lois ordinaires soumises aux règles de la procédure législative de droit commun.".

[7] Article 84 de la Constitution espagnole :
"Quand une proposition de loi ou un amendement est contraire à une délégation législative en vigueur, le Gouvernement peut s'opposer à sa prise en compte. Dans une telle hypothèse, une proposition de loi en vue d'une dérogation totale ou partielle de la loi de délégation peut être présentée.".
Il ne s'agit cependant là, comme en France, que d'une possibilité ouverte au Gouvernement, et en aucun cas d'une obligation.

[8] Article 81 de la Constitution espagnole :
"1 - Sont des Lois Organiques celles qui sont relatives au développement des droits fondamentaux et des libertés publiques, celles qui approuvent les Statuts d'Autonomie et le régime électoral général et les autres prévues dans la Constitution. 2 - L'approbation, la modification ou la dérogation aux Lois Organiques exige l'obtention de la majorité absolue au Congrès, lors d'un vote final sur l'ensemble du projet.".

forme de "réserve de loi", mais une "réserve de loi organique", et non de loi ordinaire, comme l'a précisé le Tribunal constitutionnel lui-même[2]. Cette réserve doit d'ailleurs être interprétée restrictivement, à partir de ce qui a été expressément mentionné par la Constitution[3]. De plus la délégation n'est pas formulée en termes de délais de la même manière qu'en France : certes le Gouvernement ne peut exercer son habilitation que dans un délai déterminé, et reste libre au sein de ce dernier d'édicter un acte quand il le juge utile. Cependant, la délégation prend fin dès qu'il en a fait usage : il ne dispose donc pas utilement de la totalité du délai qui lui est accordé, et ne peut "pas par exemple modifier, dans le délai de l'habilitation, un acte qu'il a déjà édicté."[4].

Accepté dans son principe, bien que selon des modalités différentes en France et en Espagne, le recours aux délégations législatives a tout de même soulevé des difficultés, sous l'angle de l'intervention du juge constitutionnel en la matière.

§ 2 - La critique du principe de l'intervention du Juge constitutionnel

En France, les critiques trouvent pour l'essentiel leur origine dans le caractère apparemment improbable de cette intervention (I-), alors qu'en Espagne elles s'exercent sur son étendue (II-).

I - Une intervention apparemment hypothétique en France

L'étude des délégations législatives dans un travail comme le nôtre peut au premier abord paraître surprenante dans le contexte français, à condition de ne pas tenir compte de l'évolution de la jurisprudence du Conseil constitutionnel. *A priori*, celui-ci n'intervient que pour vérifier la constitutionnalité de la loi d'habilitation, et on ne devrait plus le voir réapparaître dans la procédure, les ordonnances ratifiées acquérant le statut législatif sans qu'elles puissent lui être déférées. L'intervention du Conseil constitutionnel n'est envisagée qu'avec beaucoup de réticences par les Constituants. Les travaux du Comité Consultatif Constitutionnel montrent que ses membres tenaient à l'intervention du Conseil d'Etat (certains proposant même sans succès de lui confier le contrôle de la constitutionnalité des règlements et des ordonnances) et se montraient globalement méfiants à l'égard du contrôle du Conseil

---

[1] Une limitation similaire existe pour les ordonnances de l'article 38 en France, même si son contenu peut ponctuellement différer : il s'agit toujours de protéger certains domaines pour lesquels l'édiction de la loi doit s'entourer de formalités particulièrement exigeantes.
On peut d'ailleurs aussi remarquer que cette limitation recoupe *grosso modo* celle qui est applicable en matière de *Decretos Leyes*.

[2] STC 5/1981, du 13 février, F. 21 A, repris par STC 127/1994, du 5 mai, F. 3 A.

[3] Comme l'énonce le Tribunal constitutionnel, "la réserve de loi organique ne peut être interprétée de telle manière que n'importe quelle matière n'en faisant pas partie, par le fait qu'elle soit incluse dans une loi organique, doive bénéficier définitivement d'un effet d'agrégation à ce rang, et de la nécessité d'une majorité qualifiée pour pouvoir être ultérieurement modifiée (...)." (STC 5/1981, du 13 février, F. 21 A).
De même, le cas des matières connexes également réglées par une loi organique est tranché, soit par la loi organique elle-même, qui indique celles de ses dispositions qui peuvent être modifiées par loi ordinaire, soit par le Tribunal constitutionnel saisi dans le cadre d'un recours d'inconstitutionnalité, dans le but d'assurer la sécurité juridique (*id.*, F. 21 B et C).

[4] Pierre BON, *op. cit.*, p.471.

constitutionnel en la matière[1]. Les premières études sur les ordonnances de l'article 38 faisaient donc état du contrôle du Conseil d'Etat, en passant quasiment sous silence l'intervention du Conseil constitutionnel[2].
Ce n'est qu'avec le développement de sa jurisprudence sur la constitutionnalité des lois et plus encore la diversification de ses techniques de contrôle, que cette action s'est concrétisée. Il en est notamment ainsi avec les "réserves d'interprétation", plus ou moins strictes, et le contrôle indirect des "ratifications implicites" des ordonnances. Finalement, "depuis 1960, le Conseil constitutionnel n'a cessé, par touches successives, de construire un statut juridique qui leur enlève beaucoup d'intérêt en les "normalisant"."[3]. De quelle portée peut être cette intervention ? Beaucoup plus étendue qu'il était initialement prévu. Elle a d'ailleurs été contestée, les contempteurs du Conseil constitutionnel lui reprochant d'outrepasser ses pouvoirs en s'immisçant dans les relations entre les organes supérieurs de l'Etat. Mais, comme l'analyse avec justesse le Conseiller Jean FOURRÉ, "il semble qu'en ce domaine où une polémique feutrée s'est engagée, il ne faille pas se voiler la face. (Le Conseil constitutionnel, au même titre que la Cour Suprême des Etats-Unis), sont devenus des organes constitutionnels, donc politiques, à vocation entière. (En conséquence) les rapports constitutionnels, que l'on se plaisait à représenter comme un jeu à trois entre le Président de la République, le Sénat et l'Assemblée Nationale, s'inscrivent maintenant dans un système à quatre où les décalages chronologiques d'élection ou de nomination et les différences de durée des mandats (entrent) en ligne de compte."[4].

II - Une intervention controversée dans son étendue en Espagne

En Espagne, comme nous l'avons vu, les délégations législatives ont une histoire ancienne et une légitimité incontestée; c'est le contrôle de ces délégations par le Tribunal constitutionnel qui a donné lieu à des controverses doctrinales. On peut ramener à deux les courants doctrinaux qui critiquent la jurisprudence du Tribunal définissant le champ de sa compétence en la matière, un troisième s'alignant sur ses choix jurisprudentiels. Pour situer le débat, il convient d'abord de rappeler que le Tribunal a toujours considéré qu'il était compétent pour contrôler la législation déléguée[5]. En outre, approuvé sur ce point par une grande partie de la doctrine espagnole[6], il a déduit de l'article 82 al.6, qui mentionne "la compétence des tribunaux", au pluriel, qu'il faisait référence non seulement à lui-même, mais aussi aux Tribunaux ordinaires[7].

[1] Compte-rendu de la séance du 5 août 1958, rapporté par P. MONTANÉ de la ROQUE, "L'article 38 de la Constitution du 4 octobre 1958...", *op. cit.*, p.218 s.
[2] C'est par exemple le cas de l'étude de Jean TOUSCOZ, selon lequel le régime des ordonnances de l'article 38 combine une absence de contrôle juridictionnel à l'absence de contrôle parlementaire, et qui omet même de parler de l'intervention du Conseil constitutionnel, ne mentionnant que celle du Conseil d'Etat ("La notion d'ordonnance", *in Etudes de Droit Public*, Cujas, 1964, p.236-237).
[3] Henry ROUSSILLON, "Recours à l'article 38 de la Constitution - Des ordonnances, à quoi bon ?", *op. cit.*.
[4] Jean FOURRÉ, "Le recours aux ordonnances en vertu de l'article 38 de la Constitution", *Les Petites Affiches* 10 novembre 1986, n°135, p.8.
[5] Comme il l'a d'ailleurs précisé dans une décision STC 51/1982, du 19 juillet, F. 1, jurisprudence constante par la suite (voir par exemple la STC 47/1984, du 4 avril).
[6] On peut citer en ce sens MM. GARCIA de ENTERRIA, ANGULO RODRIGUEZ, VILLAR PALOSI, ALZAGA, etc...
[7] Comme d'ailleurs le Tribunal Suprême quand il a été confronté au problème.

Parmi les courants critiques, un premier, très minoritaire[1], va complètement à contre-courant du précédent. Il estime que le Tribunal constitutionnel a interprété sa compétence trop largement par rapport à ce que prévoyait la Constitution, et qu'en fait seuls les Juges ordinaires devraient être compétents pour contrôler les actes pris en application d'une délégation législative. Il invoque à l'appui de cette opinion des arguments de texte (l'article 82 al.6 de la Constitution n'aurait pas désigné le Tribunal constitutionnel en parlant de "tribunaux", car il est trop spécifique pour être ainsi assimilé aux tribunaux ordinaires), ainsi qu'un argument de fond. En effet, il ne s'agit pas en la matière de vérifier la conformité directe d'un texte à la Constitution, ce qui est la tâche du Tribunal constitutionnel, mais au contraire de vérifier la conformité d'un Décret Législatif à une loi de délégation : or le contrôle de la conformité d'un texte donné à une loi doit être réservé à des Tribunaux ordinaires[2].

Un autre courant critique, qui est aussi le plus largement représenté[3], se caractérise au contraire par son "enthousiasme" à l'égard du contrôle de constitutionnalité. Il estime que le Tribunal adopte une attitude trop timorée, restant en-deçà de ce que devrait être son contrôle. Il devrait en fait devenir le titulaire exclusif du contrôle des délégations législatives. Dans cette optique, les Juges ordinaires se contenteraient d'un renvoi préjudiciel dans les cas litigieux, déclenchant "le mécanisme de la question d'inconstitutionnalité quand ils soupçonneraient que l'exercice de la délégation législative sort des limites fixées par la loi parlementaire."[4]. En effet, avant la création d'un Juge constitutionnel en Espagne, les juges ordinaires, et à leur tête le Tribunal Suprême, reconnaissaient leur compétence pour contrôler les actes pris sur délégation législative, du fait de l'absence de tout autre contrôle, circonstance qui avait disparu en 1978[5].

On voit donc finalement que la position adoptée par le Tribunal Constitutionnel est restée très mesurée et adaptée à l'extension prudente de sa compétence, grâce à une interprétation littérale de la Constitution, défavorable à l'exclusivité comme à l'exclusion de sa compétence.

Il ressort de ce qui précède que la notion de délégation législative est difficile à cerner : les délégations de compétences législatives présentent de multiples aspects, dont seuls certains correspondent à une "délégation législative" strictement entendue. L'exemple allemand nous a montré que même les pays théoriquement hostiles à toute délégation au nom du respect des principes de l'Etat de Droit, ont dû en admettre une forme, éventuellement très édulcorée. La jurisprudence développée à cette occasion par la Cour constitutionnelle fédérale témoigne d'ailleurs de la permanence de certains problèmes, qui se rencontrent également dans d'autres pays. La question se pose dans des termes différents en France et en Espagne, où cette pratique est ancienne et connaît plusieurs types de traductions, bien que sa légitimité y ait été diversement appréciée. L'intervention du Juge constitutionnel en la matière n'a cependant pas toujours été exempte de critiques, qui cherchaient à entraver le

---

[1] représenté par MM. SANTAOLALLA LOPEZ, qui reconnaît qu'il est "fatigant de nager contre un courant si fort" (*op. cit.*, p.211), GARRIDO FALLA, ENTRENA PALOMERO, etc...

[2] Pour plus de détails sur cette argumentation, voir par exemple F. SANTAOLALLA LOPEZ, *op. cit.*, p.211 s..

[3] En font par exemple partie MM. JIMENEZ CAMPO, ESPIN TEMPLADO, I. de OTTO, VIRGALA FORURIA, etc...

[4] Fernando SANTAOLALLA LOPEZ, "Tribunal Constitucional y control de legalidad de los decretos legislativos", *Revista de Administración Pública* n°132, p.210.

[5] Pour plus de détails sur ce point, voir P. BON, "Les délégations législatives...", *op. cit.*, p.488-489.

développement de son contrôle : il a donc dû faire preuve d'imagination et l'adaptabilité dans son contrôle, dont nous allons voir combien il est finalement efficace.

CHAPITRE 2

UN CONTROLE EFFICACE PAR LE JUGE CONSTITUTIONNEL

Nous ne retiendrons dans ce chapitre que les délégations de compétences parlementaires à l'Exécutif à la fois consenties expressément par le Parlement et débouchant sur des normes de rang législatif, qui seules permettent de parler de "délégations législatives" à part entière. Ceci exclut donc, d'une part les *Rechtsverordnungen* allemands, et d'autre part les *Decretos-Leyes* espagnols, et concentre notre analyse sur les ordonnances françaises et les *Decretos legislativos* espagnols. Bien que le Professeur Pierre BON ait montré que ces régimes ne peuvent être comparés que dans une certaine mesure seulement[1], une étude du contrôle des Cours constitutionnelles dans ce cadre peut tout de même être menée, d'une part du point de vue de la loi d'habilitation (Section 1), et d'autre part de celui du résultat de cette procédure (Section 2).

Section 1

Le contrôle de la loi d'habilitation

Le vote d'une loi d'habilitation par le Parlement est le point de départ de la procédure de la délégation législative. Particulièrement sévère en France (§ 1), son contrôle par le Juge constitutionnel est exercé d'une manière "normale" en Espagne (§ 2).

§ 1 - Le contrôle "constructif" du Conseil constitutionnel

On dit souvent que le contrôle des délégations législatives n'est nulle part aussi poussé qu'en France[2]. Il est de fait très développé dès le stade des lois d'habilitation, comportant à la fois un contrôle "formel" (I-) et un contrôle au fond (II-) des lois d'habilitation.

---

[1] Pierre BON, *op. cit.*, p.465-466.

[2] Voir par exemple dans ce sens Louis FAVOREU, *La politique saisie par le Droit, op. cit.*, p.96.

I - Un contrôle formel des lois d'habilitation

Ce contrôle a permis au Conseil, d'une part de préciser le champ d'application de l'article 38 (A-), et d'autre part de se prononcer sur certaines particularités du passage des lois d'habilitation devant le Parlement (B-).

A - LE CHAMP D'APPLICATION DE L'ARTICLE 38

Les problèmes liés à la définition du domaine de l'habilitation sont de plusieurs ordres. Nous avons vu que les délégations pouvaient porter sur tous les domaines relevant de la loi ordinaire (à l'exclusion de ceux relevant de la loi organique). Mais d'autres questions se sont également posées. Ainsi, pour le délai de l'habilitation : le Conseil a précisé en 1985[1] que, si le délai fixé par le législateur l'était en application de l'article 38, en l'espèce, il n'avait pas été dénaturé : comme l'indique le Professeur Bertrand MATHIEU, cela "semble signifier que le Conseil (...) se réserve la possibilité de censurer un délai manifestement trop long."[2].

De même, la loi d'habilitation est-elle une loi de programme, soumise comme telle à des exigences de consultations particulières ? Le Conseil constitutionnel a refusé cette assimilation, rejetant par là même toute avis obligatoire du Conseil Economique et Social[3]. De même encore, une habilitation peut-elle être donnée par une loi référendaire ? *A priori*, l'article 38 ne mentionne que le Parlement, sans que le référendum soit même évoqué : on devrait donc pouvoir en déduire que les délégations ne peuvent être consenties que par le Parlement lui-même, directement. Mais tout ce qui n'est pas expressément interdit par la Constitution est permis, en l'absence toutefois de procédure prévue pour en assurer la sanction. En conséquence, on ne peut que suivre l'opinion des Professeurs François LUCHAIRE et Gérard CONAC, qui remarquent que "le Conseil constitutionnel se refuse à examiner la constitutionnalité d'une loi référendaire (...) et par conséquent rien n'empêche une telle loi de contenir pareille délégation"[4]. Ils notent en outre un deuxième indice dans le même sens : "le Conseil d'Etat de son côté a assimilé aux ordonnances prises en application de l'article 38 celles prises en application de la loi référendaire du 13 avril 1962 (CE 19 octobre 1962, Canal)"[5]. Même si cette habilitation était accordée

---

[1] Décision n°85-196 DC, 8 août 1985, "Evolution de la Nouvelle-Calédonie I", Cs. n°23 : "Considérant (...) qu'enfin, en fixant au 1° décembre 1985 le terme du délai imparti au Gouvernement pour le dépôt de la loi de ratification des ordonnances, le législateur a exercé, sans le dénaturer, le pouvoir qui lui est conféré par l'article 38 de la Constitution;".

[2] Bertrand MATHIEU, "Les rôles respectifs...", *op. cit.*, p.720.

[3] Décision n° 86-207, des 25 et 26 juin 1986, "Privatisations", Cs. n°5 à 8, et notamment : "Considérant qu'il résulte de la combinaison de ces dispositions que, pour l'application de l'article 70 de la Constitution, on doit entendre par "loi de programme à caractère économique ou social", une loi qui, non seulement définit des objectifs à moyen ou long terme en matière économique et sociale, mais comporte, en outre, des prévisions de dépenses chiffrées pour la réalisation de ces objectifs; Considérant que, si la loi soumise à l'examen du Conseil constitutionnel se réfère à certains objectifs de caractère économique et social proposés par le Gouvernement, elle ne comporte aucune prévision de dépenses chiffrées; qu'ainsi le vote de la dite loi ne devrait pas être obligatoirement précédé de la consultation du Conseil Economique et Social (...);".

[4] François LUCHAIRE et Gérard CONAC, *La Constitution de la V° République - Analyses et commentaires*, V° Article 38, p.797.

[5] *Idem.*

au Chef de l'Etat, et non au Gouvernement comme dans le cas de l'article 38, cela semble indiquer que le référendum peut bien servir à effectuer des délégations de pouvoirs, et on peut imaginer qu'il s'agisse de délégations législatives au sens de l'article 38.

Cette question en entraîne logiquement une autre : le destinataire de la délégation est-il toujours et nécessairement le Gouvernement ? En d'autres termes, le Président ne peut-il pas parfois, dans une certaine mesure, être considéré comme le véritable destinataire de la délégation ? C'est l'hypothèse que défend par exemple le Professeur René CHAPUS, quand il dit que "si l'article 38 mentionne "le Gouvernement" comme étant le bénéficiaire de l'habilitation, la compétence pour prendre les ordonnances appartient plus exactement au président de la République, en raison du fait qu'elles doivent être délibérées en Conseil des Ministres."[1]. Cette opinion peut être étayée par le fait qu'il en était ainsi, très officiellement, aux débuts de la V° République. En effet, les premières délégations législatives de l'article 38 ont été très clairement votées sur le nom du Chef de l'Etat de l'époque, le Général DE GAULLE, certains députés allant jusqu'à préciser qu'ils n'auraient pas envisagé de les voter au bénéfice du seul Premier Ministre, Michel DEBRÉ[2]. C'est sans doute encore largement vrai en période de coïncidence des majorités présidentielle et parlementaire, l'action du Gouvernement étant en pratique cautionnée, sinon dirigée par le Président de la République. Le reste du temps, l'expérience a montré que "les ordonnances ne sont pas faites pour les temps de cohabitation"[3].

B - LE PASSAGE DES LOIS D'HABILITATION DEVANT LE PARLEMENT

Le principal problème en ce domaine a été posé par les amendements déposés par les parlementaires lors de la discussion devant la Chambre du projet de loi d'habilitation. Les contraintes qui leur sont applicables sont-elles celles qui sont prévues par la procédure législative ordinaire ? C'est bien ce qui ressort de la jurisprudence du Conseil constitutionnel. Ainsi, les restrictions de l'article 40 relatives aux recettes et aux dépenses du budget de l'Etat s'appliquent-elles aux lois d'habilitation[4]. Cette limitation est cependant contestable, comme le soulignaient les

---

[1] René CHAPUS, *Droit administratif général*, Domat Montchrestien, 1993, p.533.
Pour le débat sur la signature des ordonnances, voir *infra*, Section 2, § 1.
Voir aussi, dans le même sens, MM. RENOUX et de VILLIERS, "l'habilitation est accordée au Gouvernement mais le Président de la République devant signer les ordonnances, qui doivent être délibérées en Conseil des Ministres (...) est également acteur dans cette procédure." (*in Code Constitutionnel..., op. cit.*, p.373).

[2] Sur ces débats, voir, entre autres, Pierre MONTANÉ de la ROQUE, "L'article 38 de la Constitution...", *op. cit.*, p.212 s.. La loi de pouvoirs spéciaux du 4 février 1964 a même été votée "sous la signature du Général De Gaulle, Président de la République", formule devant provoquer la caducité automatique de l'habilitation en cas de cessation de fonctions de ce dernier.
Dans le même sens, voir aussi Jean TOUSCOZ, "La notion d'ordonnance", *op. cit.*, notamment p.230 s..

[3] Henry ROUSSILLON, "Ordonnances : l'erreur de Jacques Chirac", *in Cohabitation 1986-1988 - Tribunes libres*, Presses de l'IEP de Toulouse, 1988, p.36

[4] Décision n°81-134 DC, du 5 janvier 1982, "Loi d'orientation sociale", Cs. n° 2 : "Considérant que les mesures proposées par les amendements auxquels a été opposée l'irrecevabilité <u>instituée sans aucune réserve par l'article 40</u> de la Constitution étaient toutes génératrices de dépenses; qu'elles constituaient ainsi une autorisation, indirecte mais certaine, de créer ou d'aggraver la charge publique; que, dès lors, c'est à bon droit...;" (nous soulignons).

Professeurs Claude EMERI et Pierre LALUMIERE dans leur commentaire de l'article 40. En effet, "les règles de l'article 40 laissent entière liberté d'action au Gouvernement pour prendre l'initiative de mesures législatives ou réglementaires à incidence financière"[1]. "Or, dans le cadre d'une loi d'habilitation, le Gouvernement sera, comme le soulignaient les députés requérants, libre d'engager, ou de ne pas engager, les dépenses autorisées"[2] : l'application de l'article 40 n'apporte donc rien de plus, que de souligner que les lois de délégation sont décidément des lois ordinaires. Il en va de même pour celle des articles 41 à 45, que le Conseil a similairement utilisés en la matière[3].

De toute manière le pouvoir des parlementaires en la matière reste limité. Comme le souligne le Professeur Bertrand MATHIEU, même si des amendements ont pour objet de limiter la marge de manoeuvre du Gouvernement, ce sont dans une large mesure des voeux pieux : ils "ne peuvent qu'encadrer le pouvoir dont disposera le Gouvernement. Ils n'ont pas réellement d'effet sur le contenu des mesures à prendre. En effet, le recours à la procédure de l'article 38 a même parfois précisément pour but d'éviter que les projets gouvernementaux (...) soient amendés."[4]. On peut cependant signaler une exception à cette relative impuissance : le Parlement est en 1983 parvenu à imposer au Gouvernement, contre la volonté de ce dernier, un amendement réduisant la durée de l'habilitation accordée[5] ! S'ils ont souvent peu de chances d'aboutir, ils peuvent en revanche permettre des manoeuvres d'obstruction redoutablement efficaces quand ils se comptent par milliers[6], contraignant le Gouvernement à utiliser les moyens que lui donne la rationalisation du parlementarisme à la française.

Il semble par ailleurs que le contenu des lois d'habilitation ait eu tendance à évoluer, pour des raisons essentiellement politiques, et donc assez indépendamment de la jurisprudence du Conseil constitutionnel. Bien qu'il ait tendance à minimiser exagérément l'influence de cette dernière, le Conseiller d'Etat Jean FOURRÉ indique ainsi que "l'évolution vers plus de précision est plus marquée dans la pratique que ne semble l'avoir exigé, au moment où chaque loi est intervenue, le contrôle exercé par le Conseil constitutionnel. (...) Il semble qu'il s'agisse de faire des lois d'habilitation des programmes de politique à usage parlementaire et à fin d'information plus générale."[7]. Cette plus grande précision étaye l'invocation très fréquente de l'urgence pour expliquer le recours à la procédure de l'article 38[8].

---

[1] Claude EMERI et Pierre LALUMIERE, "L'article 40", *in* François LUCHAIRE et Gérard CONAC, *La Constitution de la V° République - Analyses et commentaires*, *op. cit.*, p.545.

[2] Bertrand MATHIEU, "Les rôles respectifs du Parlement, du Président de la République et du Conseil constitutionnel dans l'édiction des ordonnances de l'article 38", *op. cit.*, p.705.

[3] Décision n°86-207 DC, des 25 et 26 juin 1986, "Privatisations", Cs. n°9 à 11, où le Conseil conclut que "les prescriptions des articles 41 à 45 de la Constitution n'ont pas été méconnues;".

[4] Bertrand MATHIEU, *op. cit.*, p.706.

[5] Loi n°83-1097, du 20 décembre 1983, autorisant le Gouvernement, par application de l'article 38 de la Constitution, à prendre des mesures relatives au revenu de remplacement des travailleurs involontairement privés d'emploi et à la garantie des créances des salariés, pour laquelle la fin de la délégation accordée a été fixée au 31 mars 1984.

[6] Comme cela a été le cas par exemple en 1995 pour le projet de loi d'habilitation déposé par M. A. JUPPÉ (plus de cinq mille amendements).

[7] Jean FOURRÉ, "Le recours aux ordonnances en vertu de l'article 38 de la Constitution", *op. cit.*, p.7.

[8] Cette notion d'"urgence", reprise par le Conseil constitutionnel dans sa décision n°76-72 DC, du 12 janvier 1977, Cs. n°3, est récusée par lui : "Considérant qu'il y a donc lieu d'exclure toute autre

Cette évolution va dans le sens d'une modification de la valeur des ordonnances, qui se présentent de plus en plus comme de simples règlements d'application d'une loi, la loi d'habilitation, et offre par là même de plus en plus de prise au contrôle du Conseil constitutionnel sur le contenu de cette dernière.

II - Un contrôle du contenu des lois d'habilitation

La jurisprudence du Conseil constitutionnel a connu un tournant décisif au milieu des années quatre-vingt (A-), évolution dont nous examinerons les raisons (B-).

A - L'EVOLUTION DE LA JURISPRUDENCE DU CONSEIL CONSTITUTIONNEL

Son contenu initial était déjà relativement contraignant pour l'Exécutif (1-), mais l'évolution qu'elle a connu en 1986 a renforcé cette caractéristique (2-).

1 - Le contenu initial de la jurisprudence

Le Conseil a longtemps accepté dans sa jurisprudence le caractère relativement elliptique des lois d'habilitation (concision certaine malgré leur évolution progressive vers plus de précision). En effet, l'article 38 ne donne que peu de précisions sur lesquelles un contrôle rigoureux pourrait s'appuyer[1]. A partir de 1977, grâce à une jurisprudence constructive, il a cependant pratiqué un contrôle plus strict, mais ne comportant pas de dispositions contraignantes pour l'avenir[2].. Il a ainsi veillé à ce que le Parlement n'accorde pas de blanc-seing au Gouvernement, indiquant que ce dernier doit indiquer précisément la finalité des mesures envisagées dans le cadre de cette procédure[3]. Cette précision doit être systématiquement donnée, indépendamment de l'existence éventuelle d'une déclaration de politique générale (faite par exemple lors de son entrée en fonctions), et à chaque fois que l'article 38 est utilisé. Dès cette époque, il ne peut donc y avoir ni habilitation générale pour tout le temps des fonctions du Gouvernement, ni délégation imprécise d'un ensemble de

---

interprétation et notamment celle qui serait tirée d'un rapprochement avec les énonciations de l'alinéa 1° de l'article 49 de la Constitution; que celle-ci, en effet, (...), ne ferait aucune place, pour une éventuelle justification de recours aux dispositions de l'article 38, aux notions de circonstances imprévues ou de situation requérant des mesures d'urgence (...);". Notes : P. AVRIL et J. GICQUEL, *Pouvoirs* 1977, n°1, p.215; L. FAVOREU et L. PHILIP, *RDP* 1977, p.468; C. FRANCK, *GDJC* p.180; L. HAMON, *D* 1979, J, p.181; J.-P. LEBRETON, *AJDA* 1977, p.258; P. MONTGROUX, *Annales de Clermont-Ferrand*, 1977, p.185.

Sur l'utilisation de la notion d'urgence en matière d'ordonnances, voir la thèse de C. BOYER-MÉRENTIER, *Les ordonnances...*, *op. cit.*, p.30 s..

[1] Il ne mentionne que deux restrictions : la délégation doit être accordée au Gouvernement pour "l'exécution de son programme", et elle lui permet de prendre "des mesures qui sont normalement du domaine de la loi".

[2] Voir dans ce sens Louis FAVOREU, *La politique saisie par le Droit...*, *op. cit.*, p.92 s..

[3] Décision n°76-72 DC, du 12 janvier 1977, "Territoire des Afars et des Issas", Cs. n°2 et 3, et notamment : "Considérant que s'il est de la sorte spécifié (...) que c'est pour l'exécution de son programme que le Gouvernement se voit attribuer la possibilité de demander au Parlement l'autorisation de légiférer, par voie d'ordonnances, pendant un délai limité, ce texte doit être entendu comme faisant obligation au Gouvernement d'indiquer avec précision au Parlement, lors du dépôt d'un projet de loi d'habilitation et pour la justification de la demande présentée par lui, quelle est la finalité des mesures qu'il se propose de prendre;".

compétences mal défini, car elles équivaudraient à un dessaisissement du Parlement. Mais le Conseil n'en est pas resté là, et a fait évoluer sa jurisprudence en 1986, dans un contexte politique orageux, en adoptant, selon les termes du Doyen Louis FAVOREU, "un nombre considérable de réserves et de directives apparentant, selon certains auteurs, ces décisions à des "arrêts de règlement" (et par) l'intégration des "strictes réserves d'interprétation" dans le dispositif des deux décisions."[1].

2 - Les contraintes ajoutées en 1986

Elles permettent de renforcer l'effet du contrôle exercé par le Conseil constitutionel, et peuvent être décrites en distinguant leur contenu (a-) des techniques employées (b-).

a - Le contenu

Les décisions de 1986 ont en effet été l'occasion pour lui de demander au Gouvernement une plus grande précision dans la fixation des limites de l'habilitation demandée au Parlement. En premier lieu il a développé une lecture très sévère des conditions antérieures de constitutionnalité des lois d'habilitation : comme le relève le Professeur Jean GICQUEL, "le Conseil s'est livré à un contrôle strict (aux frontières de l'opportunité), en examinant le degré de précisions apportées au soutien de (la) demande (du Gouvernement), en matière économique et électorale."[2]. Il y a ajouté de nouvelles exigences : le domaine d'intervention des mesures envisagées, c'est-à-dire l'ensemble des matières législatives objet de la délégation, doit ainsi être précisé (et non plus seulement leur finalité)[3]. Mais il a tout de même tempéré celles-ci, en précisant que le degré de précision demandé est fonction de la matière concernée : "il n'est pas tenu de faire connaître la teneur des ordonnances qu'il prendra (...) et (il) ne lui est pas interdit de faire dépendre cette teneur de travaux et d'études dont il ne connaîtra que plus tard les conclusions"[4].
Catherine BOYER-MÉRENTIER estime quant à elle que "cette modification (dans les termes) paraît davantage procéder d'un souci de perfectionner le libellé de la décision que de la volonté d'accentuer notablement l'obligation du Gouvernement"[5], car "domaine" n'est selon elle pas plus contraignant que "mesures". Il nous semble que tout dépend en réalité de l'interprétation qu'en fait le Conseil. Il est cependant certain que l'innovation la plus astreignante pour le Gouvernement réside dans l'évolution de la technique juridictionnelle employée.

---

[1] Louis FAVOREU, *La politique saisie par le Droit...*, *op. cit.*, p.95.
[2] Jean GICQUEL, *Droit Constitutionnel...*, *op. cit.*, p.641.
[3] Décision n°86-207 DC, des 25 et 26 juin 1986, "Privatisations", Cs. n°13 : "Considérant que, s'il est spécifié à l'alinéa 1° de l'article 38 de la Constitution précité que c'est pour l'exécution de son programme que le Gouvernement se voit attribuer la possibilité de demander au parlement l'autorisation de prendre, par voie d'ordonnances (...), des mesures qui sont normalement du domaine de la loi, ce texte doit être entendu comme faisant obligation au Gouvernement d'indiquer avec précision au parlement quelle est la finalité des mesures qu'il se propose de prendre et leurs domaines d'intervention;".
[4] Même décision, Cs. n°21.
[5] Catherine BOYER-MÉRENTIER, *Les ordonnances...*, *op. cit.*, p.46.

b - La technique employée

De plus ces nouvelles exigences sont posées en utilisant une technique très "interventionniste", et particulièrement adaptée à des décisions prises dans un tel contexte. Il s'agit en effet pour le Conseil de s'assurer que le Gouvernement ne se dispense pas, "dans l'exercice des pouvoirs qui lui sont conférés en application de l'article 38 de la Constitution, du respect des règles et principes de valeur constitutionnelle."[1]. Il utilise donc la technique de la "conformité sous réserve", qui s'apparente parfois à une "réécriture", selon le mot du Professeur Jean GICQUEL[2]. Cette évolution a rendu la technique des ordonnances de l'article 38 beaucoup moins "intéressante" pour l'Exécutif, dans la mesure où les délais d'élaboration des ordonnances se trouvaient rallongés d'autant, et où les interventions ultérieures d'autorités extérieures à lui se trouvaient favorisées. Ainsi celle du Président de la République s'est-elle trouvée encouragée en 1986 par la référence à l'article 13 contenue dans certaines décisions du Conseil constitutionnel[3]; ainsi de même le Juge administratif est-il fermement invité à appliquer les "strictes réserves d'interprétation" formulées par le Conseil dans la mesure où ces dernières sont incluses dans le dispositif de ses décisions, ce qui leur donne un caractère normatif[4]. Enfin, comme le montre le Doyen Louis FAVOREU, "à trois reprises, les limitations renforcées prescrites par le Conseil constitutionnel (...) à l'intention du Gouvernement quant à la rédaction des ordonnances, se sont appliquées en réalité au législateur, lorsqu'il a repris sous forme de loi, les textes que le Président de la République avait refusé de signer sous forme d'ordonnances : ainsi le législateur s'est-il vu contraint, pour appliquer ses propres lois (d'habilitation), de se conformer à une série impressionnante de recommandations et de directives qu'il n'aurait pas eu à observer s'il avait légiféré directement (...)."[5].

B - LES RAISONS DE CETTE EVOLUTION

Cette évolution est en fait destinée à permettre au Conseil constitutionnel d'encadrer l'activité normative à venir de l'Exécutif. En effet, "les ordonnances permettent au Gouvernement d'édicter lui-même les règles essentielles relevant du domaine de la loi. C'est pourquoi le Conseil constitutionnel s'efforce d'enserrer le pouvoir du Gouvernement d'édicter des ordonnances dans des limites (...) étroites."[6].

---

[1] *Idem*, Cs. n°14.
[2] Jean GICQUEL, *Droit constitutionnel...*, *op. cit.*, p.643.
[3] Comme par exemple la décision n°86-207 DC, des 25 et 26 juin 1986, "Privatisations", Cs. n°3 ("Considérant que la Constitution ne soumet le recours à cette procédure à aucune autre condition que celles énoncées à l'article 38 précité et à l'article 13 aux termes duquel "le Président de la République signe les ordonnances et les décrets délibérés en Conseil des Ministres";"), ou la décision n°86-208 DC des 1° et 2 juillet 1986, "Découpage électoral I", Cs. n°7 ("Considérant qu'il résulte des dispositions susmentionnées de l'article 38 que, (...) le Gouvernement se voit attribuer la possibilité de prendre, par voie d'ordonnances, dans les conditions prévues par l'article 13 de la Constitution (...);").
[4] Voir, dans les deux décisions sus-citées, le dispositif : "Article 1° - Sous les strictes réserves d'interprétation énoncées plus haut, la loi...".
[5] Louis FAVOREU, *La politique saisie par le Droit...*, *op. cit.*, p.91.
[6] Bertrand MATHIEU, ""Les rôles respectifs du Parlement, du Président de la République et du Conseil constitutionnel dans l'édiction des ordonnances de l'article 38", *op. cit.*, p.709.

On peut parfois se demander si la procédure de l'article 38 n'est pas "avant tout, un moyen pour le Gouvernement d'échapper au contrôle parlementaire; mais n'est-ce pas pour tomber sous le coup d'un autre contrôle, juridictionnel celui-là (...)?"[1]. Pour le Doyen Louis FAVOREU, le Juge constitutionnel a été "placé dans la logique du développement de l'Etat de Droit"[2] sous la pression de la classe politique (en l'occurrence l'opposition parlementaire et le Président de la République). Il est certain que le Conseil a profité en 1986 d'une conjoncture politique favorable au développement de son contrôle, contrôle qu'il n'aurait peut-être pas poussé aussi loin en d'autres circonstances. Ceci semble donc confirmer notre hypothèse, selon laquelle le Juge constitutionnel étend son contrôle d'une manière largement opportuniste[3], guidé par sa logique d'institution, qui le pousse certes à se développer, mais prudemment et sans compromettre son existence.

On peut cependant trouver d'autres raisons, plus "objectives", au développement de ce contrôle. En premier lieu, cette sévérité est en partie due au fait que le contrôle de la loi d'habilitation est le seul moment où le Conseil constitutionnel est quasiment sûr de pouvoir intervenir et influer sur la procédure de l'article 38. Donc "le contrôle des lois d'habilitation est d'autant plus poussé que le Conseil ne contrôle pas directement le contenu des dispositions qui sont prises."[4]. Les conditions de saisine qui existent depuis 1974 lui garantissent en effet une saisine par l'opposition pour toutes les lois politiquement "sensibles", ce qui est presque nécessairement le cas des lois d'habilitation de l'article 38. S'y ajoute, en deuxième lieu, une nécessité technique : permettre au Conseil d'Etat d'exercer un contrôle efficace sur les ordonnances issues de cette délégation de compétences. Le Juge administratif exerce en effet son contrôle essentiellement par référence à la loi : si celle-ci n'est pas assez précise, il peut lui être difficile de se montrer efficace. le Doyen Louis FAVOREU fait remarquer que l'exercice concret de ce contrôle *a posteriori* est plutôt rare, ce qui restreint selon lui l'efficacité des réserves d'interprétation à cet égard[5]. Le Conseil d'Etat, dans sa formation consultative, se voit cependant soumettre les projets d'ordonnances, et la plus grande précision des lois d'habilitation, jointe aux réserves d'interprétation du Juge constitutionnel, lui permet d'exercer sur eux un contrôle plus strict[6].

Finalement, on peut dire avec le Professeur Bertrand MATHIEU que "le contrôle juridictionnel exercé par le Conseil constitutionnel sur la loi d'habilitation devient plus effectif et plus précis que le contrôle politique exercé sur les projets gouvernementaux"[7], même si en période de non-concordance des majorités, "un certain contrôle peut être exercé par le Président de la République sur l'action

[1] Henry ROUSSILLON, "Recours à l'article 38 de la Constitution - Des ordonnances, à quoi bon ?", *op. cit.*.
[2] Louis FAVOREU, *La politique saisie par le Droit...*, *op. cit.*, p.96.
[3] Ce terme étant employé sans implication péjorative.
[4] Bertrand MATHIEU et Michel VERPEAUX, Chronique d'actualité - Jurisprudence constitutionnelle, *JCP* G, 1996, n°3933, p.201.
[5] Voir dans ce sens L. FAVOREU, *La politique saisie par le Droit...*, *op. cit.*, p.97, note 43 bis, et "Ordonnances ou règlements d'administration publique", *Revue Française d'Administration Publique* 1987, p.692 s..
[6] Voir dans ce sens René CHAPUS, *Droit Administratif général*, Montchrestien, 1993, p.533.
[7] Bertrand MATHIEU, "Les rôles respectifs du Parlement, du Président de la République et du Conseil constitutionnel dans l'édiction des ordonnances de l'article 38", *op. cit.*, p.718.

gouvernementale"[1]. Quant à dire comme Catherine BOYER-MÉRENTIER que "le Conseil constitutionnel a une part considérable dans la normalisation de la procédure"[2], il semble plutôt en fait qu'il l'ait "sur-normalisée". Les exigences qu'il lui applique, si elles permettent d'adapter son contrôle aux contraintes spécifiques imposées par la procédure, ne tiennent pas pour autant grand compte de sa spécificité, c'est-à-dire du fait qu'elle est censée faciliter l'action du Gouvernement en lui permettant d'agir dans un domaine qui n'est normalement pas le sien - ce qui apparaît clairement quand on compare son action avec celle, beaucoup plus pondérée, du Tribunal constitutionnel espagnol.

§ 2 - Le contrôle "normal" du Tribunal constitutionnel espagnol

Le contrôle exercé par le Tribunal constitutionnel espagnol sur les lois d'habilitation (qui est encadré par les articles 161-1-a de la Constitution et 27-2-b de la LOTC) s'appuie, à la différence de celui du Conseil constitutionnel français, sur des dispositions constitutionnelles explicites. Il est donc identique à celui qui est exercé sur les lois ordinaires, au sens où il n'est pas plus constructif. Le Tribunal constitutionnel se montre ainsi logique avec lui-même, tirant toutes les conséquences de la qualification retenue pour les *Leyes de base*s (qui sont, rappelons-le, assimilées à des lois ordinaires).

Le seul sujet habilitant en matière de délégation législative est le Parlement, c'est-à-dire les *Cortes Generales* en séance plénière; le seul délégataire admis est le Gouvernement lui-même. Une loi d'habilitation ne peut permettre des subdélégations à des autorités distinctes du Gouvernement. Donc l'habilitation doit être expresse, et ne peut être implicite. Dans cette optique, le Tribunal vérifie à la fois le domaine et l'étendue de l'habilitation.

Ainsi, la Constitution précise que le Gouvernement ne peut se voir attribuer de délégation législative que pour des matières concrètes, pour éviter le vote de blancs-seings au Gouvernement. Dans le cadre des *Leyes de Bases*[3], les *Cortes* doivent déterminer "avec précision l'objet et la portée de la délégation législative et les principes et critères qui doivent inspirer son exercice"[4]. Ces "principes et critères" doivent se comprendre non seulement comme une obligation d'énumérer les matières visées par la délégation, mais aussi de poser des règles générales de fond qui s'imposent au Gouvernement et guident son action[5]. Le Tribunal Constitutionnel a donc censuré une Loi de Bases parce qu'elle supposait "un certain degré d'innovation inapproprié à la technique de la délégation législative, qui, dans la mesure où elle (impliquait) une autorisation pour innover librement, (excédait) ce qui était permis par la Constitution espagnole."[6]. Mais il a également admis qu'une délégation

---

[1] *Idem.*
[2] Catherine BOYER-MÉRENTIER, *Les ordonnances...*, *op. cit.*, p.329.
[3] Terme plus particulièrement adapté aux lois autorisant l'élaboration de textes complets (art. 82 al. 2 de la Constitution espagnole).
[4] Article 82 alinéa 4 de la Constitution espagnole.
[5] Voir sur ce point Pierre BON, "Les délégations législatives...", *op. cit.*, p.473.
[6] STC 13/1992, du 6 février, F. 3.

concerne "l'ensemble de la matière de la procédure applicable aux litiges de Droit du travail et sa réforme"[1], ce qui montre qu'il est certes attaché au contrôle de la précision de la délégation, mais que son étendue lui importe peu, du moment qu'elle est précise.
De même, ces lois doivent préciser le délai pour lequel est accordée l'habilitation, afin d'éviter les dessaisissements prolongés de compétences parlementaires. Cependant, le Tribunal constitutionnel admet qu'une loi d'habilitation soit prorogée, du moment que l'autorisation accordée au Gouvernement reste circonscrite à des "matières concrètes" et qu'elle n'implique aucune autorisation pour produire librement du Droit[2].

Par ailleurs, nous avons vu que l'ordre constitutionnel espagnol connaissait deux sortes de délégations législatives : celles qui visent à produire des règles de Droit nouvelles, et celles qui ont pour objet de reformuler en un seul des textes légaux préexistants. Cette dernière catégorie a fait l'objet de précisions particulières de la part du Tribunal constitutionnel. Une telle loi de délégation (qualifiée de *ley ordinaria* par le Constitution) avait été attaquée en ce qu'elle autorisait le Gouvernement à prendre toutes les mesures nécessaires à l'"adaptation du nouveau texte refondu à la Constitution et aux lois promulguées postérieurement au 4 janvier 1977", formule interprétée par les requérants comme permettant au Gouvernement de créer librement du Droit. Le Tribunal constitutionnel a en l'espèce fait montre d'un grand pragmatisme, insistant sur la nécessité d'interpréter cette expression dans son contexte, c'est-à-dire en fonction du but poursuivi. La Constitution dit que la délégation peut avoir pour objet de "régulariser, éclairer et harmoniser des textes légaux" préexistants, et ceci implique naturellement la mise en conformité du nouveau texte refondu à la Constitution, sans qu'il s'agisse là d'une faculté de libre création de Droit laissée au Gouvernement[3].

Finalement, on peut donc dire que le Tribunal constitutionnel espagnol n'a pas développé une jurisprudence aussi constructive que le Conseil constitutionnel français. Malgré des dispositions constitutionnelles plus détaillées, il s'en est tenu à une attitude pragmatique et pondérée, veillant à ce qu'elles soient appliquées dans toutes leurs implications, mais sans en faire une interprétation trop créatrice. Cette attitude a permis au Gouvernement de se servir avec fruit de la technique mise à sa disposition par l'article 82 de la Constitution, sans en être dissuadé par l'ampleur et la sévérité de la jurisprudence constitutionnelle, comme on peut craindre que ce soit le cas en France.

---

[1] STC 205/1993, du 17 juin, F. 4.
[2] *Idem*, F. 3.
[3] *Idem*, F. 16.

Section 2

Le contrôle des actes pris sur délégation

Nous examinerons d'abord de quel contrôle peuvent faire l'objet les ordonnances de l'article 38 de la part du Conseil constitutionnel (§ 1), avant de voir celui qui est appliqué aux *Decretos legislativos* par le Tribunal constitutionnel espagnol (§ 2).

§ 1 - Le contrôle des ordonnances de l'article 38

La procédure de l'article 38 prévoit implicitement deux étapes dans l'existence des ordonnances, avant et après leur ratification, puisque son alinéa 3 prévoit que dans ce dernier cas "elles ne peuvent plus être modifiées que par la loi dans les matières qui sont du domaine législatif". Elle exige de plus le dépôt de projets de lois de ratification pour que les ordonnances prennent place dans l'ordre juridique. Nous verrons donc de quelle manière le Conseil constitutionnel a pu intervenir à chacune de ces deux étapes : avant (I-) et après la ratification (II-).

I - L'intervention du Conseil constitutionnel avant la ratification des ordonnances

Pour ce qui touche la première étape, deux problèmes principaux se sont posés, sur lesquels la jurisprudence du Conseil constitutionnel a pu apporter un éclairage, et qu'une proposition de révision constitutionnelle issue du Sénat a tenté sans succès de réformer : celui soulevé par la signature des ordonnances par le Chef de l'Etat (A-), et celui de la nature juridique des ordonnances non ratifiées (B-).

A - LE PROBLEME DE LA SIGNATURE DES ORDONNANCES PAR LE CHEF DE L'ETAT

Le premier concerne l'édiction des ordonnances, qui requiert la signature du Président de la République. Le débat sur le point de savoir si le Président peut ou doit signer les ordonnances a fait l'objet de discussions doctrinales enflammées, source d'une abondante bibliographie. Nous ne reviendrons donc pas sur le détail de cette discussion, rappelant simplement que deux thèses se sont opposées en la matière : celle de la compétence discrétionnaire du Président, qui s'appuie principalement sur le fait que la Constitution ne prévoit aucune obligation expresse de signer, et celle de sa compétence liée[1]. On peut cependant relever que, théoriquement, l'intervention du Président de la République en Conseil des Ministres se borne à diriger les travaux et à signer les décisions prises, avant leur contreseing

[1] Pour une vue détaillée de cette diversité doctrinale et une énumération des principaux arguments invoqués à l'appui de ces deux thèses, voir J.-Cl. ZARKA, *Fonction présidentielle...*, *op. cit.*, p.114-118, et Marie-Anne COHENDET, *La cohabitation, leçons d'une expérience*, *op. cit.*, p.173-190.

par le Premier Ministre et les Ministres concernés. Comme le Président est irresponsable devant le Parlement, ce pouvoir de signature ne devrait en principe pas être un pouvoir de décision. Mais, comme aucune procédure n'est constitutionnellement prévue pour sanctionner l'exercice de cette fonction, elle peut se transformer, selon la volonté de celui qui l'exerce, en un véritable pouvoir de veto à l'encontre des décisions du Gouvernement[1], insusceptible du moindre recours, que ce soit devant le Juge administratif (pour lequel c'est un "acte de gouvernement") ou devant le Juge constitutionnel[2]. Cette possibilité laissée au Président est renforcée par le fait que le Conseil constitutionnel a lui-même fait référence par deux fois, sans raison apparente, à l'article 13 comme à une condition de validité de la procédure d'édiction des ordonnances[3].

Comment éviter une telle situation ? La proposition de révision constitutionnelle déposée par les sénateurs en juin 1990[4], qui n'a pas eu de suite, voulait, sur ce point, "clarifier la nature juridique de la compétence présidentielle en matière de signature des ordonnances", en précisant qu'il s'agit d'une "compétence liée, strictement parallèle à celle qu'exerce le Président de la République lorsqu'il promulgue les lois votées par le Parlement."[5]. Cependant, en l'absence de toute réforme constitutionnelle, de toute responsabilité du Président de la République devant le Parlement[6], et de toute procédure expressément destinée à régler les conflits entre organes constitutionnels, le Conseil constitutionnel ne peut en tout cas pas intervenir dans cette "zone de non-droit", même si le Président ne respecte pas ses décisions. Il est en effet difficile d'envisager un contrôle de constitutionnalité sur le refus d'accomplir un acte, à défaut de toute procédure de "conflit d'organes", telle qu'elle peut exister dans d'autres systèmes constitutionnels. On pourrait cependant imaginer que le refus présidentiel de signer une ordonnance déclenche obligatoirement la saisine du Conseil constitutionnel pour juger de la constitutionnalité de cette ordonnance, ou, autre variante, qu'il se manifeste par une telle saisine. Ceci impliquerait d'assimiler ce refus à une sorte de renvoi préjudiciel automatique, le Président agissant en tant que gardien de la Constitution, mais évitant ainsi de substituer *de facto* sa compétence, en l'absence de tout contrôle, à celle du Conseil. Mais une telle solution pourrait ne pas être sans conséquences sur la nature juridique

---

[1] Voir dans ce sens, par exemple, Henry ROUSSILLON, "Ordonnances : l'erreur de Jacques CHIRAC", *op. cit.*, p.34.

[2] Un tel pouvoir existant au profit du Président de la République est de type régalien, et d'origine ecclésiastique. On peut en effet le rapprocher du mécanisme de la "dispense", qui trouve sa source dans la *plenitudo potestatis* papale, et qui avait pour effet de permettre au Pape d'altérer et parfois de bouleverser l'ordre juridique normal (Voir Philippe MALAURIE, introduction au numéro spécial de *Droits* sur "La dispense" (n°25, p.8), ainsi que le numéro 58 (été 1997) de *Géopolitique*, consacré à "La Papauté - Pouvoir temporel, pouvoir spirituel"). Il s'agit donc, dans cet aspect incontrôlable, de la survivance d'une ancienne représentation des pouvoirs dans l'ordre juridique, au sein d'un régime démocratique et républicain.

[3] Décisions n°86-207 DC, des 25 et 26 juin 1986, "Privatisations", et 86-208 DC, des 1° et 2 juillet 1986, "Découpage électoral I", déjà citées *supra*.

[4] Voir sur ce point Jacques LARCHÉ, *Rapport sur le projet de loi constitutionnelle n°267 portant révision des articles 60, 61 et 63 relatifs au Conseil constitutionnel et instituant un contrôle de constitutionnalité des lois par voie d'exception*, Commission des Lois du Sénat, Documents du Sénat, n°351, 6 juin 1990, 79 p..

[5] Rapport Larché, *op. cit.*, p.22.

[6] Article 68 de la Constitution, qui réserve le cas de la haute trahison.

des ordonnances, laquelle ne brille pas par la simplicité, comme nous allons le voir maintenant.

B - LE PROBLEME DE LA NATURE JURIDIQUE DES ORDONNANCES NON RATIFIEES

Le second problème concerne, lui, la nature juridique des ordonnances avant leur ratification : législative ou réglementaire ? L'enjeu de cette discussion est important au regard du choix du type de contrôle appliqué à ces actes. Comme l'a montré Catherine BOYER-MÉRENTIER dans sa thèse, l'analyse comparative semble montrer un lien "entre la nature de l'acte et le type de contentieux qui lui est applicable. (...) Dès lors que la nature réglementaire est attribuée à l'acte pris sur habilitation, le recours qui s'y attache est (...) celui dévolu aux actes réglementaires. A l'inverse, (...) dès lors que l'acte a valeur législative, son contentieux est (...) celui des lois."[1].

Contrairement à ce qu'a un temps affirmé Maurice DUVERGER, les ordonnances de l'article 38 n'acquièrent pas valeur législative du seul fait de l'expiration du délai de l'habilitation[2]. Leur nature d'actes administratifs particuliers[3] jusqu'à leur ratification a rapidement été acceptée. Pour expliquer ce régime, plusieurs hypothèses ont été avancées. On peut à titre d'exemple rappeler celle qui a été proposée par le Professeur Charles DEBBASCH; il estimait que, contrairement à ce qu'avançait la théorie de la délégalisation en matière de décrets-lois sous la IV° République, dans la procédure de l'article 38 "les matières législatives demeurent législatives, les lois demeurent lois, les règlements restent règlements : c'est le principe de la soumission du règlement classique à la loi qui est suspendu"[4], et tranchait donc en faveur de la nature réglementaire des ordonnances. De fait, dès l'origine, le Conseil d'Etat s'est reconnu compétent pour connaître des ordonnances avant leur ratification[5]. Le Conseil constitutionnel, quant à lui, s'est explicitement référé à l'ouverture du recours pour excès de pouvoir en matière d'ordonnances non ratifiées en 1985[6], tout en déclinant sa propre compétence à l'égard des ordonnances non-ratifiées[7], à la suite

---

[1] Catherine BOYER-MÉRENTIER, *Les ordonnances...*, *op. cit.*, p.327.

[2] Cf. les observations de P. MONTANÉ de la ROQUE, "L'article 38 de la Constitution du 4 octobre 1958 et la loi de pouvoirs spéciaux du 4 février 1960", p.221.

[3] Voir sur ce point la thèse de Catherine BOYER-MÉRENTIER, *Les ordonnances de l'article 38 de la Constitution du 4 octobre 1958*, *op. cit.*, p.315 s., et notamment p. 318 s. ("L'ordonnance, acte administratif spécifique").

[4] Charles DEBBASCH, "Les ordonnances de l'article 38 dans la Constitution du 4 octobre 1958", *JCP* G, 1962, I, n°1701, § 15 *in fine*.

[5] CE 3 novembre 1961, Damiani, *Rec.* p.607, et 24 novembre 1961, Fédération nationale des syndicats de police, *Rec.* p.658, qui reprennent la jurisprudence antérieurement appliquée aux décrets-lois (CE 30 mai 1930, Syndicat professionnel des épiciers en détail).

[6] Après avoir, comme le note le Pr. FAVOREU, utilisé en 1977 l'expression "légiférer par voie d'ordonnances", qui aurait pu signifier une évolution de la qualification des ordonnances ("Ordonnances ou règlements d'administration publique ? La destinée singulière des ordonnances de l'art.38 de la Constitution", *RFDA* 1987, p.691).

[7] Décision n°85-196 DC, du 8 août 1985, "Evolution de la Nouvelle-Calédonie I", Cs. n°23 : "Considérant que, si en vertu de cette disposition (l'article 61 de la Constitution), le contrôle de constitutionnalité exercé par le Conseil constitutionnel ne peut porter que sur les lois, et non sur les ordonnances prévues par l'article 38 de la Constitution, celles-ci n'en sont pas moins soumises au contrôle du juge de l'excès de pouvoir; (...)".

d'un recours mettant en cause l'absence de toute intervention de sa part au cours de la procédure d'édiction des ordonnances[1].

Pour le Professeur Jean GICQUEL, "le régime des ordonnances aboutit (ainsi) au dessaisissement du Juge constitutionnel au profit du Juge administratif. Mais la cause de l'Etat de Droit peut justifier, en partie, la susceptibilité institutionnelle."[2]. Cette opinion semble devoir être nuancée, d'une part parce que, comme le rappelle le Doyen Louis FAVOREU, le contrôle du Conseil d'Etat est très rarement exercé sur les ordonnances[3], et d'autre part parce que, contrairement à ce qu'on a longtemps cru, la compétence du Conseil constitutionnel n'est pas définitivement écartée par le recours à l'article 38.

II - L'intervention du Conseil constitutionnel à l'occasion de la ratification des ordonnances

Pour ce qui touche cette deuxième étape, le Conseil a réussi à développer ses perspectives d'intervention, dans un contexte peu favorable. L'originalité de la procédure de l'article 38, quand on la compare aux autres techniques de délégation législative, tient à ce qu'elle aboutit à la création d'un acte hybride, réglementaire à sa création, mais qui peut acquérir valeur législative[4] s'il est ratifié par le Parlement[5]. Très logiquement, l'ordonnance est alors soustraite au contrôle du Conseil d'Etat, lequel reconnaît à la ratification[6] un effet rétroagissant jusqu'à la création du texte[7].

Dans ces conditions, quand le Conseil constitutionnel peut-il intervenir ? Le cas le plus évident est celui du vote par le Parlement du projet de loi de ratification obligatoirement déposé sur son bureau, mais il se produit plutôt rarement. Il arrive aussi qu'une ratification expresse résulte d'une loi étrangère au projet de loi de ratification. [8]. Il y en a eu en tout "dix (prévoyant) expressément (...) la ratification de certaines ordonnances"[9]. "La compétence du Conseil constitutionnel renaît à la faveur de la loi portant ratification"[10], comme l'a montré une décision de 1983, dans

[1] *Idem*, Cs. n°21 : Considérant (que les sénateurs auteurs d'une saisine) exposent que les ordonnances ne sont (...) jusqu'à leur ratification, que des actes administratifs ne relevant pas du contrôle dudit Conseil (constitutionnel) et que le délai accordé jusqu'au 1° décembre 1985 au Gouvernement pour le dépôt du projet de loi de ratification prive ce projet de toute chance sérieuse d'être voté avant la fin de la législature; qu'est ainsi exclue toute possibilité de saisir le Conseil constitutionnel;".

[2] Jean GICQUEL, *Droit constitutionnel...*, *op. cit.*, p.643, note 242.

[3] Louis FAVOREU, "Ordonnances ou règlements d'administration publique ?...", *op. cit.*, p.692 s.. Voir, dans le même sens, Georges VEDEL et Pierre DELVOLVÉ, *Droit administratif*, p.347 s.

[4] pour ses parties qui relèvent du domaine de la loi.

[5] Alors que les autres systèmes constitutionnels aboutissent à la création soit d'actes à valeur réglementaire (comme en Allemagne), soit d'actes à valeur législative immédiate (comme en Espagne), qui n'ont pas besoin de ratification parlementaire.

[6] qui peut n'être que partielle.

[7] CE 19 décembre 1969, Dame Piard, qui suit en cela la jurisprudence initiée par le Conseil constitutionnel dans une décision n°66-36 L, du 10 mars 1966, Cs. n°2 : "Considérant (...) que cette ratification lui a conféré (à l'ordonnance) forme législative à compter de la date à laquelle elle est intervenue (...);".

[8] Voir dans ce sens C. BOYER-MÉRENTIER, *Les ordonnances...*, *op. cit.*, p.140.

[9] C. BOYER-MÉRENTIER, *id.*, p.134 s..

[10] Jean GICQUEL, *Droit Constitutionnel et institutions politiques*, *op. cit.*, p.643.

laquelle il a accepté de contrôler la constitutionnalité d'ordonnances antérieurement édictées par le Gouvernement, à l'occasion du contrôle de leur loi de ratification[1].

Mais le Conseil constitutionnel a élargi cette compétence relativement limitée en admettant un contrôle incident de la "ratification implicite" des ordonnances. Cette notion de ratification implicite semble s'analyser, comme le montre le Professeur André de LAUBADÈRE, "en un mécanisme de présomption. L'analyste - ici le Juge - déduit ou non de l'attitude du législateur, à l'occasion de textes ultérieurs, la volonté de celui-ci de reprendre à son compte le texte de l'ordonnance pour lui conférer une valeur législative."[2]. Elle a pour la première fois été mise en oeuvre par le Conseil dans une décision de 1972[3], dans laquelle il déclare que l'"article 38, non plus qu'aucune autre disposition de la Constitution, ne fait obstacle à ce qu'une ratification intervienne selon d'autres modalités que celle de l'adoption du projet de loi susmentionné; que, par suite, cette ratification peut résulter d'une manifestation de volonté implicitement mais clairement exprimée par le Parlement;". Cette jurisprudence ouverte a d'abord été reprise par le Conseil d'Etat la même année[4], avant d'être confirmée et amplifiée par le Conseil constitutionnel quelques années plus tard[5], à nouveau suivi par le Conseil d'Etat[6]. Il suffit donc désormais que la ratification implicite soit "nécessairement" impliquée par une loi[7], appréciation qui relève du seul Juge constitutionnel, pour qu'elle ouvre au Conseil la possibilité de contrôler la constitutionnalité de l'ordonnance en cause. Comme le note Catherine BOYER-MÉRENTIER, on est ici passé d'un "critère subjectif", la volonté claire du législateur - ce critère restant difficile à mettre en évidence -, à un critère "objectif", relevant des implications "nécessaires" d'une loi - là encore, c'est l'appréciation du Juge qui compte -. Cette évolution permet un accroissement considérable des possibilités d'intervention du Conseil constitutionnel en matière d'ordonnances, car la ratification, qui confère valeur législative à une ordonnance et ouvre donc sa compétence, résulte inéluctablement de l'intervention d'une loi postérieure dans le

---

[1] Décision n°83-156 DC, du 28 mai 1983, "Prestations de vieillesse", Cs. 2 s. (Notes : P. AVRIL et J. GICQUEL, *Pouvoirs* n°26, 1983, p.178 et 184; L. FAVOREU, *RDP* 1986, p.395; R.-F. LEBRIS, *AJDA* 1983, p.619). Voir aussi, dans le même sens, la décision n°84-170 DC, du 4 juin 1984, "Taxe sur les produits pétroliers" (Note : L. FAVOREU, *RDP* 1986, p.395), etc...

[2] André de LAUBADÈRE et *alii*, *Traité de Droit administratif*, LGDJ, Paris, 1990, p.517.

[3] Décision n°72-73 L, du 29 février 1972, "Participation des salariés", Cs. n°3 (Note : B. TOULEMONDE, *AJDA* 1972, p.638).

[4] CE 10 juillet 1972, "Compagnie Air Inter".

[5] Décision n°86-224 DC, du 23 janvier 1987, 'Conseil de la Concurrence", Cs. n°24 : "Considérant qu'en principe, il n'est pas exclu que la ratification de tout ou partie des dispositions d'une des ordonnances visées à l'article 38 de la Constitution puisse résulter d'une loi, qui, sans avoir cette ratification pour objet direct, l'implique nécessairement; que, saisi d'une loi de cette nature, il appartiendrait au Conseil constitutionnel de dire si la loi comporte effectivement ratification de tout ou partie des dispositions de l'ordonnance en cause et, dans l'affirmative, si les dispositions auxquelles la ratification confère valeur législative sont conformes à la Constitution;".
Notes : J. CHEVALLIER, *AJDA* 1987, p.315; L. FAVOREU, *RFDA* 1987, p.301; L. FAVOREU, *RDP* 1989, p.482; Y. GAUDEMET, *RDP* 1987, p.1341; *GDCC* n°41, p.699; B. GENEVOIS, *RFDA* 1987, p.287; B. GENEVOIS, *AIJC* 1987, p.600; C. LEPAGE-JESSUA, *Gaz. Pal.* 18-19 mars 1987; F. LUCHAIRE, *D* 1988, p.117, D. ROUSSEAU, *JCP* Cahiers Dr. de l'Entreprise, 25 juin 1987; V. SELINSKY, *LPA* 13 février 1987; J.-F. SESTIER, *JCP* G, 1987, II, n°20854; J.-M. SOREL, *RA* 1988, p.29; A. VIALA, *Gaz. Pal.* 31 mars 1987.

[6] CE 11 juin 1990, "Congrès du Territoire de Nouvelle-Calédonie".

[7] Ce que le Doyen H. ROUSSILLON qualifie de "ratification impliquée", la différenciant des "ratifications implicites" au sens strict ("Recours à l'article 38 - Des ordonnances, à quoi bon ?", *op. cit.*).

domaine une fois abordé par cette ordonnance[1]. Elle recèle cependant aussi un danger : celui que le Juge ordinaire - qu'il soit administratif ou judiciaire[2] - s'autorise lui aussi à "découvrir" des ratifications implicites - dont la caractéristique est, on l'a vu, d'être inéluctables. En ce cas tout contrôle juridictionnel deviendrait impossible : celui du Juge administratif serait écarté d'office, et le Conseil constitutionnel perdrait la possibilité d'être saisi de la loi emportant ratification implicite, puisqu'il ne peut l'être qu'avant sa ratification.

Il faut enfin distinguer le cas dans lequel le Gouvernement veut faire délégaliser certaines dispositions d'une ordonnance ratifiée, qui, tout en bénéficiant d'une "forme législative", concernent des matières réglementaires. Là encore le Conseil constitutionnel recouvre sa compétence, mais cette fois-ci en vertu de l'article 37 alinéa 2 de la Constitution[3].

§ 2 : Le contrôle des décrets législatifs espagnols

Pour définir l'objet de la procédure de délégation législative, l'article 82 de la Constitution espagnole parle de la possibilité pour le Parlement de "déléguer au Gouvernement le pouvoir d'édicter des normes ayant rang de loi". Les décrets législatifs espagnols acquièrent ce rang législatif directement, car la Constitution n'exige aucune ratification parlementaire de ces normes.

Cependant, ce rang de loi, qui en fait des "actes législatifs"[4], n'implique pas pour autant que les décrets législatifs aient la même nature juridique que les lois ordinaires. Il emporte seulement les principaux attributs de la loi : irrésistibilité, capacité à abroger les lois antérieures, et supériorité aux actes de rang inférieur à la loi. Il apparaît en fait que la loi d'habilitation est à l'origine de l'ouverture d'un champ normatif particulier, sur lequel s'exercent des exigences particulières, principalement formelles, contenues dans l'article 82 de la Constitution. Ces contraintes "tendent à le délimiter, l'encadrant dans un champ nécessairement plus étroit que celui dans lequel se meuvent les *Cortes Generales* en tant qu'organe législatif souverain."[5]. Le décret législatif, bien qu'il ait un rang législatif, doit respecter les conditions de l'habilitation consentie par le Parlement au Gouvernement, bien qu'elles ne soient contenues que dans une loi ordinaire. En conséquence, une règle donnée, qui ne serait pas inconstitutionnelle si elle était prise par le moyen d'une loi, peut le devenir si elle est

---

[1] Comme le note C. BOYER-MÉRENTIER, le législateur, auquel le Juge constitutionnel "force" ainsi la main, cherche à se prémunir contre les effets de ratifications implicites qu'ils ne souhaiteraient pas (*op. cit.*, p.208-209.

[2] Voir dans ce sens un arrêt de la première Chambre de la Cour d'Appel de Paris, du 4 juillet 1990, "Société Razel SA c. Société Bisseuil", qui déclare que l'ordonnance du 1° décembre 1986 "relative à la liberté des prix et à la concurrence" a été implicitement ratifiée par le Parlement dans la totalité de ses dispositions, et s'impose dès lors au Juge, qui ne peut plus que rejeter les conclusions visant à en contester la régularité par voie d'exception. Arrêt commenté par Yves GAUDEMET, "L'Ordonnance du 1° décembre 1986 sur la concurrence est-elle législative ou réglementaire ? (A propos des ratifications implicites)", *JCP* G, 1991, n°3486.

[3] Voir dans ce sens R. CHAPUS, *Droit administratif général*, t. 1, *op. cit.*, p.536.

[4] Cf. Pierre BON, "Les délégations législatives...", *op. cit.*, p.484. Ò

[5] STC 51/1982, du 19 juillet, F. 1.

prise par le moyen d'un Décret Législatif qui met en oeuvre une délégation législative de manière irrégulière[1].

De cet ensemble de caractéristiques découle un régime de contrôle de type "déconcentré". Nous avons vu plus haut[2] que le Tribunal constitutionnel a admis la compatibilité de son propre contrôle avec celui qui est exercé par les Tribunaux ordinaires. De la sorte, les uns et les autres peuvent vérifier la conformité au texte de la "loi de bases" de l'acte pris pour son application[3]. Trois modalités de contrôle sont donc possibles, l'une par le Tribunal constitutionnel, l'autre par le Juge ordinaire, et le dernier par les Chambres parlementaires elles-mêmes[4], compétences susceptibles de s'exercer simultanément, avec les risques que cela peut comporter.

En premier lieu, les décrets législatifs peuvent être attaqués devant le Tribunal constitutionnel pour subir un contrôle de leur constitutionnalité, comme celui-ci l'a admis en 1982[5]. Il doit donc contrôler, d'une part la conformité des dispositions prises sur la base de l'habilitation à l'égard de la loi d'habilitation, et d'autre part leur constitutionnalité propre. "En d'autres termes, (il) exerce et un contrôle formel et un contrôle matériel sur les décrets législatifs"[6].

Mais le Juge constitutionnel admet que le Juge administratif espagnol contrôle aussi les Décrets Législatifs, vérifiant qu'ils n'excèdent pas le domaine de la loi d'habilitation (même si le contrôle de leur constitutionnalité n'est pas de son ressort), solution énoncée dès 1982, et reprise par la suite[7]. Cette solution est justifiée par le fait que, bien que les décrets législatifs aient dès leur édiction un rang législatif, celles de leurs dispositions qui excéderaient le champ de l'habilitation consentie par le Parlement n'ont qu'un rang réglementaire, et que le Juge ordinaire "dispose d'une pleine compétence pour en connaître (art. 8 LOPJ)."[8].

Enfin, le Parlement peut se réserver, dans la loi d'habilitation, la compétence nécessaire pour exercer un contrôle supplémentaire sur les décrets législatifs pris en application de celle-ci. Le Congrès se voit communiquer aux fins d'information par le Gouvernement le texte des Décrets législatifs avant sa publication au *BOE*. Si, dans le mois suivant, aucun député ou groupe parlementaire n'a formulé d'objection, l'usage fait de la délégation par le Gouvernement est supposé correct. Sinon, la Commission compétente doit émettre un avis destiné à être débattu en séance plénière, avec les effets prévus dans la loi de délégation[9].

On voit donc que le contrôle exercé sur les Décrets législatifs en Espagne s'exerce dans un contexte plus favorable qu'en France, où la double nature des

---

[1] *Idem.*

[2] Cf. *supra*, Titre 3, Chapitre 1, Section 2, § 2.

[3] Cf. STC 51/1982, du 19 juillet, citée ci-dessus, dans laquelle le Tribunal Constitutionnel s'appuie sur l'article 82-6 de la Constitution pour déclarer qu'il ne dispose pas d'un "monopole de rejet" en matière de décrets législatifs, et prône donc un contrôle largement déconcentré.

[4] C'est en effet ce qui est prévu par l'article 82 alinéa 6 : "Sans préjudice de la compétence propre des Tribunaux, les lois de délégation peuvent établir dans chaque cas des formes additionnelles de contrôle.".

[5] STC 51/1982, du 19 juillet.

[6] Pierre BON, "Les délégations législatives...", *op. cit.*, p.488.

[7] STC 51/1982, déjà citée, solution reprise dans STC 47/1984, du 4 avril 1984.

[8] Marta CARRO et Juan MESTRE, "Espagne - La délégation législative", *RFDA* 1987, p.727.

[9] Voir, pour plus de détails sur ce point, Francisco FERNANDEZ SEGADO, *El sistema constitucional español, op. cit.*, p.635-636.

ordonnances complique les choses. Il est en tous cas très complet, et toujours ouvert au Tribunal constitutionnel aussi bien qu'au Juge ordinaire.

Les situations des Juges constitutionnels français et espagnol divergent quelque peu ici, car les contraintes imposées par leurs systèmes constitutionnels respectifs sur leur recherche d'efficacité ne sont pas les mêmes. Le contrôle exercé par le Conseil constitutionnel sur les lois d'habilitation est fortement tributaire des difficultés que rencontre son intervention aux stades ultérieurs de la procédure. Il lui permet en fait de mettre en place un véritable contrôle préventif sur l'Exécutif, susceptible de recevoir une application pratique : soit à travers les décisions du Conseil d'Etat si celui-ci le suit, avant ratification; soit par son propre contrôle des lois de ratifications, soit par le contrôle des ratifications implicites. Il semble avoir eu un effet assez dissuasif sur le Gouvernement auquel cette procédure devait bénéficier. Le contrôle du Tribunal constitutionnel espagnol, en revanche, bien que favorisé par la plus grande précision des dispositions constitutionnelles applicables, est resté plus mesuré, et a en définitive moins bridé l'usage de cette technique par l'Exécutif espagnol (bien qu'il préfère malgré tout quand c'est possible utiliser la procédure des *Decretos-Leyes*, qui ne nécessite pas d'autorisation parlementaire[1]).

Les délégations législatives ont initialement été prévues pour permettre à l'Exécutif de répondre plus facilement aux contraintes inhérentes à l'exercice du pouvoir de nos jours. Technique difficile à cerner, mais dont l'usage semble aujourd'hui nécessaire, elle s'est révélée parfois difficile à contrôler pour le Juge constitutionnel, du fait de son statut hybride, à mi-chemin entre activité de l'Exécutif (qui devrait *a priori* lui échapper) et activité législative (qui est normalement de son ressort). Au-delà des critiques théoriques, il a aussi dû faire face à des difficultés pratiques. Le résultat est assez paradoxal. C'est en effet finalement en France, où le Conseil constitutionnel a eu à faire face aux plus grandes difficultés du fait du contexte dans lequel s'exerçait son contrôle, que la jurisprudence constitutionnelle est allée le plus loin, soumettant la procédure des ordonnances à un réseau serré de contraintes juridiques qui la rend dans la plupart des cas peu intéressante pour le Gouvernement. En Espagne en revanche, où le contrôle de constitutionnalité des *Decretos legislativos* n'a pas rencontré de grande opposition, cette jurisprudence est restée plus mesurée.

---

[1] Jacques ZILLER, *Administrations comparées...*, *op. cit.*, p.110.

CONCLUSION DE LA PARTIE 1

Cette première partie nous a permis d'étudier le rôle joué par le Juge constitutionnel dans le contrôle d'un aspect important de l'activité de l'Exécutif : son intervention dans l'exercice de la compétence législative. Nous avons qualifié ce contrôle d'"indirect", parce qu'il ne s'exerce jamais directement à l'encontre de l'Exécutif, mais cherche à le toucher "par ricochet". Nous avons dans ce but examiné successivement sa jurisprudence en matière d'élaboration de la loi, de vote de celle-ci, et enfin d'exercice de la technique de la délégation législative, en laquelle, peut-être, l'Exécutif s'implique le plus visiblement.

Il est ressorti de cette étude que le Juge constitutionnel s'est globalement bien adapté à l'intervention de l'Exécutif dans son domaine de compétence traditionnel, en profitant pour développer son contrôle sur lui. Il s'est comporté avec une certaine prudence, due à la nécessité de prendre en compte la spécificité de sa place dans l'équilibre des pouvoirs institués, mais a finalement réussi à se poser en réel "contre-pouvoir", sans pour autant mettre en danger son existence. On note cependant quelques différences entre les Juges des trois pays retenus pour notre étude. La Cour constitutionnelle fédérale allemande dispose de pouvoirs étendus qu'elle exerce avec conviction, mais elle est aujourd'hui confrontée à des critiques relatives à son énorme pouvoir dans des matières qui devraient être du ressort du politique. Le Tribunal constitutionnel espagnol est celui qui fait preuve du plus d'"orthodoxie" et de retenue dans l'exercice de ses pouvoirs, sans doute en partie du fait du "coup de semonce" reçu en 1985[1]; sa jurisprudence n'en constitue pas moins une contrainte sur l'activité du Gouvernement. Enfin, le Conseil constitutionnel français, initialement le moins favorisé par la Constitution, a réussi une importante mutation qui en a fait un indispensable interlocuteur des autres pouvoirs publics, et notamment de l'Exécutif. Mais cette profonde évolution, reposant sur la jurisprudence, a parfois connu dans son mouvement des "dérapages" contestables.

La réussite de cette évolution s'explique dans la mesure où l'Exécutif était rarement directement visé par le contrôle du Juge constitutionnel, même dans le cas de la législation déléguée. D'ailleurs, on peut remarquer que le Juge constitutionnel s'est montré plus prudent à chaque fois qu'il exerçait son contrôle de manière plus complète, sauf quand il savait pouvoir compter sur l'appui d'autres institutions constitutionnelles[2].

Qu'en est-il maintenant quand il est confronté au contrôle direct des compétences régaliennes de ce même Exécutif ?

---

[1] Cf. *supra*, Titre 1, Chapitre 2, la suppression du contrôle de constitutionnalité *a priori* en Espagne, du fait de son usage maladroit par le Tribunal Constitutionnel.

[2] Comme lors de la "querelle des ordonnances" en France, où il était soutenu par le Président de la République.

Partie 2

LE CONTROLE DIRECT DES COMPETENCES REGALIENNES DU POUVOIR EXECUTIF

Sont ici désignées par le terme de "compétences régaliennes" un certain nombre d'attributions dont l'Exécutif peut maîtriser l'exercice, et qui manifestent par conséquent dans sa plénitude la spécificité de son pouvoir : la conduite des relations extérieures, qu'il s'agisse de la conclusion des traités et accords internationaux ou de l'élaboration du Droit communautaire dérivé, et le recours au peuple.

On n'abordera pas le problème des actes de l'Exécutif déclarant les circonstances exceptionnelles, faute de jurisprudence constitutionnelle suffisante pour en dresser un tableau significatif[1]. Le Conseil constitutionnel n'a rencontré jusqu'à présent qu'une seule occasion de contrôler l'Exécutif en se prononçant sur une loi en matière d'état d'urgence[2] : il ne l'a pas saisie, bien que ce contrôle ait parfaitement été possible[3]. Il est cependant permis de penser que cette absence même de contrôle va dans le sens de notre démonstration.Il semble en effet logique que le Conseil constitutionnel, qui hésite à aller au bout de son contrôle dès qu'il exerce celui-ci directement, ne se hasarde pas à contrôler des actes impliquant aussi clairement une appréciation et une décision politiques que la déclaration de l'urgence.

En matière de compétences régaliennes, contrairement à ce qu'on a pu constater pour le contrôle de l'intervention de l'Exécutif dans l'exercice de la compétence législative, le Juge constitutionnel fait preuve de la plus grande circonspection, même s'il reste guidé par son souci d'étendre son champ de compétences. On touche

---

[1] Les actes pris en application de ces régimes de circonstances exceptionnelles ne sont pas soustraits à tout contrôle juridictionnel : ils peuvent être appréciés par le Tribunal des Conflits, le Conseil d'Etat et la Cour de Cassation, et ce depuis le siècle dernier. Ce ne sont donc pas des actes de gouvernement, comme le constate Pierre SERRAND, *L'acte de gouvernement (Contribution à la théorie des fonctions juridiques de l'Etat)*, *op. cit.*, p.58 s..

[2] en matière de déclaration d'état de siège, les juridictions judiciaires et administratives se sont reconnues compétentes pour en apprécier la légalité (Voir les explications de Pierre SERRAND, *op. cit.*., p.60).

[3] Décision n°85-187 DC, du 25 janvier 1985, "Etat d'urgence en Nouvelle-Calédonie".

Il faut noter qu'il n'en a pas non plus clairement écarté l'éventualité : il se contente de refuser de contrôler la déclaration de l'état d'urgence sur la base d'une loi de mise en application de la loi qui l'a déclaré (il n'accepte de contrôler une loi déjà promulguée par le biais d'une loi nouvelle que si cette dernière modifie, complète ou affecte le domaine de la première). Comme le remarque Louis FAVOREU (*La politique saisie par le droit*, *op. cit.*, p.68 s.) : "en réalité, c'est un contrôle de l'Exécutif (...), qui n'a d'ailleurs pas eu lieu; mais qui aurait pu avoir lieu si, d'après ce qui a été dit par le Conseil constitutionnel, la précédente loi (...) avait été attaquée.".

en effet ici une matière très largement politique, encore peu juridictionnalisée, et où se manifeste dans sa plénitude l'"irréductibilité du politique". Il faut cependant là encore nuancer notre propos : le Juge constitutionnel développe peu à peu son contrôle sur l'exercice de la compétence diplomatique (Titre 1) et sur le Droit Communautaire dérivé (Titre 2), même si c'est avec prudence. Mais il se refuse à intervenir trop directement dans le traitement des actes opérant un recours au peuple (Titre 3).

Titre premier

LE CONTROLE DE LA COMPETENCE DIPLOMATIQUE LORS DE LA CONCLUSION DES TRAITES ET ACCORDS INTERNATIONAUX

Il est aujourd'hui communément admis que la compétence diplomatique est principalement du ressort du Pouvoir Exécutif, qui en dirige l'exercice par la négociation et la mise au point des différents types d'engagements internationaux susceptibles d'être souscrits par un Etat. En conséquence, quand une Constitution prévoit la compétence du Juge constitutionnel pour contrôler la constitutionnalité de tel ou tel type d'engagement international, c'est bien l'Exécutif qui est contrôlé ainsi[1].

Reste à déterminer de quelle manière et dans quelle mesure le Juge constitutionnel est susceptible de jouer un rôle dans le contrôle de l'"activité diplomatique". Il s'agit déjà là par essence d'une matière délicate à aborder, et *a fortiori* à contrôler, car elle concerne une des compétences régaliennes : la conduite des relations extérieures de l'Etat[2]. Mais ce domaine est particulièrement périlleux pour le Juge constitutionnel, chargé de faire effectivement respecter par les instances dirigeantes du pays la "charte contemporaine de l'Etat de Droit"[3] qu'est la Constitution : trop d'"activisme" mettrait sa situation en danger, mais à l'inverse une trop grande prudence induirait "le risque de la marginalisation" relevé par le Doyen Henry ROUSSILLON[4]. Les enjeux d'un tel contrôle sont cependant particulièrement intéressants pour le Juge constitutionnel, car il débouche en définitive sur une véritable "contitutionnalisation" de ce secteur d'activité, les classiques éléments politiques, d'opportunité, des choix diplomatiques se trouvant désormais encadrés par des données juridiques, constitutionnelles[5].

---

[1] Cf Elisabeth ZOLLER, *Droit des relations extérieures*, PUF, 1992, p. 259 : "... contrôler la constitutionnalité des engagements internationaux, c'est en partie contrôler la diplomatie et la politique étrangère, parce que c'est vérifier que l'Exécutif ne les a pas conduits en violation des lois fondamentrales du pacte social.".
Cf. aussi Louis FAVOREU, "Le contrôle de constitutionnalité du Traité de Maastricht et le développement du "Droit constitutionnel international"", *RGDIP* 1993, p. 63 : les nouvelles conditions d'exercice du contrôle de constitutionnalité des engagements internationaux par le Conseil constitutionnel peuvent avoir pour conséquence "un contrôle de l'Exécutif (...) qui, dans le système français, a la haute main sur la mise au point des engagements internationaux".

[2] Plus généralement, sur les rapports du Droit et de la politique dans la détermination de l'action internationales de l'Etat, voir Guy de LACHARRIÈRE, *La politique juridique extérieure*, Economica, Paris, 1983.

[3] E. ZOLLER, *Droit des relations extérieures*, *op. cit.*, p.15

[4] Henry ROUSSILLON, "L'avenir du Conseil constitutionnel : la banalisation", *Administration - Revue du corps préfectoral*, 1997

[5] Cf. Christopher POLLMANN, "La révision de l'article 54 de la Constitution : nouvelle avancée de la juridicité, nouvel échec de l'instrumentalisme juridique", *RDP* 1994, p.1122 s., qui voit dans ce

Deux types de problèmes se posent au Juge constitutionnel en la matière : il doit d'une part vérifier la constitutionnalité des conditions formelles de la conclusion des engagements internationaux (Chapitre 1), et d'autre part contrôler la conformité à la Constitution du contenu même de ces engagements (Chapitre 2). Compte tenu des différences existant en la matière entre les exigences constitutionnelles des trois pays retenus pour notre étude, la pratique des Cours constitutionnelles est-elle plutôt unifiée ou pas ? Et pour quelles raisons ?

mouvement un facteur de dédramatisation des rapports politiques, voire de dépolitisation de la matière, associée à une plus grande implication du Parlement, et peut-être aussi de la population, dans le processus d'élaboration des engagements internationaux.

CHAPITRE PREMIER

LE CONTROLE DES CONDITIONS FORMELLES D'EXERCICE DE LA COMPETENCE DIPLOMATIQUE : LA CONCLUSION DES ENGAGEMENTS INTERNATIONAUX

Ces conditions formelles sont de deux sortes. D'une part les Constitutions prévoient toutes dans une certaine mesure la mise en jeu du principe de séparation des pouvoirs, en confiant au Parlement l'exercice d'un contrôle politique sur la conclusion des engagements internationaux. Dans quelle mesure ce contrôle est-il effectif, et quel rôle peut jouer le Juge constitutionnel en la matière ? Il faudra examiner ce premier point dans une section 1. D'autre part, la procédure de conclusion des Traités elle-même doit être contrôlée. Par quels moyens ? Avec quel effet ? C'est ce que nous verrons dans une section 2.

Section 1

Le contrôle du respect par l'Exécutif du principe de séparation des pouvoirs en matière de conclusion d'engagements internationaux

Les dispositions constitutionnelles applicables en la matière réservent une place privilégiée à l'Exécutif. En matière d'engagement de l'Etat sur le plan international, on peut dire qu'en apparence "l'Exécutif semble totalement maître du jeu."[1]. Il s'agit là d'une mise en oeuvre de la très classique théorie de l'*auswärtige Gewalt* (ou "pouvoir extérieur"), qui vise l'exercice des compétences internationales de l'Etat[2].

---

[1] Jean DHOMMEAUX, "La conclusion des engagements internationaux : dix-sept ans de pratiques", *AFDI* 1975, p.849

[2] Formulée en Allemagne, mais appliquée empiriquement depuis des temps immémoriaux, elle consiste à considérer que quand l'Etat agit en matière de relations internationales, l'Exécutif est seul compétent, puisque le mieux à même de régler diligemment et efficacement les problèmes de la politique étrangère. En conséquence, tous les contrôles qui pourraient être prévus sur l'exercice du pouvoir dans l'ordre interne, qu'ils soient juridiques ou politiques, doivent tomber. En somme, il serait naturel que "la politique extérieure (manifeste), en théorie comme dans l'Histoire, une résistance opiniâtre à la pénétration de la participation et au contrôle démocratique." (Antonio REMIRO BROTONS, *La acción exterior del Estado*, Tecnos, 1984, p.13-14).

Cependant les Constitutions française[1], allemande[2] et espagnole[3] opèrent toutes trois[4] la mise en oeuvre du principe de séparation des pouvoirs lors de la conclusion de certains types d'engagements internationaux. Ces dispositions constitutionnelles sont caractéristiques de la volonté des constituants de ces trois pays, bien qu'oeuvrant à des époques différentes, de "circonscrire l'*irréductible diplomatique* dans la procédure de conclusion des Traités internationaux"[5]. Il s'agit donc en fait de rendre possible "une politique extérieure dont l'exposition et la réalisation seraient le plus transparentes possible et qui serait protégée contre les risques d'un usage autoritaire du pouvoir."[6], autrement dit de parfaire l'Etat de Droit. Une telle volonté était particulièrement difficile à mettre en pratique, étant donné le caractère particulièrement désorganisé des relations internationales, et la nécessité s'imposant parfois à l'Exécutif d'une action immédiate dans le but de sauvegarder les intérêts de l'Etat. D'une manière générale il semble aujourd'hui, à la lecture des dispositions constitutionnelles concernant les relations internationales de l'Etat, qu'on ne peut plus s'en tenir à l'affirmation d'une compétence exécutive de principe, qui dénierait tout rôle au Parlement. "La tendance (, dans ces trois pays,) est (...) de ménager au Parlement une compétence qui n'ignorerait la fonction normative du traité que dans la stricte mesure nécessaire au respect de sa fonction diplomatique"[7], et donc de le faire participer plus largement aux procédures de conclusion des engagements internationaux.

Deux sortes de difficultés doivent être résolues par le Juge constitutionnel pour mener à bien ce contrôle. Chronologiquement, elles concernent, d'une part les

---

[1] L'article 53 alinéa 1° de la Constitution française du 4 octobre 1958 dispose que :
"Les traités de *paix*, les traités de *commerce*, les traités ou accords relatifs à *l'organisation internationale*, ceux qui engagent les *finances de l'Etat*, ceux qui *modifient des dispositions de nature législative*, ceux qui sont relatifs à *l'état des personnes*, ceux qui comportent cession, échange ou adjonction de *territoire*, ne peuvent être ratifiées ou approuvés qu'en vertu d'une loi.".

[2] L'article 59 alinéa 2 de la Loi Fondamentale allemande du 23 mai 1949 précise que :
"Les traités réglant les *relations politiques* de la Fédération, ou relatifs à des matières qui relèvent de la *compétence législative fédérale*, requièrent l'approbation ou le concours des organes respectivement compétents en matière de législation fédérale, sous la forme d'une loi fédérale. Les dispositions régissant l'administration fédérale s'appliquent par analogie aux accords administratifs.".

[3] La Constitution espagnole du 28 octobre 1978 prévoit dans son article 94 que :
"1 - La prestation du consentement de l'Etat pour s'obliger par des traités ou des conventions requiert l'autorisation préalable des Cortes Generales, dans les cas suivants: a) Traités à caractère *politique*; b) Traités ou conventions à caractère *militaire*; c) Traités ou conventions qui affectent *l'intégrité territoriale de l'Etat* ou les *droits et devoirs fondamentaux* établis au Titre I; d) Traités ou conventions qui impliquent des obligations financières pour le *Trésor Public*; e) Traités ou conventions qui supposent la *modification ou la dérogation à une loi* ou exigent des mesures législatives pour leur exécution. 2 - Le Congrès et le Sénat seront immédiatement informés de la conclusion des autres traités ou conventions.". (nous soulignons).

[4] Pour une analyse plus poussée du traitement du Droit international dans les sources constitutionnelles nationales, cf. Charles VALLEE, "Note sur les dispositions relatives au Droit international dans quelques Constitutions récentes", *Annuaire Français de Droit International* 1979, p.255-280, 26 p.. Voir aussi Paul de VISSCHER, "Les tendances internationales des Constitutions modernes", 80 *Recueil des Cours de l'Académie de Droit International de La Haye*, 1952, I, p.511-578, 68 p., et A. CASSESE, "Modern Constitutions and International Law", 192 *RCADI* 1985, III, p.331-476, 146 p.

[5] Valérie GOESEL-LE BIHAN, *La répartition des compétences en matière de conclusion des accords internationaux sous la V° République*, Pédone, 1995, p.196

[6] Roberto MESA, "El proceso de toma de decisiones en politica exterior", *Documentación Administrativa* n°205, 1985, p.156

[7] V. GOESEL-LE BIHAN, *op. cit.*, p.197

problèmes liés à la qualification des engagements internationaux, c'est-à-dire le point de déterminer lesquels seront soumis à l'appréciation du Parlement (§ 1), qui conditionne l'efficacité de l'intervention du Parlement, et d'autre part les modalités du contrôle sur le contenu et l'exercice de ses compétences par le Parlement (le Juge constitutionnel protège-t-il l'Exécutif ou pas ?) (§ 2).

§ 1 - La qualification des engagements internationaux

Des problèmes se rencontrent lors du contrôle par le Juge constitutionnel, d'une part de l'attribution de la compétence qualificatrice (I-), et d'autre part des critères permettant d'opérer la qualification (II-).

I - L'attribution de la compétence qualificatrice

Pour commencer, il faut déterminer à qui est confiée cette fonction. Son exercice correct est en effet essentiel pour la suite de la procédure, puisque de lui dépend l'effectivité et l'efficacité de la mise en oeuvre du principe de la séparation des pouvoirs en la matière. Le Droit international n'impose en l'espèce aucune solution uniforme : ici, comme pour les autres règles relatives à l'expression du consentement de l'Etat, les constituants nationaux sont entièrement libres d'organiser à leur guise la procédure applicable dans leur ordre interne. C'est ce à quoi font souvent référence les clauses finales des traités quand elles prévoient que "le consentement sera exprimé "conformément aux règles constitutionnelles respectives" des Etat signataires."[1] On observe cependant une grande uniformité des solutions retenues en pratique pour les trois pays qui relèvent de notre étude. Malgré les différences ponctuelles dans l'organisation de leurs pouvoirs constitutionnels internes, et pour d'évidentes raisons de commodité, la compétence de qualification des engagements internationaux est toujours confiée à l'Exécutif[2]. C'est "objectivement" plus pratique[3], puisque c'est lui qui est chargé de la négociation de ces engagements, et "subjectivement" plus avantageux pour lui, car cela lui confère une priorité sur les autres intervenants dans la procédure : il est plus malaisé de contester *a posteriori* cette qualification devant le Juge que de procéder à la qualification initiale. Aucune contrôle juridictionnel n'est possible à ce stade, puisque tout relève d'une pratique très claire.

Ainsi, en France, c'est le Gouvernement, par la voix du Ministre des Affaires Etrangères[4] et du Secrétariat Général du Gouvernement, après consultation du

---

[1] NGUYEN QUOC Dinh et alii : *Droit International Public*, LGDJ, 1994, p.135

[2] Cf. sur les prérogatives de l'Exécutif l'ouvrage de Marcel MERLE, *La politique étrangère*, PUF, 1984

[3] Notamment pour préserver la cohésion de l'Etat et donc son autonomie vis-à-vis d'autorités étrangères, et d'autre part parce que la sécurité des relations extérieures est plus grande quand un organe unique est chargé de garantir la qualité des représentants de l'Etat et certifier l'expression de la volonté de ce dernier (cf., sur ce point, Paul REUTER et Jean COMBACAU, *Institutions et relations internationales*, PUF, 1985, p.150 s.).

[4] qui bénéficie, en principe au moins, du monopole des relations extérieures du fait de l'arrêté du 22 messidor an VII et du décret du 29 décembre 1810, même si cette suprématie est fortement battue en brèche en pratique.

Conseil d'Etat[1], qui transmettra, mais seulement s'il le juge bon, des engagements internationaux au Parlement afin que celui-ci exerce sa compétence d'autorisation. En Allemagne, c'est le *Bundespräsident*, chargé de "(représenter) la Fédération sur le plan international (et de conclure) au nom de la Fédération les traités avec les Etats étrangers"[2], c'est-à-dire en fait le Gouvernement fédéral qui contrôle ses activités, qui vont avoir la responsabilité de transmettre les traités visés à l'article 59 alinéa 2 de la Loi Fondamentale. En Espagne, c'est une décision gouvernementale[3], après consultation de la Commission Permanente du Conseil d'Etat ("consultation" qui, comme son nom l'indique, ne le lie pas). Le seul "contrôle" préalable prévu est la consultation du Conseil d'Etat en France et en Espagne (qui s'est inspirée sur ce point de la procédure retenue chez nous).

II - Les critères permettant d'opérer la qualification

Sur quels critères se base l'Exécutif pour effectuer cette qualification ? Comment interpréter les dispositions constitutionnelles opérantes ? Faut-il privilégier des critères de distinction formels, ou au contraire matériels ? L'interprétation gouvernementale est en règle générale très restrictive et s'en tient autant que possible à des critères formels. Le plus souvent les Exécutifs cherchent à soustraire le plus possible d'engagements internationaux à la lourde procédure d'intervention parlementaire, mais il peut aussi arriver qu'une convention internationale n'entrant pas dans les catégories définies par la Constitution soit néanmoins soumise à l'approbation du Parlement[4], pour des raisons d'opportunité politique. On observe en revanche de la part des Cours constitutionnelles une tendance nette à l'extension la plus large possible de leur contrôle, en utilisant autant que possible les critères matériels. Nous examinerons successivement les solutions française (A-), allemande (B-) et espagnole (C-) à ce problème.

A - LA SOLUTION FRANÇAISE

Elle a nécessité l'interprétation de dispositions constitutionnelles obscures (1-), sans que soient résolus tous les problèmes soulevés par la mise en application et le contrôle de ces dispositions (2-).

---

[1] Cf. Thierry RENOUX et Michel de VILLIERS, *Code Constitutionnel - Commenté et annoté*, Litec, 1995, p.414

[2] art. 59 alinéa 1° de la Loi Fondamentale

[3] Cf. A. REMIRO BROTONS, "El poder exterior del Estado", *Documentación Administrativa* n°205, 1985

[4] Cf. Bruno GENEVOIS, "Le Traité sur l'Union Européenne et la Constitution - A propos de la décision du Conseil constitutionnel n°92-308 DC du 9 avril 1992 ", *RFDA* 1992, p.375, qui met l'accent sur le fait qu'en France "la procédure d'élaboration des engagements internationaux laisse place à un minimum de souplesse".
Voir aussi Joël RIDEAU, "Problématique générale des rapports entre Droit constitutionnel et Droit international", in *Droit Constitutionnel et Droits de l'Homme*, 1987, p.220 s.

1 - L'interprétation des dispositions constitutionnelles obscures

Comment, par exemple, faut-il interpréter l'art. 53 de la Constitution ? Le texte constitutionnel se réfère à des catégories bien précises[1] d'engagements internationaux[2], dont les plus "claires" (relativement aux autres) ont été précisées au fil de sa jurisprudence par le Conseil constitutionnel : ainsi pour ce qui concerne la notion de traités ou accords "qui modifient des dispositions de nature législative"[3], ou pour l'exclusion de tout contrôle sur les engagements de nature politique, quelle que soit par ailleurs leur importance[4].

Les problèmes surgissent quand vient le moment d'interpréter des dispositions peu claires *a priori*. C'est par exemple le cas de celles qui visent les traités ou accords "qui engagent les finances de l'Etat". La pratique administrative interprète cette catégorie comme visant "les conventions entraînant une charge effective, spécifique, nouvelle et certaine" pour les finances de l'Etat. Quant au Conseil constitutionnel, sans s'être jamais jusqu'à présent prononcé directement sur ce point, il admet des autorisations parlementaires implicites, manifestées par exemple à travers l'approbation, par un vote antérieur à l'accord, d'une loi prévoyant et justifiant de telles conventions[5].

C'est aussi le cas des traités ou accords qui sont "relatifs à l'organisation internationale". Comme le font remarquer les Professeurs Thierry RENOUX et Michel de VILLIERS, "l'expression de "traités ou accords relatifs à l'organisation internationale" est très imprécise, alors même que ne sont pas mentionnés les engagements internationaux proprement politiques, traités de coopération, de non-agression, de règlement pacifique des différends...". C'est au Conseil constitutionnel qu'est revenue la tâche de préciser peu à peu les contours de cette notion. Il en a

---

[1] La catégorie des "traités de commerce" a perdu la plus grande part de son intérêt depuis l'adhésion de la France au Traité des Communautés Européennes, dont l'article 113 organise une "politique commerciale commune".

[2] Le Conseil constitutionnel a précisé le sens de cette expression en Droit français, en reprenant largement la conception classique du Droit international en la matière (cf. la Convention de Vienne, art. 2, paragraphe 1.a, qui mêle des éléments formels à l'ancienne définition coutumière : "L'expression "traité" s'entend d'un accord international conclu par écrit entre Etats et régi par le Droit international, qu'il soit consigné dans un instrument unique ou dans deux ou plusieurs instruments connexes, et quelle que soit sa dénomination particulière.").

"Le Conseil constitutionnel s'est appliqué à dégager (...) les traits caractéristiques du traité ou de l'accord international au sens de la Constitution du 4 octobre 1958 et en a fait application à la notion plus large d'engagement international. Pour le Conseil constitutionnel, la notion d'engagement international suppose la réunion de deux critères cumulatifs : l'acte en cause doit, en premier lieu, être conclu entre deux sujets du Droit international; il s'agit d'un critère organique tenant à la nature juridique des parties en présence. L'acte doit, en second lieu, être susceptible de produire par lui-même des effets juridiques; on a ici affaire à un deuxième indice d'ordre matériel lié à la portée de l'acte à qualifier." (Patrick GAIA, *Le Conseil constitutionnel et l'insertion des engagements internationaux dans l'ordre juridique interne*, Economica-PUAM, 1991, p.22-23).

[3] Il a interprété cette notion comme touchant l'ensemble des matières du domaine législatif de l'article 34 (décision n°70-39 DC, du 19 juin 1970, "Traité des Communautés Européennes", sur une décision du Conseil des Communautés européennes - Notes : C. EMERI et J.-Cl. GAUTRON, *RDP* 1971, "Vie et Droit parlementaire", p.172; D. RUZIE, *JCP* G, 1970, I, p.2354).

[4] Cf. *infra*, Section 2, et décision n°78-99 DC, du 29 décembre 1978, Système Monétaire Européen (Notes : P. AVRIL et J. GICQUEL, *Pouvoirs* n°9, 1979, p.199; L. PHILIP, *RDP* 1979, p.476).

[5] V. T. RENOUX et M. de VILLIERS, *op. cit.*., commentaire de l'article 53 de la Constitution. Voir aussi V. GOESEL-LE BIHAN, *op. cit.*.

retenu une conception large, y incluant des engagements autre qu'interétatiques[1].Cependant, le Gouvernement essaie toujours de protéger ses compétences, puisqu'il estime que "parmi les diverses organisations internationales, n'intéressent l'"organisation internationale" au sens de l'article 53 que les seules institutions dotées d'un "véritable" pouvoir de décision et pourvues d'attributions étendues", comme le note dans sa thèse Valérie GOESEL-LE BIHAN[2]. Ceci lui permet d'exclure les organisations consultatives[3] et celles dont les attributions sont trop techniques[4], tout en lui laissant un certain pouvoir d'interprétation pour définir ce qu'est un "véritable" pouvoir de décision[5].
Toujours à propos du contenu de cette notion, dans quelle catégorie faut-il ranger les "Traités d'alliance" ? Leur cas a été longuement analysé par Mme GOESEL-LE BIHAN[6]. Ces traités, considérés comme "politiques" par excellence, ont pendant longtemps été exclus d'office du champ de compétences du Parlement, car la doctrine aussi bien que les différents gouvernements se retrouvaient pour considérer que la préservation du secret diplomatique justifiait une telle attitude. Ce raisonnement aurait cependant dû être nuancé après l'introduction dans la Constitution de la catégorie des traités "relatifs à l'organisation internationale", au sein desquels on pourrait les ranger. Il n'en a rien été, sous prétexte que de tels engagements concernent avant tout le domaine, particulièrement "sensible", de la Défense nationale, et ne sont de toute manière pas directement mentionnés par le texte constitutionnel (le recours à un critère formel d'interprétation étant particulièrement bienvenu de ce point de vue-là). Le Parlement n'est convié à intervenir que quand le Gouvernement le décide, c'est-à-dire en pratique quand leur "haut degré de structuration et l'importance des limitations de souveraineté qui en découlent"[7] le justifient, car ils rentrent alors à nouveau dans la catégorie des "traités relatifs à l'organisation internationale".

2 - La mise en application et le contrôle de ces dispositions

La doctrine s'est longuement interrogée sur les conclusions qu'il convenait de tirer de ces dispositions constitutionnelles plus obscures. Fallait-il retenir une conception restrictive des compétences des parlementaires, ou au contraire leur permettre d'intervenir largement dans la procédure de conclusion des engagements internationaux ? En d'autres termes, tous les traités mentionnés dans les textes constitutionnels doivent-ils être soumis dans tous les cas à l'approbation du Corps législatif ? Peut-on leur en soumettre d'autres quand cela peut être opportun pour l'Exécutif ?

---

[1]cf. sa décision n°83-160 DC du 19 juillet 1983, "Convention fiscale Nouvelle-Calédonie" (Notes : L. FAVOREU, *RDP* 1986, p.395; J.-P. JARNEVIC, *AJDA* 1984, p.28; H. LABAYLE, *JCP* G, 1985, II, n°20352), qui mentionne des "personnes du Droit international".
[2] comme celles qui disposent d'un pouvoir de décision à la majorité (ONU...), ou d'un pouvoir normatif exorbitant du droit commun (OIT, UNESCO...).
[3] disposant d'un simple pouvoir de recommandation.
[4] Comme celle dont l'objet est la réglementation de la pêche par exemple.
[5] Cf. V. GOESEL-LE BIHAN, *op. cit.*, p. 146 s.
[6] Id., p. 150 s
[7] Id., p. 154

Quand on observe la pratique, on retrouve en apparence la théorie classique de l'*auswärtige Gewalt* exposée plus haut. L'interprétation du Gouvernement l'amène souvent à écarter toute intervention parlementaire, afin de ne pas "restreindre sa marge de manoeuvre vis-à-vis du Parlement."[1]. Même si on constate que "dans la période récente, le Gouvernement a respecté de lui-même et pour l'essentiel la séparation des pouvoirs"[2], rien ne l'empêche de refuser d'en tenir compte.

Une telle interprétation abusive est à l'abri de tout contrôle juridictionnel. En effet, même s'il semble aujourd'hui évident que "seules les sanctions d'ordre juridictionnel paraissent dotées d'une efficacité suffisante pour contraindre le Gouvernement à respecter (...) le domaine de l'autorisation parlementaire prévue par l'article 53-1 de la Constitution"[3], un tel contrôle ne semble pas facile à faire assurer, bien que la Section du Rapport et des Etudes du Conseil d'Etat ait critiqué cet état de choses dans une étude récente[4].

Les juridictions ordinaires se refusent à contrôler la régularité des procédures d'adoption des conventions internationales[5], "pour ne pas remettre en cause le rôle du pouvoir exécutif dans les relations internationales (...), malgré la formule de l'article 55 mentionnant "les traités et accords régulièrement ratifiés ou approuvés"."[6].

Toute intervention du Juge administratif est exclue, car le Conseil d'Etat interprète restrictivement ses compétences en la matière au nom de la théorie des "actes de gouvernement"[7], et se refuse donc à sanctionner la non-transmission par le Gouvernement au Parlement aux fins d'autorisation d'engagements internationaux appartenant à une catégorie mentionnée à l'article 53.

Quant au Conseil constitutionnel, il n'a jamais jusqu'à présent rendu de décisions condamnant explicitement le point de vue de l'Exécutif en matière de qualification des engagements internationaux. C'est en grande partie dû à l'absence de prévision par la Constitution de mécanismes de contrôle spécifiques, efficaces et dissuasifs : le Conseil constitutionnel ne peut contrôler le respect de l'article 53 al.1 que par le biais

---

[1] C. POLLMANN, *op. cit.*, p. 1092

[2] V. GOESEL-LE BIHAN, *op. cit.*, p. 323

[3] P. GAIA, *op. cit.*, p.193

[4] "Droit international et Droit français", *NED* n°4803, 1986, p.16 : "il serait souhaitable que le gouvernement recoure à la consultation du Conseil d'Etat sur le point de savoir si une loi d'autorisation de ratification rst nécessaire ou non dès lors qu'il existe un doute à cet égard.".

[5] Du fait des dispositions de la loi des 16-24 août 1790 (il leur est interdit de "troubler, de quelque manière que ce soit, les opérations des corps administratifs") et du décret du 16 fructidor an III (le Juge judiciaire ne peut "connaître des actes d'administration, de quelque nature qu'ils soient). Les juges judiciaires ont pour unique mission de tirer les conséquences en Droit interne des dispositions du Droit international auxquelles sont soumises la France. Cf. pour plus de détails sur ce point une étude déjà un peu ancienne de Gérard DRUESNE, "La jurisprudence des tribunaux judiciaires sous la V° République", *RDP* 1974, p.169 s.

[6] J. RIDEAU, op. cit., p.221

[7] Constituent des "actes de gouvernement" en la matière pour le Conseil d'Etat l'ensemble des actes se rattachant directement aux rapports internationaux de la France (sauf les mesures détachables des relations diplomatiques ou des conventions internationales, voir par exemple CE 5 février 1926, Dame Caraco, *Rec.* 125, ou CE Sect. 7 décembre 1945, Sté Ranc, Tiburce et C°, *Rec.* 247), et tout particulièrement, concernant les traités et accords internationaux, tous les actes touchant l'élaboration, la signature et la ratification de ces accords (sauf l'interprétation des traités, voir CE Ass. 29 juin 1990, GISTI, *Rec.* 171, confirmé et développé par CE Sect., 2 juin 1999, Meyet, n°207752). Voir par exemple CE Sect. 1° juin 1951, Société des Etains et Wolfram du Tonkin, *Rec.* 312, CE 29 octobre 1954, Taurin et Mérienne, Rec. 566, CE Sect. 23 juillet 1961, Société Indochinoise d'Electricité, *Rec.* 519.

des procédures des articles 54 ou 61 al.2. Il l'a fait par le biais de l'article 54[1]., "semble-t-il, (...) implicitement dans ses décisions du 19 juin 1970 (n°70-39 DC, "Ressources propres"), du 15 janvier 1975 (n°75-54 DC, "IVG") et, explicitement, dans sa décision du 30 décembre 1976 (n°76-71 DC, "Assemblée européenne"), en se montrant peu exigeant puisqu'il a accepté une "habilitation globale *a priori*"."[2]. Reste à voir si la révision constitutionnelle du 25 juin 1992, qui a ouvert la saisine du Conseil sur le fondement de l'article 54 à soixante députés ou soixante sénateurs, va permettre une évolution de cet état de fait. Il est encore trop tôt pour se prononcer sur ce point.

B - LA SOLUTION ALLEMANDE

Elle repose sur une interprétation restrictive de la répartition des compétences entre Exécutif et Législatif (1-), mais admet des solutions particulières concernant certains types d'accords (2-).

1 - Une interprétation restrictive de la répartition des compétences entre Exécutif et Législatif

Comment interprète-t-on en Allemagne l'article 59 alinéa 2 de la Loi Fondamentale ? Il est apparemment plus laconique que l'article correspondant de la Constitution française.
La doctrine allemande considère que "les principaux problèmes de délimitation des compétences se posent surtout entre l'Exécutif et le Législatif."[3]. La Cour Constitutionnelle allemande (*Bundesverfassungsgericht*) s'oppose très fermement à l'opinion qui voudrait que l'organisation de la démocratie prévue par la Loi Fondamentale repose sur un large pouvoir parlementaire de supervision sur toutes les décisions de portée étendue, c'est-à-dire en d'autres termes selon laquelle l'Exécutif, du fait d'une légitimation démocratique quelque peu inférieure, ne pourrait pas prendre de telles décisions sans un contrôle parlementaire direct.

Ainsi, selon la Cour constitutionnelle fédérale, l'Exécutif et en son sein plus particulièrement le Gouvernement Fédéral, doit être considéré comme un pouvoir "politique", et non comme un simple pouvoir limité *a priori* à des décisions de moindre signification politique."[4] Dans cette perspective, l'article 59 alinéa 2 phrase 1 fournit un point de repère. Dès 1952, la Cour Constitutionnelle Fédérale, dans sa décision "Petersberg Abkommen"[5], a accepté l'intervention du Parlement dans le domaine des relations internationales de la RFA, même si elle reconnaît que ce

---

[1] Bien que cela puisse sembler exclu par la lettre de cet article : "comporte une clause contraire à la Constitution"; à ce sujet, voir L. FAVOREU et L. PHILIP, "Conseil constitutionnel et pouvoirs publics", *RDP* 1977

[2] J. RIDEAU, *op. cit.*, p.221

[3] Rudolf STREINZ, commentaire de l'article 59 de la Loi Fondamentale, in *Grundgesetz Kommentar*, 1996, p.1081 (n°7)

[4] Cf. opinion favorable de Wilhelm GREWE, in Josef ISENSEE / Paul KIRCHHOF (dir.), *Handbuch des Staatsrechts der Bundesrepublik Deutschland*, Heidelberg, 8 t. (1987-1995) t.3, 1988, Paragraphe 77 n°46 s.

[5] *BVerfGE* 1, 351

dernier devrait normalement être réservé au Pouvoir exécutif par une application stricte de la théorie de la séparation des pouvoirs. Elle a en effet déclaré que "l'article 59-2 déroge (dans les limites permises) au système de la séparation des pouvoirs en ce qu'ici le Législatif fait une incursion dans le pouvoir de l'Exécutif."[1]. C'est pourquoi, comme l'art. 59-2 est considéré comme rompant avec le système de la séparation des pouvoirs, cette norme est interprétée d'une manière très étroite[2].
La doctrine allemande[3] considère aujourd'hui que la compétence extérieure appartient essentiellement à l'Exécutif, et plus précisément au Gouvernement Fédéral, et ce bien que le Juge constitutionnel ait déjà parlé des "détenteurs de la compétence extérieure", en des termes permettant un rapprochement, au moins verbal, avec la théorie du "pouvoir combiné" (*kombinierte Gewalt*)[4]. Les tenants de cette dernière théorie représentent le courant d'opinion le plus critique à l'égard de la position de la Cour constitutionnelle. Selon cette théorie, la spécificité de la compétence en matière de relations extérieures dans un Etat moderne réside dans son caractère bicéphale (Exécutif / Législatif). L'article 59-2 montrerait que la compétence extérieure de l'Exécutif et du Législatif leur est attribuée conjointement (*zur gesamten Hand zugeordnet*)[5]. Il faudrait donc interpréter extensivement le droit de participation parlementaire.
Ces deux opinions (celle soutenue par la Cour Constitutionnelle Fédérale et celle des tenants de la *kombinierte-Gewalt-Theorie*) se réfèrent à la séparation des pouvoirs telle qu'elle est exprimée dans la Loi Fondamentale, mais elles sont toutes deux critiquables quant elles l'appliquent à la compétence extérieure. Elles la déterminent en effet parfois trop par référence à des principes abstraits et pas assez à partir de l'esprit de l'article 59-2[6]. Quand il s'agit de déterminer si un organe fédéral outrepasse ou pas les pouvoirs qui lui sont accordés en matière de relations extérieures par l'article 59, une autre solution peut être proposée. Elle doit tenir compte, d'une part des particularités réelles, effectives, du fonctionnement concret des relations extérieures, et d'autre part de l'idée, développée par référence à d'autres dispositions constitutionnelles (en particulier sur la fonction législative, dont le principe est tout à fait transposable dans le domaine des relations étrangères), d'une responsabilité devant le Parlement pour les décisions les plus importantes de l'Etat (*Wesentlichkeitstheorie* - ou "Théorie du caractère substantiel")[7].

---

[1] Que l'article 59-2, s'éloignant du principe de la séparation des pouvoirs selon lequel la politique extérieure est une fonction du Gouvernement, concède aux organes législatifs un droit de participation dans le domaine de l'Exécutif, est établi en dernier lieu par référence à la décision du BVerfG, BVerfGE 1,372(394), dans la décision du BVerfGE 90,286(357s.), "Auslandeinsätze".
[2] jurisprudence constante depuis la décision du BVerfGE 1, 351 (369); 1, 372 (394), voir en particulier BVerfGE 68, 1 (83 s.), malgré l'opinion minoritaire de certains juges.
[3] Cf. R. STREINZ, op.cit.
[4] expliquée par le Pr Juliane KOKOTT in Kay HAILBRONNER, Georg RESS, Torsten STEIN (dir.), *Staat und Völkerrechtsordnung - Festschrift für Karl DOEHRING* (= *Mélanges Doehring*), 1989, p.509.
[5] in FRIESENHAHN, *Veröffentlichungen der Vereinigung der Deutschen Staatsrechtslehrer* (= Publications de l'Union des Professeurs de Droit Public Allemands) XII (1954) n°187-197
[6] cf. J. KOKOTT, *op. cit.*, p.509 s.
[7] Cf. BVerfGE 48,89 (126 s.). Voir aussi pour la doctrine américaine à ce sujet Alexander HAMILTON, *Federalist Papers* n°75

C'est ce que fait aujourd'hui la Cour constitutionnelle fédérale quand elle se réfère à la répartition générale des compétences (*funktionsgerechte Organstruktur*)[1]. Elle met en oeuvre dans ce but un critère de compétence téléologique. Elle considère en effet que "cela dépend du fait de savoir si les décisions étatiques sont prises correctement, c'est-à-dire par des organes qui, pour cela, disposent des meilleures conditions au regard de leur organisation, de leur structure, de leur fonction et de leurs conditions de fonctionnement."[2]. Il est dans cette optique incontestable que, face à des situations extérieures changeantes, l'Exécutif est le plus à même de réagir de façon adéquate[3]. Dans cette hypothèse, même une interprétation large du domaine d'application de l'article 59-2, et le cas échéant son extension aux actes non-conventionnels du Gouvernement Fédéral, ne permettrait pas une atteinte au noyau du domaine d'action de l'Exécutif : il reste le mieux à même d'exercer une compétence en la matière.

2 - Les solutions particulières concernant certains types d'accords

Ces accords sont, d'une part les "traités réglant les relations politiques de la Fédération" (a-), d'autre part les accords "relatifs à des matières qui relèvent de la compétence législative fédérale" (b-), et enfin les conventions dites "parallèles" (c-).

a - Les "traités réglant les relations politiques de la Fédération"

Des discussions assez vives se sont élevées dès les débuts de la "République de Bonn"[4] sur le point de savoir comment il convenait d'interpréter la notion de "traité réglant les relations politiques de la Fédération". Ce problème a été tranché par la Cour constitutionnelle fédérale en 1952, à l'occasion d'un "conflit d'organes" (*Organstreit*) entre le Parti Social-démocrate au Parlement et le Gouvernement, pour déterminer ce qui commande l'intervention du Parlement dans la procédure. L'argumentation de la Cour est si claire qu'elle mérite d'être largement citée : "Un traité ne devient pas un traité politique au sens de l'article 59-2 de la Loi Fondamentale parce qu'il touche d'un point de vue assez général les affaires publiques, le bien de la communauté, ou les affaires de l'Etat. S'il en était ainsi, tous les traités seraient des traités politiques, et la restriction posée par l'article 59 n'aurait plus de sens. (...) C'est-à-dire que tous les traités doivent être considérés comme politiques dans ce contexte si leur objet est de revendiquer, de fixer ou d'étendre la position de force d'un Etat vis-à-vis des autres Etats. Alliances, traités de garantie, traités relatifs à la coopération politique, traités de paix, pactes de non-agression, traités de neutralité et de désarmement, traités d'arbitrage, et d'autres engagements internationaux similaires appartiennent tous à cette catégorie. (...) Le contenu ou

---

[1] C'est-à-dire "structure organique au regard des fonctions". Il faut noter que la Constitution allemande organise de plus une centralisation de la compétence diplomatique au profit de l'Etat fédéral, et au détriment des Länder, renforcée dans la pratique par l'application de l'"Arrangement de Lindau" du 14 novembre 1957, qui autorisait le Bund à conclure des Traités sur des matières relevant de la compétence exclusive des Länder (cité dans E. ZOLLER, op. cit., p.25).

[2] *BVerfGE* 68, 1 (86), du 18 décembre 1984, "Nachrustungbeschluβ"

[3] Voir dans ce sens R. STREINZ, *op. cit.*, n°27

[4] "Bonner Republik"

l'objet d'un traité au sens de l'article 59-2 doit tendre vers la régulation des relations politiques avec des Etat étrangers. Le traité lui-même doit contenir ou avoir pour but la réglementation des relations politiques avec des Etats étrangers - et pas seulement avoir un effet secondaire ou peut-être même fortuit sur de telles relations. En conséquence, le fait qu'un traité a une signification politique pour la République Fédérale parce qu'il a un effet important sur les conditions politiques, économiques ou sociales internes du pays n'en fait pas pour autant un traité politique au sens de l'article 59-2 de la Loi Fondamentale."[1].

On peut remarquer à ce propos que si le texte de la Loi Fondamentale est assez laconique sur les catégories de traités devant être soumis à l'approbation du Parlement, sans doute pour ménager la liberté d'action de l'Exécutif dans un domaine où une compétence de principe lui est reconnue outre-Rhin, la Cour constitutionnelle fédérale se charge de ramener le degré de garantie parlementaire en matière internationale au niveau de celle des pays voisins, comme la France. Elle limite en effet la portée potentielle de la catégorie des "traités politiques", visés initialement par la lettre de l'article 59-2, en précisant que cela ne concerne que ceux qui "(affectent) directement l'existence de l'Etat, son intégrité territoriale, son indépendance, et sa position ou son poids relatif au sein de la communauté des Etats."[2].

b - Les accords "relatifs à des matières qui relèvent de la compétence législative fédérale"

De multiples controverses se sont aussi élevées sur la définition des accords "relatifs à des matières qui relèvent de la compétence législative fédérale".
Les plus importantes d'entre elles ont trait à la délimitation entre compétence administrative et compétence proprement législative[3]. Une loi est-elle vraiment nécessaire pour intégrer le traité dans l'ordre juridique interne ? A partir des principes constitutionnels relatifs à la séparation des pouvoirs et à l'Etat de Droit, on peut dire que nécessitent une loi d'approbation du Parlement les conventions qui créent, modifient ou suppriment directement des droits et devoirs des citoyens de l'Etat (conventions dites *self-executing*). Ce n'est le cas des conventions non-*self-executing* (qui obligent la Fédération à prendre une législation déterminée) que lorsqu'elles ne déterminent qu'un cadre normatif, et laissent donc au Bund le soin de préciser le contenu de la législation nécessaire pour les mettre en oeuvre.
Une loi est également nécessaire lorsque la convention a des conséquences financières, à moins que l'insertion dans le cadre budgétaire déjà existant ne pose aucun problème. Il importe en effet que la liberté de décision de l'organe législatif soit respectée, et le vote du budget est une des compétences les plus importantes du Parlement, que l'Exécutif ne doit pas pouvoir restreindre de manière détournée.

---

[1] *BVerfGE* 1, 372, "Handelsvertrag", C.I.1.
[2] *id.*
[3] et non entre compétence fédérale et compétence fédérée

c - Le cas des conventions dites "parallèles"

La nécessité d'une loi pour les conventions dites "parallèles" (*Parallelverträge*) est contestée. On appelle ainsi des conventions pour l'exécution desquelles une loi est nécessaire, alors qu'une loi pouvant être utilisée à cette fin existe déjà dans l'ordre juridique. Faut-il alors revenir devant le Parlement, ou utiliser la loi déjà existante ? Dans une décision célèbre, la Cour constitutionnelle fédérale a estimé que le point décisif était de savoir si, "dans un cas concret, un acte d'exécution pris en coopération avec les corps législatifs, est nécessaire." [1]. Ceci a été interprété par une partie de la doctrine comme impliquant la création d'une "théorie concrète" (*konkrete Theorie*)[2], dont la généralisation reste cependant problématique. En pratique cependant, il semble qu'il faille toujours recourir à l'organe législatif. La compétence de ce dernier ne doit en effet pas dépendre de la préexistence d'une législation infra-étatique parallèle, ce d'autant qu'il n'est pas toujours facile d'identifier cette dernière avec certitude. Dès lors, des lois d'introduction (*Vertragsgesetze*) sont également promulguées en pratique dans le cas des *Parallelverträge*.

C - LA SOLUTION ESPAGNOLE

Elle repose sur une définition claire du champ des "relations internationales" (1-), mais n'écarte pas toute incertitude quant au type de critère à appliquer (2-).

1 - Une définition claire du champ des "relations internationales"

En Espagne, la situation semble relativement claire : les dispositions constitutionnelles témoignent d'un souci de relative précision quant aux catégories d'engagements internationaux qui supposent une intervention parlementaire. L'énumération de l'article 94 ressemble assez à celle de l'article 53-1 de la Constitution française de 1958, et la doctrine espagnole elle-même considère que cette énumération réalise une "nouveauté et (un) progrès dans la clarification terminologique et l'amélioration technique de la participation des Cortes à la conclusion des Traités"[3].
Dans le système espagnol, la conclusion des traités relève exclusivement du *jus contrahendi* de l'Etat[4]. Entrent dans le contenu des "relations internationales", d'après la jurisprudence constitutionnelle, le pouvoir de faire les traités (*treaty-making power*)[5], la responsabilité internationale[6], et la capacité d'entrer en relation avec les pouvoirs publics d'autres pays[7], ce que le Tribunal Constitutionnel(*Tribunal Constitucional*) a résumé dans la formule suivante : "les Traités, la guerre et la paix,

---

[1] *BVerfGE* 1, 372, "Handelsvertrag" (388)
[2] Cf. Streinz, *op. cit.*, n°35
[3] A. REMIRO BROTONS, *op. cit.*, p.55
[4] En excluant très clairement ici encore toute compétence des entités infra-étatiques en la matière, cf.Pablo PEREZ TREMPS, "Comunidades Autonomes y actividad exterior en la jurisprudencia del Tribunal Constitucional", *Autonomies - Revista Catalana de Derecho Publico* n°13, 1991
[5] STC 137/1989, du 20 juillet
[6] STC 44/1982, du 8 juillet
[7] SSTC 154/1985, du 12 novembre et 252/1988, du 20 décembre

la reconnaissance d'un Etat, la représentation à l'extérieur, la responsabilité internationale, etc...."[1].

2 - Des incertitudes quant au type de critère à appliquer

La Constitution prévoit cependant une autorisation obligatoire des Cortes pour certains types de traités.
Des discussions ont surgi quant au critère de qualification acceptable en la matière. Retenir un critère littéral ou formel conduirait à ne s'appuyer que sur l'intitulé ou la dénomination de la convention, et sur la manière d'exprimer le consentement de l'Etat. Cette solution, peut paraître logique, puisque le Tribunal Constitutionnel lui-même précise que "la Constitution, dans les deux alinéas de son article 94, reconnaît l'existence de Traités ou Conventions "mineurs", de la conclusion desquels doivent être informées les Cortes, et d'Accords "majeurs", pour lesquels est requise une autorisation parlementaire préalable."[2]. Certains membres de la doctrine proposaient alors que ne soient présentés au Parlement que les Traités pour lesquels la signature du Roi est exigée en vertu de l'article 63 de la Constitution[3], ce qui pouvait aboutir à vider de sa substance la compétence parlementaire, la plupart des engagements internationaux se satisfaisant de procédures de conclusion moins solennelles[4]. Une telle solution a cependant été expressément écartée par le Tribunal Constitutionnel, qui a inversé la présomption proposée en affirmant que : "comme l'article 63.2 attribue au Roi la faculté d'exprimer le consentement de l'Etat par le moyen de traités (...), il paraît logique d'en déduire que cela embrasse les Accords les plus importants. Rien n'est plus naturel que de joindre ces deux préceptes, et d'en conclure qu'il faut que le Roi intervienne à chaque fois que l'intervention des Cortes est requise."[5].
Ceci ne résout cependant pas le problème des critères de qualification des engagements internationaux. Seul le critère matériel est admissible pour la doctrine[6], c'est-à-dire le fait de considérer que le fond d'un traité concerne une matière politique, ou les affaires militaires, ou l'intégrité territoriale de l'Espagne, etc... Mais la tentation reste tout de même forte, pour ceux qui ont à interpréter la Constitution pour l'appliquer immédiatement, d'utiliser des critères formels.
Ainsi, par exemple, la différence de rédaction entre le points a) et les autres de l'alinéa 1 de l'article 94 pourrait conduire l'Exécutif à ne présenter aux Cortes que des accords politiques d'une certaine importance ("traités"), et non ceux que le

---

[1] STC 153/1989, du 5 octobre
[2] "Auto" du Tribunal Constitutionnel du 11 avril 1991, n°114/1991, F.3
[3] Art. 63 de la Constitution espagnole :
"1 - Le Roi accrédite les ambassadeurs et les autres représentants diplomatiques. Les représentants étrangers en Espagne sont accrédités auprès de lui.2 - Il revient au Roi de manifester le consentement de l'Etat pour s'engager par le moyen de traités, conformément à la Constitution et aux lois.3 - Il revient au Roi, après autorisation préalable des Cortes Generales, de déclarer la guerre et de faire la paix."
[4] Cf. *infra*
[5] ATC 114/1991, du 11 avril, F.3
[6] "On a dit aussi en insistant justement que le critère qui détermine l'exigence ou pas d'une autorisation des Cortes est un critère matériel - le contenu du traité - et non des critère littéraux et formels." (Antonio REMIRO BROTONS, "El poder exterior del Estado", op. cit., p.74, et son commentaire des articles 93 et 94 in O. ALZAGA (dir.), *Comentarios a las Leyes Politicas - Constitución española de 1978*, Madrid, 1985, t.VII, p.448-461.

Gouvernement jugerait "mineurs" (les simples "conventions"), se dispensant ainsi d'une procédure longue et lourde[1].
Un autre exemple peut être tiré des difficultés qui se sont élevées à propos de l'interprétation du point d) de l'article 94-1. Que faut-il entendre par "traités ou conventions qui impliquent des obligations financières pour le Trésor Public" ? Certains ont prétendu, s'appuyant ici encore sur un dictamen de la Commission Permanente du Conseil d'Etat, que des engagements internationaux appartenant matériellement à cette catégorie pourraient être soustraits à l'obligation d'approbation par le Parlement, "quand les charges (financières) correspondantes peuvent être liés aux "allocations budgétaires ordinaires" (*consignaciones presupuestarias ordinarias*) déjà approuvées par les Cortes"[2]. Mais c'est une interprétation dangereuse, car elle pourrait inciter le Gouvernement à recourir massivement aux "autorisations budgétaires ordinaires" pour éviter de soumettre aux Cortes le maximum de traités ayant une incidence sur les Finances Publiques[3], et priverait dans tous les cas le Parlement de la cohérence du contrôle qu'il pourrait prétendre exercer sur l'Exécutif[4]. On peut se rapporter à ce sujet à l'argumentation développée en Allemagne sur une question analogue.

§ 2 - Les conséquences du rôle restreint dévolu au Parlement par l'Exécutif

Le caractère restreint du rôle dévolu au Parlement par l'Exécutif est dû en premier lieu au manque d'exhaustivité des dispositions constitutionnelles qui tentent d'introduire et de garantir l'existence de la séparation des pouvoirs dans l'exercice des compétences internationales de l'Etat, comme nous le verrons dans un premier point (I-). Mais il touche aussi la compétence constitutionnellement attribuée au Parlement en la matière (II-). On s'aperçoit que le Juge constitutionnel n'a que peu de moyens d'intervenir contre cet état de fait.

I - Le manque d'exhaustivité des dispositions constitutionnelles

Il vient d'une part de ce que le traitement constitutionnel du problème diplomatique, peu global, est mal approprié au problème (A-), et d'autre part de ce qu'il ne prend pas assez en compte l'existence de nouveaux types d'engagements internationaux (B-). Malgré cette situation favorable à la liberté d'action de

---

[1] interprétation soutenue par la "Comisión Permanente del Consejo del Estado", qui, dans son dictamen du 7 mars 1985, a déclaré que "la Constitution réserve le qualificatif (de "politique") exclusivement aux "Traités", sans l'étendre, comme le font les autres points de l'article 94-1 pour les autres cas qu'ils examinent, à la catégorie formelle des "Conventions", dans laquelle sont incluses toutes les formes d'instruments internationaux distinctes de la dénomination particulièrement solennelle de "Traités".", même si la Convention de Vienne rejette toute hiérarchie entre engagements internationaux fondée sur leur dénomination.

[2] Dictamen de la " Comisión Permanente del Consejo del Estado", du 27 août 1981

[3] Cf. A. REMIRO BROTONS, *op. cit.* p.75 et particulièrement note 36

[4] A supposer que celui-ci puisse être effectif et efficace. Cf. en général *supra,* Partie 1, et plus particulièrement *infra* 3).

l'Exécutif, celui-ci a parfois cherché de nouvelles manières d'esquiver l'intervention du Parlement, comme le recours aux habilitations législatives préalables (C-), ce qui ne doit pas pour autant faire oublier qu'il estime parfois plus avantageux de faire intervenir le Parlement alors même que la Constitution ne le prévoit pas (D-).

A - UN TRAITEMENT CONSTITUTIONNEL MAL APPROPRIE AU PROBLEME

De larges pans de l'activité internationale restent donc malgré tout soustraits à la connaissance du Parlement. Certains auteurs espagnols reprochent à la Constitution de 1978 de ne pas s'être "livrée à un traitement total, homogène et systématique, de ce pouvoir (= le "pouvoir extérieur") - en réalité elle ne l'a pas conçu en tant que tel - (...)"[1], et ce[2] malgré les expériences passées et l'exemple donné par d'autres Constitutions européennes. Mais ce reproche peut aussi être fait à ses devancières, qui à de rares exceptions près ne consacrent ni un titre ni un chapitre complet au "pouvoir extérieur". La Constitution française du 4 octobre 1958[3], malgré un Titre VI intitulé "Des traités et accords internationaux" et les Titres XIII, XIV et XV respectivement "De la communauté"[4], "Des accords d'association" et "Des Communautés européennes et de l'Union européenne", ne règle pas mieux ce problème : par exemple l'article 5, compris dans le Titre II consacré au Président de la République, lui confie dans son alinéa 2 *in fine* la garantie des traités; quant au Gouvernement, dans le titre qui lui est réservé, l'article 20 alinéa 1° nous apprend qu"il "détermine et conduit la politique de la Nation", ce qui s'applique sans nul doute aussi à la conduite de la politique étrangère. La Loi Fondamentale allemande ne règle pas non plus ce problème dans un titre spécifique, les dispositions pertinentes étant là encore disséminées dans les titres consacrés aux différents organes constitutionnels (articles 23 et 14 sur les organisations internationales, article 59 sur la représentation internationale de la Fédération,...).

Tout un courant doctrinal, représenté dans tous les pays étudiés, plaide d'ailleurs, au-delà de la prévision d'un titre spécifique aux relations extérieures de l'Etat dans les Constitutions, pour la reconnaissance à côté des trois pouvoirs traditionnels d'un pouvoir spécifique, qu'ils dénomment pour la plupart "pouvoir extérieur" ou "pouvoir diplomatique". Ce pouvoir spécifique n'existerait bien sûr que pour le règlement des problèmes spécifiques aux relations internationales.

L'aile "dure" de ce courant estime que l'ensemble des relations internationales de l'Etat est en fait l'apanage d'une autorité particulière, l'"autorité diplomatique". Celle-ci se distinguerait d'une éventuelle "autorité gouvernementale", bien qu'elle soit exclusivement confiée au pouvoir exécutif, c'est-à-dire plus particulièrement en France au Président de la République et aux organes gouvernementaux. D'éventuelles interventions du Parlement ou du peuple "n'opère(raient) pas un

---

[1] A. REMIRO BROTONS, *op. cit.* p.54

[2] Bien que son Chapitre 3 soit consacré aux "Traités internationaux", d'autres dispositions touchant aussi l'exercice des compétences extérieures de l'Etat sont disséminées dans la Constitution, comme l'article 149-1-3, par exemple.

[3] ainsi que la Constitution suisse du 28 février 1974 (Chap.10, sur les "Relations internationales", et Chap.13, sur la "Guerre et (le) péril de guerre")

[4] Même s'il est aujourd'hui obsolète

transfert de compétence : (ils) ne font qu'exercer un contrôle politique sur une activité qui demeure celle des organes gouvernementaux", comme l'explique François SABIANI[1]. Malgré ses propositions radicales, cette opinion reste assez classique dans sa manière d'appréhender l'action de l'Exécutif, comme unique pouvoir compétent en la matière[2].
Mais d'autres auteurs, plus modérés dans la forme, sont aussi plus novateurs pour ce qui regarde les titulaires de ce pouvoir; ils cherchent en effet à associer le "Législatif" à la détermination de la politique extérieure de l'Etat. Ainsi, un ancien Ministre des Affaires Etrangères espagnol, Marcelino OREJA, a cherché à sa sortie de fonctions à déterminer les principes théoriques qui doivent gouverner les relations internationales d'un Etat moderne, confrontées aux exigences de la politique extérieure d'une démocratie[3]. Il proposait dans cette optique "une nouvelle répartition des compétences entre les organes de l'Etat, et particulièrement entre l'Exécutif et le Législatif". Ces derniers auraient d'ailleurs changé d'appellation pour la circonstance, le pouvoir exécutif devenant le "pouvoir actif" (*poder activo*), chargé des fonctions d'impulsion, de décision, de planification et de prévision, et le pouvoir législatif le "pouvoir délibérant" (*poder deliberativo*), chargé des fonctions de contestation et de réclamation. Le rôle des Ministres des Affaires Extérieures devait alors être déterminant, les changeant en "les principaux responsables du service extérieur de l'Etat et de la coopération internationale, les centres de direction et de coordination du vaste et complexe faisceau des services étatiques."[4]. D'autres auteurs sont partisans de mettre en avant une association des pouvoirs exécutif et législatif, ce dernier se trouvant chargé d'une mission d'orientation de la politique extérieure de l'Etat. Cette fonction orientatrice respecterait la hiérarchie entre les deux pouvoirs, et se manifesterait à travers l'utilisation des instruments dont disposent déjà les parlementaires[5][6]. Ces théories ne s'attaquent cependant peut-être pas à la racine du problème, comme nous allons le voir.

B - UNE PRISE EN COMPTE INSUFFISANTE DES NOUVEAUX TYPES D'ENGAGEMENTS INTERNATIONAUX

De nouveaux types d'engagements internationaux sont peu à peu apparus (1-), mais leur reconnaissance par les Constitutions reste insuffisante (2-).

---

[1] François SABIANI, "Pour une théorie de l'autorité diplomatique en Droit positif français", *AJDA* 1978, p.544

[2] Son principal apport réside dans la tentative d'établir les contours d'un régime distinct des actes pris dans l'exercice des relations internationales de l'Etat.

[3] in *Discursos y Declaraciones del Ministro de Asuntos Exteriores don Marcelino OREJA AGUIRRE (7 de julio de 1976-31 de diciembre de 1977*, OID, Madrid, 1978, p.51-64

[4] *id.*, p.57

[5] Cf. *infra*.

[6] Tout le monde n'est pourtant pas très optimiste quant aux chances de succès d'une telle formule, car "c'est difficilement admissible et supportable pour les Gouvernements, qui considèrent, à tort ou à raison, que la direction des relations internationales est un monopole du Pouvoir Exécutif." (P.F. GONIDEC, *Relations Internationales*, Montchrestien, 1977 (2° éd.), p.370).

1 - De nouveaux types d'engagements internationaux

La manière dont est envisagée l'intervention du Parlement dans la procédure de conclusion des engagements internationaux est en fait trop souvent "statique". Elle repose sur une conception dépassée des différents types de normes internationales. Ceci favorise la tendance déjà très nette de l'Exécutif à esquiver autant qu'il lui est possible le contrôle parlementaire. De nombreux types de normes internationales ne sont en effet même pas mentionnés dans les Constitutions, fussent-elles récentes comme en Espagne. Les nécessités de la vie internationale ont mené au fil des années à un assouplissement[1] notable des formes exigées par la pratique internationale s'agissant de l'expression du consentement d'un Etat à être lié par un engagement[2].
Cette tendance fondamentale du Droit international s'est d'abord manifestée avec les "accords en forme simplifiée" (traités conclus selon une "procédure courte")[3]. Leur généralisation est due à leur souplesse; elle est le fruit de la conjugaison d'une évolution de la pratique internationale d'une part (la nécessité de conclure de plus en plus de traités, de plus en plus vite) et de la politique interne des Etats d'autre part (l'Exécutif cherchant à se débarrasser aussi souvent que possible d'une emprise parlementaire perçue comme un frein à l'action internationale)[4].
Puis est venue la reconnaissance d'"actes concertés non-conventionnels" (*non-binding agreements*, ou *gentlemen's agreements*)[5], d'"accords administratifs", ou "accords d'exécution"[6], et même de soit-disant "contrats de droit privé" conclus entre services administratifs de pays différents... On doit aussi tenir compte de tous les actes unilatéraux de l'Etat qui relèvent du Droit international, comme la reconnaissance d'un Etat, les promesses, protestations, représailles, déclarations d'acceptation des droits et obligations contenus dans des traités initialement conclus par d'autres Etats, etc..., ainsi que des actes par lesquels les Etats fixent leur position au sein d'organisations internationales qui prennent des décisions liant les Etats membres, formulent des politiques globales, etc[7]...

---

[1] Voir, pour plus de détails sur ce point, Guy de LACHARRIÈRE, "Tendances contradictoires en matière de consentement des Etats", in Société Française pour le Droit International, *L'élaboration du Droit international public*, Pédone, 1975, p.183 s.. Voir aussi C.-A. COLLIARD, "Cadre institutionnel et technique d'élaboration du Droit", in SFDI, *Pays en voie de développement et transformation du Droit international*, Pédone, 1974, p.89 s..

[2] Mme Goesel-Le Bihan y voit une transposition dans l'ordre international de l'assouplissement des modes d'exercice des compétences de l'Exécutif dans l'ordre interne. Cf. sa thèse, *op. cit.*, p.322 notamment.

[3] Il s'agit bien de "traités" à part entière, qui lient l'Etat aussi étroitement que les "traités formels" conclus selon une procédure à double-degré, avec passage devant le Parlement.

[4] Pour plus de détails se référer à NGUYEN QUOC Dinh et alii, *op. cit.*, n°84 s.

[5] Ce sont des instruments internationaux négociés entre les Etats pour régir leurs relations mutuelles. Comme ce ne sont pas des traités, ils ne se voient pas appliquer la règle "Pacta sunt servanda", mais ils ont tout de même des effets juridiques (du fait notamment du principe de la bonne foi), et un rôle politique très important dans la pratique.

[6] conclus d'Administration à Administration, selon un critère de répartition des compétences internes. Ce sont des modes informels d'exercice de la compétence exécutive en matière internationale (cf. V. Goesel-Le Bihan, *op. cit.*, p.284 s.) dont la reconnaissance comme instruments du Droit international, encore incomplète, ne résulte encore souvent que de la pratique.

[7] comme les Communautés Européennes, dont nous examinerons plus tard le sort du Droit dérivé, cf. *infra*, Chapitre 2.

2 - Une reconnaissance constitutionnelle insuffisante de cette évolution

Peu de Constitutions ont tenu compte de cette évolution. La Constitution française, dans le deuxième alinéa de son article 52, a ainsi reconnu l'existence de conventions internationales non soumises à ratification[1], c'est-à-dire en fait des "accords en forme simplifiée"[2], engagements dont l'existence antérieure, relevant de la pratique, avait soulevé des problèmes dont la jurisprudence avait d'ailleurs eu à connaître[3]. Mais elle n'a pas été plus loin, et ignore ainsi par exemple les "actes concertés non-conventionnels". Le Conseil constitutionnel ignore ainsi ces derniers, quand il relève que les engagements internationaux dont il peut connaître doivent emporter des effets de droit obligatoires[4]. Quant à la doctrine, elle s'interroge aujourd'hui sur "la compétence des autorités infra-étatiques, administrations de l'Etat ou collectivités décentralisées, à engager l'Etat dans les liens d'un accord "en forme extrêmement simplifiée"."[5]... La Constitution allemande prévoit quant à elle dans son article 59, alinéa 2, phrase 2, aux côtés des traités conclus par la Fédération, l'existence d'"accords administratifs" auxquels s'appliquent "les dispositions régissant l'administration fédérale". Quant à la Constitution espagnole, elle n'empêche en rien l'Exécutif "d'esquiver facilement, sur la base d'un pur nominalisme, la soumission au contrôle parlementaire"[6] : elle ne mentionne que des traités ou des conventions internationales[7], sans jamais définir aucun de ces termes. Elle ne fait sinon référence qu'à des "résolutions émanant des organismes internationaux ou supra-nationaux titulaires de la cession (de compétences dérivant de la Constitution)"[8].

Il existe donc, comme nous venons de le voir, de nombreux types d'accords internationaux qui échappent en toute légitimité au contrôle du Parlement, puisqu'ils ne sont même pas reconnus par la Constitution[9]. D'où encore une fois l'importance de la compétence de qualification. En effet si, comme on l'a vu, l'Exécutif se montre souvent jaloux de l'exercice de sa compétence en matière de relations extérieures, il va avoir tendance à dénier à un grand nombre d'engagements internationaux la qualité de "traité", et même d'accord prévu par la Constitution. Il y aura donc recours

[1]Article 52 alinéa 2 de la Constitution du 4 octobre 1958 : "(Le Président de la République) est informé de toute négociation tendant à la conclusion d'un accord international non soumis à ratification".

[2] Pour distinguer les "accords" des "traités" proprement dits, il convient de se référer aux intentions des autorités de l'Etat, en ce qui concerne l'implication éventuelle du Chef de l'Etat (qui est patente quand le négociateur s'est vu munir d'une "lettre de pleins pouvoirs" signée par le Président de la République, et non d'une "lettre de pouvoirs simples" délivrée par le Ministre des Affaires Etrangères. "La répartition réelle des pouvoirs (...) dépend uniquement de l'intérêt manifesté par le Président de la République et de l'étendue des décisions prises en conséquence" (M. LESAGE, "Les procédures de conclusion des accords internationaux de la France sous la V° République", *AFDI* 1962, p.876).

[3]Voir Joël RIDEAU, "Problématique générale des rapports entre Droit constitutionnel et Droit international", *op. cit.*, p. 212

[4] Cf. Décision n°78-99, du 29 décembre 1978, "SME", qui distingue les "déclarations de caractère politique" et "un traité ou accord international ayant par lui-même des effets juridiques" (Cs. 2).

[5] V. GOESEL-LE BIHAN, *op. cit.*, p.319

[6] Roberto MESA, "El processo de toma de decisiones en politica exterior", *op. cit.*, p.151

[7] Cf. articles 93, 94, 95, 96 de la Constitution de 1978.

[8] Article 93, *in fine*.

[9] Sur la pratique française des accords en forme simplifiée, et la prééminence des pouvoirs présidentiels en la matière, voir Geneviève BURDEAU, "Les engagements internationaux de la France et les exigences de l'Etat de Droit", *AFDI* 1986, p.837 s.

à la disqualification de certains accords internationaux en ces engagements maintenant admis par la pratique internationale que sont les arrangements dépourvus de toute portée juridique, ou même les contrats de Droit privé, au profit d'autorités exécutives infra-étatiques[1]. Ceci lui permettra de couvrir par exemple des initiatives internationales de Ministères sectoriels (notamment celui de la Défense[2]), ou d'assurer la validité d'accords secrets[3].

C - L'ADMISSIBILITE DU RECOURS AUX HABILITATIONS LEGISLATIVES POUR ESQUIVER L'INTERVENTION DU PARLEMENT

Mais pourrait-on imaginer un moyen pour l'Exécutif d'échapper au contrôle parlementaire sans pour autant passer par une disqualification des engagements concernés ? C'est ce que certains avaient imaginé de faire en obtenant l'accord préalable du Parlement.

1 - Une impossibilité logique : la solution française

Ceci s'applique en France aux possibilités d'utilisation de l'article 38 de la Constitution pour conclure des engagements internationaux. Bien que cette éventualité ne se soit pas présentée, l'application de cette solution paraît assez douteuse[4]. L'article 38 de la Constitution ne semble tout d'abord pas avoir été conçu pour s'appliquer à l'article 53-I[5] : il mentionne dans son alinéa 3 l'hypothèse d'une modification des ordonnances prises "dans les matières qui relèvent du domaine législatif" par une loi, alors qu'une modification unilatérale d'engagements internationaux n'est admise que dans des conditions extrêmement restrictives, pour des impératifs de sécurité juridique. Le Gouvernement ne devrait pas, selon la logique même des institutions, pouvoir souscrire seul des engagements relevant de l'article 53 et bénéficiant de la valeur supra-légale donnée par l'article 55, sur la base d'une simple loi d'habilitation, si précise fut-elle. De même, l'autorisation du seul Gouvernement ne devrait pas suffire à déclencher la procédure de ratification d'un traité par le Président de la République. Enfin tout accord donné par la France à un engagement international par l'instrument d'une ordonnance de l'article 38 serait suspendu à sa ratification parlementaire ultérieure; or "aucun partenaire de la France ne pourrait accepter une telle réserve, puisqu'elle permettrait au Gouvernement de prolonger ou de supprimer, presqu'à sa guise, l'obligation française."[6].

---

[1] Mme Goesel-Le Bihan voit dans le recours à ces techniques, non pas la simple expression de la volonté de l'Etat d'assurer sa prééminence en matière internationale, mais une mise en application dans ce domaine de la "répartition des compétences au sein de l'Exécutif, toujours susceptible d'aménagements". Elle le justifie même, quand il ne concerne que la répartition des compétences au rang infra-constitutionnel. S'il s'agissait des compétences définies dans le cadre constitutionnel, il y aurait au contraire détournement de procédure. Cf. sa thèse, *op. cit.*, p. 284

[2] A. REMIRO BROTONS, "El poder exterior del Estado", *op. cit.*, p.76

[3] *Id.*, n°14

[4] Cf. Christopher POLLMANN, "La révision de l'article 54 de la Constitution : nouvelle avancée de la juridicité, nouvel échec de l'instrumentalisme juridique", *op. cit.*, p. 1102 s.

[5] Les travaux préparatoires de la Constitution montrent que l'article 38 à été élaboré dans une perspective interne.

[6] C. POLLMANN, *op. cit.*, p. 1002

2 - Une acceptation conditionnelle : la solution allemande

Le problème s'est également posé en Allemagne. Y est litigieux le point de savoir si la participation du Parlement est nécessaire lorsque la transposition de la convention par *Rechtsverordnung*[1] peut être effectuée. Ce type de convention - introduit sur habilitation législative - est qualifié d'"accord administratif normatif" (*normatives Verwaltungsabkommen*).

Selon la jurisprudence de la Cour constitutionnelle fédérale, la participation du Parlement n'est en principe pas nécessaire[2] en ce cas. Dans la mesure où le Gouvernement Fédéral peut transposer cet engagement lui-même, cette non-intervention du Parlement est conforme à la garantie d'exécution (*Vollzugssicherung*), quand l'habilitation à prendre des ordonnances contient - du moins selon la volonté probable du législateur - l'autorisation de conclure une convention (ce qui exclut les cas où la convention règle en même temps les relations politiques de la Fédération - l'intervention du Parlement étant alors exigée par l'article 59).

La Cour constitutionnelle fédérale adopte cependant une position différente, dans le cas où la *Rechtsverordnung* nécessite l'approbation d'un organe législatif, en particulier le Bundesrat, notamment aux termes de l'art. 80-II de la Loi Fondamentale[3]. En effet, du fait de la nécessité de cette participation, la compétence du Législatif est alors en cause[4].

Cette dernière position jurisprudentielle a soulevé des critiques dans la doctrine allemande. Certains ont expliqué que l'intervention parlementaire était superflue, dans la mesure où, dans ce cas, le Bundestag devrait approuver la convention après avoir déjà habilité le Gouvernement Fédéral à la prendre; en effet, le pouvoir de conclure des conventions du Gouvernement Fédéral serait alors plus fortement restreint que son droit de prendre des *Rechtsverordnungen*.. Cependant, la position de la Cour se justifie du point de vue de la prise en compte de la garantie d'exécution. D'autre part, on a expliqué que l'exigence d'une loi apparaît superflue, lorsque le Bundesrat doit seul donner son approbation. En effet, dans l'hypothèse d'une telle utilisation de l'article 80-II - avant la conclusion d'un accord de Droit international public - il suffit que l'approbation du Bundesrat soit requise[5].

D - UNE PRATIQUE GOUVERNEMENTALE NUANCEE DE LA SEPARATION DES POUVOIRS EN MATIERE INTERNATIONALE

Il faut cependant signaler que dans la pratique, l'Exécutif s'adresse assez souvent au Parlement[6] pour lui soumettre des engagements qui n'ont rien à voir avec la

---

[1] Cf. *supra* : l'article 80-I de la Loi Fondamentale prévoit qu'à l'aide d'une loi, le Gouvernement Fédéral ou un Ministre fédéral peuvent être habilités à prendre des "règlements d'application des lois", dont le cadre juridique doit être clairement précisé.

[2] *BVerfGE* 1, 372 (393)

[3] En effet, la répartition des compétences au niveau interne est transposée à cette hypothèse, et le Bundesrat doit être consulté pour toutes les matières qui concernent les *Länder*.

[4] *BVerfGE* 1, 372 (390)

[5] Voir, pour plus de détails, R. STREINZ, *op. cit.*, p.1089.

[6] En dehors de toute hypothèse de gouvernement de coalition.

répartition des engagements prévue dans la Constitution (et ce phénomène est signalé dans les trois pays examinés). On pourrait comprendre qu'il agisse ainsi dans des circonstances particulièrement graves, mais il s'agit le plus souvent d'éviter d'assumer seul des responsabilités politiques qui pourraient se traduire par des revers électoraux. Roberto MESA va jusqu'à qualifier un tel comportement de "manipulation du pouvoir parlementaire à des fins nationales, sinon pour des objectifs partisans."[1]. On a même imaginé il y a quelques années en France qu'un traité puisse être disqualifié en accord non soumis à ratification dans le contexte d'une cohabitation difficile entre un Président de la République et son Gouvernement. L'intérêt de cette manoeuvre résiderait dans le fait de "déposséder (le Chef de l'Etat) de ses prérogatives traditionnelles, tout en se conformant à la procédure à deux degrés éventuellement exigée par la convention internationale. Il suffirait pour ce faire que Parlement et Gouvernement s'accordent pour recourir systématiquement à la procédure d'approbation."[2]. Ce passage a été commenté en ces termes par le Professeur Joël RIDEAU : "L'appréciation est peut-être sans nuances, mais n'en dénote pas moins l'existence d'un terrain de combat possible..."[3]. En effet l'alinéa 2 de l'article 52 ne pourrait plus jouer dans une telle hypothèse son rôle protecteur des prérogatives présidentielles.

Une fois constaté que les dispositions constitutionnelles restreignent le champ d'intervention parlementaire du fait de leur manque d'exhaustivité, reste à voir quels types de pouvoirs peuvent exercer les Parlement quand leur compétence est enfin reconnue. Peuvent-ils permettre de parler d'un "contrôle parlementaire de l'Exécutif", ou faudra-t'il s'en remettre à un contrôle direct du Juge constitutionnel sur les engagements internationaux pour plus d'efficacité ?

II - L'intervention du Juge constitutionnel comme substitut au contrôle parlementaire

Théoriquement, le Parlement exerce son contrôle des engagements internationaux au moins lors de la procédure de conclusion des plus importants d'entre eux. Mais ce contrôle, qui est déjà loin d'être exhaustif, n'est pas non plus toujours très efficace. Quels sont en effet les pouvoirs du Parlement quand il est consulté ? Peut-il proposer des amendements ou réserves[4], ou sa compétence est-elle liée ? Peut-il demander la dénonciation d'un traité[5] ? D'autre part, dans quelles conditions exerce-t-il ces compétences ? L'analyse de la situation respective du Parlement dans les trois pays étudiés nous montre que le moins favorisé est le Parlement français (A-), suivi par le

---

[1] R. MESA, "El proceso de toma de decisiones en politica exterior", *op. cit.*, p. 153

[2] J. VIRET, "La pratique française des accords non soumis à ratification visés à l'article 53 de la Constitution", in *Annales de Clermont-Ferrand*, 1976, p. 422.

[3] in "Problématique générale des rapports entre Droit constitutionnel et Droit international", *op. cit.*, p. 214.

[4] L'article 2, paragraphe 1. d., de la Convention de Vienne prévoit que :
"L'expression réserve s'entend d'une déclaration unilatérale, quel que soit son libellé ou sa désignation, faite par un Etat quand il signe, ratifie, accepte ou approuve un traité ou y adhère, par laquelle il vise à exclure ou à modifier l'effet juridique de certaines dispositions du traité dans leur application à cet Etat."

[5] "La dénonciation (ou le retrait) est un acte de procédure accompli unilatéralement par les autorités compétentes des Etats parties qui désirent se délier de leurs engagements" (NGUYEN QUOC Dinh, *Droit International Public*, *op. cit.*, p.277).

Parlement allemand (B-), tandis que le Parlement espagnol ne profite pas autant qu'il le pourrait des privilèges que lui confère la Constitution (C-).

A - LA COMPETENCE MINIMALE DU PARLEMENT FRANCAIS

Lui sont refusés aussi bien la possibilité d'amender le contenu d'un engagement international (1-) que tout pouvoir concernant l'existence même des engagements internationaux (2-).

1 - Le refus de toute possibilité d'amender le contenu d'un engagement international

En France, le Gouvernement a toujours considéré que l'Exécutif gardait sa liberté en matière de réserves. Ceci implique d'une part que l'Exécutif est libre d'assortir à tout moment l'engagement négocié de réserves, même après que le Parlement ait été consulté, sans pour autant devoir lui demander une nouvelle approbation. Il s'estime donc libre de communiquer ou au contraire de celer à sa guise les réserves qu'il envisage de soulever, même au cours de la procédure d'approbation parlementaire, ce qui est d'autant plus grave qu'aucun contrôle juridictionnel n'est possible sur ces textes[1].

D'autre part, le Parlement s'est constamment vu dénier la possibilité de proposer des amendements[2] ou des réserves au texte des traités soumis à son approbation, car "amender le traité, c'est rouvrir la négociation"[3]. Qu'en est-il des amendements à la loi autorisant la ratification ou l'approbation du traité en cause ? En principe les parlementaires peuvent amender le texte d'une loi. Mais, comme le fait remarquer le Professeur Elisabeth ZOLLER, "dans la mesure ou (cette) loi n'édicte pas de normes, mais se borne à autoriser le pouvoir exécutif à faire quelque chose, en l'espèce, ratifier ou approuver l'engagement, sa nature législative est formelle et non matérielle"[4], ce qui induit une procédure législative spéciale. De simples considérations de politique internationale et de Droit international s'opposeraient à ce qu'un accord authentifié[5], fruit de longues négociations entre plusieurs parties, dont les intérêts par définition ne sont pas toujours faciles à concilier, soit ainsi remis en cause. Mais l'article 128 du Règlement de l'Assemblée Nationale et l'article 47 du Règlement du Sénat excluent, explicitement pour le premier et implicitement pour le

---

[1] Faute d'intervention parlementaire, le Conseil constitutionnel peut être empêché d'agir, et le Conseil d'Etat considère que ce sont des "actes de gouvernement".

[2] Voir, pour plus de détails sur l'exercice de ce droit d'amendement, l'étude très complète de Didier MAUS, "L'Assemblée Nationale et les lois autorisant la ratification des traités", *RDP* 1978, p.1075-1088.

[3] Edgar FAURE, in *JO Débats - Conseil de la République*, 27 mars 1955, p.1100

[4] E. ZOLLER, *Droit des relations extérieures, op. cit.*, p.219.

[5] L'"authentification" est la dernière étape de la procédure d'adoption d'un engagement international (son effet obligatoire résultera de l'expression du consentement des parties à être lié par lui, selon des procédures réglées par leur Droit interne). Après l'"arrêt du texte", qui "signifie que la négociation est terminée et que les négociateurs considèrent être arrivés à un texte acceptable", vient l'"authentification", procédure qui consiste à "déclarer que le texte rédigé correspond à l'intention des négociateurs et qu'ils le tiennent pour définitif", ce qui ferme en principe toute possibilité de modification ultérieure. (NGUYEN QUOC Dinh et alii, *Droit International Public*, op. cit., p.124).

second, la possibilité pour les députés d'amender une telle loi[1]. Le choix qui se présente au Parlement n'offre donc que 4 options : voter une question préalable, "qui entraîne le rejet du texte à l'encontre duquel elle a été soulevée"[2], rejeter le texte, l'adopter sans y toucher ou le renvoyer, par une motion d'ajournement invitant le Gouvernement à rouvrir les négociations en tenant compte des objections formulées par le Parlement[3], au risque de paraître adresser des injonctions à l'Exécutif[4]. Il s'agit là d'une grave atteinte aux pouvoirs parlementaires, quand on sait que la plupart de leurs manifestations passent par l'amendement de projets gouvernementaux[5]. Elle est d'ailleurs condamnée par une partie de la doctrine, qui regrette la fermeture du domaine diplomatique à toute intervention du Parlement[6].

2 - L'absence de pouvoirs du Parlement concernant l'existence des engagements internationaux

De même, il ne saurait être question pour le Parlement de rendre obligatoire l'engagement international qui lui est soumis : cette compétence est réservée à l'Exécutif qui va le signer. Le rôle des parlementaires consiste seulement à exprimer le consentement de l'Etat à être lié par l'instrument en question. La décision sur le moment de l'engagement final reste de la compétence exclusive de l'Exécutif, qui pourrait refuser de signer le traité malgré l'accord du Parlement, ou ajourner cette signature.

Quant à la compétence pour dénoncer un traité ou un accord conclu par la France, la Constitution de 1958 reste muette à son sujet. Celle de 1946 prévoyait le parallélisme des formes, mais elle n'est pas censée s'appliquer automatiquement du fait du silence de celle de 1958... En pratique, cette compétence relève également discrétionnairement de l'Exécutif, "en vertu d'une tradition constante et grâce à une interprétation restrictive des dispositions constitutionnelles"[78]. Ce dernier point est

---

[1] RAN art. 128 :
"1 - Lorsque l'Assemblée est saisie d'un projet de loi autorisant la ratification d'un traité ou l'approbation d'un accord international non soumis à ratification, il n'est pas voté sur les articles contenus dans ces actes et ne peut être présenté d'amendement.
2 - L'Assemblée conclut à l'adoption, au rejet ou à l'ajournement. (...)".
RS art. 47 : "Lorsque le Sénat est saisi d'un projet de loi tendant à autoriser la ratification d'un traité conclu avec une puissance étrangère (...), il n'est pas voté sur les articles de ce traité ou de cet accord, mais seulement sur le projet de loi tendant à autoriser la ratification.".
Alors que des dispositions semblables existaient déjà sous les précédentes Républiques, mais n'étaient pas appliquées, la pratique interprétative de la V° République en fait une application rigoureuse, malgré les critiques vigoureuses d'une partie de la doctrine.

[2] RAN art. 91 alinéa 4, ce qui est arrivé pour le Traité instituant la Communauté Européenne de Défense en 1954.

[3] possibilité signalée par E. ZOLLER, *op. cit.* p. 220.

[4] risque mis en avant par MM. RENOUX et de VILLIERS, in *Code constitutionnel*, *op. cit.*, p. 417.

[5] Cf. *supra*, Partie 1, Titre 1.

[6] Cf. D. MAUS, "L'Assemblée Nationale et les lois autorisant la ratification des traités", *op. cit.*, p.1075 s.; J. DHOMMEAUX, "Le rôle du Parlement dans l'élaboration des engagements internationaux : continuité et changements", *RDP* 1987, p.1449 s.; A. PELLET, "L'article 53", in F. Luchaire et G. Conac, *Constitution de la République française*, *op. cit.*, p.1005 s.

[7] V. GOESEL-LE BIHAN, *op. cit.*, p.324.

[8] Pour M. Luchaire, qui défend une telle interprétation restrictive, "l'autorisation de ratifier n'oblige pas le Chef de l'Etat à ratifier; il est libre de le faire ou de ne pas le faire. On peut donc penser que s'il a le pouvoir discrétionnaire de ratifier ou de ne pas ratifier, il a aussi le pouvoir de mettre fin aux

cependant contesté par Mme Valérie GOESEL-LE-BIHAN. Elle estime tout d'abord qu'une telle pratique, n'est pas conforme à la théorie du "parallélisme des formes", qui voudrait que les mêmes formes soient utilisées pour faire et défaire un acte juridique, même si, comme le note le Professeur François LUCHAIRE, "la théorie de l'"acte contraire" n'a aucune valeur constitutionnelle"[1]. D'autre part cet usage menace l'exercice de la souveraineté nationale : si un acte a été jugé assez important pour que son approbation ait été soumise au Parlement, il devrait en être de même pour sa dénonciation.

On peut donc conclure qu'en France, le Parlement n'exerce ses compétences internationales "que dans des conditions ou il n'est, réellement, en mesure d'assurer son contrôle ni sur leur forme ni sur leur contenu."[2], du fait des énormes pouvoirs accumulés par l'Exécutif[3]. Du fait de cette absence de contrôle parlementaire, la seule hypothèse de contrôle possible est celui du Conseil constitutionnel.

B - UNE COMPETENCE PARLEMENTAIRE LIMITEE MAIS ASSEZ EFFECTIVE : LE CAS DE L'ALLEMAGNE

La position du Droit allemand vis-à-vis du Droit international est celle d'un "dualisme tempéré"[4], ou "dualisme modéré"[5]. La Loi Fondamentale incorpore directement (c'est-à-dire sans norme de transposition) les règles générales fondamentales du Droit international public. En revanche l'incorporation des traités et des décisions des organisations internationales autres que l'Union Européenne nécessite l'intervention d'un acte spécifique de consentement, qui prend la forme d'une loi votée par le Parlement, portant approbation des conventions de Droit international public (*Vertragsgesetze*).. Ces normes internationales acquièrent alors en Droit allemand le même rang que la loi d'incorporation.

Nous examinerons donc en premier lieu les modes d'intervention envisageables du Parlement (1-), avant de voir de quelle manière la Cour constitutionnelle a tranché sur les problèmes soulevés par les rapports entre Parlement et Gouvernement (2-).

---

conséquences de la ratification, c'est-à-dire de dénoncer le traité. De plus, la dénonciation d'un traité est, pour le juge, un acte de gouvernement dont il se refuse à juger la légalité." (François LUCHAIRE, "Le Conseil constitutionnel et la souveraineté nationale", *RDP* 1991, p.1510)

[1]F. LUCHAIRE, *id.*; il donne comme exemple les lois référendaires modifiées par des lois ordinaires, les décrets en Conseil d'Etat modifiés par des décrets simples... Cette critique s'applique-t-elle tout de même s'agissant non pas de simples modifications, mais d'une dénonciation ?

[2] *Id.*, p.325

[3] "Non seulement il agit sans obstacles dans les domaines qu'il se réserve, mais il arbitre légitimement entre les avis contraires au sein de son Gouvernement, et joue aussi un rôle très actif et direct dans les négociations internationales, ultime espace qui était traditionnellement réservé au titulaire des Affaires Etrangères et à ses fonctionnaires." (M. MERLE, *La politique étrangère*, PUF, 1984, p.114 s.)

[4] Christian AUTEXIER, *Introduction au Droit Public allemand*, *op. cit.*, p.152.

[5] Meinhard HILF, "Droit international public : problèmes généraux des relations entre Droit constitutionnel et Droit international public", in *Droit Constitutionnel et Droits de l'Homme - II° Congrès mondial de l'Association Internationale de Droit Constitutionnel*, Economica, 1987

1 - Les modes d'intervention du Parlement

D'après l'article 59-II-1, la participation des corps compétents pour élaborer la loi peut prendre une forme de "consentement ou (de) collaboration" (*Zustimmung oder Mitwirkung*), ce qui concerne certes le Bundestag, mais aussi le Bundesrat, l'intervention de ce dernier dans la procédure législative résultant principalement, soit d'une réclamation (*Einspruch*), soit de l'expression de son consentement, quand les textes en question s'y prêtent, ce qui correspond en tout état de cause à un nombre de cas limité[1].
Un problème se pose en particulier quant à la forme de la participation du Bundesrat à des traités politiques qui ne portent pas en même temps sur des matières législatives[2]. Au regard de tels "traités politiques purs" (*rein politische Abkommen*), il est inutile d'examiner la participation du Bundesrat à la fonction législative : en effet, ils ne peuvent pas donner lieu à l'expression du consentement du Bundesrat, puisqu'il ne réclament aucune négociation. Aucun chef de compétence du Bundesrat n'est concerné, puisqu'un tel traité ne touche pas aux rapports Fédération-Länder. Or il faut se rappeler que le Bundesrat n'est jamais un organe de contrôle de la Fédération[3]. Par conséquent, pour autant qu'ils ne transfèrent pas en même temps des droits de souveraineté (*Hoheitsrechte*) à l'Union Européenne (car dans ce cas l'art. 23-I-2 s'appliquerait), ils ouvrent seulement au Bundesrat une possibilité de réclamation. Ceci est assez largement confirmé par la pratique.

La participation du Législatif prend la forme du vote d'une loi fédérale d'approbation (*Zustimmungsgesetz*), qui exprime son consentement au traité, ce dernier étant normalement publié avec la loi et faisant partie intégrante de celle-ci. La loi est par conséquent nommée *Vertragsgesetz* ou *Zustimmungsgesetz*[4], et est considérée d'un point de vue fonctionnel comme un acte de Gouvernement[5].Une telle loi permet seulement d'accepter un traité de droit international en bloc, ou de le refuser de même. L'exercice du droit d'amendement est impossible, car le paragraphe 82 II de la Loi d'Organisation du Bundestag l'interdit en la matière. En effet, le texte du traité en question a déjà été négocié, et ne peut dès lors pas être modifié unilatéralement - solution identique à celle retenue en France. On peut cependant concevoir que l'approbation soit exprimée par le Parlement sous réserves (*unter Bedingungen*), et donc que la ratification du traité soit assortie de réserves précises, possibilité entérinée par la Cour constitutionnelle fédérale[6], du moment qu'elles ne violent pas la lettre du traité.

A côté des approbations de forme législative, le Bundesrat et le Bundestag prennent également position, sur le contenu des conventions négociées par l'Etat allemand, par le moyen de "résolutions sur des questions de politique extérieure" (*Entschließungen zu außenpolitischen Fragen*). La valeur normative de ces

---

[1] Voir BVerfGE 37, 363 (381), "Bundesrat", sur la délimitation des compétences du Bundesrat.
[2] Pour plus de détails, voir STREINZ, *op. cit.*, p.1092
[3] Voir BVerfGE 37, 363 (381), "Bundesrat"
[4] Sur les *Vertragsgesetze*, voir Michael SCHWEITZER, *Staatsrecht III - Staatsrecht, Völkerrecht, Europarecht*, Heidelberg, 1995 (5° éd.), n°126.
[5] Voir BVerfGE 1, 372 (395), et 90, 286 (357), "Auslandseinsätze" (Intervention à l'étranger).
[6] Cf. BVerfGE 1, 372 (395).

résolutions en Droit interne est controversée. Du point de vue du Droit international public, on peut seulement mettre l'accent sur le fait que cette interprétation unilatérale par une des parties au traité ne saurait lier les autres.

2 - L'intervention de la Cour constitutionnelle fédérale dans les rapports entre Parlement et Gouvernement

On a envisagé, dans l'optique d'un allégement de la charge de travail du Parlement, la possibilité d'accorder au Gouvernement Fédéral, par une loi prise en application de l'article 80, une habilitation limitée en matière de mise en vigueur des accords internationaux. La Cour constitutionnelle allemande considère que cette solution n'est pas recevable. Elle estime en effet que d'après l'article 80 le Gouvernement Fédéral peut seulement être autorisé à poser des règles de Droit en forme d'ordonnances (*Rechtsverordnungen*) - ce qui peut le cas échéant comprendre la négociation d'accords[1] -, mais sans pouvoir prendre d'actes relevant à proprement parler de la décision politique - de Gouvernement -, pour lesquels la Loi Fondamentale prescrit une forme législative[2].

Lorsque les conditions restrictives de l'article 59-II-1sont remplies, il reste une restriction supplémentaire. L'objectif même de la *Vertragsgesetz* - introduire un accord international dans l'ordre juridique allemand - implique en effet que le consentement de l'Etat - par le biais du parlement - soit exprimé avant que le traité soit ratifié par le Président fédéral[3]. Dans cette perspective, le consentement *a posteriori* est une violation de la Constitution. Il est donc discutable, d'un point de vue de Droit constitutionnel, d'accepter que l'on puisse purger rétroactivement de cette irrégularité une convention déjà en vigueur par un agrément ultérieur, mais c'est en pratique le seul moyen de satisfaire à l'engagement de Droit international public, et donc à l'exigence de sécurité juridique.

Est encore controversé au sein de la doctrine le point de savoir si sont habilitées à prendre l'initiative d'une *Vertragsgesetz* les personnes énumérées à l'article 76-I (c'est-à-dire toutes celles qui peuvent déposer un projet de loi), ou seulement le Gouvernement Fédéral[4]. Mais la Cour constitutionnelle n'a pas encore tranché ce point. Plaide cependant en faveur de la deuxième hypothèse[5] le fait que le Gouvernement Fédéral mène les négociations des conventions. C'est pour cette raison qu'il est en pratique le seul à prendre l'initiative de *Vertragsgesetze.*

C - LA CONCEPTION EXTENSIVE DE LA COMPETENCE DU PARLEMENT ESPAGNOL

La Constitution espagnole a en la matière un caractère novateur et particulièrement "progressiste", puisqu'elle prévoit de larges possibilités

---

[1] Voir *supra* III-3-a
[2] BVerfGE 1, 372 (395)
[3] BVerfGE 90, 286, 357, "AWACS" - "Auslandseinsätze", G. II.
[4] BVerfGE 68, 1 (66), "Atomwaffenstationierung" (sur l'autonomie institutionnelle et fonctionnelle du Gouvernement)
[5] Voir STREINZ, *op. cit.*, p.1093.

d'intervention au profit des Cortes Generales (1-). Celle-ci n'en font cependant pas un usage convainquant (2-).

1 - De larges possibilités d'intervention, de la formation à l'extinction des engagements internationaux

Tout d'abord, lors de la phase initiale de formation des accords internationaux, c'est-à-dire durant toutes les étapes de leur négociation, les Chambres ne sont pas complètement dépourvues de moyens de manifester leur point de vue, sous la réserve qu'il leur faut obtenir d'être tenues au courant régulièrement du cours des opérations, et que de toute manière le Gouvernement reste libre d'agir comme il l'entend. Elles peuvent en effet utiliser les instruments politiques que la Constitution met à leur disposition[1], "pour inciter à entamer une négociation, s'informer de sa progression, la stimuler ou, au contraire, la freiner, réclamer la soumission ultérieure du texte négocié aux Cortes...(ou adopter des) directives, non obligatoires, de négociation."[2]. Tout ceci n'aura cependant le plus souvent qu'un effet limité et purement politique, par exemple un renforcement de la position du Gouvernement au cours des négociations quand les Chambres le soutiennent ou lui demandent plus de fermeté, ou au contraire une entrave à sa liberté de manoeuvre, quand il craint de provoquer une opposition parlementaire ultérieure à la ratification du traité.

De plus, dans les cas déterminés par la Constitution[3], le Gouvernement doit demander l'autorisation des Cortes à la conclusion d'un traité ou d'un accord négocié par lui, en envoyant au Congrès des Députés le texte de l'engagement et de l'accord du Gouvernement, dans les quatre-vingt-dix jours suivant ce dernier[4].
Le Congrès doit alors donner son avis dans dans un délai de soixante jours. Il peut pour commencer contester auprès du Gouvernement la voie retenue par ce dernier pour leur soumettre le texte (art. 93 ou 94 CE)[5], même s'il est peu probable, dans un contexte de parlementarisme majoritaire, qu'une majorité se rencontre pour ce faire.
Le Congrès des Députés peut aussi, au même titre que le Sénat, proposer la non-ratification de la convention, ou l'émission de réserves[6]. En effet, contrairement à ce qu'on a pu voir pour la France, le système espagnol étend la compétence des Chambres aux réserves des traités, et ce, dans les termes les plus larges, puisqu'elle inclut à côté des réserves d'origine gouvernementale les propositions parlementaires

---

[1] Voir par exemple les articles 109 CE : "Les Chambres et leurs Commissions peuvent requérir, par la voix de leurs Présidents, l'information et l'aide qu'ils préciseront du Gouvernement et de ses départements et de n'importe laquelle des autorités de l'Etat et des Communautés Autonomes.", et 111 CE : "1 - Le Gouvernement et chacun de ses membres sont soumis aux interpellations et questions que leur adressent les Chambres. (...). 2 - Toute interpellation pourra donner lieu à une motion par laquelle la Chambre manifestera sa position."
[2] A. REMIRO BROTONS , "La politica exterior del Estado", *op. cit.*, p.69 s.
[3] Cf. *supra*
[4] délai qui peut être porté à cent-quatre-vingt jours.
[5] L'article 93 CE règle la procédure d'autorisation pour "la conclusion de traités par lesquels est attribué à une organisation ou institution internationale l'exercice de compétences dérivées de la Constitution", alors que l'article 94 vise tous les autres types de traités et accords internationaux.
[6] La proposition de non-ratification est soumise au régime des "propositions de veto" ("propuestas de veto"). L'émission de réserves est traitée comme un amendement.
En cas de désaccord entre les Chambres, une Commission Mixte doit être formée pour présenter un texte commun qui sera soumis au vote de chaque Chambre.

d'amendements aux traités. Ces réserves sont soumises à la même autorisation que les traités eux-mêmes.

Pour les traités et accords internationaux qui doivent seulement être portés à leur connaissance, ce qui est de loin le cas le plus fréquent, les Commissions des Affaires Etrangères de chaque Chambre doivent vérifier s'il ne convient pas d'en saisir la Chambre. Dans ces deux cas, le Congrès des Députés comme le Sénat[1] peuvent saisir le Tribunal Constitutionnel pour qu'il vérifie que l'engagement en question n'est pas contraire à la Constitution, ou pour faire sanctionner un vice de procédure, ce qui a pour effet de suspendre la procédure jusqu'à la décision du Tribunal.

Enfin, la brêche dans les prérogatives gouvernementales que nous avons constatée tout à l'heure à propos des réserves s'étend à la dénonciation des traités. L'article 96 alinéa 2 de la Constitution prévoit en effet le parallélisme des formes : "pour la dénonciation des traités et conventions internationales sera utilisée la procédure prévue à l'article 94 pour leur approbation.". L'initiative de cette dénonciation reste cependant l'affaire du Gouvernement : il ne semble pas que les Chambres puissent en décider seules dans le cadre de leur activité législative[2].

On voit donc que les Cortes Generales espagnoles disposent en cette matière de compétences constitutionnelles sensiblement plus étendues que leurs homologues françaises et allemandes. Elles n'en tirent cependant pas un parti très convainquant.

2 - Une mise en pratique peu convainquante de ces possibilités

On peut remarquer que, de l'avis d'observateurs avertis[3], la manière dont s'exercent les compétences internationales du Parlement est beaucoup plus vivante en Espagne qu'en France : propositions de loi, motions, interpellations, questions orales ou écrites, débats, commissions d'enquête, etc... Cela n'est pas seulement dû aux freins constitutionnels et procéduraux qui entravent l'activité de notre Parlement; il semblerait en effet que s'y mêlent dans une certaine mesure des explications de Science Politique : contrairement à ce qui se passe en France[4], le thème de la politique étrangère n'est pas politiquement dangereux à aborder pour les élus en Espagne.

Malheureusement, l'ouverture relativement grande du champ d'action du Parlement espagnol en matière diplomatique[5] ne rend pas son activité plus efficace pour autant, car le phénomène général actuel d'affaiblisssement du pouvoir législatif touche particulièrement ce domaine, où il a toujours eu du mal à s'imposer.

Pour commencer, les sources d'information des parlementaires sont, comme nous l'avons mentionné plus haut, beaucoup plus limitées en matière de politique extérieure que dans le domaine interne; de plus, elles procèdent principalement de l'organe contrôlé, avec les conséquences qu'on devine sur leur objectivité...

---

[1] Sur proposition d'un groupe parlementaire ou de vingt-cinq sénateurs.

[2] ce qui soulèverait sans doute de toute manière de nombreux problèmes techniques, qui ne pourraient être réglés qu'avec le concours de l'Administration, donc de l'Exécutif.

[3] Cf. le Professeur A. REMIRO BROTONS.

[4] Cf. les travaux de Jean-Pierre COT, comme "Parliament and foreign policy in France", in A. CASSESE (dir.) : *Parliamentary control over foreign policy*, Alphen aan den Rijn, 1980, p.13 s.

[5] Qui est telle que les commentateurs eux-mêmes parlent d'une "importante manifestation de la fonction de contrôle" (Francisco FERNANDEZ SEGADO, *El sistema constitucional español*, *op. cit.*, p.619).

D'autre part, le "fait majoritaire", qui touche actuellement le fonctionnement de la plupart des démocraties parlementaires, réduit l'opposition parlementaire à lancer des débats et à soulever des questions dont elle sait pertinemment qu'ils auront peu de chances d'aboutir.
Enfin, même les Commissions parlementaires aux Affaires Etrangères ne sont pas aussi actives qu'elles le pourraient théoriquement : ses membres sont surtout des "témoins d'exception d'une politique extérieure avec la formation de laquelle ils n'ont rien à voir, et dont ils sont à peine capables de contrôler efficacement l'exécution."[1].

En conclusion, on peut dire qu'il est rare que le Juge constitutionnel arrive à faire respecter les compétences constitutionnellement réservées au Parlement en la matière, sauf en Allemagne, où le pragmatisme et la modestie des solutions retenues les rend viables. Dans aucun des cas que nous avons examinés, le Parlement n'est donc en mesure d'exercer un contrôle efficace sur l'activité internationale de l'Exécutif, soit du fait de l'étroitesse de ses compétences en la matière, soit du fait de la limitation - et parfois même de l'auto-limitation - de ses pouvoirs, même si cette conclusion doit encore une fois être nuancée par l'analyse du cas allemand. Ce constat est renforcé par le fait que l'interprétation faite par l'Exécutif des dispositions constitutionnelles n'est favorable à la compétence parlementaire que quand cela présente pour lui un intérêt politique.

Mais au-delà du contrôle politique de la compétence diplomatique de l'Exécutif, assuré par le Parlement dans des conditions assez insatisfaisantes comme nous venons de le voir, les Constitutions des trois pays que nous étudions prévoient toutes un contrôle de la constitutionnalité des engagements internationaux. Le Juge constitutionnel est-il plus efficace dans l'exercice de ces autres compétences ?

Section 2

Le contrôle de la procédure de conclusion des engagements internationaux

Tout le monde s'accorde pour reconnaître que le "contrôle de constitutionnalité" des traités présente des caractéristiques qui le distinguent du contrôle de constitutionnalité de normes internes. S'il y a "contrôle de constitutionnalité", on peut légitimement supposer l'existence possible de "traités inconstitutionnels", idée qui fut à l'origine de vastes discussions dans la doctrine juridique. Si un traité peut être déclaré inconstitutionnel, cela signifie que la Constitution est la norme juridique suprême à laquelle même le Droit international est subordonné - la sécurité des relations internationales risque alors d'être sérieusement compromise. Dans le cas contraire, le Droit international est un ensemble de règles supra-constitutionnelles

[1] A. REMIRO BROTONS, *op. cit.*, p.69, mais il noircit sans doute un peu le tableau pour les besoins de sa démonstration...

auquel la Constitution doit se conformer - que devient alors la souveraineté du pouvoir constituant de l'Etat[1] ?
Le Professeur Elisabeth ZOLLER propose cependant de "dépassionner le débat", en admettant que, "dans la notion de traité inconstitutionnel, ce n'est pas la validité du traité qui est en cause, mais son applicabilité à un Etat donné. La notion est essentiellement relative. Un traité inconstitutionnel pour un Etat peut être parfaitement constitutionnel pour un autre."[2]. Les rapports entre Droit constitutionnel et Droit international "ne doivent pas être appréciés en termes de primauté mais de compatibilité"[3]. Un tel contrôle est donc parfaitement légitime, sur le plan interne pour assurer la validité du consentement donné par un Etat, et sur le plan international pour écarter les risques, si minimes soient-ils, qu'un traité conclu dans des conditions inconstitutionnelles pour une des parties soit ultérieurement contesté par elle sur cette base[4]. Il découle par ailleurs tout aussi naturellement d'une transformation dans la fonction même des engagements internationaux : leur fonction normative prévaut de plus en plus sur leur fonction proprement diplomatique[5], et la renforce par la même occasion. "L'octroi de droits et d'obligations a pris le pas sur le rôle classique des traités d'organiser les rapports entre sujets de Droit international."[6].

Nous examinerons quant à nous de quelle manière sont traités dans les trois pays étudiés les deux modes de contrôle de la procédure de conclusion des engagements internationaux envisageables : *a priori* (§ 1) et *a posteriori* (§ 2), c'est-à-dire avant et après la ratification de ces traités[7].

---

[1] Cf. par exemple à propos de l'élaboration de l'article 54 de l'actuelle Constitution française, l'opinion de M. Debré : "Qu'une négociation menée par quelques diplomates, approuvée par une majorité de circonstance, puisse aller à l'encontre de la loi fondamentale approuvée par un référendum solennel, n'est pas seulement inadmissible en raison de la hiérarchie nécessaire des autorités chargées de dire le Droit, elle provoque une blessure scandaleuse et peut-être mortelle au fondement de la République." (*Mémoires II : 1946-1958*, cité par E. ZOLLER, in *Droit des relations extérieures*, *op. cit.*, p.261).

[2] E. ZOLLER, *Droit des relations extérieures*, *op. cit.*, p.262

[3] T. RENOUX et M. de VILLIERS, *Code constitutionnel...*, op. cit., p.425

[4] La Convention de Vienne sur le Droit des traités de 1969 précise dans son article 46 que :
"Le fait que le consentement d'un Etat à être lié par un traité a été exprimé en violation d'un disposition de son droit interne concernant la compétence pour conclure des traités ne peut être invoqué par cet Etat comme viciant son consentement, à moins que cette violation n'ait été manifeste et ne concerne une règle de son droit interne d'importance fondamentale.", disposition qui se reflète dans la clause traditionnelle qui prévoit que la ratification par les Etats signataires se fera "conformément à leurs règles constitutionnelles respectives". Si ces conditions d'irrégularité sont réunies, elles sont sanctionnées par la nullité relative du traité en cause (nullité destinée à sanctionner la violation de règles posées dans le seul but de protéger les contractants). Cf. NGUYEN QUOC Dinh, *op. cit.*, n°120 s.

[5] Cf. V. GOESEL-LE BIHAN, *La répartition des compétences en matière de conclusion des accords internationaux sous la V° République*, *op. cit.*, p.248

[6] C. POLLMANN, "La révision de l'article 54 de la Constitution : nouvelle avancée de la juridicité, nouvel échec de l'intrumentalisme juridique", *op. cit.*, p.1130

[7] Nous considérons qu'un engagement international est conclu une fois ratifié, suivant en cela ce qui ressort du traité de *Droit International Public* de NGUYEN Quoc Dinh et alii (*op. cit.*). Ces auteurs expliquent en effet que "la ratification est l'acte par lequel l'autorité étatique la plus haute, détenant la compétence constitutionnelle de conclure les traités internationaux, confirme le traité élaboré par ses plénipotentiaires; consent à ce qu'il devienne définitif et obligatoire et s'engage solennellement au nom de l'Etat à l'exécuter." (p.128, n°79).

§ 1 - Le contrôle antérieur à la conclusion des engagements

Un tel contrôle est systématiquement prévu dans les Constitutions examinées ici, même si la place qu'il occupe dans le système d'ensemble peut varier. Il est en effet le plus facile à justifier au regard des exigences du Droit international concernant, notamment, la sécurité juridique. Comment assurer cette dernière, soutiennent de nombreux auteurs, si la validité d'un engagement international peut à tout moment être remise en cause pour ce qui regarde une de ses parties par la voie d'un contrôle incident de constitutionnalité ? Un contrôle *a priori*, au contraire, s'exerce le cas échéant avant la conclusion définitive de la convention, et épargne les engagements internationaux déjà en vigueur. Il peut même être utile pour "désamorcer un débat politique et (...) calmer les passions."[1].

Nous examinerons pour chacun des pays étudiés, d'abord les conditions d'exercice de cette compétence du Juge constitutionnel, et d'autre part la manière dont elle est effectivement mise en pratique.

I - Un rôle prépondérant dans le système français

Après avoir examiné les conditions d'intervention du Conseil constitutionnel (A), nous étudierons l'étendue de son contrôle (B-).

A - LES CONDITIONS D'INTERVENTION DU CONSEIL CONSTITUTIONNEL

Nous verrons d'une part les dispositions constitutionnelles applicables (1-), puis l'étendue de la compétence du Conseil constitutionnel (2-), et enfin la nature de la saisine de ce dernier (3-).

1 - Les dispositions constitutionnelles applicables

En France, cette compétence du Conseil constitutionnel est justifiée par deux dispositions constitutionnelles applicables en l'espèce. Il s'agit des articles 54 et 61 al.2 de la Constitution du 4 octobre 1958, dont les libellés respectifs prévoient :
Article 54 (modifié par la révision du 25 juin 1992) :

> "Si le Conseil constitutionnel, saisi par le Président de la République, par le Premier Ministre, par le Président de l'une ou l'autre assemblée ou par soixante députés ou soixante sénateurs, a déclaré qu'un engagement international comporte une clause contraire à la Constitution, l'autorisation de ratifier ou d'approuver l'engagement international en cause ne peut intervenir qu'après la révision de la Constitution." [2]

---

[1] L. FAVOREU, "Le Conseil constitutionnel et le Droit international", *AFDI* 1977, p.102

[2] Mme E. ZOLLER s'appuie sur Charles Eisenmann et Achille Mestre pour distinguer le "principe de conformité" du "principe de non-contrariété". Elle voit dans l'article 54 de la Constitution une mise en application de ce dernier, qui a sur le principe de conformité (mis en oeuvre par l'article 61) l'avantage de laisser une plus grande liberté de manoeuvre à l'Exécutif pour mener son activité diplomatique. En effet, dans ce cas, la liberté initiale de l'Exécutif ne sera entravée que par les règles prohibitives énoncées par la Constitution : "tout ce qui n'est pas défendu est permis", tout le problème étant d'identifier le contenu de ces règles prohibitives. Au contraire, l'application du principe de conformité signifierait que l'Exécutif

Article 61 alinéa 2 :

> "Aux mêmes fins (= que le Conseil constitutionnel "se prononce sur leur conformité à la Constitution"), les lois peuvent être déférées au Conseil constitutionnel, avant leur promulgation, par le Président de la République, le Premier Ministre, le Président de l'Assemblée Nationale, le Président du Sénat ou soixante députés ou soixante sénateurs."

Pour le Doyen Louis FAVOREU, il en découle qu'un contrôle de constitutionnalité des engagements internationaux peut être envisagé "à trois moments : après la signature et avant le vote de la loi autorisant la ratification; après la révision constitutionnelle exigée par une première décision, pour vérification de la non contrariété du traité avec la Constitution révisée; enfin, après le vote de la loi autorisant la ratification et avant sa promulgation. Et dans chaque cas, peuvent saisir le Conseil constitutionnel soit l'une des quatre hautes autorités, soit soixante députés ou soixante sénateurs, soit les deux (haute autorité et groupe de parlementaires). Bien évidemment l'autorité de chose jugée réduira, au fur et à mesure, le champ du contrôle."[1]. Son existence apparaît en définitive aujourd'hui comme une "phase de la procédure de conclusion de la convention"[2].

On distingue généralement le "contrôle préventif" de l'art. 54 de la Constitution (modifié par la révision du 25-06-92) du "contrôle incident" de l'art. 61 alinéa 2 (qui écarte tout contrôle de la loi référendaire).

Selon certains auteurs, le Conseil constitutionnel a construit pour chacun des actes relevant de sa compétence un régime de contrôle particulier reposant sur une logique de raisonnement propre, et ceci tout particulièrement pour la catégorie hétérogène des engagements internationaux : "leur contrôle repose sur des logiques différentes selon qu'il est mis en oeuvre sur la base de l'article 61 alinéa 2 ou de l'article 54 (, malgré) des règles procédurales communes."[3].

L'effet dissuasif de ces deux procédures est lui aussi différent : indéniable en ce qui concerne l'article 54 (et ce dès les débuts de son application[4]), il culmine avec la procédure de l'article 61 al.2, puisque, dans un cas extrême, "l'invalidation des textes législatifs d'application d'un engagement international irrégulièrement conclu à la suite d'un défaut d'autorisation législative devrait nécessairement en paralyser les

---

ne pourrait conclure que "les engagements que la Constitution l'autoriserait à conclure", "des engagements qui la concrétiseraient et l'individualiseraient pour ainsi dire" (p.275).

[1] Louis FAVOREU, "Le contrôle de constitutionnalité du Traité de Maastricht et le développement du "Droit constitutionnel international"", *op. cit.*, p.50

[2] J. RIDEAU, "Problématique générale des rapports entre Droit constitutionnel et Droit international", *op. cit.*, p.226

[3] Dominique ROUSSEAU, "Chronique de jurisprudence constitutionnelle - 1991-1992", *RDP* 1993, p.30; il se réfère particulièrement à la décision du Conseil constitutionnel du 9 avril 1992, n°92-308 DC, "Maastricht I" (Notes : R. ETIEN, *RA* 1992, n°266, p.126; L. FAVOREU, *RFDC* 1992, n°10, p.340; P. GAIA, *RFDC* 1992, n°11, p.398; B. GENEVOIS, *RFDA* 1992, p.373; J.-P. JACQUÉ, *RTDE* 1992, p.251; F. LUCHAIRE, *RDP* 1992, p.589; B. MATHIEU et M. VERPEAUX, *LPA* 26 juin 1992, p.6; D. ROUSSEAU, *RDP* 1993, p.14; D. SIMON, *Europe* 1992, n°5, p.1; NGUYEN Van Tuong, *JCP* 1992, II, n°21853). Voir aussi, d'une manière plus détaillée, Henry ROUSSILLON, *Le Conseil constitutionnel*, Dalloz, 1996, p.132-133.

[4] Par exemple Décision n°70-39 DC, du 19 juin 1970, "Traités des Communautés Européennes", dont les prescriptions ont été soigneusement suivies par le Gouvernement.

effets en Droit interne."[1]. On peut d'ailleurs se demander si ce contrôle n'est justement pas "trop" efficace, car touchant de plein fouet l'action de l'Exécutif en matière internationale... En effet, cette sanction, potentiellement la plus efficace, n'est jamais employée dans la situation extrême que nous avons signalée; elle interviendrait en effet *a posteriori* et exprimerait un jugement implicite sur l'activité de l'Exécutif, au lieu de simplement l'orienter, ce qui, en l'état actuel des esprits en France, serait malvenu, et peut-être même dangereux pour le Conseil.

2 - L'étendue de la compétence du Conseil

Au départ la compétence du Conseil constitutionnel était limitée : elle ne s'exerçait que par le biais de l'article 54 de la Constitution, et, d'après sa formulation, seuls les engagements devant être soumis à ratification ou approbation parlementaire pouvaient être déférés au Conseil. "Ceci équivaut à limiter cette procédure aux engagements définis à l'article 53 de la Constitution. La logique pousse dans ce sens restrictif, puisqu'on ne voit pas l'intérêt, autre que de rendre la ratification impossible, de faire déclarer un engagement contraire à la Constitution."[2]. Certains membres de la doctrine ont cependant soutenu une opinion contraire, en refusant de lier l'interprétation de l'art. 54 à celle de l'art. 53[3].

Finalement la jurisprudence du Conseil constitutionnel a tranché : le contrôle de constitutionnalité touche en pratique tous les engagements internationaux, y compris ceux qui ne sont pas concernés par l'hypothèse d'une ratification[4]. Pour élargir ainsi sa compétence, sans pour autant paraître trop s'affranchir du texte constitutionnel, il a retenu de la notion d'"engagement international" une conception large. Il en a fait un "mot attrape-tout" selon l'expression du Professeur Elisabeth ZOLLER[5], qui continue en notant que "le point essentiel est qu'en choisissant un terme aussi large le

---

[1] P. GAIA, *Le Conseil constitutionnel et l'insertion des engagements internationaux dans l'ordre juridique interne*, *op. cit.*, p.203

[2] H. ROUSSILLON, *Le Conseil constitutionnel*, *op. cit.*, p.134

[3] Voir les explications de C. POLLMANN, qui montre que les interprétations restrictives de la compétence du Conseil constitutionnel reposent sur "la conviction démocratique que le Juge constitutionnel (...) ne saurait être compétent là où le Parlement ne l'est pas", alors qu'on pourrait aussi défendre l'idée selon laquelle "si les engagements parlementaires peuvent être déférés au Conseil, *a fortiori* doit-on admettre une voie de recours contre les engagements non-législatifs qui ne subissent même pas un contrôle politique par les Assemblées." (in "La révision de l'article 54...", *op. cit.*, p.1107). Cf. également J. GROUX, "Les domaines respectifs de la loi et du règlement d'après la constitution de 1958", *Notes et Etudes Documentaires* n°2959, cité par E. Zoller.

[4] Dans sa décision n°70-39 DC, du 19 juin 1970, "Traités des Communautés Européennes", et dans celle du 9 avril 1992, "Maastricht I", il s'agissait bien de traités; en revanche, dans la décision n°76-71 DC, du 30 décembre 1976, "Assemblée européenne", le contrôle portait sur une décision du Conseil des Communautés Européennes, relative à l'élection de l'Assemblée au suffrage universel direct (Notes : P. AVRIL et J. GICQUEL, *Pouvoirs* 1977, n°1, p.312; J. BOULOUIS, *CDE* 1977, p.458; A. COCATRE-ZIELGEN, *AFDI* 1976, p.805; J. DARRAS et O. PIROTTE, *RTDE* 1977, p.696; M. de VILLIERS, *JCP* G, 1978, II, n°2895; L. FAVOREU, *Revue de Droit Prospectif* 1977, n°3-4, p.79; L. FAVOREU et L. PHILIP, *RDP* 1977, p.129; L. FAVOREU et L. PHILIP, *GDCC* 6° éd., n°25, p.331; C. FRANCK, *JCP* G, 1977, II, n°18704; L. HAMON, *D* 1977, J, p.201; R. KOVAR et D. SIMON, *RTDE* 1977, p.666; J.-F. LACHAUME, *AFDI* 1977, p.965; R. RAMBAUD, *AFDI* 1977, p.895), et, dans la décision n°85-188 DC, du 22 mai 1985, "Protocole n°6", il s'agissait d'un protocole additionnel à la Convention Européenne des Droits de l'Homme, adopté par le Conseil des Ministres du Conseil de l'Europe (Notes : L. FAVOREU, *AFDI* 1985, p.868; B. GENEVOIS, *AIJC* 1985, p.430).

[5] E. ZOLLER, *Droit des relations extérieures*, *op. cit.*, p.270

constituant faisait tomber sous un contrôle éventuel de constitutionnalité tous les actes juridiques par lesquels les traités constitutifs d'organisations internationales pouvaient être modifiés selon des règle échappant au principe de l'acte contraire."[1]. Il semblerait que ce soit le contenu des actes, donc leur aspect matériel, beaucoup plus que leur aspect formel, qui détermine la définition de sa compétence par le Conseil[2]. De plus, vis-à-vis de la formulation de la saisine, il opte dès 1976 pour une position qui sera confirmée en 1992 ("Maastricht I") : il suit la saisine, même si elle est très large (ce qui lui a permis en l'espèce de contrôler la contrariété à la Constitution de dispositions annexes à ce traité[3]).

3 - La nature de la saisine

La saisine du Conseil sur la base de l'article 54 de la Constitution était initialement réservée aux "quatre plus hautes autorités de l'Etat", à savoir le Président de la République, le Premier Ministre, et les Présidents des deux Assemblées; cette situation fut modifiée par la révision du 25 juin 1992, qui l'ouvrit à soixante députés ou soixante sénateurs, l'alignant sur celle de l'article 61 al.2. Jusqu'à cette révision, toutes les saisines du Conseil sur cette base ont été le fait de l'Exécutif[4], alors que c'est l'activité de ce même Exécutif qui était contrôlée... Le Doyen Henry ROUSSILLON note qu'"il s'agit là de "saisines provoquées" par des réactions d'hostilité de certains milieux politiques et qu'elles ont visé à prévenir des contestations ultérieures"[5]. L'examen de ces saisines montre d'ailleurs qu'il ne s'agit pas du tout d'attaquer réellement l'acte en question : ce sont des "saisines confirmatives", neutres, qui ne contiennent pas d'argumentation, et visent juste à obtenir le bénéfice de l'autorité de chose jugée pour la future loi de ratification, afin qu'elle ne puisse être contestée.

---

[1] Id. Le Doyen ROUSSILLON a noté que "le danger d'une telle jurisprudence réside dans le risque d'une remise en cause d'un processus d'unification, européen en l'occurrence, qui s'accorde mal, passé un certain stade, avec la fiction de l'exigence de décisions "conventionnelles" comme le montre l'abandon de la règle unanimitaire." (H. ROUSSILLON, *Le Conseil constitutionnel, op. cit.*, p.135).

[2] Voir l'interprétation que donne E. ZOLLER de la décision n°78-93 DC du 29 avril 1978, "FMI" : "S'il s'agit d'un acte qui se situe sur le même plan que celui du traité originaire, (...) le Conseil en contrôlera la constitutionnalité de manière explicite (...). En revanche, s'il s'agit d'actes qui se situent sur un plan inférieur à celui du traité initial, en ce qu'ils lui sont subordonnés en tant que mesures d'exécution (...), le Conseil leur donnera un brevet de constitutionnalité en les considérant comme "la conséquence d'engagements internationaux souscrits par la France." (*Droit des relations extérieures, op. cit.*, p.271-272). Dans le même sens, T. RENOUX ET M. de VILLIERS, *Code Constitutionnel...*, p.425.
Voir aussi Notes : P. AVRIL et J. GICQUEL, *Pouvoirs* n°6, 1978, p.197; P. BRINGUIER, *Annales de Clermont-Ferrand* 1978, p.3; D. CARREAU, *RGDIP* 1979, p.209; L. HAMON, *D* 1979, J, p.541; L. PHILIP, *RDP* 1979, p.494.

[3] Voir la saisine du Président de la République de l'époque, F. MITTERRAND, par lettre en date du 25 mars 1992, qui précisait que la saisine concernait "l'ensemble des engagements souscrits par la France, tels qu'ils résultent du traité lui-même, des protocoles qui lui sont annexés et des déclarations de la conférence des ministres, y compris, dans la mesure où elles interprètent les stipulations du traité, celles dont la conférence a pris acte." (dernier visa de la décision du 9 avril 1992).

[4] du Premier Ministre en 1970, et du Président de la République en 1976, 1985 et 1992.

[5] in *Le Conseil constitutionnel, op. cit.*, p.133-134

Depuis la révision de 1992, les saisines parlementaires[1] sont devenues possibles[2]. Certains en ont conclu que le nombre de saisines "politiques"[3] allait se développer[4], ce qui "est en soi un résultat qui n'entrait pas nécessairement dans les vues du constituant"[5], et comporte des inconvénients autant que des avantages.
Au chapitre des avantages[6], on peut relever le dépôt de "vraies" conclusions, comprenant des arguments de fait et de droit, qui déclencheront un débat contradictoire avec l'Exécutif, et inciteront le Conseil à motiver solidement ses décisions, dans un intérêt jurisprudentiel autant que doctrinal, tous éléments qui affirmeront encore le caractère contentieux de cette procédure.
Au chapitre des inconvénients[7] maintenant, se trouve le risque de priver les minorités parlementaires de la possibilité de faire entendre leur voix, notamment dans le cas d'un large "consensus" politique, même si la situation leur est beaucoup plus favorable qu'avant 1992. Ceci risque donc d'aboutir "à permettre des révisions constitutionnelles déguisées alors même que l'intention du constituant était de les éviter", comme on a pu le dire à propos de la ratification de l'Acte Unique Européen, dont la constitutionnalité était douteuse[8],.

B - L'ÉTENDUE DU CONTROLE DU CONSEIL

Pour exercer son contrôle, le Conseil constitutionnel a adopté une attitude très pragmatique et extensive dans son interprétation de la Constitution. La décision du 9 avril 1992 ("Maastricht I") insiste ainsi sur le fait que l'article 54 de la Constitution impose au Conseil de contrôler l'ensemble des dispositions du traité, en soulevant éventuellement d'office toute inconstitutionnalité qu'il pourrait rencontrer[9] (alors que

---

[1] Selon Dmitri-Georges LAVROFF, cet élargissement des autorités de saisine est "un avantage qui a été arraché par les parlementaires à l'occasion de la révision de la Constitution pour essayer de rehausser le prestige des pouvoirs des Assemblées parlementaires." (in *Le Droit constitutionnel de la Cinquième République*, 1995, p.196).

[2] La première l'a d'ailleurs immédiatement suivie : sur initiative sénatoriale, elle est intervenue le 14 août 1992, pour faire vérifier par le Conseil constitutionnel si la révision du 25 juin 1992 avait suffi à mettre la Constitution en conformité avec le Traité de Maastricht.

[3] et non plus neutres cette fois...

[4] C. POLLMANN, *op. cit.*, p.1119

[5] E. ZOLLER, *op. cit.*, p.268

[6] Voir C. POLLMANN, *op. cit.*, p.1118 *pas.*

[7] Voir E. ZOLLER, *op. cit.*, p.269

[8] Id.. Mme ZOLLER cite cet exemple, en notant que cet accord " n'a pas été soumis au Conseil constitutionnel parce qu'aucune des quatre plus hautes autorités de l'Etat ne pensait que ce texte posait problème au regard de la Constitution, et parce qu'il y avait moins de soixante députés ou soixante sénateurs pour estimer le contraire. Or ce texte pose, comme le débat parlementaire l'a montré, un certain nombre de problèmes au regard de la Constitution française, notamment au regard des compétences du Parlement." (p.269). Ce même Acte Unique a d'ailleurs été déclaré inconstitutionnel par la Cour Suprême irlandaise (affaire "Crotty")... Pour éviter cet inconvénient, elle propose de rendre la saisine du Conseil automatique pour les engagements internationaux souscrits par la France, comme elle l'est déjà pour les lois organiques ou les règlements des Assemblées.

[9] Décision n° 92-308, du 9 avril 1992, "Maastricht I", Cs 51 :
"Considérant qu'aucune des autres dispositions de l'engagement international soumis au Conseil constitutionnel au titre de l'article 54 de la Constitution n'est contraire à celle-ci;".
Cette position a été confirmée par la décision n° 92-312 du 2 septembre 1992, "Maastricht II", Cs 36 : "Considérant que, dans sa décision du 9 avril 1992, le Conseil constitutionnel, après avoir indiqué celles des stipulations du traité soumis à son examen qui étaient, en l'état, contraires à la Constitution, a estimé que tel n'était pas le cas d'aucune des autres dispositions de l'engagement international dont s'agit; (...)"

pour les lois ordinaires il ne se reconnaît que "la possibilité (...) de faire porter son contrôle sur les autres dispositions de la loi et d'en tirer toutes conséquences"[1]). La lettre même de cet article semble en effet impliquer un contrôle intégral[2], ce qui "n'entraîne pas pour autant qu'il doive être en tous points explicite."[3].

D'autre part, le contenu de ce contrôle diffère également de ce qui est le cas d'habitude. Le Conseil se trouve en effet, eu égard à la spécificité de la matière contrôlée[4], dans l'impossibilité d'utiliser les techniques d'interprétation[5] qu'il a peu à peu mises au point dans sa jurisprudence relative aux lois ordinaires. Il ne peut que déclarer que l'engagement international soumis à son examen comporte ou ne comporte pas de dispositions "contraires" à la Constitution, en précisant le cas échéant avec exactitude quelles dispositions du traité ne bénéficient pas de cette non contrariété.

Une dernière spécificité est que la décision s'adresse non au pouvoir législatif, impuissant en la matière, mais au pouvoir constituant, seul "maître de la Constitution, (qui) dispose d'un pouvoir souverain d'appréciation et de choix"[6] quant au contenu des modifications constitutionnelles à opérer pour que le traité contraire à la Constitution puisse être ratifié ou approuvé.

De nets progrès dans le contrôle de l'Exécutif ont donc été faits depuis la révision du 25 juin 1992. Mais dès avant cette révision, le Conseil constitutionnel avait "tourné" la non-utilisation de l'art. 54 en admettant la possibilité de contrôler un Traité par le biais de l'art. 61 al.2, à travers la loi de ratification. Il a ainsi marqué dès l'abord sa volonté de contrôler ce secteur d'activité. Entre 1974 et 1992, en effet, le contrôle de constitutionnalité des engagements internationaux souscrits par la France ne pouvait pas être déclenché par les parlementaires sur la base de l'article 54; le Conseil acceptait cependant de l'exercer, à partir d'une saisine de l'article 61 al.2 dirigée contre la loi d'autorisation habilitant l'Exécutif à conclure cet engagement. Il a poussé cet élargissement "jusqu'à admettre un recours contre le traité lui-même, (par le biais d'une requalification, en) considérant qu'il visait en fait, la loi de

---

(Notes : O. BEAUD, *LPA* 31 mars 1993, p.14; L. FAVOREU, *RFDC* 1992, n°11, p.408 et n°12, p.735; P. GAIA, *RFDC* 1992, n°12, p.729; B. GENEVOIS, *RFDA* 1992, p.937; F. LUCHAIRE, *RDP* 1992, p.1587; B. MATHIEU et M. VERPEAUX, *LPA* 9 décembre 1992, p.14; D. ROUSSEAU, *RDP* 1993, p.17; NGUYEN Van Tuong, *JCP* G, 1992, II, p.21943).

[1] Décision n°92-307 DC, du 25 février 1992, "Zones de transit", Cs 1 (Notes : P. AVRIL et J. GICQUEL, *Pouvoirs* n°62, 1992, p.173; P. GAIA, *RFDC* 1992, n°10, p.311; B. GENEVOIS, *RFDA* 1992, p.187; F. JULIEN-LAFERRIERE, *AJDA* 1992, p.656; D. LOCHAK, *JDI* 1992, p.677; NGUYEN Van Tuong, *JCP* G, 1992, J, n°21848; D. TURPIN, *LPA* 6 novembre 1992, p.11).

[2] "Si le Conseil constitutionnel (...) a déclaré qu'un engagement international comporte une clause contraire à la Constitution, (...)" : pour le savoir, il faut l'examiner dans son intégralité.

[3] Bruno GENEVOIS, "Le traité sur l'Union Européenne et la Constitution - A propos de la décision du Conseil constitutionnel n°92-308 DC du 9 avril 1992", *RFDA* 1992, p.378

[4] S'agissant d'un engagement international, les seules personnes autorisées à en donner une interprétation sont les parties à cet engagement, à condition que cette interprétation ne soit pas unilatérale; s'agissant des engagements communautaires, c'est un tiers : la Cour de Justice des Communautés Européennes. Cf. pour plus de détails Pierre-Marie MARTIN, *Droit international public*, Masson, 1995, p.139 s., NGUYEN QUOC Dinh et alii, *Droit international public*, LGDJ, 1994, p.231 s., ou Serge SUR, *Le Droit international public*, LGDJ, 1974.

[5] interprétation "constructive", "directive", "neutralisante"... Pour plus de détails, se rapporter à H. ROUSSILLON, *Le Conseil constitutionnel*, *op. cit.*, p. 75.

[6] D. ROUSSEAU, "Chronique de jurisprudence constitutionnelle - 1991-1992", *op. cit.*, p.32.

ratification (décision du 17 juillet 1980[1])."[2]. Il contrôle alors, d'une part la régularité de la procédure législative (comme il le ferait pour une loi ordinaire), et d'autre part l'engagement international autorisé, pour vérifier qu'il ne contient aucune clause contraire à la Constitution. Ce contrôle est aussi étendu que celui de l'article 54 : le Conseil estime toujours devoir soulever d'office les inconstitutionnalités du traité, comme le montre la décision sur les Accords de Schengen[3]. Il semblerait donc qu'il entende "contraindre l'Exécutif au respect des principes de l'Etat de Droit dans la négociation et la conclusion des engagements internationaux"[4], en empêchant le Parlement de lui "donner une absolution législative (...) en l'autorisant à lier la France au plan international par un engagement qui contreviendrait aux principes de la loi fondamentale."[5]. Cette voie de contrôle connaît cependant la même restriction en matière internationale que dans le domaine interne : le Conseil se refuse à vérifier la constitutionnalité d'un traité en s'appuyant sur une loi d'autorisation prise par voie référendaire[6].

On pouvait se demander si le contrôle des engagements internationaux sur la base de l'article 61 alinéa 2 de la Constitution n'était pas condamné par la révision du 25 juin 1992 élargissant les autorités de saisine du Conseil sur la base de l'article 54. Cette disparition n'est cependant pas certaine, du fait de l'apparition d'une nouvelle procédure complexe, que le Doyen Louis FAVOREU appelle un "contrôle à double-détente". Certes, quand un contrôle effectué par le Conseil sur la base de l'article 54 n'a décelé aucune cause de contrariété de l'engagement contesté avec la Constitution, la loi autorisant sa ratification ou son approbation sera protégée par l'autorité de la chose jugée de la première décision, et ne pourra donc être attaquée par la voie de l'article 61 al.2. En revanche, si l'on admet qu'un traité soumis au Conseil par la voie de l'article 54 contient des dispositions contraires à la Constitution, il revient au

---

[1] Décision n°80-116 DC, du 17 juillet 1980, "Convention franco-allemande d'entraide judiciaire", Cs 1 : "Considérant que plus de soixante députés à l'Assemblée nationale ont, par application de l'article 61, alinéa 2, de la Constitution, déclaré soumettre au Droit constitutionnel, pour examen de sa conformité à celle-ci, la "Convention franco-allemande (...)", dont la ratification a été autorisée par une loi adoptée par le Parlement le 17 juin 1980 et non encore promulguée; qu'une telle demande doit s'entendre comme concernant la loi autorisant la ratification et entraîne, en voie de conséquence, l'examen de la Convention franco-allemande additionnelle signée le 24 octobre 1974;".
Notes : P. AVRIL et J. GICQUEL, *Pouvoirs* n°15, 1980, p.167; L. FAVOREU, *RDP* 1980, p.1640; C. VALLÉE, *RGDIP* 1980, p.202; M. de VILLIERS, *RA* 1981, p.35.

[2] H. ROUSSILLON, *Le Conseil constitutionnel, op. cit.*, p.133

[3] Décision n°91-294, du 25 juillet 1991, "Accords de Schengen", Cs 63 :
"Considérant qu'en l'espèce, il n'y a lieu pour le Conseil constitutionnel de soulever d'office aucune autre question de conformité à la Constitution en ce qui concerne la loi soumise à son examen;".
Notes : L. HAMON, *D* 1991, J, p.617; F. LUCHAIRE, *RDP* 1991, p.1499; P. GAIA, *RRJ* 1992, n°1, p.25; P. GAIA, *RFDC* 1991, n°8, p.703; D. ROUSSEAU, *RDP* 1992, Chron., p.63; G. VEDEL, *RFDA* 1992, p.173.

[4] E. ZOLLER, *Droit des relations extérieures, op. cit.*, p. 280

[5] *Id.*, p.281

[6] Décision n°92-313 DC, "Maastricht III", Cs 5 :
"Considérant (...) qu'aucune disposition de la Constitution, non plus d'ailleurs que d'une loi organique prise sur son fondement, ne donne compétence au Conseil constitutionnel pour se prononcer sur la demande susvisée concernant la loi adoptée par le Peuple français par voie de référendum le 20 septembre 1992;".
Notes : R. ETIEN, *RA* 1992, n°269, p.413; L. FAVOREU, *RFDC* 1992, n°12, p.743; F. LUCHAIRE, *RDP* 1992, p.1587; B. MATHIEU et M. VERPEAUX, *LPA* 9 décembre 1992, p.14; E. PICARD, *AJDA* 1993, p.151; D. ROUSSEAU, *RDP* 1993, p.33; NGUYEN Van Tuong, *JCP* G, 1992, II, n°21956.

Constituant de réviser cette dernière pour faire disparaître les causes de contrariété. Ceci fait, il reste possible d'attaquer la loi d'autorisation, par définition postérieure à la révision, pour faire vérifier par le Conseil que ne subsiste après celle-ci aucune cause de contrariété du traité à la Constitution. Donc, après avoir provoqué une révision constitutionnelle, le Conseil "vérifie aussi, en quelque sorte, que la loi constitutionnelle votée par le pouvoir constituant a respecté (les) recommandations émises dans sa décision"[1] antérieure. Ce "contrôle à double-détente" a été mis en oeuvre par les décisions des 9 avril et 2 septembre 1992, "Maastricht I" et "II"[2].

Malgré ce tableau engageant, le contrôle du Conseil sur les engagements internationaux souscrits par la France connaît des limites, comme l'a relevé le Professeur Elisabeth ZOLLER[3]. Le Conseil se refuse tout d'abord à connaître des engagements politiques[4], ce qui peut se révéler dangereux "dans la mesure où il est possible d'engager une modification constitutionnelle inéluctable par le biais d'un simple engagement politique."[5]. Ensuite il refuse de connaître d'un engagement international dont l'autorisation de ratification aurait été donnée par voir référendaire (article 11 de la Constitution). Le fait que l'article 11 précise que le traité en question doit être conforme à la Constitution[6] n'est en effet assorti d'aucune garantie quant à son exécution, surtout si le Conseil n'accepte d'en contrôler l'application que dans une mesure très réduite[7].

---

[1] Domenico MENNA, "L'emprise du Conseil constitutionnel - La révision de la Constitution sous haute surveillance : les débats parlementaires de 1992 et 1993", communication au III° Congrès Français de Droit Constitutionnel, 1996, p.5

[2] Décisions n°92-308 DC, du 9 avril 1992, "Maastricht I", sur la conformité du traité à la Constitution, et n°92-312 DC, du 2 septembre 1992, "Maastricht II", sur la révision constitutionnelle subséquente à la première décision (dont le contenu ne fut pas jugé contraire aux critères dégagés). Comme le font remarquer Constance GREWE et Albrecht WEBER, "l'autorité de la première décision ne lie (...) que le législateur et non le pouvoir de révision. Si l'interprétation du Juge constitutionnel ne s'impose pas à ce dernier, la procédure de ratification risquerait cependant d'être freinée si le Conseil constatait une nouvelle non-conformité du traité (...)) la Constitution." (in "Le Traité sur l'Union devant les juridictions constitutionnelles", *AIDC IX - 1993*, 1995, p.14). Reste cependant à déterminer s'il pourrait politiquement se le permettre...

[3] in *Droit des relations extérieures*, *op. cit.*, p.273

[4] Décision n°78-99, du 29 décembre 1978, "SME"

[5] E. ZOLLER, id. : "tous les experts financiers reconnaissent que le sort de la souveraineté monétaire a été scellé en fait, sinon en droit, par la résolution du Conseil Européen du 5 décembre 1978 dont le Conseil constitutionnel a refusé de connaître au motif qu'il ne s'agissait que d'une "déclaration à caractère politique".".

[6] Article 11 de la Constitution de 1958 :
"Le Président de la République, sur proposition du Gouvernement pendant la durée des sessions ou sur proposition conjointe des deux assemblées, publiées au *Journal Officiel*, peut soumettre au référendum tout projet de loi (...) tendant à autoriser la ratification d'un traité qui, sans être contraire à la Constitution, aurait des incidences sur le fonctionnement des institutions. (...)".
Cette réserve aurait été introduite dans le texte constitutionnel pour éviter que le Président de la République utilise l'article 11 pour empêcher l'application de l'article 54.

[7] c'est-à-dire les "opérations référendaires", comme les conditions d'organisation du vote...

II - Un rôle subsidiaire dans le système allemand

La Cour constitutionnelle fédérale défend une conception extensive du contrôle de constitutionnalité des engagements internationaux (A-), mais son efficacité reste limitée dans le contexte actuel (B-).

A - UNE CONCEPTION EXTENSIVE DU CONTROLE DE CONSTITUTIONNALITE DES ENGAGEMENTS INTERNATIONAUX

Le système constitutionnel allemand quant à lui retient dès le départ une conception extensive du contrôle de constitutionnalité des engagements internationaux, facilitée par la tradition "dualiste" allemande, qui veut que les actes pris dans le cadre des relations internationales aient en Droit allemand le rang de leur loi d'incorporation. Son économie générale repose cependant surtout sur le contrôle *a posteriori* d'engagements définitivement entrés en vigueur : "le caractère contentieux de la justice constitutionnelle (y) est si prononcé que (la plupart du temps) seuls des actes produisant déjà effet dans l'ordre juridique allemand peuvent être contestés."[1].

La Cour constitutionnelle fédérale détient une compétence générale en matière internationale, du fait de la très large définition de ses compétences qui est faite à l'article 93 alinéa 1° de la Loi Fondamentale du 23 mai 1949 :

> "La Cour constitutionnelle fédérale statue :
>
> 1 - sur l'interprétation de la présente Loi Fondamentale, à l'occasion de litiges sur l'étendue des droits et obligations d'un organe fédéral suprême ou d'autres parties investies de droits propres, soit par la présente Loi Fondamentale, soit par le règlement intérieur d'un organe fédéral suprême; (...)
>
> 4 a - sur les recours constitutionnels qui peuvent être formés par quiconque estime avoir été lésé par la puissance publique dans l'un de ses droits fondamentaux ou dans l'un de ses droits garantis par les articles 20 (alinéa 4), 33, 38, 101, 103 et 104; (...)
>
> 5 - dans les autres cas prévus par la présente Loi Fondamentale."

Du fait de la généralité de ces dispositions, la Cour peut théoriquement être amenée à se prononcer à n'importe quel moment de la conclusion des engagements internationaux souscrits par la République Fédérale Allemande. Mais comme, du fait du dualisme tempéré du Droit allemand[2], les engagements internationaux n'acquièrent de valeur juridique qu'en vertu de la loi autorisant leur ratification, seule cette dernière pourra être contestée en justice. Comme tous les actes du pouvoir public allemand, les lois d'approbation des conventions de Droit international public (*Vertragsgesetze*) sont en effet soumises à la juridiction de la Cour constitutionnelle

---

[1] Michel FROMONT, "Le Traité sur l'Union européenne et le juge constitutionnel en France et en Allemagne", in *Mélanges Gustave Peiser*, PUG, 1995, p.232

[2] qui considère que "les actes internationaux ne peuvent développer leur force obligatoire en Allemagne que dans la mesure où le législateur national l'a autorisé et qu'ils ne bénéficient donc d'une supériorité sur les normes nationales que pour autant que cela est permis par le droit national, conception qui n'est pas réellement éloignée de la conception britannique." (M. FROMONT, "Le Traité sur l'Union européenne et le juge constitutionnel en France et en Allemagne", *op. cit.*, p.238).

allemande, selon les principes généraux des procédures utilisées[1].Donc, à chaque fois que l'intervention du législateur fédéral est prévue dans le domaine international (il faut ici se référer aux articles de la Constitution qui concernent l'activité internationale de la Fédération, comme l'article 23-1, relatif à "l'Union Européenne"[2], l'article 24, relatif aux "Institutions internationales"[3], ou l'article 59 alinéa 2, relatif à la "représentation internationale de la Fédération"[4].), la loi qui en résulte pourra faire l'objet d'un "contrôle abstrait" (*abstrakte Normenkontrolle*) devant la Cour constitutionnelle fédérale.

B - UNE EFFICACITE LIMITEE DANS LE CONTEXTE POLITIQUE EXISTANT

Ce type de recours fut introduit en Droit allemand pour tenter de pallier les inconvénients qui résultent d'un système de contrôle des engagements internationaux reposant exclusivement sur des mécanismes *a posteriori*, sans cependant supprimer ces derniers. Il est régi par le Titre X de la Loi régissant la Cour (*Bundesverfassungsgerichtsgesetz*, ou *BVerfGG*, du 12 mars 1951), qui organise les "contrôles abstraits de la constitutionnalité des textes ayant valeur législative". Il peut être introduit par le Gouvernement Fédéral, par un Gouvernement de Land ou par un tiers des membres du Bundestag[5].

Il est cependant assez rarement utilisé. A titre d'exemple, la décision par laquelle la Cour constitutionnelle fédérale s'est prononcée sur la conformité à la Loi Fondamentale du Traité de Maastricht n'est pas intervenue sur la base d'un "contrôle abstrait", car le Gouvernement Fédéral ainsi que tous les Gouvernements de Länder étaient favorables à la ratification de ce texte, et il ne s'est pas trouvé un tiers de députés au Bundestag pour s'y opposer. Les membres de la classe politique allemande ont donc décidé d'un commun accord de le ratifier sans déclencher le "contrôle abstrait" de la Cour constitutionnelle fédérale, arguant du fait que la discussion nourrie qui avait eu lieu dans l'enceinte parlementaire suffisait à garantir

---

[1] BVerfGE 4, 157 (162)

[2] Article 23 alinéa 1 de la Loi Fondamentale allemande du 23 mai 1949 :
"Pour l'édification d'une Europe unie, la République Fédérale d'Allemagne concourt au développement de l'Union européenne qui est attachée aux principes fédératifs, sociaux, d'Etat de Droit et de démocratie ainsi qu'au principe de subsidiarité et qui garantit une protection des droits fondamentaux substantiellement comparable à celle de la présente Loi Fondamentale. A cet effet, la Fédération peut transférer des droits de souveraineté par une loi approuvée par le Bundesrat. L'article 79, al.2 et 3 est applicable à l'institution de l'Union européenne ainsi qu'aux modifications de ses bases conventionnelles et aux autres textes comparables qui modifient ou complètent la présente Loi Fondamentale dans son contenu ou rendent possibles de tels compléments ou modifications."

[3] Article 24 de la Loi Fondamentale allemande :
"1 - La Fédération peut transférer, par voie législative, des droits de souveraineté à des institutions internationales. (...)
2 - Pour sauvegarder la paix, la Fédération peut adhérer à un système de sécurité mutuelle collective; elle consentira à cet effet aux limitations de ses droits de souveraineté qui établissent et garantissent un ordre pacifique durable en Europe et entre les peuples du monde. (...)."

[4] Article 59 alinéa 2 de la Loi Fondamentale allemande :
"Les traités réglant les relations politiques de la Fédération, ou relatifs à des matières qui relèvent de la compétence législative fédérale, requièrent l'approbation ou le concours des organes respectivement compétents en matière de législation fédérale, sous la forme d'une loi fédérale. Les dispositions régissant l'administration fédérale s'appliquent par analogie aux accord administratifs.".

[5] Article 76 de la BVerfGG

son applicabilité. La révision de la Loi Fondamentale, destinée à assurer la conformité du traité au Droit constitutionnel allemand, a eu lieu "spontanément", sans que la Cour ait à la demander ou à suggérer ce que pourrait être son contenu, et donc sans que puisse s'établir de coopération entre organes constitutionnels[1]. Ce n'est qu'après la révision constitutionnelle, le vote et la promulgation de la loi de ratification du traité que le contrôle de constitutionnalité a pu être déclenché, mais *a posteriori* et par la voie d'un "recours constitutionnel"[2].

III - Une place importante dans le système espagnol

La Constitution espagnole conjugue les systèmes *a priori* et *a posteriori* de contrôle (A-), mais le Tribunal constitutionnel a développé sa propre interprétation de son rôle (B-).

A - La conjugaison des systemes de controle prevus par la Constitution

L'Espagne, elle aussi, connaît une conjugaison des systèmes de contrôle *a priori* et *a posteriori* des engagements internationaux. Ainsi, l'art. 95-2 CE établit un contrôle préventif de la conformité d'un Traité à la Constitution :

> "1 - La conclusion d'un traité international qui contient des stipulations contraires à la Constitution requiert une révision préalable de la Constitution.
>
> 2 - Le Gouvernement ou une des Chambres peut demander au Tribunal Constitutionnel de déclarer si une telle contradiction existe ou non."[3]

Il n'a été mis en oeuvre qu'une fois, à l'occasion de la ratification par l'Espagne du Traité de Maastricht, et fut déclenché par une requête du Gouvernement, pour les mêmes raisons qui poussaient en France les titulaires du Pouvoir Exécutif à saisir le Conseil constitutionnel des traités qu'ils souhaitaient conclure, avant la révision de 1992[4]., c'est-à-dire le désir de couper court aux contestations du traité par l'opposition politique. Ce souhait politiquement très compréhensible se doublait de plus en l'espèce de la volonté d'assurer l'intangibilité ultérieure du Traité de Maastricht, du fait de l'existence en Espagne d'un contrôle des engagements internationaux *a posteriori.*

B - L'interpretation de son propre role par le Tribunal Constitutionnel

Le Tribunal Constitutionnel, interprète suprême de la Constitution, est donc appelé à se prononcer sur la contrariété qui pourrait exister entre celle-ci et un traité authentifié, mais non ratifié, dans les mêmes conditions que le Conseil constitutionnel quand il est appelé à se prononcer sur la base de l'article 54 de la

---

[1] Contrairement à ce qui se fait d'habitude.

[2] Cf. *infra*, 2 -.

[3] La mise en oeuvre de cet article dans la LOTC prévoit une procédure très simple, qui doit se dérouler dans un délai de 2 mois.

[4] Cf. *supra*.

Constitution. Autre point commun, qui vaut d'ailleurs aussi pour l'Allemagne, en cas de contrariété entre le traité et la Constitution, cette dernière doit être modifiée pour permettre au traité de s'intégrer à l'ordre juridique interne. Enfin, certes l'article 94 de la Constitution espagnole distingue les actes qui nécessitent l'approbation des Cortes Generales de ceux dont elles ne sont qu'informées, mais l'art. 95 ne s'appuie pas sur cette différence pour limiter explicitement le contrôle du Tribunal Constitutionnel. Le Tribunal Constitutionnel a donc suivi la démarche amplificatrice de son homologue français, en décidant qu'il pouvait virtuellement connaître de tous les actes internationaux conclus par l'Espagne[1].

De l'avis de la doctrine espagnole[2] comme du Tribunal Constitutionnel lui-même[3], l'article 95-2 attribue à ce dernier une double tâche : tout d'abord il doit protéger la Constitution, qui voit ainsi sa suprématie assurée. D'autre part, il lui faut garantir en même temps la sécurité et la stabilité des accords que l'Espagne souhaite conclure dans l'ordre international. En effet, le traité contrôlé bénéficiera, pour l'avenir, de l'autorité de la chose jugée de la déclaration du Tribunal, pour la partie qui en a été examinée tout au moins (car, contrairement au Conseil constitutionnel français, le Tribunal Constitutionnel ne se considère pas tenu par la Constitution d'examiner l'ensemble du traité qui lui est soumis : il s'en tient aux termes de la saisine). En effet, le Tribunal Constitutionnel considère lui-même que l'article 95 de la Constitution espagnole cherche avant tout à éviter "la perturbation évidente qui toucherait la politique extérieure et les relations internationales de l'Etat du fait d'une éventuelle déclaration d'inconstitutionnalité" d'un engagement déjà conclu[4]. Cette requête aux fins de contrôler la constitutionnalité d'un engagement international ne peut être déposée que par le Gouvernement ou l'une des Chambres. Pas plus que les autres procédures de contrôle de constitutionnalité, celle-ci ne pourrait être déclenchée d'office par le Tribunal, qui n'a aucun pouvoir d'initiative.

Quant à la valeur juridique des décisions prises sur le fondement de l'article 95-2 de la Constitution espagnole, il ne s'agit en aucun cas d'un simple avis[5], contrairement à ce qu'aurait souhaité une partie de la doctrine, favorable à la plus grande liberté d'action possible pour l'Exécutif, en s'appuyant sur la qualification de l'acte du Tribunal Constitutionnel (*Declaración* et non *Sentencia*). En effet, selon ses propres termes, le Tribunal ne peut "se transformer occasionnellement, du seul fait d'une requête, en un corps consultatif.(...Même) si (la procédure prévue par l'article 95) ne possède pas nécessairement une nature contentieuse, cela n'altère en rien la position du Tribunal comme interprête suprême de la Constitution."[6]. En conséquence, l'éventuelle "Déclaration" d'inconstitutionnalité d'un traité possède l'autorité de chose jugée *erga omnes* même si elle ne s'intitule pas *Sentencia*, et

---

[1] Cf. la Déclaration du Tribunal Constitutionnel du 1° juillet 1992.

[2] Cf. Antonio JIMENEZ-BLANCO (dir.) : *Comentario a la Constitución - La jurisprudencia del Tribunal Constitucional*, Editorial del Centro de Estudios Ramon Areces, 1995, p.649

[3] Déclaration du Tribunal Constitutionnel du 1° juillet 1992. Il s'agissait de la réponse du Tribunal Constitutionnel à la première requête formulée sur ce fondement.

[4] *Id.*

[5] Déclaration du Tribunal Constitutionnel du 1° juillet 1992 :
"On doit commencer par préciser qu'on peut solliciter de nous une "déclaration", mais pas un *dictamen*; une décision, pas une simple opinion fondée en droit."

[6] *Idem.*

exclut donc toute contestation ultérieure de la loi d'autorisation devant le Tribunal Constitutionnel[1].

§ 2 - Le contrôle postérieur à la conclusion des engagements

Malgré les problèmes théoriques et pratiques que pose l'existence d'un contrôle *a posteriori* de la constitutionnalité d'engagements internationaux[2], il a été prévu dans les Constitutions de nos deux voisins (II- et III-), et une discussion sur l'opportunité de l'établir en France se poursuit encore aujourd'hui (I-).

I - Une interdiction de principe en France

En France, n'existe qu'un contrôle *a priori*, assez exhaustif malgré ses défauts, qui s'exerce sur le fondement des articles 54 et 61 al.2 de la Constitution. Aucune disposition constitutionnelle ne prévoit en revanche de contrôle incident de la constitutionnalité des accords internationaux. Une révision constitutionnelle en ce sens avait d'ailleurs été expressément envisagée en 1990 dans le cadre de la réforme tendant à mettre en place un contrôle de constitutionnalité par voie d'exception[3]. Ne peut donc aujourd'hui être vérifiée que la constitutionnalité d'engagements internationaux récents, non encore ratifiés. Le Conseil constitutionnel ne semble pas prêt à se lancer dans un contrôle de la constitutionnalité de ceux qui sont déjà en vigueur, et affirme le plus souvent le principe de l'intangibilité des engagements devenus définitifs.

On a cependant relevé des indices en sens inverse. Tout d'abord, le Conseil "n'a pas renoncé à vérifier à l'occasion du contrôle exercé sur les lois de finances, si tel traité ou accord international avait bien satisfait dans le cas d'espèce à l'exigence d'une autorisation préalable du Parlement avant d'être définitivement conclu."[4]. On peut citer dans ce sens plusieurs décisions.[5].

---

[1] *Idem.*

[2] Cf. *supra*, 1 -.

[3] Voir par exemple à ce propos les articles de Louis FAVOREU, *Le Figaro* 26 et 29 mars 1990.

[4] P. GAIA, *Le Conseil constitutionnel et l'insertion des engagements internationaux dans l'ordre juridique interne*, *op. cit.*, p.86.

[5] Décision n°75-60 DC du 30 décembre 1975, "Consolidation des dettes commerciales", Cs 2 :
"Considérant qu'en vertu de diverses dispositions législatives intervenues au cours de ces dernières années, le Parlement a autorisé le Gouvernement, tant pour apporter une aide à certains pays étrangers que pour faciliter l'expansion de l'industrie française et le commerce extérieur, à mettre en oeuvre des mesures engageant les finances de l'Etat (...); qu'à l'occasion de la discussion budgétaire les procédures mises en oeuvre font l'objet de comptes-rendus et sont sanctionnées dans leur exécution et autorisées dans leur poursuite par le vote des crédits y afférents;". Notes : J.-M. BOLLÉ, *JCP* G, 1976, II, n°18368; R. CHIROUX et P. MONTGROUX, *Annales de Clermont-Ferrand*, 1976, p.369; J.-P. COT, *RDP* 1977, p.1005; C. FRANCK, *Gaz. Pal.* 1976, I, p.388; C. FRANCK, *GDJC* p.231; L. HAMON, *D* 1976, J, p.461; L. PHILIP, *RDP* 1976, p.995, et *RDP* 1977, p.1025; P. PY, *AJDA* 1976, p.308.
Décision n°78-93 DC du 29 avril 1978, "FMI", Cs 6 :
"Considérant (que le second amendement au statut du FMI) s'impose, dès lors, à la France, même en l'absence de toute procédure d'approbation sur autorisation législative dans les conditions prévues à l'article 53 de la Constitution, en vertu des engagements qu'elle a souscrits en adhérant régulièrement, à la suite de la loi du 26 décembre 1945, à l'accord relatif au FMI;".
Décision n°78-99 DC du 29 décembre 1978, "SME", Cs 2 :

On s'est aussi demandé s'il ne fallait pas chercher dans la jurisprudence du Conseil une possibilité de contrôle indirect *a posteriori* sur un traité, à travers celui de ses actes internationaux d'application[1], par la procédure de l'article 54. Le problème s'est rencontré en 1970 (décision n°70-39 DC du 19 juin, sur les ressources propres des Communautés Européennes) et en 1976 (décision n°76-71 DC, du 30 décembre, sur les modalités de l'élection du Parlement européen). Dans les deux cas, le Conseil a éludé le problème, en évitant de préciser son champ de compétence, et "l'ensemble de la motivation laisse planer une équivoque sur la limite des pouvoirs du Conseil à l'égard des actes internationaux en vigueur"[2]. Une partie de la doctrine s'est cependant vivement opposée à cette idée[3], en y voyant une violation des dispositions du Préambule de la Constitution et du système français de contrôle de constitutionnalité dans son ensemble.
On s'est enfin interrogé, malgré l'opposition de certains membres de la doctrine, pour savoir si on ne pourrait pas imaginer un contrôle indirect du traité, exercé à travers sa loi d'application (dans l'ordre interne donc, cette fois-ci)[4]. Même s'il semble que la jurisprudence du Conseil rejette par principe toute requête contre des textes d'application d'engagements internationaux[5], "tout doute n'est pas écarté sur la possibilité de séparer strictement l'acte international, qui ne serait pas contrôlé, de son application par un texte de loi qui le serait."[6]. Le système français se rapprocherait alors dans une certaine mesure du système allemand, qui prévoit comme nous allons le voir une adaptation permanente de la manière d'appliquer un

---

"Considérant que, par une résolution du 5 décembre 1978, le Conseil européen a prévu qu'un système monétaire européen serait instauré à compter du 1° janvier 1979 et en a tracé les grandes orientations; que cette résolution constitue une déclaration de caractère politique et non, au sens des articles 52 et 53 de la Constitution, un traité ou accord international ayant par lui-même des effets juridiques; que, dès lors, elle n'était pas soumise aux règles fixées par ces articles pour la ratification des traités;".

[1] Cf. pour plus de détails Joël RIDEAU, "Constitution et Droit international dans les Etatas membres des Communautés Européennes - Réflexions générales et situation française", *RFDC* 1990, p.272 s.

[2] Joël RIDEAU, "Problématique générale des rapports entre Droit constitutionnel et Droit international", *op. cit.*, p.235

[3] MM. Favoreu et Philip, chronique de Droit constitutionnel, *RDP* 1977, p.140 s.; ils regrettent d'ailleurs que le Conseil n'ait pas précisé sa compétence, et se soit contenté de se prononcer sur l'Acte annexé à la décision.

[4] idée évoquée par le Président du groupe parlementaire socialiste en février 1976, cité not. par J. RIDEAU, "Problématique générale des rapports entre Droit constitutionnel et Droit international", *op. cit.*, p.234

[5] Décision n°77-89 DC, du 30 décembre 1977, "Prélèvement d'isoglucose", Cs 6 :
"Considérant qu'en raison (...) du contenu détaillé des prescriptions édictées par les règlements communautaires qui sont obligatoires dans tous leurs éléments et directement applicables dans tout Etat membre, en vertu de l'article 189 du traité du 25 mars 1957régulièrement ratifié et publié en France, les dispositions qu'avaient à prendre les autorités nationales pour assurer l'exécution des règlements du 17 mai et du 5 août 1977 n'exigeaient pas l'intervention du Parlement;". Notes : P. AVRIL et J. GICQUEL, *Pouvoirs* n°5, 1978, p.187; G. ISAAC et J. MOLINIER, *RTDE* 1979, p.145; L. PHILIP, *RDP* 1979, p.468.
Décision n°77-90 DC du 30 décembre 1977, "Isoglucose", Cs 3 :
Considérant (...) que l'article 189, alinéa 2, du traité du 25 mars 1957, dispose que les règlements arrêtés par le Conseil et la Commission des Communautés Européennes sont obligatoires dans tous leurs éléments et sont directement applicables dans les Etats membres; qu'il suit de là que la force obligatoire qui s'attache aux dispositions qu'ils comportent n'est pas subordonnée à une intervention des autorités des Etats membres et notamment, du Parlement français; que l'intervention de ces autorités est limitée à l'adoption des modalités d'application laissées à leur initiative par les règlements communautaires;". Notes : P. AVRIL et J. GICQUEL, *Pouvoirs* n°5, 1978, p.187; L. PHILIP, *RDP* 1979, p.468.

[6] J. RIDEAU, *op. cit.*, p.234.

traité donné à l'état du Droit constitutionnel allemand, à travers le contrôle de la Cour constitutionnelle fédérale.
On peut d'ailleurs se demander si le Conseil constitutionnel ne pourrait pas accepter d'exercer un contrôle indirect d'un traité ancien à l'occasion de la conclusion d'un nouveau traité le modifiant, de la même manière qu'il accepte de contrôler une loi ancienne à l'occasion du vote d'une loi la modifiant[1]. Une telle possibilité est intéressante, et pas du tout invraisemblable, même si elle n'a encore jamais été mise en oeuvre[2].

II - La solution prépondérante en Allemagne

Cette solution correspond à la structure du système allemand de contrôle de constitutionnalité (1-), mais prend une forme particulière quand elle se manifeste par un "recours constitutionnel" (2-).

A - UNE SOLUTION CONFORME A L'ESPRIT DU SYSTEME ALLEMAND DE CONTROLE DE CONSTITUTIONNALITE

En Allemagne, c'est le contrôle des normes *a posteriori* qui est le plus répandu, malgré les difficultés qu'il entraîne pour l'application du Droit international. Une différence majeure entre les systèmes français et allemand de contrôle de la constitutionnalité des engagements internationaux réside donc dans le fait que, alors que le contrôle du Juge français épuise ce problème, celui du Juge allemand peut être amené à s'exercer sur un traité antérieurement jugé constitutionnel, mais dont la signification, ultérieurement modifiée, est devenue inconstitutionnelle[3].

On y distingue tout d'abord le "contrôle concret des normes" (*die konkrete Normenkontrolle*)[4], recours par voie d'exception qui est exercé dans les conditions prévues par l'article 100 de la Loi Fondamentale :

> "1 - Si un tribunal estime qu'une loi dont la validité conditionne sa décision est inconstitutionnelle, il doit surseoir à statuer et soumettre la question à la décision (...) de la Cour constitutionnelle fédérale s'il s'agit de la violation de la présente Loi Fondamentale. (...);
> 2 - Si, au cours d'un litige, il y a doute sur le point de savoir si une règle de Droit international public fait partie intégrante du Droit fédéral et si elle crée directement

---

[1] Cf. sa jurisprudence "Etat d'urgence en Nouvelle-Calédonie" du 25 janvier 1985, n°85-187 DC, Cs 10 : "Considérant que si la régularité au regard de la Constitution des termes de la loi promulguée peut être utilement contestée à l'occasion de l'examen de dispositions législatives qui la modifient, la complètent ou affectent son domaine, (...)".

[2] Jusqu'à présent, le Conseil constitutionnel s'est contenté de contrôler les traités nouveaux à la lumière des engagements déjà conclus par la France. Voir en ce sens la décision n°92-308 DC, "Maastricht I", Cs 5 à 8, et particulièrement Cs 8 :
"Considérant qu'il appartient au Conseil constitutionnel, saisi (...) d'un traité qui modifie ou complète un ou plusieurs engagements internationaux déjà introduits dans l'ordre juridique interne de déterminer la portée du traité soumis à son examen en fonction des engagements internationaux que ce traité a pour objet de modifier ou compléter.".

[3] Cf. P. GAIA, *Le Conseil constitutionnel et l'insertion des engagements internationaux dans l'ordre juridique interne*, *op. cit.*, p.97

[4] Voir sur ce point Christian AUTEXIER, *Introduction au Droit public allemand*, *op. cit.*, p.80 s..

des droits et des obligations pour les individus (article 25), le tribunal doit soumettre la question à la décision de la Cour constitutionnelle fédérale. (...)".

On peut considérer qu'il a pour but d'assurer une surveillance constante de la constitutionnalité de l'ordre juridique allemand. En effet, aucun acte émanant d'une organisation internationale ne peut avoir d'effet en Droit allemand s'il n'est pas couvert par la loi de ratification du traité dont il découle, qui "s'analyse en un ordre d'exécuter le traité et les actes qui en dérivent"[1]. Il s'agit donc avant tout d'éviter que l'ordre juridique soit vicié par une inconstitutionnalité qui pourrait avoir des effets préjudiciables au déroulement de litiges en cours; on justifie ce recours par un argument d'économie processuelle : assurer "l'autorité du législateur sur le Juge et l'unité de jurisprudence constitutionnelle"[2].

Le devoir de soumettre le litige à la Cour constitutionnelle fédérale pèse fondamentalement sur toute décision qui dépend de la validité de la loi - pour éviter que le Juge viole un droit fondamental. Sont concernées toutes les juridictions étatiques qui sont matériellement indépendantes et reconnues comme telles par la loi[3], à tous les degrés de juridiction - mais les Tribunaux privés (arbitraux ou ecclésiastiques) ne peuvent se prévaloir de cette disposition[4].

Cependant, seules les lois allemandes *stricto sensu* - lois formelles du Bund comme des Länder - sont soumises à cette obligation de transmission à la Cour constitutionnelle pesant sur le Juge : ceci comprend les lois d'introduction des traités internationaux (*die Zustimmungsgesetze*), mais pas les normes de Droit international elles-mêmes (qui ne valent de toute manière dans l'ordre juridique interne que par leur loi d'introduction). Sont de même soumises au contrôle de l'article 100 les *Rechtsverordnungen,* car elles sont inséparables de leur contexte législatif[5].

B - LE CAS PARTICULIER DU CONTROLE INTRODUIT PAR "RECOURS CONSTITUTIONNEL"

L'intervention des particuliers est aussi rendue possible à l'occasion du vote de la loi d'incorporation du traité dans l'ordre interne allemand; ils peuvent en effet déclencher un "recours constitutionnel" (*Verfassungsbeschwerde*), avant même que cette loi ait été mise en application, même s'il est rare que la Cour admette qu'une loi puisse porter une atteinte directe aux droits d'un individu[6].

On appelle "recours constitutionnel" un recours accessible aux particuliers, conformément à l'article 93-1-4a de la Loi Fondamentale[7] et au Titre XV de la Loi sur la Cour Constitutionnelle Fédérale. D'abord uniquement prévu par cette dernière,

[1] M. FROMONT, "Le Traité sur l'Union européenne et le juge constitutionnel en France et en Allemagne", *op. cit.*, p.233

[2] BVerfGE 6, 55 (63).

[3] BVerfGE 6, 55 (63).

[4] BVerfGE 61, 75 (77).

[5] BVerfGE 75, 166 (173 s.).

[6] La grande majorité des "recours constitutionnels" portent sur des décisions administratives et juridictionnelles, parce qu'elles sont les plus à même de toucher directement les droits fondamentaux d'un individu, et que c'est une conséquence logique de la condition d'épuisement des voies de recours ordinaires posée par l'article 90 alinéa 2 de la Loi sur la Cour Constitutionnelle Fédérale (Voir Yves MENY, *Politique comparée : les grandes démocraties occidentales*, Montchrestien, 1993, p.387).

[7] Cf. texte *supra*

il a été repris par la Constitution lors de la révision du 29 janvier 1969. C'est lui qui permet d'affirmer que la Cour constitutionnelle fédérale allemande est réellement le juge "suprême de la régularité juridique de tous les actes de l'Etat"[1], et également de dire que l'Allemagne est non seulement un Etat de Droit (*Rechtsstaat*), mais aussi un "Etat des Juges" (*Richterstaat*).

Ses conditions de recevabilité sont spéciales : il peut concerner tout acte de la puissance publique[2], y compris ses manquements[3], et y compris les actes législatifs; il peut être engagé par n'importe quel titulaire d'un droit fondamental ou assimilé, du moment qu'il prouve être atteint à tort et de manière immédiate et actuelle par l'acte incriminé; enfin, il est en principe subsidiaire, c'est-à-dire qu'il ne peut théoriquement être déposé qu'après épuisement des voies de recours ordinaires, sauf s'il devait résulter du respect de cette condition un préjudice grave et inévitable pour le requérant[4].

C'est ce qui s'est passé pour le Traité de Maastricht, dont la Cour constitutionnelle fédérale a jugé qu'il soulevait des problèmes suffisamment importants pour qu'elle statue rapidement sur les recours déposés contre sa loi d'introduction (décision du Deuxième Sénat du 12 octobre 1993[5]). Du fait d'un consensus sur le contenu du traité[6], ce n'est qu'après la révision de la Constitution, et après le vote et la promulgation de la loi d'incorporation du traité, que des "recours constitutionnel"[7] furent introduits par des particuliers. Seule la ratification elle-même fut retardée par le Président de la Fédération jusqu'à la décision de la Cour, "dans le but évident de ne pas (la) mettre (...) devant le fait accompli"[8]. La particularité de la requête admise par la Cour vient de ce qu'elle visait, non pas l'insuffisante protection des droits fondamentaux des particuliers par le traité, en elle-même (article 23-1 de la Loi Fondamentale), mais la violation de l'article 38[9], et plus particulièrement de la notion de "représentant du peuple allemand"[1].

---

[1] Jean-Marie AUBY et Michel FROMONT, *Les recours contre les actes administratifs dans les pays de la CEE - Allemagne, Belgique, France, Italie, Luxembourg, Pays-Bas*, Dalloz, 1971, p.17

[2] Article 90, alinéa 1° de la Loi sur la Cour Constitutionnelle Fédérale :
"Toute personne peut introduire devant la Cour constitutionnelle fédérale un recours constitutionnel en affirmant que la puissance étatique a porté atteinte à l'un de ses droit fondamentaux ou à l'un des droits énoncés dans la Loi Fondamentale à l'alinéa 4 de son article 20, ainsi qu'à ses articles 33, 38, 101, 103 et 104."

[3] Article 92 de la Loi sur la Cour constitutionnelle fédérale :
"Dans la justification du recours, il y a lieu de spécifier le droit qui serait violé ainsi que l'action ou le manquement de l'organe ou de l'autorité par lequel le plaignant s'estime lésé."

[4] Article 90 alinéa 2 de la Loi sur la Cour constitutionnelle fédérale :
"Si une voie de droit est admissible contre la violation (des droits fondamentaux du requérant), alors le recours constitutionnel ne peut être introduit qu'après épuisement de cette voie de droit. Toutefois la Cour constitutionnelle fédérale peut statuer immédiatement sur un recours constitutionnel avant l'épuisement des voies de droit lorsque ce recours revêt une importance générale ou si le requérant devait subir un désavantage important et inéluctable dans le cas où il serait d'abord tenu d'épuiser la voie de droit."

[5] BVerfGE 89, 155

[6] Cf. *supra*, 1 -.

[7] Cinq au total, dont la plupart furent rejetés.

[8] M. FROMONT, "Le Traité sur l'Union européenne et le juge constitutionnel en France et en Allemagne", *op. cit.*, p.233

[9] Article 38 de la Loi Fondamentale du 23 mai 1949 :
" 1 - Les députés du Bundestag allemand sont élus au suffrage universel direct, égal et secret.
Ils sont les représentants de l'ensemble du peuple, ne sont liés ni par des mandats ni par des instructions et ne sont soumis qu'à leur conscience.

III - Un contrôle théoriquement subsidiaire en Espagne

En Espagne, la doctrine considère avec le Tribunal Constitutionnel que l'objectif essentiel du contrôle de la constitutionnalité des traités, qui est la protection de la suprématie de la Constitution[2], reste dans tous les cas atteint par la possibilité de contester la constitutionnalité des traités une fois qu'ils ont été incorporés dans l'ordre juridique interne[3], même s'il reste comme nous l'avons vu plus haut préférable de recourir à un contrôle préalable[4]. Nous examinerons donc d'abord les différents types possibles de recours *a posteriori* (A-), avant de voir que ce système peut être critiqué (B-).

A - LES DIFFERENTS TYPES DE CONTROLE *A POSTERIORI*

Un contrôle concret *a posteriori* de la loi d'introduction du Traité est en effet toujours possible devant le Tribunal Constitutionnel. On peut tout d'abord penser, "surtout à la lumière de l'intervention du législateur dans l'adoption de la Loi Organique relative au Tribunal Constitutionnel, (LOTC, article 27, § 2, c, et 32 § 1), que le contrôle (du Tribunal) pourrait jouer à l'égard des traités internationaux en vigueur. (Le Tribunal) pourrait ainsi être (saisi) de "recours directs" dans le cadre de l'article 161 § 1 a[5] de la Constitution espagnole (LOTC art. 29 § 1a et 32) par le Chef du Gouvernement, le Défenseur du Peuple, cinquante députés ou sénateurs, les exécutifs et, dans certains cas, les assemblées des régions"[6]. En effet jamais le Tribunal Constitutionnel n'a expressément écarté les engagements internationaux du champ d'application de ce recours[7].

L'article 163 de la Constitution espagnole prévoit par ailleurs la possibilité d'introduire devant lui une "question d'inconstitutionnalité", procédure proche du "contrôle concret des normes" allemand :

---

2 - Est électeur celui qui a dix-huit ans révolus; est éligible celui qui a atteint l'âge de la majorité. (...)".

[1] La Cour constitutionnelle fédérale en a d'ailleurs profité pour élargir les conditions de saisine par "Verfassungsbeschwerde", qui dépassent désormais l'atteinte "immédiate et présente aux droits fondamentaux" des requérants pour s'étendre aux atteintes à des principes fondamentaux par transfert de droits de souveraineté. Cf. *infra*.

[2] Cf. *supra*, 1 -.

[3] Malgré une interprétation possible de l'article 96 de la Constitution qui conduirait à exclure toute remise en cause ultérieure d'un traité international au regard de la Constitution : il est plutôt analysé comme fixant les sphéres de compétences de la loi et du traité l'un par rapport à l'autre.

[4] Cf Déclaration du TC du 1° juillet 1992, *supra*.

[5] Article 161 alinéa 1 a de la Constitution espagnole :
"Le Tribunal Constitutionnel a juridiction sur tout le territoire espagnol et est compétent pour connaître : a - du recours en inconstitutionnalité contre les lois et les dispositions normatives ayant force de loi. La déclaration d'inconstitutionnalité d'une norme juridique ayant force de loi, interprétée par la jurisprudence, affectera cette dernière, même si la sentence ou les sentences touchées ne perdent pas pour autant leur force de chose jugée.".

[6] Joël RIDEAU, "Constitution et Droit international dans les Etats membres des Communautés Européennes - Situation dans les Etats membres autres que la France", *RFDC* 1990, p.434

[7] Alors que par exemple il a détaché le cas de certaines normes ayant force de loi du cas général, en ce qui concerne les effets de la déclaration d'inconstitutionnalité (cf. STC 45/1989, du 20 février, déclarant que ne peuvent être remises en question du fait de cette déclaration les sitations issues de jugements ayant acquis autorité de chose jugée, ou d'actes administratifs devenus définitifs).

"Quand un organe judiciaire considère, lors d'un procès, qu'une norme à rang de loi, applicable dans ce cas, de la validité de laquelle dépend la solution, pourrait être contraire à la Constitution, il portera la question devant le Tribunal Constitutionnel, dans les hypothèses, dans la forme et avec les effets qu'établit la loi, lesquels ne pourront jamais être suspensifs.".

Cette "question d'inconstitutionnalité" est un instrument de contrôle concret, "destiné principalement à assurer que l'action du législateur respecte les limites posées par la Constitution, par la déclaration de nullité des normes législatives qui violent ces limites."[1], et ouvert à tout organe judiciaire quelle que soit la date d'entrée en vigueur de la norme en question (contrairement au "recours en inconstitutionnalité", contrôle *a priori* réservé à un nombre limité d'autorités compétentes). De ce fait, il ne saurait être question d'autoriser par ce biais une remise en question d'une norme déjà entrée dans l'ordre juridique "d'une façon directe et abstraite"[2].

Toutes les normes ayant rang ou valeur de loi peuvent faire l'objet d'une telle procédure. Or la jurisprudence du Tribunal Constitutionnel, interprétant l'article 96-1 de la Constitution[3], a reconnu aux engagements internationaux "régulièrement conclus" la qualité de normes "dotées d'une force passive de loi."[4], ce qui les rend susceptibles d'y être soumis[5]. Quant à l'article 164 de la Constitution, il dispose que les *sentencias* "qui déclarent l'inconstitutionnalité d'une loi ou d'une norme ayant force de loi et toutes celles qui ne se limitent pas à l'estimation subjective d'un droit, ont plein effet à l'égard de tous"[6], ce qui s'applique donc aussi aux engagements internationaux.

Enfin, même si le *recurso de amparo* n'est pas possible contre une loi[7], contrairement à ce que nous avons vu ci-dessus du "recours constitutionnel" allemand, il semble possible directement contre le Traité, quand celui-ci viole directement des droits fondamentaux constitutionnellement protégés[8]. Mais ce recours est d'une nature particulière, puisqu'il doit, selon le Tribunal Constitutionnel

---

[1] STC 17/1981, du 1° juin, paragraphe 1.

[2] STC 36/1991, du 14 février, paragraphe 3. C'est pourquoi la procédure d'admission de la "question d'inconstitutionnalité" devant le Tribunal Constitutionnel suppose que le Juge ordinaire expose l'argumentation en vertu de laquelle il estime que la décision qu'il doit prendre dans l'espèce en cause dépend de la constitutionnalité de la norme attaquée (cf. sur ce dernier point STC 17/1981, du 1° juin, paragraphe 1).

[3] Article 96 alinéa 1 de la Constitution espagnole :
"Les traités internationaux régulièrement conclus, une fois publiés officiellement en Espagne, font partie de l'ordre juridique interne. (...)".

[4] et non un rang de norme constitutionnelle. Cf. STC 28/1991, du 14 février :
"Aucun traité international ne reçoit de l'article 96-1 de la Constitution plus que le rang de norme qui, dotée de la force passive que cette disposition lui confère, fait partie de l'ordonnancement interne (...)."

[5] comme le prévoient d'ailleurs expressément les articles 29 §1b et 31 §1 de la LOTC.

[6] Article 164 alinéa 1 *in fine*.

[7] et il est impossible de se servir de cette procédure pour faire examiner par le Tribunal Constitutionnel des points qui relèvent normalement d'une "question d'inconstitutionnalité", laquelle est "une prérogative exclusive et non susceptible d'aménagements des organes juridictionnels" (STC 62/1992, du 27 avril, paragraphe 3).

[8] STC 187/1991, du 3 octobre , paragraphe 1 :
"Si les Traités Internationaux sont susceptibles d'être déclarés inconstitutionnels, rien ne s'oppose à ce que cette déclaration se produise par le mécanisme prévu à l'article 55-2 de la Loi Organique relative au Tribunal Constitutionnel."

lui-même, "continuer à être traité et résolu comme le remède qu'il est face à des violations spécifiques des droits fondamentaux"[1] d'un individu. Comme c'est donc un recours personnel, la non-application éventuelle de la norme attaquée "du fait de l'octroi de l'amparo n'a pas d'effets au-delà du cas concret tranché, sans que ce Tribunal doive alors, quand il juge en amparo, prendre une quelconque décision générale sur la contradiction entre ladite (norme) et la Constitution."[2]. Cela limite donc la portée de ce contrôle.

B - LA CRITIQUE POSSIBLE CONTRE L'AGENCEMENT DU SYSTEME ESPAGNOL

Une critique d'ensemble a cependant été très tôt adressée à l'équilibre général du contrôle de contitutionnalité des engagements internationaux en Espagne, par le Professeur REMIRO BROTONS. Il contestait en effet d'un point de vue de simple logique la détermination des autorités de saisine du Tribunal Constitutionnel en la matière selon qu'il s'agissait d'un contrôle *a priori* ou *a posteriori*. Il estime en effet qu'"il n'y a aucun sens à refuser le contrôle *a priori* à ceux (minorités parlementaires, Assemblées et exécutifs des Communautés Autonomes) qui vont pouvoir le déclencher une fois que l'obligation sera parfaite, à des coûts internes et internationaux plus grands, pour l'Etat, si le Tribunal leur donne raison."[3], et que la solution inverse - qui consisterait à ouvrir largement les possibilités de contestation de la constitutionnalité des engagements internationaux avant leur conclusion, et à les restreindre au maximum une fois qu'ils sont devenus définitifs - serait infiniment plus appropriée aux particularités de l'action internationale.

Au terme de ce chapitre, nous avons vu tout d'abord que le Juge constitutionnel n'arrive que difficilement à faire respecter par l'Exécutif le principe constitutionnel de séparation des pouvoirs en matière de conclusion des engagements internationaux, ce qui aboutit à un dessaisissement de fait des compétences déjà le plus souvent faibles du Parlement. Mais son contrôle sur la procédure de conclusion des engagements internationaux se révèle lui aussi parfois assez décevant, bien que les Juges constitutionnels se montrent moins timorés en la matière. Leurs compétences sont en effet généralement définies d'une manière large, et ils les interprètent le plus souvent d'une manière extensive - particulièrement le Conseil constitutionnel français, qui a tiré tout le parti possible des dispositions constitutionnelles existantes.
Mais il leut arrive de ne pas aller au bout des possibilités qui leur sont ainsi offertes - ou qu'ils se sont eux-mêmes ouvertes -, toujours dans le but d'éviter de se confronter à l'Exécutif sur des matières trop "politiques". Nous allons en effet voir quel est l'effet au fond du contrôle de constitutionnalité sur les engagements internationaux.

---

[1] STC 32/1984, et STC 209/1988, citées par le Tribunal dans sa décision n°187/1991.
[2] STC 187/1991, paragraphe 1.
[3] Antonio REMIRO BROTONS, "El poder exterior del Estado", *op. cit.*, p.57.

CHAPITRE 2

LE CONTROLE AU FOND DE LA COMPETENCE DIPLOMATIQUE

Nous avons examiné dans un premier chapitre de quelle manière et dans quelle mesure le Juge constitutionnel assurait un contrôle de l'Exécutif lors de ses interventions visant à faire respecter les conditions formelles, procédurales, de conclusion des engagements internationaux : il s'est généralement reconnu de larges possibilités d'intervention. Il nous faut voir maintenant sur quels critères il se base pour mettre en oeuvre un contrôle "au fond" de ces engagements. Il se montre beaucoup plus timoré en la matière, car cela implique de se prononcer sur les options politiques retenues par l'Exécutif.

Le Juge constitutionnel peut en fait intervenir à deux niveaux : tout d'abord sur la liberté d'action de l'Exécutif dans la conduite des relations extérieures de l'Etat (section 1); ensuite et plus directement encore, sur le contenu des engagements eux-mêmes, du point de vue des dispositions constitutionnelles relatives à la souveraineté nationale et au respect des libertés publiques (section 2).

Section 1

Le contrôle du degré de liberté de l'Exécutif dans la conduite des relations extérieures

Ce contrôle ne peut être compris que si l'on envisage d'abord les contraintes qui pèsent sur l'activité diplomatique, par la manière dont les Constitutions règlent son exercice en premier lieu, puis d'un point de vue de Science politique (§ 1). Ceci permettra ensuite de mieux comprendre les réticences que manifestent tous les Juges, et particulièrement le Juge constitutionnel, à l'égard de cet aspect de leur fonction (§ 2).

§ 1 - Les contraintes pesant sur l'activité diplomatique

Ces contraintes sont de deux ordres. Les premières ont trait aux dispositions constitutionnelles touchant l'exercice de l'activité diplomatique, et par conséquent varient quelque peu selon les pays abordés (I-). Les secondes en revanche sont d'ordre politique, et se rejoignent dans les trois pays qui forment le champ de notre étude (II-).

I - Les contraintes d'ordre constitutionnel

Elles varient évidemment avec les dispositions relatives à ce sujet qui sont prévues dans les Constitutions des trois pays concernés par notre étude. Comme elles sont difficilement réductibles à un même modèle, malgré leurs parentés, nous devrons successivement examiner les contraintes dérivant des Constitutions française (A-), allemande (B-) et espagnole (C-).

A - LES CONTRAINTES DERIVANT DE LA CONSTITUTION FRANÇAISE

Elles se caractérisent par un double souci, dune part de préserver la liberté d'action de l'Exécutif (1-) et d'autre part de ménager un rôle prépondérant au Président de la République (2-), et débouchent sur une situation parfois critiquable (3-).

1 - Le souci de protéger la liberté d'action de l'Exécutif

En France, les constituants de 1958 ont cherché à protéger la liberté d'action de l'Exécutif en matière de politique internationale. La formulation de l'article 54, en ce qu'elle ne prévoit qu'une saisine conditionnelle du Conseil constitutionnel, dans des conditions initialement très restrictives, montre d'ailleurs bien que, pour eux, "l'exécutif devait pouvoir négocier librement, même en vue de dispositions diplomatiques inconstitutionnelles"[1].
Mais au sein même de l'Exécutif, les deux autorités que sont le Président de la République et le Premier Ministre ne vont pas se voir traiter sur un pied d'égalité. En effet, l'article 5 alinéa 2 de la Constitution fait du Chef de l'Etat "le garant de l'indépendance nationale, de l'intégrité du territoire et du respect des traités.". Le soin d'accréditer les ambassadeurs et les envoyés extraordinaires des puissances étrangères revient ensuite au Chef de l'Etat (article 14 de la Constitution), du fait d'une compétence traditionnelle. Par ailleurs, l'article 52 de la Constitution, qui est le premier du Titre VI consacré aux "traités et accords internationaux", prévoit que :

> "Le Président de la République négocie et ratifie les traités.
> Il est informé de toute négociation tendant à la conclusion d'un accord international non soumis à ratification.".

---

[1] Christopher POLLMANN, "La révision de l'article 54 de la Constitution : nouvelle avancée de la juridicité, nouvel échec de l'instrumentalisme juridique", *op. cit.*, p.1082. Il fait référence à un article de NGUYEN QUOC Dinh paru dans la *RDP* de 1959, p.544, dans lequel celui-ci estime que l'article 54 "autorise implicitement les négociateurs d'un traité à aller au delà de la Constitution.".

Cet article est le fruit d'une longue tradition historique qui confie au Chef de l'Etat le pouvoir de négocier et conclure les traités[1], les seules variations résidant dans l'étendue des pouvoirs attribués aux Assemblées, qui n'ont en effet pas toujours été aussi déshéritées qu'aujourd'hui)[2]. En principe ce pouvoir du Président n'est pas exempté de l'obligation de contre-seing posée à l'article 19 de la Constitution[3], ce qui devrait donner la primauté dans ce domaine au Premier Ministre. Cette considération n'enlève cependant rien à la réalité du pouvoir présidentiel. dans la mesure où les institutions de la Cinquième République sont marquées par son développement tous azimuts, dans le domaine des relations extérieures comme dans les autres, surtout depuis 1962 et le choix de faire élire le Président de la République au suffrage universel direct.

2 - Le rôle prépondérant du Président de la République et la théorie du "domaine réservé"

Cette montée en puissance s'est traduite par la mise au point de la théorie du "domaine réservé" du Président de la République[4]. Certains membres de la doctrine ont justifié cette théorie en matière de politique étrangère, en s'appuyant à la fois sur les textes constitutionnels[5] et sur la pratique des débuts de la Cinquième République[6]. Ainsi, alors que la Constitution de 1946 n'attribuait pas au Chef de l'Etat la puissance de négocier, la pratique a toujours conféré au Président de la Cinquième République une influence réelle dans le déroulement des négociations, et il est même arrivé, exceptionnellement il est vrai, qu'il les conduise personnellement[7]. De plus la volonté hégémonique du Général DE GAULLE en la matière était évidente pour tous les observateurs, et renforçait cette interprétation[8].

---

[1] à l'exception de la Constitution de 1793, de type conventionnel et jamais appliquée, qui confiait le pouvoir de négocier les traités à un Conseil exécutif étroitement dépendant du Corps législatif (articles 62 et s., et particulièrement l'article 70).

[2] Par exemple, la Constitution de la III° République, et plus précisément la loi constitutionnelle du 16 juillet 1975, utilisait exactement la même formulation que l'actuel article 52 pour attribuer le pouvoir de conclure les engagements internationaux, mais il ne fait de doute pour personne qu'en réalité, le Président de la République ne faisait qu'entériner les résultats des entreprises d'un Gouvernement étroitement soumis à la tutelle de l'Assemblée Nationale...

[3] Article 19 de la Constitution du 4 octobre 1958 :
"Les actes du Président de la République, autres que ceux prévus aux articles 8 (1° alinéa), 11, 12, 16, 18, 54, 56 et 61, sont contresignés par le Premier Ministre et, le cas échéant, par les ministres responsables.". La seule compétence du Président en matière internationale qui échappe à l'obligation du contre-seing est donc la possibilité de saisir le Conseil constitutionnel de la constitutionnalité d'un engagement international.

[4] Selon Jacques CHABAN-DELMAS, alors Premier Ministre, ce "domaine réservé" devait comprendre, quand on a employé ce terme pour la première fois, l'Algérie, la Communauté Française, les Affaires Etrangères et la Défense.

[5] qui cependant ne la consacrent pas en tant que telle. Voir sur ce point Jean-Claude ZARKA, *Fonction présidentielle et problématique majorité présidentielle/majorité parlementaire sous la Cinquième République (1986-1992)*, LGDJ, 1992, p.75 s..

[6] Cf. Guy ISAAC, "Le "Domaine Réservé" du Président de la République", *Annales de la Faculté de Droit de Toulouse* 1964, p.34

[7] Voir par exemple le cas toujours cité des négociations en vue de la conclusion du Traité franco-allemand de 1963, conduites personnellement par le Président De Gaulle et le Chancelier Adenauer.

[8] Voir Guy ISAAC, *op. cit.* : "Dans ce domaine, encore plus que dans tout autre, le Général De Gaulle tient essentiellement à gouverner. (...) Certes, dans l'exercice de ses pouvoirs diplomatiques, il reste

L'existence d'un "domaine réservé" en matière de politique étrangère est cependant très discutable dans les termes où elle a été formulée. On ne peut en effet pas souscrire à l'opinion selon laquelle le Président de la République peut agir absolument comme il l'entend en la matière, comme s'il s'agissait d'une "réserve de compétence" prévue par la Constitution à son profit. Comme l'a observé le Professeur Elisabeth ZOLLER, cette théorie est juridiquement inexacte "dans la mesure où la Constitution reconnaît au Gouvernement une compétence externe indiscutable. (...) Elle ne permet pas de comprendre le rôle exact du chef de l'Etat dans la conduite des relations extérieures."[1]. D'autre part le Président n'a plus, par la force des choses, le monopole des compétences de négociation : celles-ci sont dans l'immense majorité des cas exercées par le Gouvernement, même si la pratique des "lettres de pleins pouvoirs" signées de sa main (et contre-signées...) subsiste pour les traités les plus importants[2], et même si diverses dipositions constitutionnelles prévoient qu'il reste informé du déroulement de l'activité diplomatique (de la nomination des diplomates (article 13) aux négociations des divers engagements qui ne constituent pas des traités (article 52 alinéa 2). Le soit-disant "domaine réservé" est donc en fait une simple pratique, qui veut que tous les Présidents de la République, sans exception, manifestent un intérêt particulier pour tout ce qui concerne la représentation du pays à l'étranger et toutes les compétences qui l'accompagnent.

Un problème se pose cependant dans cette perspective : celui de la "cohabitation" entre un Président de la République et un Premier Ministre appartenant à des familles politiques différentes. Dans ce cas, "l'exercice solitaire par le Président de la République, de la politique extérieure de la France n'est guère concevable (...), en raison de la nature même de cette politique."[3]. L'expérience montre que "la prédominance du Président de la République dans le domaine de la politique étrangère, sans disparaître, a été affectée par cette situation politique[4]. La représentation de la France aux sommets internationaux a été partiellement contrôlée par le Premier Ministre (on est même allé lors de la première cohabitation jusqu'à une représentation "bicéphale" du pays), et des initiatives diplomatiques parallèles se sont développées, entraînant "un risque de paralysie de l'action diplomatique"[5]. Mais en aucun cas le principe de la compétence du Président en la matière n'a été fondamentalement remis en question à cette occasion : il y a seulement eu établissement d'un dialogue obligatoire entre le Premier Ministre et lui.

---

soumis à la règle du contre-seing, mais cela sera-t-il autre chose qu'une formalité ? D'autant que, pour la "négociation", il agit forcément seul."

[1] E. ZOLLER, *Droit des relations extérieures*, *op. cit.*, p.45

[2] Cf. *supra*, Section 1.

[3] Jean-Claude ZARKA, *Fonction présidentielle et problématique...*, *op. cit.*, p.83.

[4] Joël RIDEAU, "Problématique générale des rapports entre Droit constitutionnel et Droit international", *op. cit.*, p.209

[5] J.-Cl. ZARKA, *op. cit.*, p.85.

3 - Les conséquences pratiques de cette situation

Cette évolution a eu pour corollaire le déclin marqué du rôle du Parlement[1] en matière internationale[2] : privé de toute initiative, il doit se résoudre au rôle - très théorique - de censeur, "la vraie question (étant) de savoir (...) si le Parlement est en mesure - comme c'est là son rôle et son pouvoir essentiel - de paralyser l'Exécutif"[3]. Nous avons déjà répondu par la négative à cette question s'agissant de la conclusion des engagements internationaux, même pour des pays comme l'Espagne où les Cortes se voient reconnaître un rôle plus étendu que le Parlement français. En ce qui concerne le pouvoir de conduite de la politique extérieure elle-même, le "régime délibératif" que supposerait l'intervention du Parlement a perdu de son intérêt, s'il en a jamais eu d'ailleurs en matière internationale : la plupart des auteurs aussi bien que des praticiens considèrent qu'il est au mieux inutile, et au pire dangereux[4]. Il aurait d'ailleurs été surprenant que le Parlement se voie reconnaître dans la conduite de l'activité diplomatique prise dans son sens le plus étroit un rôle qui lui est refusé dans la procédure de conclusion de beaucoup d'engagements internationaux - alors que dans ce dernier cas son intervention est pourtant prévue, dans certaines limites, par la Constitution elle-même.

De vives critiques ont cependant été adressées à la pratique actuelle en matière de politique étrangère, qui débouche sur la prépondérance du Président[5]. En premier lieu les prérogatives présidentielles, par la personnalisation de la politique extérieure qu'elles entraînent, provoquent une déresponsabilisation de l'Administration, donc à la fois l'engorgement de services présidentiels qui ne suffisent pas à la tâche et un manque d'esprit critique dans le traitement des affaires.
Ensuite ces énormes pouvoirs ne sont pas toujours mis au service d'une implication suffisante en la matière : non seulement le Président n'a pas que ce chef de compétences, mais son intérêt pour tel ou tel secteur dépend de la perception qu'il a de la conjoncture et de l'importance des divers enjeux en cause, perception qui n'est pas nécessairement toujours très claire[6].

B - LES CONTRAINTES DERIVANT DE LA CONSTITUTION ALLEMANDE

Bien que la compétence diplomatique soit en principe attribuée au Président de la Fédération allemande (1-), c'est le Gouvernement Fédéral qui exerce pour l'essentiel les pouvoirs qui y sont rattachés (2-).

---

[1] Cf. *supra*, Section 1, en ce qui concerne le respect de la séparation des pouvoirs dans la procédure de conclusion des engagements internationaux.

[2] Le problème de son rôle dans le fonctionnement des institutions européennes sera examiné au chapitre suivant.

[3] E. ZOLLER, *Droit des relations extérieures*, *op. cit.*, p.39

[4] Cf. Joseph BARTHELEMY et Paul DUEZ en 1933 : "Avec le contrôle des Parlements de plus en plus soumis aux volontés électorales, les grandes constructions diplomatiques deviennent de plus en plus difficiles." (cités par E. Zoller, *op. cit.*, p.254)

[5] Cf. Samy COHEN, "La politique étrangère dans les institutions de la V° République", *Revue Française d'Administration Publique* n°77, 1996, p.31 s.

[6] Cet auteur cite par exemple en matière d'armement le choix de négliger l'armement conventionnel au profit du nucléaire, plus prestigieux, qui a pour conséquence notre sous-équipement actuel (voir la guerre du Golfe).

1 - La compétence de principe du Président Fédéral

En Allemagne, comme en France, c'est au Président de la République Fédérale (*Bundespräsident*) que la Constitution confie le soin d'exercer la compétence diplomatique de l'Etat. L'article 59, alinéa 1° de la Loi Fondamentale est donc le pendant de nos articles 14 et 52 alinéa 1°, quand il prévoit que :

> "Le Président fédéral représente la Fédération sur le plan international. Il conclut au nom de la Fédération les traités avec les Etats étrangers. Il accrédite et reçoit les représentants diplomatiques.".

Comment faut-il interpréter ces dispositions de la Loi Fondamentale ? Donnent-elles un pouvoir réel au Président fédéral ? On estime généralement qu'elles lui confèrent une compétence d'ensemble en ce qui concerne la représentation de l'Allemagne dans les relations étrangères, c'est-à-dire pour tous les actes internationaux de la Fédération, qui doivent être pris en son nom, qu'il s'agisse de la conclusion des traités elle-même, l'émission d'actes unilatéraux ou de la conclusion d'accords administratifs[1]. Le Président fédéral procède lui-même aux plus importants des actes suivants : procurations pour l'établissement de négociations et la signature des accords internationaux visés à l'article 59-II-1, en particulier ceux qu'on appelle "Traités d'Etat" (c'est-à-dire les traités dans le texte desquels apparaissent la République Fédérale en tant qu'Etat ou le Président fédéral en tant que Chef de l'Etat), la ratification, l'adoption ou l'autorisation de "traités d'Etat"; l'octroi et la réception de lettres de créance des diplomates, ambassadeurs et ministres plénipotentiaires.

2 - Une compétence en fait exercée pour l'essentiel par le Gouvernement Fédéral

Ces compétences présidentielles ont cependant moins d'importance qu'il n'y paraît. En fait l'article 59-I reprend une formulation traditionnelle, que l'on retrouve dans les articles 11-I de la Constitution allemande du 16 avril 1871 et 45-I de la Constitution de la République de Weimar du 11 août 1919[2]. D'après l'opinion générale de la doctrine allemande, les deux dernières phrases de l'article 59-I sont seulement un éclaircissement en forme d'exemple de la première[3], et n'impliquent rien de plus quant aux compétences concrètes du Président fédéral. Il en résulte donc que, malgré tout, la compétence du Président fédéral quant à l'acte formel de conclusion lui-même, ou peut-être de ratification, est restreinte. La ressemblance avec les textes français est donc en définitive superficielle, le Président allemand se trouvant privé des énormes pouvoirs dont dispose en pratique son homologue français. On ne trouve aucune justification constitutionnelle à cet état de fait, attendu

---

[1] Cf. Rudolf STREINZ, *op. cit.*, p.1081

[2] Cf. R. STREINZ, *id.*, p.1082

[3] Article 59 alinéa 1 de la Loi Fondamentale allemande :
"(1) Le président fédéral représente la Fédération sur le plan international.
(2) Il conclut au nom de la Fédération les traités avec les Etats étrangers.
(3) Il accrédite et reçoit les représentants diplomatiques.".

qu'aucune autre disposition constitutionnelle ne règle la situation dans laquelle se trouve le Président fédéral[1].

Le Président fédéral est donc principalement investi d'une fonction de représentation de la Fédération en matière de relations extérieures - une manifestation de ce que la doctrine allemande appelle ses *notarielle Funktionen*, qui consistent pour lui à "authentifier des actes à la préparation desquels il reste extérieur"[2] -, et c'est le Gouvernement fédéral qui exerce la réalité de ce que nous avons appelé "pouvoir diplomatique".

Le Président fédéral est aussi compétent pour l'émission d'"interprétations politiques" (*politische Erklärungen*) en matière d'affaires étrangères. Faute d'obligation juridique, ces actes le soumettent dans cette mesure, non pas à l'obligation de contre-seing prévue à l'article 58[3], mais seulement à l'obligation de fidélité entre organes constitutionnels (*das Gebot der Organtreue*). Cette dernière obligation ne doit cependant pas être entendue dans un sens exagérément étendu : ainsi, elle n'implique pas que le Président fédéral adresse préalablement une version de ses discours au Gouvernement fédéral, ou même doive demander son consentement[4]...

C - LES CONTRAINTES DERIVANT DE LA CONSTITUTION ESPAGNOLE

Ces contraintes constitutionnelles se retrouvent en Espagne. L'article 63 de la Constitution espagnole de 1978 prévoit que :

> "1 - Le Roi accrédite les ambassadeurs et autres représentants diplomatiques. Les représentants étrangers en Espagne sont accrédités auprès de lui.
>
> 2 - Il revient au Roi de manifester le consentement de l'Etat pour s'obliger sur le plan international par le moyen de traités, conformément à la Constitution et aux lois. (...)".

Il s'agit donc là encore des compétences traditionnelles des Chefs de l'Etat. Mais le caractère parlementaire affirmé de la monarchie espagnole la rapproche davantage de la République Fédérale d'Allemagne que de la pratique française, qui favorise beaucoup le Président de la République, comme nous l'avons vu. En effet, le Roi ne dispose d'aucun pouvoir qui lui soit propre, et qu'il puisse exercer librement, ce que confirme la lecture de l'article 64 de la Constitution. Ce dernier prévoit une obligation générale de contre-seing pour tous les actes du Roi, par le Président du Gouvernement, et éventuellement les ministres compétents, qui en assument la responsabilité[5]. Le Roi d'Espagne ne dispose même pas de la liberté de parole du

---

[1] Ibid.

[2] Voir sur ce point Christian AUTEXIER, *Introduction au Droit public allemand*, *op. cit.*, p.54.

[3] Article 58 de la Loi Fondamentale :
"Pour être valables, les ordres et décisions du président fédéral doivent être contresignés par le chancelier fédéral ou par le ministre fédéral compétent. Ceci ne s'applique pas à la nomination et à la révocation du chancelier fédéral, à la dissolution du Bundestag en vertu de l'article 63 et à la requête prévue par l'article 69, al. 3.".

[4] Voir dans ce sens R. STREINZ, *op. cit.*, p.1084.

[5] Sauf en ce qui concerne la dissolution du Congrès des Députés quand aucun Président du Gouvernement n'a pu être élu par lui, la proposition et la nomination du Président du Gouvernement, actes qui doivent être contre-signés par le Président du Congrès.

Président fédéral allemand : il remplit une magistrature d'influence et un magistère moral qui lui interdisent en principe les prises de positions politiques. Là encore, c'est le Gouvernement qui assume, au nom du Roi, la réalité des pouvoirs théoriquement exercés par le Roi, ce qui ressort d'ailleurs clairement de l'article 97 de la Constitution, selon lequel : "Le Gouvernement dirige la politique intérieure et extérieure (...) de l'Etat".

II - Les contraintes d'ordre politique

Les contraintes proprement "constitutionnelles" que nous venons d'examiner se doublent de contraintes que nous qualifierons de "politiques", qui sont indistinctement valables pour les trois pays qui font l'objet de notre étude : l'adaptation aux contraintes de l'activité internationale (A-) et à celles de la "diplomatie consensuelle" (B-).

A - L'ADAPTATION AUX CONTRAINTES DE L'ACTIVITE INTERNATIONALE

Elle s'articule autour de la prise en compte des nécessités propres à l'activité diplomatique (1-), des débats de politique intérieure (2-) et des contingences dues aux mécanismes de prise de décision (3-).

1 - Les nécessités de l'activité diplomatique

Ces "contraintes politiques" qui pèseraient sur l'activité diplomatique de l'Etat tiennent en premier lieu aux conditions qui ont de tous temps été indispensables à la conduite des Affaires Etrangères, conditions qu'Alexander HAMILTON, un des rédacteurs du *Fédéraliste*, a résumé en une formule lapidaire : "Decision, Activity, Secrecy and Dispatch", c'est-à-dire décision, action, secret et rapidité[1].
Il est en effet tout à fait indispensable que la politique étrangère soit mise en oeuvre dans des conditions qui garantissent son efficacité, ce qui peut parfois nécessiter, comme nous l'avons vu plus haut, la prise de quelques libertés avec le strict respect des nécessités démocratiques[2]. L'observation de la pratique des Exécutifs en la matière pousse à affirmer qu'"est permis au Gouvernement dans la conduite de la politique extérieure tout ce qui ne lui a pas été expressément interdit."[3].

2 - L'influence de la politique intérieure

On ne peut imaginer que l'Etat exerce ses compétences en matière extérieure indépendamment des éléments qui pèsent sur la conduite de sa politique intérieure :

---

[1] Alexander HAMILTON, John JAY, James MADISON : *Le Fédéraliste*, Economica, 1988, n°LXXV (voir aussi dans le même sens les explications de J. JAY, n°LXIV).
[2] Cf. *supra*, Section 1, le recours par l'Exécutif à des types d'accords obéissant à des procédures de conclusion nées de la pratique internationale, mais non prévus par la Constitution.
[3] A. REMIRO BROTONS, cité par Roberto MESA, "El proceso de toma de decisiones en politica exterior", *op. cit.*, p.151.

ces deux champs d'activité interagissent forcément[1]. Comme l'a fait remarquer le Doyen FAVOREU, la conclusion de traités peut être l'occasion de réaliser des coups de force politiques au détriment de l'opposition interne. Elle peut, à son avis, être "une manière pour le pouvoir exécutif, et singulièrement le Président de la République, de "forcer la main" de l'opposition afin de la contraindre à opérer une révision à laquelle elle ne souhaitait pas donner son accord"[2]. Il faut cependant préciser que de telles manoeuvres ne peuvent réussir sans une certaine dose de concertation avec ceux-là même dont on entend forcer le consentement, en faisant en quelque sorte alterner "la carotte et le bâton"[3], considération qui vaut d'ailleurs pour toutes les procédures de révision, quand elles suivent la procédure de l'article 89 de la Constitution[4].

S'ajoutent sur ce point les difficultés soulevées en France par la situation politique particulière qualifiée de "cohabitation", dont nous avons déjà dit un mot, et qui sont bien sûr particulièrement présentes en matière de choix politiques fondamentaux. Comme le rappelle le Professeur Marie-Anne COHENDET, "la répartition des compétences entre le Président de la République et le Premier ministre en matière de politique extérieure (...) sera en effet le point crucial de la cohabitation. Le Président de la République a pour le moins partagé la direction de ces domaines avec le chef du Gouvernement, et l'on peut considérer que chacun avait une faculté de statuer, de sorte qu'il y avait une dyarchie relativement égalitaire (...)"[5]. Chacun veut faire prévaloir son point de vue, mais la pratique de "domaine réservé" semble avoir du mal à disparaître[6], ne se transformant qu'en "domaine partagé"[7], alors que la cohabitation favorise partout ailleurs le retour à une lecture "normale" de la Constitution.

3 - Les contingences dues aux mécanismes de prise de décision

De plus, en matière internationale comme dans les autres domaines d'activité de l'Etat, le mécanisme de prise de décision n'est pas "pur", dégagé de toutes contingences. Un nombre considérable de forces "extérieures" viennent peser sur l'action de l'Exécutif[8] : tout d'abord et bien entendu, le Parlement, qui, s'il n'est pas admis par l'Exécutif à exercer une véritable compétence en la matière, peut encore jouer un rôle de "lobby"; puis les partis politiques, au sein du Parlement et en dehors

---

[1] Voir, pour plus de détails sur ce point, Marcel MERLE, "Politique intérieure et politique extérieure", *Politique étrangère* 1976, p.409 s.

[2] Louis FAVOREU, "Le contrôle de constitutionnalité du Traité de Maastricht et le développement du "Droit constitutionnel international"", *op. cit.*, p.57.

[3] Il cite ainsi les concessions faites au Sénat pour obtenir son accord, au cours de la procédure de révision constitutionnelle qui a précédé la ratification du traité de Maastricht.

[4] Voir par exemple les négociations par lesquelles le Parlement (et spécialement le Sénat) a obtenu en 1995 l'insertion d'un débat devant les Assemblées dans la procédure rénovée de l'article 11, condition de son accord à la procédure de révision constitutionnelle.

[5] Marie-Anne COHENDET, *La cohabitation - Leçons d'une expérience*, *op. cit.*, p.94-95, démonstration poursuivie et développée p.215 s..

[6] *Idem*, p.233 s..

[7] Selon l'expression de Jean-Claude ZARKA, *Fonction présidentielle et problématique...*, *op. cit.*, p.73 (en partie du fait de "monopole de l'image" conservé par le Chef de l'Etat).

[8] Cf. analyse de R. MESA, *op. cit.* p.149 s., pour l'Espagne.

de lui, peuvent chercher à se démarquer par des prises de position relatives à la politique étrangère de l'Exécutif. Les Administrations elles-mêmes (ainsi que les entreprises publiques) ne sont pas neutres, et peuvent aussi bien paralyser une action qu'elles désapprouveraient qu'en favoriser d'autres[1]. Enfin les groupes d'intérêt privés considèrent aujourd'hui l'appareil gouvernemental comme un "partenaire privilégié"[2], du fait de sa structure hiérarchisée, et cherchent à influencer directeurs d'administration centrale et ministres[3]. Un des moyens de pression de ces intérêts disparates (ceux de l'Etat aussi bien que ceux de ces 'forces extérieures") peut d'ailleurs être l'opinion publique, à travers l'utilisation des moyens de communication de masse pour faire prévaloir certains points de vue.

B - LES LIMITES DE LA NOTION DE " DIPLOMATIE CONSENSUELLE"

Malgré ces considérations, il est assez fréquent parmi les auteurs de Science Politique de se baser sur l'observation des faits pour parler de l'émergence d'une "diplomatie consensuelle" dans la pratique des démocraties contemporaines. Une telle assertion doit cependant, semble-t-il, être nuancée. Prenons l'exemple de la France, en sachant que cette analyse est transposable, sous quelques réserves que nous ferons plus tard, aux autres pays concernés par notre étude. La diplomatie en tant que telle y fait rarement l'objet de débats passionnés au sein de la classe politique, exception faite (mais elle est importante) de la construction européenne[4]. On peut donc en conclure au premier abord qu'elle fait l'objet d'un quasi-consensus entre les forces politiques du pays.

Cette première conclusion doit cependant être nuancée[5]. D'une part, à la lumière des sondages d'opinion, les électeurs semblent prendre de plus en plus clairement conscience des effets croissants de l'internationalisation des échanges économiques, commerciaux et financiers, et de ses effets sur des questions de politique interne qui les touchent d'aussi près que le niveau de l'emploi ou celui des prix, par exemple. D'autre part, ce "consensus" supposé résulterait en fait au premier chef d'une sorte d'"illusion d'optique", produite par le rapprochement des conceptions de la Gauche et de la Droite en matière de construction européenne et de politique étrangère en général, après de longues années d'un "dissensus" bruyant[6]. Enfin, ce "consensus" est seulement partiel, toujours ambigu et en définitive assez pauvre. Il est partiel en ce

---

[1] pour favoriser les échanges avec tels ou tels partenaires, certains marchés, etc...

[2] O. DUHAMEL et Y. MÉNY, *Dictionnaire constitutionnel*, PUF, 1992, V° "Groupes d'intérêt".

[3] Pour plus de détails sur les groupes d'intérêt et de pression, voir J.-A. BAFFO et M. RUFFAT-COMAS, "Les groupes d'intérêts et le pouvoir", in *Problèmes économiques et sociaux* n°511, La Documentation Française, 1985; Yves MÉNY, "La légitimation des groupes d'intérêts par l'Administration française", *Revue Fraçaise d'Administration Publique* 1986; F.-L. WILSON, "Les groupes d'intérêt sous la V° République", in *Revue Française de Science Politique* n°2, vol. 33, 1983.
Sur le rôle des cabinets ministériels dans les contacts avec ces groupes de pression, voir ENA, *Le travail gouvernemental*, t.1, p.183 s..

[4] Et encore peu de gens contestent-ils le bien-fondé de l'objectif de la construction européenne lui-même : les discussions portent plutôt sur la manière de la mettre en oeuvre.

[5] Cf. pour plus de détails l'analyse de Michel LEVINET, dans sa thèse : *Contributions à l'étude des rapports entre le Droit et la Politique dans l'ordre constitutionnel et dans l'ordre international*, thèse de Doctorat en Droit Public, sous la direction de M. le Professeur André CASTAGNE, soutenue à Montpellier I, février 1990, p. 360 s..

[6] des débuts de la V° République à la présidence de V. Giscard d'Estaing.

qu'il ne concerne que les forces politiques dites "de gouvernement"[1], car il est vigoureusement refusé par les partis "marginalisés" sur l'échiquier politique, quelle que soit leur importance réelle dans l'électorat (Parti Communiste ou Front National par exemple). Il est ambigu et finalement assez pauvre : beaucoup de convergences concernent des évidences de portée très générale, tout restant à faire pour ce qui est des modalités de mise en oeuvre[2]. Ensuite l'assentiment populaire, quand il est clair, ne concerne lui aussi que ces généralités, et reste incapable de juger clairement des détails et des enjeux réels de ces problèmes[3]; de plus, les divergences subsistantes créent des clivages au sein même des partis. Enfin, pour ce qui a trait aux actions à mettre en oeuvre, on paraît souvent confondre réalisme et résignation, voire fatalisme, au nom de la *Realpolitik*[4]. D'un point de vue idéologique, il semblerait d'ailleurs que cet argument de la "diplomatie consensuelle" soit un des derniers avatars de la vision marxiste de la politique étrangère. Selon cette dernière, la "politique étrangère" d'un Etat ne serait que la somme des orientations générales de son comportement dans les relations internationales, orientations elles-mêmes commandées par un déterminisme qui, sans être absolument mécanique, ne lui laisse qu'une marge d'options limitée, pour un résultat inévitable, tout l'art du gouvernement consistant à s'accommoder au moindre coût pour l'Etat d'une évolution inéluctable[5].

Plutôt que de "consensus", il semblerait raisonnable de parler d'une "grande continuité pratique"[6] de la politique étrangère de la France. Celle-ci est tout d'abord due à une limitation certaine du pouvoir décisionnel du Président en matière diplomatique, même s'il vient d'être élu, par "le poids des contraintes externes"[7], par le "réseau des solidarités dont la France fait partie"[8], qui induit une interdépendance des politiques étrangères des pays ainsi liés. S'y ajoute ce que certains appellent la "logique" de la fonction présidentielle, en se basant sur le libellé de l'article 5 de la Constitution[9] : le Président de la République, en tant que symbole de l'unité de la France, est pour ainsi dire tenu de s'efforcer constamment de lui conserver une place de premier plan sur la scène internationale. Enfin, et cela rejoint ce que nous venons de dire du caractère partiel du supposé "consensus", la continuité pratique de la politique étrangère agit comme "un puissant facteur d'intégration des forces

[1] c'est-à-dire qui ont une chance d'accéder à l'exercice du pouvoir.

[2] Cf. Olivier DUHAMEL, dans un article sur "Le dissensus français", paru dans *Pouvoirs* n°5, 1978, p.87, qui se posait la question suivante : "Derrière un consensus apparent ou approximatif, combien de dissensus inavoués mais réels ?".

[3] faute d'une formation et d'une information suffisantes sans doute.

[4] "Il n'est pas certain que la progression des convergences sur la politique étrangère de la France coïncide toujours avec une action qui réponde aux moyens dont elle peut disposer et à l'attente de nombreux pays dans le monde. (...) Le consensus est pauvre s'il ne sert qu'à fonder une action frileuse et accablée par le discours dominant sur les contraintes." (M. LEVINET, *op. cit.*, p.401)

[5] Pour plus de détails sur cet argument, cf. P. REUTER et J. COMBACAU, *Institutions et relations internationales*, *op. cit.*, p.164

[6] M. LEVINET, *id.*, p.377.

[7] Alain TOURAINE, article paru dans *Le Monde* du 12 janvier 1988.

[8] M. LEVINET, *id.*, p. 377.

[9] Article 5 de la Constitution du 4 octobre 1958 :
"Le Président de la République (...) assure, par son arbitrage, (...) la continuité de l'Etat.
Il est le garant de l'indépendance nationale, de l'intégrité du territoire et du respect des traités.".

politiques"[1], en ce que l'"expérience du pouvoir" des partis "de gouvernement" les pousse à faire évoluer leurs prises de position en la matière dans le sens d'un plus grand réalisme, du fait d'une perception plus juste du poids des contraintes à l'oeuvre.

Les considérations que nous avons vues à l'oeuvre en France valent pour l'essentiel dans les deux autres pays étudiés ici, à une réserve près : dans la République Fédérale d'Allemagne aussi bien qu'en Espagne, l'opinion publique joue en matière de politique extérieure de l'Etat un rôle beaucoup plus actif qu'en France. C'est par exemple vrai en Allemagne pour les problèmes d'intervention militaire de la Fédération à l'étranger : non seulement le Chancelier doit obtenir l'accord du Bundestag, mais il doit en plus s'expliquer devant une opinion publique avertie et vigilante[2].

§ 2 - Les réticences des tribunaux à contrôler cette activité

Nous venons de voir que des contraintes de tous ordres (constitutionnelles aussi bien que politiques au sens large) pèsent sur l'exercice par l'Exécutif de ses compétences en matière diplomatique. La constatation selon laquelle il est loin de toujours respecter les contraintes juridiques qui pourraient tenter de règler cette matière n'empêche pas les tribunaux de décliner toute compétence quand il s'agit de contrôler cette activité.
Le plus souvent inexistant (I-), leur contrôle reste circonspect quand il existe (II-), au point qu'on peut s'interroger sur la place d'une doctrine des *political questions* en la matière (III-).

I - Un contrôle le plus souvent inexistant

Aussi bien les Juges français, Juge administratif comme Juge constitutionnel (A-) que le Juge constitutionnel espagnol (B-) refusent en effet de pratiquer le moindre contrôle sur l'activité diplomatique de l'Exécutif

A - LE REFUS DU JUGE CONSTITUTIONNEL FRAN«AIS DE CONTROLER L'ACTIVITE DIPLOMATIQUE DE L'EXECUTIF

Ce n'est pas un hasard si en France les actes relatifs aux relations internationales de l'Etat sont le domaine le plus important de la théorie de l'"acte de gouvernement". Nous avons vu plus haut[3] que le Juge administratif invoquait cette théorie quand on lui demande de contrôler les actes se rattachant à la procédure d'élaboration ou de dénonciation des traités et accords internationaux. Il l'applique aussi plus

[1] M. LEVINET, *op. cit.*, p. 406.
[2] Voir entre autres le débat de 1992-93 sur la participation aux forces armées de l'ONU (conclu par une décision de la Cour constitutionnelle fédérale du 23 juin 1993), ainsi que le débat qui s'est déroulé en 1994-95 à propos de l'emploi de forces armées de combat dans un système de sécurité collective et mutuelle, (qui s'est soldé par une décision de la Cour constitutionnelle fédérale du 12 juillet 1994).
[3] Cf. Section 1-.

généralement à tous les actes qui comportent une relation directe d'Etat à Etat[1]. Le Conseil d'Etat argumente alors que la requête qui lui est adressée "implique nécessairement l'examen des rapports entre l'Etat français et un Etat étranger (, ce qui) échappe à la compétence de la juridiction administrative"[2], ou que l'acte attaqué "n'est pas détachable de la conduite des relations diplomatiques de la France et échappe ainsi à tout contrôle juridictionnel."[3]. La Haute Juridiction accepte cependant de connaître des "actes détachables" des actes diplomatiques; "d'une jurisprudence assez difficile à préciser, il semble résulter qu'il y a (...) acte détachable et non acte de gouvernement "dès l'instant que les autorités françaises jouissent d'une certaine indépendance dans le choix des procédés par lesquels elles exécutent leurs obligations internationales" (conclusions ODENT sous TC 2 février 1950, "Radiodiffusion française")."[4]. Le Juge constitutionnel accepte-t-il de pallier l'insuffisance du contrôle du Juge administratif ? La logique le voudrait peut-être, mais il ne semble pas en prendre le chemin pour ce qui touche les relations internationales. Il a en effet très clairement précisé en 1982, dans sa décision relative à la réforme de la planification[5], que l'article 52 de la Constitution interdit de mettre la moindre obligation à la charge des organes des pouvoirs publics compétents en la matière[6].

En termes de degré de liberté de l'Exécutif, la détermination de la politique étrangère de la France est donc dégagée de toute obligation constitutionnelle, et donc de toute contrainte liée à l'éventualité d'un contrôle de constitutionnalité, conformément aux objectifs affichés par les Constituants de 1958[7]. La situation semble cependant évoluer depuis quelques années. En effet, on enregistre un net recul de la théorie des actes de gouvernement dans la jurisprudence du Conseil d'Etat, depuis la jurisprudence *Nicolo*, du fait de l'"habilitation constitutionnelle" découlant de l'article 55 de la Constitution. Le Conseil d'Etat fait de plus en plus prévaloir le principe de la supériorité de l'ordre international sur l'ordre interne, y compris aux dépens de la compétence diplomatique de l'Exécutif, en acceptant de plus en plus souvent la qualité d'"acte détachable" d'un traité[8].

---

[1] Voir par exemple CE 26 février 1975, Lemaître.

[2] CE 3° et 5° Sous-Section, 28 avril 1993, *Gaz. Pal.* 1993-2 Panorama Administratif p.197.

[3] CE 1° et 4° Sous-Section, 23 septembre 1993, *Gaz. Pal.* 1993-1 PA p.44

[4] André de LAUBADÈRE et alii, *Traité de Droit Administratif*, LGDJ, 1990, p.551.

[5] CC 27 juillet 1982, n° 82-142 DC, "Réforme de la planification", *RJC* I, p.128-130.

[6] Cs 12 : "Considérant qu'il résulte des termes mêmes des dispositions ainsi critiquées que la mention dont elles prévoient l'insertion dans le rapport préparé par le Gouvernement (...) a un caractère purement indicatif et ne met aucune obligation à la charge des organes des pouvoirs publics compétents en matière de conduite des relations extérieures de la France; que dès lors elles ne sauraient être déclarées contraires à l'article 52 de la Constitution.".

[7] Il ressort ainsi des différentes prises de position du Général DE GAULLE, dont on connaît la profonde influence sur nos institutions, qu'il accordait une importance particulière aussi bien aux problèmes de défense qu'à ceux de politique étrangère (cf. par exemple *Mémoires d'espoir*, p.286, cité par A.-M. COHENDET, *op. cit.*, p.218).

[8] Olivier CAYLA, "Le contrôle des mesures d'exécution des traités : réduction ou négation de la théorie des actes de gouvernement", *RFDA* 1994. L'auteur conclut en se demandant si on ne se trouve pas en présence d'une nouvelle forme de "gouvernement des Juges", qui compléterait en la matière le contrôle que peut exercer le Juge constitutionnel sur le respect de la souveraineté.

B - La "neutralite bienveillante" du Juge constitutionnel espagnol

La situation est assez comparable en Espagne. Nous avons vu plus haut que le Gouvernement exerçait seul les compétences étatiques en matière de relations extérieures, d'après les effets conjugués des articles 64 et 97 de la Constitution. C'est ce que constate le Tribunal Constitutionnel dans une décision du 20 juillet 1989, en déclarant que "le titre de compétence de l'Etat pour conclure des traités se trouve (...) dans l'article 149-1-3a, (et dans) l'article 97, qui charge le Gouvernement de la direction de la politique extérieure, dans ce domaine et dans les autres aspects des relations internationales"[1].

Aucun contrôle sur l'exercice de cette compétence n'a été exercé jusqu'à présent par le Tribunal constitutionnel. Au contraire, il protège l'Exécutif national contre les velléités d'incursions des Communautés Autonomes, toujours prêtes à revendiquer un champ d'activité plus important[2]. Cependant cette absence de contrôle n'est peut-être que momentanée[3], car, dans sa Déclaration du 1° juillet 1992[4], le Juge constitutionnel espagnol a posé une limite potentielle à la liberté d'action du pouvoir exécutif. Il a en effet déclaré que "les pouvoirs publics espagnols ne sont pas moins assujettis à la Constitution quand ils agissent dans le domaine des relations internationales ou supra-nationales que quand ils exercent *ad intra* leurs attributions (...)."[5].

II - Un contrôle mesuré quand il existe

Ce type de contrôle existe en Allemagne, mais c'est parce que la Loi Fondamentale le prévoit expressément. La Cour constitutionnelle de Karlsruhe ne peut se soustraire à cette compétence (A-), mais ne l'exerce qu'avec beaucoup de circonspection (B-).

---

[1] STC 137/1989, du 20 juillet 1989, *RTC* 1989, 137 :
"Le titre de compétence de l'Etat pour conclure des traités se trouve non dans les articles 93 et 94 de la Constitution espagnole - qui règlent simplement l'intervention des Cortes Generales et du Gouvernement dans le processus de décision visé - mais dans l'article 149-1-3a, dont ces règles permettent de mieux saisir la portée exacte. Comme le fait aussi l'article 97, qui charge le Gouvernement de la politique extérieure, dans ce domaine et dans les autres aspects des relations internationales.".

[2] Cf., dans la même décision du 20 juillet 1989, le paragraphe 4, qui dispose :
"La conclusion selon laquelle en Droit espagnol le "treaty-making power" appartient à l'Etat et uniquement à lui, ne se déduit pas seulement (...) de l'article 149-1-3a du texte constitutionnel pris au sens large, mais rencontre aussi fondement et confirmation dans d'autres dispositions de la Constitution, dans ses travaux préparatoires et dans l'interprétation donnée à ce propos par le législateur des Statuts d'Autonomie.".

[3] Cf. par exemple dans ce sens Francisco RUBIO LLORENTE: La Constitution espagnole et le Traité de Maastricht, *RFDC* 1992, n°12, p.651s., ou Manuel ARAGON REYES, "La Constitución española y el Tratado de Unión Europea : la reforma de la Constitución", *REDC* 1994, n°42.

[4] Déjà étudiée dans la Section 1 de ce chapitre, cette Déclaration, rendue sur la base de l'article 95-2 de la Constitution espagnole, était la première mise en oeuvre d'un contrôle sur la conformité d'un Traité à la Constitution.

[5] Declaración del Tribunal Constitucional, de 1 de julio de 1992, F.3

A - L'IMPOSSIBILITE POUR LE JUGE CONSTITUTIONNEL ALLEMAND D'ESQUIVER CE CHEF DE COMPETENCE

En République Fédérale d'Allemagne en revanche, contrairement à ce qui se passe en France et en Espagne, la Loi Fondamentale prévoit expressément un contrôle total de l'exercice du "pouvoir de relations extérieures" (exercé comme nous l'avons vu principalement par le Gouvernement fédéral) par la Cour constitutionnelle fédérale. Comme l'ont relevé de nombreux auteurs, les règles constitutionnelles allemandes permettent donc un contrôle complet de l'exercice du "pouvoir diplomatique"[1]. Ce n'est en effet pas sans raison que l'on qualifie l'Etat allemand de *Richterstaat*, "Etat des Juges" : absolument toutes les questions se rapportant d'une manière ou d'une autre à l'empire de la Loi Fondamentale sont susceptibles de recevoir une solution juridictionnelle, si elles sont posées de manière appropriée, par le biais de l'une des multiples procédures disponibles[2]. Par l'article 93, notamment son paragraphe 1 n°1, la Cour Constitutionnelle est obligée de statuer sur la constitutionnalité des actes du gouvernement. Comme une telle procédure peut être déclenchée par un groupe de députés, un parti d'opposition dispose du moyen de contrôler par voie juridictionnelle si le gouvernement a enfreint les droits du parlement. Par conséquent, il n'y a théoriquement presqu'aucun acte du gouvernement qui ne soit soumis au contrôle de la Cour Constitutionnelle. Ceci s'étend bien entendu au domaine des affaires étrangères, bien qu'il soit là-bas comme ailleurs hautement politisé[3].

A ceci s'ajoute le fait que la Cour constitutionnelle fédérale ne peut en principe pas refuser de se prononcer sur une question qui interviendrait dans cette matière, au moins s'il s'agit d'une procédure de "recours constitutionnel" (car il existe un mécanisme de filtrage en la matière pour éviter que la Cour soit submergée par eux[4]). S'il arrive que les Cours inférieures invoquent l'absence de normes significatives pour refuser d'exercer leur contrôle, cette solution est interdite au Juge constitutionnel allemand, car la Loi Fondamentale se réfère expressément dans son Préambule à un "but politique de la politique étatique". Unanimement interprété comme un principe s'appliquant à la conduite de la politique étrangère et des

[1] Voir les observations de Meinhard HILF, "Droit international public : problèmes généraux des relations entre Droit constitutionnel et Droit international public", in *Droit Constitutionnel et Droits de l'Homme - II° Congrès mondial de l'Association Internationale de Droit Constitutionnel*, Aix-en-Provence, Economica, 1987, et Felix ERMACORA, "Problématique générale des rapports entre Droit constitutionnel et Droit international", *id.*.

[2] On dénombre dix-huit procédures différentes permettant de faire trancher par un juge des problèmes constitutionnels.

[3] On peut citer par exemple l'affaire de l'installation des missiles Pershing sur le sol allemand, au début des année quatre-vingt, où la position du Gouvernement allemand avait été vivement critiquée sur le champ politique, avant de donner lieu à une décision de la Cour constitutionnelle allemande déclinant toute compétence pour se prononcer sur ce genre de problèmes. Toutes les prises de position de l'Exécutif dans ce domaine sont virtuellement à l'origine de débats passionnés sur le plan politique, et l'intervention du Juge constitutionnel est de ce fait même soumise à des contraintes particulièrement lourdes de "neutralité".

[4] Sur le contenu de ce mécanisme, institutionnalisé en 1986, voir Christian AUTEXIER, *Introduction au Droit public allemand*, *op. cit.*, p.83-84.

relations internationales[1], ce dernier s'impose comme toutes les autres dispositions constitutionnelles aux pouvoirs publics dans leur ensemble, sous le contrôle du Juge constitutionnel.

B - UNE MISE EN OEUVRE PRUDENTE DE CE CONTROLE

La Cour constitutionnelle fédérale a effectivement mis en oeuvre ces dispositions. Ainsi, dans une affaire relative à l'interprétation du Traité inter-allemand du 21 décembre 1972, la Deuxième Sénat[2] a mis en garde le Gouvernement contre un "oubli" du but ultime de l'unification des deux Etats allemands, prévu par la Constitution[3].

Un tel "activisme" est cependant rare. La Cour fait généralement preuve de la plus grande circonspection quand elle est amenée à exercer ce type de contrôle sur l'Exécutif, et elle a en fait constamment souligné dans sa jurisprudence la nécessité de respecter le principe du "judicial self-restraint". Par exemple, une décision est intervenue en 1978, sur un recours constitutionnel dirigé contre le Gouvernement fédéral, lors du kidnapping de M. Schleyer (Président des patrons allemands) par des terroristes en 1978 : ses enfants ont essayé (sans succès) d'obliger le gouvernement à satisfaire aux demandes des terroristes pour obtenir la libération de leur père[4]. La Cour déclare que les organes du Gouvernement sont politiquement responsables de leurs actes, et donc que, quand ils sont confrontés à une situation délicate, leurs décisions sont entièrement discrétionnaires[5]. Une décision de 1980, intervenue à la suite d'un recours constitutionnel contre le Gouvernement fédéral[6], voit la Cour reconnaître l'existence d'un large pouvoir discrétionnaire d'appréciation (*breites politisches Ermessen*) au profit des organes gouvernementaux, parce que les actes gouvernementaux contiennent pour la plupart des pronostics ou des décisions planificatrices. Le contrôle se borne à déterminer si le gouvernement a pris la décision sur la base de tous les faits pertinents (*hinreichende Sachverhaltsaufklärung*) et à vérifier que les actes n'étaient pas des actes arbitraires (*Willkürkontrolle*). Cette marge d'appréciation est même plus grande dans les domaines les plus sensibles des relations extérieures, "pour évaluer la praticabilité et la faisabilité de certaines politiques ou actions".

Les droits fondamentaux des individus doivent à l'occasion s'incliner devant ce pouvoir discrétionnaire[7]. Une autre décision est intervenue en 1983, lors de l'affaire

---

[1] Cf. Felix ERMACORA, "Problématique générale des rapports entre Droit constitutionnel et Droit international", *op. cit.*, n°VI.

[2] "Zweiter Senat"

[3] Elle semble cependant considérer qu'il est "trop tard pour imposer une modification de la Constitution, et (qu'il faut donc se contenter) de subordonner sa déclaration de constitutionnalité à des réserves d'interprétation." (M. FROMONT, *La justice constitutionnelle dans le monde*, Dalloz, 1996, p.101)

[4] BVerfGE 46, 160

[5] En l'espèce, le Gouvernement avait le choix des actions à mener, qu'il s'agisse de la négociation de la libération d'un otage ou de la poursuite en parallèle avec ces négociations d'autres actions, même risquées, destinées à obtenir ce résultat, et on ne peut l'attaquer sur ce point.

[6] introduit par le fils de Rudolph Hess, qui estimait que les droits fondamentaux de son père avaient été violés par la répugnance du Gouvernement allemand à négocier la cessation de son isolement, et par l'absence de mesures destinées à assurer sa sécurité.

[7] BVerfGE 55, 349, "Rudolph Hess" :

de l'installation des missiles de croisière Pershing II sur le sol allemand. Un recours constitutionnel avait été déposé contre la décision du Gouvernement autorisant cette installation dans le cadre de l'OTAN[1]. La Cour constitutionnelle a ici encore fait preuve d'une grande réserve, en déclarant que l'appréciation des circonstances de l'espèce revenait exclusivement au Gouvernement Fédéral[2], car "il n'est pas de la fonction de la Cour constitutionnelle fédérale de substituer ses opinions aux opinions et réflexions des organes compétents de la Fédération, au-delà et par-delà les problèmes légaux standard de cette matière. Ceci s'applique également à la question de savoir comment l'Etat devrait remplir ses devoirs légaux positifs de protéger les droits fondamentaux dans le domaine de la politique étrangère et les questions relatives à la défense, vis-à-vis d'Etats étrangers."[3].

Certains membres de la doctrine constitutionnelle allemande ont vu dans la prudence de cette jurisprudence le signe de l'émergence d'une version germanique de la *political question doctrine*[4], qui n'existait pas jusqu'à présent en tant que telle[5]. Le Droit constitutionnel allemand n'a cependant jamais reconnu de "political question doctrine" en tant que telle, même si la doctrine a volontiers admis qu'elle pourrait se justifier dans l'intérêt même de la Cour constitutionnelle, qui ne devrait pas être mêlée aux conflits intéressant la "haute politique"[6].

"L'étendue de ce pouvoir discrétionnaire dans le domaine des affaires étrangères est fondée sur la nature de ces relations extérieures. (...) De tels événements ne dépendent pas uniquement de la volonté de la Fédération, mais dépendent aussi largement de nombreuses circonstances sur lesquelles elle n'a que peu d'influence. Dans le but de faciliter la réalisation des objectifs politiques de la Fédération dans le cadre de ce qui est permis par la Constitution, (...) la Constitution confère un pouvoir discrétionnaire considérable aux organes chargés des affaires étrangères pour évaluer la praticabilité et la faisabilité de certaines politiques ou actions.".

[1] Les plaignants estimaient que cette décision violait, d'une part la séparation des pouvoirs en ce qu'elle aurait dû être soumise au Parlement, et d'autre part le droit à la vie protégé par l'article 2-2 de la Loi Fondamentale, à cause du risque de représailles du "bloc de l'Est" ainsi encouru.

[2] BVerfGE 66, 39, C. 2 :
"Dans la mesure où (les plaignants) attaquent une conduite du pouvoir souverain allemand, il ne ressort ni des allégations des plaignants ni d'aucune autre circonstance que l'action de l'Etat allemand a causé le dommage avancé et relèverait par là de la catégorie des droits fondamentaux protégés, violés par un acte de l'Etat allemand. (...)
Les organes fédéraux responsables de la politique étrangère et de défense de la République Fédérale doivent faire de telles évaluations (de la situation et des dangers qu'elle comporte). (...) Le fait de décider quelles mesures ont le plus de chances de succès relève de leur pouvoir de décision et de leur responsabilité politique. Dans la mesure où des zones de risque imprévisibles demeurent, comme c'est souvent le cas, les organes politiques constitutionnellement responsables de la décision doivent inclure ces (considérations) dans leurs réflexions et en assumer la responsabilité politique."

[3] BVerfGE 66,39

[4] Cf. Rudolph DOLZER, *Verfassungskonkretisierung durch das Bundesverfassungsgericht und durch Verfassungsorgane*, Decker und Müller, Heidelberg, 1982, qui se base sur les affaires Kalkar et Hess.

[5] Sur la doctrine des "question politiques", voir ci-dessous, C-.

[6] Cf. sur ce point Ernst BENDA et Eckart KLEIN, *Lehrbuch des Verfassungsprozessrechts*, Müller, 1993, n°23, qui estiment que : "L'espoir réside dans le fait que l'on puisse réussir à libérer l'espace politique, ou tout au moins l'espace de la haute politique, de la juridictionnalité constitutionnelle, ou à l'inverse de libérer celle-ci de celle-là.".

III - La place d'une doctrine des *political questions* dans le contrôle de constitutionnalité de l'activité diplomatique de l'Exécutif

Ceci pose le problème plus général de savoir dans quelle mesure les Cours constitutionnelles peuvent légitimement éviter de contrôler l'Exécutif dans les matières les plus délicates, comme celle des relations internationales[1]. Cette question se pose en fait à tout juge chargé de contrôler les activités de l'Exécutif, dès qu'elles impliquent des appréciations d'ordre politique. Ce but a été atteint par le recours à ce qu'on appelle la doctrine des *political questions*. Nous en verrons d'abord l'origine (A-), puis les implications (B-), avant de voir qu'elle persiste malgré les critiques (C).

A - L'ORIGINE DE CETTE DOCTRINE

Cette doctrine a été initialement dégagée par la Cour Suprême américaine[2]. Celle-ci expliquait ainsi son refus de se reconnaître compétente dans les affaires pour lesquelles elle estimait que les facteurs extra-juridiques (politiques) entrant en ligne de compte étaient d'une telle importance que les règles juridiques applicables ne pouvaient justifier à elles seules une décision. Cette doctrine est longtemps restée floue; en effet, toutes les questions sur lesquelles se prononce la Cour Suprême sont, "par nature politique(s) : la Cour rejette en s'y attardant à peine les affaires qu'elle estime anodines pour n'étudier sérieusement que 3% des litiges qui lui sont soumis, pour autant que ceux-ci revêtent "une gravité suffisante" (in "Daniels v. Allen", 1953)"[3] : il faut donc en conclure que toute affaire ayant une implication politique n'est pas une *political question*... Ce n'est qu'en 1962 que la Cour Suprême a dégagé, dans une décision "Baker v. Carr", six critères permettant de déterminer quand on se trouve en présence d'une *political question* : 1- quand le soin de règler ce problème a été clairement confié par la Constitution à une des branches du Gouvernement national; 2- quand une décision judiciaire embarrasserait la nation dans le cadre de ses relations étrangères; 3- quand la Cour manque de règles juridiques propres à être découvertes et utilisées pour résoudre le cas; 4- quand la Cour ne pourrait prendre une décision conforme à son indépendance sans manquer au respect dû aux autres branches du gouvernement; 5- quand il lui faudrait pour cela adhérer à une décision déjà prise; 6- ou quand la Cour ne pourrait juger sans que cela implique par là-même un présupposé qui relève clairement d'une décision extérieure au pouvoir judiciaire. Est une "political question" tout cas dans lequel un de ces critères est inséparable des faits soumis à la Cour, ce qui implique que tout cas touchant des problèmes à implication politique n'a pas à se voir nécessairement qualifier comme tel.

---

[1] Sur le rôle de la Cour Suprême au sein des institutions américaines, voir par exemple Alexander M.BICKEL : *The least dangerous branch* , Yale University Press, New-Haven - London, 1996 (2° éd.), 303 p.; Matthew J. FRANCK : *Against the Imperial Judiciary : the Supreme Court vs. the sovereignty of the people*, University Press of Kansas, Lawrence (Kansas, USA), 1996, 287 p..

[2] Une de ses premières décisions en la matière a été "Luther v. Borden", en 1849.

[3] Marie-France TOINET : *La Cour Suprême : les grands arrêts*, PUN, 1989, p.15.

B - SES IMPLICATIONS

Le fait pour une Cour de refuser de prendre une décision en de telles matières n'entraîne d'ailleurs pas pour autant sa neutralité : il ne faut pas perdre de vue que, selon l'état des forces en présence au moment où elle rend sa décision, elle favorise nécessairement une partie au détriment de l'autre[1]. Nous avons ainsi pu voir dans notre première partie que le contrôle de constitutionnalité exercé par les Juges constitutionnels européens n'était pas toujours de la plus grande neutralité vis-à-vis de l'Exécutif, parfois du seul fait des méthodes de contrôle employées.

En fait cette doctrine peut s'expliquer de plusieurs manières : on peut d'abord se référer à la théorie classique selon laquelle la Cour n'a pas à exercer de contrôle de constitutionnalité dans les cas où la Constitution ne l'a pas prévu; on peut aussi y voir une réaction nécessaire face à une impossibilité technique à prendre une décision (manque d'informations, manque d'uniformité de l'action de l'Etat dans ce domaine, etc... - ce qui rejoint la jurisprudence "Baker" -); on peut enfin considérer qu'il s'agit d'une manifestation de prudence de la part de la Cour Suprême, d'un moyen de ne pas risquer de voir son autorité contestée par les pouvoirs politiques[2]. On a aussi tenté d'expliquer cette jurisprudence par le fait que la Cour manque des moyens appropriés pour résoudre les problèmes considérés[3]. Bien que cette classification ait constitué un grand progrès dans la théorisation des *political questions*, elle n'a pas résolu tous les problèmes, car il reste à l'interpréter dans les cas particuliers (par exemple dans l'affaire "Nixon", la Cour a refusé de décliner sa compétence sur la base de la jurisprudence "Baker")[4] - ce qui semble indiquer une certaine "subjectivité" dans cette interprétation.

---

[1] Des auteurs américains ont ainsi analysé le refus de la Cour Suprême de juger d'une affaire de délimitation de circonscriptions électorales (Colegrove v. Green, 1946). D'une part la Cour n'était pas certaine de pouvoir fournir une solution appropriée par la voie judiciaire : si elle avait déclaré inconstitutionnelles les limites existantes, elle n'aurait rien pu faire si l'Etat condamné avait continué à refuser de les modifier. Ensuite, si les représentants de l'Illinois avaient ainsi été élus en violation de la Constitution, le Congrès serait fondé à refuser qu'ils siègent en son sein. Troisièmement, si le mauvais découpage des circonscriptions était effectivement un problème de l'Illinois, ce n'était pas à la Cour de le régler, mais au peuple, lors des élections. Enfin, la Cour a pris note de la nature hautement politique du redécoupage des circonscriptions, et a décidé que les tribunaux n'avaient pas à entrer dans ce "piège politique"." (James CALVI et Susan COLEMAN, *American law and legal systems*, Prentice Hall, 1989, p.103).

[2] Une des principales critiques adressées à cette théorie par la doctrine américaine, est que d'une part la Cour Suprême n'hésite pas à se prononcer sur des matières éminemment politiques, alors même qu'elle n'hésite pas dans d'autres cas à invoquer la doctrine des "political questions". "La raison en est que (...) l'estampille "political question" est une manière pratique pour les Cours d'éviter les cas sur lesquels elle préfère ne pas se prononcer. Contrairement (à d'autres types d'affaires), les "political questions" tendent à mettre les Cours sur une voie comportant des risques de "collision" avec une des autres branches de gouvernement, et ce sont des confrontations que les Cours ont tendance à perdre. En conséquence, les Cours, préférant être discrètes que valeureuses, renvoient (...) la résolution des affaires controversées au Congrès ou au Président." (James CALVI et Susan COLEMAN, *American law and legal systems*, *op. cit.*).

[3] Cf. HENKIN, "Is there a political question doctrine ?", 85 *Yale Law Journal* 597 (1976)

[4] Donc "il n'y a pas de définition opérante des caractéristiques qui permettraient de distinguer les "political questions" des "judicial questions". On peut seulement observer que la catégorie des "political questions" est plus facile à décrire par une énumération infinie que par généralisation." (Samuel MERMIN, *Law and the Legal System - An Introduction*, Little-Brown, 1982, g-)

C - UNE DOCTRINE PERSISTANTE MALGRE LES CRITIQUES

La validité de cette théorie a un moment semblé quelque peu remise en question dans la jurisprudence américaine, la "Cour Warren"[1] se prononçant largement dans des domaines auparavant considérés comme relevant des "political questions". Mais la "Cour Burger"[2] qui lui a succédé[3] a dès l'abord signalé que "le fait que la théorie ait été déclarée inapplicable à certaines situations bien définies n'(était) pas une raison suffisante pour que les Tribunaux fédéraux la supposent obsolète."[4].

Un de ses domaines de prédilection reste la politique étrangère : par exemple, dans l'affaire "Goldwater v. Carter" (1979), la Cour Suprême a considéré que les attributions de l'Exécutif en matière de politique extérieure n'avaient pas à être contrôlées par elle[5]. L'opinion majoritaire de la Cour s'appuya sur plusieurs points, dont les principaux sont que, tout d'abord, dans d'autres affaires, le silence de la Constitution (alors qu'il lui arrive d'être plus précise) avait déjà poussé la Cour à invoquer la *political question*; et ensuite qu'aucun droit individuel n'était concerné. L'opinion dissidente du Juge Brennan, plus "activiste", a cependant défendu la compétence de la Cour dans cette affaire, au motif que la Cour aurait dû se prononcer en l'espèce sur les pouvoirs implicites du Président en matière de reconnaissance d'Etats, et/ou de Gouvernements, et de relations diplomatiques en général[6].

On peut donc voir que, pour des raisons diverses, le Juge Constitutionnel ne se permet pas d'aller bien loin dans le contrôle de la liberté d'action de l'Exécutif lorsqu'il conduit les relations extérieures de l'Etat. Il convient maintenant d'examiner s'il est moins prudent dans le contrôle au fond des engagements internationaux.

---

[1] du nom de son Président, le "Chief Justice" Earl WARREN (de 1953 à 1969).

[2] du nom de son Président, le "Chief Justice" BURGER, nommé en 1969.

[3] Voir pour plus de détails Enrique Alonso GARCIA, "El Tribunal Burger y la doctrina de las "political questions" en los Estados Unidos", *Revista Española de Derecho Constitucional* 1981, p.287 s.

[4] Gillgan v. Morgan, 1973

[5] Il s'agissait de la dénonciation par les Etats-Unis du Traité de défense qui les liaient à Taïwan, au moment du rétablissement de leurs relations diplomatiques avec la République Populaire de Chine. Un groupe de sénateurs déféra à la Cour Suprême le fait que cette décision ait été prise par simple déclaration du Secrétaire d'Etat, arguant de ce que, puisque la conclusion des traités est soumise à l'approbation du Sénat, qui doit se prononcer à la majorité des deux-tiers, le Président des Etats-Unis ne doit pas s'arroger le pouvoir de les dénoncer.

[6] Sur l'évolution actuelle de la *political question doctrine*, voir par exemple les articles suivants :
Marty HADDAD: "Substantive content of constitutional amendments : political question of justiciable concern ?", *Wayne Law Review*, vol. 42, 1996, p.1685-1718; Wayne MAC CORMACK : "The political question doctrine - Jurisprudentially", *University of Detroit Mercy Law Review*, vol. 70, 1993, p.793-822; Earl M. MALTZ: "Political questions and representational politics : a comment on Shaw v. Reno", *Rutgers Law Journal*, vol. 26, 1995, “Symposium : Voting Rights after Shaw v. Reno”, p.711-722; Linda SANDSTROM SIMARD : "Standing alone : do we still need a political question doctrine ?", *Dickinson Law Review* vol.100, 1996, p.303-340;.

Section 2

Le contrôle du respect des notions de "souveraineté nationale" et de "droits fondamentaux" dans le contenu des engagements internationaux

Le contrôle du contenu des engagements internationaux est particulièrement périlleux pour les Cours constitutionnelles, et soulève en tant que tel un enjeu essentiel : le développement aussi grand que possible de leur champ d'activité. Nous commencerons donc par examiner cet enjeu, avant de poser quelques définitions essentielles pour comprendre son importance (§ 1). Après avoir examiné *in abstracto* les conditions objectives de ce contrôle, nous verrons les solutions jurisprudentielles apportées *in concreto* par les Cours (§ 2).

§ 1 - Enjeu et définitions essentielles

Il convient tout d'abord de définir les conditions dans lesquelles se trouvent placées les Cours constitutionnelles pour tenter de développer autant que possible leur champ d'activité sans se heurter à une trop forte résistance de l'Exécutif (I-). Nous verrons ensuite dans quelle mesure il est possible de proposer une définition claire des deux critères principaux du contrôle des Cours : la souveraineté de l'Etat d'une part (II-), et les droits fondamentaux d'autre part (III-).

I - L'enjeu : le développement du champ d'activité des Cours constitutionnelles

Partant du constat de la place toujours croissante que les droits fondamentaux occupent dans la jurisprudence des Cours constitutionnelles (A-), on peut tenter une explication de ce phénomène (B-).

A - UN CONSTAT : L'IMPORTANCE CROISSANTE DE LA DEFENSE DES DROITS FONDAMENTAUX DANS LA JURISPRUDENCE CONSTITUTIONNELLE

Dans tous les cas il s'agit de contrôler la non-contrariété de l'acte international à la Constitution[1], mais la jurisprudence constitutionnelle des trois Juges concernés a précisé les critères de ce contrôle, qui s'ordonnent finalement principalement autour

---

[1] Sur la différence entre contrôle de non-contrariété et contrôle de conformité, voir E. ZOLLER (*Droit des relations extérieures*, *op. cit.*, p.274 s.), qui cite elle-même Achille MESTRE ("Les traités et le droit interne", 38 *RCADI* 1931, IV, p.276) : le principe de non-contrariété laisse plus de possibilités à l'Exécutif dans la conduite des relations extérieures, car il lui permet de disposer "d'une liberté initiale qui ne peut être limitée que dans ces quelques cas où la Constitution pose des règles prohibitives" (p.277), tout le problème étant de déterminer ce que la Constitution interdit, et si l'interdiction est formulée assez précisément pour être appliquée par un Juge.

de 2 pôles : la protection des droits fondamentaux et le contrôle des transferts de compétences.
Il peut être intéressant d'observer ici deux parentés croisées : d'une part celle qui existe entre les compétences des Juges constitutionnel allemand et espagnol, que leurs Constitutions respectives chargent principalement de veiller au respect des droits fondamentaux; d'autre part, celle qui lie le Conseil constitutionnel français et la Cour Constitutionnelle fédérale allemande, qui accordent tous deux une grande place à la défense de la souveraineté nationale de leur pays contre des transferts de compétences abusifs.

De plus en plus, "le principe de souveraineté nationale n'est qu'une des normes de référence pour le contrôle de constitutionnalité des engagements internationaux"[1]; s'y ajoute le souci de protéger les droits fondamentaux des individus garantis par la Constitution. Ce point a été relevé par de nombreux auteurs, qui ont expliqué que "le contrôle juridictionnel des engagements internationaux provient de la prévalence grandissante de leur fonction normative sur leur fonction diplomatique"[2]. Certains vont jusqu'à noter un parallélisme dans l'évolution du contenu des normes de référence du contrôle au niveau interne et au niveau international. De même que sur le plan interne la protection du principe de la séparation des pouvoirs cède peu à peu le pas à la protection des droits subjectifs des individus, sur le plan international la défense des droits fondamentaux l'emporte peu à peu sur celle de la souveraineté nationale[3].

B - UNE TENTATIVE D'EXPLICATION DE CE PHENOMENE

Peu d'explications de ce phénomène ont été tentées jusqu'à présent. Pour Christopher POLLMANN, il tiendrait peut-être à "un besoin de la Justice de disposer de litiges suffisamment marginaux pour ne pas mettre en cause le système d'ensemble (, particulièrement) lorsque les Juges s'apprêtent à rendre des décisions audacieuses. Or, (contrairement aux affaires concernant des prérogatives des organes de l'Etat,) des litiges marginaux surgissent le plus facilement entre des personnes armées de droits subjectifs."[4].
Cette explication est tout à fait logique, mais il est possible d'aller plus loin dans l'analyse. Il nous semble que ce phénomène pourrait, plus simplement encore, être dû à d'autres raisons de "stratégie" jurisprudentielle, liées à l'acceptation plus ou moins aisée des décisions du Juge constitutionnel par les plus hautes autorités de l'Etat. D'un point de vue institutionnel en effet, la logique propre des Cours constitutionnelles les pousse vers un développement toujours plus grand de leurs compétences, alors que celle de l'Exécutif le pousse à défendre autant que possible son champ d'activité contre les limitations induites par celle des Cours. Dans une

---

[1] L. FAVOREU, "Le contrôle de constitutionnalité du Traité de Maastricht et le développement du "Droit constitutionnel international"", 1993, p.53
[2] V. GOESEL-LE BIHAN, *La répartition des compétences en matière de conclusion des accords internationaux sous la V° République*, *op. cit.*, p.248.
[3] C. POLLMANN, "La révision de l'article 54 de la Constitution : nouvelle avancée de la juridicité, nouvel échec de l'instrumentalisme juridique", *op. cit.*, p. 1130.
[4] *Id.*, p.1131

pareille lutte les Cours sont en position défavorable, car elles n'ont d'autres pouvoirs que l'autorité accordée à leurs décisions, sans moyens tangibles d'affirmer leur prééminence. Même si leur statut constitutionnel les met en principe à l'abri des représailles des pouvoirs contrôlés, y compris l'Exécutif, elles ne peuvent pas se permettre de heurter de front l'Exécutif, à qui resterait le dernier mot en cas de conflit ouvert (car il contrôle dans une large mesure l'exercice du pouvoir constituant)[1]. La solution la moins "dangereuse" pour elles reste apparemment de développer leur compétence de protection des droit fondamentaux des individus.
L'observation de la pratique montre en effet que les Cours constitutionnelles ont tendance à exercer avec modestie leurs compétences en ce qui concerne le contrôle du respect de la souveraineté par l'activité diplomatique de l'Exécutif, alors qu'elles se montrent beaucoup plus entreprenantes en ce qui concerne la protection des droits fondamentaux des individus, dont elles se trouvent être les gardiennes. C'est ainsi que le Conseil constitutionnel, dont ce n'était initialement pas une compétence, se l'est arrogée à partir de 1971, et l'a développée en forgeant le "bloc de constitutionnalité". De même, c'est en s'appuyant sur sa compétence de défense des droits fondamentaux des citoyens allemands que la Cour constitutionnelle fédérale allemande a contrôlé en définitive le respect de la souveraineté de l'Etat allemand. Tout se passe comme si les Cours constitutionnelles estimaient que la fonction de protection des droits fondamentaux était plus "légitime", ou plutôt "légitimante", pour elles vis-à-vis de l'opinion publique - et en tous cas moins exposée aux critiques et aux accusations de "gouvernement des Juges" - que la fonction de contrôle du respect de la souveraineté de l'Etat. Elles peuvent donc passer par là pour accroître leur champ d'activité et exercer un contrôle plus affirmé, avec un danger moindre que si elles s'"attaquaient" directement aux prérogatives du pouvoir exécutif.
Reste à chercher de quelle manière ce contrôle est en pratique exercé dans les trois pays qui forment notre échantillon, et dans quelle mesure il est efficace.

II - La souveraineté de l'Etat : une notion difficile à cerner

La "souveraineté de l'Etat" est une notion protéiforme (A-), dont l'essence est difficile à saisir (B-).

A - LES DIFFERENTS ASPECTS DE LA NOTION

On aurait pu intituler ce développement : la défense des "droits fondamentaux de l'Etat", par opposition à celle des droits fondamentaux des individus, en se référant à

---

[1] ce que démontre l'exemple espagnol : après l'arrivée au pouvoir du PSOE le 28 octobre 1982, le Tribunal constitutionnel a exercé son contrôle avec une telle sévérité qu'il a en définitive beaucoup gêné l'adoption des réformes prévues au programme électoral socialiste. En 1985, une réforme constitutionnelle a donc été proposée par ces derniers en vue d'abolir le contrôle de constitutionnalité des lois "a priori". Cette révision a été votée par la Droite comme par la Gauche, car tous les hommes politiques ont envisagé de devoir gouverner sous la férule d'une cour constitutionnelle hostile, et ont cherché à conjurer ce danger. Le Juge constitutionnel risque donc à tout moment de faire l'unanimité contre ses pouvoirs, et doit tenir compte de cette éventualité, même très improbable, dans l'exercice de ceux-ci.

cette doctrine ancienne[1] qui tentait de définir le contenu de la souveraineté de l'Etat. Très tôt en effet, s'est posé le problème de la nature des éléments constitutifs de l'Etat, sans lesquels il cesse d'exister. Depuis Jean BODIN[2], qui le premier a formalisé cette vieille idée, la puissance de l'Etat est qualifiée de "souveraine"[3], sans qu'on soit jamais parvenu à établir une définition claire de ce terme. En fait, la doctrine classique en fait le critère même de l'Etat. Sommairement, la souveraineté de l'Etat[4] est le caractère suprême du pouvoir étatique : un pouvoir de droit originaire et suprême[5]. Une définition plus développée, mais tout aussi nominale, peut être tirée de la *Contribution à la théorie générale de l'Etat*, de Raymond CARRE de MALBERG[6]. Pour lui, on peut distinguer trois acceptions différentes de ce terme : la première "désigne le caractère suprême d'une puissance pleinement indépendante"; la seconde "désigne l'ensemble des pouvoirs compris dans la puissance d'Etat, et (...) est par suite synonyme de cette dernière"; la dernière caractérise "la position qu'occupe dans l'Etat le titulaire suprême de la puissance étatique, et (...) est identifiée avec la puissance de l'organe". Cette distinction n'a cependant que peu de valeur pratique[7] : le seul vrai problème est celui de la nature du pouvoir de l'Etat, unique même si ses manifestations sont diverses.

La notion de souveraineté demeure indécise et équivoque. Elle a d'une part un aspect interne, au sens où l'Etat est plus puissant en Droit que toutes les collectivités secondaires qu'il inclut et que ses sujets; mais aussi un aspect externe, et désigne alors pour lui le fait, non plus d'être le plus puissant, mais seulement de n'avoir aucun supérieur. "Principe d'identité nationale, elle reste au centre des normes qui régissent le Droit international, mais aussi des conflits qui subvertissent l'ordre du monde, comme si elle continuait de focaliser l'opposition première de la paix et de la guerre. Ainsi la souveraineté nationale demeure-t-elle jalousement gardée par la jurisprudence constitutionnelle lorsqu'il s'agit de régler les relations du droit interne et du droit public externe."[8]. C'est ce dernier aspect qui nous intéresse ici.

---

[1] qualifiée par Jean COMBACAU de "lieu commun de la littérature internationaliste à la fin du XIX° siècle et au début du XX° encore, (dont le) défaut de rigueur justifie certainement pour partie le discrédit où elle est tombée." (in "Pas une puissance, une liberté : la souveraineté internationale de l'Etat", *Pouvoirs* n°67, 1993, p.57).

[2] Jean BODIN, *Les Six Livres de la République*, 1° éd. 1576 (L.1, chap.1-2, 6, 8-10; L.2, chap.1-2).

[3] Il a choisi ce mot pour indiquer clairement cette conjonction de l'indépendance territoriale et nationale avec le pouvoir légal suprême, qui différencie l'Etat de toute association. Pour lui, la souveraineté est "la puissance absolue et perpétuelle d'une République" ("Majestas est summa in cives ac subditos legibusque soluta potestas.").

[4] Sur la conception française de la souveraineté, cf. Simone GOYARD-FABRE, *Jean Bodin et le Droit de la République*, PUF, Paris, 1989.

[5] Définition tirée de Raymond GUILLIEN et Jean VINCENT, *Lexique de termes juridiques*, Dalloz, V° "Souveraineté".

[6] Sirey, 1920, t.1, p.79 s.. Selon Stéphane RIALS, "c'est la doctrine positiviste allemande et française "1900" (Jellinek et Carré de Malberg, surtout) qui a débridé les implications de [la qualification de "souveraine" appliquée à la puissance étatique]. Plus ou moins hâtivement lue, elle l'a renforcée, alors que telles n'étaient pas toujours ses conclusions."(in "La puissance étatique et le droit dans l'ordre international - Eléments d'une critique de la notion usuelle de "souveraineté externe"", *Archives de Philosophie du Droit* t.32, "Le Droit international", 1987, p.196).

[7] Cf. sur ce point la démonstration de Stéphane RIALS, in "La puissance étatique et le droit dans l'ordre international - ...", *op. cit.*, p.197 s.

[8] O. DUHAMEL et Y. MÉNY, *Dictionnaire constitutionnel*, *op. cit.*, V° "Souveraineté".

B - EXISTE-T-IL UN "NOYAU DUR" DE LA SOUVERAINETE DE L'ETAT ?

Tout ce que nous avons vu ne permet pas de déterminer s'il existe, dans la souveraineté, des éléments qui seraient inaccessibles à l'exercice de cette souveraineté elle-même, c'est-à-dire des éléments dont l'Etat ne saurait prétendre se dessaisir sans perdre du même coup sa qualité d'Etat[1], et vis-à-vis desquels le Juge constitutionnel pourrait exercer un contrôle du contenu des engagements internationaux conclus par l'Exécutif (le problème étant ensuite de déterminer dans quelle mesure...). C'est une question délicate, car il s'agit de justifier qu'on puisse contrôler le pouvoir et l'usage qu'il fait de sa souveraineté, sans pour autant démentir la logique de cette dernière, qui veut que le pouvoir soit un, absolu et indivisible[2]. C'est ici qu'il peut être intéressant de se référer à la doctrine des "droits fondamentaux de l'Etat"[3]. Nous trouvons chez PRADIER-FODERE, un internationaliste de la fin du siècle dernier, une tentative de définition de ces "droits" : ce "sont ceux sans lesquels aucune société ne pourrait subsister, qui appartiennent à chaque Etat vis-à-vis des autres par cela même qu'il est Etat, et qui naissent avec lui; qui ne dépendent d'aucune condition, existent dès que l'Etat existe, et qu'il peut faire valoir en tous temps, dans tous les lieux, à toutes les époques, à l'égard de qui que ce soit, sans qu'ils aient besoin d'être spécialement reconnus."[4]. Il s'agit là d'une définition ambitieuse, mais assez floue., même si la plupart des membres de ce courant se retrouvaient autour de cinq droits fondamentaux que l'Etat ne pourrait aliéner sans perdre par là-même cette qualité : "les droits de conservation, d'indépendance, d'égalité, de respect et de commerce international"[5].

De nombreuses critiques, souvent justifiées, ont été adressées dès le siècle dernier à cette théorie, insuffisamment rigoureuse selon ses détracteurs[6], et elle a fini par sombrer dans un oubli relatif. On ne peut cependant nier le fait que certains des éléments constitutifs de la puissance de l'Etat sont logiquement indisponibles pour lui[7]. Certes la capacité de s'auto-limiter des Etats fait partie des conditions

---

[1] L'Etat "peut s'engager sur n'importe quel sujet, mais sous réserve de ne pas porter atteinte à ses propres éléments constitutifs. S'il le fait, il ne viole pas des considérations de morale ou d'éthique (...), il porte simplement atteinte à sa propre existence, car, parce qu'il est souverain, l'Etat a le droit de se suicider !" (Florence POIRAT, "La doctrine des droits fondamentaux de l'Etat", *Droits* n°16, 1992, p.91).

[2] Ce problème constitutionnel s'est présenté aux théoriciens du Droit dès les débuts de l'Etat moderne : comment "diriger le pouvoir sans détruire la souveraineté", et leur a donné l'occasion de développer les théories de la séparation des pouvoirs (cf. Alexandre PASSERIN d'ENTREVES, *La notion de l'Etat*, col. Philosophie Politique, Sirey, 1969, p.145 s.).

[3] Voir pour un résumé de cette doctrine la thèse de V. SUKIENNICKI, *Essai sur la souveraineté des Etats en droit international moderne*, Pédone, 1927, p.128 s., et pour une critique J. COMBACAU, *op. cit.*, et A. PILLET, "Recherches sur les droits fondamentaux de l'Etat dans l'ordre des rapports internationaux et sur la solution des conflits qu'ils font naître", *RGDIP* 1898 et 1899.

[4] Tiré de PRADIER-FODÉRÉ, *Traité de Droit International Public, européen et américain*, 1885, cité dans F. POIRAT, "La doctrine des droits fondamentaux de l'Etat", *op. cit.*, p.83-84.

[5] S. RIALS, *op. cit.*, p.214.

[6] elle aboutissait à un amalgame entre "des éléments de nature et de fonctions fort différentes" (A. PILLET, *op. cit.*, p.248).

[7] Voir par exemple à ce sujet Charles CHAUMONT, "Recherche du contenu irréductible du concept de souveraineté internationale de l'Etat", in *Mélanges Basdevant*, 1960, p.114 s.. Voir de même Florence POIRAT, op. cit., p.88 : il existe des "droits dont l'existence ne doit rien à la volonté de l'Etat. (...) Ils tiennent tout simplement à la logique du respect des éléments constitutifs de l'Etat. Celui-ci ne peut vivre sans eux, puisque sans eux il n'existe pas.".

essentielles d'existence du Droit International[1]. "Mais, d'un autre côté, comment ne pas voir qu'il est des limitations de la puissance étatique qui minent les moyens les plus indispensables et les plus traditionnels de cette puissance ? Peut-être faudrait-il chercher la clef d'une solution dans la notion, qui vient assez volontiers sous la plume, de moyens inhérents à la puissance étatique."[2]. Cette argumentation rejoint celle du Professeur Olivier BEAUD, pour lequel même la Constitution et donc le pouvoir constituant, ne peut "se soustraire à la réserve de souveraineté de l'Etat, c'est-à-dire la conservation de la puissance publique, fondement de l'Etat."[3].
Poussant un peu plus loin ce raisonnement, Jean Combacau estime que l'indisponibilité pour l'Etat de ces éléments constitutifs de sa puissance ne tiendrait pas tant à ces pouvoirs eux-mêmes (en ce qu'ils lui manqueraient), mais plutôt à leur qualité. En effet ils seraient alors exercés par une entité extérieure à l'Etat, qui de ce fait lui deviendrait supérieure, et lui ferait perdre sa suprématie[4]. Cette argumentation lui permet d'affirmer que si "la souveraineté internationale n'est pas un pouvoir, mais une qualité du pouvoir (...), et si cette qualité est de n'être pas soumise à un pouvoir supérieur, alors elle s'analyse comme une liberté; la liberté qu'a l'Etat de faire ce qui est en son pouvoir"[5], y compris, par principe, celle de s'auto-limiter valablement. Il faut alors simplement tenir compte de la différence existant entre le fait de s'auto-limiter souverainement, et celui de transférer des droits dits "de souveraineté" à une organisation extérieure à l'Etat, qui lui deviendrait de ce fait supérieure, et donc le ferait disparaître en tant qu'Etat.

III - Les droits fondamentaux : un champ ouvert à l'intervention du Juge constitutionnel

Deux expressions sont utilisées, alternativement ou indifféremment, pour désigner ces droits : "droits de l'homme" et "droits fondamentaux". Sont-elles équivalentes ? (A-) De quelle manière apparaissent-elles dans les dispositions constitutionnelles ? (B-).

A - "DROITS DE L'HOMME" OU "DROITS FONDAMENTAUX" ?

Depuis toujours controversées, les notions de "droits fondamentaux" et de "droits de l'homme", ont subi une très importante évolution depuis les années 1970. Faut-il différencier ces deux termes ? Comment les définir ?

---

[1] Cette capacité même est une manifestation de leur souveraineté, car le Droit international reste essentiellement second, comme l'a rappelé la Cour Internationale de La Haye, en précisant que les limitations de l'indépendance des Etats ne se présumaient pas (affaire du "Lotus", du 7 septembre 1927). E. ZOLLER estime dans le même sens que "la souveraineté fait partie intégrante de l'ordre international; elle en est même le concept de base dans la mesure où l'ordre international se métamorphose si la souveraineté disparaît." (in *Droit des relations extérieures*, *op. cit.*, p.13).

[2] S. RIALS, "La puissance étatique et le Droit dans l'ordre international - Eléments d'une critique de la notion usuelle de "souveraineté externe"", *op. cit.*, p.214 s.

[3] Olivier BEAUD, "La souveraineté de l'Etat, le pouvoir constituant et le Traité de Maastricht", *RFDA* 1993, p.1050.

[4] Cf. J. COMBACAU, "Pas une puissance, une liberté : la souveraineté internationale de l'Etat", *op. cit.*, p.58.

[5] *Id.*, p.51.

Il semblerait qu'ils désignent deux notions qui ne se confondent pas exactement. Selon une définition couramment admise[1], les "droits de l'homme" sont les droits "de l'individu saisi dans son essence universelle abstraite, (...) conçus comme antérieurs et supérieurs au droit positif afin d'être l'étalon de sa validité et la limite fixée au pouvoir légitime de l'Etat."[2]. Malgré les controverses qui ont successivement mises en doute leur opportunité[3], leur universalité[4] ou leur applicabilité[5], on tend

---

[1] Il s'agit là d'une définition générale, qui ne tient pas compte des différences qui peuvent être décelées entre les conceptions américaine et française des droits de l'homme. En effet, pour Hannah ARENDT, les droits de l'homme "à la française" ne sont "nullement conçus comme des droits pré-politiques qu'aucun gouvernement, aucun pouvoir n'a le droit de modifier ou de violer, mais comme le contenu même aussi bien que la fin dernière du gouvernement et du pouvoir." (in *Essai sur la révolution*, Gallimard, Paris, 1967).

[2] O. DUHAMEL et Y. MENY, *Dictionnaire constitutionnel*, *op. cit.*, V° "Droits de l'homme".

[3] Dès leur formulation, leur existence a posé de graves problèmes aux constituants : les rédacteurs de la Constitution américaine de 1787 pensent que la protection des libertés fondamentales sera bien plus sûrement assurée par une rédaction formulée avec soin et un système bien compris de "checks and balances" que par une "déclaration des droits" établie à côté de la Constitution. Cf. sur ce point A. HAMILTON, J. JAY et J. MADISON, *Le Fédéraliste*, n°LXXIV, notamment p.718 s. : "La vérité, (...) c'est que la Constitution est elle-même, dans son véritable sens et relativement à sa véritable utilité, un "bill of rights". Les divers bills de droits de la Grande-Bretagne forment sa Constitution, et réciproquement la Constitution est, pour chaque Etat, son bill des droits. (...) Est-ce l'un des objets d'un bill des droits que de déclarer et de spécifier les droits politiques des citoyens dans la structure et l'administration du gouvernement ? C'est ce qui est fait de la manière la plus précise et la plus détaillée dans le plan de la Convention (...). Est-ce un autre objet d'un bill des droits que de déterminer certaines immunités, certains modes de procéder qui sont relatifs à des intérêts personnels et privés ? A ceci, (...) il y a été pourvu, dans un grand nombre de cas, dans le même plan. (...) On peut dire que le bill des droits qu'il renferme est insuffisant (...); mais on ne peut légitimement soutenir qu'il n'y a pas de bill des droits; peu importe certainement la façon dont les droits des citoyens sont déclarés, pourvu qu'on les trouve dans une partie du document qui établit le gouvernement").
Quant aux constituants français de 1791, ils craignent que les citoyens considèrent plus les droits énoncés dans la Déclaration que les devoirs qui sont les leurs dans l'ordre politique établi par la Constitution (voir sur ce point François FURET et Ran HALÉVI, *Les orateurs de la Révolution française*, t.1 : "Les constituants", Gallimard, 1989).

[4] Les droits de l'homme, en tant que concept abstrait à prétention universelle, ont focalisé au XIX° siècle les critiques de tous bords (des traditionalistes aux marxistes), autour d'un thème commun : l'homme est un être historiquement, culturellement et socialement situé, et il faut rejeter comme illusoire "la prétention à appréhender une identité de l'homme surplombant les différences de situation, selon une logique (...) mise en lumière par Joseph de Maistre : "j'ai vu, dans ma vie, des Français, des Italiens, des Russes, etc.; je sais même, grâce à Montesquieu, qu'on peut être Persan : mais quant à l'*homme*, je déclare ne l'avoir jamais rencontré de ma vie; s'il existe, c'est bien à mon insu." (in O. DUHAMEL et Y. MENY, *op. cit.*). On ne peut donc pas prétendre régler ses droits *in abstracto*.
L'universalité des droits fondamentaux de l'homme a cependant fait l'objet d'une reconnaissance officielle dans la "Charte Internationale des Droits de l'Homme", composée de la Déclaration Universelle des Droits de l'Homme du 10 décembre 1948 (présentée lors de son adoption comme un "idéal commun à atteindre par tous les peuples et toutes les nations"), et des deux Pactes internationaux adoptés en 1966 et entrés en vigueur en 1976, relatifs, le premier aux droits civils et politiques, et le second aux droits économiques, sociaux et culturels. Elle a été récemment réaffirmée à l'issue de la Conférence mondiale des droits de l'homme, organisée sous l'égide des Nations-Unies, qui s'est tenue à Vienne en 1993, après avoir subi de nouvelles attaques (venant en partie des tenants du régionalisme, mais surtout de ceux du confessionnalisme et du relativisme culturel). Il faut préciser qu'en Droit international, sont appelés "droits fondamentaux" des droits de l'homme auxquels aucune dérogation n'est possible, c'est-à-dire le "noyau dur des droits de l'homme" (Slim LAGHMANI, *Justice constitutionnelle et droits de l'homme*, CERP (Tunis), 1995, p.124).

[5] Cf. les critiques des positivistes juridiques, qui estiment que les droits de l'homme ne peuvent pas servir de fondement au Droit (ainsi pour Kelsen, ce sont des principes méta-juridiques qui n'ont rien à voir avec la pyramide des normes; pour Carré de Malberg, l'Etat ne peut obéir qu'aux règles qu'il a lui-même posé).

aujourd'hui à leur trouver une justification renouvelée, en relation avec la notion de "droits fondamentaux" des individus. Certains cherchent à distinguer les "droits de l'homme" des "droits fondamentaux" du point de vue de leur "opérationnalité" juridique Ils estiment qu'il convient de distinguer, dans un souci de rigueur de la théorie juridique, les "droits de l'homme" et les "droits fondamentaux". "La moralité publique que nous appelons "droits de l'homme" agit dans la perspective éthique comme une prétention morale et, si elle s'incorpore au Droit positif, comme un droit fondamental. On peut donc parler de la fonction des droits de l'homme comme moralité, et de leur fonction comme droit. Dans le premier cas, ils ont une tâche critique vis-à-vis du Droit positif qui ne les reconnaît pas, et ils essaient de se positiviser, donc de se transformer en Droit positif des droits fondamentaux. Dans le deuxième cas, ils sont une règle juridique."[1]. Dans une telle perspective, ne seraient donc des "droits fondamentaux" que ceux qui seraient consacrés dans une énumération constitutionnelle plus ou moins formalisée.
Les caractéristiques des droits fondamentaux ont fait l'objet de nombreux travaux de la part des théoriciens du Droit. Une analyse *in abstracto* semble montrer que leur nature est double : "ce sont des exigences qui pèsent sur le système juridique, mais les contraintes qui en résultent consistent seulement en l'obligation de rendre illégales certaines configurations d'actions, de sorte que l'on peut aussi les penser comme des contraintes pesant sur les configurations d'actions"[2], c'est-à-dire sur les individus eux-mêmes[3].

La théorie juridique et politique contemporaine admet donc maintenant sans grandes difficultés que les droits et libertés des individus soient en rapport étroit avec la distribution des pouvoirs dans la société. Ce lien peut être envisagé soit dans une perspective "éthique" d'évaluation des conduites de l'Etat, soit dans une perpective plus directement "politique"[4], pour voir de quelle manière l'existence nécessaire d'organes étatiques, et la notion de pouvoir de l'Etat qu'elle implique, est

---

D'autre part ils ne deviennent efficaces que quand ils sont déclinés et spécifiés, mais cette spécification elle-même risque de leur faire perdre leur universalité au profit d'une fragmentation menant à la possibilité d'une invocation narcissique de la part des individus.

[1] Voir dans ce sens Gregorio PECES-BARBA, "De la fonction des droits fondamentaux", communication au Séminaire UniDem "Le patrimoine constitutionnel européen", Montpellier, 22-23 novembre 1996, notamment p.3.
Une décision du Tribunal constitutionnel espagnol du 8 avril 1981 (STC 11/1981, F. 5) parle en ces termes du double-caractère des droits fondamentaux : "En premier lieu, (...) ce sont des droits subjectifs, des droits des individus. En même temps, ce sont des éléments essentiels de l'ordre juridique objectif de la communauté nationale, quand celle-ci se configure comme le cadre d'une forme de vie en commun humaine, juste et pacifique...".

[2] E. PICAVET, "Complexité des interactions sociales et analyse des droits", *op. cit.*, p.3.

[3] E. Picavet conclut ainsi que le Droit a dans cette perspective un simple rôle d'"ingéniérie institutionnelle", afin de formaliser les contraintes individuelles minimales les plus exactement adaptées aux "contradictions pragmatiques interpersonnelles" qu'implique toute vie en société. Ceci évite d'avoir à mettre en avant des explications de type "Droit naturel", qui mettent en jeu des conceptions nécessairement subjectives et donc controversées de la nature humaine et des implications de l'organisation politique et sociale, et permet de dépasser les controverses traditionnelles autour des droits de l'homme et des droits fondamentaux.

[4] Voir ainsi Ronald DWORKIN (*Taking rights seriously*, Cambridge University Press, 1977), qui se situe dans la ligne des "jusnaturalistes" : il estime qu'il faut reconnaître aux individus des "droits contre l'Etat", des libertés supérieures au Droit positif, qui fixent une limite à l'autorité légitime du Pouvoir étatique.

compatible avec les droits des individus, qui sont aussi des pouvoirs pour eux[1]. C'est dans cette dernière optique que peut être envisagée la place que réservent aux droits fondamentaux les dispositions constitutionnelles des trois pays que nous étudions.

B - LES DROITS FONDAMENTAUX DANS LES DISPOSITIONS CONSTITUTIONNELLES

Le sort des "droits fondamentaux" n'est pas le même en France, en Allemagne et en Espagne. Contrairement à la Constitution française, les deux Constitutions allemande[2] et espagnole[3] utilisent directement le terme de "droits fondamentaux". Leurs Cours constitutionnelles n'ont donc éprouvé aucun scrupule à utiliser cet outil mis à leur disposition, et ont même souvent vu dans la défense de ces droits un aspect essentiel de leur mission constitutionnelle, d'autant que, comme le montre le Professeur Dominique ROUSSEAU, le Juge constitutionnel, s'il ne voit pas sa légitimité découler de l'élection, la puise "dans la défense et la protection des libertés"[4]. Elles se sont fondées sur les dispositions très générales figurant en début de Constitution pour développer une interprétation extensive de ces droits.

1 - En France

L'expression "droits fondamentaux" ne figure pas en tant que telle dans la Constitution française[5], qui lui préfère des expressions telles que les "droits civils et politiques"[6] ou "droits de l'Homme"[7]. Le Conseil constitutionnel n'a cependant pas hésité à l'employer à plusieurs reprises depuis 1989[8]. On peut remarquer à ce propos

---

[1] Cf. sur cette question Emmanuel PICAVET, "Complexité des interactions sociales et analyse des droits", communication au colloque "Modélisation de la complexité", Aix-en-Provence, 4 et 5 juillet 1996.
[2] I - Die Grundrechte (Titre 1 : Les droits fondamentaux)
[3] Titulo 1 - De los derechos y deberes fundamentales (Titre 1 : Des droits et devoirs fondamentaux)
[4] Dominique ROUSSEAU, *Droit du contentieux constitutionnel*, *op. cit.*, p.402.
[5] Le projet de loi constitutionnelle de 1990 tendant à introduire une exception d'inconstitutionnalité dans la Constitution française avait cependant envisagé l'emploi de cette expression (art. 1 : "Les dispositions de loi qui concernent les droits fondamentaux reconnus à toute personne par la Constitution peuvent être soumises au Conseil constitutionnel par voie d'exception à l'occasion d'une instance en cours devant une juridiction.", ou "... les droits fondamentaux reconnus par la Constitution et la Déclaration des droits de l'homme et du citoyen de 1789, confirmée et complétée par le Préambule de la Constitution de 1946...").
[6] Article 3 al. 4 de la Constitution.
[7] Préambule de la Constitution de 1958, al.1° et Déclaration des Droits de l'Homme et du Citoyen de 1789 (variante : "droits et libertés de l'homme" dans le Préambule de la Constitution de 1946).
[8] dans ses décisions n°89-269 DC du 22 janvier 1990, "Egalité entre Français et étrangers", Cs 33, (Notes : P. AVRIL et J. GICQUEL, *Pouvoirs* n°54, 1990, Chron. constit., p.196; F. BENOIT-ROHMER, *AJDA* 1990, p.471; L. DUBOUIS, *RTDSS* 1990, p.637; L. FAVOREU, *RFDC* 1990, n°2, p.330; B. GENEVOIS, *RFDA* 1990, p.406; X. PRÉTOT, *Dr. Soc.* 1990, p.352; M. SIMON-DEPITRE, *RCDIP* 1990, p.497)et n°93-325 DC du 12-13 août 1993, "Maîtrise de l'immigration", Cs 3, qui reprennent la même formule : il appartient au législateur de respecter "les libertés et droits fondamentaux de valeur constitutionnelle reconnus à tous ceux qui résident sur le territoire de la République".
Comme le fait cependant remarquer S. Laghmani , "la volonté de fonder en droit l'extension de ses normes de référence en matière de droits et libertés est indiscutable mais il n'en demeure pas moins qu'à la base de la démarche du Conseil constitutionnel, il y a une politique jurisprudentielle, un paradigme herméneutique qui, eux, ne sont pas ancrés dans la Constitution mais dans une culture juridique." ("Justice constitutionnelle et droits fondamentaux", *op. cit.*, p.132).

que l'adjectif "fondamental" avait déjà été utilisé par lui, de façon progressive mais continue[1], pour qualifier certains droits et libertés spécifiques (comme par exemple le droit de propriété dans sa décision du 16 janvier 1982[2], ou la liberté de communication des pensées et des opinions dans sa décision des 10 et 11 octobre 1984[3]).

L'expression "droits fondamentaux"[4] est généralement considérée aujourd'hui en France comme n'équivalant pas tout à fait à celle des "droits de l'homme". D'une part tous les droits de l'homme n'ont pas valeur constitutionnelle, contrairement aux "droits fondamentaux". D'autre part cette dernière expression constituerait plutôt un "concept opératoire"[5], dont l'utilisation dans la jurisprudence du Conseil constitutionnel semble revêtir une signification particulière, en justifiant la limitation de certains droits constitutionnellement reconnus au nom d'autres droits constitutionnellement reconnus, mais qualifiés de "fondamentaux"[6]. Une telle limitation est d'ailleurs justifiée par les dispositions mêmes de la Déclaration des Droits de l'Homme et du Citoyen (art.4), et a pour but aussi bien la "coexistence des libertés" que la "protection de la société"[7]. Sans qu'on puisse apparemment parler de l'existence d'une véritable hiérarchie entre les droits constitutionnellement protégés, la jurisprudence du Conseil débouche tout de même sur la consécration de droits et libertés "de premier rang"[8].

---

[1]Comme l'a noté Véronique CHAMPEIL-DESPLATS, "La notion de droit "fondamental" et le Droit constitutionnel français", *Recueil Dalloz-Sirey* 1995, Chronique, p.323.

[2] CC n°81-132 DC, "Nationalisations I"

[3] CC n°84-181 DC, "Entreprises de presse"

[4] Sur les controverses relatives à cette terminologie, voir H. ROUSSILLON, *Le Conseil constitutionnel, op. cit.*, p.41s.

[5] *Id.* p.42.

[6]Cf. Véronique CHAMPEIL-DESPLATS, "La notion de droit "fondamental" et le Droit constitutionnel français", op. cit. Elle estime que les concepts de "droits de l'homme" et de "droits fondamentaux" ne peuvent plus être décrits comme coïncidant l'un avec l'autre "depuis que (le Conseil constitutionnel) a commencé à qualifier certains droits et libertés de "fondamentaux"." (p.323). Tous les droits de l'homme à valeur constitutionnelle ne pourraient en effet être des droits fondamentaux, car l'adjectif "fondamental" est loin d'être neutre pour le Conseil. On ne peut pas dire qu'il donne de ce terme une définition substantielle (et donc critiquable par ceux qui en soutiendraient une conception différente) : il s'agit au contraire pour lui d'un argument à la fois logique et stratégique, d'un "méta-argument" lui permettant de justifier des choix nécessaires entre des normes de référence (en l'occurrence des droits de l'homme) de même valeur juridique objective (constitutionnelles), mais contradictoires (p.327). Ceci implique cependant qu'on ne puisse donner aucune énumération de ces droits "fondamentaux", sauf en se rapportant à ceux qui ont déjà été consacrés par le Conseil. Or nous venons de voir que le critère de cette consécration est de pure opportunité, *sub specie*. Il faut donc en conclure que si ces deux catégories de "droits de l'homme" et de "droits fondamentaux" ne coïncident pas actuellement, c'est simplement dû aux hasards de l'activité jurisprudentielle. Tous les "droits de l'homme" constitutionnellement reconnus n'en sont pas moins potentiellement des "droits fondamentaux", car le contenu de ces catégories n'est pas fondamentalement différent. Sous la réserve de l'utilisation particulière que le Conseil constitutionnel fait de ce terme, il semble donc possible d'utiliser indifféremment ces deux expressions dans notre raisonnement, qui se situe dans une perspective de Droit Comparé.

[7] Jean RIVERO, *Les libertés publiques*, t.1 : "Les droits de l'homme", PUF, 1991, p.198.

[8] Sur la controverse qui s'est développée à ce sujet, voir H. ROUSSILLON, *op. cit.*, p.62s.

2 - En Allemagne

La mention des "droits fondamentaux" dans les textes constitutionnels allemands est déjà ancienne[1], mais c'est surtout dans les Constitutions de Weimar et de Bonn qu'ils ont reçu une place essentielle. La doctrine allemande dominante, s'appuyant sur la jurisprudence constitutionnelle[2], reconnaît à tous les droits fondamentaux une double nature objective et subjective, c'est-à-dire qu'ils sont à la fois le principe de base de l'ordre juridique allemand et des droits de l'individu contre l'Etat (et notamment son Exécutif, qui est le plus à même de les violer). Ceci "explique la position éminente qu'ils occupent dans l'ordre juridique allemand"[3] : l'article 1 al.3 de la Loi Fondamentale pose ainsi que "les droits fondamentaux suivants constituent des règles immédiatement applicables qui lient les pouvoirs législatif, exécutif et judiciaire", sous la surveillance de la Cour Constitutionnelle Fédérale, ici comme ailleurs clé de voûte de l'édifice constitutionnel allemand. Les droits fondamentaux constituent ainsi un système complet et hiérarchisé de valeurs[4], ordonné autour de la plus importante d'entre elles - la dignité de la personne humaine, qui doit permettre son épanouissement -, et s'articulant en trois principes généraux : le principe de liberté, celui d'égalité et celui du respect de l'Etat de Droit[5]. Certains auteurs tirent cependant de la jurisprudence du Tribunal d'autres conséquences : ils pensent "que les droits fondamentaux doivent être en premier lieu des droits individuels; la fonction de "principes objectifs" des droits fondamentaux doit seulement reposer sur la base du "renforcement radical de leur validité" en tant que droits subjectifs."[6].

Malgré cette importance accordée aux droits fondamentaux, la Loi Fondamentale allemande fait une mention de la possibilité de leur apporter des limites législatives, mais seulement dans certains cas expressément prévus par elle, et selon des conditions précises contenues dans les alinéas 1 et 2 de son article 19. Les conditions de forme sont que la loi limitant un droit fondamental ne vise pas un nombre trop restreint de personnes, et qu'elle précise l'article de la Loi Fondamentale ainsi modifié; la condition de fond interdit que le droit fondamental ainsi limité soit atteint dans sa substance même[7]. Quant à l'article 79 de la Loi Fondamentale, il complète

---

[1] Cf., dès le XIX° siècle, les constitutions des Etats allemands, et notamment la Constitution prussienne de 1850.

[2] Ce que la Cour constitutionnelle fédérale exprime généralement en ces termes :
"Selon l'interprétation réitérée du Tribunal constitutionnel fédéral, les normes dans lesquelles sont inclus les droits fondamentaux contiennent non seulement des droits subjectifs réactionnels de l'individu face à l'Etat, mais incorporent en même temps un ordre axiologique objectif qui, en leur donnant qualité de décisions constitutionnelles de base, vaut pour tous les domaines du Droit, mêlant lignes directrice ("Richtlinien") et impulsions pour le législateur, l'administration et la jurisprudence." (jurisprudence initiée dans la décision "Lüth" du 17 janvier 1957, BVerfGE 7, 198 (205)).

[3] Michel FROMONT, "Les droits fondamentaux dans l'ordre juridique de la République Fédérale d'Allemagne", in *Mélanges Eisenmann*, Cujas, 1975, p.50.

[4] "objektive und lückenlos Wertordnung"

[5] respectivement énoncés dans les articles 2, 3 et 20 de la Loi Fondamentale.

[6] Klaus STERN, "El sistema de los derechos fundamentales en la Republica Federal de Alemania", *Revista del Centro de Estudios Constitucionales* 1988, p.264-265.

[7] On rencontre ici une disposition de nature à fixer les "limites des limites" des droits fondamentaux (elle existe aussi en Espagne; cf. *infra*), qui a assez étonnamment pas été souvent été utilisée par la Cour constitutionnelle fédérale. Elle préfère semble-t-il s'appuyer sur l'interdiction des abus. C'est sans doute dû au fait que cette disposition pose un grave problème quant au fond : "d'après son sens littéral, son interprétation systématique, et l'intention du constituant, ce précepte est une norme essentielle pour le

ces restrictions à la possibilité de limiter les droits fondamentaux, en précisant que les principes posés dans les articles 1 à 20 de ladite constitution sont hors d'atteinte même pour des lois constitutionnelles (il s'agit là de la "clause d'éternité"[1], qui concerne les principaux droits fondamentaux, relatifs à la dignité de la personne humaine), début de "hiérarchie" entre les droits fondamentaux constitutionnellement reconnus.

L'Exécutif aussi peut introduire des limitations aux droits fondamentaux, mais seulement quand le législateur l'y a expressément autorisé en vertu de dispositions restrictives de la Loi Fondamentale. Ce principe de subordination de l'Exécutif "est absolu et s'applique à toutes (ses) activités"[2], sous le contrôle en dernier ressort de la Cour constitutionnelle fédérale, par la voie du "recours constitutionnel"[3]. Mais la mise en pratique de ces dispositions, forcément malaisée[4], constitue un des points les plus délicats de l'activité de la Cour constitutionnelle fédérale. Elle a ainsi été amenée à atténuer leur rigueur, notamment quand il ne s'agissait plus des droits dits "de première génération" : ceci montre "les difficultés que rencontre le juge allemand lorsqu'il passe d'une conception libérale à une conception sociale des droits fondamentaux : il risque de substituer purement et simplement son appréciation à celle des pouvoirs politiques."[5].

3 - En Espagne

En Espagne les droits fondamentaux sont généralement définis par la doctrine comme "ceux qui sont inclus dans le champ du paragraphe premier de l'article 53, c'est-à-dire ceux du Chapitre 2 du Titre 1 (...); les droits fondamentaux sont les droits subjectifs antérieurement identifiés, en ce qu'ils sont reconnus dans les Constitutions et dans la mesure où une conséquence juridique découle de cette reconnaissance."[6]. Comment règle-t-on le problème d'une éventuelle hiérarchie entre les droits fondamentaux, ou de leur limitation ? La double nature objective et subjective des droits fondamentaux y est reconnue depuis longtemps[7], comme en Allemagne[1], avec

---

système des droits fondamentaux. Cependant, il n'est pas facile de déterminer le contenu essentiel spécifique de chaque droit fondamental." (K. STERN, " El sistema de los derechos fundamentales en la Republica Federal de Alemania", *op. cit.*, p.275).

[1] Parfois appelée *Ewigkeitsgarantie*, c'est-à-dire "garantie d'éternité".

[2] Michel FROMONT, "Les droits fondamentaux dans l'ordre juridique de la République Fédérale d'Allemagne", *op. cit.*, p.53.

[3] La condition de l'épuisement préalable des voies de recours pouvant être écartée, nous le rappelons, lorsque la question soulevée est d'une importance primordiale sur le plan constitutionnel, ou lorsque le requérant risquerait sans cela de subir un préjudice grave et impossible à écarter.

[4] Ne fut-ce que parce que les droits fondamentaux sont souvent destinés à défendre l'individu contre l'Etat, alors que c'est ce même Etat qui les garantit.

[5] M. FROMONT, "Les droits fondamentaux dans l'ordre juridique de la République Fédérale d'Allemagne", *op. cit.*, p.59. Il ajoute : "Mais n'est-ce pas là le risque de tout contrôle juridictionnel ?".

[6] Pedro CRUZ VILLALON, "Formación y evolución de los derechos fundamentales", *Revista Española de Derecho Constitucional* n°25, 1989, p.41.

[7] Cf. STC 25/1981, du 14 juillet, F. 5 : "Les droits fondamentaux sont des droits subjectifs (...). Mais en même temps ce sont des éléments essentiels d'un ordre objectif de la communauté nationale, en ce que cette dernière représente un espace de vie en commun humaine, juste et pacifique, matérialisé historiquement dans l'Etat de Droit, et plus tard, dans l'Etat social de Droit et l'Etat social et démocratique de Droit, selon les termes de notre Constitution (art. 1-1).", confirmée par STC 53/1985, du 11 avril.

les conséquences particulières sur l'ensemble du système juridique que cela implique. Cependant l'article 53 de la Constitution espagnole pose que seuls les articles 14 à 37 de ce texte lient tous les pouvoirs publics et sont en même temps la base de droits subjectifs[2] (les autres dispositions du titre 1 de la Constitution[3] étant seulement constitutives de droits objectifs - définition des fins de l'Etat, directives ou directions d'interprétation -). La Constitution espagnole établit dans son article 10, § 1, que :

> "La dignité de la personne, les droits inviolables qui lui sont inhérents, le libre développement de la personnalité, le respect de la loi et des droits des autres sont le fondement de l'ordre politique et de la paix sociale."

Certains auteurs de la doctrine en ont inféré que ces droits fondamentaux avaient un caractère absolu et illimité, et qu'il y avait là une constitutionnalisation de la théorie des droits naturels. En effet aucune disposition constitutionnelle ne prend explicitement position sur la question d'une limitation générale des droits fondamentaux, sans d'ailleurs exclure jamais la faculté pour le législateur d'intervenir pour les règlementer. Les seules restrictions prévues, posées dans le Titre 1, Chapitre 5, "De la suspension des droits et libertés", sont temporaires et établies dans le but de sauvegarder le système constitutionnel entier[4]. Le Tribunal Constitutionnel espagnol a cependant posé que "les droits fondamentaux ne sont pas absolus"[5], même s'ils sont établis au niveau constitutionnel, et qu'ils peuvent donc subir des limitations, qu'elles soient posées par la Constitution elle-même[6], ou qu'elles nécessitent l'intervention de normes législatives, organiques ou ordinaires. L'idée de

---

[1] La Loi Fondamentale allemande est, de l'aveu même des auteurs espagnols, un "antécédent direct du texte constitutionnel espagnol" (Luis AGUIAR de LUQUE, "Los limites de los derechos fundamentales", *Revista del Centro de Estudios Constitucionales* 1993, p.14).

[2] Article 53 alinéa 1 de la Constitution espagnole :
"Les droits et libertés reconnus dans le Chapitre II du présent Titre lient tous les pouvoirs publics. Seule la loi, qui devra en tous les cas respecter leur contenu essentiel, pourra régler l'exercice de tels droits et libertés, en respectant ce qui est prévu à l'article 161-1-a."
Alors qu'en Allemagne, comme nous l'avons vu, tous les droits fondamentaux ont la double-nature.

[3] Titre 1 : "Des droits et devoirs fondamentaux"
- Chapitre I : "Des Espagnols et des étrangers" - Chapitre III : "Des principes directeurs de la politique sociale et économique"- Chapitre IV : "Les garanties des libertés et droits fondamentaux"- Chapitre V : "De la suspension des droits et libertés".

[4] Titre 1, Chap. 5, article 55 (unique) de la Constitution espagnole :
"1 - Les droits reconnus dans les articles 17, 18-2 et -3, 19, 20-1 a et d et -5, 21, 28-2 et 37-2 pourront être suspendus en cas de déclaration de l'état d'exception ou d'urgence dans les termes prévus par la Constitution. Est excepté de ce qui vient d'être établi le paragraphe 3 de l'article 17 en cas de déclaration d'état d'exception.
2 - Une Loi Organique pourra déterminer la forme et les cas dans lesquels, d'une manière individuelle, avec une intervention judiciaire nécessaire et sous le contrôle parlementaire adéquat, les droits reconnus aux articles 17-2 et 18-2 et -3 pourront être suspendus pour des personnes déterminées, en relation avec des enquêtes correspondant à l'activité de bandes armées ou d'éléments terroristes.
L'utilisation injustifiée ou abusive des facultés reconnues dans ladite loi organique entraînera une responsabilité pénale, pour violation des droits et libertés reconnus par les lois."

[5] Voir par exemple STC 254/1988, du 21 décembre : "es cierto que los derechos fundamentales no son absolutos..." (F.8).

[6] Cf. entre autres SSTC 11/81, 2/82, 110/84, 120/90, avec la même formulation :
"tout droit a ses limites, que la Constitution établit elle-même en relation avec les droits fondamentaux en certaines occasions." (donc sans intervention législative).

"contenu essentiel" des droits[1], prévue par l'article 53 de la Constitution pour encadrer la régulation législative de l'exercice des droits et libertés, a été appliquée par la jurisprudence constitutionnelle au problème de la limitation des droits, avec la jurisprudence portant sur les "limites des limites"[2]. La doctrine espagnole attribue l'étendue de cette protection au "rôle décisif des droits dans la détermination de l'ordre basique des valeurs constitutionnelles, ce qui implique (...) que cette signification des droits fondamentaux ait par elle-même un premier effet limitatif sur les lois qui les limiteraient."[3].

Les droits de l'homme sont donc des armes potentielles aux mains du Juge constitutionnel, qui peut de plus les modeler à sa guise, y compris pour contrôler l'activité diplomatique du pouvoir exécutif, comme nous allons le voir à présent.

§ 2 - L'utilisation jurisprudentielle de ces notions pour contrôler l'activité diplomatique de l'Exécutif

Après ces aperçus théoriques, il nous faut maintenant examiner le traitement constitutionnel des principes de la souveraineté de l'Etat et des droits fondamentaux des individus, et leur interprétation jurisprudentielle. Il convient donc de voir comment les trois Constitutions que nous étudions ont réglé le problème des critères du contrôle de la constitutionnalité du contenu des engagements internationaux (point qui n'est expressément prévu que dans deux d'entre elles : l'allemande et l'espagnole), et l'application qu'en font les Cours constitutionnelles. Ce problème général, commun à toutes les manifestations de l'activité internationale des Etats, a pris un relief particulier dans les trois pays étudiés du fait des enjeux soulevés par la poursuite de la construction européenne (celle-ci reposant sur la signature de traités successifs, qui marquent chacune de ses étapes[4]). Quelle que puisse être la nature spécifique de l'Union Européenne, dont les conséquences dépassent largement celles

---

[1] Appliquée par la STC 11/1981, du 8 avril, qui a tenté de dégager deux manières complémentaires de cerner ce contenu essentiel, qui bien entendue varie avec chaque droit (une qui confronte la formulation constitutionnelle aux conception doctrinales classiques pour déterminer quelles facultés sont nécessairement impliquées par le type de droit protégé, sans lesquelles il ne serait pas complet; l'autre qui cherche quels sont les intérêts que le droit a cherché à protéger, qui doivent donc pouvoir exister réellement et pas seulement nominalement).

[2] Voir par exemple STC 254/1988 :

"Il se produit en définitive un régime de concurrence normative, et non d'exclusion, de telle sorte qu'aussi bien les normes qui régulent le droit fondamental que celles qui établissent des limites à son exercice sont également valables et agissent les unes sur les autres. Comme résultat de cette interaction, la force expansive de tout droit fondamental restreint , d'elle-même, la portée des normes limitatives qui s'exercent sur lui; de là découle l'exigence selon laquelle les limites des droits fondamentaux doivent être interprétées selon des critères restrictifs et dans le sens le plus favorable à l'efficacité et à l'essence de tels droits." (F. 8).

Dans tous les cas ces limites doivent être justifiées par des valeurs constitutionnellement reconnues, et dont la priorité sur le droit limité résulte de la Constitution elle-même (STC 22/1984, du 17 février). Leur évaluation est soumise par le Tribunal Constitutionnel aux principes de proportionnalité (cf. par exemple SSTC 62/1982, et 90/1983), de bonne foi et d'absence d'abus (cf. par exemple SSTC 120/1983, 41/1984, 88/1985,...).

[3] L. AGUIAR de LUQUE, "Los limites de los derechos fundamentales", *op. cit.*, p.25.

[4] Le Traité de Maastricht voulant par exemple marquer "une nouvelle étape dans le processus créant une union sans cesse plus étroite entre les peuples de l'Europe" (article A).

d'une organisation internationale ordinaire, notamment du fait de l'intervention de la CJCE[1], elle continue en effet à découler de traités, traités soumis au contrôle du Juge constitutionnel selon les modalités que nous avons déjà examinées. Cette situation a permis à ce dernier de préciser dans une mesure appréciable les conditions de son contrôle sur les engagements internationaux de l'Etat. Nous examinerons successivement les solutions dégagées par les Juges français (I-), allemand (II-) et espagnol (III-).

I - De la défense de la souveraineté de l'Etat à celle des droits fondamentaux : la solution française

Avec d'une compétence initiale orientée vers la défense de la souveraineté de l'Etat (A-), le Conseil constitutionnel a fait évoluer sa jurisprudence vers la défense des droits fondamentaux (B-).

A - UNE COMPETENCE INITIALE DE DEFENSE DE LA SOUVERAINETE DE L'ETAT

Le problème se pose en France en des termes particuliers. En effet, ni la Constitution française, ni l'Ordonnance du 7 novembre 1958 portant loi organique sur le Conseil constitutionnel ne précisent sur quels critères devra se fonder le Conseil pour exercer son contrôle sur la constitutionnalité du contenu des engagements internationaux soumis à son appréciation. Cela n'a cependant pas empêché le Conseil constitutionnel de faire du principe de souveraineté nationale la base de sa jurisprudence en la matière.
Ce problème a en effet dès le départ été au centre de son raisonnement, dans le cadre aussi bien des saisines au titre de l'article 54 que de celles de l'article 61 al.2 de la Constitution. "Il s'est toutefois bien gardé d'en livrer une définition synthétique et abstraite, ce qui se comprend (...) si l'on veut bien considérer à quel point le concept (...) se révèle d'autant plus délicat qu'il tend à exprimer, sous le même vocable, des réalités diverses, quoique complémentaires."[2]. La première apparition de la notion dans sa jurisprudence date d'une décision du 19 juin 1970, "Traités des Communautés Européennes"[3], mais elle a été reprise maintes fois par la suite, sous diverses formulations. Le seul fondement constitutionnel auquel il a pu se référer a été le Préambule de la Constitution de 1946[4]. Or tout le problème de l'interprétation de cette jurisprudence réside justement dans la variété des formules alternativement

---

[1] Jean-Paul JACQUÉ, *Cours général de droit communautaire*, Academy of European Law 1990 vol.1 livre 1, p.237 s. : il montre que les Communautés dépassent largement leur ancrage initial dans le Droit international.
[2] Patrick GAIA, *Le Conseil constitutionnel et l'insertion des engagements internationaux dans l'ordre juridique interne*, *op. cit.*, p.309.
[3] Décision n°70-39 DC.
[4] Préambule de la Constitution du 27 octobre 1946, alinéa 15 :
"Sous réserve de réciprocité, la France consent aux limitations de souveraineté nécessaires à l'organisation et à la défense de la paix.".
Cette référence a d'abord été implicite (décision n°70-39 DC, du 19 juin 1970, "Traité des Communautés Européennes"), puis explicite (décision n°76-71 DC, du 30 décembre 1976, "Assemblée Européenne").

utilisées par le Conseil : la plus ancienne et la plus "fréquente" consiste à vérifier que le traité "ne porte pas atteinte aux conditions essentielles de l'exercice de la souveraineté nationale"; mais une autre, utilisée dans une décision du 30 décembre 1976[1], admet la possibilité de "limitations de souveraineté nécessaires à l'organisation et à la défense de la paix"[2], tout en précisant qu'"aucune disposition de nature constitutionnelle n'autorise des transferts de tout ou partie de la souveraineté nationale à quelque organisation internationale que ce soit".

Cette distinction entre "limitations" et "transferts" de souveraineté a été critiquée du fait des difficultés posées par sa mise en oeuvre, et aussi pour son illogisme[3]. Certes, à s'en tenir à la lettre du texte, on peut estimer avec le Professeur François LUCHAIRE que, si "ce Préambule permet des limitations de souveraineté(,) en déduire qu'il en interdit des transferts, c'est aller au-delà du texte et contredire d'autres décisions du Conseil constitutionnel."[4]. Mais la manière dont le Conseil constitutionnel interprète la Constitution au fil de ses décisions montre que si la motivation peut varier, la volonté d'aboutir à une solution nuancée mais cependant unique du problème de la souveraineté nationale ne change pas[5]. Il semble vouloir "signifier à bon droit qu'aucun engagement international ne saurait faire obstacle au devoir de l'Etat (...) de faire respecter ses institutions et la continuité de la vie de la nation", manifestant "d'une part sa reconnaissance de l'existence de prérogatives de puissance étatiques indisponibles, d'autre part sa redécouverte tâtonnante de l'ancienne idée de "conservation" de l'Etat."[6]. Certains en ont conclu qu'existe pour lui une sorte de "réserve de souveraineté", qui sert d'"ultime limite de non-contrariété

---

[1] Décision n°76-71 DC, "Assemblée Européenne".

[2] On peut remarquer ici qu'en l'absence de dispositions constitutionnelles spécifiques, le Conseil constitutionnel a adopté une solution jurisprudentielle qui se rapproche curieusement des solutions constitutionnelles des pays voisins, renouant avec ce que prévoyait le Préambule de 1946. M. Fromont a ainsi pu qualifier l'alinéa 15 du Préambule de 1946 et l'article 24 de la Loi Fondamentale allemande de dispositions "miroir" (Michel FROMONT, "Le Traité sur l'Union Européenne et le juge constitutionnel en France et en Allemagne", in *Mélanges Gustave Peiser*, PUG, 1995).

[3] Cf. François LUCHAIRE, "Le Conseil constitutionnel et la souveraineté nationale", *RDP* 1991, p.1503 s.. Se basant semble-t-il sur une définition "interniste" de la souveraineté comme "pouvoir illimité de commandement", il estime que "l'idée même de souveraineté ne peut (...) admettre ni limites ni une distinction entre conditions essentielles et conditions non-essentielles de son exercice. La souveraineté est un bloc; elle ne se divise ni ne se partage, ni donc ne se limite. (...) Il faut donc choisir : ou la souveraineté s'impose en tout domaine, ou elle ne s'impose pas; mais il n'est pas possible de lui apporter la moindre entaille sans la détruire." (p. 1512 s.).

[4] F. LUCHAIRE, "Le Conseil constitutionnel et la souveraineté nationale", *op. cit.*, p.1511.

[5] La thèse de Patrick GAIA analyse ainsi les traits caractéristiques qui se dégagent de la jurisprudence du Conseil constitutionnel relative à la souveraineté nationale : elle est d'une part exclusive dans son fondement et étroitement consubstantielle à l'Etat (ce qui en interdit les transferts); elle est ensuite exclusivement nationale, inaliénable (les limitations doivent être nécessaires, réciproques et rétractables) et inaltérable (ici intervient la référence aux "conditions essentielles de la souveraineté", qui "déterminent en quelque sorte le champ d'extension maximal non couvert par les limitations de souveraineté autorisées.". (*Le Conseil constitutionnel et l'insertion des engagements internationaux dans l'ordre juridique interne*, *op. cit.*, p.311s.).
Dans le même sens, voir aussi la démonstration du Doyen Favoreu sur la continuité de la jurisprudence du Conseil constitutionnel relative aux organisations internationales : "Le contrôle de constitutionnalité du Traité de Maastricht et le développement du "Droit constitutionnel international"", *op. cit.*, p.51 s..

[6] S. RIALS, "La puissance étatique et le Droit dans l'ordre international - Eléments d'une critique de la notion usuelle de "souveraineté externe"", *op. cit.*, p.218.

des engagements internationaux et dont la définition s'est précisée au fil de sa jurisprudence"[1].

Une telle interprétation doit être nuancée à la lumière de la décision prise en 1992 par le Conseil à l'occasion de la ratification du Traité de Maastricht sur l'Union Européenne[2]. En effet, si elle admet que la France puisse consentir dans certaines conditions des "transferts de compétence"[3], son quatorzième considérant pose qu'une révision de la Constitution est nécessaire quand l'engagement international examiné "(contient) une clause contraire à la Constitution ou portant atteinte aux conditions essentielles d'exercice de la souveraineté nationale". Il s'agit donc en apparence d'une libéralisation de la jurisprudence du Conseil.

Reste à interpréter cette expression. Pour Bruno GENEVOIS[4], elle doit être considérée comme renvoyant à 4 critères : la condition de réciprocité entre partenaires à un traité, la garantie des droits des citoyens, une contrariété directe du traité à la Constitution, et une atteinte à la souveraineté nationale, dont le seuil est déterminé empiriquement par le Conseil constitutionnel[5]. Ce dernier reprend donc la référence aux conditions essentielles d'exercice de la souveraineté, même si on note qu'en l'espèce "aucun motif d'inconstitutionnalité n'a été soulevé concernant la politique étrangère (commune, qui fait pourtant) effectivement partie des attributs régaliens propres à tout Etat au même titre que le fait de battre monnaie"[6].

Il apparaît en fait que le Conseil s'en tient autant qu'il lui est possible[7] à des critères de constitutionnalité formels pour juger de la compatibilité des engagements internationaux français avec la Constitution, au moins pour ce qui relève des

---

[1] J. RIDEAU, "Constitution et Droit international dans les Etats-membres des Communautés Européennes - Réflexions générales et situation française", 1990, *op. cit.*, p.280 s..

[2] CC n°92-308 DC, du 9 avril 1992, "Maastricht I".

[3] CC n°92-308, Cs 13 :
"Considérant qu'il résulte de ces textes de valeur constitutionnelle que le respect de la souveraineté nationale ne fait pas obstacle à ce que, sur le fondement des dispositions précitées du préambule de la Constitution de 1946, la France puisse conclure, sous réserve de réciprocité, des engagements internationaux en vue de participer à la création ou au développement d'une organisation internationale permanente, dotée de la personnalité juridique et investie de pouvoirs de décision par l'effet de transferts de compétence consentis par les Etats membres." (c'est nous qui soulignons).

[4] B. GENEVOIS, "Le Traité sur l'Union Européenne et la Constitution", *op. cit.*, p.384 s..

[5] Cet auteur opère sur ce point un rapprochement entre la pratique du Conseil et la théorie proposée par le Professeur L. DUBOUIS, qui proposait de retenir aussi bien la nature et l'étendue de l'abandon supposé de compétences que les modalités prévues pour ce dessaisissement.

[6] Pierre ESPLUGAS, "Conseil constitutionnel et souveraineté", communication aux III° Journées Tuniso-françaises de Droit Constitutionnel, 1996.
A ce propos, le Professeur F. LUCHAIRE considère qu'il pourrait être opportun de distinguer "entre d'une part, une mise en commun de compétences au sein d'une organisation internationale à laquelle la France participe et, d'autre part, le fait de donner à un autre Etat le pouvoir de prendre des décisions relevant des autorités françaises; dans le premier cas, il y a exercice en commun d'une parcelle de ce qu'on appelle la souveraineté et, dans le second cas, il y a remise de cet exercice à une autorité à laquelle la France ne participe pas." (commentaires sur la décision du Conseil constitutionnel n°91-294 du 25 juillet 1991, "Accord de Schengen", in "Le Conseil constitutionnel et la souveraineté nationale", 1991, *op. cit.*, p.1508). Le principal problème reste de se mettre d'accord sur la souveraineté, ce qu'elle implique et ses limites.

[7] Cela n'a pas entièrement été le cas pour le Traité de Maastricht justement, car il a dû se prononcer sur le vote des ressortissants communautaires ou l'établissement de la monnaie unique, mais le problème avait déjà été résolu au plan politique avant son intervention.

problèmes de souveraineté nationale[1], car il se compromet moins de la sorte. Il renvoie la solution au fond de problèmes de ce type au pouvoir politique. Si l'on s'appuie sur un tel critère pour évaluer la portée réelle du contrôle de constitutionnalité exercé par le Conseil sur l'activité diplomatique de l'Exécutif, force est de constater qu'il ne l'a en pratique pas poussé très loin, bien qu'il ait posé des principes protecteurs qui interprètent en les élargissant des dispositions constitutionnelles elliptiques.

B - UNE EVOLUTION VERS LA DEFENSE DES DROITS FONDAMENTAUX

Comme le fait remarquer le Professeur François LUCHAIRE, la garantie des droits et libertés des citoyens s'est peu à peu imposée comme "la plus claire des "conditions essentielles de l'exercice de la souveraineté""[2], alors qu'elle est entièrement juridictionnelle. Entre 1976 et 1992, le Conseil constitutionnel a cherché à "valoriser l'apport résultant du Préambule de 1946 (...), auquel renvoie le Préambule de 1958, au regard des dispositions de valeur constitutionnelle relatives à l'exercice de la souveraineté nationale"[3]. Bien qu'il n'ait jamais procédé à une déclaration d'inconstitutionnalité d'un engagement international sur cette base, il ne fait aucun doute qu'il n'hésiterait pas à le censurer en cas de contrariété aux droits fondamentaux reconnus par la Constitution française (plus précisément par le "bloc de constitutionnalité" dégagé par le Conseil lui-même). On peut par exemple s'appuyer pour affirmer ceci sur la motivation retenue par le Conseil dans sa décision du 17 juillet 1980 sur la Convention franco-allemande d'entraide judiciaire[4]. Son cinquième considérant précise en effet qu'"aucune disposition de la Convention additionnelle n'ouvre la possibilité de porter atteinte au droit d'asile, tel qu'il est proclamé par le Préambule de la Constitution du 27 octobre 1946, réaffirmé par celui de la Constitution du 4 octobre 1958", ce qui peut *a contrario* être interprété comme signifiant qu'un engagement international qui porterait atteinte au droit d'asile pourrait être déclaré contraire à la Constitution. La même remarque peut être faite s'agissant de sa décision relative aux Accords de Schengen[5] : une interprétation *a*

---

[1] Cf. sur ce point la convainquante démonstration d'Elizabeth ZOLLER, *Droit des relations extérieures*, *op. cit.*, p.283 s.. Selon elle, en définitive "la prudence du Conseil constitutionnel (en la matière) était inévitable dans la mesure où (la Constitution) ne dit pas ce que la souveraineté implique. Dans ces conditions, le Juge constitutionnel peut bien dire où la souveraineté s'arrête, il ne peut pas dire où elle commence. Le fond du problème est que la définition de la souveraineté appartient au souverain." (p.292).

[2] F. LUCHAIRE, "Le Conseil constitutionnel et la souveraineté nationale", *op. cit.*, p.1509.

[3] B. GENEVOIS, "Le Traité sur l'Union Européenne et la Constitution", *op. cit.*, p.383 s..

[4] n° 80-116 DC

[5] n° 91-294 DC du 25 juillet 1991, Cs 30 et 31 :
"30 - Considérant qu'aux termes du 4° alinéa du Préambule de la Constitution du 27 octobre 1946 : "Tout homme persécuté en raison de son action en faveur de la liberté a droit d'asile sur les territoires de la République";
31 - Considérant que la détermination de l'Etat responsable du traitement d'une demande d'asile résulte des règles objectives stipulées à l'article 30 de la Convention; qu'en vertu de l'article 32, la partie contractante responsable du traitement de la demande d'asile assure celui-ci conformément à son droit national; que, toutefois, le paragraphe 4 de l'article 29 réserve le droit de toute partie contractante "pour des raisons particulières tenant notamment au droit national" d'assurer le traitement d'une demande d'asile même si la responsabilité incombe à une autre partie; que ces dernières stipulations sont appelées

contrario permet de dire que si la Convention avait privé d'une partie de ses effets l'alinéa 4 du Préambule de 1946, elle aurait pu être déclarée inconstitutionnelle. Cette exigence implicite de sauvegarde des droits fondamentaux constitutionnellement protégés est même une nouvelle fois reprise dans la première décision relative au Traité de Maastricht[1], et cette fois-ci à propos de l'ensemble des "règles et principes à valeur constitutionnelle", et non plus d'un droit particulier.

Il semble donc que le Conseil constitutionnel invoque facilement la protection des droits de l'homme, sans habilitation particulière dans ce sens, même s'il n'a jamais concrétisé ce contrôle. Le Professeur Elisabeth ZOLLER constate cette tendance, et en déduit qu'"au terme de l'évolution, il est douteux que le contrôle de constitutionnalité des engagements internationaux prévu par l'article 54 de la Constitution puisse effectivement servir les fins pour lesquelles il fut initialement institué. Conçu à l'origine comme mécanisme de protection des prérogatives souveraines de l'Etat, ce contrôle semble en fait ne pouvoir être le plus utilement et le plus efficacement exercé que comme mécanisme de protection des droits et libertés."[2]. Il nous semble cependant qu'une telle conclusion doive être nuancée : cette évolution s'explique plus sûrement par les raisons de stratégie institutionnelle exposées plus haut que par des raisons techniques liées au type de contrôle prévu par la Constitution de 1958.

II - La défense de la souveraineté assurée à travers celle des droits fondamentaux : la solution allemande

La Cour constitutionnelle fédérale a toujours fait preuve en la matière d'une grande prudence (A-), et les solutions issues de la jurisprudence "Maastricht" obéissent à la même logique, malgré les changements intervenus dans le contexte constitutionnel (B-).

A - LES ANTECEDENTS : UNE GRANDE PRUDENCE DE LA COUR CONSTITUTIONNELLE FEDERALE

Contrairement à ce que nous avons pu voir pour la France, des dispositions constitutionnelles prévoient expressément la possibilité de transferts de souveraineté dans des conditions bien définies, par voie législative. L'article 24-1 de la Loi Fondamentale allemande pose en effet que :

> "Pour sauvegarder la paix, la Fédération peut adhérer à un système de sécurité mutuelle collective; elle consentira à cet effet aux *limitations de ses droits de souveraineté* qui établissent et garantissent un ordre pacifique durable en Europe et entre les peuples du monde.".

à recevoir application au profit des personnes susceptibles de bénéficier du droit d'asile en vertu du 4° alinéa du Préambule de la Constitution de 1946."

[1] CC n°92-308 DC, du 3 avril 1992, "Maastricht I", Cs 18 :
"Considérant que les stipulations du paragraphe 2 de l'article F, conjuguées avec l'intervention des juridictions nationales statuant dans le cadre de leurs compétences respectives, sont à même de garantir les droits et libertés des citoyens; qu'à cet égard, l'engagement international soumis au Conseil constitutionnel ne porte pas atteinte aux règles et principes de valeur constitutionnelle.".

[2] Elizabeth ZOLLER, *Droit des relations extérieures*, *op. cit.*, p.291 s..

Du fait de ce texte, et contrairement à ce qui a pu se passer en France, la Cour constitutionnelle fédérale a admis dès l'origine, sans difficultés, le principe de véritables transferts de souveraineté à des institutions internationales. Ces dispositions étaient destinées à faciliter le maintien de la paix mondiale, et devaient servir lors de la construction européenne. Comme en France cependant, cette dernière a été à l'origine des principaux problèmes concernant la protection de la souveraineté nationale. En effet le transfert de compétences aux Communautés Européennes "ne paraissait pas contestable dans son principe (...), mais pouvait susciter des contestations quant à son étendue et aux modalités de son exercice."[1].

Il s'est agi alors agi pour le Tribunal de Karlsruhe d'interpréter les dispositions constitutionnelles existantes de telle manière que la souveraineté allemande puisse être préservée, sans que la marche vers une Europe unie en soit pour autant entravée. Il s'y est employé avec constance, essayant d'adapter sa jurisprudence à l'évolution des circonstances[2]. Dès 1967 par exemple, il a réservé sa position quant au contrôle du respect des droits fondamentaux garantis par la Loi Fondamentale par le Droit communautaire[3]; après avoir paru se ranger à la jurisprudence de la CJCE sur la primauté du Droit communautaire sur l'ensemble du Droit national[4]. Sa décision du 29 mai 1974[5] exclut que l'article 24 de la Loi Fondamentale ait autorisé des transferts de droits de souveraineté permettant de modifier la structure fondamentale constitutionnelle allemande, structure dont les droits fondamentaux font définitivement partie intégrante. En 1981[6], la position de la Cour constitutionnelle manifeste un léger assouplissement : elle reconnaît que l'existence de limites constitutionnelles aux possibilités de déléguer des compétences à des organisations internationales n'implique pas que le système de protection des droits fondamentaux existant dans l'organisation bénéficiaire du transfert doive être identique à celui qui s'impose à la puissance publique allemande. Cette "libéralisation" est entérinée en 1986[7], avec tout de même des conditions suspensives : l'article 24 "n'habilite pas à renoncer au caractère spécifique de l'ordre constitutionnel en vigueur en RFA, en portant atteinte à sa structure de base, aux structures qui en constituent le fondement, par la voie du transfert de droits de souveraineté à des institutions internationales.". Il est significatif dans cette optique de prudence que l'Union Européenne ait été finalement qualifiée en 1992 par la Cour constitutionnelle fédérale de simple

---

[1] Joël RIDEAU, "Constitution et Droit international dans les Etats membres des Communautés Européennes - Situation dans les Etats membres autres que la France", *RFDC* 1990, p.425.

[2] Voir un exposé très clair de cette évolution dans J. RIDEAU, "Constitution et Droit international dans les Etats membres des Communautés Européennes - Situation dans les Etats membres autres que la France", *op. cit.*.

[3] BVerfG 18 octobre 1967, "EWG-Verordnungen", BVerfGE 22,293 (299) :
la Cour constitutionnelle fédérale refuse de trancher le problème, "cette question dépendant manifestement de la décision appelée à trancher la question préalable et d'une portée beaucoup plus vaste consistant à savoir (...) si, et dans quelle mesure, la RFA a pu affranchir les institutions communautaires d'un tel lien (assujettissant les institutions de la CEE au système des droits fondamentaux de la RFA) lorsque, conformément à l'article 24 § 1 de la Loi Fondamentale, elle a transféré à la Communauté des droits de souveraineté.".

[4] CJCE 17 décembre 1970, "Internationale Handelsgesellschaft", aff. 11/70.

[5] CCF 29 mai 1974, "Internationale Handelsgesellschaft / EVGF" (dite "Solange I" = "Aussi longtemps que I"), BVerfGE 37, 271 (180).

[6] CCF 23 juin 1981, "Eurocontrol", BVerfGE 58, 1 (36).

[7] CCF 22 octobre 1986, "Wünsche Handelsgesellschaft" (dite "Solange II"), BVerfGE 73, 339.

association d'Etats (*Staatenverbund*), à caractère interétatique, et non d'union de caractère fédéral (*Bundesstaat*)[1]. Bien que créé pour l'occasion[2], ce terme prend acte du fait que le Traité de Maastricht a entériné une évolution fondamentale dans les atteintes possibles à l'égard du noyau des compétences strictement nationales, tout en refusant un complet abandon de ces dernières[3].

B - LES SOLUTIONS ISSUES DE LA DECISION "MAASTRICHT"

Comme nous l'avons vu plus haut, le système allemand de contrôle de constitutionnalité des engagements internationaux repose essentiellement sur des procédures concrètes (contrôle *a posteriori*). Il est logique que dans le cadre d'une telle procédure le requérant s'appuie sur l'atteinte à un de ses droits subjectifs protégés (plutôt que sur une souveraineté qui ne le touche pas directement) pour contester la constitutionnalité du traité. C'est pourquoi, bien que le caractère contraignant des droits fondamentaux ait parfois été contesté s'agissant de leur application à des actes liés aux relations étrangères[4], leur mise en question a été retenue comme cause valable de dépôt d'un "recours constitutionnel" contre le Traité de Maastricht. Il faut en effet rappeler que la Cour n'a pas été saisie du Traité de Maastricht *a priori*, du fait du consensus de la classe politique à son sujet. Ce n'est qu'après la révision constitutionnelle mettant la Loi Fondamentale en conformité avec le Traité, au moment de l'adoption de la "loi d'incorporation" de ce dernier à l'ordre juridique allemand, que des "recours constitutionnels" ont été déposés par des citoyens allemands[5] invoquant la violation de leurs droits constitutionnels subjectifs par cette loi. La décision du 12 octobre 1993[6] se prononce sur deux d'entre eux, dont seul un est déclaré recevable, avant d'être rejeté au fond. La Cour constitutionnelle fédérale a ainsi utilisé la possibilité qui lui était offerte de se prononcer sur le Traité en question pour mettre en oeuvre un contrôle complet, débouchant sur la défense de la souveraineté allemande. Elle a développé une conception de son rôle selon laquelle "le traité international n'est opposable au justiciable que dans la mesure où il est conforme à la Constitution : c'est le principe du contrôle intégral de la constitutionnalité des traités."[7].

Le raisonnement de la Cour lors de l'affaire "Maastricht" a été contesté par une partie de la doctrine pour son caractère parfois peu convainquant, dû en partie sans

---

[1] Sur cette disctinction, voir par exemple Christian AUTEXIER, *Introduction au Droit public allemand*, *op. cit.*, p.166 s..

[2] La doctrine allemande semble ne l'accepter qu'avec des réserves (cf. Christian AUTEXIER et Barbara GENIUS-DEVIME, "La Cour constitutionnelle fédérale, l'ordre constitutionnel allemand et le traité de Maastricht (à propos de la décision du 12 octobre 1993)", *RFDC* 1994, n°18, p.422)

[3] Certains commentateurs estiment cependant qu'"en mettant l'accent sur le fait que l'Union est une association d'Etats, la Cour choisit d'ignorer la nature spécifique de cette union." (Jörg GERKRATH, "La critique de l'Union européenne selon la Cour constitutionnelle fédérale de Karlsruhe", in G. DUPRAT (dir.), *L'Union européenne - Droit, politique, démocratie*, PUF, 1996, p.234).

[4] Voir K. STERN, "El sistema de los derechos fundamentales en la Republica Federal de Alemania", *op. cit.*, p.268.

[5] Un ancien membre de la Commision européenne et des membres du parti écologiste allemand, agissant comme personnes privées.

[6] BVerfGE 89,155.

[7] M. FROMONT, *La justice constitutionnelle dans le monde*, Dalloz, 1996, p.99.

doute au fait "que le Juge constitutionnel se trouvait prisonnier des conditions procédurales et de l'argumentation des requérants"[1]. Elle examine finalement la conformité du Traité à la Loi Fondamentale par rapport au principe de démocratie, mais pas par rapport à d'autres principes contenus au même titre dans le texte constitutionnel, comme par exemple le principe fédéral. L'"angle d'attaque" du contrôle de la constitutionnalité du Traité a été l'article 38 de la Loi Fondamentale[2], relatif aux élections au Bundestag, considéré comme une manifestation du principe de démocratie[3]. Le biais a été d'élargir l'interprétation de cet article, longtemps considéré comme une simple garantie du droit de suffrage et des conditions d'éligibilité, pour y voir un des moyens dont dispose le peuple pour "participer à la légitimation (...) du pouvoir d'Etat au niveau de la Fédération et (...) exercer une influence sur son exercice"[4], fonction altérée par le transfert de certaines compétences du Bundestag à d'autres titulaires. Il y a d'ailleurs là une modification du "recours constitutionnel" lui-même : "le contrôle n'est plus circonscrit par une atteinte immédiate et présente à certains droits fondamentaux des requérants mais peut porter sur tout transfert de droits de souveraineté, éventuellement non couvert par l'article 38"[5]. Ceci "a pour conséquence de donner à chaque Allemand majeur bénéficiant du droit de vote la faculté d'engager une procédure pour vérifier la constitutionnalité de tout transfert de souveraineté selon l'article 23 et probablement aussi l'article 24 de la loi Fondamentale"[6], et permet donc d'utiliser la défense des droits fondamentaux pour contrôler la constitutionnalité de transferts de souveraineté initialement prévus et autorisés par la Constitution : pour employer une image assez irrespectueuse, on peut dire que, chassée par la porte par l'introduction dans la Loi Fondamentale de l'article 23[7], la Cour constitutionnelle fédérale revient par la fenêtre avec sa décision sur la loi d'introduction du Traité de Maastricht. Elle s'autorise ainsi finalement à aborder la plupart des problèmes soulevés par le Traité, ce qui pouvait ne pas paraître évident au départ[8]. Elle conclura en définitive à la constitutionnalité

---

[1] C. AUTEXIER et B. GENIUS-DEVIME, "La Cour constitutionnelle fédérale, l'ordre constitutionnel allemand et le traité de Maastricht (à propos de la décision du 12 octobre 1993)", *op. cit.*, p. 420.

[2] Article 38 de la Loi Fondamentale allemande :

"1 - Les députés du Bundestag allemand sont élus au suffrage universel, direct, libre, égal et secret. Ils sont les représentants de l'ensemble du peuple, ne sont liés ni par des mandats ni par des instructions et ne sont soumis qu'à leur conscience.

2 - Est électeur celui qui a dix-huit ans révolus; est éligible celui qui a atteint l'âge de la majorité.

3 - Les modalités sont réglées par une loi fédérale.".

[3] Ce présupposé a été critiqué : ainsi le Professeur Hahn estime que l'idée de faire de cet article 38 à la fois le protecteur du droit de vote et du principe démocratique "revient presque à admettre le principe de l'action populaire dans un secteur limité, bien que l'article 93 al. 1 § 4a de la Loi Fondamentale exclue précisément ce principe." (Hugo J. HAHN, "La Cour constitutionnelle fédérale d'Allemagne et le Traité de Maastricht", *Revue Générale de Droit International Public* 1994, p.110).

[4] Cf. BVerfGE 89, 171.

[5] Constance GREWE et Albrecht WEBER, "Le Traité sur l'Union devant les juridictions constitutionnelles", *AIDC* IX-1993, 1995, p.15.

[6] H. J. HAHN, "La Cour constitutionnelle fédérale d'Allemagne et le Traité de Maastricht", *op. cit.*, p.110.

[7] L'article 23 n'a été introduit dans la Loi Fondamentale que par la Loi du 21 décembre 1992, pour autoriser l'appartenance de la RFA à la Communauté Européenne, et permettre le transfert de droits de souveraineté à cette communauté.

[8] Ainsi, quant à l'organisation d'un référendum pour donner une légitimation populaire à la violation éventuelle de droits fondamentaux par le Traité, revendiquée par certains requérants, cette hypothèse a été rejetés par la Cour comme irrecevable, au motif que "la Loi Fondamentale ne confère pas de droits

du Traité, mais au terme d'un raisonnement qui lui aura permis d'émettre de sérieuses réserves à son égard[1], et de poser des jalons pour une défense future de la souveraineté allemande, en arguant, ultime réserve en filigrane, que le Traité ne porte pas atteinte à la "clause d'éternité" de l'article 79-III de la Loi Fondamentale[2].

III - Un strict respect des dispositions constitutionnelles débouchant sur la défense exclusive des droits fondamentaux : la solution espagnole

Un grave problème se pose quand on cherche à décrire la situation espagnole en la matière : le nombre réduit de décisions prises par le Tribunal constitutionnel à ce sujet. On en est pour l'essentiel réduit à l'analyse de la Déclaration de 1992 relative à la constitutionnalité du Traité de Maastricht, première décision prise sur la base de l'article 95-2 de la Constitution espagnole, et aux avis de la doctrine sur les autres possibilités d'intervention du Juge constitutionnel, rares étant les décisions du Tribunal constitutionnel qui contiennent des renseignements pertinents sur ce point.

Quel est le statut de la souveraineté dans la Constitution espagnole ? Elle fait référence à la "souveraineté nationale" en trois endroits distincts : dans le Préambule[3], il s'agit du "pouvoir concret que (la Nation) s'attribue pour déterminer

individuels quant à la procédure ou à la teneur d'une révision de la Constitution. L'article 79-III de la Loi Fondamentale (...) exclut "la légitimation par référendum d'une loi modifiant la Constitution qui porterait atteinte aux principes inaliénables de la Loi Fondamentale" (cf. décision, p.37-38)." (H. J. HAHN, "La Cour constitutionnelle fédérale d'Allemagne et le Traité de Maastricht", *op. cit.*, p.111).

[1] Même si des observateurs avertis ont pu remarquer que "somme toute, la mise en oeuvre pratique de la décision de la Cour devrait être plus facile que les premières prises de position ne le laissent prévoir. La Cour constitutionnelle allemande se gardera bien de s'ingérer sans motif grave dans les liens d'interconnexion complexes du droit communautaire et des relations politiques communautaires. (En fait), la Cour pose des jalons pour l'avenir, tout en évitant des problèmes sur le plan de la politique étrangère." (H. J. HAHN, "La Cour constitutionnelle fédérale d'Allemagne et le Traité de Maastricht", *op. cit.* , p.126). Voir dans le même sens C. AUTEXIER et B. GENIUS-DEVIME (*op. cit.*, p.430 s.), pour lesquels l'action de la Cour constitutionnelle suit le principe du "*Fortiter in re, suaviter in modo*" (à propos de la place accordée à la jurisprudence de la CJCE).

[2] BVerfGE 89,155, "Maastricht" :

"Dans le champ d'application de l'article 23 de la Loi Fondamentale, l'article 38 de la Loi Fondamentale exclut que la légitimation du pouvoir d'Etat obtenue par l'élection et l'influence sur son exercice soit vidée par l'effet du transfert de missions et de compétences du Bundestag de telle manière que le principe démocratique, dans la mesure où il est rendu intangible par l'article 79 alinéa 3 combiné avec l'article 20 al. 1 et 20 al. 2 de la Loi Fondamentale, est atteint.".

Il résulte nécessairement de l'introduction de l'article 23 dans la Loi Fondamentale "une perte d'influence du Bundestag (, d'autant que certaines décisions communautaires pourront être prise en vertu du principe majoritaire, et non plus à l'unanimité). (...) La Cour constitutionnelle estime toutefois que le principe majoritaire est limité, compte tenu de l'impératif du respect mutuel découlant du postulat de loyauté réciproque à l'intérieur d'une telle communauté [transposition intéressante du principe de "Bundestreue", loyauté envers la Fédération qui existe dans le système fédéral allemand], par les principes constitutionnels et les intérêts élémentaires des Etats membres. Le principe démocratique n'interdit donc pas à la RFA d'adhérer à une communauté d'Etats." (H. J. HAHN, "La Cour constitutionnelle fédérale d'Allemagne et le Traité de Maastricht", *op. cit.*, p.112).

[3] Préambule de la Constitution espagnole :

"La Nation espagnole, désirant établir la justice, la liberté et la sécurité et promouvoir le bien de ceux qui la composent, usant de sa souveraineté, proclame sa volonté de :

Garantir la coexistence démocratique au sein de la Constitution et des Lois conformément à un ordre économique et social juste. Consolider un Etat de Droit qui assure le règne de la loi comme expression de la volonté populaire. Protéger tous les Espagnols et peuples d'Espagne dans l'exercice des droits de sa propre forme politique, c'est-à-dire (du) pouvoir constituant"[1]; l'article 1-2[2] l'identifie au principe démocratique, et l'article 8-1[3] fait allusion à la souveraineté extérieure de l'Etat. Il s'agit là d'une "catégorie essentiellement négative, et non (d'une) dénomination collective d'un ensemble déterminé de pouvoirs concrets, de prérogatives régaliennes"[4]. Ceci doit être rapproché du fait que l'article 93[5] permet d'attribuer à certaines institutions extérieures à l'Etat "l'exercice de compétences" revenant à des organes constitutionnels. Le Professeur Francisco RUBIO LLORENTE, qui semble en cela être représentatif d'une grande partie de la doctrine espagnole, estime à partir de ces éléments que rien dans la Constitution ne permet de dire que "ces compétences ne peuvent être transférées ou cédées pour être exercées dans des matières qui affectent *les conditions mêmes de l'exercice de la souveraineté*, pour utiliser une expression connue"[6] : en fait, seul le pouvoir constituant semble hors d'atteinte[7].

Le Tribunal constitutionnel espagnol a essayé de donner de l'article 93 une interprétation qui tienne aussi compte de l'énoncé de l'article 95 de la Constitution[8], ce qui a débouché sur l'affirmation selon laquelle on ne peut aller contre les dispositions de la Constitution que par sa révision expresse, selon les règles, procédures et garanties prévues en son Titre 10. Si un engagement international violait une disposition constitutionnelle, quel que soit son contenu semble-t-il, il ne pourrait donc être ratifié en l'état, sous peine de reconnaître aux Cortes Generales un pouvoir de révision que la Constitution ne leur accorde pas. C'est pourquoi le Tribunal constitutionnel a déclaré que, comme le Traité de Maastricht violait les

---

l'homme, leurs cultures et traditions, langues et institutions. Promouvoir le progrès de la culture et de l'économie pour assurer à tous une qualité de vie digne. Etablir une société démocratique avancée; et Collaborer au renforcement de relations pacifiques et de coopération efficace entre tous les peuples de la Terre. En conséquence, les Cortes approuvent et le peuple espagnol ratifie la suivante.".

[1] Francisco RUBIO LLORENTE, "La Constitution espagnole et le Traité de Maastricht", *RFDC* 1992, n°12, p.654.

[2] Article 1 alinéa 2 de la Constitution espagnole :
"La souveraineté nationale réside dans le peuple espagnol, duquel émanent les pouvoirs de l'Etat.".

[3] Article 8 alinéa 1 de la Constitution espagnole :
"Les Forces Armées, constituées par l'Armée de Terre, la Marine et l'Armée de l'Air, ont pour mission de garantir la souveraineté et l'indépendance de l'Espagne, de défendre son intégrité territoriale et l'ordre constitutionnel.".

[4] F. RUBIO LLORENTE, "La Constitution espagnole et le Traité de Maastricht", *op. cit.*, p.655.

[5] Article 93 de la Constitution espagnole, 1° phrase :
"La conclusion de traités par lesquels l'exercice de compétences dérivées de la Constitution est attribué à une organisation internationale pourra être autorisée par une loi organique.".

[6] F. RUBIO LLORENTE, *op. cit.*, p.654.

[7] Une partie de la doctrine (dont Joël RIDEAU, "Constitution et Droit international dans les Etats membres des Communautés Européennes - Situation dans les Etats membres autres que la France", *op. cit.*., 1990, p.432) estimait avant 1992 que l'article 93 devait "être considéré comme permettant implicitement d'adopter des dispositions modifiant l'application de la Constitution selon une procédure différente de celle prévue pour la révision par le Titre X; (ce qui exclut cependant) la possibilité de porter atteinte aux droits fondamentaux et libertés visés par la loi constitutionnelle". Le Tribunal constitutionnel a adopté une autre interprétation de cette disposition dans sa Déclaration du 1° juillet 1992 (Fundamento 4) : "Pour le reste, l'article 93 de la Constitution espagnole ne se prête pas non plus à être employé comme instrument pour contrarier ou rectifier des commandements ou des interdictions contenus dans la Norme fondamentale, ni n'est de même une cause légitime pour la "réforme implicite ou tacite" de la Constitution, pas plus qu'on ne pourrait appeler attribution de l'exercice de compétences, en cohérence avec ceci, une telle contradiction des impératifs constitutionnels au travers du Traité.".

[8] Sur le contrôle de constitutionnalité de la conclusion de traités internationaux.

dispositions de l'article 13-2 de la Constitution en accordant un droit de suffrage passif aux élections municipales à tous les citoyens de l'Union Européenne résidant dans un Etat membre dont ils ne sont pas nationaux, le seul moyen de la ratifier était de réviser préalablement cet article du texte constitutionnel, comme le prévoit son article 95-1.

Mais, comme le laissait déjà entendre la doctrine espagnole, ce que le Tribunal constitutionnel protège explicitement en l'espèce n'est pas un attribut de la souveraineté nationale, mais un des droits fondamentaux des citoyens espagnols, "qui ne peuvent être accordés ni par la Loi, ni par un traité, à ceux qui ne possèdent pas cette condition; c'est-à-dire, qui ne peuvent être conférés à des étrangers qu'au travers de la réforme de la Constitution.[1]. Il semblerait donc que le Juge constitutionnel espagnol n'accorde qu'une place limitée à la défense de la souveraineté de l'Etat en tant que telle quand il examine la constitutionnalité d'un engagement international tel que le Traité de Maastricht. Il considère que la limitation de "droits souverains" est implicitement acceptée par le Constituant espagnol, ce qui enlève apparemment tout intérêt à une prise de position de sa part sur le sujet - il se montre en cela infiniment plus respectueux des termes de la Constitution que son homologue allemand[2].

Ceci est confirmé par le fait que, comme en Allemagne, le contrôle de la constitutionnalité des engagements internationaux est effectué par le Juge constitutionnel conformément à la Constitution au sens large, y compris la charte des droits fondamentaux. Une décision du 3 octobre 1991 déclare ainsi que des traités peuvent être déclarés inconstitutionnels à l'occasion d'un "recours d'amparo"[3], version espagnole du "recours constitutionnel" allemand, qui permet aux citoyens de faire assurer par le Tribunal constitutionnel la protection de leurs droits fondamentaux constitutionnellement garantis.

Tout en se concentrant sur la tâche de défense et de protection des droits fondamentaux constitutionnellement protégés qui lui est, comme en Allemagne,

---

[1] Declaración TC, de 1 de julio de 1992, F. 5.

[2] Déclaration TC, du 1° juillet 1992, F. 4 :

Le problème qui se pose ici est de "déterminer (...) si la Loi Organique à laquelle (l'article 93) se réfère est l'instrument approprié pour faire exception, comme le ferait le texte soumis à examen, à la limite que pose l'article 13-2 quant à l'extension du droit de suffrage aux étrangers, par traité ou par loi.

La réponse à une telle question ne peut être que négative.

L'article 93 permet des attributions ou des cessions pour "l'exercice de compétences dérivées de la Constitution", et sa mise en oeuvre comportera - a déjà comporté - une limitation ou restriction déterminée, en vue de certains effets, d'attributions et de compétences des pouvoirs publics espagnols (limitation de "droits souverains", selon l'expression de la CJCE, dans sa décision Costa/ENEL, du 15 juillet 1964). Pour que cette limitation soit faite il est indispensable, cependant, qu'il existe effectivement une cession de l'exercice de compétences (pas de leur seul titre) à des organisations ou institutions internationales, ce qui n'est pas le cas pour la disposition objet de notre examen, puisqu'elle ne vise pas la cession ou le transfert de compétences, mais qu'elle étend simplement à des non-nationaux le bénéfice de droits qui, selon l'article 13-2, ne pouvaient pas leur être attribués.

Ceci met donc en relief le fait que le contenu de la disposition examinée ne correspond pas à l'hypothèse prévue à l'article 93 de la Constitution; ceci sans préjudice du fait que la voie constitutionnelle citée soit celle qu'il fallait employer, vu le contenu du reste du TUE, pour autoriser la prestation du consentement de l'Etat au-dit Traité, une fois la Constitution espagnole révisée pour ce qui concerne l'article 13-2.".

[3] STC 187/1991, du 3 octobre :

"Si les Traités internationaux sont susceptibles d'être déclarés inconstitutionnels, rien ne s'oppose à ce que cette déclaration se produise par le mécanisme prévu à l'article 55-2 de la LOTC." (F. 1).

attribuée par la Constitution[1], le Juge constitutionnel se montre donc assez timoré dans sa conception de son propre rôle, et manifeste un grand respect de la règle de droit international conclue par l'Etat espagnol.

L'étude du contrôle au fond de la compétence diplomatique montre donc que le contrôle du Juge constitutionnel s'exerce d'une manière nuancée. Il manifeste la plus grande circonspection quand il s'agit de contrôler l'activité diplomatique elle-même, parce qu'il s'agit d'une activité trop "politique" au sens noble, sur laquelle les contraintes juridiques ne peuvent pas avoir le même poids que pour des activités plus "ordinaire". Il est en revanche beaucoup plus entreprenant pour ce qui touche le contrôle du contenu même des engagements internationaux, quand il a trait aux deux domaines essentiels de la souveraineté de l'Etat et des droits fondamentaux : il développe là un contrôle assez poussé de l'activité de l'Exécutif. On peut cependant remarquer que ce contrôle repose très largement sur la défense de ces droits fondamentaux : peut-être la raison doit-elle en être cherchée dans le fait que cette compétence emporte pour le Juge une légitimité plus grande aux yeux de l'opinion. Peut-être aussi faut-il la chercher dans le fait que la notion de "souveraineté" est plus difficile à définir pour lui en termes juridiques : il s'agit d'une notion largement "politique", conçue pour permettre à l'Etat de se protéger vis-à-vis de ses pairs - le rôle d'un Juge, fut-il constitutionnel, est-il de défendre l'Exécutif contre lui-même, s'immiscant pour ce faire dans une sphère de compétences qui n'est normalement pas la sienne ?

Conclusion du Titre

Ce titre nous a permis d'étudier le contrôle développé par le Juge constitutionnel sur une des compétences "régaliennes" de l'Exécutif : la compétence diplomatique. Nous avons découvert un contrôle tout en nuances, : le Juge constitutionnel cherche à y développer autant que possible sa compétence, tout en étant contraint à la plus grande circonspection par le caractère très "sensible" des questions abordées.
S'il ne fait pas montre d'une grande rigueur dans le contrôle du respect des compétences respectives des acteurs de la procédure de conclusion des engagements internationaux, il interprète cependant largement ses propres compétences en matière de contrôle de cette même procédure de conclusion - même s'il ne va pas toujours au bout des possibilités qu'il s'est ainsi ouvertes.

---

[1] Certains membres de la doctrine espagnole, comme Ignacio de OTTO y PARDO, estimaient que les conventions et traités internationaux auxquels renvoie l'article 10-2 (c'est-à-dire ceux qui ont été ratifiés par l'Espagne en matière de droits fondamentaux) "ne peuvent servir (...) à ajouter des limites supplémentaires distinctes de celles que la Constitution a expressément formulées; une fois les droits déclarés constitutionnellement, les traités et conventions internationales ne peuvent en aucun cas conduire à la diminution ou à l'élargissement de la garantie constitutionnelle" (Ignacio de OTTO y PARDO, "La regulación del ejercicio de los derechos y libertades - La garantia de su contenido esencial en el artículo 53-1 de la Constitución", in L. MARTIN RETORTILLO y I. de OTTO y PARDO, *Derechos fundamentales y Constitución*, Madrid, Civitas, 1988, p.115.). Ce n'est cependant pas la solution retenue par la jurisprudence, qui interprète les normes établies par la Constitution à la lumière d'actes du Droit international ratifiés par l'Espagne (STC 62/1982, du 15 octobre).

Il refuse aussi de s'immiscer dans le champ de décision proprement "politique" de l'Exécutif - ce qui ne l'empêche cependant pas de forcer celui-ci à tenir compte de sa jurisprudence quant au fond des engagements conclus, en particulier dans les domaines "porteurs" de la souveraineté et des droits fondamentaux, dont la défense fonde sa légitimité.

Titre 2

LE CONTROLE DU DROIT COMMUNAUTAIRE DERIVE

Ce thème est proche de celui que nous avons abordé au chapitre précédent. Il s'en différencie cependant parce qu'il s'agit ici d'étudier, non pas les traités communautaires originaires, mais le Droit élaboré par les institutions mises en place par ces derniers. On n'étudiera pas ici en tant que tel le droit "européen" issu du système juridique dit "de Strasbourg"[1], où l'intervention des Exécutifs nationaux est moins directe[2].

Du fait de la nature particulière des Communautés Européennes, les actes pris par celles-ci font automatiquement partie dès leur édiction du Droit positif des Etats membres. A ceci s'ajoute le fait qu'aujourd'hui, en Droit interne, plus d'un texte nouveau sur deux est d'origine communautaire[3]. Or le côté essentiel de l'intervention de leurs Exécutifs lors de l'élaboration et de l'adoption du Droit communautaire dérivé n'est pas toujours assez soulignée : ces règles ne sont pas élaborées *in abstracto*, hors de tout exercice des pouvoirs de décision nationaux. Il reste que peu de contrôles efficaces sont exercés, pour des raisons diverses, parmi lesquelles on trouve aussi bien des difficultés de mise en oeuvre (notamment s'agissant du contrôle parlementaire), que tout simplement dues au principe, la fin (la construction européenne) justifiant les moyens (un Droit dérivé des traités "envahissant"). Dans ces conditions, de quelle manière le Juge constitutionnel peut-il intervenir pour exercer son contrôle sur l'activité de l'Exécutif ?

---

[1] notamment la Convention Européenne des Droits de l'Homme (du 4 novembre 1950) et la jurisprudence de la Cour Européenne des Droits de l'Homme. Nous n'en tiendrons compte qu'indirectement, dans la mesure où la Cour de Justice de Luxembourg se réfère aux principes posés par la Convention européenne des droits de l'homme - même si son interprétation est parfois différente de celle donnée par la Cour Européenne des Droits de l'Homme.

[2] Sur ce point, voir par exemple les trois articles parus à la *RFDC* sur ce thème en 1996 (n°28) : F. COCOZZA, "Les droits fondamentaux en Europe entre justice constitutionnelle "trans-frontière" de la CEDH et jurisprudence constitutionnelle nationale", p.707 s.; P. GAIA, "Les interactions entre les jurisprudences de la Cour européenne des droits de l'homme et du Conseil constitutionnel", p.725 s.; V. SCHLETTE, "Les interactions entre les jurisprudences de la Cour européenne des droits de l'homme et de la Cour constitutionnelle fédérale allemande", p.747 s..

[3] Voir le numéro spécial de l'*AJDA* du 20 juin 1996, "Droit administratif et Droit communautaire - Des influences réciproques à la perspective d'un droit administratif européen : les données du débat contemporain", et notamment Jacques BIANCARELLI, "L'influence du Droit communautaire sur l'organisation administrative française", p.22 s.

L'étude de l'intervention des Cours constitutionnelles dans la mise en oeuvre du Droit communautaire dérivé implique que soient croisées deux perspectives bien distinctes, mais toutes deux nécessaires à notre raisonnement.
Se pose d'une part la question du moment auquel un tel contrôle pourra intervenir. On retombe sur un vieux problème, compliqué par une donnée supplémentaire, propre au Droit communautaire : l'existence d'un recours en manquement contre les Etats qui n'appliqueraient pas le Droit communautaire. Deux solutions peuvent en théorie être envisagées : un contrôle *a priori*, avant l'édiction des actes, c'est-à-dire lors de leur élaboration, d'une manière préventive, qui reste pour l'instant *de lege ferenda* (Chapitre 2). La deuxième solution est un contrôle *a posteriori*, une fois que ces actes sont devenus applicables sur le sol de l'Etat-membre, c'est-à-dire au moment de l'incorporation de l'acte dérivé dans l'ordre juridique national. C'est la solution la plus logique à première vue, celle qui a d'ailleurs été organisée la première - ce qui justifie que nous l'étudiions en premier -, mais aussi celle qui présente le plus d'inconvénients pratiques (Chapitre 1). Le moment retenu conditionnera le type de contrôle et sa portée, son efficacité. Le rôle des Parlements nationaux devra être étudié de façon concomitante : ce sont théoriquement des instances de contrôle, mais leur activité est souvent insuffisante, ce qui peut justifier l'intervention supplémentaire du Juge constitutionnel.
Il est en même temps nécessaire de s'interroger sur l'idée que les différents juges constitutionnels nationaux se font de la nature des Communautés européennes, et de leur propre rôle dans le cadre institutionnel défini par ces dernières. Ce problème découle en effet logiquement du précédent, et cette conception va conditionner la forme de leur contrôle. Doivent-ils défendre activement la Constitution et son contenu (y compris au nom de la défense des droits des individus) contre l'ingérence des institutions communautaires ? Ou leur rôle, d'une manière plus passive, se borne-t-il à indiquer au pouvoir constituant que lui seul est à même de résoudre les problèmes les plus graves ?

CHAPITRE PREMIER

L'INTERVENTION DU JUGE CONSTITUTIONNEL LORS DE LA MISE EN APPLICATION DU DROIT COMMUNAUTAIRE DERIVE

Si cette solution est à bien des égards séduisante - au point de constituer le seul mode de contrôle de constitutionnalité du Droit communautaire dérivé actuellement effectivement appliqué -, elle soulève néanmoins des problèmes de justification théorique et pratique (Section 1), et n'a donc été mise en oeuvre que dans certains Etats, et avec des réserves (Section 2).

Section 1

Une solution séduisante, mais suscitant des réserves théoriques

Le déclenchement d'un contrôle de constitutionnalité sur le Droit communautaire dérivé au moment de sa mise en application dans l'ordre juridique interne d'un Etat membre peut sembler être la solution la plus évidente au problème de leur éventuelle contrariété avec son ordre constitutionnel; elle n'en pose pas moins des problèmes théoriques (§ 1) et pratiques (§ 2).

§ 1 - Une solution de facilité difficile à justifier

A première vue logique, et facile à mettre en oeuvre (I-), ce contrôle met aussi en évidence de graves problèmes théoriques de compatibilité des ordres juridiques national et communautaire (II-).

I - Une solution logique et facile à mettre en place

Ce premier caractère est dû au principal intérêt d'un contrôle répressif, qui est d'intervenir après la mise en vigueur d'une règle de Droit. De ce fait, il permet en effet d'en connaître avec certitude le contenu, l'usage qui en est fait et les abus éventuels auxquels il donne lieu au regard de la Constitution. Ce point n'est pas négligeable quand on mesure l'énorme proportion de normes à contenu technique qui sont adoptées par les instances communautaires au titre du Droit communautaire dérivé[1] : leur incompatibilité éventuelle avec telle ou telle disposition constitutionnelle nationale peut avoir échappé à leurs promoteurs. Ce danger a été souligné par les défenseurs français d'un contrôle de constitutionnalité du Droit communautaire dérivé : ainsi le député Pierre MAZEAUD, alors Président de la Commission des Lois, dit-il moins redouter "l'inconstitutionnalité massive qui heurterait de front nos principes constitutionnels les plus fondamentaux, (... que) l'inconstitutionnalité insidieuse, celle qui se glisse par mégarde dans le maquis de ces textes hautement techniques dont le droit communautaire n'est pas avare."[2].

Le problème principal réside dans le fait que se heurtent ici deux mouvements convergents : celui de la construction communautaire d'une part, et celui du développement du contrôle de constitutionnalité d'autre part.

La construction européenne est dynamique, en ce que "des pouvoirs qui, au moment de leur attribution, n'(avaient) rien de contraire à la Constitution peuvent se prêter à un exercice qui, lui, peut aller à l'encontre de certaines valeurs constitutionnelles, (avec) une expansion de l'emprise matérielle du Droit communautaire bien au-delà de ce qui a pu être prévu par les pères fondateurs ou par les Parlements nationaux qui ont ratifié leur oeuvre, (et ceci) en grande partie avec l'assentiment (...) des Gouvernements nationaux représentés au sein du Conseil."[3].

Mais une autre dynamique est à l'oeuvre au niveau national, et concerne le développement du champ d'action du Juge constitutionnel. Les normes de références de ce dernier étaient parfois assez limitées au départ (l'exemple le plus frappant est ici la France), mais se sont lentement développées sous son impulsion, et ont notamment débordé du champ proprement institutionnel sur celui des droits fondamentaux[4]. Ce phénomène a automatiquement multiplié les risques de "frictions" avec le Droit communautaire, et le fait que la CJCE ait enrichi sa jurisprudence en la matière, et qu'elle se soit inspirée de certaines valeurs constitutionnelles nationales, ne les a pas forcément fait disparaître, car l'influence du Droit communautaire est de plus en plus sensible dans de nombreux domaines du Droit national que le Juge constitutionnel est amené à contrôler.

Ce type de contrôle vise donc le plus souvent à protéger les droit reconnus aux individus par leur Constitution, et peut déboucher, selon les cas, sur un effet *inter partes* dans le cadre d'un contrôle par voie d'exception (très contestable ici s'agissant de règles suprêmes dans l'ordre juridique interne considéré) ou *erga omnes* dans le

---

[1] Il suffit pour s'en rendre compte d'ouvrir un volume du *JOCE*... Ceci vaut en particulier, dès qu'on se trouve dans le cadre d'une "politique commune" (qui implique une délégation complète des compétences nationales à la Communauté), voire dans celui des "politiques communautaires" (pour lesquelles il y a partage des compétences entre les Etats et la Communauté).

[2] Pierre MAZEAUD, "L'Europe et notre Constitution", *Le Monde*, Samedi 20 janvier 1996, p.13.

[3] Bruno DE WITTE, Droit communautaire et valeurs constitutionnelles nationales, *Droits* n°14, "L'Europe et le Droit", 1991, p.88.

[4] C'est par exemple vrai en France avec le développement de ce que le Doyen FAVOREU a appelé le "bloc de constitutionnalité", mais ce phénomène est aussi sensible en Allemagne et en Espagne, où la proportion du contentieux constitutionnel lié aux droits fondamentaux n'a cessé de croître.
Voir Henry ROUSSILLON, "Traités, Constitution, Lois - La pyramide infernale", in *Mélanges Pierre Vellas*, Pédone, 1995, p.436.

cadre d'un contrôle par voie d'action (plus traumatisant pour l'ordre juridique, mais aussi plus "juste").

Cette solution est également en apparence facile à mettre en oeuvre : il suffit tout au plus de rajouter une nouvelle catégorie de normes dans l'énumération des compétences du Juge constitutionnel (par exemple en France en modifiant le deuxième alinéa de l'article 61 de la Constitution), et on n'a même pas besoin d'en arriver là pour contrôler les lois portant transposition de directives communautaires.

II - Des problèmes de justification théorique

Le fait qu'elle rencontre de sérieuses réserves chez les partisans les plus actifs d'un contrôle de constitutionnalité du Droit communautaire dérivé (A-) devrait déjà inciter à une certaine défiance vis-à-vis de cette solution. Cette défiance sort renforcée de l'examen des critiques logiques qu'on peut lui opposer (B-).

A - DE SERIEUSES RESERVES, DE LA PART MEME DE SES PROMOTEURS

Malgré les indéniables attraits que nous avons relevés précédemment, l'idée de mettre en place un contrôle de constitutionnalité *a posteriori* des normes du Droit communautaire dérivé en France n'a jamais été retenue. C'est cependant un thème récurrent de réflexion, qui a été évoqué à plusieurs reprises sur la place publique. Il a par exemple été envisagé (pour être rejeté comme inopérant) par Pierre MAZEAUD dans *Le Monde*[1], ou lors des débats de la Délégation pour l'Union Européenne auprès de l'Assemblée Nationale. Ainsi Robert PANDRAUD, son président, propose en 1995 "d'instaurer un contrôle de constitutionnalité du Droit communautaire dérivé, rappelant la proposition de loi constitutionnelle (n°194) qu'il avait déposée en ce sens le 8 mai 1993 avec Pierre MAZEAUD. Il lui paraît, en effet, anormal que les garanties qui sont reconnues aux citoyens s'agissant de la législation nationale, ne soient pas accordées pour les actes du Droit communautaire dérivé, lequel ne peut plus être considéré comme du Droit international classique. Deux solutions, alternatives ou cumulatives, peuvent alors être envisagées avec, tout d'abord, la possibilité de contrôler *a posteriori* la conformité des actes communautaires à la Constitution."[2]. Cette solution lui apparaît cependant à lui aussi comme un pis-aller au regard de la "voie royale" que serait un contrôle *a priori*.

Si elle est rejetée en France, cette solution est aussi exclue en Espagne par le Tribunal constitutionnel, qui s'en tient tout simplement à la doctrine de la primauté de l'ordre juridique communautaire sur l'ordre interne. Cela ne pose en effet aucun problème dans le cas d'un Etat appliquant une conception moniste de l'ordre juridique. Comme le fait remarquer le Professeur José-Luis MARTINEZ LOPEZ

---

[1] Pierre MAZEAUD, *op. cit.* : "dans le cas du droit communautaire, la saisine est nécessairement par voie d'exception, puisque, par définition, l'acte est déjà applicable. Autoriser le Conseil constitutionnel à exercer un contrôle de constitutionnalité par voie d'exception transformerait le rôle de cette institution pour en faire une vraie juridiction (...).".

[2] "Rapport d'information sur le contrôle parlementaire des projets d'actes relevant des Titres V et VI du Traité sur l'Union européenne et sur les projets d'actes transmis par le Gouvernement à l'Assemblée nationale le 23 novembre 1995", n°2439, présenté par M. Robert PANDRAUD, p.13 s..

MUÑIZ, "en raison précisément de la particularité supranationale des traités communautaires, le traité d'adhésion de l'Espagne dut être autorisé par une loi organique, comme il est prévu à l'article 93 de la Constitution. (...) En vue de concrétiser les traités, (le législateur étatique espagnol) a conféré à ces normes de Droit communautaire dérivé ou secondaire le bénéfice de la même primauté que celle dont jouissent les traités sur lesquelles elles reposent. (...) Seule la Constitution doit être considérée comme étant au-dessus de cette primauté (...)."[1].

B - UNE SOLUTION CRITIQUABLE D'UN POINT DE VUE LOGIQUE

Elle est en effet dangereuse, tout d'abord d'un point de vue que nous qualifierons de "subjectif", car elle est politiquement hasardeuse pour la construction européenne, même dans l'esprit d'un adversaire de la manière dont elle est actuellement mise en oeuvre. Ceci explique qu'un tel contrôle soit explicitement exclu par la plupart des Etats-membres, sauf à titre d'hypothétique moyen de pression, comme en Italie[2], et qu'il ait été "mis en veilleuse" par l'un des seuls qui le pratiquait, l'Allemagne, depuis 1986. On peut cependant aussi opposer des arguments de nature juridique au contrôle *a posteriori* des actes communautaires.

1 - L'engagement de la responsabilité de l'Etat devant les institutions communautaires

Il ouvre en effet la possibilité pour le pays qui l'autorise d'être condamné par la Cour de Justice des Communautés Européennes, sur la base d'un recours en manquement[3], si ce contrôle débouchait sur une entrave à l'application du Droit communautaire. La spécificité de l'ordre juridique européen est en effet telle qu'elle rend injustifié un tel contrôle par le Juge constitutionnel national.

La plupart des normes du Droit communautaire dérivé bénéficient tout d'abord d'un effet direct dans les ordres juridiques des Etats membres, dû à l'article 189 du Traité CE[4]. Cette disposition complète le principe de la primauté absolue du Droit

---

[1] Cf. José Luis MARTINEZ LOPEZ-MUÑIZ, " L'influence du Droit communautaire sur le Droit administratif espagnol", *AJDA* 1996, n° spécial sur le Droit communautaire, p.118-119.
Il s'appuie pour cela sur une décision du Tribunal constitutionnel, STC 28/1991, du 14 février, F.4.
Ce dernier aspect de la décision du TCE n'est d'ailleurs pas aussi exactement conforme à l'orthodoxie communautaire que pourrait le laisser supposer la position habituelle de ce Tribunal : la CJCE a en effet précisé dans un arrêt du 17 décembre 1970, "Internationale Handelsgesellschaft", que la primauté du Droit communautaire s'exerçait également sur les normes constitutionnelles, afin que rien ne porte atteinte à l'unité et à l'efficacité du Droit communautaire.

[2] Cf. Olivier B. DORD, *Cours constitutionnelles nationales et normes européennes* , Thèse pour l'obtention du doctorat en Droit public, Université Paris X-Nanterre, 1996, p.164 :
"En Italie, la Cour constitutionnelle a fait preuve d'une relative célérité dans l'affirmation de son incompétence en matière de contrôle de la constitutionnalité des actes communautaires. Celle-ci s'est toutefois accompagnée, comme dans le cas allemand, de la consécration d'une clause de sauvegarde, en faveur de la protection de principes fondamentaux inhérents à l'ordre constitutionnel italien.".

[3] Articles 169 (à l'initiative de la Commission européenne) et 170 (à l'initiative des Etats-membres) du Traité CE.

[4] L'effet direct découle directement de l'article 189 Traité CE, en ce qui concerne les règlements (al. 2) et les décisions adressées aux particuliers (al. 3). En matière de directives, on notera cependant que si l'arrêt Van Duyn du 4 décembre 1974 (aff. 41/74, *Rec.* 1137) a d'abord refusé de les exclure de l'effet direct du Droit communautaire, en raison du caractère contraignant qui leur est reconnu par l'alinéa 3 de l'article

communautaire sur le Droit national, affirmé par la CJCE dès les années soixante[1], et permet au Droit communautaire de "compléter directement le patrimoine juridique de particuliers de droits subjectifs et/ou d'obligations, tant dans leurs rapports avec d'autres particuliers que dans leurs relations avec l'Etat dont ils relèvent."[2]. Sous cet angle, les Etats membres ne sont que de simples rouages du système institutionnel européen. "Tenus de ne pas mettre en cause le jeu du droit communautaire et de supprimer les dispositions contraires à leurs obligations communautaires ou de ne pas adopter de telles dispositions, ils sont également appelés à adopter les mesures d'application du droit communautaire, sans lesquelles la construction européenne resterait lettre morte."[3]. Les actes communautaires dérivés manifestent donc l'autonomie de l'ordre juridique communautaire vis-à-vis des ordres constitutionnels nationaux. Il est dans cette perspective aisément compréhensible que seules les juridictions communautaires soient habilitées à en contrôler la validité, et qu'elles défendent jalousement cette prérogative, qui peut apparaître comme la clef de voûte de la construction européenne.

Très contraignant pour les Etats, cet effet direct est vivement critiqué par certains auteurs[4]. On peut en effet estimer qu'il interdit aux institutions nationales toute possibilité de contrôle sur la norme communautaire, une fois qu'elle a été approuvée par les Exécutifs nationaux. Certes la Cour de Justice des Communautés contrôle la validité des normes communautaires dérivées, mais uniquement vis-à-vis des Traités communautaires[5]. Si elle est saisie aux fins de confrontation du Droit communautaire et du Droit national, il est clair qu'elle écartera le Droit national, même constitutionnel, au profit du Droit communautaire, sauf si elle estime que ce dernier contrevient aux "traditions constitutionnelles communes"[6] des Etats-membres, qu'elle seule appréciera en toute hypothèse[7].

189, les arrêts Ratti du 5 avril 1979 (aff. 148/78, *Rec.* 1629) et Ursula Becker du 19 janvier 1982 (aff. 8/81, *Rec.* 53) ont ensuite précisé que ne sont d'invocabilité directe devant les justices nationales que les dispositions inconditionnelles et suffisamment précises des directives non encore transposées à l'expiration du délai prévu à cet effet.

Pour plus de précisions, se reporter à Guy ISAAC, "Effet direct du Droit communautaire", *Jurisclasseur Europe* 1992.

[1] CJCE 15 juillet 1964, Costa, aff.6/64.

[2] G. ISAAC, *Droit communautaire général*, Masson, Paris, 1995, p.165.

[3] Joël RIDEAU, *Droit institutionnel de l'Union et des Communautés européennes*, LGDJ, p. 648

[4] Voir par exemple Béla FARAGO, "Le déficit politique de l'Europe", *Le Débat* n°87, 1995, p.37. Il récuse la spécificité de l'ordre européen par rapport à l'ordre international, en montrant que l'Europe ne fonctionne pas sur le "modèle hiérarchique" du Droit interne, mais plutôt sur le "modèle anarchique" de la société internationale, puisque, malgré les structures contraignantes dont elle dispose, elle n'est dotée ni d'une souveraineté propre, ni d'un souverain démocratique. Il enchaîne en expliquant que "l'origine et le caractère profondément monarchique de la société internationale - société de "souverains" et de "gouvernants" dont les arrangements négociés créent le Droit international - entrent ici en conflit inévitable avec le caractère démocratique des systèmes politiques internes - où seules les règles consenties par les peuples ou leurs représentants ont cours - puisque l'effet direct du Droit dérivé prive les institutions nationales de toute possibilité de contrôle sur la norme désormais applicable.".

[5] Elle joue d'ailleurs en la matière un rôle de quasi-Cour constitutionnelle dans l'ordre juridique européen.

[6] Voir sur le contenu de cette notion les interventions au Séminaire UniDem tenu à Montpellier en novembre 1996, sur "Le patrimoine constitutionnel européen", sous l'égide de la Commission pour le Démocratie par le Droit du Conseil de l'Europe ("Commission de Venise").

[7] Alors que l'arrêt Koné du 3 juillet 1996 par exemple montre que le Juge national (le Conseil d'Etat en l'occurrence, peut être amené à écarter l'application d'une norme de droit communautaire dérivé au profit

2 - Le contrôle d'un Juge national sur un ordre qui le dépasse

Un deuxième argument consiste à demander comment il est possible de concevoir qu'une Cour constitutionnelle contrôle, au nom de règles nationales, des normes communautaires. Ceci nous conduit à nous interroger sur la conception que les Cours constitutionnelles des Etats-membres de l'Union européenne se font d'une part de leur rôle vis-à-vis de la construction européenne, et d'autre part, et plus largement, de la nature même de la Communauté européenne[1]. Y voient-elles une entité souveraine ou pas ? une entité pré-fédérale, para-fédérale, confédérale, ou une simple organisation internationale "ordinaire" ? Cette question vaut principalement pour le Conseil constitutionnel et pour la Cour constitutionnelle fédérale allemande, dont la position est infiniment plus "critique" que celle du Tribunal constitutionnel espagnol.

Pour ce dernier les choses sont relativement claires (clarté à laquelle contribue d'ailleurs le fait que la Constitution espagnole a été élaborée de manière à permettre à l'Espagne de s'intégrer le plus rapidement et le mieux possible à l'ordre communautaire) : il s'aligne sur la position de la CJCE, et déclare en conséquence que l'ordre communautaire est "un ordre juridique spécifique, intégré au système juridique des Etats-membres, et qui s'impose à ses organes constitutionnels (conformément à l'arrêt Costa c/ ENEL, du 15 juillet 1964)"[2]. Il n'y a donc pas lieu d'assimiler l'Union européenne à une organisation internationale "ordinaire" : c'est une construction originale, à laquelle ne s'applique aucune qualification préexistante.

Pour le Conseil constitutionnel, en revanche, la Communauté européenne semble être une organisation internationale classique, à laquelle il ne convient pas de reconnaître un statut spécifique. Comme l'explique le Professeur Patrick GAÏA, le Conseil ne lui reconnaît pas le statut d'entité souveraine[3]. *A fortiori* est-il hors de question de lui reconnaître un statut même pré-fédéral.

Quant à la Cour constitutionnelle fédérale allemande, elle qualifie l'Union européenne d'"association d'Etats" (*Staatenverbund*)[4], sans admettre ni le stade confédéral, ni le stade pré-fédéral : de l'avis des commentateurs de cet arrêt, elle a choisi ainsi d'ignorer sa nature spécifique.

Dans ce contexte, quel rôle va jouer le Juge constitutionnel à l'égard de l'ordre communautaire ? S'agissant de la nature du contrôle exercé par les Cours qui se sont reconnues compétentes en matière de Droit communautaire dérivé, Olivier DORD

---

d'une disposition de valeur constitutionnelle (en l'espèce une loi reprenant les termes mêmes de la Constitution); solution confirmée par l'arrêt Sarran du 30 octobre 1998.

[1] Sur la spécificité de l'ordre européen, qui est initialement une organisation internationale fondée sur des Traités, voir Jean-Paul JACQUÉ, *Cours général de droit communautaire*, in Académie de Droit Européen, *Recueil des cours*, 1991, p.237. Il montre comment l'ancrage international initial des Communautés s'est estompé sous l'influence de la jurisprudence de la CJCE.

[2] STC 28/1991, du 14 février 1991.

[3] Patrick GAIA, *Le Conseil constitutionnel et l'insertion des engagements internationaux dans l'ordre juridique interne - Contribution à l'étude des articles 53 et 54 de la Constitution*, Economica-PUAM, 1991, p.311 s.. Le Conseil défend une "conception intégrée" de la souveraineté, consubstantielle à l'Etat, ce qui lui permet de n'autoriser que des limitations de souveraineté au profit des institutions européennes.

[4] CCF 10 octobre 1993, Maastricht.

Voir *supra* Partie 2, Titre 1, Chapitre 2, pour la qualification de l'Union européenne.

estime qu'il porterait non pas sur la validité intrinsèque de ces actes, mais sur leur applicabilité sur le territoire national, et qu'il aurait pour but d'en suspendre l'application, et non pas de contrôler la conformité de leur contenu. Il en conclut que "si, théoriquement, on comprend la logique d'une telle interprétation, il paraît difficile dans la pratique, de distinguer un contrôle s'exerçant au fond de celui s'opérant uniquement sur la forme; et particulièrement lorsque le contrôle du premier motive l'appréciation du second."[1].

Il ne semble cependant pas que la question se pose exactement dans ces termes : il est évident que les Cours examinent l'acte au fond (c'est par exemple le cas du Conseil constitutionnel), même si elles peuvent éventuellement, comme lui, refuser de le sanctionner sauf dans des hypothèses restreintes. Mais elles effectuent ce contrôle par rapport à des normes de référence internes ou considérées comme telles (comme le Traité signé par leur pays, et incorporé de ce fait à leur ordre juridique), c'est à dire en vertu de leur propre texte de référence, et non par rapport à la construction communautaire, à l'ordre juridique communautaire, à l'égard duquel elles ne se reconnaissent aucune compétence[2].

Il faut malgré tout garder à l'esprit que "si (son) rôle est toujours celui du "gardien du temple", le Juge doit néanmoins tenir compte d'une ouverture du Droit constitutionnel vers l'Union européenne", et faire preuve en conséquence "de "self restraint" dans sa mission incontestable de préserver l'intégrité" des principes constitutionnels[3]. Il n'est pas démontré que l'application de principes de l'ordre constitutionnel interne soit très indiquée en matière de Droit communautaire, et il convient de faire preuve en l'espèce d'une grande circonspection.

Au-delà de problèmes théoriques, l'instauration d'un contrôle *a posteriori* du Droit communautaire dérivé peut aussi connaître des problèmes pratiques dus à sa mise en place.

§ 2 - Les obstacles relatifs à la mise au point d'un tel contrôle

Le contrôle *a posteriori* du Droit communautaire dérivé soulève, au-delà de doutes sur sa validité d'un point de vue théorique, de nombreux inconvénients pratiques qui le font refuser à peu près partout, comme remise en cause indue de la construction européenne. Ces problèmes tiennent en premier lieu à la diversité de ces normes (I-), qui peut influer sur leur mise en cause devant le Juge constitutionnel (II).

---

[1] Olivier B. DORD, *Cours constitutionnelles nationales et normes européennes*, *op. cit.*, p.152.

[2] Voir à ce propos, entre autres, Louis FAVOREU, "Le contrôle de constitutionnalité du Traité de Maastricht et le développement du "Droit Constitutionnel international", *RGDIP* 1993, p.61 s.

[3] Jörg GERKRATH, "La critique de la légitimité démocratique de l'Union européenne selon la Cour constitutionnelle fédérale de Karlsruhe", in Gérard DUPRAT, *L'Union Européenne - Droit, politique, démocratie*, PUF, 1996, p.219-220, à propos de la jurisprudence de la Cour constitutionnelle fédérale, mais ce raisonnement est aussi valable pour les autres Juges constitutionnels européens.

I - Des normes parfois difficiles à appréhender

Le premier problème d'un tel contrôle réside dans le fait que, pour être efficace, il doit toucher toutes les catégories de normes communautaires dérivées. Or ces normes sont très variées[1]. Les plus importantes, et les plus connues, sont les règlements et les directives. Les règlements sont la principale source de Droit communautaire dérivé, l'expression par excellence du "système législatif de la Communauté"[2]. Doté d'une "portée générale", "obligatoire dans tous ses éléments"[3] et "directement applicable dans tout Etat membre"[4], le règlement tient dans le système communautaire la place de la loi dans les systèmes nationaux : c'est un instrument d'uniformisation du Droit dans l'ensemble de la Communauté européenne. Les directives, elles, correspondent à une "législation à deux étages qui s'apparente à la technique de la loi-cadre complétée par des décrets d'application"[5]. En principe il s'agit là d'une technique de coopération entre l'ordre communautaire et l'ordre national, qui laisse à ce dernier le choix des moyens qu'il emploiera pour atteindre le but fixé par le premier[6]. Mais, comme on le verra, la distinction entre directive et règlement, pourtant primordiale dans le système communautaire, s'est peu à peu réduite dans la pratique. Viennent ensuite d'autres types d'actes, de moindre importance. Les "décisions", obligatoires, peuvent avoir un effet direct dans des conditions qui dépendent en partie de leur destinataire et de leur contenu[7]. Quant aux

---

[1] La plupart sont prévues dans l'article 189 du Traité CEE (modifié) :
"Pour l'accomplissement de leur mission et dans les conditions prévues au présent traité, le Parlement européen conjointement avec le Conseil, le Conseil et la Commission arrêtent des règlements et des directives, prennent des décisions et formulent des recommandations ou des avis.
Le règlement a une portée générale. Il est obligatoire dans tous ses éléments et il est directement applicable dans tout Etat membre.
La directive lie tout Etat membre destinataire quant au résultat à atteindre, tout en laissant aux instances nationales la compétence quant à la forme et aux moyens.
La décision est obligatoire en tous ses éléments pour les destinataires qu'elle désigne.
Les recommandations et les avis ne lient pas."
Mais il existe aussi des actes non prévus, "source d'incertitude dans (le) système juridique (communautaire, dont la place) ne peut être établie qu'en fonction des cas d'espèce." (J. RIDEAU, *op. cit.*, p.114).

[2] CJCE 17 décembre 1970, Einfuhr und Vorratstelle Getreide c/ Köster, aff.25/70, cité par J. RIDEAU, *op. cit.*, p.101.

[3] Ce qui interdit toute formulation de réserves lors de son adoption (CJCE, 7 février 1973, Commission c/ Italie, aff. 39/72).

[4] C'est la seule catégorie d'actes de portée générale pour laquelle le Traité prévoit expressément cette application directe, et la CJCE en a déduit l'interdiction pour les Etats de procéder à leur réception en Droit interne (CJCE, 7 février 1973, Commission c/ Italie, aff. 39/72, précitée).

[5] G. ISAAC, *op. cit.*, p.127.

[6] "Elle exprime l'idée que, dans certains secteurs d'activités des Communautés, la réalisation des objectifs visés par le traité n'implique pas l'uniformisation totale des règles applicables, ni la substitution absolue d'un corps de règles communautaires aux règles nationales, mais seulement un rapprochement des législations et réglementations nationales dans la mesure nécessaire à l'accomplissement du but poursuivi." (Denys SIMON et A. RIGAUX, "Les contraintes de la transcription en droit français des directives communautaires : le secteur de l'environnement", *RJE* 1991, p.169, cité par Yves GAUTIER, "L'Etat membre et l'exécution du Droit communautaire", in G. DUPRAT, *L'Union européenne - Droit, politique, démocratie*, 1996, p.57).

[7] Elles ont ainsi un effet direct quand elles s'adressent à des particuliers. La question a été débattue s'agissant des Etats : il en ressort que leur effet direct dépend de la clarté, de la précision et de l'inconditionnalité des obligations qu'elles emportent (CJCE, 6 octobre 1970, Frantz Grad c/ Finanzamt Traustein, aff.9/70, confirmé par CJCE, 8 mars 1979, Salumificio di Cornuda c/ Administration des

avis et recommandations prévus par l'article 189 du Traité CE, ils ne sont pas obligatoires et sont destinés à permettre aux institutions communautaires "d'exprimer une opinion, de donner une information ou d'annoncer des textes contraignants"[1], et servent à l'occasion "de très utiles instruments d'orientation des comportements et des législations."[2]. S'y ajoutent comme nous l'avons déjà mentionné, des actes "hors nomenclature", dont la valeur juridique est variable.

Cette diversité peut être rédhibitoire, car ces normes européennes ont parfois des frontières floues. Ainsi certains règlements, ne se suffisant pas, nécessitent pour pouvoir être appliqués des mesures de mise en oeuvre qui s'apparentent fortement aux techniques de transposition en principe réservées aux directives, et ce malgré l'interdiction théorique de telles pratiques[3]. De même, les institutions communautaires ont eu de plus en plus tendance à adopter des directives très contraignantes pour les Etats, ne leur laissant que le choix de la forme des actes destinés à les mettre en oeuvre, et ce avec la bénédiction de la CJCE[4]. On a vu plus haut[5] de quelles conditions dépendait l'effet direct des décisions... Cette relative incertitude se traduit aussi dans la jurisprudence de la CJCE. En ce qui concerne l'évaluation du degré d'obligation de l'Etat membre touchant l'exécution d'un acte du Droit communautaire dérivé, elle s'appuie sur le contenu de l'acte, de préférence à sa typologie[6].

II - Les modalités de leur mise en cause devant le Juge constitutionnel

Un autre problème découle de cette diversité des catégories de normes de Droit communautaire dérivé : le fait que leur statut diffère va influer sur les modalités de leur mise en cause devant le Juge constitutionnel. Nous examinerons d'abord la solution habituellement retenue par le Juge, celle du "contrôle concret" (A-), avant de voir que les directives posent des problèmes particuliers (B-).

Finances d'Italie, aff.130/78). Ce raisonnement est d'ailleurs similaire à ce que nous avons vu en matière de directives.

[1] J. RIDEAU, *op. cit.*, p.112.

[2] G. ISAAC, *op. cit.*, p.129.

[3] Comme le montre Yves GAUTIER, "il est clair que lorsqu'un règlement habilite spécifiquement un Etat membre à agir, la différence entre (règlement et directive) tend à s'atténuer. Le règlement présente en ce cas certaines caractéristiques propres à la directive." (*op. cit.*, p.62). Voir sur ce point la démonstration argumentée de cet auteur, *op. cit.*, p.44 s..

[4] Voir entre autres dans ce sens : CJCE 8 avril 1976, Royer, aff.48/75 : les Etats ont l'obligation "de choisir les formes et les moyens les plus appropriés en vue d'assurer l'effet utile des directives.", et CJCE 23 novembre 1977, Enka c/ Inspecteur der Invoerechten en Accijnzen, aff.38/77 : "La compétence laissée aux Etats membres, en ce qui concerne la forme et les moyens des mesures à prendre par les instances nationales, est fonction du résultat que le Conseil ou la Commission entendent voir atteindre.".
De même, "lorsqu'une directive offre aux Etats membres le choix entre différentes solutions pour atteindre un même objectif, il se peut fort bien qu'elle ne leur laisse en réalité aucune marge d'appréciation dans la mise en oeuvre de la solution choisie. En pareils cas, et si la disposition en cause est suffisamment précise, claire, inconditionnelle elle est selon la Cour, d'effet direct" à l'expiration du délai de transposition. (Y. GAUTIER, *op. cit.*, p.63).

[5] Cf. *supra*, note 32.

[6] Ce qui se dégage clairement de la démonstration d'Y. GAUTIER, *op. cit.*..

A - LE CONTRÔLE "CONCRET"

En effet seul un "contrôle concret" permet de toucher toutes les catégories de règles de Droit communautaire dérivé, qu'elles nécessitent ou pas des normes de transposition pour s'appliquer dans l'ordre juridique national. Mais il s'agit d'un "contrôle sur renvoi préjudiciel" qui n'est déclenché qu'à l'initiative du Juge ordinaire, à l'occasion de la mise en application d'une norme litigieuse dont l'application commande l'issue d'un litige[1]. Cette solution, efficace, n'est cependant prévue par la Constitution qu'en Allemagne (*konkrete Normenkontrolle* ou *Richtervorlage*[2]) et en Espagne (*cuestion de inconstitucionalidad*[3]).
Son introduction en France a été récemment envisagée à deux reprises, mais sans succès : d'abord dans le "projet Badinter" annoncé en 1989 et déposé en 1990, qui échoua devant le Sénat, puis à la suite du "rapport Vedel" de 1993[4]. Est-elle pour autant admise contre les actes du Droit communautaire dérivé dans les pays où elle existe ? Rien n'est moins sûr. Ainsi en Allemagne, le *Richtervorlage* ne vaut que pour les lois fédérales allemandes, et pas pour les normes du Droit communautaire (qu'il soit primaire ou dérivé)[5]. Rien n'indique que la position du Tribunal constitutionnel espagnol s'éloigne fondamentalement de cette solution : il a affirmé très clairement que "à partir de la date de son adhésion, le Royaume d'Espagne s'est trouvé lié par le Droit des Communautés européennes, originaire et dérivé, lequel - pour reprendre les termes de la Cour de Justice des Communautés européennes - constitue un ordre juridique spécifique, intégré au système juridique des Etats-membres et qui s'impose à ses organes constitutionnels (conformément à l'arrêt Costa c/ ENEL, du 15 juillet 1964)"[6], ce qui paraît écarter ce type de recours.

B - UN CAS PARTICULIER : LES DIRECTIVES

En l'absence d'une telle possibilité, le contrôle *a posteriori* des règlements et de certaines décisions[7] est compromis, puisqu'ils sont comme nous l'avons vu directement insérés dans l'ordre juridique des Etats membres. Il reste pourtant possible de remettre en cause les mesures de transposition des directives et les

[1] Nous n'évoquons pas ici une mise en cause des actes de Droit communautaire dérivé dans le cadre d'un contrôle par voie d'action (procès intenté directement à une norme après sa mise en application, en dehors de tout litige précis), car elle devrait en bonne logique être refusée par le Juge constitutionnel, comme mettant en cause des normes qui ne sont pas d'origine nationale. Le Juge constitutionnel ne peut en effet contrôler que leur application sur le sol national.

[2] Art. 100 de la Loi Fondamentale allemande.

[3] Art. 163 de la Constitution espagnole :
"Quand un organe judiciaire considère, au cours d'un procès, qu'une norme ayant rang de loi, applicable dans ce cas, et dont la validité commande l'issue du litige, pourrait être contraire à la Constitution, il soumet la question au Tribunal constitutionnel dans les hypothèses, dans la forme et avec les effets que la loi établit, qui ne seront en aucun cas suspensifs.".

[4] Comité Consultatif pour la Révision de la Constitution (Prés. : Georges VEDEL), *Rapport au Président de la République - Propositions pour une révision de la Constitution - 15 février* 1993, col. des Rapports Officiels, La Documentation Française, Paris, 1993.

[5] Michael SACHS (dir.), *Grundgesetz Kommentar*, C.H. Beck'sche Verlagsbuchhandlung, 1996, commentaire de l'article 100 de la Loi Fondamentale, p.1574, n°12.

[6] STC 18/1991, du 14 février (F.4).

[7] Cf. *supra*.

mesures d'exécution des décisions en Droit interne, une fois que ces dernières ont acquis leur force obligatoire, dans le cadre d'un contrôle *a priori* classique[1]. Un nouveau problème se pose donc ici, dû cette fois à la répartition interne des compétences entre le domaine législatif et le domaine réglementaire. En effet le choix des mesures de transposition d'une directive est en principe laissé au discernement de l'Etat membre concerné. Celui-ci n'est astreint qu'à une obligation d'efficacité de la mesure choisie dans l'optique de la réalisation de l'objet de la directive, sous le contrôle de la CJCE[2]. Seules les mesures législatives de transposition pourront être soumises à un contrôle du Juge constitutionnel, les mesures réglementaires relevant de la compétence du Juge administratif, généralement peu enclin à mettre en cause la constitutionnalité d'une norme de Droit communautaire[3]. Il y aura donc dans cette hypothèse une différence de traitement entre les mesures législatives et réglementaires de transposition des normes communautaires[4].

Un tel contrôle a été envisagé en France : il suffirait pour cela de déférer une loi portant transposition d'une directive communautaire au Conseil constitutionnel, en vertu de l'article 61 al.2 de la Constitution. Cet article, après avoir permis au Conseil constitutionnel de contrôler la constitutionnalité d'engagements internationaux[5], lui servirait donc à étendre sa compétence au contrôle incident du Droit communautaire dérivé. Ainsi Anne MEYER-HEINE envisage-t-elle que la saisine du Conseil puisse permettre de contrôler la constitutionnalité d'une directive modifiant le système français des données à caractère personnel[6].

---

[1] qui ne sort pas de notre hypothèse puisqu'il est toujours postérieur à l'entrée en vigueur de l'acte communautaire.

[2] Voir Guy ISAAC, *Droit communautaire général*, p.127, ou Joël RIDEAU, *Droit institutionnel de l'Union et des communautés européennes*, p.106 et 656.

La CJCE estime que ce choix est lié par l'objet de la directive, qu'il doit s'agir de mesures contraignantes et soumises à la publicité, non équivoques et efficaces. Elle résume d'ailleurs elle-même le contenu de cette obligation :

"Il convient de rappeler à titre liminaire que, selon une jurisprudence désormais constante, l'obligation des Etats-membres, découlant d'une directive, d'atteindre le résultat prévu par celle-ci, ainsi que leur devoir, en vertu de l'article 5 du traité de prendre toutes mesures générales ou particulières propres à assurer l'exécution de cette obligation s'imposent à toutes les autorités des Etats membres, y compris, dans le cadre de leurs compétences, les autorités juridictionnelles (...)." (CJCE 16 janvier 1992, X, C-373/90, qui fait suite entre autres à CJCE 10 avril 1984, Von Colson et Kamman c/ Land Nordrhein-Westfalen, aff. 14/83, et Harz c/ Deutsche Tradax, aff. 79/83, ou à CJCE 13 novembre 1990, Marleasing, C-106/89).

[3] Ce qui ressort de trois articles du numéro spécial de l'*AJDA* relatif à l'impact du Droit communautaire : Rainer ARNOLD, "L'influence du Droit communautaire sur le Droit administratif allemand", p.110 s.; José Luis MARTINEZ LOPEZ-MUÑIZ, "L'influence du Droit communautaire sur le Droit administratif espagnol", p.118 s. et Joël RIDEAU, "Droit communautaire et Droit administratif, la hiérarchie des normes" (p.6 s.).

[4] Sachant que les mesures règlementaires sont de loin les plus nombreuses : seuls 8 % des textes de transposition sont de nature législative (cf. Thierry RENOUX et Michel de VILLIERS, *Code constitutionnel - Commenté et annoté*, p.333).

[5] Décision du 29 avril 1978, n°78-93 DC, et 17 juillet 1980, n°80-116 DC. Voir *supra* Partie 2, Titre 1, Chapitre 1, Section 1, § 2.

[6] "C'est par voie indirecte, en soumettant au contrôle de constitutionnalité la loi modifiant celle du 6 janvier 1978, que la Haute juridiction sera à même de décider de la pertinence du texte communautaire." (Anne MEYER-HEINE, "Le Droit constitutionnel français, instrument de remise en cause de la proposition de directive communautaire relative à "la protection des personnes physiques à l'égard du traitement et de la circulation des données à caractère personnel"", *RFDC* 1995, p.643).

On peut cependant se demander à la vue de la jurisprudence du Conseil si ce dernier est vraiment sensible à la possibilité qui lui est ouverte, et qui pourrait se révéler être un "cadeau empoisonné". En effet, quand il lui est arrivé de se trouver dans une telle éventualité, il a certes accepté d'opérer son contrôle sur la loi de transposition, mais en se gardant bien de trop s'avancer. Ainsi, dans sa décision n°78-100 DC du 29 décembre 1978, portant contrôle de la constitutionnalité de la loi de finances rectificative pour 1978, il s'est prononcé sur des dispositions transposant une directive relative à la TVA, et les a validées. C'était "la première fois qu'il se (prononçait) sur la conformité à la Constitution d'une loi assurant, conformément à l'article 189 alinéa 3 du Traité CEE, la transposition dans l'ordre interne d'une directive communautaire."[1]. On s'aperçoit cependant à la lecture de cette décision que la directive n'a pas été attaquée, ni examinée en tant que telle, et que le Conseil s'est appuyé pour valider la loi sur des arguments de pure forme[2]. Ce type de raisonnement est toujours d'actualité aujourd'hui : ainsi, le Conseil a été saisi en juillet 1994 de la conformité à la Constitution d'une loi relative à la protection sociale complémentaire des salariés, qui portait transposition de deux directives européennes (cette circonstance étant indiquée dans la saisine). Pas une seule fois il n'a mentionné ces directives dans sa décision, pas plus d'ailleurs pour juger de leur constitutionnalité que pour les prendre comme normes de référence : ostensiblement, il ne s'en occupe pas[3]. On pourrait presque voir dans cette jurisprudence une nouvelle "théorie de la loi-écran" à l'usage du Juge constitutionnel, qui lui évite d'avoir à se prononcer sur des normes de droit communautaire dérivé (ce qui est d'ailleurs tout à fait compréhensible quand on considère les difficultés que soulève leur contrôle *a posteriori* par des instances nationales).

Ces difficultés théoriques et pratiques de mise en oeuvre du contrôle *a posteriori* n'ont pas empêché son application, sous réserves, dans certains Etats.

Section 2

Les difficultés de mise en oeuvre

La principale distinction qui s'impose ici permet d'opposer les solutions retenues dans les Etats appliquant une conception moniste de l'ordre juridique, d'une part

---

[1] P. GAIA, *Le Conseil constitutionnel et l'insertion des engagements internationaux dans l'ordre juridique interne*, *op. cit.*, p.70.

[2] En effet les dispositions portant transposition de la directive n'étaient pas des "articles additionnels" aboutissant à une perte de recettes, et donc interdits par l'Ordonnance du 2 janvier 1959; elles trouvaient leur origine dans une "lettre rectificative" déposée par le Premier ministre, et échappaient donc aux dispositions de cette Ordonnance.

[3] Décision 3 août 1994, n°94-348 DC, "Transposition de directives communautaires".
Notes : Y. BROUSSOLLE, *JCP* G, 1995, II, n°22404; P. GAIA, *RFDC* 1994, n°20, p.832; P. GAIA et F. MÉLIN-SOUCRAMANIEN, *D* 1995, Som. comm.; P. LAIGRE, *Dr. Soc.*, mars 1996, p.306, et avril 1995, p.411.

(§1), et celles qui ont cours dans les Etats préférant en retenir une conception dualiste, d'autre part (§ 2).

§ 1 - Un refus ou une mise en oeuvre potentielle et limitée dans les Etats monistes : l'Espagne et la France

Si le Tribunal constitutionnel espagnol fait preuve en la matière d'une réserve qui confine à l'effacement (I-), le Conseil constitutionnel adopte une position plus nuancée (II-).

I - Le respect de la spécificité des normes de Droit communautaire dérivé : la solution espagnole

Le Juge constitutionnel espagnol refuse absolument de contrôler *a posteriori* la constitutionnalité des actes du Droit communautaire dérivé, et s'en tient en la matière à l'"orthodoxie communautaire", c'est-à-dire à la solution prônée par la CJCE. Nous avons vu plus haut que le Tribunal constitutionnel interprète l'art. 93 de la Constitution comme imposant le Droit communautaire (originaire et dérivé) au Droit national, en tant qu'ordre juridique *sui generis* intégré à ce dernier[1]. Ce raisonnement fut repris et confirmé par une décision de 1995, selon laquelle "il faut tenir compte du fait que l'Espagne est un Etat membre des Communautés Européennes depuis le 1° janvier 1986, conformément aux prévisions de l'art. 93 de la Constitution espagnole, et, en tant que tel, est sujet des normes de l'ordre communautaire qui possèdent un effet direct pour les citoyens et ont la primauté sur les dispositions internes, comme l'a déclaré la CJCE (décisions du 5 février 1963, Van Gend en Loos et du 15 juillet 1964, Costa/ENEL) et comme il a été reconnu par ce Tribunal (SSTC 28/1991 et 64/1991, entre autres)."[2]. Le Tribunal constitutionnel applique donc un monisme modéré qui le conduit à assurer la primauté du Droit communautaire sur les normes internes de rang législatif et infra-législatif (en excluant les normes de rang constitutionnel). Il n'envisage même pas la possibilité d'exercer un contrôle sur les actes communautaires directement applicables, et il ne se reconnaît compétent pour contrôler les normes internes de transposition d'un acte communautaire que dans une mesure restreinte. Il faut qu'il soit saisi d'un "recours d'amparo", et il vérifiera alors le respect des "droits fondamentaux et libertés publiques consacrés aux articles 14 à 30 de la Constitution, (...) en excluant, par conséquent, les éventuelles violations du Droit communautaire, dont les normes, outre le fait qu'elles bénéficient de moyens de contrôle spécifiques, pourraient seulement acquérir, dans ce cas, la valeur interprétative que l'article 10.2 de la Constitution attribue aux Traités internationaux."[3].

---

[1] STC 28/1991, du 14 février 1991, F.4.
[2] STC 130/1995, du 11 septembre 1995.
[3] STC 64/1991, du 22 mars 1991, F.4.

Ainsi que le font remarquer les Professeurs Constance GREWE et Albrecht WEBER, "même si on comprend cette jurisprudence du Tribunal constitutionnel comme un contrôle étendu des actes internes pris pour l'application du Droit communautaire dérivé, celle-ci ne franchit pas les limites imposées par l'ordre juridique communautaire."[1]. Il n'est cependant pas question pour lui de reconnaître aux normes du Droit communautaire un rang constitutionnel, qui leur permettrait d'être invoquées lors du contrôle de constitutionnalité de normes internes, même au travers du recours d'amparo[2]. Un tel contrôle revient au Juge ordinaire[3].La décision du 14 février 1991[4] indique d'ailleurs que toute violation du Droit communautaire, notamment par une norme législative, ne constitue pas en elle-même une violation de la Constitution.

II - Une mise en oeuvre potentielle et limitée du contrôle *a posteriori* : la solution française

La France applique certes une conception moniste du système juridique, mais avec de fortes nuances : elle accorde une grande importance au Droit interne, alors que l'Espagne applique sans discuter la primauté du Droit international, et plus encore du Droit communautaire.

Nous avons vu au chapitre précédent de quelle manière le Conseil constitutionnel a interprété l'article 54 de la Constitution afin de retenir une conception large de l'"engagement international"[5]. Nous avons aussi vu plus haut qu'il refuse de reconnaître la spécificité de l'ordre juridique communautaire dans les termes retenus par la CJCE[6], ce qui semble indiquer que des règles communes sont peut-être appliquées à l'ensemble des actes dérivés d'engagements internationaux, quels qu'ils soient. Telle est la convaincante analyse qui a été retenue par le Professeur Elisabeth ZOLLER[7]. Le point nodal de ce raisonnement est que le contenu de l'acte a plus d'importance que sa qualification formelle (ce qui est un principe de base de l'activité juridictionnelle *lato sensu*[8]). Il permet de rendre compte des différents aspects de cette jurisprudence complexe, et d'expliquer le régime applicable aux règlements aussi bien que celui des directives et des autres actes communautaires (y compris ceux dits "hors nomenclature").

---

[1] Constance GREWE et Albrecht WEBER, "Le Traité sur l'Union devant les juridictions constitutionnelles", *AIDC* IX-1993, p.29.

[2] STC 64/1991, du 22 mars.

[3] *Idem.*

[4] STC 28/1991, du 14 février.

[5] désignant finalement "toute obligation assumée par la France envers un ou plusieurs Etats ou envers une institution internationale, quelle qu'en soit la source." (Elisabeth ZOLLER, *Droit des relations extérieures*, 1992, p.270). Il en exclut cependant les engagements "politiques" et ceux qui ont été ratifiés par référendum.

[6] Cf. sa décision "Maastricht I", où il indique que, si l'ordre juridique européen est un "ordre juridique propre", il est distinct de l'ordre juridique national, "(n'appartenant) pas à l'ordre institutionnel de la République française" (Cs. n°34). Voir sur ce point le commentaire du Doyen FAVOREU, "Le contrôle de constitutionnalité du Traité de Maastricht et le développement du "Droit Constitutionnel international", *RGDIP* 1993, p. 60 s..

[7] Elisabeth ZOLLER, *op. cit.*, p.270 s..

[8] Ainsi la CJCE, quand elle analyse le contenu des obligations d'un Etat du fait de tel ou tel acte de Droit communautaire dérivé, se base-t-elle sur son contenu, et non sur sa qualification.

En effet, ce contrôle n'est de toute évidence pas souvent effectif.
Le premier problème qu'il soulève est la disposition constitutionnelle qui va être invoquée pour soumettre un acte d'origine non nationale au contrôle du Conseil constitutionnel. C'est l'article 61 al.2 qui est retenu (et il implique le vote d'une loi portant mise en application de l'acte communautaire), l'article 54 (qui vise les engagements internationaux) étant récusé en prenant argument de ce que les actes du Droit communautaire dérivé ne sont soumis ni à approbation, ni à ratification. Ce raisonnement repose sur une conception étroite de l'article 54, car on pourrait estimer que la disposition finale ("l'autorisation de ratifier ou d'approuver l'engagement international en cause ne peut intervenir...") n'est destinée à jouer que quand une ratification ou une approbation sont rendues nécessaires par le type d'acte en cause. Or une telle interprétation n'est pas absolument inconcevable, le Conseil constitutionnel ayant déjà beaucoup élargi la notion d'"engagement international" en 1976... Bien plus, Madame Noëlle LENOIR, membre en activité de la Haute Instance, a déclaré en 1996, lors d'une conférence publique[1], que : "personne à ma connaissance - peut-être à tort, je n'en sais rien[2] - n'a réellement imaginé d'appliquer l'article 54 de la Constitution de 1958 au droit communautaire dérivé. (Suit une explication des arguments opposés à cette solution) Sans doute est-ce la raison pour laquelle personne n'avait pensé rendre applicable cet article au Droit communautaire dérivé."...
Il semble cependant bien que le Conseil ne récuse pas dans le principe sa compétence pour contrôler les actes dérivés des Traités, y compris des Traités communautaires, puisqu'il a accepté d'en connaître (de 70-39 DC, "Traités des Communautés européennes" à 78-93 DC, "FMI"...) : il n'a ainsi jamais excipé *a priori* de son incompétence en la matière. Ceci permet d'émettre de sérieuses réserves à l'encontre de l'opinion selon laquelle "l'interdiction de tout contrôle de constitutionnalité des règlements communautaires, que ce soit directement (article 54) ou indirectement (article 61 alinéa 2), trouve dans (la décision du 30 décembre 1977 (n°77-90)) une affirmation on ne peut plus ferme et probablement définitive."[3].
En fait le problème des actes du Droit communautaire dérivé (et pas seulement des règlements) réside dans les critères restrictifs que le Conseil applique au contrôle de tous les actes dérivant d'un engagement international. Ce contrôle ne peut être effectif tant qu'il n'y a ni modification ni complément du Traité de base. Ceci s'explique si l'on considère qu'en cas de modification ou de complément d'un traité par un acte qui en dérive, ce dernier se situe d'un point de vue normatif sur le même plan que l'engagement initial, puisqu'il en constitue une révision déguisée. Il est donc normal que le Juge constitutionnel national vérifie s'il n'y a pas lieu de faire intervenir le pouvoir constituant dérivé, comme lorsque un nouvel engagement international est formellement conclu[4]. Un tel contrôle est intervenu en 1970[5], et en

---

[1] intervention publiée à la *RFDC* 1996, n°28, p.698.
[2] nous soulignons.
[3] Patrick GAIA, *op. cit.*, p.57.
[4] Voir l'avis du Professeur FAVOREU, *op. cit.*, à propos du contrôle des engagements internationaux en général, mais le raisonnement est le même ici : "Il n'y a là rien de choquant, (...) dans la mesure où le contrôle de constitutionnalité n'est pas véritablement un verrou mais plutôt un aiguillage, (afin) d'orienter les réformes vers la voie normative adéquate." (p.58 s.).
[5] Décision n°70-39 DC, "Traité des Communautés européennes".

1976[1]. En revanche, si l'acte ne constitue qu'une simple mesure d'exécution de l'engagement initial, il se situe d'un point de vue normatif sur un plan inférieur à ce dernier. Le Conseil le considère donc comme "la conséquence d'engagements internationaux souscrits par la France", et ne contrôle, discrètement, que les conditions de leur adoption[2]. C'est ce qui s'est produit pour les deux règlements communautaires de 1977[3], et en 1978[4]. Il semble donc que la thèse majoritaire au sein de la doctrine, qui veut que le contrôle de constitutionnalité ne soit applicable qu'aux engagements soumis à autorisation parlementaire (interprétation restrictive de l'article 54 de la Constitution), ne permette pas de rendre compte de la position du Conseil constitutionnel. C'est de la même manière le critère du contenu qui règle apparemment la jurisprudence applicable aux actes communautaires dérivés "hors nomenclature" : s'ils sont dépourvus d'effets juridiques (ce qui est la plupart du temps le cas dans la mesure où ils sont souvent destinés à préparer d'autres mesures, prévues, elles, par l'article 189 du Traité CE), ils ne peuvent prétendre à la qualification d'"engagement international", et ne relèvent donc pas de la compétence du Conseil[5].

Pour clarifier la situation, certains parlementaires ont proposé de compléter l'article 88-4 afin d'instaurer un contrôle de constitutionnalité *a posteriori* des propositions d'actes communautaires comportant des dispositions de nature législative, en ajoutant un article 88-5 qui leur transposerait la procédure de saisine du Conseil constitutionnel prévue pour les lois internes à l'article 61[6].

Reste à savoir si cette jurisprudence est très efficace dans l'optique du Droit communautaire dérivé : en d'autres termes, peut-on imaginer une révision subreptice des Traités par le biais d'un acte de Droit communautaire dérivé ? A s'en tenir à une description du Droit communautaire positif, cette éventualité ne peut être écartée, mais il ne s'agit pas là d'un fonctionnement "normal" des institutions (sauf si le Traité lui-même renvoie à un règlement le soin de "remplir" un secteur - mais nous sortons alors du cadre d'une révision implicite -, ou dans le champ d'application de l'article 235 Traité CE[7]). De plus une telle hypothèse a été prévue : le Traité CE instaure des

---

[1] décision n°76-71 DC, "Assemblée européenne".

[2] Voir sur ce point Patrick GAIA, *op. cit.*, p.57 s..

[3] Décision n°77-89 DC, "Prélèvement Isoglucose", et décision n°77-90 DC.

[4] Décision n°78-93 DC, "Fonds Monétaire International".

[5] Comme le note Patrick GAIA, *op. cit.*, p.29 s. : "Il en ressort que ces actes peuvent, quelles que soient leur forme et leur dénomination, revêtir le caractère d'actes juridiques susceptibles d'effets de droit sanctionnés par la voie juridictionnelle. (...) C'est dire que la qualification du caractère décisoire ou non d'un acte pris en dehors des cas prévus par l'article 189 du Traité CEE dépend en dernière analyse de la seule existence d'effets juridiques attachés à un tel acte.".

[6] Dans une proposition de loi constitutionnelle du Président de la Commission des lois et du Président de la Délégation pour l'Union Européenne de l'Assemblée nationale, n°194, *JOAN* 18 mai 1993 (citée dans Bernard RULLIER, "L'article 88-4 de la Constitution : un premier bilan", *RDP* 1994, p.1728).

[7] Article 235 Traité CE :

"Si une action de la Communauté apparaît comme nécessaire pour réaliser, dans le fonctionnement du Marché commun, l'un des objets de la Communauté, sans que le présent traité ait prévu les pouvoirs d'action requis à cet effet, le Conseil, statuant à l'unanimité sur proposition de la Commission et après consultation du Parlement européen, prend les dispositions appropriées.".

Cet article est le fondement de ce qu'on appelle les "compétences subsidiaires" de la Communauté. Il a été utilisé avec prudence jusque dans les années 1960. Cette utilisation devait être seulement subsidiaire (c'est-à-dire nécessaire à la réalisation des objets de la Communauté, en l'absence de pouvoirs suffisants).

recours devant la Cour de Justice des Communautés Européennes[1], comme le "recours en annulation" de l'article 173 Traité CE (ouvert aux institutions européennes et aux Etats), utilisables en ce cas. Dans ces conditions, quel intérêt peut-on trouver à faire exercer un contrôle équivalent par des Cours constitutionnelles nationales, qui pourront ne pas envisager le problème dans toute son ampleur européenne ?

La Cour constitutionnelle fédérale allemande répond à mots couverts à cette objection des tenants d'une primauté inconditionnée du Droit et des institutions communautaires en toutes circonstances. Dans sa jurisprudence[2], elle accuse implicitement la CJCE de ne pas faire grand-chose pour empêcher les institutions communautaires d'outrepasser leurs compétences, ce qui implique automatiquement que le Juge constitutionnel national soit le mieux à même de contrôler, même si c'est d'un point de vue forcément limité par la Constitution, les limites des transferts de compétences consentis aux institutions communautaires. Il n'est pas certain que le Juge constitutionnel français, moins téméraire, n'éprouve pas lui aussi une certaine défiance à l'égard de la bonne volonté de la CJCE... sinon pourquoi aurait-il insisté dans sa décision du 9 avril 1992[3] sur la coexistence de deux systèmes de protection des droits fondamentaux, le système national subsistant "dans le cadre de (ses) compétences" à côté de celui des juridictions européennes[4] ?

§ 2 - Une mise en oeuvre possible assurant un contrôle étendu au Juge constitutionnel dans un Etat dualiste modéré : l'Allemagne

L'Allemagne, Etat disposant d'un système juridique "dualiste modéré"[5], refuse la primauté absolue du Droit communautaire dans son ordre interne[6], et accepte en conséquence le principe d'un contrôle *a posteriori* des normes de Droit

---

Suite aux encouragements du Sommet de Paris de 1972, son utilisation s'est cependant développée, en particulier en matière de relations extérieures; il a été de ce fait très controversé.
Selon Guy ISAAC, c'est une procédure lourde, mais purement communautaire (exigeant l'unanimité au Conseil), qui permet "d'étendre la compétence *fonctionnelle* des institutions aux dimensions de la compétence *matérielle* de la Communauté". Depuis l'Acte Unique Européen, et plus encore le Traité d'Union Européenne, l'élargissement des compétences explicites de la Communauté "a restitué à l'article 235 la place marginale à laquelle il était destiné." (*Droit Communautaire Général*, *op. cit.*, p.42). Son usage est donc plus ou moins tombé en désuétude.

[1] qui fait ici encore office de "cour constitutionnelle" de l'ordre européen.

[2] et notamment dans son arrêt "Maastricht" du 12 octobre 1993 (cf. l'analyse de Jörg GERKRATH, *op. cit.*, p.239).

[3] n°92-308 DC, "Maastricht I", Cs. 17 et 18.

[4] Cf. l'analyse du Doyen FAVOREU, *op. cit.*, p.62.

[5] Sur la valeur très relative de la distinction entre monisme et dualisme dans le Droit allemand contemporain, voir Christian AUTEXIER, *Introduction au Droit public allemand*, *op. cit.*, p.152 : il explique qu'aujourd'hui, "faute de choix constitutionnel explicite par la jurisprudence constitutionnelle, la majorité de la doctrine qualifie de "dualisme modéré" le système (...) implicitement mis en place par la Loi Fondamentale. Le débat doctrinal allemand (...) s'est aujourd'hui déplacé sur la nature juridique de l'opération de transformation (...)." (p.152).

[6] L'Allemagne n'est d'ailleurs pas isolée en la matière : cette situation se reproduit en Italie. La Cour constitutionnelle italienne n'en tire cependant pas des conséquences aussi sévères que la Cour constitutionnelle fédérale allemande : elle se contente de rappeler sa compétence en dernier ressort, si les principes fondamentaux de l'ordre constitutionnel italien devaient se trouver menacés (cf. *supra*).

communautaire dérivé. La Cour constitutionnelle fédérale allemande se comporte en fait comme si les compétences transférées aux Communautés restaient d'attribution, donc potentiellement limitées par les Constitutions nationales[1]. Toute sa jurisprudence s'explique d'ailleurs par la conception qu'elle se fait de son rôle : elle estime être la gardienne privilégiée de la Loi Fondamentale.
Toujours motivée par le souci de la Cour constitutionnelle fédérale de défendre les fondements constitutionnels de la République Fédérale (I-), l'évolution de la jurisprudence de la Cour constitutionnelle fédérale s'est faite en deux temps, autour de la décision "Maastricht" du 12 octobre 1993 (II-).

I - Une position adaptable, motivée par la défense de la souveraineté allemande

La jurisprudence de la Cour a beaucoup évolué, au fil des années, sur la manière dont doit s'exercer ce contrôle[2]. Elle s'est dans un premier temps conformée à l'orthodoxie communautaire, en refusant de statuer à l'égard des actes de Droit communautaire dérivé, au motif qu'il ne s'agissait pas d'actes de la puissance publique allemande[3]. Il s'agissait cependant en l'espèce de contrôler le respect du Droit communautaire par des mesures nationales, et non de vérifier la conformité d'actes communautaires aux dispositions constitutionnelles allemandes, cette dernière hypothèse étant clairement mise à part par le Juge constitutionnel[4].
Tout changea avec un arrêt rendu le 29 mai 1974 par la deuxième Chambre[5] de la Cour constitutionnelle (le fameux arrêt *Solange I*)[6]. Elle y développe un syllogisme potentiellement dévastateur pour la construction européenne. Majeure : l'article 24 de la Loi Fondamentale[7] (en vertu duquel la Fédération a transféré des droits de souveraineté aux institutions européennes) ne peut permettre de modifier l'essence de la structure constitutionnelle allemande, dont les droits fondamentaux font partie

[1] Cf. sur ce point la démonstration d'Olivier B. DORD, *op. cit.*, p.171.
[2] Pour plus de détails, voir entre autres Vlad CONSTANTINESCO, "Cour constitutionnelle allemande, Droits fondamentaux et Droit communautaire : une musique nouvelle sur un air ancien...", *RTDE* 1987, p.545 s.; M. DARMON, "Juridictions constitutionnelles et droit communautaire", *RTDE* 1988, p.217 s.; Constance GREWE et Albrecht WEBER, " Le Traité sur l'Union devant les juridictions constitutionnelles", *AIDC* IX-1993, 1995, p.11 s.; Christian TOMUSCHAT, "Les rapports entre le Droit communautaire et le Droit interne allemand dans la jurisprudence récente de la Cour constitutionnelle allemande", *Cahiers de Droit Européen*, 1989, p.163 s..
[3] BVerfGE 22, 293 s., du 18 octobre 1967 :
les actes des institutions communautaires sont ceux "d'une puissance publique particulière, "supranationale", créée par un traité et nettement distincte de la puissance publique des Etats-membres".
Cette solution fut confirmée par *BVerfGE* 31, 145 s., du 9 juin 1971, qui reconnaît la supériorité du Droit communautaire (p.173).
[4] Dans son arrêt de 1967, la Cour précise qu'"il n'est pas statué ici sur la question de savoir si la Cour constitutionnelle fédérale pouvait, dans le cadre d'une instance valablement introduite devant elle, apprécier le Droit communautaire en fonction des dispositions de la Loi Fondamentale énonçant des droits fondamentaux et dans quelle mesure elle le pourrait...".
[5] "Zweiter Senat".
[6] BVerfGE 37, 271 s., "Internationale Handelsgesellschaft / EVGF", du 29 mai 1974, dit "Solange I" (= "Aussi longtemps que... I").
[7] Article 24 [Institutions internationales], alinéa 1 :
"La Fédération peut transférer, par voie législative, des droits de souveraineté à des institutions internationales."

intégrante; mineure : la protection de ces droits n'est pas assurée de manière suffisante dans l'ordre juridique communautaire existant; conclusion : il revient au Juge interne de soumettre à la Cour constitutionnelle les actes communautaires "douteux"; si elle constate qu'ils méconnaissent les dispositions de la Loi Fondamentale en matière de droits fondamentaux, elle les déclarera inapplicables en R.F.A. (elle ne l'a cependant jamais fait en pratique). Cette jurisprudence sera applicable "aussi longtemps qu'"une protection efficace des droits de l'homme ne sera pas assurée au niveau communautaire. Après une ordonnance du 25 juillet 1979, (*Vielleicht*)[1] qui est venue préciser et nuancer cette jurisprudence, une décision de 1981 (*Eurocontrol*)[2] constitue l'amorce du revirement qui suivra quelques années plus tard. La Cour y déclare que le fait que des limites s'imposent aux délégations de compétences consenties par l'Allemagne à des organisations internationales en vertu de l'article 24 de la Loi Fondamentale n'implique pas que ces dernières doivent mettre en oeuvre un système de protection des droits fondamentaux en tous points identique à celui qui est organisé par la Loi Fondamentale, car une telle jurisprudence aboutirait à priver cette disposition constitutionnelle de toute valeur concrète.
Le revirement de la jurisprudence *Solange I* est intervenu en 1986[3], par un arrêt aussitôt surnommé *Solange II*. Cette décision est intéressante autant par sa méthode que par ses effets. En fait le "revirement" est très relatif : il ne concerne que les conséquences de la jurisprudence allemande, mais ne change rien aux prémisses sur lesquelles s'appuie la Cour. La Cour ne modifie nullement le raisonnement qui lui a permis de justifier un contrôle *a posteriori* des actes communautaires; mais elle prend acte du souci de la CJCE de protéger les droits de l'homme. Elle déclare donc que "aussi longtemps que" cette protection sera assez efficace pour équivaloir à celle qu'elle assure elle-même dans l'ordre interne allemand, un contrôle national ne sera pas nécessaire[4]. Le contrôle de principe est donc celui de la CJCE, la Cour constitutionnelle fédérale ne prenant le relai qu'à titre subsidiaire (la persistance de cette possibilité étant liée à l'existence de la réserve irréductible de constitutionnalité de l'article 79-III de la Loi Fondamentale).

Cet arrêt a paru marquer la fin de l'"originalité" allemande en matière de contrôle du Droit communautaire dérivé. Toute cette jurisprudence ayant été développée à propos de règlements communautaires, la question se posait de savoir si elle devait ou pas s'appliquer aux directives. C'est ce qui a été précisé par une ordonnance du 12

---

[1] BVerfGE 52, 187, "Steinicke & Weinlig / Ernährung und Forstwirtschaft", ordonnance du 25 juillet 1979, dite "Vielleicht" (= "Peut-être" pourra-t-il y avoir une évolution de la jurisprudence "Solange I") : "La Chambre laisse ouvert le point de savoir dans quelle mesure les principes fondamentaux de l'arrêt du 29 mai 1974 peuvent encore revendiquer une validité sans réserve, en considération par exemple d'évolutions politiques et juridiques intervenues dans le domaine européen pour les recours à venir sur des normes de Droit dérivé.". En conséquence, la Cour n'exclut pas d'abandonner le contrôle des actes de Droit communautaire dérivé, s'il y a amélioration de la protection des droits fondamentaux au niveau européen.

[2] BVerfGE 58, 1, "Eurocontrol", du 23 juin 1981.

[3] BVerfGE 73, 339, "Wünsche Handelsgesellschaft", du 22 octobre 1986, dit "Solange II".

[4] Cette jurisprudence a exposé la Cour constitutionnelle fédérale à l'accusation de promouvoir un "impérialisme des droits de l'homme" ("Grundrechtsimperialismus") à l'encontre des institutions communautaires.

mai 1989, "Philip Morris"[1] : la Cour constitutionnelle fédérale protège aussi, à titre subsidiaire par rapport à la CJCE, les droits fondamentaux qui pourraient être menacés par une directive. Elle s'attache à l'effet de ces mesures de droit communautaire dérivé, plus qu'à leur statut : seul importe le fait qu'elles puissent porter effectivement atteinte à des droits constitutionnellement protégés. Ce contrôle rentre aussi bien dans le cadre du contrôle "judiciarisé" que dans celui des recours directs.

II - Les apports de la décision "Maastricht"

Ils sont triples : les deux premiers, qui concernent d'une part la recevabilité des recours (A-) et d'autre part l'étendue du contrôle de la Cour constitutionnelle fédérale (B-), se situent dans la lignée de la jurisprudence précédente; le troisième est en revanche lourd de conséquences pour l'avenir de la construction européenne, car il manifeste un changement de la stratégie suivie par le Juge allemand (C-).

A - QUANT À LA RECEVABILITÉ DES RECOURS

La décision "Maastricht" du 12 octobre 1993[2] a un peu changé la situation que nous venons de décrire, en revenant sur ce qui avait un peu vite paru acquis. Certaines formules permettent en effet d'affirmer que la Cour constitutionnelle fédérale y a infléchi sa jurisprudence concernant le Droit communautaire dérivé, selon une démarche constante : mesurer "la légitimité de l'Union Européenne à l'aune d'un principe posé par la Loi Fondamentale"[3].

Son premier apport touche la recevabilité des recours individuels, et semble au premier abord confirmer la position de repli apparemment adoptée par la Cour depuis 1986 - par laquelle la Cour évite désormais de se prononcer sur la constitutionnalité d'actes communautaires, et ne fait que réserver sa compétence pour les cas de violation des droits fondamentaux. Depuis *Solange II*, en effet, solution confirmée par l'arrêt "Maastricht", la Cour constitutionnelle fédérale refuse d'accepter les recours individuels autrement que de manière subsidiaire : elle réserve sa compétence, "au cas où", mais ne l'exerce pas effectivement, et renvoie aux procédures prévues devant la Cour de Justice des Communautés Européennes[4], avec laquelle elle déclare coopérer, "sur le terrain des droits fondamentaux"[5] tout au moins. Mais cette observation doit être nuancée à la lumière de la disposition constitutionnelle retenue pour servir de support à la décision, c'est-à-dire l'article 38

---

[1] BVerfGE 80, "Philip Morris GmbH et alii c/ Bundesregierung des Bundesrepublik", ordonnance du 12 mai 1989 :
"Au cas où la directive porterait atteinte à des droits fondamentaux constitutionnellement protégés, la CJCE peut être saisie. Si les droits garantis de façon inconditionnelle par la Loi Fondamentale n'étaient pas effectivement protégés de cette façon, la Cour constitutionnelle fédérale pourrait alors être saisie.".

[2] BVerfGE 89, 155 s., "Maastricht".

[3] Jörg GERKRATH, "La critique de la légitimité démocratique de l'Union européenne selon la Cour constitutionnelle fédérale de Karlsruhe", in Gérard DUPRAT, *L'Union Européenne - Droit, politique, démocratie*, PUF, 1996, p.211.

[4] Notamment le "recours en annulation" de l'article 173 Traité CE.

[5] Nous soulignons.

de la Loi Fondamentale (sur le droit de vote, interprété très largement comme figure de la démocratie) : on aboutit en fait potentiellement, sous des dehors anodins, "à un recours direct contre les actes de la Communauté"[1]. Jörg GERKRATH y voit la manifestation de l'"esprit missionnaire" de la Cour constitutionnelle, qui risque de déboucher sur une *actio popularis* contre "chaque transfert de compétences à l'Union Européenne"[2].

B - QUANT À L'ÉTENDUE DU CONTRÔLE DE LA COUR CONSTITUTIONNELLE FÉDÉRALE

Le deuxième apport de la décision *Maastricht*, le plus évident, est qu'elle a renversé le postulat qui servait de fondement à l'arrêt *Solange II*, selon lequel la protection des droits fondamentaux était assurée à titre principal par la Cour de Justice des Communautés Européennes, et seulement à titre subsidiaire par la Cour constitutionnelle fédérale. Ici, et bien qu'elle continue à proclamer la complémentarité des deux contrôles, c'est elle-même qu'elle met très clairement en avant : "la Cour constitutionnelle fédérale (...) garantit par sa compétence (...) qu'une protection efficace des droits fondamentaux est assurée de manière générale pour les populations résidant en Allemagne, même vis-à-vis du pouvoir exercé par les Communautés, et que cette protection doit être tenue comme équivalente dans sa substance à celle exigée absolument par la Loi Fondamentale; qu'en particulier elle maintient en tout état de cause le noyau des droits fondamentaux. Ainsi la Cour (...) assure le respect de ce noyau même à l'encontre du pouvoir de la Communauté[3].". Il est donc hors de question pour elle de renoncer à ses pouvoirs de contrôle vis-à-vis du Droit communautaire dérivé. Faut-il pour autant voir dans cette proclamation un ensemble d'"avertissements (...) aussi platoniques que ceux contenus dans le jugement du 29 mai 1974"[4] (le contrôle prévu n'a finalement jamais été exercé par la Cour) ? C'est peut être prématuré, au vu de l'évolution ultérieure.

C - UN CHANGEMENT DE STRATÉGIE

Il semble en effet que ce maintien partiel du *statu quo* concernant la protection des droits fondamentaux se double d'un phénomène plus important, bien que moins apparent : la Cour constitutionnelle a opéré entre 1993 et 1995 une véritable mutation stratégique, en changeant de terrain d'affrontement avec les institutions européennes. Elle quitte le front des droits fondamentaux, où sa marge de manoeuvre est limitée par l'efficacité de la protection mise en oeuvre par la CJCE (ce qu'a constaté l'arrêt *Solange II*), au profit d'un terrain bien plus "prometteur" : celui des transferts de souveraineté[5]. Il n'est donc pas question d'exonérer le Droit

---

[1] Constance GREWE et Albrecht WEBER, *op. cit.*, p.27.
[2] Jörg GERKRATH, *op. cit.*, p.214.
[3] Nous soulignons.
[4] Michel FROMONT, " La Cour constitutionnelle fédérale et le traité sur l'Union européenne", *Géopolitique* n°44, 1993, p.79.
[5] Qu'elle aborde tout de même, comme nous l'avons vu (Partie 1, Titre 1, Chapitre 2, § 2, II), pour protéger un droit fondamental : le droit de vote des citoyens allemands.

communautaire dérivé de tout contrôle national effectif, contrairement à ce qu'avancent la plupart des analyses. Tout se passe au contraire comme si la Cour constitutionnelle fédérale se rendait compte que le contrôle du respect des droits fondamentaux ne suffisait plus désormais à endiguer le flot du Droit communautaire dérivé d'une manière potentiellement efficace, et qu'elle préférait le "mettre en veilleuse" au profit d'un contrôle sur l'étendue des délégations de souveraineté aux institutions européennes. C'est d'ailleurs là un contrôle que ne pourraient pas forcément se permettre les autres Juges constitutionnels, car la Loi Fondamentale allemande présente la particularité de comprendre une réserve inaliénable de constitutionnalité (l'art. 79-III) qui permet de le justifier.

Tel est en effet le dernier apport de la décision "Maastricht", qui n'a pas souvent été souligné. Comme la Cour l'indique elle-même dans ses motifs C.I.3, "ce qui importe, c'est que l'appartenance de la République Fédérale d'Allemagne et les droits et obligations qui en découlent - notamment le domaine d'intervention des actes des Communautés européennes qui sont immédiatement applicables dans l'ordre interne - soient décrits dans le Traité d'une façon suffisamment prévisible pour le législateur allemand et qu'ils soient ainsi suffisamment déterminables dans la loi d'approbation. Au cas où des institutions ou des organes de l'Union Européenne agiraient ou se développeraient d'une façon qui ne serait plus couverte par le Traité et par là-même par la loi d'approbation, les actes juridiques qui en résulteraient ne seraient pas applicables sur le territoire allemand.[1]". Il s'agit là d'une condamnation à peine voilée de la jurisprudence constructive de la CJCE.

Il faut reconnaître que ce dernier aspect de l'arrêt "Maastricht" n'est apparu avec tout son relief qu'après une autre décision de la Cour constitutionnelle fédérale, intervenue le 22 mars 1995, et touchant les rapports entre Bund et Länder. On peut en effet remarquer que se greffent ici les problèmes particuliers de l'intervention du Juge constitutionnel dans le cadre d'Etats composés (qu'ils soient d'ailleurs fédéraux, comme l'Allemagne, ou régionaux, comme l'Espagne). L'Etat central est, pour la Cour de Justice des Communautés Européennes, seul responsable devant les instances communautaires de la non-application du Droit communautaire dérivé, alors même que cette application peut relever, selon les règles de répartition interne des compétences, des autorités "inférieures" locales[2]. Ces autorités centrales d'Etats composés s'engagent donc sur des compétences qui ne sont pas les leurs, et ont ensuite "à répondre du comportement de leurs collectivités décentralisées, sans pouvoir se prévaloir de l'autonomie, plus ou moins grande, qui pourrait caractériser de telles entités locales. Il n'est dès lors pas surprenant (qu'elles) surveillent avec un soin attentif la mise en oeuvre du Droit communautaire et son respect par leurs collectivités décentralisées."[3]. Quelle solution adopter ? Dans son arrêt du 22 mars 1995, la Cour constitutionnelle fédérale allemande a pris sans équivoque la défense des Länder face à l'Etat fédéral[4]. On peut d'ailleurs se demander s'il n'y a pas là

---

[1] Nous soulignons.

[2] CJCE 10 juin 1990, "R.F.A. c/ Commission", aff. C.8/88.

[3] BIANCARELLI Jacques : "L'influence du Droit communautaire sur l'organisation administrative française", *AJDA*, n° spécial, 20 juin 1996, p.26.

[4] A titre de comparaison, indiquons que le Tribunal constitutionnel espagnol a louvoyé un certain temps avant de prendre une direction similaire, peut-être du fait de ce que le Professeur Jean GICQUEL appelle

quelques arrière-pensées à l'égard de la construction européenne, car elle prend ainsi le contre-pied de sa politique antérieure, qui visait à favoriser l'émergence du "fédéralisme coopératif", en développant largement le champ d'action de l'Etat central[1]. En l'espèce, elle a en partie donné raison au Gouvernement du Land de Bavière, qui prétendait que le Gouvernement fédéral n'aurait pas dû approuver une directive communautaire empiétant sur les compétences propres des Länder, malgré les recommandations de ces derniers, et ceci même avec l'excuse d'obtenir un avenant ou des réserves unilatérales (d'ailleurs inefficaces) à ses dispositions. Elle a estimé que le Gouvernement aurait dû appliquer le principe de *Bundestreue* (ou "loyauté fédérale") au profit des Länder et de leurs compétences, en s'opposant aux empiétements des institutions communautaires. On voit donc que la Cour constitutionnelle fédérale n'hésite pas à contrôler "les actes du Gouvernement fédéral dans la procédure précédant l'adoption (d'une directive)", jugeant que "le Gouvernement fédéral a en effet violé les droits des Länder dans l'exercice des droits de la République Fédérale d'Allemagne au Conseil (...) en abandonnant la position commune établie avec les Länder sans en référer au Bundesrat."[2].

Il semble donc que les mises en garde contenues dans l'arrêt "Maastricht" relativement à la manière d'interpréter les compétences des institutions communautaires doivent cette fois être prises au sérieux. Comme l'indique Jörg GERKRATH, ce sont moins "des limites à l'évolution de l'Union Européenne", qui

---

la "force d'attraction" du modèle allemand d'association des collectivités territoriales à la gestion des problèmes communautaires (voir J. GICQUEL, "Les Parlements nationaux et la norme européenne", in H. ROUSSILLON (dir.), *L'article 88-4 de la Constitution française : le rôle du Parlement dans l'élaboration de la norme européenne*, PUSS, Toulouse, 1994). Il a commencé par favoriser l'Etat au détriment des Communautés autonomes, par des biais argumentaires (en s'appuyant sur une interprétation large de l'article 93), et malgré de nombreuses critiques doctrinales (voir sur ce point Joachim TORNOS y MAS : "Algunos problemas competenciales en la ejecución interna de directivas comunitarias", *Autonomies - Revista Catalana de Derecho Publico* n°13, 1991, p.31 s.). Ceci pouvait se justifier par le fait que, malgré les revendications des Communautés Autonomes, ce n'est qu'un Etat régionaliste, et pas un Etat fédéral. Il est cependant revenu récemment sur cette position (STC 102/1995, du 26 juin), à l'aide de l'argumentation suivante : certes l'article 93 CE fait peser sur l'Etat l'obligation d'établir la garantie de l'exécution des traités et des résolutions émanant des organismes internationaux ou supranationaux (et notamment des Communautés européennes) bénéficiant de transferts de compétences de la part de l'Espagne; mais ce devoir du pouvoir législatif et de l'administration gouvernementale de l'Etat ne constitue pas un titre pour priver les Communautés autonomes de leur domaine propre de compétences (STC 80/93 du 8 mars, et, sur la fonction complémentaire du Droit étatique, STC 79/92, du 28 mai). Il oblige cependant l'Etat à utiliser les moyens que la Constitution lui reconnaît pour exiger des Communautés autonomes, si cela s'avère nécessaire, que soit appliqué le Droit communautaire.

On peut se demander ce qu'il adviendrait en France si le mouvement de décentralisation amorcé en 1982 se poursuivait; dans quelle mesure et de quelle manière les collectivités territoriales décentralisées seraient-elles associées à l'élaboration du Droit communautaire dérivé ? L'absence de compétences qui leur soient clairement attribuées par la Constitution est un facteur qui risque de gêner leur prise en compte, mais on peut se demander dans quelle mesure on n'assiste pas à un mouvement européen de reconnaissance croissante des intérêts des collectivités territoriales. Ceci est confirmé par la création, par le Traité de Maastricht (article 198 A à C), d'un "Comité des régions", aux attributions purement consultatives (régime calqué sur celui du Comité Economique et Social des Communautés).

[1] Sur ce point, voir Gérard MARCOU, "L'évolution récente du fédéralisme allemand sous l'influence de l'intégration européenne et de l'unification", *RDP* 1995, p.886 s.. Elle se contentait de vérifier que le Gouvernement fédéral n'abusait pas de ses prérogatives pour priver les Länder de toute marge de manoeuvre (sur ce point, voir *supra*, Partie 1, Titre 2, Chapitre 1, Section 1, § 2).

[2] CCF 22 mars 1995.

seraient sans effets pratiques, que "des limites à la participation de l'Allemagne à l'Union Européenne"[1].

Comme le note un observateur averti de la vie juridique allemande, le Professeur Michel FROMONT, "c'est, en quelque sorte, pour compenser l'insuffisance de volonté politique des dirigeants de l'Allemagne que la Cour multiplie les garde-fous juridiques.". Si cette jurisprudence doit être interprétée ainsi, n'outrepasse-t-elle pas les limites du rôle du Juge constitutionnel ? Quelles que puissent être les raisons qui la motivent, et qui sont après tout très louables (défendre l'ordre constitutionnel confié à sa garde), la question méritait d'être posée.

Il reste que ce contrôle *a posteriori* des actes du Droit communautaire dérivé, si décrié et malcommode, débouche en définitive sur un authentique contrôle de l'action de l'Exécutif par un Juge constitutionnel, en l'espèce la Cour constitutionnelle fédérale allemande (qui a il est vrai fait preuve de beaucoup d'audace pour y parvenir), et ce dans un domaine où un tel résultat était loin d'être évident.

On peut donc voir que le contrôle de constitutionnalité *a posteriori*, si logique soit-il à première vue, ne va pas sans difficultés, qu'elles soient d'ordre théorique (au regard de la construction européenne) ou pratique (du fait des conflits entre ordres juridiques qui en résultent). De ce fait sa mise en oeuvre, aussi commode qu'elle puisse être pour le Juge, n'en soulève pas moins de sérieuses réserves.

Cependant, malgré ses indéniables désavantages, cette méthode, rejetée par le Tribunal constitutionnel espagnol et seulement envisagée par le Conseil constitutionnel français, a permis au Juge constitutionnel allemand de mettre en oeuvre un authentique contrôle de l'activité de son Exécutif, à travers une jurisprudence audacieuse.

[1] J. GERKRATH, *op. cit.*, p.239-240.

CHAPITRE 2

L'INTERVENTION POSSIBLE DU JUGE CONSTITUTIONNEL LORS DE L'ELABORATION DU DROIT COMMUNAUTAIRE DERIVE

C'est la solution à la fois la plus pratique et potentiellement la plus efficace au problème d'un contrôle de constitutionnalité des actes du Droit communautaire dérivé. Contrairement à la solution que nous venons d'étudier, elle évite en effet tout risque de condamnation de l'Etat qui le met en oeuvre à l'occasion d'un recours en manquement. Malgré tout, les Etats membres ne l'appliquent pas : ils s'en tiennent officiellement à la solution de la primauté absolue du Droit communautaire, qui interdit tout contrôle national. C'est que ce mode d'intervention est beaucoup plus délicat à organiser, car il fait entrer le Juge constitutionnel dans le complexe processus d'élaboration des normes communautaires dérivées, où il retrouve de nombreux autres acteurs : groupes de pression, Administrations, mais aussi le Parlement, qui agit à la fois comme coauteur, facteur d'influence et "contrôleur", bien que cette dernière fonction soit souvent très théorique.
On peut donc dire que, même s'il est justifié par les déficiences du contrôle politique existant (Section 1), le contrôle *a priori* des normes communautaires par le Juge constitutionnel national n'en soulève pas moins lui aussi de nombreuses difficultés (Section 2).

Section 1

Une intervention justifiée par les déficiences du contrôle politique

Nous avons vu qu'un contrôle *a posteriori* était particulièrement délicat à mettre en oeuvre, et qu'au surplus il ne pouvait s'agir d'autre chose que d'une mesure palliative, défensive, le "mal" (*i.e.* le Droit dérivé inconstitutionnel) étant fait. Il peut donc être préférable d'intervenir plus tôt, au moment de l'élaboration du Droit communautaire dérivé. Or la participation de l'Exécutif est essentielle à cette élaboration. Ceci met en évidence le fait qu'ici aussi un éventuel contrôle des Cours constitutionnelles portera sur l'activité de l'Exécutif. En effet, en l'absence d'un contrôle de constitutionnalité, l'Exécutif pourrait espérer "contourner" des

dispositions constitutionnelles nationales, en tablant sur le fait que le Droit européen s'impose normalement directement aux Etats membres, et que le contrôle de la CJCE vise principalement à préserver la construction européenne
D'où l'intérêt d'étudier le processus d'élaboration des normes du Droit communautaire dérivé. Ce processus est le fruit d'une procédure complexe, très largement dominée par les Exécutifs nationaux (quoi qu'ils tentent de faire accroire à leurs sujets pour les besoins de leur politique intérieure) (§ 1). Ce phénomène est accompagné d'une insuffisance telle des contrôles parlementaires existants que l'intervention du Juge constitutionnel a été vue comme un moyen de remédier à ce déséquilibre (§ 2).

§ 1 - Un processus d'élaboration des normes communautaires dominé par l'Exécutif

Ce premier paragraphe, essentiellement descriptif, est cependant nécessaire pour bien évaluer la place essentielle de l'Exécutif dans la procédure d'élaboration du Droit communautaire dérivé : il en est à la fois un rouage essentiel, et un interlocuteur omniprésent pour les autres intervenants.
L'élaboration des normes de Droit communautaire dérivé fait intervenir de nombreux acteurs (I-), mais n'en est pas moins dominé par le jeu des Exécutifs (II-).

I - La pluralité des acteurs dans l'élaboration du Droit communautaire dérivé

Une image répandue veut que l'Europe communautaire soit dirigée par une organisation supranationale sans visage toujours prête à passer outre les traditions et particularités des Etats membres afin de promouvoir les intérêts d'une centralisation bureaucratique. La réalité est beaucoup plus nuancée : certes, les actes du Droit dérivé sont préparés par les fonctionnaires communautaires; mais ils sont ensuite longuement négociés entre les multiples intervenants au processus de décision "européen", et le choix final revient à la réunion des Exécutifs nationaux... Le processus "permanent, régulier et fortement institutionnalisé"[1] de la prise de décision communautaire fait en effet intervenir de nombreux acteurs, et ceci sur les trois "piliers" de la construction européenne, dont le statut n'est pourtant pas équivalent[2]. Ces interventions se déroulent aussi bien au niveau de l'élaboration des positions gouvernementales qu'à celui de la négociation proprement dite.

Le principal intervenant est en effet, bien évidemment, le Conseil des Ministres. Organe intergouvernemental, il "est formé par un représentant de chaque Etat membre au niveau ministériel", comme le prévoit l'article 146 du Traité CE, modifié par le Traité de l'Union de 1992. Il tire en principe sa légitimité démocratique de la responsabilité politique de chaque ministre devant son Parlement, mais celle-ci reste

---

[1] Martine de BOISDEFFRE (dir.) : "Le travail gouvernemental et l'Europe", *in* Ecole Nationale d'Administration - Promotion René Char (1993-1995), *Le travail gouvernemental*, La Documentation Française, 1996, t.2, p.742.
[2] Cf. *infra*.

théorique, comme nous le verrons plus loin. C'est un rouage essentiel du mécanisme de décision communautraire : aucune décision ne peut en principe être prise sans son accord.

Un deuxième intervenant est ensuite la Commission. Organe indépendant des Etats, dotée de pouvoirs importants, la Commission est composée de nationaux des quinze Etats membres, dont le nombre ne peut dépasser deux par Etat, nommés pour cinq ans renouvelables Son rôle est très controversé, et ce bien que sa légitimité démocratique plutôt fragile[1] ait été renforcée par l'investiture formelle que doit aujourd'hui lui donner le Parlement européen[2]. Est-ce un organe politique européen, une sorte d'embryon de Gouvernement, ou un simple organe technique au service du Conseil des Ministres ? La définition de sa mission par l'article 211 du Traité CE[3] ne suffit pas à rendre compte de l'étendue et de la variété de ses compétences, et notamment de son rôle de représentation de la Communauté à l'extérieur. Bien que son activité soit nécessaire au fonctionnement de la Communauté, elle n'en a pas moins tendance à adopter "une conduite passive selon le "plus petit dénominateur commun" des intérêts des Etats membres, sauf quand les plus grands Etats ont une action urgente à promouvoir."[4]. C'est en effet un organe soumis à de fortes pressions, internes tout d'abord, du fait de sa composition hétéroclite, et externes ensuite, dues à sa position intercalaire entre le Conseil et les groupes de pression (y compris les Administrations nationales). Il ne faut en effet pas perdre de vue que la présidence tournante du Conseil est à la fois un facteur aggravant, empêchant la Commission de pouvoir compter sur la pérennité de son environnement politique, et un facteur facilitant pour son influence, en en faisant justement le seul élément stable du système institutionnel.

Son influence ne s'exerce cependant dans toute son ampleur que dans le cadre du "premier pilier" de l'Union européenne, celui des Communautés, où elle fait figure d'organe principal de proposition législative[5]. Elle reste beaucoup plus discrète pour les "deuxième" et "troisième piliers"[6], intergouvernementaux, et ce même si elle est associée dans ce cadre aux travaux des Gouvernements. Dans ce dernier cadre, l'activité gouvernementale s'apparente fortement à une activité intergouvernementale

---

[1] Voir les critiques que lui adresse à ce sujet Béla FARAGO, dans deux articles : "L'Europe : empire introuvable ?", *Le Débat* n°83, 1995, p.42 s. , et " Le déficit politique de l'Europe", *Le Débat* n°87, 1995, p.26 s..

[2] Article 214 du Traité CE, issu des Traités de Maastricht et d'Amsterdam.

[3] Article 211 (ancien art.155) du Traité CE :
La Commission Européenne "veille à l'application des dispositions du présent Traité ainsi que des dispositions prises par les institutions en vertu de celui-ci :
- formule des recommandations ou des avis sur les matières qui font l'objet du présent Traité, si celui-ci le prévoit expressément ou si elle l'estime nécessaire;
- dispose d'un pouvoir de décision propre et participe à la formation des actes du Conseil et du Parlement européen dans les conditions prévues au présent Traité;
- exerce les compétences que le Conseil lui confère pour l'exécution des règles qu'il établit.".

[4] Michael NEWMAN, *Democracy, sovereignty and the European Union*, C. Hurst & Co, London, 1996, p.43. Son opinion est cependant sujette à controverse pour de nombreux communautaristes.

[5] Selon l'article 250 du Traité CE (ancien article 189 A). Cf. M. PETITE, "Avis de temps calme sur l'article 189 A §1 : point d'équilibre entre le droit d'initiative de la Commission et le pouvoir décisionnel du Conseil", *Revue du Marché Commun* 1998, p.197.

[6] "Deuxième pilier" : politique extérieure et de sécurité commune.
"Troisième pilier" : justice et affaires intérieures.

"classique", et les remarques que nous avons formulées à ce sujet dans le Titre précédent s'appliquent - cette activité largement "politique" est peu contrôlée.

On ne peut plus passer sous silence le rôle de la troisième institution européenne, le Parlement. Depuis les Traités de Maastricht et d'Amsterdam, son rôle a été notablement accru, du fait de l'adjonction des procédures de codécision et d'avis conforme aux procédures préexistantes de consultation, de concertation et de coopération[1]. Concernant plus de la moitié de l'activité législative communautaire, elle aboutit à l'adoption d'actes adoptés à la fois par le Parlement et le Conseil, ce dernier étant dans l'impossibilité d'imposer sa volonté, même à l'unanimité, sans conciliation sur un projet commun.

Il faut, également, tenir compte de l'influence croissante des groupes d'intérêt dans le processus de décision communautaire. Leur rôle protéiforme a fait l'objet d'une étude publiée en 1996 sous la direction des Profeseurs Yves MÉNY, Pierre MULLER et Jean-Louis QUERMONNE[2]. Bien que se situant hors des institutions, leur rôle ne peut plus passer inaperçu dans l'évolution actuelle du fonctionnement communautaire, qui fait de plus en plus de place à une conception "anglo-saxonne" ou "scandinave" des rapports politiques, fonctionnant sur le principe d'une "sorte de *bourse*, agissant comme un marché pour les idées et innovations en matière de politiques"[3]. Ces goupes sont particulièrement actifs aujourd'hui[4]. Comme le font remarquer certains auteurs scandinaves, il faut sans doute voir en eux "des éléments-clés dans le jeu démocratique du système politique de l'Union Européenne, où le principe de la représentation fonctionnelle des intérêts a tendu peu à peu à remplacer le principe de la représentation parlementaire."[5]. Ils agissent d'une part auprès de la Commission, tablant sur le fait, déjà signalé plus haut, que c'est un des rares éléments à la fois stable et puissant de l'organisation communautaire, en cherchant à en obtenir l'infléchissement ou au contraire la promotion de certains projets. Mais ils agissent aussi auprès des représentations nationales à Bruxelles, voire les membres des Gouvernements (appelés à siéger au Conseil des Ministres), ou au moins ceux des cabinets ministériels, afin de peser sur le cours des négociations qui précèdent

[1] Cf. Guy ISSAC, *Droit communautaire général*, A Colin, 1999, p.66-70.

[2] Yves MÉNY, Pierre MULLER et Jean-Louis QUERMONNE (dir.) : *Adjusting to Europe - The impact of the European Union on national institutions and policies*, col. European Public Policy, Routledge, London-New-York, 1996, 181 p..

[3] Sonia MAZEY et Jeremy RICHARDSON, "EU policy-making : a garbage can or an anticipatory and consensual policy style ?", in Yves MÉNY, Pierre MULLER et Jean-Louis QUERMONNE (dir.), *Adjusting to Europe - The impact of the European Union on national institutions and policies*, p.41.

[4] Le fonctionnement de ces groupes "relève à la fois de la négociation diplomatique classique et, par son caractère "prosaïque et technique", de la négociation commerciale." (Martine de BOISDEFFRE (dir.), "Le travail gouvernemental et l'Europe", *op. cit.*, p.743). C'est ainsi que se créent de l'avis des observateurs avertis de véritables réseaux de négociation, qui remplacent les traditionnelles logiques hiérarchiques, et sont basés sur la coopération de fonctionnaires nationaux et communautaires, d'hommes politiques élus (à tous les niveaux : local, national ou européen) et de représentants de groupes d'intérêt. Ils prennent leur origine aussi bien dans le jeu d'intérêts purement privés (lobbies industriels par exemple) que dans l'initiative de certains Gouvernements qui cherchent à promouvoir activités et entreprises nationales (agriculture, armement...).

[5] Svein S. ANDERSEN, Tom R. BURNS et Janne Saaland MATLARY, cités par Christian LEQUESNE, "French central government and the European political system : change and adaptation since the Single Act", in Yves MÉNY, Pierre MULLER et Jean-Louis QUERMONNE (dir.), *op. cit*, p.118.

inévitablement toute décision. Même de ce point de vue, les Exécutifs sont donc des interlocuteurs essentiels dans la procédure de décision communautaire

II - La prépondérance du pôle administratif de décision

Malgré l'influence des nombreux intervenants au processus de décision communautaire, la Communauté européenne continue à pouvoir être définie comme un "dialogue d'Administrations"[1]. Les institutions européennes suivent ainsi un mouvement qu'on rencontre déjà dans les régimes parlementaires européens actuels, qui voit le champ de fixation des politiques de plus en plus largement occupé par l'Exécutif, et plus précisément par les Administrations qui sont censées le servir. Un Conseiller d'Etat, ancien Juge au Tribunal de première instance des Communautés européennes en a conclu qu'"il est donc exact que l'on assiste de plus en plus à un dialogue entre les administrations centrales nationales"[2], malgré les reprises en main régulières des instances politiques.

Ce phénomène se traduit dans la manière dont sont organisés les circuits nationaux de prise de décision, afin de s'accommoder des nouvelles contraintes européennes. Nous étudierons donc ces circuits tels qu'ils sont organisés en France (A-), en Allemagne (B-) et en Espagne (C-). Comme nous allons le voir, ils sont bien "verrouillés",malgré l'imperfection de leur action, ce qui rend l'éventualité d'un contrôle du Juge constitutionnel à ce niveau difficile à imaginer.

A - LA PRISE DE DÉCISIONS EN MATIÈRE COMMUNAUTAIRE EN FRANCE

Ainsi, en France, la structure décisionnelle en matière d'affaires européennes a longtemps été très centralisée et hiérarchisée, par domaine et par ministère. On peut dire avec le Professeur Henri OBERDORFF que, "pour les institutions politiques, (...) le déséquilibre institutionnel introduit par la V° République entre l'Exécutif et le Législatif a été confirmé, voire accentué par la participation de la France à la Communauté Européenne. La prééminence de l'Exécutif dans la conduite de la politique européenne de la France est éclatante. Elle se double au sein de l'Exécutif de la prééminence du Président de la République sur le Premier ministre, évidemment nuancée suivant l'existence ou non d'une cohabitation politique."[3]. La nécessaire souplesse et la concertation sont réalisés au service du plus haut niveau de décision par l'intervention de l'indispensable SGCI (Secrétariat Général du Comité Interministériel)[4]. Souple et efficace, il a longtemps garanti seul l'efficacité de la défense de la position française lors des négociations communautaires, en assurant la

---

[1] Jacques BIANCARELLI, "L'influence du Droit communautaire sur l'organisation administrative française", *AJDA*, n° spécial, 20 juin 1996, p.22.. Voir également le titre du n°63 de la *Revue Française d'Administration Publique*, de 1992 : "La Communauté, un dialogue d'administrations".

[2] *Id.*, p.26.

[3] Henri OBERDORFF, "La France : Etat membre de l'Union européenne", in Gérard DUPRAT, *op. cit.*, p.94.

[4] Ce dernier est une relique améliorée (c'est-à-dire adaptée aux exigences du fonctionnement du système communautaire) du "Comité Interministériel pour les questions de coopération économique européenne", mis en place en 1948 pour négocier la participation de la France au Plan Marshall.

coordination entre les différents départements ministériels et en référant le cas échéant des problèmes aux plus hautes autorités de l'Etat.

Mais, devant les mutations du fonctionnement du système communautaire, le souci d'adaptation dont nous avons parlé se manifeste depuis plusieurs années déjà. Il s'est traduit par la circulaire adressée par Michel ROCARD, alors Premier Ministre, à ses Ministres et Secrétaires d'Etat, le 22 septembre 1988[1]. Ces soucis ont été à nouveau exprimés, dans des termes très semblables (ce qui permet de douter de la portée effective des premières recommandations...), par Edouard BALLADUR, à son tour Premier Ministre, dans sa circulaire du 21 mars 1994 relative aux relations entre les administrations françaises et les institutions de l'Union européenne[2]. A chaque fois la prééminence de l'Exécutif est justifiée par le triple souci de l'unité, de la cohérence et de la clarté de l'action gouvernementale. Au total il semblerait que l'action du Gouvernement français soit aujourd'hui une des plus efficaces de la Communauté, si l'on en croit les observateurs étrangers[3].
Cependant aucune procédure n'est prévue pour contrôler le contenu de ces prises de position, notamment du point de vue de leur constitutionnalité - il faut sur ce point se fier aux précautions prises par les membres du SGCI.

B - LA PRISE DE DÉCISIONS EN MATIÈRE COMMUNAUTAIRE EN ALLEMAGNE

La situation est différente en Allemagne, qui a suivi dès l'origine une autre voie. En effet pour chaque problème spécifique devant donner lieu à une négociation au niveau communautaire, le Ministère compétent dans le cadre de la répartition interne des attributions prend le rôle de "chef de file". Il préside les négociations, et se charge de la coordination interministérielle au niveau des groupes de travail chargés d'élaborer la position allemande. Le principal problème posé par ce système réside dans le haut degré d'autonomie dont disposent les différents départements ministériels dans la détermination de leur position face à un problème communautaire donné. Il en résulte qu'aux débuts de la négociation communautaire (dont il ne faut pas sous-estimer l'importance : c'est là que se jouent les grandes lignes d'un projet), la position allemande n'est pas encore définitivement arrêtée, et reste un moment fluctuante du fait de la prise en compte d'intérêts privés[4].

La situation évolue au moment de l'intervention du COREPER (Comité des Représentants Permanents). De ce moment, la compétence générale en matière de

---

[1] *Journal Officiel* 15 octobre 1988.
Le Premier Ministre dit ainsi : "J'ai souligné l'importance que chacun d'entre vous devait attacher à l'exigence de cohérence de l'action gouvernementale. Cette cohérence s'impose avec une rigueur particulière dans les relations des autorités nationales avec les institutions communautaires. L'unité des positions françaises est une condition de l'efficacité de notre action. (...) La position que les représentants français sont chargés d'exprimer au nom du Gouvernement est définie de manière interministérielle par le SGCI, placé sous l'autorité du Premier ministre.".

[2] *Journal Officiel* 31 mars 1994.

[3] Wolfgang WESSELS et Dietrich ROMETSCH, "German administrative interaction and European Union : the fusion of public policies", in Yves MÉNY, Pierre MULLER et Jean-Louis QUERMONNE (dir.), *op. cit.*, not. p.97.

[4] "A la différence de la France, les ministères techniques sont tenus, en vertu d'une disposition du règlement intérieur du Gouvernement fédéral, d'informer et de consulter systématiquement les représentants du secteur privé intéressés." (M. de BOISDEFFRE, *op. cit.*, p.754).

négociations communautaires est confiée à la "Division E" (*Europaabteilung*)[1], chargée d'assurer la liaison entre le Gouvernement fédéral et les représentants allemands auprès des institutions communautaires. Mais sa compétence reste technique, ce qui affaiblit son autorité "politique" sur les autres ministères. Après 1958, cette compétence a été partagée avec le Ministère des Affaires Etrangères, en matière institutionnelle, pour la révision des Traités, les accords d'association et les questions de commerce extérieur à caractère essentiellement politique ou diplomatique[2]. Des désaccords peuvent subsister entre les différents ministères, que l'existence, depuis 1971, d'un "Cercle des chargés des questions européennes" des différents services ministériels (*Kreis der Europabeauftragten*) n'est pas parvenue à éliminer, faute de se situer à un niveau suffisamment élevé dans la hiérarchie administrative. Ces dissensions sont pourtant la cause du caractère changeant des positions de négociation allemandes. En ce cas, un dernier échelon de coordination interministérielle a été prévu, au niveau des Ministres, mais il est rarement mis à contribution, et n'a aucun moyen d'aplanir définitivement les différends. En effet, même le Chancelier Fédéral n'a pas un pouvoir d'arbitrage identique à celui de son homologue français, les Ministères restant très autonomes dans la gestion de leur champ de compétences. Il arrive donc au bout du compte que les différents représentants de l'Allemagne aux négociations ne parlent pas de la même voix.
Ici aussi le souci de s'adapter aux nouvelles conditions de fonctionnement des institutions communautaires s'est manifesté, mais il a principalement consisté en un renforcement de la participation des Länder à la gestion des affaires communautaires. De plus, la fixation de la position allemande porte surtout sur des problèmes de mise en application de choix politiques, qui n'incluent pas nécessairement des soucis de constitutionnalité - mais on a vu plus haut que la Cour constitutionnelle fédérale n'hésitait pas à sanctionner *a posteriori* les prises de positions de l'Exécutif fédéral si elle les estimait non conformes à la Loi Fondamentale.

C - LA PRISE DE DÉCISIONS EN MATIÈRE COMMUNAUTAIRE EN ESPAGNE

En Espagne, nous sommes confrontés à un système de gestion des négociations communautaires d'une grande souplesse. Il semblerait que ce soit dû à son intégration tardive dans le système communautaire : elle a fourni "un effort immédiat et profond d'adaptation au Droit communautaire. Il en résulte une prise en compte plus intégrée du fait communautaire au sein de chaque ministère, qui autorise un mode de coordination souple, peu hiérarchisé et efficace."[3].
Les négociations sont conduites sur le même modèle qu'en Allemagne : le ministère compétent dans la matière principale touchée par le projet d'acte communautaire joue le rôle de "chef de file" à l'égard des autres ministères concernés. La coordination de l'action de l'Etat est assurée par le Secrétaire d'Etat pour l'Union européenne, rattaché au Ministère des Affaires extérieures, qui préside la

[1] créée à cet effet au sein du Ministère fédéral de l'Economie en 1957.
[2] Voir pour plus de détails Christoph SASSE, *Le processus de décision dans la Communauté Européenne - Les exécutifs au Conseil des Ministres*, PUF, 1977 (éd. originale allemande 1975), p.10.
[3] Martine de BOISDEFFRE (dir.), *op. cit.*, p.755.

Commission interministérielle pour les Affaires de l'Union européenne. Il "exerce (...) une importante fonction informelle de conditionnement politique des actions de l'Administration ayant une importance communautaire"[1], sous l'autorité du Gouvernement. Il n'a cependant pas le monopole des relations avec les représentants espagnols auprès de la Communauté, et il n'intervient, comme médiateur, qu'en cas de difficultés à définir une position commune sous l'égide du ministère "chef de file". En cas de problèmes persistants, ceux-ci sont réglés selon leur importance soit devant un conseil réunissant les Secrétaires généraux des Ministères ("Commission pour les Affaires économiques"), soit devant la Commission Interministérielle des Secrétaires d'Etat, soit devant le Conseil des Ministres. On peut donc dire qu'"en règle générale subsiste un degré élevé de départementalisation des fonctions administratives relatives au domaine communautaire. Aucun département ministériel n'a été particulièrement chargé de la fonction de garantir l'exécution des obligations communautaires attribuée par la Constitution au Gouvernement dans son ensemble. En plus, en dehors des rapports officiels généraux à travers la représentation permanente de l'Espagne auprès de l'Union européenne (sous la dépendance directe du Ministère des Affaires étrangères et du Secrétariat d'Etat pour l'Union européenne), les rapports directs de travail entre les différents ministères et la Commission européenne sont tout à fait habituels."[2], contrairement à ce qui se passe en France, où subsiste une forte volonté de centralisation.
Quant aux problèmes de constitutionnalité qui peuvent se poser au moment de l'élaboration de la position espagnole, ils ne font pas non plus l'objet d'un examen spécifique, dans lequel interviendrait le Juge constitutionnel.

On peut donc dire que la politique française est caractérisée par le souci du renforcement du poids de la position française dans le "concert européen"; en Allemagne, mises à part les procédures visant à permettre aux Länder de protéger efficacement leurs domaines de compétences, la tendance est à une certaine centralisation des avis des différents ministères en ce qui concerne les affaires européennes (même si cela reste beaucoup plus souple que ce que nous connaissons en France); le système espagnol, en revanche, reste marqué par sa forte décentralisation, sa souplesse et son peu de hiérarchisation. Dans aucun de ces trois pays cependant les problèmes posés par l'éventuelle inconstitutionnalité d'une norme de Droit communautaire dérivé en cours d'élaboration ne sont réglés par l'intervention du Juge constitutionnel. Quand ils sont envisagés, c'est toujours au sein d'organes de l'Exécutif lui-même, ce qui ne garantit pas l'exactitude de leur appréciation.

Cette absence de contrôle de type juridique lors de l'élaboration du Droit communautaire dérivé par l'Exécutif n'est cependant pas rachetée par l'intervention d'un contrôle de type politique, qui serait exercé par le Parlement. En matière communautaire encore plus qu'en matière internationale *stricto sensu*, le Pouvoir législatif reste largement mis à l'écart par l'Exécutif.

---

[1] José Luis MARTINEZ LOPEZ-MUÑIZ, L'influence du Droit communautaire sur le Droit administratif espagnol, *AJDA*, n° spécial, 20 juin 1996, p.120.
[2] *Id.*, p. 120.

§ 2 - Une intervention parlementaire limitée

Pendant très longtemps, les Parlements nationaux ont été écartés du jeu de l'élaboration des politiques communautaires[1]. Il était ainsi d'usage[2] de considérer que la primauté gouvernementale accrue du fait de la construction européenne devait s'accompagner quasi-mathématiquement d'une dépossession du Parlement. Ce phénomène serait dû à des raisons à la fois techniques (tenant à la spécificité du processus de décision communautaire, fondé sur une négociation intergouvernementale, mais incluant d'autres facteurs[3]), et logiques (l'inadéquation des procédures traditionnelles d'intervention du Parlement à la matière communautaire[4]). L'élaboration du Droit communautaire dérivé est donc devenue "la chose" de l'Exécutif, au même titre que les relations internationales.
Ce n'est que peu à peu, devant l'importance croissante de l'influence du Droit communautaire dans les affaires internes, que les Parlements ont commencé à réclamer un droit d'intervention dans son processus de formation[5]. Ils exercent aujourd'hui un embryon de contrôle politique en matière de Droit communautaire dérivé, auquel ils accordent une grande importance. Il s'agit pour eux d'un enjeu stratégique. Ils constatent en effet que la philosophie de la représentation fonctionnelle des intérêts l'emporte de plus en plus sur celle de la représentation parlementaire[6], et ne tiennent pas à être marginalisés. "Dans cette perspective, on peut mieux comprendre la logique qui sous-tend le désir des Parlements nationaux d'exercer un contrôle plus important sur la formation et la mise en oeuvre des politiques communautaires."[7].
Ces procédures d'association ont été mises en place, avec plus ou moins de bonheur selon les pays[8], au moment de la réforme des institutions communautaires introduite par le Traité de Maastricht (entré en vigueur le 1° novembre 1993)[9]. Nous allons les examiner dans un premier point (I-), avant de nous pencher sur le cas particulier des deuxième et troisième piliers de l'Union européenne (II-), pour finalement faire un bilan - décevant - de l'intervention parlementaire en matière de contrôle du Droit

---

[1] Voir dans ce sens, d'un point de vue critique et prospectif, Marie-France VERDIER, "Vers une seconde Chambre pour l'Europe ? De la nécessité démocratique d'associer les Parlements nationaux à la révision du Traité de Maastricht et d'institutionnaliser leur participation au processus décisionnel communautaire", *Les Petites Affiches* n°114 du 20 septembre 1995, p.20-23.

[2] Voir sur ce thème Jean-Claude GAUTRON, "Influence des Communautés Européennes sur les structures du pouvoir politique français depuis 1958", in *Mélanges Burdeau*, 1977, p.421-440.

[3] Cf. *supra*.

[4] "... lenteur des procédures, pressions exercées *in extremis* sur les parlementaires par des groupes d'intérêt, caractère formel d'un débat portant sur des dispositions préalablement arrêtées et qui ne peuvent être substantiellement modifiées, caractère dangereux d'un débat qui pourrait conduire au vote d'une loi contraire à une disposition communautaire." (Jean-Claude GAUTRON, *op. cit.*, p.428).

[5] Sur ce point, voir par exemple Joël RIDEAU, "La situation des Parlements nationaux dans l'Union Européenne - Un déficit démocratique peut en cacher un autre", *Mélanges en l'honneur du Doyen Paul Isoart*, Pédone, 1996, p.324-344.

[6] Cf. *supra*.

[7] Christian LEQUESNE, *op. cit.*, p.118.

[8] Voir par exemple sur ce point Michel FROMONT, "Le Droit constitutionnel national et l'intégration européenne", *Revue des Affaires Européennes*, 1997, p.195 s..

[9] *Id.*, p.201 s..

communautaire dérivé (III-), qui justifie par lui seul l'éventualité d'une intervention du Juge constitutionnel.

I - Les procédures d'intervention parlementaire dans le processus d'élaboration du Droit communautaire dérivé

Un contrôle parlementaire sur ce processus semble d'autant plus nécessaire que le Droit communautaire dérivé présente des particularités "menaçantes" pour les Parlements nationaux. En premier lieu il est d'application directe dans les Etats membres : ceci implique qu'il l'emporte dès son entrée en vigueur sur l'ensemble du Droit national préexistant, et qu'il peut donc profondément modifier l'environnement juridique des citoyens. D'autre part les lois votées par le Parlement sont dans une proportion croissante d'origine communautaire, soit qu'elles transposent des textes communautaires, soit qu'elles soient obligées de tenir compte du "cadre" créé par le Droit dérivé directement applicable. Il s'agit donc là d'une atteinte grave, étendue, et appelée à s'étendre encore, à la souveraineté nationale (qui, comme l'indique l'article 3 de la Constitution, est exercée par le peuple "par ses représentants").
On comprend dans ces conditions que les parlementaires insistent pour donner leur avis en la matière, lors de l'élaboration du Droit communautaire dérivé, puisqu'ensuite ils n'en auront plus l'occasion. Il est de plus dans leur intérêt d'intervenir le plus en amont possible de la procédure, pour que leur action ait une chance d'être efficace. Les mécanismes mis en place dans les trois pays étudiés laissent cependant parfois à désirer.

A - L'ARTICLE 88-4 DE LA CONSTITUTION FRANÇAISE

Malgré la création, à la fin des années soixante-dix[1], des Délégations pour l'Union Européenne auprès des deux Chambres du Parlement, chargées de maintenir les liens entre institutions européennes et Parlement français (après l'élection du Parlement européen au suffrage universel direct) et de lutter contre la "sous-information" des parlementaires français, la participation du Parlement restait très faible, faute d'une coopération suffisante de la part du Gouvernement.
Les réclamations du Parlement français ont reçu une réponse lors de la révision constitutionnelle du 25 juin 1992[2], qui introduisit dans la Constitution sous le Titre XV ("Des Communautés européennes et de l'Union Européenne") un article 88-4[3]. Malgré une rédaction hâtive, et donc imparfaite de l'aveu même des parlementaires, il s'agissait là d'une grande innovation. Il introduit à la charge du Gouvernement une obligation de transmission touchant un certain nombre de textes préparés par les

---

[1] Loi n°79-554 du 6 juillet 1979 portant modification de l'ordonnance n°58-1100 du 17 novembre 1958, modifiée par les lois n°90-385 du 10 mai 1990 et n°94-476 du 10 juin 1994.
[2] Loi constitutionnelle ndeg. 92-554 du 25 juin 1992, art. 5.
[3] Article 88-4 de la Constitution du 4 octobre 1958 :
"Le Gouvernement soumet à l'Assemblée nationale et au Sénat, dès leur transmission au Conseil des Communautés, les propositions d'actes communautaires comportant des dispositions de nature législative.
Pendant les sessions ou en dehors d'elles, des résolutions peuvent être votées dans le cadre du présent article, selon des modalités déterminées par le règlement de chaque assemblée.".

institutions communautaires pour être soumis au Conseil des Communautés. Il a donc pour but d'assurer la circulation de l'information concernant l'élaboration du Droit communautaire dérivé au sein des institutions françaises. Cette avancée fut complétée par la consécration du rôle du Parlement, par une circulaire du Premier Ministre, datée du 19 juillet 1994, qui déclare que "désormais le Conseil des Ministres de l'Union Européenne ne délibérera plus sur des projets de directives qu'après qu'ils auront été examinés par (la) Délégation pour l'Union européenne."[1], qui dispose à cet effet d'un délai d'un mois. On peut donc en conclure que s'exerce maintenant en France, au moins dans une certaine mesure, la *scrutiny reserve* ("réserve parlementaire") invoquée par les représentants britanniques lors des négociations européennes.

Toutes les propositions d'actes communautaires (directives, règlements et autres actes) présentées par la Commission sont automatiquement transmises pour information par le Gouvernement aux Délégations pour l'Union Européenne des deux Chambres. Mais le Parlement ne peut émettre un avis en bonne forme que sur les propositions d'actes portant sur des matières relevant du "domaine de la loi"[2]. Le tri entre ces textes a été confié par le Gouvernement au Conseil d'Etat [3]. Cependant, les Délégations protestent le cas échéant auprès du Gouvernement[4] quand la pratique de la transmission automatique leur permet de voir que tous les textes rentrant dans

---

[1] Circulaire du Premier Ministre du 19 juillet 1994, relative à la prise en compte de la position du Parlement français dans l'élaboration des actes communautaires, *JO* 21 juillet 1994, p.10510 s..

[2] La notion même est devenue contestable du fait de la jurisprudence du Conseil constitutionnel consécutive à sa décision "Blocage des prix" du 30 juillet 1982, n°82-143 DC, qui a fait perdre beaucoup de son importance à la distinction entre domaine réservé à la loi et domaine réglementaire. Cependant cette évolution n'a pas été prise en compte par les rédacteurs de l'article 88-4, pas plus que par le Conseil d'Etat, qui l'applique strictement.

[3] Cette attribution est le fait d'une simple circulaire du Premier Ministre (initialement du 31 juillet 1992, confirmée par la suite).

Sur quels critères se base le Conseil d'Etat pour effectuer le tri entre les "dispositions de nature législative" et les autres ? Le problème principal vient de ce que les propositions d'actes communautaires ne tiennent aucun compte de cette distinction spécifiquement française. Les critères utilisés sont donc les suivants : considérer la nature du projet d'acte en question, comme s'il s'agissait d'un acte interne; tenir compte du Droit positif (par exemple une habilitation donnée par le législateur au pouvoir réglementaire); transmettre le texte dans son ensemble dès qu'une seule de ses dispositions est concernée (Yann AGUILA, "Le rôle du Conseil d'Etat", in *L'article 88-4 de la Constitution française : le rôle du Parlement dans l'élaboration de la norme européenne*, PUSS, Toulouse, 1994). Le Conseil d'Etat dispose de quinze jours pour effectuer sa sélection, et peut donner deux types d'avis, selon l'importance des textes : soit indiquer simplement lesquels contiennent des dispositions de nature législative, soit émettre un avis sur le fond (notamment quand des principes de valeur constitutionnelle sont en jeu) (Pour plus de détails, voir l'article de Yann AGUILA, *op. cit.*, p.168 s.).

[4] Elles n'hésitent pas à protester auprès du Gouvernement quand elles estiment qu'un texte relevant de cette compétence ne leur a pas été transmis, avec parfois une certaine efficacité. C'est ainsi qu'en 1995, exceptionnellement, un texte portant sur le marché viti-vinicole, déclaré non-législatif par le Conseil d'Etat, a fini par être reclassé à la suite du dépôt de "conclusions" (cf. *infra*) par la Délégation (voir sur ce point *Rapport d'information de la Délégation...*, n°2459, 1995, p.269-286). De même en 1997 la Délégation de l'Assemblée Nationale pour l'Union Européenne a réussi à obtenir du Gouvernement la transmission de la décharge du Budget de la Communauté, passant outre à l'avis négatif du Conseil d'Etat. R. PANDRAUD, rapporteur, précise que "cette demande apparaissait doublement légitime pour notre Parlement, l'examen de la recommandation du Conseil sur la décharge est un moyen de connaître l'exécution d'un budget communautaire dont il s'efforce, chaque année, de suivre pas à pas l'élaboration et pour la Communauté, l'intervention des Parlements nationaux constitue sans doute un moyen de renforcer le contrôle démocratique de l'exécution du Budget communautaire." (*Rapport d'information de la Délégation de l'Assemblée Nationale pour l'Union Européenne*, n°3418, 1996, p.112).

le champ de compétences parlementaire ne leur ont pas été effectivement communiqués. Les Délégations disposent par ailleurs d'autres moyens d'information, notamment les auditions[1].
Elles instruisent systématiquement les projets d'actes communautaires correspondant à la compétence législative, par le truchement de rapporteurs. Elles transmettent aux Commissions permanentes concernées les projets d'actes qui leur paraissent devoir retenir leur attention, pour qu'elles proposent le cas échéant le vote de résolutions à leur sujet; elles communiquent d'autre part aux députés des rapports d'information mensuels reprenant leurs analyses. Si les Délégations estiment que la proposition d'acte européen est contestable, elles peuvent transmettre aux Commissions compétentes de chaque Chambre[2] des "propositions de résolution" (qui peuvent aussi être déposées par des parlementaires devant l'une ou l'autre Chambre). Celles-ci peuvent être rejetées, adoptées ou soumises à l'Assemblée plénière[3]. Les Délégations procèdent également à un "suivi" des résolutions adoptées par les Assemblées, afin de déterminer dans quelle mesure le Gouvernement en a tenu compte au cours des négociations communautaires, mais malheureusement elles ne sont pas régulièrement tenues informées du cours des tractations ultérieures à leur consultation[4].

L'efficacité pratique des vérifications opérées par les Délégations ne doit cependant pas être surestimée : ainsi, jamais jusqu'à présent elles ne sont parvenues à convaincre le Gouvernement de soumettre à l'Assemblée les textes relatifs à la Politique Agricole Commune, malgré leur importance évidente pour des parlementaires dont beaucoup ont été élus dans des circonscriptions rurales. Le Gouvernement estime que le sujet est trop "sensible" pour accepter de le transmettre, même si l'effet du contrôle parlementaire reste bénin. Il s'agit pourtant d'une "politique commune" qui devrait logiquement rentrer dans le cadre du "pilier communautaire" concerné par l'article 88-4, mais aucun contrôle n'a été prévu sur le choix par le Gouvernement des actes qui doivent être transmis au Parlement. Comme aucune intervention du Conseil constitutionnel n'est prévue, même pour protéger les droits du Parlement, il s'agit là d'une appréciation souveraine de l'Exécutif, qui ne peut pour l'instant être contestée.

Cette procédure semble malgré tout fonctionner assez correctement, compte tenu des contraintes qui s'imposent à elle[5]. Un autre problème de taille s'est cependant posé, dû aux délais d'examen dont elle dispose. En effet, à chaque fin de Présidence du Conseil (c'est-à-dire tous les six mois), le Conseil est surchargé de textes qu'il doit examiner et éventuellement adopter à la hâte. La transmission de ces projets aux Parlements nationaux soulève alors des difficultés, entièrement dues aux méthodes

---

[1] Elles peuvent ainsi demander à entendre les ministres, des membres français du Parlement européen et des représentants des institutions communautaires, d'organisations économiques, syndicales ou professionnelles.

[2] qui, reflétant l'équilibre des forces au sein du Parlement, joueront un rôle de "filtre", dans l'optique retenue par le Gouvernement.

[3] A la demande du Parlement ou du Gouvernement.

[4] Le Gouvernement ne leur transmet que le compte-rendu des réunions du Conseil effectué par le représentant permanent de la France.

[5] Voir sur ce point Marie-France VERDIER, "Le Parlement français et l'Europe", *in Cinquante ans de constitutionnalisme - Réalités et perspectives (1945-1995)*, IV° Congrès Mondial de l'Association Internationale de Droit Constitutionnel, Tokyo, 1995.

parfois expéditives des institutions européennes[1]. Le Gouvernement peut alors, en opportunité, demander l'utilisation d'une procédure d'urgence[2], cas qui a cependant connu des abus[3]. Il demeure donc largement maître des effets de cette procédure.

B - L'ARTICLE 23 DE LA LOI FONDAMENTALE ALLEMANDE

Comme en France, les Assemblées parlementaires ont décidé de s'intéresser aux affaires européennes bien avant qu'une procédure spécifique ait été institutionnalisée[4]. Mais cette participation a gagné en efficacité à être inscrite dans la Loi Fondamentale, aux alinéas 2 à 6 de l'article 23[5]. Ces dispositions prévoient pour le Gouvernement, non seulement un devoir d'information (ce qui est par exemple le cas en France), mais aussi un véritable devoir modulé de prise en compte de l'avis des Chambres, qui peut aller jusqu'à l'obligation de se conformer à cet avis quand la compétence législative des Länder est en cause - obligation sanctionnée par la Cour constitutionnelle fédérale[6].

Le rôle des Commissions parlementaires spécialisées est là encore déterminant. Le Gouvernement fédéral leur transmet toutes les propositions d'actes de la

[1] Il est arrivé que des textes soient transmis après leur adoption en Conseil... (cf. *Rapports d'information des Délégations parlementaires pour l'Union Européenne*).

[2] Si cette demande intervient alors que la Délégation est dans l'impossibilité de se réunir, son Président peut "faire connaître au Gouvernement (...) que l'adoption d'une proposition d'acte communautaire peut intervenir avant l'expiration du délai prévu (normalement), compte tenu, soit de l'incidence mineure, soit du caractère politiquement peu sensible du texte en cause." (*Rapport d'information...* n°1893, du 11 janvier 1995, p.8).

[3] Voir à ce sujet le savoureux manifeste de Messieurs Robert PANDRAUD et Maurice LIGOT, "De l'urgence et de la précipitation", *Rapport d'informationde la Délégation de l'Assemblée Nationale pour l'Union européenne* n°2458, du 20 décembre 1995, et n°2488, du 17 janvier 1996.

[4] Constitution de l'ancêtre de l'actuel "Ausschuβ für Fragen der Europäischen Union" (Commission pour les questions de l'Union européenne) dès 1957.

[5] Article 23 de la Loi Fondamentale, alinéas 2 à 6 :

"(2) Le Bundestag et les Länder par l'intermédiaire du Bundesrat concourent aux affaires de l'Union européenne. Le gouvernement fédéral doit informer le Bundestag et le Bundesrat de manière complète et aussi tôt que possible.

(3) Avant de concourir aux actes normatifs de l'Union européenne, le gouvernement fédéral donne au Bundestag l'occasion de prendre position. Dans les négociations, le gouvernement fédéral prend en considération les prises de position du Bundestag. Les modalités sont réglées par la loi.

(4) Le Bundesrat doit être associé à la formation de la volonté de la Fédération dans la mesure où son concours serait requis au plan interne pour une mesure analogue ou que les Länder seraient compétents au plan interne.

(5) Dans la mesure où des intérêts des Länder sont touchés dans un domaine de compétence exclusive de la Fédération ou lorsque la Fédération a à un autre titre le droit de légiférer, le gouvernement fédéral prend en considération la prise de position du Bundesrat. Lorsque des pouvoirs de législation des Länder, l'organisation de leurs administrations ou leur procédure administrative sont concernés de manière prépondérante, l'opinion du Bundesrat doit être prise en considération de manière déterminante lors de la formation de la volonté de la Fédération ; la responsabilité de la Fédération pour l'ensemble de l'Etat doit être préservée. Dans les affaires susceptibles d'entraîner une augmentation des dépenses ou une diminution des recettes de la Fédération, l'approbation du gouvernement fédéral est nécessaire.

(6) Lorsque des pouvoirs exclusifs de législation des Länder sont concernés de manière prépondérante, l'exercice des droits dont jouit la République fédérale d'Allemagne en tant qu'Etat membre de l'Union européenne doit normalement être transféré par la Fédération à un représentant des Länder désigné par le Bundesrat. L'exercice de ces droits a lieu avec la participation du gouvernement fédéral et de concert avec lui ; la responsabilité de la Fédération pour l'ensemble de l'Etat doit être préservée.".

[6] Cf. la décision du 22 mars 1995, cité *supra* : dans ce cas précis, la Fédération "représente en tant que mandataire ("Sachwalter") des Länder leurs droits constitutionnels vis-à-vis de la Commission." (C, I, 3).

Commission, ainsi que tous les documents de la Commission et du Conseil, ainsi que les rapports, communications et autres documents préparatoires des institutions de l'Union européenne et des différents groupes de travail. Il est ensuite tenu de les informer des négociations en cours[1]. Elles se prononcent au terme de leurs travaux par des "recommandations de décisions" à l'adresse de la Chambre dont elles relèvent[2]. Quant au suivi des décisions et avis pris par les Chambres, il revient, pour le Bundesrat, aux Commissions compétentes (dont l'avis est dans certains cas obligatoire). Pour le Bundestag, depuis un accord ministériel de février 1994, ce suivi est assuré par la présentation par le Ministre compétent d'un rapport exposant la décision du Conseil, et expliquant dans quelle mesure l'avis du Bundestag a été pris en compte. Le Gouvernement est donc moins libre de ses mouvements en Allemagne qu'en France.

C - LA PROCÉDURE DE PARTICIPATION DU PARLEMENT EN ESPAGNE

La loi n°47/1985 du 27 décembre 1985[3] a créé une *Comisión Mixta para la Union Europea* (= Commission Mixte pour l'Union Européenne)[4] pour traiter des problèmes relatifs à l'élaboration du Droit communautaire dérivé. Elle n'a cependant pas pu, pendant une longue période, exercer un contrôle effectif sur son processus d'élaboration, car les facultés qui lui étaient confiées entre 1985 et 1994 étaient assez réduites. Elles ont été renforcées en 1994, et tous les groupes parlementaires ont annoncé leur intention de les exercer réellement. Ceci permet maintenant aux Cortes Generales d'exercer une influence sur le Gouvernement en la matière.

En principe, le Gouvernement ne transmet pas au Congrès des Députés l'ensemble des propositions législatives de la Commission européenne. Il les trie d'abord, selon qu'il s'agit de dispositions de nature législative ou pas - sans qu'aucun contrôle soit

---

[1] D'une part par les rapports des membres du Gouvernement et des fonctionnaires qui participent à ces négociations, d'autre part, pour le Bundesrat, par l'envoi de représentants des Länder aux groupes de travail de la Commission et du Conseil, dans la mesure où des intérêts essentiels des Länder sont en jeu. Si des compétences législatives exclusives des Länder sont concernées, l'Allemagne sera même représentée au sein du Conseil par un représentant des Länder nommé par le Bundesrat.

[2] Au Bundestag, les propositions d'actes communautaires sont systématiquement réparties entre les différentes commissions parlementaires, selon leur domaine de compétence, et y sont examinées. La Commission peut se contenter de prendre acte de la proposition. Si le besoin s'en fait sentir, elle peut cependant la présenter au Bundestag, dans un rapport accompagné d'une recommandation de décision à son adresse. Elle fait alors l'objet d'un débat en séance plénière, et le Bundestag suit en général les recommandations de sa Commission.
Au Bundesrat, le Secrétaire de la Commission chargée des Affaires Européennes choisit les documents transmis par le Gouvernement qui intéressent les Länder, et les prépare pour délibération au sein du Bundesrat; les autres sont envoyés aux Länder pour information, et ces derniers peuvent y choisir ceux qu'ils veulent aussi voir examiner. Les propositions d'actes sont alors examinées par les Commissions spécialisées concernées, qui émettent des "recommandations pour avis" à destination de la séance plénière, avis qui sont ensuite approuvés par un vote. Dans les cas très urgents concernant des compétences de Länder, quand l'intervention de l'Assemblée plénière du Bundesrat serait trop tardive, la *Europakammer*, Chambre européenne créée le 10 juin 1988 par décision du Bundesrat, pour remplacer l'Assemblée plénière en cas d'urgence et pour les textes confidentiels, se réunit et agit aux lieu et place du Bundesrat.

[3] modifiée par la Loi n°8/1994 du 19 mai 1994.

[4] Composée de membres du "Congreso de los Diputados" et du "Senado", désignés au début de chaque législature par les groupes politiques des Chambres, au prorata du nombre de leurs membres, tous les groupes et regroupements (*agrupaciones*) devant être représentés.

assuré sur ce tri, pas même par le Tribunal constitutionnel. Seuls les textes qualifiés de nature législative sont envoyés à la Commission Mixte, pour qu'elle les examine. Le Gouvernement n'est pas tenu de lui envoyer d'autres documents[1]. Ces propositions sont accompagnées d'une analyse du Gouvernement, et d'une estimation des conséquences prévisibles qu'elles auront sur le Droit positif espagnol. Depuis 1994, ces informations sont accompagnées de rapports réguliers sur l'avancement des négociations communautaires. La Commission Mixte dispose aussi d'autres sources d'information : en particulier, elle peut se réunir avec les membres espagnols du Parlement européen, et elle peut demander au Gouvernement de plus amples informations sur un point donné. Elle instruit ensuite les propositions transmises, et peut si elle les juge discutables demander au Président d'une des deux assemblées d'organiser un débat en séance plénière[2], ou adopter une motion qui rend leur examen obligatoire par le Congrès. Rien n'interdit cependant en principe le recours (fréquent par ailleurs) à une délégation de la faculté d'examiner et d'adopter des textes aux Commissions parlementaires permanentes. Dans tous les cas l'examen parlementaire se conclut par l'adoption d'une résolution parlementaire, qui peut le cas échéant être accompagnée de la publication d'un rapport.
Jusqu'à présent aucun suivi de la prise en compte de leurs recommandations par le Gouvernement n'est assuré par les Cortes. On voit donc que, du fait sans doute du caractère récent de ces dispositions, les Cortes Generales espagnoles sont moins impliquées dans le processus d'élaboration du Droit communautaire dérivé que leurs homologues, les Parlements français et allemand, bien qu'elles disposent d'un droit d'information minimal débouchant sur la possibilité d'un suivi des propositions en cause[3].

II - Le problème soulevé par les deuxième et troisième piliers de l'Union Européenne

Ce sont les deux "piliers intergouvernementaux" de l'Union européenne, qui concernent l'un la politique étrangère et de sécurité commune, et l'autre la justice et les affaires intérieures, institués dans les Titres V et VI du Traité de Maastricht. Du fait de cette particularité par rapport au "pilier communautaire" (le "premier pilier"), les décisions y appartiennent au Conseil des Communautés, et sont pour l'essentiel prises à l'unanimité. Le rôle de la Commission elle-même y est réduit, et celui du Parlement européen particulièrement marginal[4]. On se trouve en la matière à mi-chemin entre le Droit international et le Droit communautaire classiques, et la

---

[1] En général, seules les propositions législatives relevant du 1° pilier (pilier communautaire) sont systématiquement transmises.
[2] La décision est alors prise par la "Junta de Portavoces" (= "Comité des Porte-parole"), ou par l'Assemblée elle-même, ou par le Gouvernement s'il l'inscrit à titre prioritaire à l'ordre du jour d'une séance déterminée.
[3] Alors que dans d'autres pays (Grèce, Irlande, Italie) le Parlement bénéficie seulement d'une information gouvernementale, l'Espagne a suivi la voie des Pays-Bas et du Portugal, qui ont renforcé ce devoir d'information. (Cf. sur ce point Bernard RULLIER, " L'article 88-4 de la Constitution : un premier bilan", *RDP* 1994, p.1685).
[4] Sur ce point, voir Joël RIDEAU, Droit institutionnel de l'Union et des Communautés européennes, *op. cit.*, p.464 s..

"susceptibilité" des Exécutifs des Etats membres de l'Union pour ce qui touche ces compétences est particulièrement vive. On comprend dans ces conditions que l'intervention des Parlements nationaux soit encore moins satisfaisante que sur les matières du "premier pilier".

En France sont théoriquement exclus du champ d'application de l'article 88-4 les accords entre les institutions de la Communauté, les accords intergouvernementaux passés entre les Etats membres, et les actes relavant des Titre V et VI du Traité de Maastricht. Une proposition de loi constitutionnelle a d'ailleurs été déposée par M. le Sénateur Jacques GENTON, afin d'étendre le champ de l'article 88-4 aux actes des deuxième et troisième piliers de l'Union européenne[1].

Les Délégations parlementaires pour l'Union européenne ont néanmoins obtenu que leur soient communiqués tous les projets d'actes de l'Union européenne, c'est-à-dire non seulement ceux qui relèvent du premier pilier, mais aussi ceux qui sont proposés dans le cadre des piliers intergouvernementaux[2]. Il faut cependant remarquer que seules les propositions émanant de la Commission sont transmises, et non celles qui sont faites par les Etats membres. De plus, si les Délégations peuvent instruire ces documents, elles ne peuvent adopter à leur propos que des "conclusions"[3] (et non des "propositions de résolutions"), qui n'ont aucune valeur juridique, et dont l'effet est purement informel[4].

En Allemagne, la situation, identique pour le Bundestag et le Bundesrat, est nettement différenciée suivant les "piliers" concernés. Aucune obligation de transmission ne pèse sur le Gouvernement en ce qui concerne le "deuxième pilier", c'est-à-dire la politique étrangère et de sécurité commune. En pratique cependant, le Ministère des Affaires Etrangères informe le Parlement des orientations fondamentales, ainsi que des principaux développements et aspects des négociations en cours sur ce sujet. En revanche, pour ce qui touche la politique intérieure et la justice ("troisième pilier"), le Gouvernement doit transmettre au Parlement aussi bien les propositions des Etats membres qu'éventuellement celles de la Commission, et tous les documents qui lui sont communiqués. Très peu de ces propositions ont jusqu'à présent été examinées, et par le Bundesrat seulement. Le Bundestag ne se

---

[1] Cf. *Rapport d'information de la Délégation pour l'Union européenne de l'Assemblée Nationale*, n°2439, p.14.

[2] L'article 88-4, mal rédigé sur ce point, avait été interprété restrictivement par le Conseil d'Etat, sur la base des travaux préparatoires (cf. Yann AGUILA, *op. cit.*), alors que les parlementaires interprétaient ces mêmes travaux préparatoires dans le sens de l'application de la procédure aux actes relevant des trois piliers (cf. Robert PANDRAUD, *Rapport d'information de la Délégation de l'Assemblée...*, n°2439, p.7-8 et Bernard RULLIER, *op. cit.*, p.1709). Il a fallu attendre la loi n°94-476 du 10 juin 1994 pour que le Gouvernement soit obligé de transmettre aussi aux Délégations les projets d'actes relevant des 2° et 3° piliers de l'Union. Mais une révision de l'article 88-4 de la Constitution pour les faire rentrer dans le cadre de cette procédure est obstinément refusée par l'Exécutif.

[3] Cf. un arrêté du Bureau de l'Assemblée nationale en date du 15 novembre 1995, à l'initiative du Président de l'Assemblée nationale Philippe SÉGUIN, art. 1-3-b, al. 2 : "les rapports déposés sur les projets d'actes relevant des Titres V et VI du Traité sur l'Union européenne, transmis par le Premier ministre, peuvent être assortis de conclusions. Ces conclusions sont notifiées au Premier ministre.".

[4] C'est par exemple systématiquement le cas, dans le cadre du premier pilier, pour les propositions d'actes concernant la Politique Agricole Commune, que les Délégations parlementaires ne sont jamais arrivées à faire entrer dans le champ d'application de l'article 88-4, malgré leurs démarches auprès du Gouvernement (cf. *supra*).

distingue que par le pouvoir d'émettre un avis conforme sur le passage à la troisième phase de l'Union Economique et Monétaire.

En Espagne, le processus n'est pas vraiment rodé; en principe seules les propositions de la Commission de Bruxelles sont transmises aux Cortes Generales. Rien ne les empêche de les soumettre à la même procédure d'examen que les propositions relevant du "premier pilier", même si cela n'a jamais été fait jusqu'à présent.

Le Pouvoir exécutif conserve donc dans ces matières la plus grande partie de la liberté dont il bénéficie dans l'exercice de sa compétence diplomatique "ordinaire", l'intervention du Parlement étant réduite à la portion congrue.

III - Un bilan de l'intervention des Parlements nationaux dans les affaires européennes

Les résultats de cette intervention parlementaire sont généralement assez décevants. Elle n'entrave pas réellement le mouvement de dépossession de compétences du Parlement au profit de l'Exécutif que nous avons déjà relevé, et n'aboutit à aucun contrôle politique efficace sur les options retenues par ce dernier.

En France, l'adoption de l'article 88-4 a suscité des espoirs relatifs aux pouvoirs du Parlement. Ainsi a-t-on estimé que "le coût de cette avancée parlementaire (serait) extrêmement lourd pour un exécutif dont la maîtrise des relations internationales est ainsi ébréchée, (et que ce) mécanisme (portait) en germe le risque d'un affaiblissement de l'exécutif par rapport au législatif."[1]. Mais, comme le fait remarquer Ghislaine ALBERTON, "en réalité, c'est le Gouvernement qui va tirer entier profit de cette procédure en utilisant au besoin les résolutions parlementaires - dès lors qu'elles seront conformes à ses propres préoccupations - pour appuyer et étayer sa politique de "fermeté" vis-à-vis de ses partenaires européens..."[2].

La portée effective des résolutions de l'article 88-4 est en effet décevante, malgré son développement constant, qui place par exemple la France dans le peloton de tête des Parlements contrôleurs. Le Conseil constitutionnel a eu l'occasion de rappeler que sa jurisprudence concernant les résolutions parlementaires en général s'appliquait aussi en l'espèce. Dans deux décisions des 17, 18 et 24 juin 1959, et 24 et 25 juin 1959[3], sur les règlements de l'Assemblée Nationale et du Sénat, il avait clairement indiqué que "dans la mesure où de telles propositions (de résolutions parlementaires) tendraient à orienter ou à contrôler l'action gouvernementale, leur pratique serait contraire aux dispositions de la Constitution qui, dans son article 20, en confiant au Gouvernement "la détermination et la conduite de la politique de la Nation", ne prévoit la mise en cause de la responsabilité gouvernementale que dans les conditions et suivant les procédures fixées par ses articles 49 et 50.". C'est la solution

---

[1] Frédéric BOBIN, " Les débats sur la CEE à l'Assemblée Nationale - Les parlementaires entendent user de leur droit de regard sur les actes communautaires", *Le Monde* 19 mai 1993, p.12.

[2] Ghislaine ALBERTON, " L'article 88-4 de la Constitution ou l'affirmation d'une indispensable cohésion politique entre le Parlement et le Gouvernement", in *L'article 88-4 de la Constitution française : le rôle du Parlement dans l'élaboration de la norme européenne*, PUSS, 1994.

[3] Décision 17, 18 et 19 juin 1959, n°59-2 DC, "Règlement de l'Assemblée nationale", et Décision 24 et 25 juin 1959, n°59-3 DC, "Règlement du Sénat".

qu'il a reprise en l'adaptant, et malgré les critiques qui avaient pu lui être adressées auparavant, dans deux décisions consécutives à la prise en compte de l'article 88-4 dans les règlements des Assemblées[1] : "le vote par chaque Assemblée parlementaire d'une résolution concernant une proposition d'acte communautaire ne saurait ni porter atteinte aux prérogatives que le Gouvernement tient de la Constitution, ni conduire à la mise en cause de sa responsabilité, laquelle demeure régie exclusivement par les règles définies aux articles 49 et 50 de la Constitution."[2]. Dans ces conditions plutôt défavorables, quel effet attendre de ces résolutions ? "L'article 88-4 ne serait-il, en définitive, qu'un "sabre de bois" ?"[3]. Il est difficile d'évaluer cet effet. Dans un certain nombre de cas l'Assemblée a obtenu satisfaction, mais dans d'autres le Gouvernement n'a tenu aucun compte de ses observations, "alors même que d'autres Etats membres, tels la Belgique et le Luxembourg, ont obtenu la possibilité d'instituer des dérogations justifiées par leur situation particulière."[4]. Les résolutions parlementaires apparaissent cependant indubitablement comme un "instrument diplomatique nouveau" dans les relations entre le Gouvernement français et les institutions communautaires[5].Globalement, on peut dire que, si elles sont absolument dépourvues d'effet juridique, elles n'en ont pas moins une portée politique certaine, car le Gouvernement pourrait prendre des risques politiques à ne pas tenir compte de résolutions parlementaires votées par sa majorité, au moins sur des dossiers importants[6]. Ainsi entendue, cette portée est cependant réservée aux cas graves, et donc hypothétique, car le "rouleau compresseur" du "fait majoritaire" joue, là comme ailleurs[7]. Il s'agirait plutôt à tout prendre d'un "rôle pédagogique et d'information (et d') une fonction d'influence" échue au Parlement du fait de son pouvoir d'émettre des résolutions[8].

La situation est-elle profondément différente dans les deux autres pays de notre "échantillon" ? En Espagne, nous avons vu que les pouvoirs des Cortes Generales étaient s'il est possible encore plus réduits qu'en France. Certes le devoir de transmission du Gouvernement concernant les actes communautaires est théoriquement très étendu, mais pendant longtemps le contrôle parlementaire est

---

[1] Décision n°92-314 DC, du 17 décembre 1992, "Application de l'article 88-4 C (Assemblée Nationale)" (Notes : C. BIGAUT, *RA* 1994, n°277, p.29; P. GAIA, *RFDC* 1993, n°13, p.137)et Décision n°92-325 DC, du 12 janvier 1993, "Application de l'article 88-4 C (Sénat)" (Notes : C. BIGAUT, *RA* 1994, n°277, p.29; M. DREYFUS-SCHMIDT, *RFDC* 1993, n°14, p.371; P. GAIA, *RFDC* 1993, n°13, p.132; M.-Fr. VERDIER, *LPA* 1993, n°67, p.8).
[2] Décision n°92-314, Cs n°7.
[3] Robert PANDRAUD, "L'Assemblée nationale et l'Europe - Quelle influence sur la législation communautaire", *Rapport d'information de la Délégation pour l'Union Européenne* n°2459, 1995, p.6.
[4] *Id.*.
[5] Robert PANDRAUD, *op. cit.*.
[6] Il ressort d'un entretien que nous a accordé M. Daniel HOCHEDEZ, Chef de la Division des Communautés et de l'Union Européenne de l'Assemblée Nationale, le 20 mars 1997, que le Gouvernement prend parfois beaucoup de précautions à l'égard de sa majorité parlementaire. Ainsi, alors que l'Etat français a été condamné en manquement pour non-transposition d'une directive de 1985, la Commission des lois a refusé le texte de transposition en séance publique, sur transmission de la Délégation (cf. *Rapport d'information...* n°3411). Le Gouvernement hésite encore à passer outre.
[7] Cf. *supra*, partie 1.
[8] Cf. Bernard RULLIER, " L'article 88-4 de la Constitution : un premier bilan", *RDP* 1994, p.1729-1730.

resté lettre morte. La situation va peut-être évoluer, mais on ne pourra vraiment s'en rendre compte que dans quelques années.
En Allemagne par contre, nous avons un parfait exemple de Parlement exerçant un contrôle assez satisfaisant sur l'activité communautaire de son Exécutif. Mais il ne faut pas perdre de vue les circonstances dans lesquelles il s'exerce... En fait le Bundestag n'a qu'un pouvoir d'influence : on doit prendre en compte son avis, mais pas obligatoirement s'y conformer. Et si le Bundesrat a un poids manifestement plus important, c'est parce que l'Allemagne est un Etat fédéral, où l'Exécutif central doit tenir compte des intérêts des Länder; encore ne dispose-t-il d'un "droit de veto" que quand ses compétences exclusives sont concernées, et grâce à la jurisprudence protectrice de la Cour constitutionnelle fédérale...

Il convient donc de nuancer la portée du contrôle politique exercé par les Parlements nationaux[1]. Il est d'autant plus incomplet que de plus en plus de décisions communautaires sont prises à la majorité qualifiée, sans que les Etats mis en minorité aient d'autre possibilité que de recourir au "compromis de Luxembourg", dans les cas politiquement les plus graves (et celui-ci est très rarement utilisé, au point que certains prétendent qu'il est tombé en désuétude). Ceci relativise d'autant la portée déjà faible des résolutions parlementaires[2]. Certains étendent même ce doute au cas des décisions prises à l'unanimité[3], qui est pourtant le plus respectueux de la souveraineté des Etats, mais qui réalise une grave altération de la séparation traditionnelle des pouvoirs, en donnant aux Exécutifs nationaux un pouvoir de nature législative, sans aucun contrôle politique effectif des Parlements nationaux. Cette situation décevante peut justifier, de l'aveu même de certains parlementaires, l'intervention d'un contrôle de nature juridique, exercé par le Juge constitutionnel.

Section 2

Les problèmes d'aménagement de l'intervention du Juge constitutionnel

Nous venons de voir que, devant la nécessité de mettre en place des "mécanismes d'alerte" pour protéger le Droit interne de l'intrusion de normes inconstitutionnelles d'origine communautaire, les Parlements nationaux n'ont que rarement la possibilité d'exercer des pressions efficaces sur l'Exécutif en la matière, ou alors d'une manière limitée. Comme le fait remarquer Xavier de ROUX, député de Charente-Maritime,

[1] Quant au Parlement européen, il exerce principalement un rôle consultatif dans l'élaboration des actes communautaires, car il ne dispose pas du pouvoir législatif au niveau communautaire (qui appartient au Conseil). Il a certes vu s'accroître beaucoup ses pouvoirs : aujourd'hui, il "a réussi à obtenir, outre un partage du pouvoir budgétaire, un rôle effectif, bien qu'inégal, tant en matière législative qu'en matière de relations extérieures" (Guy ISAAC, *Droit communautaire général*, p.68). Cependant la seule procédure de codécision intégrale est celle de l'"avis conforme", puisque le Conseil ne peut y prendre de décision sans l'accord explicite du Parlement. Elle a été introduite par le Traité de Maastricht dans des domaines limités : citoyenneté (art. 8A); système européen de banques centrales (art. 105-6 et 106-5); fonds structurels et fonds de cohésion (art. 130D).

[2] Bernard RULLIER, *op. cit.*, p. 1733.

[3] Béla FARAGO, *op. cit.*, p.37.

"aujourd'hui plus de la moitié de nos règles de Droit interne sont en réalité des règles de Droit européen dérivé. De ce fait, les institutions démocratiques des différents Etats membres ne discutent plus que d'une très faible partie du Droit qui est mis en application. D'ailleurs, dès lors que ce Droit est mis en application, il se heurte très souvent, ou peut se heurter, aux dispositions du Droit communautaire. La Cour de justice fait, bien entendu, prévaloir les dispositions du Droit communautaire sur les dispositions du Droit national."[1].

Il semble donc que l'intervention du Juge constitutionnel soit très souhaitable en la matière. Nous avons vu plus haut qu'une intervention *a posteriori*, possible, n'était pas pour autant facile à justifier du point de vue de la cohérence du système communautaire. Reste donc l'hypothèse d'un contrôle *a priori*. Il faut encore voir de quelle manière organiser concrètement ce contrôle. Cette hypothèse n'a ainsi jamais été envisagée en Espagne, du fait de la grande orthodoxie de ce pays en matière de Droit communautaire dérivé : nous laisserons donc ce pays de côté pour analyser les exemples allemand et français.

Après avoir énuméré des arguments opposables à ce contrôle *a priori* du Droit communautaire dérivé (§ 1), nous verrons de quelle manière on peut imaginer de le mettre en oeuvre (§ 2).

§ 1 - Les arguments hostiles au contrôle *a priori*

On peut les ranger en deux catégories : celle des arguments relevés par la Cour constitutionnelle fédérale allemande, liés au fait qu'elle exerce déjà un contrôle *a posteriori* (I-), et celle des arguments soutenus en France, fortement marqués par la volonté de construire l'Europe le plus rapidement possible, quel que puisse en être le "coût constitutionnel" (II-).

I - Des critiques circonstancielles en Allemagne

En Allemagne, on a vu[2] que, depuis une décision du 22 mars 1995, la Cour constitutionnelle fédérale accepte de contrôler les actes du Gouvernement Fédéral antérieurs à la conclusion d'un acte de Droit communautaire dérivé, et de les condamner, mais par un contrôle *a posteriori* de l'acte en cause, ce qui nous change à peine de l'hypothèse des jurisprudences *Solange*[3]. Déjà, le recours abstrait (*akstrakte Normenkontrolle*), qui peut toucher les lois de ratification des Traités conformément à l'article 59-II de la Loi Fondamentale, n'est pas admis concernant les normes du Droit communautaire dérivé elles-mêmes (cf. article 23 de la Loi Fondamentale)[4]. Et la Cour constitutionnelle, généralement si prompte à réévaluer le contenu de ses

---

[1] Xavier de ROUX, in Olivier PASSELECQ et alii, "Les Constitutions nationales face au Droit européen", *RFDC* 1996, p.688-689.

[2] Cf. *supra*, Chapitre1, Section 2.

[3] La différence étant que ces dernières s'appuyaient sur les dispositions de la Loi Fondamentale relatives aux droits fondamentaux, et que l'évolution de la jurisprudence de la CJCE sur ce point a entraîné la suspension du contrôle de la Cour constitutionnelle fédérale dans cette hypothèse.

[4] Voir sur ce point les explications du Professeur Gerd STURM, dans son commentaire de l'article 93 de la Loi Fondamentale, *in* Michael SACHS (dir.), *Grundgesetz Kommentar*, 1996, p.1540, n°45.

compétences, s'est toujours refusée jusqu'à présent à les interpréter dans le sens d'un contrôle *a priori*.

Elle y était pourtant poussée par les arguments de certains auteurs[1], qui s'appuyaient sur plusieurs requêtes lui demandant d'émettre des "ordonnances provisoires" contre des projets de directives communautaires. Ils estimaient que le maintien par la Cour d'une réserve de compétence à son profit en matière de protection des droits fondamentaux après *Solange II* pouvait déboucher avec avantage sur l'exercice d'un contrôle préventif, exercé lors de l'élaboration de l'acte de Droit communautaire dérivé, afin d'empêcher qu'il puisse violer ces droits constitutionnellement protégés. Mais la Cour n'a pas tenu compte de ces arguments, d'ailleurs suivie sur ce terrain par la majeure partie des membres de la doctrine allemande, qui est hostile à une solution *Solange III*, surtout concernant les droits fondamentaux. L'argument avancé est que la Cour de Justice des Communautés Européennes assure une protection des droits fondamentaux dont la Cour constitutionnelle elle-même a reconnu l'effectivité en 1986[2].

La Cour constitutionnelle fédérale a de son côté justifié son refus de se lancer dans un contrôle *a priori* de la constitutionnalité des actes communautaires dérivés dans deux ordonnances des 11 avril et 12 mai 1989[3]. Elle estime (arrêt du 11 avril 1989) qu'il ne faut pas entraver la liberté de négociation du Gouvernement par une mesure conservatoire - mais elle se réserve la possibilité d'exercer un tel contrôle *a posteriori*, à titre subsidiaire au regard de la CJCE, au cas où le Gouvernement n'aurait pas respecté ses obligations[4]. Cette position catégorique est discutable, mais s'explique donc par le fait que la Cour a choisi une autre voie pour développer son contrôle sur les actes du Droit communautaire dérivé. Il en va tout autrement des critiques françaises à l'égard du contrôle *a priori*.

II - Des arguments pour la plupart convenus en France

Ces arguments sont avancés par ceux qui voient dans l'établissement d'un contrôle de constitutionnalité *a priori* une menace pour la construction européenne telle qu'elle est actuellement menée[5]. Par ordre décroissant de généralité, ont peut en distinguer trois.

---

[1] Voir par exemple Ruppert SCHOLZ et K.-H. FRIAUF, "Wielange noch bis zum Solange III ?", *Neue Juristische Wochenschrift* 1990, p.941-946, ou Christian TIETGE, "Europäischer Grundrechtsschutz nach dem Maastricht-Urteil, "Solange III" ?", *Neue Juristische Wochenschrift* n°3, 1994, p.197-202.

[2] Voir par exemple C.-D. EHLERMANN, "Zur Diskussion über einen Solange III-Beschluss", *Europarecht*, 1991, p.27-38; U. EVERLING, "Brauchen wir Solange III ?", *Europarecht* 1990, p.195-227; Christian TOMUSCHAT, "Aller Dinge sind III", *Europarecht* 1990, p.340-361.

[3] BVerfGE 80, 74 s., "Bayerisches Regierung / Bundesregierung der Bundesrepublik", ordonnance du 11 avril 1989, et ordonnance du 12 mai 1989, "Philip Morris GmbH *et alii* / Bundesregierung der Bundesrepublik", citée dans M. FROMONT, "Chronique allemande", *AIJC* V-1989, p.335 s...

[4] CCF 12 mai 1989, "Philip Morris GmbH *et alii* / Bundesregierung der Bundesrepublik" :
"Au cas où la directive porterait atteinte aux droits fondamentaux protégés par le Droit communautaire, la CJCE peut être saisie. Si les droits garantis de façon inconditionnelle par la Loi Fondamentale n'étaient pas effectivement protégés de cette façon, la Cour constitutionnelle fédérale pourrait alors être saisie.".

[5] Voir par exemple François LUCHAIRE, qui, à propos de l'éventualité d'une constitutionnalisation du fameux "compromis de Luxembourg", demande : "est-il nécessaire de réviser la Constitution pour pouvoir l'invoquer ? Certains peuvent penser qu'il est caduc, que l'Acte unique l'a annulé, d'autres peuvent penser qu'il peut toujours jouer. Pourquoi vouloir réviser la Constitution pour dire que ce

A - LA SPÉCIFICITÉ DU DROIT COMMUNAUTAIRE

Le premier argument concerne la nature du Droit communautaire, et sa spécificité par rapport au Droit national. Le Professeur François LUCHAIRE admet ainsi que des problèmes de constitutionnalité puissent se poser à l'occasion de la transposition d'une directive, mais il estime qu'il ne serait pas difficile de les régler, à condition de concevoir clairement la nature et la place du Droit communautaire dans les ordres juridiques nationaux. "Il faut bien comprendre les rapports entre le Droit communautaire et le Droit interne, qu'il soit constitutionnel ou législatif. Je n'affirmerai pas qu'il y a une supériorité totale dans cette hiérarchie entre le Droit communautaire et le Droit national. Ce que je crois, c'est que ce sont deux droits qui ont des domaines absolument différents. Par conséquent, suivant le domaine dans lequel on se trouve, on applique le Droit communautaire ou on applique le Droit national.."[1]. De ce fait, si l'on suit ce raisonnement, le seul contrôle auquel peut être soumis un acte de Droit communautaire dérivé est celui de sa conformité aux Traités en vertu desquels il est pris, puisque c'est le seul contrôle qui correspond au domaine du Droit communautaire.
C'est une position logique, qui s'appuie *in fine* sur les Traités communautaires et la jurisprudence de la Cour de Justice des Communautés Européennes, selon lesquels seule cette dernière est habilitée à contrôler la validité des actes communautaires dérivés[2]. Elle ne tient cependant pas compte d'un fait important, qui est que le Droit communautaire est profondément imbriqué dans le Droit national, ce qui se traduit par le fait que le Droit positif national est de plus en plus profondément influencé par lui. Dans ces conditions, s'il est illusoire de parler de hiérarchie entre ces deux ordres juridiques, il semble aussi théorique et formel de prétendre qu'ils forment deux ordres entièrement séparés et autonomes. Le Droit communautaire exerce une profonde influence sur le Droit interne, et cette seule raison justifie qu'on ne rejette pas *ab initio* toute réflexion sur un contrôle de sa constitutionnalité.

B - LE CHAMP OUVERT À UN ÉVENTUEL CONTRÔLE

Le deuxième argument a trait aux normes de Droit communautaire dérivé concernées par un éventuel contrôle de constitutionnalité, en fonction des contraintes qui ont déjà été acceptées par l'Etat membre. Il repose sur une distinction entre les actes adoptés selon la règle de l'unanimité, et ceux qui sont soumis à la règle de la

---

compromis doit toujours fonctionner ? Sinon avec cette volonté précisément d'établir une nouvelle source de blocage à la construction européenne." (in Olivier PASSELECQ et alii, "Les Constitutions nationales face au Droit européen", *RFDC* 1996, p.686).

[1] François LUCHAIRE, in Olivier PASSELECQ et alii, "Les Constitutions nationales face au Droit européen", *RFDC* 1996, p.686.

[2] Cf. article 173 Traité CE :
"La Cour de Justice contrôle la légalité des actes adoptés conjointement par le Parlement européen et le Conseil, des actes du Conseil, de la Commission et de la BCE, autres que les recommandations et les avis, et des actes du Parlement européen destinés à produire des effets juridiques vis-à-vis des tiers.".
Pour plus de détails, voir Guy ISAAC, Droit communautaire général, p.245-257; et Joël RIDEAU, Droit institutionnel de l'Union et des Communautés européennes, p.585-606.

majorité qualifiée, et a été bien exposé par M. Laurent COHEN-TANUGI lors d'une conférence-débat sur "Les Constitutions nationales face au Droit européen"[1].
Commençons par les actes communautaires dérivés adoptés par les Etats membres à l'unanimité. Ils devraient d'emblée être exclus de tout contrôle, car "il est évident que l'Etat a le droit de refuser d'adopter cette mesure, donc de la bloquer s'il considère qu'elle est contraire à sa Constitution."[2]. Ce premier point est déjà contestable, car il n'est pas difficile d'imaginer que, pour des raisons qui lui sont propres (*Realpolitik* par exemple), l'Exécutif, seul compétent en la matière, décide d'admettre une inconstitutionnalité qu'il estimerait être bénigne, ou encore ignore en toute bonne foi un risque d'inconstitutionnalité, du fait d'un examen insuffisant des implications de l'acte visé. Une telle éventualité est facilement concevable et réaliste - qu'il suffise de se remémorer le débat qui a accompagné l'élargissement de la saisine du Conseil constitutionnel en 1974 : on sait parfaitement qu'il a été auparavant possible aux quatre autorités de saisine initiales de n'avoir simultanément aucun intérêt à contester la constitutionnalité d'un texte... Combien ce raisonnement est-il plus applicable à une seule autorité, l'Exécutif siégeant au Conseil des Ministres des Communautés...
On passe ensuite au seul domaine concerné selon Laurent COHEN-TANUGI, c'est-à-dire le Droit dérivé adopté à la majorité qualifiée. Il admet qu'on puisse, "en effet, se trouver dans le cas de figure où l'Etat français est minoritaire et mis en opposition. Là, je crois que M. MAZEAUD dit : il n'y a pas de consentement de l'Etat, contrairement aux règles de Droit international; donc la règle de la primauté du Droit communautaire - si on l'assimile au Droit international, ce qui n'est pas évident - ne doit pas s'appliquer."[3].
L. COHEN-TANUGI avance deux objections à ce raisonnement : "1) à partir du moment où l'Etat consent à ce qu'un domaine soit couvert par la règle de la majorité qualifiée, il doit être considéré comme ayant consenti à ce que peut produire cette règle de majorité qualifiée sur telle ou telle question et comme tenu de modifier sa Constitution en conséquence. Il y a bien consentement de l'Etat dans ce cas de figure également."[4]. A cet argument il est facile d'opposer la pertinente opinion du Doyen Louis FAVOREU, selon lequel, au vu des insuffisances des possibilités de contrôle existantes, il faut respecter les Constitutions nationales confrontées au développement de la construction européenne. "Je suis de ceux qui estiment qu'une autorisation globale n'a pas été donnée une fois pour toutes par les Traités institutifs au début de la Communauté européenne et qu'à partir de ces Traités, la Cour de Justice peut développer, à son gré, une jurisprudence très constructive déduisant toutes les conséquences possibles de la primauté du Droit communautaire sur le Droit national. Les Constitutions nationales sont là pour marquer éventuellement les limites et si ces limites doivent être franchies, il faut préalablement réviser et adapter

[1] Laurent COHEN-TANUGI, in Olivier PASSELECQ et alii, "Les Constitutions nationales face au Droit européen", *RFDC* 1996, p.678 s..
[2] Laurent COHEN-TANUGI, *op. cit.*, p.679.
[3] *Id.*.
[4] *Id.*.

les Constitutions nationales. La construction européenne ne peut progresser sans des révisions périodiques des Constitutions nationales."[1].
La deuxième objection est destinée à balayer les dernières hésitations : "2) Il est très peu probable que les domaines soumis à la majorité qualifiée affectent des règles constitutionnelles compte tenu du refus de la plupart des Etats de renoncer à leur droit de veto sur les grandes questions de souveraineté et d'ordre public."[2]. Le dernier point est tout a fait exact. Mais c'est faire bon marché de l'ampleur du bloc de constitutionnalité que de considérer que la jurisprudence du Conseil constitutionnel ne touche que les domaines de la souveraineté et de l'ordre public... Si cela a pu être vrai aux débuts de la V° République, elle les dépasse largement aujourd'hui. Comme le note le Doyen Louis FAVOREU, "pendant toute une première période, (la progression du Droit communautaire) a pu avoir lieu sans rencontrer beaucoup de résistance du côté du Droit constitutionnel parce qu'il s'agissait de ce que l'on peut appeler un Droit constitutionnel "mou", en l'absence d'une justice constitutionnelle apte à sanctionner les violations de la Constitution. (...) Si le Droit constitutionnel était resté ce qu'il était, c'est-à-dire un Droit constitutionnel institutionnel (uniquement consacré aux institutions), il n'y aurait pas eu de problème. Mais, aujourd'hui, le Droit constitutionnel détermine, sous le contrôle de Cours constitutionnelles de plus en plus puissantes, la manière dont se fabrique la règle de Droit et dont sont protégés les droits fondamentaux."[3].

C - UNE SITUATION DÉJÀ SATISFAISANTE DU FAIT DE L'ARTICLE 88-4

Un troisième argument concerne la mise en oeuvre de la procédure à l'article 88-4 : il ne serait pas nécessaire de la modifier pour y introduire une intervention du Conseil constitutionnel. Le Professeur François LUCHAIRE et Laurent COHEN-TANUGI estiment en effet que l'avis du Conseil d'Etat constitue un contrôle *a priori* très satisfaisant de la constitutionnalité des propositions d'actes communautaires. Il n'y aurait donc pas lieu de réviser la Constitution sur ce point pour donner satisfaction aux défenseurs de la compatibilité du Droit communautaire avec la Constitution[4]. On sait cependant bien que rien n'oblige le Conseil d'Etat à suivre sur ce point la jurisprudence dégagée par le Conseil constitutionnel. On peut déjà noter que, pour apprécier le champ d'application de l'article 88-4, il n'a pas tenu compte de la jurisprudence "Blocage des prix" dégagée par le Conseil constitutionnel en 1982. Il est dans ces conditions hasardeux d'en faire le seul défenseur de la Constitution pour ce qui touche le Droit communautaire dérivé. Pourquoi d'ailleurs au contraire ne pas confier au Conseil constitutionnel le soin de veiller à ce que la répartition des actes communautaires entre ceux qui relèvent du "domaine législatif" et les autres respecte bien la Constitution ? On pourrait imaginer un équivalent de l'article 41

---

[1] Louis FAVOREU, in Olivier PASSELECQ et alii, "Les Constitutions nationales face au Droit européen", *RFDC* 1996, p.695.
[2] Laurent COHEN-TANUGI, *op. cit.*, p.679.
[3] Louis FAVOREU, *op. cit.*, p.695.
[4] in Olivier PASSELECQ et alii, "Les Constitutions nationales face au Droit européen", *RFDC* 1996, p.692.

alinéa 2, concernant les actes du Droit communautaire dérivé...[1]. La solution du recours au Conseil d'Etat comporte de plus un gros risque touchant la cohérence de la "justice constitutionnelle", qui serait exercée "officiellement" par deux instances, et pourrait déboucher, dans des domaines voisins, sur des solutions jurisprudentielles divergentes...

On voit que ces objections n'entraînent pas la conviction. Reste à examiner dans quelles conditions un tel contrôle *a priori* pourrait être mis en oeuvre.

§ 2- Les modes de mise en oeuvre envisageables

On peut envisager d'une part la reformulation de l'article 54 (I-), et d'autre part une révision de l'article 88 de la Constitution (II-).

I - La reformulation de l'article 54 de la Constitution proposée en 1992

Le premier type de réforme qui a été proposé pour assurer une intervention du Conseil constitutionnel dans la procédure d'élaboration du Droit communautaire dérivé est une modification de la formulation de l'art. 54 de la Constitution.

Actuellement, en effet, plusieurs obstacles s'opposent, en principe[2], à ce qu'il soit employé dans ce sens : le fait que ces actes soient théoriquement la conséquence d'engagements internationaux souscrits par la France[3], et celui qu'ils ne soient soumis ni à la ratification ni à l'approbation parlementaires[4].

Une certaine inquiétude s'est fait jour en 1992, à l'occasion des débats qui ont accompagné l'introduction du Traité de Maastricht en Droit français, concernant les moyens d'assurer la défense de la souveraineté française face à l'ampleur croissante de la production normative communautaire. La révision constitutionnelle qui a eu lieu pour mettre la Constitution en conformité avec les exigences du Traité de Maastricht a été l'occasion pour les parlementaires de faire valoir leurs revendications à ce propos. On sait qu'ils ont d'une part obtenu l'alignement des conditions de saisine du Conseil constitutionnel sur la base de l'article 54 sur celles qui jouent pour l'article 61 depuis la révision du 29 octobre 1974. Mais de nombreux autres amendements avaient été déposés, concernant notamment le statut du Droit communautaire dérivé.

Un amendement déposé par M. le Député Pierre MAZEAUD avait ainsi pour objet la modification simultanée des articles 53 et 54, avec l'insertion dans la Constitution d'un article 53-IV (dans le projet de révision) :

"Dès lors qu'une décision ayant le caractère et les effets d'une loi prise par une autorité quelconque instituée en vertu d'un traité international modifie la loi interne

---

[1] Voir en ce sens *Rapport d'information de la Délégation de l'Assemblée nationale pour l'Union européenne*, n°2439, p.12.

[2] Nous avons vu (cf. *supra*) que tout le monde n'est pas convaincu que cette utilisation soit inenvisageable (voir les interventions de Louis FAVOREU et de Noëlle LENOIR à la conférence-débat sur "Les Constitutions nationales face au Droit européen", publiée à la *RFDC* 1996, n°28, p.694 et 698).

[3] *Quid* de la "spécificité du Droit communautaire" ?

[4] Pour plus de détails, voir Thierry S. RENOUX et Michel de VILLIERS, *Code Constitutionnel - commenté et annoté*, Litec, 1995, p.426.

au sens de l'article 34, cette décision doit être ratifiée par le Parlement avant d'entrer en application sur le territoire de la République française et vis-à-vis de ses ressortissants où qu'ils résident.",
et une modification de l'article 54, qui devait se lire "... a déclaré qu'un engagement ou un acte international..."[1].

Un autre amendement, ayant pour but de permettre aux Présidents des assemblées parlementaires ou à soixante députés ou sénateurs de contester devant le Conseil constitutionnel l'appréciation portée par le Gouvernement sur la constitutionnalité d'un acte communautaire a été formulé lors des débats relatifs à la loi constitutionnelle du 25 juin 1992. "Le Gouvernement avait alors dû demander une seconde délibération sur un amendement étendant la saisine du Conseil sur le fondement de l'article 54 de la Constitution, car la rédaction proposée aurait permis à soixante députés ou sénateurs de saisir le Conseil constitutionnel d'une proposition d'acte communautaire pour vérifier sa conformité à la Constitution. Selon les promoteurs de l'amendement, si le Conseil constitutionnel constatait qu'une proposition de directive ou de règlement était contraire à la Constitution, le Gouvernement ne pouvait pas l'approuver avant une révision de la Constitution."[2]. Lors de ces débats, le Ministre des Affaires étrangères a réussi à obtenir la suppression de cet amendement en s'appuyant principalement sur deux arguments. L'un avait trait aux difficultés juridiques qu'impliquerait le fait de soumettre au Conseil constitutionnel des textes non "finis"[3]. Cet argument n'est que partiellement recevable : car, d'une part nous avons vu qu'il était juridiquement encore plus périlleux de contrôler ces actes *a posteriori*; et, d'autre part, c'est justement au moment où le contenu de l'acte est connu, mais pas encore entièrement fixé, qu'il convient de se préoccuper de ses risques d'inconstitutionnalité, afin d'en faire un argument de négociation.
Le deuxième argument était, lui, d'ordre pratique : les risques de paralysie des mécanismes de décision communautaires qu'engendreraient une telle réforme[4]. Il convient aussi de relativiser ce type d'argumentation. Le Droit communautaire dérivé n'est pas massivement inconstitutionnel; plus de 90% des propositions d'actes de Droit communautaire transmises aux Délégations pour l'Union européenne des Assemblées sont d'ailleurs enregistrées sans commentaires ni propositions de résolution. A moins d'une politisation improbable de son maniement, ce mécanisme visant à faire intervenir le Conseil constitutionnel resterait donc probablement d'utilisation marginale, et ne serait prévu que pour faire face à une situation certainement rare, mais contre laquelle nous n'avons actuellement aucun moyen de nous prémunir.

---

[1] Amendement cité par Christopher POLLMANN, " La révision de l'article 54 de la Constitution : nouvelle avancée de la juridicité, nouvel échec de l'instrumentalisme juridique", *Revue du Droit Public* 1994, p.1089 s. (à partir du *JOAN* 12 mai 1992, p.1034).
[2] Bernard RULLIER, *op. cit.*, p.1712.
[3] "La proposition d'acte communautaire n'étant pas encore entrée en vigueur, n'ayant pas la valeur d'un texte établi, il serait peut-être prématuré de se prononcer sur sa constitutionnalité" (cité par Bernard RULLIER, *op. cit.*, p.1713).
[4] "Cela constituerait une machine dont l'utilisation sur une grande échelle paralyserait le travail à la fois de la Communauté, du Gouvernement et, par voir de conséquence, du Conseil constitutionnel" (cité par Bernard RULLIER, *op. cit.*, p.1713).

Quoi qu'il en soit, la proposition de modifier l'article 54 a été rejetée, puis reprise sans succès quelques mois plus tard[1]. Une autre solution est cependant envisageable pour permettre au Conseil constitutionnel d'intervenir dans cette procédure.

II - La révision du Titre XIV de la Constitution

Le deuxième type de réforme qui a en effet été proposé pour assurer une intervention du Conseil constitutionnel dans la procédure d'élaboration du Droit communautaire dérivé est la modification du contenu de l'art. 88-4 de la Constitution. Soutenue par de nombreuses voix depuis plusieurs années[2], elle a été popularisée sous le vocable de "proposition MAZEAUD", du nom du député de Haute-Savoie qui l'a soutenue à l'Assemblée nationale en 1996[3]. Cette conception du contrôle de constitutionnalité des actes de Droit communautaire dérivé n'existe semble-t-il qu'en France[4].

Le principe de cette révision est simple : transposer au domaine du Droit communautaire dérivé le contrôle de constitutionnalité prévu à l'article 61 al.2 pour les projets de lois. Il s'agit d'ajouter à l'article 88-4 un alinéa (ou de créer un article 88-5) disposant que les propositions d'actes communautaires qui font l'objet de la procédure de transmission aux Délégations parlementaires (c'est-à-dire celles qui touchent la matière législative française) peuvent être déférés au Conseil constitutionnel, afin que celui-ci se prononce sur leur conformité à la Constitution. Ce pouvoir de saisine serait ouvert aux parlementaires eux-mêmes. Le Gouvernement pourrait alors invoquer une "réserve constitutionnelle", lors des négociations communautaires, dans l'attente de la décision du Conseil, qui devrait être rendue dans un délai inférieur à un mois, pour ne pas trop ralentir le processus communautaire de prise de décision. Certains, comme le Professeur Didier MAUS, estiment d'ailleurs qu'il serait préférable que le Conseil rende "un avis, et non une décision, comme en matière d'article 54"[5].
Une éventuelle déclaration de non-conformité à la Constitution n'entraînerait pas en elle-même d'effet juridique contraignant, mais elle pourrait engager les pouvoirs publics. Il s'agirait de savoir si le projet d'acte communautaire pose un problème de compatibilité avec les principes de valeur constitutionnelle applicables en France. L'argumentation du Professeur Didier MAUS se poursuit ainsi : "deux réponses : oui

---

[1] par une proposition de loi du Président de la Commission des lois de l'Assemblée nationale, M. P. MAZEAUD, du 27 octobre 1992 (citée par Bernard RULLIER, *op. cit.*, p.1713), puis une proposition de loi constitutionnelle (n°194) de MM. P. MAZEAUD et R. PANDRAUD, déposée le 8 mai 1993, visant à introduire un article 54-1 dans la Constitution.

[2] Voir par exemple la proposition de loi constitutionnelle n°328, déposée au Sénat le 2 juin 1993 par M. Jacques OUDIN, tendant à ajouter à l'article 88-4 un alinéa instituant un contrôle de constitutionnalité *a priori* des actes communautaires dérivés.

[3] Voir sur ce point Pierre MAZEAUD, "Droit constitutionnel et Constitutions nationales", *Rapport d'information de la Délégation pour l'Union Européenne* n°2630, Les Documents d'information - Assemblée Nationale - Délégation pour l'Union Européenne, 1996, 89 p..

[4] "Si l'on se tourne vers le Droit comparé, on constate qu'il n'existe pas, en l'état, d'équivalent à la proposition Mazeaud." (Louis FAVOREU, in Olivier PASSELECQ et alii, "Les Constitutions nationales face au Droit européen", *RFDC* 1996, p.693).

[5] Didier MAUS, in Olivier PASSELECQ et alii, "Les Constitutions nationales face au Droit européen", *RFDC* 1996, p.683.

ou non. - Non, il n'y a pas de problème. On est tranquille : la procédure continue, mais à condition de ne pas modifier substantiellement l'acte européen, mais il n'y a aucune raison qu'il le soit. - Autre réponse : oui. Le Conseil dit "en l'état", j'insiste sur le "en l'état", le projet d'acte européen soulève un problème de compatibilité sur tel et tel point. Le Parlement, par la force des choses, reprendra cet argument dans sa résolution et dira au Gouvernement : "il faut y faire attention". Que fera ensuite le Gouvernement ? Soit il obtiendra la modification de l'acte européen, soit il proposera une modification de la Constitution. Un Gouvernement qui se présentera à Bruxelles en disant : "sur tel projet de directive, ma Cour constitutionnelle considère que c'est contraire à ma Constitution", a quand même quelques arguments pour faire modifier le projet."[1].

De toute manière, si les institutions communautaires refusaient de faire droit à ces arguments, comme elle le peuvent, notamment dans les cas des actes adoptés à la majorité qualifiée, la France aurait toujours la ressource, si un intérêt national essentiel était menacé, d'invoquer le fameux "compromis de Luxembourg". Dans le cas contraire, quand le Gouvernement considère que le projet d'acte communautaire présente un intérêt politique et une importance tels sur le plan de la construction communautaire, qu'il mérite que la Constitution soit modifiée pour être mise en accord avec lui, il engage une révision de la Constitution. Ceci fait d'ailleurs dire à certains que "la Constitution serait (dans ce cas) explicitement subordonnée au Droit communautaire."[2].

En toute hypothèse, comme conclut le Professeur Didier MAUS, "nous aurons eu un avis éclairé et officiel et nous aurons bien fait la part des choses, et c'est cela qui parait toujours essentiel, entre ce qui est juridique et ce qui est politique. La grande vertu du Conseil constitutionnel, c'est en général de dire : "Voilà ce qu'il faut faire pour que les problèmes juridiques soient réglés et que l'on ne confonde pas ce qui relève de la théologie politique, pour ou contre l'Europe, et ce qui est de l'ordre du Droit positif.". Donc mettons dans la Constitution un alinéa nouveau à l'article 88-4 ou créons un article 88-5, afin de permettre aux Assemblées de demander un avis au Conseil constitutionnel."[3].

Nous voyons donc ici que le contrôle de constitutionnalité *a priori* des actes de Droit communautaire dérivé est une solution qui se justifie parfaitement si l'on considère le mode d'élaboration de ces normes : il est largement dominé par l'Exécutif, et les faibles capacités d'intervention du Parlement ne le mettent pas en mesure d'exercer un véritable contrôle politique à son égard. Mais peut-être pour cette raison même, ce type de contrôle a soulevé de nombreuses critiques, souvent convenues, et n'est finalement pas mis en oeuvre.

En guise de conclusion à ce titre, et dans la perspective de Droit comparé qui est la nôtre, on peut formuler une double hypothèse : d'une part les dispositions constitutionnelles françaises applicables au contrôle du Droit dérivé sont plus

---

[1]Didier MAUS, *op. cit.*, p.683.
[2] Bernard RULLIER, *op. cit.*, p.1728-1729.
[3] Didier MAUS, *op. cit.*, p.683.

proches de celles de la Loi Fondamentale allemande que de celles de la Constitution espagnole (qui a été construite dans le but de favoriser sa participation à la construction européenne), mais, d'autre part, et en revanche, la jurisprudence constitutionnelle française en la matière est plus proche, par sa prudence, de l'espagnole que de l'allemande. L'exemple allemand nous montre en effet qu'un contrôle de constitutionnalité sur les actes de Droit communautaire dérivé est parfaitement praticable - sans que pour l'instant la contruction européenne ait été mise irrémédiablement en danger, mais la manière dont il est exercé (*a posteriori*) soulève tout de même de gros problèmes de compatibilité avec la logique qui préside aux relations du Droit communautaire avec les Droits nationaux des Etats-membres. La seule solution juridiquement envisageable dans cette dernière optique est donc bien un contrôle *a priori*, qui, lui, a l'avantage d'être parfaitement compatible avec le mécanisme de prise de décision communautaire, mais présente l'inconvénient de déplaire aux Exécutifs qui se le verraient appliquer. En matière de contrôle du Droit communautaire dérivé, et en l'absence de révision constitutionnelle élargissant ses compétences, c'est donc encore la circonspection du Juge constitutionnel qui domine.

Titre 3

LE ROLE DU JUGE CONSTITUTIONNEL DANS LE CONTROLE DU RECOURS AU PEUPLE

"Il est impossible de tout régler, de tout écrire, et de faire de la vie et des relations des hommes entre eux un procès-verbal rédigé d'avance, où les noms seuls restent en blanc... Quoi qu'on fasse, il reste toujours, dans les affaires humaines, quelque chose de discrétionnaire."

Benjamin CONSTANT, "Principes de politique"

Un dernier aspect de l'activité de l'Exécutif dans le cadre de ses compétences régaliennes est susceptible de donner lieu à une intervention du Juge constitutionnel : celui du "recours au peuple"[1]. Il s'agit bien ici d'une "compétence régalienne", c'est-à-dire, comme nous l'avons dit plus haut, d'une des compétences par lesquelles l'Exécutif se manifeste en tant que pouvoir autonome et spécifique, irréductible aux autres pouvoirs constitués. Le "recours au peuple" déclenché par l'Exécutif peut prendre deux formes : l'organisation d'un référendum, et la dissolution parlementaire[2].

L'éventualité d'un contrôle de la constitutionnalité des recours au peuple est un problème particulièrement grave pour la France, où "le droit de dissolution et d'initiative référendaire (...) donnent aux pouvoirs traditionnellement reconnus au Chef de l'Etat une portée réelle très largement supérieure aux attributions nominales qui caractérisaient ses homologues des deux régimes précédents."[3]. Comme le note Bruno GENEVOIS, "s'il y a un incontestable rééquilibrage, il ne va pas, cependant, jusqu'à soumettre au contrôle direct du Conseil constitutionnel les actes du Président de la République qui touchent aux rapports entre pouvoirs publics, qu'il s'agisse de la dissolution de l'Assemblée Nationale (...) ou du recours au référendum (...)."[4]. Ce

[1] Ce pouvoir représente selon Olivier BEAUD l'une des "prérogatives de souveraineté" exercées par l'Exécutif, consistant dans le droit "de solliciter le peuple à tout moment" ("Le souverain", *Pouvoirs* n°67, 1993, p.42).

[2] Nous mettons délibérément à part l'hypothèse de la démission du titulaire du pouvoir exécutif, car elle constitue une sorte de "va-tout", incompatible avec la qualification d'activité, alors que le référendum comme la dissolution peuvent être considérés comme des manifestations de l'activité politique de l'Exécutif.

[3] Comité Consultatif pour la révision de la Constitution, *Propositions pour une révision de la Constitution - 15 février 1993*, La Documentation Française, 1993, p.31.

[4] Bruno GENEVOIS, "L'influence du Conseil constitutionnel", *Pouvoirs* n°49, 1989, p.48, note 2.

problème n'est cependant pas spécifique à notre pays : il se pose aussi, à des degrés divers, en Allemagne et en Espagne. Il apparaît en fait tout naturellement quand le Juge se retrouve face au pouvoir d'Etat, aux frontières du Droit et du Politique.

CHAPITRE PREMIER

LE CONTROLE DE LA CONSTITUTIONNALITE DU RECOURS AU REFERENDUM

Précisons tout d'abord que notre propos ne portera pas sur le référendum constituant, qui met en jeu le Peuple comme Souverain, titulaire du pouvoir constituant dérivé, ce qui nous éloigne trop des conditions d'exercice normales de l'activité de l'Exécutif[1].

La qualification de "compétence régalienne", irrécusable en ce qui concerne la dissolution, peut paraître discutable pour ce qui regarde le référendum : n'existe-t-il pas en effet des référendums d'initiative populaire ou parlementaire ? On peut cependant écarter cette objection pour ce qui concerne notre propos, en se référant à la classification des types de référendums proposée par le Professeur Francis HAMON[2]. Celui-ci estime que la plupart des pays peuvent se répartir en trois grandes catégories, selon le type de référendum qu'ils promeuvent : le premier de ces groupes conçoit le référendum comme "le recours du prince"; le second estime que ce doit plutôt être "le recours des citoyens"; enfin le troisième en fait un usage empirique, réservé au Parlement, ce qui en fait "le recours des partis politiques" qui le dominent.

Le qualificatif de "compétence régalienne" ne s'applique avec pertinence qu'à la première de ces catégories : or il se trouve que la conception du référendum retenue dans les pays que nous étudions relève globalement de ce groupe. C'est une évidence en France, où le déclenchement des opérations référendaires relève exclusivement du Président de la République; c'est également le cas en Espagne, où la Constitution en fait une compétence exclusive de l'Etat[3].

---

[1] Voir, sur l'utilisation de l'article 11 pour réviser la Constitution, Marie-France VERDIER, "La révision par l'article 11 - Saga, Magnificat et Requiem", communication aux II° Assises de l'Association des Auditeurs de l'Académie Internationale de Droit Constitutionnel, colloque sur "Référendum et Démocratie", Toulouse, les 1° et 2 avril 1996. Elle y montre que cette décision aussi est éminemment politique, et dépend largement du Chef de l'Etat, qui a le choix de déclencher ou pas le référendum. Elle explique que la légalité d'un tel recours à l'article 11, bien qu'elle ait pu être contestée, relève en dernière analyse de l'interprétation authentique du Chef de l'Etat, faute de Juge pour la contrôler, et qu'en tout état de cause il est bien légitime.

[2] Francis HAMON, *Le référendum - Etude comparative*, col. Systèmes-Droit public, LGDJ, Paris, 1995, p.70-71.

[3] Car même les référendums locaux doivent recevoir l'aval de l'Exécutif national.

Ce n'est cependant pas le cas en Allemagne, où une initiative populaire est prévue par l'article 29 alinéa 4, mais sous des conditions très restrictives[1], et où la perspective retenue par les commentateurs met l'accent sur l'aspect de participation à la compétence du législateur (sauf en matière de référendum local, du fait que la doctrine allemande considère que les communes font partie de l'Exécutif). Nous n'écarterons pourtant pas ce pays de nos développements, car son exemple nous servira de preuve *a contrario* du fait que l'implication de l'Exécutif est une raison importante dans le refus du Juge constitutionnel de contrôler les lois référendaire : un contrôle de constitutionnalité y est en effet jugé envisageable en matière référendaire.

Une deuxième dimension du problème ici posé vient de ce que nous assistons ici à la confrontation entre des manifestations pratiques de théories éloignées l'une de l'autre, et habituellement opposées l'une à l'autre : celles de la rationalisation du pouvoir par l'Etat de Droit - qui se manifeste entre autres par la Justice constitutionnelle - et de l'"absolutisme démocratique" rousseauiste - qui se manifeste par le référendum. Est-il concevable de faire contrôler par un Juge constitutionnel une décision prise par le peuple ? Comme le rappelle Jean-Claude CABANNE, cette question "s'inscrit "dans un débat plus large et très actuel : celui des rapports du Politique et du Droit. (...) C'est aussi poser le problème de la généalogie ou de l'ascendance du droit."[2]. Nous allons cependant voir que le problème peut être posé en des termes différents, en accordant plus d'importance à l'institution qui peut déclencher le référendum qu'au fait que ce soit le peuple qui s'exprime par le biais du référendum. Là réside en effet à notre avis une des clés qui expliquent le rejet habituel du contrôle de constitutionnalité des référendums.- clé pratique, car elle relève plus de la stratégie des rapports de force entre institutions que de la théorie politique qui sous-tend le recours au référendum.

Nous verrons donc que l'intervention du Juge constitutionnel est inutile en Allemagne et en Espagne (Section 1), et qu'elle n'est pas jugée souhaitable - ni par le Juge, ni par l'Exécutif - en France (Section 2).

Section 1

Une intervention inutile en Allemagne et en Espagne

Le contrôle de la constitutionnalité du recours au référendum est assez peu intéressant pour le Juge constitutionnel dans ces deux pays. Leurs constitutions

[1] Article 29, alinéa 4 de la Loi Fondamentale allemande :
"Si dans une aire économique urbaine d'un seul tenant et bien délimitée, dont les différentes parties se trouvent dans plusieurs Länder et qui compte au moins un million d'habitants, un dixième des électeurs ayant le droit de vote aux élections au Bundestag demande par initiative populaire que cette aire appartienne à un seul Land, une loi fédérale interviendra dans un délai de deux ans pour décider que l'appartenance à un Land sera modifiée conformément à l'alinéa 2 ou qu'une consultation populaire aura lieu dans les Länder concernés.".

[2] Jean-Claude CABANNE, "Référendum et légitimité", communication au colloque "Référendum et démocratie", Toulouse, 1° et 2 avril 1996, p.22.

témoignent d'une méfiance constante envers ce mode d'expression populaire[1]. En Allemagne en effet, le référendum est utilisé avec parcimonie dans la Loi Fondamentale, dans des hypothèses strictement définies : il n'y a donc pas de cas concrets de "référendum législatif" au sens large au niveau fédéral; l'hypothèse de son introduction a cependant été discutée en doctrine, avec des conclusions intéressantes comme nous le verrons (§ 1). En Espagne ensuite, la technique référendaire est principalement utilisée dans un but consultatif : dans ces conditions le contrôle du Juge constitutionnel peut seulement être "technique" (§ 2).

§ 1 - Un large refus du référendum dans la Loi Fondamentale allemande

Bien que le référendum ne bénéficie pas d'un statut très favorable dans la Loi Fondamentale (I-), l'exemple allemand montre que l'hypothèse d'un contrôle de constitutionnalité exercé à l'encontre de lois référendaires peut ne pas être écartée *a priori* comme antidémocratique (II-).

I - Le statut défavorisé du référendum dans les institutions fédérales allemandes

Le cas allemand présente une grande spécificité. Le référendum n'y est en effet prévu par la Loi Fondamentale que dans des hypothèses très restreintes (changement de Constitution[2], et modifications territoriales[3]). En dehors de ces cas, le référendum n'est utilisé que dans le cadre des Constitutions de certains Länder.

---

[1] Voir en ce sens Henry ROUSSILLON, "Contre le référendum !", *Pouvoirs* n°77, 1996, p.181 s.

[2] Article 146 de la Loi Fondamentale :
" La présente Loi fondamentale, qui, l'unité et la liberté de l'Allemagne ayant été parachevées, vaut pour le peuple allemand tout entier, devient caduque le jour de l'entrée en vigueur d'une constitution adoptée par le peuple allemand en pleine liberté de décision."
Cet article est interprété par la doctrine comme prévoyant le recours à un référendum constituant pour remplacer la Loi Fondamentale par une autre Constitution.

[3] Article 29 de la Loi Fondamentale :
"(1) Le territoire fédéral peut être restructuré en vue de permettre aux Länder d'accomplir efficacement les tâches qui leur incombent en fonction de leur dimension et de leur capacité. Ce faisant, on devra tenir compte des particularismes régionaux, des liens historiques et culturels, de l'opportunité économique, ainsi que des impératifs de l'aménagement du territoire et du développement régional.
(2) Les mesures de restructuration du territoire fédéral sont prises par une loi fédérale, qui doit être ratifiée par votation populaire. Les Länder concernés doivent être entendus.
(3) La votation populaire a lieu dans les Länder dont le territoire ou des portions de territoire sont appelés à former un Land nouveau ou à faire partie d'un Land aux frontières modifiées (Länder concernés). Le vote porte sur la question de savoir si les Länder concernés doivent demeurer tels quels, s'il faut former un Land nouveau ou modifier les frontières d'un Land. La votation populaire en vue de la formation d'un nouveau Land ou de la modification des frontières d'un Land est définitivement adoptée si, dans le futur territoire et dans l'ensemble des territoires ou portions de territoire du Land concerné, qui sont appelés à changer d'appartenance dans le même sens, une majorité approuve la modification. Elle n'est pas adoptée si la majorité refuse la modification dans le territoire d'un des Länder concernés ; il n'est toutefois pas tenu compte de ce refus si dans une portion de territoire, dont il s'agit de modifier l'appartenance au Land concerné, une majorité des deux tiers approuve la modification, hormis le cas où dans l'ensemble du territoire du Land concerné une majorité des deux tiers la rejette.

Comme l'explique Beate RUDOLF, une "sentence du premier Président de la République Fédérale d'Allemagne, Theodor Heuss, explique bien la raison de la place marginale en droit et en fait qui est occupée par les instruments de la démocratie directe en Allemagne fédérale (..., la) crainte (qui) a empêché l'introduction de tels instruments sur le plan fédéral jusqu'à nos jours"[1] : il estimait en effet que "Le référendum (...) accorde un prix aux démagogues."[2]. Cette appréciation sévère est conforme à l'hostilité de principe manifestée par les Constituants à l'égard de la consultation populaire directe, conséquence de l'utilisation malheureuse et peu

---

(4) Si dans une aire économique urbaine d'un seul tenant et bien délimitée, dont les différentes parties se trouvent dans plusieurs Länder et qui compte au moins un million d'habitants, un dixième des électeurs ayant le droit de vote aux élections au Bundestag demande par initiative populaire que cette aire appartienne à un seul Land, une loi fédérale interviendra dans un délai de deux ans pour décider que l'appartenance à un Land sera modifiée conformément à l'alinéa 2 ou qu'une consultation populaire aura lieu dans les Länder concernés.
(5) La consultation populaire a pour objet de constater que la modification de l'appartenance à un Land proposée par la loi est approuvée. La loi peut soumettre à la consultation populaire des propositions différentes, mais pas plus de deux. Si une majorité approuve une proposition de modifier l'appartenance à un Land, une loi fédérale doit déterminer dans les deux années si l'appartenance sera modifiée conformément à l'alinéa 2. Si une proposition soumise à la consultation populaire est approuvée dans les conditions prévues à l'alinéa 3, 3 et 4 phrases, une loi fédérale portant création du Land proposé devra intervenir dans les deux années suivant la consultation populaire, sans qu'il soit encore besoin d'une ratification par votation populaire.
(6) La majorité requise pour la votation et la consultation populaires est la majorité des suffrages exprimés, si elle comprend au moins un quart des électeurs ayant droit de vote aux élections du Bundestag. Pour le reste, une loi fédérale fixera les modalités de la votation, de l'initiative et de la consultation populaires ; elle peut également prévoir que de nouvelles initiatives populaires ne peuvent pas intervenir avant cinq ans.
(7) D'autres modifications de la consistance territoriale des Länder peuvent être opérées par des traités conclus entre les Länder intéressés ou par une loi fédérale avec approbation du Bundesrat, si le territoire dont l'appartenance à un Land doit être modifiée ne compte pas plus de 50 000 habitants. Les modalités sont réglées par une loi fédérale requérant l'approbation du Bundesrat et de la majorité des membres du Bundestag. Elle doit prévoir que les communes et arrondissements concernés seront entendus.
(8) Par dérogation aux alinéas 2 et 7, les Länder peuvent régler par traité une restructuration concernant leurs territoires respectifs ou des portions de territoire. Les communes et arrondissements concernés doivent être entendus. Le traité doit être ratifié par votation populaire dans chaque Land intéressé. Si le traité concerne des portions de territoire des Länder, la ratification par votation populaire peut être limitée à ces portions de territoire; la deuxième partie de la 5° phrase n'est pas applicable. En cas de votation populaire, la décision est acquise à la majorité des suffrages exprimés, si elle comprend au moins un quart des électeurs ayant droit de vote aux élections au Bundestag ; les modalités seront réglées par une loi fédérale.
Le traité requiert l'approbation du Bundestag.".
Article 118 de la Loi Fondamentale :
"Par dérogation aux dispositions de l'article 29, la restructuration des territoires des Länder de Bade, de Wurtemberg-Bade et Wurtemberg-Hohenzollern, peut être effectuée par voie d'accord entre les Länder intéressés. A défaut d'accord, la restructuration sera organisée par une loi fédérale qui devra prévoir une consultation populaire.".
Article 118a de la Loi Fondamentale :
"Par dérogation aux dispositions de l'article 29, la restructuration du territoire comprenant les Länder de Berlin et Brandebourg peut être opérée par accord des deux Länder avec participation de leurs électeurs.".

[1] Beate RUDOLF, "Référendum et fédéralisme allemand", p.1, communication au colloque de Toulouse sur "Référendum et démocratie", 1° et 2 avril 1996, actes en cours de publication aux Presses de l'Université des Sciences Sociales de Toulouse.

[2] Lors des délibérations sur la Loi Fondamentale devant l'Assemblée constituante, "Rapport sténographique", p.43, cité dans *JöR (n.F.)* 1 (1951), p.620.

démocratique qui en avait été faite sous la République de Weimar[1]. "Pendant les délibérations (des) assemblées parlementaires, la Convention de Herrenchiemsee et le Conseil Parlementaire, l'idée d'une législation initiée par le peuple a été proposée à plusieurs reprises, notamment par les représentants du parti catholique (...) et du parti communiste, mais se voyait rejetée chaque fois. (...) Ces constatations (...) sont toujours à la base de la conviction répandue dans la doctrine constitutionnelle allemande (selon laquelle) les organes constituants ont décidé d'une manière générale contre tout élément de démocratie directe (en dehors des) référenda territoriaux ou (du) cas de l'abrogation totale de la Constitution en cas d'unification de l'Allemagne."[2]. La Loi Fondamentale est donc marquée par une application massive du principe de représentativité, seule expression du Souverain - application que certains auteurs qualifient d'ailleurs de "primaire"[3], et qui n'est compensée par l'introduction de techniques de démocratie semi-directe que dans des domaines étroitement définis[4]. De plus, toute modification de cet état de choses risquerait selon la doctrine dominante de bouleverser l'équilibre institutionnel allemand[5].

Cette situation pourrait cependant évoluer, si la place accordée au référendum dans la Loi Fondamentale était révisée. Cette éventualité ne doit pas être entièrement écartée, malgré les éléments qui militent en faveur d'une interprétation restrictive des dispositions constitutionnelles. Il semblerait en effet qu'on puisse critiquer l'interprétation selon laquelle la place actuellement occupée par les instruments de démocratie directe dans la Loi Fondamentale est consubstantielle à l'ordre démocratique établi par cette dernière,. "Le refus de l'Assemblée Constituante d'admettre des référenda autrement que dans les cas énumérés s'explique par ses circonstances historiques, et ne peut donc pas être considéré comme faisant partie du noyau dur des principes constitutionnels de la Loi Fondamentale. Il s'ensuit que l'article 79 alinéa 3 n'interdit pas l'introduction"[6] de telles techniques, par voie de révision constitutionnelle.

---

[1] La Constitution de Weimar du 11 août 1919 cherchait à établir un équilibre entre le Président de la République, le Gouvernement, le Parlement et le Peuple, ce qui impliquait la possibilité pour ce dernier de participer directement à la législation et au contrôle de l'Exécutif. Huit initiatives populaires ont été introduites durant cette période, pour un résultat pratique médiocre (puisque le quorum requis pour l'adoption du projet de loi n'a jamais été atteint). Cependant, si sur le plan juridique cette procédure n'a pas eu de conséquences, sur le plan politique elle a contribué à la détérioration du climat politique et à la montée en puissance des nationaux-socialistes.
En définitive, "cette expérience négative ainsi que l'abus du plébiscite par les Nationaux-Socialistes ont profondément influencé les assemblées constituantes en Allemagne de l'Ouest après la deuxième guerre mondiale." (Beate RUDOLF, *op. cit.*, p.6).

[2] Beate RUDOLF, *op. cit.*, p.6.

[3] Voir par exemple Wilfried ERBGUTH, Commentaire de l'article 29 de la Loi Fondamentale, *in* M. SACHS, *Grundgesetz Kommentar*, *op. cit.*, p.812.

[4] L'étroitesse de ce domaine d'application est cependant compensée par la variété des techniques auxquelles la Loi Fondamentale fait référence : votation populaire (*Volksentscheid*), initiative populaire (*Volksbegehren*) et consultation populaire (*Volksbefragung*).

[5] Voir dans ce sens Ulrich KARPEN, "Plebiszitäre Elemente in der repräsentativen Demokratie ?", *Juristische Ausbildung* 1993, p.110-115.

[6] Beate RUDOLF, *op. cit.*, p.10.

II - Les larges possibilités d'intervention de la Cour constitutionnelle fédérale

Jusqu'à présent, la Cour constitutionnelle fédérale n'a pas eu l'occasion de se prononcer au niveau fédéral "sur la constitutionnalité d'un référendum ou d'une initiative non prévus par la Loi Fondamentale. Les seuls cas existants concernaient des référenda non-étatiques ou sur le plan des Länder, qui ne posaient donc par la question du référendum en tant qu'instrument de la législation.".[1] La Cour en a cependant profité pour développer sa conception de la souveraineté du peuple garantie par l'article 20 alinéa 2 de la Loi Fondamentale : pour elle, la mise en oeuvre de cette souveraineté ne nécessite pas l'usage d'instruments de démocratie directe, et il ne peut être question de mettre sur le même plan la participation directe des citoyens à la prise de décisions au niveau de l'Etat et la fonction assurée par le Bundestag, seul chargé d'exprimer la volonté populaire[2].
Dans l'hypothèse où la place du référendum dans les institutions allemandes serait développée, il est plus que probable que la Cour constitutionnelle fédérale serait amenée à exercer son contrôle sur la constitutionnalité des lois référendaires adoptées sur cette base. Malgré quelques positions contraires, qui suivent un raisonnement analogue à celui qui est retenu en France[3], la doctrine allemande[4] semble en effet estimer que le Juge constitutionnel doit être, en bonne logique, compétent envers toutes les manifestations législatives : "il ne serait donc que conséquent de permettre le contrôle des lois référendaires *a posteriori*, d'autant plus que la législation du peuple remplace celle (votée) par le Parlement et que les deux sont liées par la Constitution de la même façon"[5].

Bien que l'Exécutif ne soit aucunement visé dans le cas allemand, cet exemple montre qu'un contrôle de constitutionnalité est parfaitement envisageable dans un "Etat de Droit" à l'encontre de lois issues du référendum, sans qu'on y voie une atteinte à la dignité du peuple souverain. Une telle constatation ne peut que relativiser les critiques adressées en France à l'éventualité d'un tel contrôle - n'ont-elles pas parfois plus pour but de protéger les prérogatives de l'Exécutif que de défendre la souveraineté du peuple ?

§ 2 : Le référendum consultatif espagnol

La situation est différente en Espagne. La Constitution réserve une place au référendum, y voyant une manifestation importante de la notion d'"Etat

[1] *Id.*., p.7.
[2] C'est ce qui ressort des décisions BVerfGE 13, 54 (92 s.) et BVerfGE 49, 15 (20 s.), rendues à l'occasion de recours contre des référendums territoriaux. La Cour y refuse d'ailleurs de consacrer un droit subjectif des citoyens à obtenir la réalisation d'un référendum : ils n'ont qu'un droit subjectif à y participer, une fois qu'il est organisé.
[3] Voir ainsi Thomas von DANWITZ, "Plebiszitäre Elemente in der staalichen Willensbildung", *DöV* 1992, p.608.
[4] Voir pour un exposé synthétique Albert BLECKMANN, "Die Zulässigkeit des Volksentscheides nach dem Grundgesetz", *JZ* 1978, p.223, et Beate RUDOLF, *op. cit.*, p.11.
[5] B. RUDOLF, *idem.*

démocratique"[1], mais cette place est quand même limitée[2] (I-). Les possibilités d'intervention du juge constitutionnel sont cependant réduites, du fait des caractéristiques propres au référendum espagnol (II-).

I - Le cadre institutionnel du référendum

L'ordre constitutionnel espagnol connaît plusieurs formes de référendums, au niveau national comme au niveau local : référendum constitutionnel bien sûr[3], mais surtout référendum consultatif (*referendum consultivo*) de l'article 92-1[4], et référendums locaux, aux niveaux autonomique (article 151-1 et 152-2[5]) et municipal[6]. Cette procédure fait l'objet d'une méfiance assez générale de la part des partis politiques, qui craignent de ne "pas pouvoir contrôler complètement le processus politique"[7], et n'a été largement utilisée qu'au niveau autonomique.
Une grande particularité du système référendaire espagnol, notamment par rapport au système allemand, est que la Constitution en réserve la haute main au Pouvoir exécutif national[8]. La procédure du référendum consultatif est déclenchée par le Roi,

---

[1] Voir dans ce sens Luis AGUIAR de LUQUE, "La justice constitutionnelle et la démocratie référendaire en Espagne", *in* Commission Européenne pour la Démocratie par le Droit, *Justice constitutionnelle et démocratie référendaire*, Ed. du Conseil de l'Europe, Strasbourg, 1996, p.153.

[2] Comme le montre Pierre BON, "Le référendum dans les droits ibériques", *RFDC* n°31, 2° p. et s.. Il explique que cette place limitée peut être due à plusieurs facteurs : "le souvenir des expériences passées" sous le régime du Général Franco, "l'idée souvent développée qu'il faut que la démocratie soit véritablement stabilisée pour que le procédé ne présente plus de risque de déviation plébiscitaire et autoritaire", et enfin le fait que la période d'élaboration de la Constitution espagnole soit marquée par le "scepticisme à l'égard de l'institution référendaire".

[3] Article 167 de la Constitution espagnole , sur les projets de révision constitutionnelle partielle :
"3. Une fois la réforme approuvée par les Cortes Generales, elle sera soumise à référendum pour sa ratification si un dixième des membres de l'une des Chambres le sollicite pendant les quinze jours suivant son approbation.".
Article 168 de la Constitution espagnole, sur les projets de révision totale de la Constitution :
"3. Une fois la réforme approuvée par les Cortes Generales, elle sera soumise à référendum pour sa ratification.".

[4] Article 92 de la Constitution espagnole :
"1. Les décisions politiques d'une importance particulière pourront être soumises à un référendum consultatif de tous les citoyens. 2. Le référendum sera convoqué par le Roi, à travers une proposition du Président du Gouvernement, préalablement autorisée par le Congrès des Députés.3. Une loi organique réglera les conditions et la procédure des différentes modalités de référendum prévues dans la Constitution.".

[5] Article 151-1 de la Constitution espagnole :
Dans une des hypothèses de procédure autonomique, "cette initiative est ratifiée par référendum par le vote affirmatif de la majorité absolue des électeurs de chaque province dans les termes établis par une loi organique.".
Article 152-2 de la Constitution espagnole :
"Une fois les Statuts respectifs sanctionnés et promulgués, ils pourront seulement être modifiés par le moyen des procédures établies par chacun d'eux et avec un référendum entre les électeurs inscrits sur les listes correspondantes.".

[6] Cette possibilité n'est pas directement citée dans la Constitution, mais elle peut être rangée dans les voies ouvertes par son article 149-1-32, et ses modalités de mise en oeuvre ont été fixées par la législation ultérieure.

[7] Cesareo AGUILERA DE PRAT, "El uso del referendum en la España democratica", *Revista de Estudios Políticos* n°75, 1992, p.161.

[8] Article 149-1 de la Constitution espagnole :
"L'Etat dispose d'une compétence exclusive sur les matières suivantes :
... 32°. Autorisation pour la convocation de consultations populaires par voie de référendum.".

mais sur proposition (obligatoire) du Président du Gouvernement, approuvé par la majorité du Congrès des Députés (qui le soutient par hypothèse); mais même les référendums organisés au niveau local doivent recevoir l'aval de l'Exécutif central[1].
La deuxième spécificité tient à ce que le seul référendum prévu au niveau national en dehors des cas - forcément rares - de révision constitutionnelle, obéit à une régulation "assez ambiguë et contradictoire"[2]. Il est uniquement consultatif, ce qui exclut tout caractère normatif. On considère en effet que le peuple y manifeste un choix politique dont la mise en oeuvre pratique sera confiée au Législatif ou à l'Exécutif dans le cadre de leurs compétences normales respectives. Ceci exclut selon la doctrine que cette disposition puisse permettre la consultation populaire sur des textes normatifs : il en résulte donc que "l'objet de la consultation doit être une décision gouvernementale (étant donné que l'initiative de la convocation, telle qu'elle est présentée, appartient au Gouvernement) d'une importance spéciale et ayant un caractère fondamental (c'est-à-dire que sa mise en pratique peut impliquer aussi bien une politique législative de développement que des mesures concrètes du gouvernement, mais non des projets législatifs déjà perfectionnés)"[3]. Ce caractère relativement peu déterminé, joint aux contraintes dues au principe même d'un référendum consultatif déclenché par le seul Gouvernement central, a eu des répercussions lors de la seule mise en application de la technique faite jusqu'à présent en Espagne. Le 12 mars 1986, un référendum a en effet été organisé sur le point de savoir si l'Espagne devait ou pas rester au sein de l'OTAN, aux conditions posées par le Gouvernement espagnol. Cette expérience risque de ne pas être répétée : comme le note un auteur espagnol, "tout dépendra si les circonstances poussent dans le futur vers un éventuel nouvel usage plébiscitaire, mais l'unique expérience connue n'invite pas à sa répétition, étant donné les divisions fortes et polarisées qui s'y sont manifestées."[4].

II - Les possibilités d'intervention du Tribunal constitutionnel

Le Tribunal constitutionnel ne peut intervenir dans le contrôle du référendum consultatif que dans une mesure limitée, mais ces restrictions peuvent s'expliquer par le caractère uniquement consultatif que revêt le référendum de l'article 92-1.
Ainsi, la décision de provoquer un référendum et la détermination de son objet par le Gouvernement sont libres - même si ce doit être dans le respect des limites posées par la Constitution. Aucun contrôle *a priori* n'est prévu pour l'instant, contrairement à ce qui se passe au Portugal, où, comme l'indique le Professeur Pierre BON, le

---

[1] Comme le relève ainsi le Doyen Pierre BON, "certes, la proposition de référendum doit être adoptée par le Conseil municipal à la majorité absolue. Mais ensuite, le référendum doit être autorisé par le Gouvernement qui semble disposer en la matière d'un pouvoir discrétionnaire et ce n'est qu'une fois cette autorisation obtenue que le maire pourra décider de la tenue du référendum." ("Le référendum dans les droits ibériques", *op. cit.*, 24° p.).
[2] Luis AGUIAR de LUQUE, "La justice constitutionnelle et la démocratie référendaire", *op. cit.*, p.154.
[3] Luis AGUIAR de LUQUE, *op. cit.*, p.155.
[4] Cesareo AGUILERA DE PRAT, "El uso del referendum en la España democratica", *op. cit.*, p.162. Ces conclusions demeurent même si on peut constater avec Pierre BON que les clivages qui se sont manifestés à cette occasion, pour vifs qu'ils aient été, n'ont pas coïncidé avec les clivages politiques habituels (cf. "Le référendum dans les Droits ibériques", *op. cit.*, 17°p..

Tribunal constitutionnel doit obligatoirement se prononcer *a priori* sur toutes les propositions de référendum. L'Exécutif est donc libre d'user comme il l'entend de cette compétence.
L'organisation des opérations référendaires est le seul moment où le Juge constitutionnel intervient, mais sur des opérations techniques et dans le cadre de ses compétences habituelles - ce contrôle "externe" est d'ailleurs le plus communément répandu dans les pays qui appliquent le contrôle de constitutionnalité aux consultations référendaires[1]. Il est ainsi intervenu sur "recours d'amparo" pour réguler l'accès des moyens de campagne aux acteurs des campagnes référendaires. La Loi organique pour le référendum n'ouvre cet accès qu'aux formations politiques représentées aux Cortès, pour un temps proportionnel à l'importance de cette représentation; le Tribunal constitutionnel en a donné une interprétation restrictive, la formation politique visée devant avoir participé en tant que telle aux précédentes élections législatives (le fait de comprendre en son sein députés et sénateurs ne suffit pas)[2]. De même il peut contrôler le déroulement des opérations de votation proprement dites, par le biais de "recours d'amparo", après épuisement de la compétence de la *Junta electoral central* et des tribunaux de l'ordre administratif[3].

Le référendum n'étant pas normatif, aucun contrôle n'est justifié sur le résultat des opérations référendaires : le Juge constitutionnel pourra cependant être appelé à se prononcer sur la traduction normative de la décision prise par le peuple.
On peut cependant se demander ce qui se passerait si le référendum était normatif. On pourrait imaginer que s'applique un raisonnement similaire à celui développé en Allemagne, car l'article 9-1 de la Constitution déclare que "les citoyens et les pouvoirs publics sont soumis à la Constitution et aux autres règles de l'ordre juridique". Serait-ce cependant le cas ? On peut se permettre d'en douter, au vu de la position prudente généralement adoptée par le Juge constitutionnel espagnol à l'égard de l'Exécutif : comme la compétence référendaire est exercée sous le contrôle de ce dernier, le Juge se risquerait-il à contrôler - voire à censurer - une décision populaire prise avec sa bénédiction ?

Section 2

Une intervention rejetée par l'Exécutif en France

L'exercice d'un contrôle de constitutionnalité par le Conseil constitutionnel en matière de référendum pourrait sembler intéressant, à la fois comme exemple de conciliation pratique entre deux institutions qui ont peu de points communs au plan théorique, et d'autre part d'un point de vue institutionnel, comme nouvelle occasion pour le Juge constitutionnel de contrôler une activité de l'Exécutif. Il a cependant toujours été vigoureusement refusé par ce dernier, sous des prétextes divers, et le

---

[1] Voir dans ce sens Jean-François FLAUSS, "Le contrôle de constitutionnalité des lois référendaires", *Les Petites Affiches* 23 juin 1997, n°75, p.10.
[2] STC 63/1987, du 20 mai, F. 7.
[3] Voir Pierre BON, "Le référendum dans les Droits ibériques", *op. cit.*, 20°p. s..

Conseil se garde bien d'insister : l'opération présenterait trop de dangers par rapport aux avantages escomptés, du fait de la nature profondément politique que revêt cette opération en France. Le cadre institutionnel du référendum y est en effet largement maîtrisé par l'Exécutif (§ 1), ce qui débouche sur le caractère très restreint des possibilités d'intervention du juge constitutionnel (§ 2).

§ 1 : Un cadre institutionnel largement maîtrisé par l'Exécutif

Le référendum est conçu en France comme un moyen d'expression de la souveraineté nationale, en vertu de l'article 3 alinéa 1° de la Constitution[1], mais la maîtrise de son déclenchement ne relève pas du peuple, mais de l'Exécutif. Il existe sous deux formes - nous laisserons de côté le référendum d'autodétermination de l'article 53[2] : le référendum constituant de l'article 89[3], et le référendum législatif de l'article 11[4]. Aucun "garde-fou" institutionnel n'est prévu à l'exercice de cette compétence par l'Exécutif, et plus précisément par le Président de la République[5].
L'initiative du référendum de l'article 11 relève de la compétence exclusive du Président de la République - compétence propre, qui n'est soumise à aucun contreseing de la part du Premier ministre. Théoriquement cependant, il ne peut l'exercer que sur proposition du Premier Ministre ou conjointe des deux Assemblées

---

[1] Article 3 al.1 de la Constitution française :
" La souveraineté nationale appartient au peuple qui l'exerce par ses représentants et par la voie du référendum.".

[2] Article 53 al.3 de la Constitution française :
" Nulle cession, nul échange, nulle adjonction de territoire n'est valable sans le consentement des populations intéressées.".

[3] Article 89 de la Constitution française :
" L'initiative de la révision de la Constitution appartient concurremment au Président de la République sur proposition du Premier Ministre et aux membres du Parlement.
Le projet ou la proposition de révision doit être voté par les deux assemblées en termes identiques. La révision est définitive après avoir été approuvée par référendum.
Toutefois, le projet de révision n'est pas présenté au référendum lorsque le Président de la République décide de le soumettre au Parlement convoqué en Congrès ; dans ce cas, le projet de révision n'est approuvé que s'il réunit la majorité des trois cinquièmes des suffrages exprimés. Le bureau du Congrès est celui de l'Assemblée Nationale.
Aucune procédure de révision ne peut être engagée ou poursuivie lorsqu'il est porté atteinte à l'intégrité du territoire.
La forme républicaine du Gouvernement ne peut faire l'objet d'une révision.".

[4] Article 11 de la Constitution française :
"Le Président de la République, sur proposition du Gouvernement pendant la durée des sessions ou sur proposition conjointe des deux assemblées, publiées au Journal Officiel, peut soumettre au référendum tout projet de loi portant sur l'organisation des pouvoirs publics, sur des réformes relatives à la politique économique ou sociale de la nation et aux services publics qui y concourent, ou tendant à autoriser la ratification d'un traité qui, sans être contraire à la Constitution, aurait des incidences sur le fonctionnement des institutions.
Lorsque le référendum est organisé sur proposition du Gouvernement, celui-ci fait, devant chaque assemblée, une déclaration qui est suivie d'un débat.
Lorsque le référendum a conclu à l'adoption du projet de loi, le Président de la République promulgue la loi dans les quinze jours qui suivent la proclamation des résultats de la consultation.".

[5] Voir dans ce sens Francis HAMON, "*Vox imperatoris, vox populi* ? (Réflexions sur la place du référendum dans un Etat de droit)", *in L'Etat de Droit - Mélanges en l'honneur de Guy Braibant*, Dalloz, 1996, p.389, not. p.394 s..

- proposition qui ne le lie d'ailleurs pas[1]. Cette dernière condition de proposition s'applique différemment selon la conjoncture politique : sans aucune portée en période de coïncidence des majorités présidentielle et parlementaire[2], elle reprend de l'importance en période de cohabitation[3], où "l'organisation d'un référendum suppose le concours de deux pouvoirs politiquement autonomes"[4] - ce qui explique que jusqu'à présent aucun référendum n'ait été organisé dans ces circonstances. Il s'agit donc d'une compétence exercée par le Chef de l'Etat sans aucun contrôle effectif, notamment quant au domaine réservé au référendum par l'article 11[5] - on peut en effet difficilement considérer le rôle de proposition de son Premier ministre comme un "contrôle" digne de ce nom.

On pourrait avancer que, depuis la révision du 4 août 1995, l'intervention du Parlement est devenue obligatoire avant que la consultation du peuple puisse avoir lieu, et serait donc constitutive d'un contrôle. Cette intervention, exigée et finalement obtenue par les parlementaires malgré les réticences gouvernementales - et réservée aux cas d'initiatives gouvernementales[6] -, n'est cependant destinée qu'à assurer l'information des citoyens sur les enjeux du référendum qui leur est proposé. Les parlementaires doivent en effet se contenter de débattre du thème proposé, et non du texte destiné à être soumis au peuple, et ils ne sont pas autorisés à se prononcer par un vote, qui aurait risqué d'entrer en contradiction avec la volonté populaire

---

[1] Aucun cas en pratique, les deux propositions sénatoriales des 5 juillet 1984 et du 19 juin 1985 ayant été rejetées par l'Assemblée nationale (voir sur ce point Thierry S. RENOUX et Michel de VILLIERS, *Code Constitutionnel..., op. cit.*, p.261).

[2] On peut ainsi rappeler que jusqu'à présent dans la pratique, c'est le Président de la République "qui prend l'initiative de recourir au référendum, l'annonce officiellement, et (...) la formalité de la proposition par le Gouvernement est couverte ultérieurement." (Dmitri-Georges LAVROFF, *Le Droit Constitutionnel de la V° République, op. cit.*, 1997, p.647).

[3] Pour les risques impliqués par cette opération, voir Jean-Claude ZARKA, *Fonction présidentielle et problématique majorité présidentielle / majorité parlementaire..., op. cit.*, p.62 s..

[4] Francis HAMON, *Le référendum - Etude comparative, op. cit.*, p.82.

[5] Le problème de l'étendue du champ d'intervention du référendum a dès l'origine été très controversé. Rédigé à la hâte et présentant "de sérieuses lacunes (qui) auraient pu être comblées par la jurisprudence" (F. HAMON, *op. cit.*, p.85) mais ne l'ont pas été, l'article 11 pouvait faire l'objet d'interprétations opposées. Il a ainsi été utilisé à deux reprises par le Général De Gaulle pour obtenir l'accord du peuple à une révision constitutionnelle, contre l'avis d'une large partie de la doctrine (Voir par exemple Jean GICQUEL, *Droit constitutionnel et institutions politiques, op. cit.*, p.601, et Dmitri-Georges LAVROFF, *Le Droit constitutionnel de la V° République, op. cit.*, n°210; de même, pour un point de vue critique sur cet usage, voir Jean-François PRÉVOST, "Le droit référendaire dans l'ordonnancement juridique de la Constitution de 1958", *RDP* 1977, p.12 s., et Jérôme GAUTRON, "La non-altération du mythe du référendum par la révision constitutionnelle du 4 août", *La Tribune du Droit Public* 1997, n°1, p.28).
Le problème s'est à nouveau posé en 1984, pour le projet de référendum élaboré par le Président de la République de l'époque, afin d'élargir le champ du référendum aux libertés publiques fondamentales (voir sur ce point Roland DARNOUX, "Les techniques de démocratie semi-directe dous la V° République", *RDP* 1995, p.429 s.).
Il n'a pas été résolu par l'extension du domaine référendaire aux "réformes relatives à la politique économique ou sociale de la Nation et aux services publics qui y concourent", réalisée par la révision du 4 août 1995. Les notions auxquelles renvoie le texte constitutionnel sont en effet largement indéterminées, et elles aussi susceptibles d'interprétations très diverses. Sur ce problème, voir Jérôme GAUTRON, *op. cit.*, p.46 s.; Francis HAMON, *op. cit.*, p.90 s.; .

[6] Ce qui, comme le relève Dmitri-Georges LAVROFF, est révélateur de "la méfiance des parlementaires à l'égard de manoeuvres tentées par l'Exécutif pour manipuler l'opinion publique" (*Le Droit constitutionnel..., op. cit.*, p.646).

exprimée ultérieurement[1]. Dans ces conditions, il est difficile de parler de "contrôle parlementaire" sur l'Exécutif en matière référendaire[2].
En France plus qu'ailleurs, la décision d'organiser un référendum est donc une décision par essence politique. L'importance de cette caractéristique est renforcée par le fait que le référendum de l'article 11 est un référendum décisionnel - et non pas simplement consultatif comme en Espagne. Dans un tel contexte, on comprend que l'intervention du Juge constitutionnel soit récusée à la fois par un Exécutif qui entend garder les coudées franches, et par le Juge, qui voit les dangers que présente pour sa propre sécurité institutionnelle l'exercice d'un contrôle dans une matière hautement politique.

§ 2 : Le champ très restrictif de l'intervention du Conseil constitutionnel

Les débats sur l'intervention du Conseil en matière référendaire sont marqués par une double restriction : d'une part le refus du Conseil d'intervenir *a posteriori* pour contrôler les lois issues de la votation référendaire (I-), et d'autre part le refus de l'Exécutif de laisser le Juge intervenir *a priori*, avant que l'expression populaire ait rendue la loi référendaire incontrôlable (II-).

I - Un refus du Conseil constitutionnel d'intervenir *a posteriori*

La seule intervention du Conseil constitutionnel en matière référendaire constitutionnellement admise, et qu'il ait de ce fait accepté d'opérer, est le contrôle des opérations matérielles d'organisation du référendum[3]. Ce contrôle très classique, qui s'apparente à celui des opérations électorales, ne présente à première vue pas un grand intérêt pour lui - il peut d'ailleurs être rapproché de celui qu'exerce le Tribunal constitutionnel espagnol en matière de référendum consultatif. Il peut difficilement être l'occasion d'exercer un contrôle approfondi sur les agissements de l'Exécutif. On pourrait cependant envisager que ce soit un moyen d'exercer une certaine influence : par exemple si le Conseil refuse de s'occuper des opérations référendaires quand il estime qu'elles ont été déclenchées inconstitutionnellement... Une telle hypothèse n'est cependant pour l'instant qu'un cas d'école : ainsi, le Conseil ne s'est pas opposé à l'utilisation de l'article 11 - au lieu de la procédure de l'article 89 - par le Général De Gaulle pour faire adopter directement par le peuple des révisions

---

[1] Pour un exposé critique de ces dispositions, voir Jean-Claude ZARKA, "La révision constitutionnelle du 31 juillet 1995", *LPA* 1° janvier 1996, p.4-9.
[2] Sur les lacunes de la révision du 4 août 1995, voir Pierre ESPLUGAS, "La révision du 4 août 1995", communication aux II° Assises de l'Association des Auditeurs de l'AIDC, colloque "Référendum et démocratie", Toulouse, les 1° et 2 avril 1996.
[3] Article 60 de la Constitution française :
" Le Conseil Constitutionnel veille à la régularité des opérations de référendum et en proclame les résultats.".

constitutionnelles, alors que la constitutionnalité du procédé avait été vivement mise en cause par le Président du Sénat, Gaston MONNERVILLE[1].

Le Conseil constitutionnel a par ailleurs toujours refusé d'exercer un contrôle au fond sur les lois adoptées par ce moyen, arguant de son incompétence en la matière. Il a eu l'occasion de se prononcer sur cette question à deux reprises : en 1962[2], et en 1992[3]. En 1962, se basant sur sa qualité de juge d'attribution[4], il estime que "l'esprit de la Constitution (...) fait (de lui) un organe régulateur de l'activité des pouvoirs publics", et que le référendum n'entre pas dans ce cadre, car il est "l'expression directe de la souveraineté nationale"[5] - ce qui recouvre les hypothèses de référendums législatifs et constituants. Cette argumentation ayant été critiquée, en particulier pour son caractère peu précis (qu'est-ce que l'"esprit" de la Constitution de 1958 ?[6]), le Conseil n'en a gardé que la conclusion dans sa décision de 1992, ne la justifiant plus que par l'"équilibre des pouvoirs établi par la Constitution"[7].

On peut objecter à ce raisonnement le fait que la constitutionnalité d'une loi référendaire n'est pas acquise du simple fait qu'elle a été approuvée par le peuple, et le seul fait d'avoir été votée par le peuple ne peut suffire, dans un Etat de Droit ou proclamé tel, à exonérer une loi de tout contrôle de constitutionnalité. Il semble qu'il faille ici tenir compte du "dédoublement fonctionnel du peuple"[8] quand il s'exprime par voie référendaire. Il peut agir comme législateur, en vertu de l'article 11 : dans ce cas, le Peuple est un pouvoir institué (par les dispositions de l'article 11). Il ne semble donc pas inconcevable, ni antidémocratique[9], d'imaginer un contrôle de la constitutionnalité de ses décisions, du moins quand elles n'interviennent pas en matière constitutionnelle[10]; soutenir le contraire revient à en faire un pouvoir

---

[1] Gaston MONNERVILLE, Discours du 9 octobre 1962 devant le Sénat, transcrit *in* Didier MAUS, *Les grands textes de la pratique institutionnelle de la V° République*, La Documentation Française, 1995, p.62. On comprend d'ailleurs son attitude : c'est son existence même qui risquait d'être remise en cause s'il avait risqué un coup d'éclat de ce genre... Mais ne risque-t-il pas de tenir le même type de raisonnement dans des circonstances approchantes ?

[2] Décision n°62-20 DC, du 6 novembre 1962, "Loi référendaire", Notes : C. FRANCK, *GDJC* p.279; L. HAMON, *D* 1963, p.398.

[3] Décision n°92-313 DC, du 23 septembre 1992, "Maastricht III".

[4] Affirmée clairement dans sa décision du 14 septembre 1961, "Demande d'avis"; Note : L. HAMON, *D* 1963, p.17.

[5] Décision n°62-20 DC, Cs. n°2.

[6] Voir par exemple les critiques formulées par Jean-François PRÉVOST, "Le droit référendaire dans l'ordonnancement juridique de la Constitution de 1958", *op. cit.*, p.40 s..

[7] Décision n°92-313 DC, Cs. n°2.

[8] Jean-François PRÉVOST, "Le droit référendaire dans l'ordonnancement juridique de la Constitution de 1958", *op. cit.*, p.44.
Voir, dans le même sens NGUYEN Van Tuong, qui explique que "la thèse qui consiste à affranchir l'"expression directe de la souveraineté nationale" de tout contrôle conduit à "confondre les deux qualités du peuple, selon qu'il agit comme souverain ou comme gouvernant souverain, il est absolument libre (...). Mais comme gouvernant, il agira dans les limites fixées par la Constitution aux agents d'exercice du pouvoir (...)." (La loi référendaire est-elle soumise au contrôle de constitutionnalité ?", *D* 1996, Chron., p.17).

[9] On peut se référer en la matière à l'exemple allemand, que nous avons analysé plus haut : on y voit un Etat de Droit, reconnu comme tel, dans lequel on envisage sans soulever de tollé d'appliquer un contrôle de constitutionnalité à des lois référendaires.

[10] En cas de lois "mixtes", le Conseil constitutionnel serait toujours à même de faire jouer la "théorie de la divisibilité", comme le suggère Jean-François FLAUSS, ("Le contrôle de constitutionnalité des lois référendaires", *LPA* 23 juin 1997, n°75, p.9).

constituant de fait[1]. Par contre quand il se prononce dans le cadre de l'article 89, il est un organe du pouvoir constituant dérivé, et il est normal de soustraire sa décision au contrôle du Juge constitutionnel[2].
Cette critique est d'ailleurs étayée par la position du Conseil constitutionnel quant au statut des lois référendaires, qui n'est pas dépourvue d'ambiguïté, comme cela a souvent été relevé[3]. Il a admis en 1989[4] que loi référendaire et loi parlementaire étaient soumises au même régime d'abrogation, ce qui semble entraîner logiquement l'application aux lois référendaires du reste du régime législatif - comme le contrôle incident des lois déjà promulguées, par exemple... Qu'en est-il dans ces conditions du respect de "l'expression directe de la souveraineté nationale" ? Ne vaut-il que quand le peuple vient de s'exprimer, et se dégrade-t-il avec le temps qui passe ? Ou faut-il chercher une autre raison au refus du Conseil de contrôler les lois référendaires ?

Il semble que la clé de cette absence de contrôle puisse être trouvée ailleurs.
En premier lieu, l'idée d'un contrôle de la loi référendaire postérieurement à l'expression de la volonté du peuple est pour le moins inadaptée à la situation. Elle peut être envisagée en Allemagne, où toutes les lois sont contrôlables par le Juge constitutionnel *a posteriori*, mais pas en France, où un tel contrôle est rejeté même s'agissant de lois parlementaires ordinaires - combien plus s'agissant de lois référendaires ! Une telle solution se heurte de plus à l'adage selon lequel "le vote répare l'erreur"[5], qui fut appliqué au référendum de 1962 pour le purger de son inconstitutionnalité. Une fois que le peuple s'est exprimé, il est psychologiquement - et politiquement - inopportun de prétendre revenir sur sa décision[6].
Du double constat de la possibilité d'un contrôle de constitutionnalité des lois référendaires et de l'inopportunité de l'exercice *a posteriori* de ce contrôle, devrait normalement découler une solution : l'instauration d'un contrôle *a priori*.

---

[1] Comme le note Jean-François FLAUSS, "en tout état de cause, le législateur populaire ordinaire pourrait nullifier une décision d'inconstitutionnalité rendue par la juridiction "constitutionnelle"." (J.-F. FLAUSS, "Le contrôle de constitutionnalité des lois référendaires", *op. cit.*, p.8). Une telle éventualité est normale s'il agit comme constituant, mais pas c'est comme législateur.

[2] Ce raisonnement est le même quand on constate que les mêmes parlementaires peuvent être aussi bien des organes institués du pouvoir législatif quand ils siégent en Chambres, et des organes du Pouvoir constituant dérivé quand ils siègent en Congrès.

[3] Voir dans ce sens J.-F. FLAUSS, *op. cit.*, p.8.
De même, J.-P. PRÉVOST, *op. cit.*, p.44 : "si, en effet, le peuple consulté selon les dispositions de l'article 11 intervenait en tant qu'expression du pouvoir constituant originaire, aucune des dispositions de la loi référendaire (...) ne pourrait, en toute logique, être modifiée par une loi ordinaire (...).".

[4] Décision n°89-266 DC, du 9 janvier 1990, "Amnistie en Nouvelle-Calédonie", Cs. n°8 : le législateur peut modifier, compléter ou abroger des dispositions législatives préexistantes, sans avoir à prendre en considération le fait que ces lois "résultent d'une loi votée par le Parlement ou d'une loi adoptée par voie de référendum".
Notes : P. AVRIL et J. GICQUEL, *Pouvoirs*n°54, 1990, Chron. constit., p.196; J. FIALAIRE, *RA* 1990, p.40; N. GUIMEZANES, *JCP* G 1990, I, n°21591; X. PRÉTOT, *RDSS* 1990, p.437; T. S. RENOUX, *RFDC* 1990, n°2, p.326.

[5] Cité par J.-F. FLAUSS, qui en explique l'origine, *op. cit.*, p.11.

[6] Sauf dans l'hypothèse d'un Juge constitutionnel suffisamment puissant et bien accepté pour à la fois résister à des pressions d'ordre politique (la plus puissante étant la menace d'une révision constitutionnelle réduisant ses pouvoirs) et éviter les accusations de "Gouvernement des Juges".

II - Un refus de l'Exécutif de faire intervenir le Juge *a priori*

Les critiques que nous avons examinées quant à l'exercice d'un contrôle de constitutionnalité en matière référendaire semblent s'évanouir quand on envisage de le faire porter sur la constitutionnalité du projet de texte que le Président de la République envisage de soumettre au peuple. Un tel contrôle devient parfaitement possible. Il devrait alors permettre d'écarter tout risque d'usage abusif de cette procédure de recours au peuple - tant il est vrai qu'en la matière, la question étant formulée par l'Exécutif et la réponse populaire canalisée par un choix forcément réducteur, les risques de manipulation sont grands[1]. Il se justifierait d'autant plus qu'en dehors du contrôle sur le bon déroulement des opérations référendaires, suivi de la proclamation de leur résultat, que nous avons évoqué plus haut, le Conseil constitutionnel refuse de connaître des actes préalables au référendum[2] - y compris la décision de recours au référendum elle-même. Il n'exerce à cet égard qu'une compétence consultative, ses avis restant confidentiels[3].

Un tel contrôle sur la question posée au peuple avant que ce dernier ait pu répondre est peut-être déjà envisageable sans révision de la Constitution, mais dans des hypothèses très restreintes. Comme le fait en effet remarquer le Président François LUCHAIRE, "certes, (le Conseil constitutionnel) ne s'est pas reconnu compétent pour juger de la constitutionnalité d'une loi référendaire mais il n'est pas impossible qu'un jour il utilise ses pouvoirs pour s'opposer, préventivement, à une proposition inconstitutionnelle de référendum; il devrait d'ailleurs le faire s'il est proposé au peuple d'approuver un traité contraire à la Constitution (art. 11 de la Constitution)."[4]. Il précise un peu plus loin qu'"on voit mal le Conseil constitutionnel (avalisant) un traité qu'il aurait lui-même déclaré contraire à la Constitution (en application de l'article 54 de la Constitution) alors que l'article 11 interdit expressément de soumettre au référendum un traité comprenant une clause contraire

---

[1] Sur les dangers que recèle le référendum en tant que procédure décisionnelle en matière législative, voir Henry ROUSSILLON, "Contre le référendum !", *op. cit.*, p.183-185, et notamment "le référendum n'est pas un progrès démocratique car il méconnaît fondamentalement le processus décisionnel démocratique" (p.183), qui repose sur la possibilité de débattre et d'amender un projet.

[2] Décision du 23 décembre 1960, "Regroupement national"; Notes : L. HAMON, *D* 1962, p.467; G. LIET-VEAUX, *RA* 1961, p.46; E.-P. LUCE, *JCP* G 1961, 24.
Le Conseil y rappelle qu'il n'a qu'une compétence purement consultative en la matière (Cs. n°1), et met cette interprétation de ses compétences en oeuvre dans l'affaire du "Secrétaire du Parti communiste réunionnais", du 3 avril 1962. Quant au Conseil d'Etat, il ne se reconnaît qu'une compétence limitée pour connaître de ce type d'actes (c'est-à-dire qu'il n'accepte de se prononcer sur eux que tant que la loi référendaire n'a pas été adoptée, promulguée et publiée au *JO*. Voir sur ce point J.-F. PRÉVOST, "Le droit référendaire dans l'ordonnancement juridique de la Constitution de 1958", *op. cit.*, p.33 s.).
Il se décharge donc de cette compétence sur le Juge administratif. Le problème vient de ce que, comme le remarque Gérard CONAC, (Commentaire de l'article 11, *in* F. LUCHAIRE et G. CONAC, *La Constitution de la V° République - Analyses et commentaires*, Economica, 1987, p.454) "le contrôle contentieux du Juge administratif n'est pas très satisfaisant car il ne correspond qu'à une compétence provisoire. Le Conseil d'Etat ne peut en effet aller à l'encontre de la loi référendaire", et n'accepte d'exercer effectivement son contrôle que tant qu'elle n'a pas été publiée au *JO* (CE Ass. 27 octobre 1961, "Le Regroupement National", *Rec.* p.594 - Notes : L. HAMON, *S* 1963, p.28; J. THÉRY, *AJDA* 1961, p.672).

[3] Sur le bien-fondé de cette solution, voir Henry ROUSSILLON, *Le Conseil constitutionnel*, *op. cit.*, p.129-130, et, du même auteur, "Contre le référendum !", *Pouvoirs* 1996, p.186 s..

[4] François LUCHAIRE, *Le Conseil constitutionnel*, tome 1 : "Organisation et Attributions", Economica, 1997, p.58.

à la Constitution."[1]. Cette perspective fait du Conseil un contre-pouvoir, au sens où il peut s'opposer au Pouvoir, mais reste à savoir de quelle manière il s'y prendrait en pratique pour faire prévaloir la Constitution[2]... En dehors de cette hypothèse assez improbable, on peut noter que le Conseil constitutionnel a déjà accepté, en 1987, de contrôler la "loyauté" et la "clarté" de la question posée, et à ce titre supprimé un membre de la phrase proposée au référendum sur cette base[3]. Mais il s'agissait en l'espèce d'un référendum local d'autodétermination, et "cette jurisprudence n'a, pour l'instant, pas été reprise pour les référendums "nationaux" alors que la loyauté et la clarté de la consultation sont une des conditions de la régularité de tout référendum et que le Conseil a les moyens d'en assurer le respect puisqu'il a mission de veiller à la régularité des opérations référendaires."[4]. Ce serait pourtant "un progrès important, car la manière de poser la question peut être un moyen de manipuler l'opinion."[5].

Par ailleurs, de nombreuses révisions de la Constitution ont été proposées dans le but de rendre possible un vrai contrôle *a priori*. Ainsi des sénateurs avaient-ils soumis en 1985 un texte portant qu'"aucun projet ou proposition de loi ne (puisse) être soumis à référendum s'il n'a été préalablement déclaré non contraire à la Constitution par le Conseil constitutionnel saisi à cet effet par le Président de la République"[6]. Quelques années plus tard, en 1992, François MITTERRAND, qui avait proposé dès 1984 de réviser l'article 11, reprend cette idée en lui adjoignant un avis public du Conseil constitutionnel sur la constitutionnalité du projet[7] - sans se prononcer sur la valeur juridique de cet "avis". On peut enfin, entre autres travaux doctrinaux[8], se référer au

---

[1] *Idem*, p.444.

[2] "Le Conseil constitutionnel ne dispose que d'une compétence d'attribution étroitement délimitée par les textes, et on ne voit pas sur quel fondement il pourrait se déclarer compétent pour connaître de la décision présidentielle de soumettre un projet de loi au référendum." (Pierre SERRAND, *L'acte de gouvernement (Contribution à la théorie des fonctions juridiques de l'Etat, op. cit.*, p.164).

[3] Décision n°87-226 DC, du 2 juin 1987, "Consultation des populations calédoniennes", Cs. n°7, 9 et 10: "Considérant que la question posée aux populations intéressées doit satisfaire à la double exigence de loyauté et de clarté de la consultation(...) la question posée aux votants ne doit pas comporter d'équivoque (...); (...)
Considérant que cette rédaction est équivoque; (...);
Considérant, dès lors, (...) que doivent être déclarées contraires à la Constitution les dispositions contenues dans les mots "avec un statut dont les éléments essentiels ont été portés à votre connaissance" figurant à l'article 1° de la loi;".
Notes : P. AVRIL et J. GICQUEL, *Pouvoirs* n°43, Chron. constit., p.215-216; L. FAVOREU, *RDP* 1989, p.399; B. GENEVOIS, *AIJC* 1987, p.603; F. LUCHAIRE, *D* 1988, J, p.259; M.-L. PAVIA, *RA* 1988, p.440.

[4] Dominique ROUSSEAU, "Questions sur le non-contrôle de constitutionnalité des lois référendaires ou l'avenir du "papillon 62"", communication aux II° Assises de l'Association des Auditeurs de l'Académie Internationale de Droit Constitutionnel, colloque sur "Référendum et Démocratie", Toulouse, les 1° et 2 avril 1996, 6° p..

[5] Henry ROUSSILLON, *Le Conseil constitutionnel, op. cit.*, p.130.

[6] Proposition de loi constitutionnelle n°365, du 12 juin 1985, déposée par Pierre-Christian TAITTINGER, *in* "Rapport Larché", rapport du Sénat n°392, t. 1, p.27-28. Cette disposition reprend le mécanisme applicable au Portugal (cf. *supra*).

[7] "Le Conseil constitutionnel donnerait publiquement son avis avant la consultation, sur la conformité du projet de loi à la Constitution, aux lois organiques, à nos engagements internationaux et aux grands principes qui fondent nos libertés reconnues par les lois de la République." (Entretien dans *Le Monde* du 1° décembre 1992).

[8] Comme, entre autres, les propositions similaires défendues par Gérard CONAC, dans son "Commentaire de l'article 11", *in* F. LUCHAIRE et G. CONAC, *La Constitution..., op. cit.*, p.454.

"Rapport Vedel" qui, en 1993, a développé des propositions de révision de la Constitution à la demande du Président MITTERRAND[1] : il introduit un contrôle préventif du Conseil constitutionnel sur la constitutionnalité des projets de référendum, mais en prévoyant de l'assortir d'une révision concomitante de l'article 89. Le but est en effet de préserver les prérogatives du Président de la République, en lui permettant de passer outre le veto d'une des Chambres pour mener à bien une révision constitutionnelle sans être obligé de recourir à l'article 11 comme le fit le Général De Gaulle[2]. Un vrai contrôle a donc été envisagé. On peut d'ailleurs remarquer, bien que cela sorte du cadre strict de notre étude, que les auteurs du "Rapport Vedel" envisageaient sans crainte que les pouvoirs du Conseil puissent aller bien au-delà d'un simple contrôle de constitutionnalité, dans l'hypothèse de l'introduction d'une "initiative populaire". L'article 11-II du projet[3] lui reconnaissait en effet le pouvoir exorbitant de décider - souverainement - de l'organisation d'un référendum si une proposition d'origine populaire restait sans suite pendant plus de quatre mois[4].
Dans un registre différent, en 1989, le Professeur Didier MAUS a proposé lui aussi un élargissement de la compétence du Conseil constitutionnel en matière de référendum, mais en tenant compte cette fois de certaines contraintes politiques : "la procédure référendaire présente un cas particulier dans la mesure où il convient de préserver l'autonomie de décision du président de la République. Il importe en revanche de prévoir un avis public du Conseil constitutionnel entre la proposition de référendum transmise au Chef de l'Etat (par le Premier ministre ou le Parlement) et sa décision."[5]. Mais il ne s'agirait dans tous les cas que d'une consultation obligatoire dont le résultat serait publié. On n'en attendrait donc qu'un effet dissuasif, et non répressif, et le Conseil reprendrait la figure d'un simple "aiguilleur de procédure".

Dans tous les cas, malgré la variété de ces propositions, et le souci de réalisme de certaines d'entre elles, l'Exécutif a toujours nettement refusé de laisser le Conseil accéder à cette compétence *a priori*[6]. Ainsi, "lors des débats parlementaires qui ont

---

[1] Proposition de révision de l'article 11 de la Constitution, I alinéa 2 :
"Le projet ne peut être soumis au référendum qu'après constatation par le Conseil constitutionnel de sa conformité à la Constitution.".

[2] Comité Consultatif pour la révision de la Constitution, *Propositions pour une révision de la Constitution - 15 février 1993*, La Documentation Française, Paris, 1993, p.78-79.

[3] Proposition de révision de l'article 11 de la Constitution, II :
"Un référendum portant sur un objet mentionné au premier alinéa du présent article peut être organisé à l'initiative 'un cinquième des membres du Parlement soutenue par un dixième des électeurs inscrits sur les listes électorales.
La proposition des parlementaires est transmise au Conseil constitutionnel qui, après déclaration de sa conformité à la Constitution, organise la collecte des pétitions des électeurs et, après vérification de leur nombre et de leur validité, les transmet au Parlement. Si la proposition n'est pas adoptée par le Parlement dans les quatre mois, le Conseil constitutionnel décide de l'organisation d'un référendum.".

[4] Mais ce pouvoir était sans doute prévu pour éviter que l'initiative populaire ne s'"enlise" devant le Parlement. En tout état de cause, ni l'idée d'une "initiative populaire", ni celle d'un élargissement des compétences du Conseil n'ont été retenues, afin de conserver à la procédure référendaire son caractère de recours au peuple aux mains de l'Exécutif.

[5] Didier MAUS, "Le rôle du Conseil constitutionnel - Allez plus loin", *Le Monde* 13 juillet 1989.

[6] Le Gouvernement "estimait que l'intervention du Conseil constitutionnel serait contraire non pas tellement au principe de la souveraineté populaire, mais plutôt aux missions générales du Président de la

abouti à la loi constitutionnelle du 4 août 1995, le Gouvernement et les élus de la majorité ont très clairement dit qu'en aucun cas le Conseil ne pourrait s'opposer à un projet de loi référendaire."[1]. Le Professeur Francis HAMON rappelle cependant que, "en fait, comme le Garde des Sceaux l'a d'ailleurs lui-même reconnu au cours des débats, le refus du contrôle de constitutionnalité s'explique surtout par l'idée que l'article 11 doit demeurer pour le Président de la République un ultime recours qui lui permettrait le cas échéant, comme en 1962, de s'adresser directement au peuple pour surmonter certains blocages institutionnels. Dans cette perspective, le contrôle de constitutionnalité apparaît inopportun, dans la mesure où il pourrait empêcher une nouvelle utilisation de l'article 11 en matière de révision constitutionnelle."[2]. D'autres explications ont été avancées : manque de légitimité populaire des membres du Conseil, et tendance de ce dernier à "abuser" des ses pouvoirs existants, qui pourrait le pousser à entraver exagérément les capacités d'action du Président[3].
Cette position est parfaitement compréhensible de la part de l'Exécutif, et semble justifiable de son point de vue. La décision de recourir au référendum est en effet d'essence politique, et on peut étendre cette qualification au choix des termes de la question posée. Un contrôle de nature juridique est donc difficile à accepter - et à exercer - dans ce cadre. Il signifierait en définitive que le Juge s'autorise à substituer sa propre appréciation, qui acquérait par là-même un caractère politique marqué, à celle de l'Exécutif.

Le contrôle de la constitutionnalité du recours au référendum ne pose un problème au Juge constitutionnel que lorsqu'il s'agit d'une activité de l'Exécutif, contrôlée par lui : il est lui alors difficile d'intervenir directement.
C'est en tout cas ce qui semble ressortir de notre étude. En Allemagne, où l'Exécutif n'a que peu à voir avec le référendum, le principe d'une intervention du Juge constitutionnel pour contrôler, non seulement les opérations référendaires, mais même les lois issues d'une telle consultation, est parfaitement admis, même au niveau fédéral. En Espagne, où l'Exécutif intervient très largement dans l'organisation des référendums, le contrôle du Tribunal constitutionnel est limité aux opérations électorales, techniques, sans qu'il puisse intervenir au fond - une telle intervention perd cependant de son intérêt du fait que ce référendum est uniquement consultatif.
En France, la situation est un peu différente : en effet le référendum de l'article 11 est normatif, et il s'agit d'une compétence propre de l'Exécutif. Le Conseil s'en tient donc à un contrôle de forme, et ne se reconnaît aucune compétence quant au fond. Si une telle position peut se concevoir dans la perspective d'un respect pointilleux de la souveraineté du peuple (bien que nous ayons vu que cet argument n'est pas retenu en Allemagne, et qu'il est en lui-même critiquable, procédant d'une confusion de notions entre pouvoir constituant et pouvoir constitué), on pourrait cependant imaginer un

---

République, telles qu'elles sont définies à l'article 5 de la Constitution." (F. HAMON, "*Vox imperatoris, Vox populi ?...*", *op. cit.*, p.398).

[1] François LUCHAIRE, *Le Conseil constitutionnel*, *op. cit.*, p.58.

[2] Francis HAMON, *Le référendum - Etude comparative*, *op. cit.*, p.94.

[3] Voir sur ce point l'analyse de Benoît MERCUZOT, "Référendum : les faux-semblants d'une réforme", communication au III° Congrès Français de Droit Constitutionnel, Dijon, 13, 14 et 15 juin 1996, p.13 s.. Il conclut en ces termes : "c'est dire que le caractère "éminent" du domaine référendaire provient, là encore, de la place qu'y prend le Président plutôt que de l'intervention du peuple." (p.14-15).

contrôle *a priori* et automatique des projets de textes soumis au référendum, suivant un système semblable à celui qui existe au Portugal, où la Constitution de 1976 a prévu un contrôle obligatoire du Tribunal constitutionnel sur les propositions de référendum, portant à la fois sur leur constitutionnalité et sur leur légalité. En dernière analyse, il semble que si le Juge constitutionnel refuse de procéder à ce contrôle, c'est qu'il s'exerce directement sur une activité par essence politique, ce qui le rend particulièrement délicat à mener.

CHAPITRE 2

LE CONTROLE DE L'USAGE DU DROIT DE DISSOLUTION

Bien qu'il s'agisse à première vue d'une question purement "statutaire", la dissolution parlementaire rentre cependant dans le champ de notre étude, car il s'agit bien d'une "compétence régalienne" de l'Exécutif, en ce qu'elle lui permet de se manifester en tant que tel dans ses relations avec d'autres institutions.
L'usage du droit de dissolution est l'un des aspects possibles du "recours au peuple", dans lequel on a parfois vu un "substitut" au référendum[1]. Dans quelle mesure un contrôle du Juge constitutionnel est-il possible en la matière ? Il convient d'étudier les modalités de son intervention, qui se déclinent sur un mode paradoxal.
Elles sont en effet susceptibles d'évoluer selon la conception de la dissolution qui est retenue dans une Constitution donnée. Ainsi que le rappelle le Professeur André MATHIOT, dans sa préface à la thèse de Philippe LAUVAUX, on ne peut pas "construire valablement *une* théorie *du* droit de dissolution"[2], tant les solutions retenues selon les systèmes constitutionnels peuvent varier, à la fois dans leur formulation et dans les buts poursuivis. Ainsi, le seul point commun entre les dispositions constitutionnelles applicables à la dissolution en France, en Allemagne et en Espagne, est qu'elle est dans les trois cas exclue en période de circonstances

---

[1] Il existe des cas dans lesquels la dissolution est étroitement liée au référendum, soit qu'elle soit déclenchée par un vote populaire, soit qu'elle soit la conséquence d'une décision populaire sur une autre question : on parle alors de "dissolution référendaire" (Philippe LAUVAUX, *La dissolution des assemblées parlementaires*, Economica, Paris, 1983, p.211 s.).
Ce n'est cependant pas à ce problème que nous faisons référence ici, mais à la théorie de la "dissolution-référendum", qui fut par exemple présentée par Georges BURDEAU, (*Traité de Science Politique*, LGDJ, Paris, t.V : "Les régimes politiques" (1970), p.261) : la dissolution joue alors "le rôle d'un référendum (...). Du moment où (elle) intervient au cours de la législature, elle ne répond pas à la nécessité de désigner les membres d'une assemblée puisque celle-ci existe; elle a pour objet de permettre aux citoyens de faire connaître leur volonté en approuvant ou en réprouvant leurs représentants.". Une critique de cette théorie a été présentée par Philippe LAUVAUX, *op. cit.*, p.397 : "le bien-fondé de la théorie de la dissolution-référendum, quoique généralement admise dans son principe, est extrêmement contestable quant aux modalités de son application, même dans un contexte propice (...). La dissolution peut difficilement exercer une fonction référendaire dès lors qu'elle est utilisée dans une structure de multipartisme (...). Et (...) la théorie est de tout manière inapplicable dès lors que les partis eux-mêmes (...) sont divisés intérieurement par la question à trancher (...). Le mérite de la théorie de la dissolution-référendum nous paraît cependant réel, résidant dans son principe même, en ce qu'elle affirme le caractère démocratique du droit de dissolution à l'encontre des conceptions surannées des adversaires de cette institution.".
[2] Philippe LAUVAUX, *La dissolution des assemblées parlementaires*, *op. cit.*, Préface, p.V.

exceptionnelles; le reste de leur régime présente des différences assez nettes. De plus, "la principale difficulté de l'analyse du droit de dissolution consiste à résoudre la distinction souvent établie entre le texte constitutionnel et son fonctionnement, c'est-à-dire entre le droit et les faits. Le droit de dissolution est, en effet, un mécanisme juridique, destiné à régler les rapports entre organes constitués mais il fait également appel à des données socio-politiques que la Constitution ne peut maîtriser."[1].

A partir de ces données, il semble possible de distinguer deux conceptions de la dissolution : en effet, "il existe des dissolutions "de majorité" et d'autres qui ne le sont pas, sans être, pour autant, nécessairement anti-majoritaires."[2]. Les premières sont pratiquées alors que le Gouvernement dispose d'une majorité suffisante au Parlement, tandis que les secondes recouvrent tous les cas où le Chef du Gouvernement n'est pas directement à l'origine de la décision de dissoudre. S'ajoute à ce premier point une difficulté supplémentaire, puisque, l'appartenance d'une institution donnée à l'une ou l'autre de ces catégories n'est pas nécessairement stable : on peut imaginer que, du fait d'une situation politique particulière, un Chef de Gouvernement normalement incompétent pour dissoudre soit en mesure d'inciter le Chef de l'Etat à le faire[3]. Nous examinerons donc successivement les possibilités d'intervention du Juge constitutionnel dans l'hypothèse d'une dissolution "technique", simplement destinée à régler des conflits entre Pouvoirs Publics, et donc de tupe "arbitral"[4] (Section 1), puis dans l'hypothèse d'une dissolution conçue comme une arme politique attribuée au Chef de l'Exécutif (Section 2).

Section 1

Le contrôle de constitutionnalité dans le cadre des systèmes de dissolution de type "arbitral"

Traditionnellement, dans le cadre de la théorie du régime parlementaire, le pouvoir de dissolution attribué au Chef de l'Exécutif a pour but de résoudre les crises qui peuvent survenir entre les Pouvoirs Publics; elle peut donc dans cette mesure être qualifiée d'"arbitrale" (§ 1). Or justement, dans la mesure où peu d'éléments strictement politiques entrent en ligne de compte dans ce cas, il semble qu'un contrôle du Juge constitutionnel sur l'acte de dissolution soit parfaitement envisageable, bien que sa portée soit de ce fait même forcément limitée (§ 2).

---

[1] Pierre ALBERTINI, *Le droit de dissolution et les systèmes constitutionnels français*, PUF, Paris, 1978, p.23.

[2] Philippe LAUVAUX, *La dissolution...*, *op. cit.*, p.473.

[3] Comme il semblerait que ç'ait été le cas au printemps 1997 en France, le Premier ministre Alain JUPPE ayant incité le Président de la République Jacques CHIRAC à dissoudre une Assemblée nationale où il disposait d'une large majorité.

[4] Pour reprendre la qualification donnée par Philippe LAUVAUX, *op. cit.*, p.474 : "dissolution exercée en vertu de l'arbitrage "procédural" du Chef de l'Etat".

§ 1 : La dissolution : un moyen de résoudre les crises en régime parlementaire

Traditionnellement, la dissolution est considérée comme un élément-clé du bon fonctionnement des régimes parlementaires[1].
Elle apparaît alors, selon l'angle sous lequel on l'envisage, à la fois comme un agent de l'équilibre institutionnel parlementaire, en tant que contre-poids au pouvoir de censure des Assemblées sur le Gouvernement[2], et comme un moyen de régler des conflits entre organes constitutionnels, et donc d'éviter tout blocage institutionnel. Dans cette perspective, le droit de dissolution est seulement prévu pour permettre à son titulaire de "relancer" la machine institutionnelle, en demandant au peuple de trancher le litige qui oppose le Cabinet à l'Assemblée. On peut alors lui appliquer le raisonnement de PRÉVOST-PARADOL, qui, dans son analyse de la dissolution, estimait que, sous peine de devenir un procédé anti-majoritaire, elle n'était envisageable qu'aux mains d'un organe politiquement "neutre", arbitre impartial éloigné des luttes de la vie politique (c'est-à-dire d'un monarque parlementaire de régime moniste plutôt que d'un élu)[3].

Cette hypothèse de dissolution purement "arbitrale" est rarement mise en pratique, car elle correspond en fait à un "type-idéal", c'est-à-dire à un ensemble d'hypothèses d'école, prévues par le Constituant, mais peu réalistes - car elles supposent une "neutralité" difficile à atteindre de la part du titulaire du droit de dissolution.
On peut y rattacher les cas des "dissolutions automatiques", c'est-à-dire de dissolutions qui interviennent obligatoirement à chaque fois qu'un certain nombre de conditions objectives, déterminées expressément par la Constitution, se trouvent réunies. Le titulaire du droit de dissolution voit alors sa marge d'appréciation réduite au minimum. Sa fonction se situe même en-deçà du rôle d'"arbitre", du fait de son automaticité : son intervention est donc de ce point de vue la plus neutre qu'on puisse imaginer. Ce type de dissolution est prévu dans la Constitution espagnole, à l'article 99-5[4], quand aucun candidat à la Présidence du Gouvernement n'a obtenu l'investiture du Congrès. Ce cas ne s'est cependant jamais présenté depuis 1978. De fait, "cette solution drastique est appelée à servir comme mécanisme de pression psychologique sur les députés"[5], ce qui rend sa mise en application par nature

---

[1] Selon le mot de Georges BURDEAU, "il n'y a pas de parlementarisme véritable" sans elle (*Droit constitutionnel et institutions politiques*, LGDJ, Paris, 1972, p.598).
[2] Ce qui en fait un élément des *checks and balances* propres au régime parlementaire.
[3] "Il y aurait donc dans la monarchie constitutionnelle deux sortes de dissolution : la dissolution prononcée par un cabinet ayant perdu la majorité ou n'ayant qu'une majorité insuffisante, et désirant de son plein gré se retremper dans l'opinion; et la dissolution que j'appellerais proprement royale, prononcée par le souverain dans la plénitude de son pouvoir *et sans le concours de ses* ministres, pour appeler la nation à confirmer ou à détruire une majorité et un cabinet soupçonnés de ne plus représenter le sentiment général." (L. PRÉVOST-PARADOL, *La France Nouvelle*, 1876, p.147-148, cité dans Ph. LAUVAUX, *op. cit.*, p.33 s.)
[4] Article 99-5 de la Constitution espagnole :
"Si, dans un délai de deux mois à compter du premier vote d'investiture, aucun candidat n'a obtenu la confiance du Congrès, le Roi dissoudra les deux Chambres et provoquera de nouvelles élections, avec le contreseing du Président du Congrès.".
[5] Francisco FERNANDEZ SEGADO, *El sistema constitucional español*, *op. cit.*, p.696.

exceptionnelle. L'application de cet article est automatique; elle relève d'une compétence liée du Roi, sous le contrôle du Président de la Chambre basse, ce contreseing étant une "exigence visant à empêcher que l'autorité royale ne crée artificiellement les conditions qui déterminent l'application de l'article (...)"[1], par exemple en proposant des candidats inacceptables par le Congrès.
Une autre application de la notion de "dissolution arbitrale", mais qui n'est pas absolument automatique, est prévue par la Loi Fondamentale allemande, à son article 63 alinéa 4[2]. Il s'agit là d'une compétence personnelle du Président fédéral, à ce titre dépourvue de contreseing (le Chancelier sortant étant par hypothèse démissionnaire), et dont l'exercice est conditionné par l'impossibilité pour le Bundestag d'élire un Chancelier à la majorité absolue. Dans ce cadre, la dissolution connaît une alternative : le Président peut nommer le candidat qui a obtenu la majorité relative des voix, s'il estime qu'il est en mesure de constituer un gouvernement "viable"[3]. Ce type de dissolution voit son exercice subordonné à la réunion de conditions précises. Ceci permet de dire qu'elle est "normalement destinée à valoir par sa seule éventualité : on peut espérer que la menace de dissolution suffise à inciter le Bundestag à dégager une majorité en son sein"[4]. La décision de dissoudre, même si elle peut être qualifiée de "politique" du fait que le Président dispose d'une marge d'appréciation, reste enserrée dans des limites étroites. Comme le note le Professeur Christian AUTEXIER, c'est "l'un des rares cas où le Président fédéral dispose d'un véritable pouvoir de décision politique, justifié par la nécessité d'éviter autant qu'il est politiquement possible la nomination d'un Chancelier ne disposant pas d'emblée d'une majorité au Bundestag"[5]. En fait, la reconnaissance de ce pouvoir au profit du président fédéral "ne s'assortit que mal au système de gouvernement parlementaire défini par la Loi Fondamentale et dépouillé de toute dominante présidentielle. C'est pourquoi elle doit (...) rester une exception et ne doit pas être utilisée quand le Chancelier minoritaire semble devoir être toléré durablement par les Fractions." [6].
Un autre type de dissolution théoriquement "arbitrale", bien qu'elle ne soit ni automatique ni conditionnée, mais au contraire entièrement discrétionnaire, aurait pu

---

Cet auteur relève que cette solution est rendue plus drastique encore par le fait que le Sénat soit dissout en même temps que le Congrès des Députés; il estime que ceci correspond "au désir plus ou moins larvé qu'en aucune circonstance les élections au Congrès et au Sénat puissent être séparées" (*idem*).

[1] Philippe LAUVAUX, *La dissolution des assemblées parlementaires*, *op. cit.*, p.187. Il s'agit là de préserver la neutralité du Chef de l'Etat.

[2] Article 63 alinéa 4 de la Loi Fondamentale allemande :
"A défaut d'élection dans ce délai, il est procédé immédiatement à un nouveau tour de scrutin, à l'issue duquel est élu celui qui obtient le plus grand nombre de voix. Si l'élu réunit sur son nom les voix de la majorité des membres du Bundestag, le président fédéral doit le nommer dans les sept jours qui suivent l'élection. Si l'élu n'atteint pas cette majorité, le président fédéral doit, soit le nommer dans les sept jours, soit dissoudre le Bundestag.".

[3] Voir, sur l'exercice de cette compétence, Jean AMPHOUX, *Le Chancelier Fédéral dans le régime constitutionnel de la République Fédérale d'Allemagne*, Bibliothèque constitutionnelle et de Science Politique, t.1, LGDJ, Paris, 1962, p.102 s., et notamment :
"Lorsque l'éventualité que les discussions parlementaires s'apaisent lui paraît peu probable, et si de nouvelles élections semblent permettre l'espoir qu'une majorité plus nette prenne position au Parlement, il lui appartient de décider le recours à l'arbitrage populaire." (p.102).

[4] Philippe LAUVAUX, *La dissolution...*, *op. cit.*, p.134.

[5] Christian AUTEXIER, *Introduction au Droit Public allemand*, *op. cit.*, p.47.

[6] Comme le remarque Martin OLDIGES dans son commentaire de l'article 63 *in* Michael SACHS, *Grundgesetz Kommentar*, *op. cit.*, p.1127-1128.

être trouvé dans la conception initiale de la dissolution retenue en France dans l'article 12[1] de la Constitution de 1958. Le rôle du Président pouvait en effet être conçu comme celui d'un "arbitre", en application des termes de l'article 5[2] et des intentions clairement exprimées du Général DE GAULLE[3]. Il était dans ces conditions possible de retrouver dans ce mécanisme - encore plus que dans le mécanisme de l'article 63 IV de la Loi Fondamentale allemande - les caractéristiques de la "dissolution royale" neutre décrite par PREVOST-PARADOL[4]. Sa mise en application en a cependant décidé autrement, et ce dès 1962[5].

§ 2 : Un contrôle parfaitement envisageable dans le cadre du règlement d'un conflit entre organes constitutionnels

La compétence du Juge constitutionnel pour se prononcer sur la constitutionnalité d'une dissolution de type "arbitral" relève du règlement de conflits entre organes constitutionnels (I-), phénomène courant. Un tel contrôle ne peut cependant avoir qu'une portée limitée (II-).

I - Le problème de l'existence d'une compétence de règlement des conflits inter-organes

Dans l'hypothèse d'une dissolution politiquement "neutre", au sens que nous avons dégagé ci-dessus, le contrôle du Juge constitutionnel est concevable. Il interviendrait en tant que Juge des rapports entre institutions. Cette dernière compétence n'est cependant expressément attribuée aux Juges constitutionnels que par les Constitutions allemande et espagnole. Le Conseil constitutionnel français, quant à lui, ne peut s'en prévaloir.

---

[1] Article 12 de la Constitution française :
"Le Président de la République peut, après consultation du Premier Ministre et des Présidents des assemblées, prononcer la dissolution de l'Assemblée Nationale.
Les élections générales ont lieu vingt jours au moins et quarante jours au plus après la dissolution.
L'Assemblée Nationale se réunit de plein droit le deuxième jeudi qui suit son élection. Si cette réunion a lieu en dehors "de la période prévue pour la session ordinaire", une session est ouverte de droit pour une durée de quinze jours.
Il ne peut être procédé à une nouvelle dissolution dans l'année qui suit ces élections.".

[2] Article 5 de la Constitution française :
"Le Président de la République veille au respect de la Constitution. Il assure, par son arbitrage, le fonctionnement régulier des pouvoirs publics ainsi que la continuité de l'Etat.
Il est le garant de l'indépendance nationale, de l'intégrité du territoire et du respect des traités."

[3] Exprimées entre autres dans le "Discours de Bayeux" du 16 juin 1946, puis tout au long de l'élaboration de la Constitution de 1958. Pour un exposé très clair des discussions auxquelles a donné lieu le caractère discrétionnaire de cette procédure, et le rôle arbitral revendiqué par le Général De Gaulle pour le Chef de l'Etat, voir Philippe LAUVAUX, *La dissolution des Assemblées parlementaires*, *op. cit.*, p.165-168.
Cependant on peut émettre des doutes sur l'absolue "neutralité" de la conception gaullienne de l'arbitrage... : le Général DE GAULLE n'y voyait pas l'exercice d'une "stricte impartialité", mais estimait au contraire que "le Président tranchera les différends en fonction (...) de ce qu'il juge être l'intérêt de la nation." (voir Bernard CHANTEBOUT, *La Constitution française -Propos pour un débat*, col. Connaissance du Droit, Dalloz, 1992, p.27).

[4] Cf. *supra*.

[5] Cf. *Infra* Section 2.

La Constitution allemande, complétée sur ce point par la Loi sur la Cour constitutionnelle fédérale (*Bundesverfassungsgerichtsgesetz*), attribue en effet à la Cour une position à part au sein des institutions allemandes : elle est exclusivement compétente pour statuer sur des questions de Droit constitutionnel, et il lui incombe d'interpréter la Loi Fondamentale allemande - interprétation absolument obligatoire pour les autres organes de l'Etat. En tant que gardienne de la Constitution (*Hüter der Verfassung*), ses compétences sont donc définies très largement - même si prévaut pour leur interprétation le "principe de la compétence énumérative"[1]. Elle est entre autres chargée de régler les litiges qui peuvent survenir entre organes constitutionnels, qu'il s'agisse d'organes fédéraux entre eux, d'organes fédéraux et d'organes fédérés, etc... par la procédure des "conflits d'organes" (*Organstreitverfahren*)[2], qui la dote "d'un vaste pouvoir de contrôle à l'égard de tous les autres responsables du pouvoir public"[3].
La Constitution espagnole s'est largement inspirée du modèle de la République Fédérale allemande pour ce qui regarde la définition des compétences du Tribunal constitutionnel. Elle a donc prévu dans son article 161-1[4] une disposition relative à la résolution de conflits de compétences, que l'article 2 de la Loi Organique du Tribunal Constitutionnel (LOTC) a développé en y incluant la compétence de résoudre les conflits entre organes constitutionnels de l'Etat quant à l'exercice de leurs compétences propres.
Le Conseil constitutionnel français, en revanche, ne s'est pas vu reconnaître par la Constitution de compétence expresse en matière de contrôle des conflits entre organes étatiques portant sur l'exercice de leurs compétences, et la Loi organique sur le Conseil constitutionnel ne complète pas cette lacune[5]. Il a de plus souvent rappelé

---

[1] Voir sur ce point Christian AUTEXIER, *Introduction au Droit Public allemand*, *op. cit.*, p.76. Ce principe implique que la compétence de la Cour ne puisse s'étendre hors des cas expressément prévus par la Loi Fondamentale ou une loi fédérale.

[2] Prévue à l'article 93 I 1 de la Loi Fondamentale ("La Cour constitutionnelle fédérale statue : 1. sur l'interprétation de la présente Loi fondamentale, à l'occasion de litiges sur l'étendue des droits et obligations d'un organe fédéral suprême ou d'autres parties investies de droits propres, soit par la présente Loi fondamentale, soit par le règlement intérieur d'un organe fédéral suprême ;"), et reprise à l'article 13 V de la BVerfGG ("La Cour constitutionnelle fédéral statue dans les cas déterminés par la Loi Fondamentale, à savoir : (...) 5. sur l'interprétation de la Loi Fondamentale, à l'occasion de litiges portant sur l'étendue des droits et des obligations d'un organe fédéral suprême ou d'autres participants, que la Loi Fondamentale ou le règlement d'ordre intérieur d'un organe fédéral suprême dote de propres droits (n°1 de l'alinéa 1 de l'article 93 de la Loi Fondamentale);").
Il s'agit de litiges opposant des organes de la vie politique et étatique, qui affirment avoir été lésés dans leurs droits constitutionnels du fait du comportement d'un autre organe du même type. La Cour doit alors contrôler le respect de ses compétences par l'organe visé, et décider si la mesure ou la négligence critiquées violent la Loi Fondamentale.

[3] Gotthard WÖHRMANN, Introduction à la Loi sur la Cour constitutionnelle fédérale, *Loi sur la Cour constitutionnelle fédérale*, col. Documentation sur la politique et la société dans la République Fédérale d'Allemagne, InterNationes, Bonn (Allemagne), 1982, p.8.

[4] Article 161-1 de la Constitution espagnole :
"Le Tribunal constitutionnel a juridiction sur tout le territoire espagnol et est compétent pour connaître : c) des conflits de compétences entre l'Etat et les Communautés Autonomes, ou de celles-ci entre elles; d) des autres matières que lui attribuent la Constitution et les lois organiques.".

[5] Ordonnance n°58-1067 du 7 novembre 1958, portant Loi Organique sur le Conseil constitutionnel (reproduite en Annexe VI. A au *Code constitutionnel* de MM. T. RENOUX et M. de VILLIERS, p.1025 s.).

que l'interprétation de l'étendue de ses compétences devait se faire strictement[1], et se refuse à ce titre à assurer le respect de toutes les dispositions de la Constitution. S'il interprète largement les compétences que la Constitution lui reconnaît, il refuse en effet de s'en attribuer de supplémentaires. En conséquence, bien qu'il se soit lui-même qualifié d'"organe régulateur de l'activité des pouvoirs publics"[2], expression qui aurait pu recouvrir l'hypothèse d'une extension de sa compétence aux litiges entre organes, aucun autre élément ne confirme une telle évolution, d'autant qu'il n'a pas réitéré cette qualification par la suite, l'abandonnant notamment dans sa décision "Maastricht III"[3].

II - les limites d'un tel contrôle

Dans l'hypothèse que nous examinons, comme la dissolution est purement arbitrale, elle ne laisse à son titulaire qu'une marge d'appréciation assez limitée. Le contrôle du Juge constitutionnel, quand il est compétent, est donc forcément restreint. Cette possibilité se décline différemment selon les hypothèses.

Dans le cas des dissolutions automatiques par exemple, où la décision est exclusivement subordonnée à la réunion d'un certain nombre de conditions objectives, le Juge ne peut logiquement aller au-delà d'une vérification du respect de ces conditions et des formes imposées par la Constitution.

Quand le droit de dissolution est conditionné, mais ne laisse qu'une marge de décision assez faible à son titulaire, un contrôle sur l'exercice de ce pouvoir peut être envisagé, mais toujours parce qu'il s'agit moins d'une décision *politique* que d'une interprétation des conditions posées par la Constitution. Ainsi, dans le cas allemand, certains auteurs ont défendu l'idée selon laquelle la décision libre du Président fédéral de dissoudre ou d'accepter la formation d'un Gouvernement minoritaire pourrait, en cas d'abus manifeste, être soumise à un contrôle de cet abus (*Mißbrauchkontrolle*), de la part du Juge constitutionnel, soit dans le cadre d'un conflit d'organes (*Organstreitverfahren*), soit au titre de l'article 61 de la Loi Fondamentale, qui règle les accusations portées contre le Président Fédéral[4].

Enfin, si l'usage de la dissolution prévue par la Constitution française était resté conforme à sa définition arbitrale, on aurait pu imaginer une attribution de compétences au Conseil constitutionnel pour le contrôler. Même s'il avait été possible, un tel contrôle n'aurait cependant pu être opéré que dans une mesure très restreinte, dans la mesure où le Chef de l'Etat y jouit, en toute hypothèse, d'une compétence discrétionnaire. Il n'aurait donc pu s'agir que d'une vérification de la régularité formelle de l'opération.

---

[1] Par exemple, dès 1962, à propos du contrôle d'une loi référendaire, il précise que "la compétence du Conseil constitutionnel est strictement délimitée par la Constitution et par les dispositions de la loi organique du 7 novembre 1958 sur le Conseil constitutionnel prise pour l'application du Titre VII de celle-ci; (...) le Conseil ne saurait donc être appelé à se prononcer sur d'autres cas que ceux qui sont limitativement prévus par ces textes;" (décision n°62-20 DC, du 6 novembre 1962, "Loi référendaire", jurisprudence constante).

[2] Décision n°62-20 DC, précitée.

[3] Décision n°92-313 DC, du 23 septembre 1992, "Maastricht III".

[4] Martin OLDIGES, *op. cit.*, p.1128. Il cite à ce propos un commentaire de MEYN *in* Ingo MÜNSCH et Philip KUNIG, *Grundgesetz Kommentar*, 1995 (3° éd.), t.2, Article 63 n°27.

La situation est cependant différente dès que le droit de dissolution parlementaire fait l'objet d'un usage "politique".

Section 2

Le contrôle de constitutionnalité dans le cadre d'un usage de la dissolution de type "majoritaire"

L'hypothèse dans laquelle la dissolution serait de type "arbitral", simplement destinée à résoudre "techniquement" des conflits entre Pouvoirs publics, se vérifie bien peu dans les systèmes politiques contemporains. La solution qui y est retenue est celle d'une dissolution "politique", une "dissolution à l'anglaise"[1], qu'elle ait été ainsi prévue par la Constitution, où que ce soit l'usage qui ait consacré ce caractère (§ 1). Dans ce cadre, un contrôle de la constitutionnalité de cet acte devient beaucoup plus délicat, voire impossible, à mettre en œuvre (§ 2).

§ 1 : Une évolution générale vers une politisation de l'usage de la dissolution

La pratique a partout évolué en ce sens, même si le mécanisme n'avait pas été ainsi conçu par les Constituants.
En effet, les détournements de procédure vers un usage politique de la dissolution sont fréquents. Comme le fait remarquer le Professeur Philippe LAUVAUX, "c'est presque invariablement le sort des procédures de dissolution conditionnée que de pouvoir être utilisées à des fins autres que celles pour lesquelles le Constituant les avait aménagées"[2] (I-), possibilité qui est encore accrue dans les cas de dissolutions autonomes, reposant sur des procédures discrétionnaires (II-).

I - Une évolution qui touche les systèmes de dissolution conditionnée

Pour ce qui concerne les procédures de "dissolution conditionnée", on peut citer l'exemple allemand, avec la dissolution prévue par l'article 68 de la Loi Fondamentale[3].

---

[1] C'est à dire destinée à permettre au Gouvernement de déclencher des élection législatives en dehors du terme normal, afin de profiter de circonstances politiquement favorables pour reconduire ou renforcer une majorité existante (Voir sur ce point Philippe LAUVAUX, *La dissolution des Assemblées parlementaires*, *op. cit.*, p.422 s..

[2] Philippe LAUVAUX, *La dissolution des Assemblées parlementaires*, *op. cit.*, p.155.

[3] Article 68 de la Loi Fondamentale :
"(1) Si une motion de confiance proposée par le chancelier fédéral n'obtient pas l'approbation de la majorité des membres du Bundestag, le président fédéral peut, sur proposition du chancelier fédéral, dissoudre le Bundestag dans les vingt et un jours. Le droit de dissolution s'éteint dès que le Bundestag a élu un autre chancelier fédéral à la majorité de ses membres.
(2) Quarante-huit heures doivent s'écouler entre le dépôt de la motion et le vote.".

Cette procédure appartient à la catégorie des dissolutions conditionnées, mais s'écarte du type arbitral[1]. En effet, elle présente l'originalité de lier l'exercice du droit de dissolution à l'échec préalable d'une question de confiance présentée par le Chancelier fédéral devant le Bundestag[2]. Elle est fréquemment présentée par la doctrine allemande comme une "disposition de crise"[3], destinée à permettre au Chancelier fédéral de se rendre maître d'une dégradation de sa situation politique face à sa majorité au Bundestag. Le fait que les Constituants allemands aient expressément lié cette procédure de dissolution à un vote de défiance du Bundestag permet d'y voir le pendant gouvernemental de la possibilité pour ce dernier de voter une motion de défiance constructive afin de remplacer le Chancelier - dans une perspective traditionnelle de résolution de crises latentes ou déclarées entre organes constitutionnels. Mais les textes ne tranchent pas le point de savoir si l'usage de la question de confiance est exclusivement réservé à un Chancelier minoritaire : en conséquence, ils laissent la porte ouverte à une utilisation détournée de cet instrument, ayant pour but ultime la dissolution du Bundestag en tant que telle, par un Chancelier disposant d'une majorité arithmétiquement suffisante pour gouverner[4]. On peut citer en exemple de cette dernière possibilité les dissolutions prononcées sur la base de l'article 68 en 1972 et en 1982. En 1972, le Chancelier Willy BRANDT avait perdu la faible majorité absolue qui avait été la sienne après son élection en 1969[5], et risquait de faire l'objet de la part de l'opposition d'une motion de censure constructive. Il l'a alors devancée en posant la question de confiance, qui ne fut rejetée que parce que les membres du Gouvernement n'ont pas pris part au vote. Il y a donc bien eu violation de l'esprit de la Loi Fondamentale, car "le Chancelier s'est volontairement fait mettre en minorité pour rendre possible la dissolution, après s'être assuré qu'il ne pourrait être pris de court par la constitution d'une majorité de rechange."[6]. En 1982, l'usage de la procédure de l'article 68 de la Loi Fondamentale a encore été détourné de sa vocation originelle. Le Chancelier Helmut SCHMIDT fut renversé par le vote d'une motion de censure constructive par son opposition parlementaire, débouchant sur son remplacement par le Chancelier Helmut KOHL. Celui-ci a alors voulu consolider la position de la coalition qui le soutenait au

---

[1] Contrairement à ce que nous avons vu *supra* pour la procédure de l'article 64 III.

[2] Le Chancelier auquel sa majorité parlementaire a refusé sa confiance dispose de deux alternatives à la dissolution : démissionner, ou former un "gouvernement minoritaire", grâce à la possibilité de recourir à l'institution de l'"état de nécessité législative" prévu à l'article 81 de la Loi Fondamentale (*Gesetzgebungsnotstand*) - c'est-à-dire la possibilité de demander au président fédéral de l'autoriser à faire passer des lois avec l'assentiment du seul Bundesrat.

[3] ou "régulateur de crise" (*Krisenregulativ*); voir dans ce sens les développements consacrés à cette question par Martin OLDIGES dans son commentaire de l'article 68, *in* Michael SACHS, *Grundgesetz Kommentar*, *op. cit.*, p.1174 s..

[4] On sort alors des hypothèses normales de *positive* et de *negative Vertrauensfrage* (questions de confiance positive (posée par un Chancelier majoritaire pour discipliner sa majorité) et négative (posée par un Chancelier minoritaire pour sortir d'une impasse politique)). Certains auteurs ont qualifié ce détournement de procédure de *unechte Vertrauensfrage* (c'est-à-dire de dissolution non-authentique), ou d'"auto-dissolution déguisée" (*Verschleierte Selbstauflösung*) de la part du Bundestag, puisque la définition d'un vote calibré doit être préalablement faite entre le Chancelier et sa majorité.

[5] Il avait été élu par une coalition ne rassemblant que 251 voix (2 de plus que la majorité absolue), et cette coalition avait connu des défections entre 1969 et 1972.

[6] Philippe LAUVAUX, *La dissolution...*, *op. cit.*, p.272. En effet, si l'opposition avait eu le temps de déposer une motion de censure constructive, elle aurait été à même de renverser le Chancelier BRANDT et de le remplacer par un de ses propres élus, sans qu'une dissolution soit nécessaire.

Bundestag. Avec l'accord de cette dernière, il a donc posé une question de confiance dont le résultat fut volontairement négatif, afin de permettre la dissolution de la Chambre et son renvoi devant les électeurs. Nous voyons donc que les deux seuls cas concrets de dissolution du Bundestag dont intervenus dans des hypothèses d'usage politique de la procédure prévue par la Constitution.

II - Une évolution qui touche les systèmes de dissolution autonome

On peut citer s'agissant des dissolutions autonomes les exemples espagnol, avec la procédure de l'article 115 de la Constitution, et français, avec la procédure de l'article 12.

En Espagne, mis à part la procédure "automatique" de l'article 99-5, la Constitution prévoit un deuxième cas de dissolution, autonome celui-là, dans son article 115[1]. C'est un acte conçu comme étant politique, dont l'usage est laissé à la discrétion du Président du Gouvernement[2]. En dépit de ce caractère autonome, cette disposition s'insère dans un système parlementaire. Elle est ainsi assortie de limites. L'une d'entre elles - l'interdiction de dissoudre pendant le déroulement d'une procédure de censure, doit être mise en relation avec celle de l'article 113[3], qui n'admet, comme dans le système de la Loi Fondamentale, que les motions de censure constructives à l'égard du Gouvernement. Un Gouvernement ne peut donc dissoudre pour prévenir son remplacement, si la censure a déjà été déclenchée. Une deuxième limitation, qui introduit une grande différence avec le modèle allemand, découle de l'article 114-1 : elle tient à ce que, "en cas de défaite sur une question de confiance posée par le Gouvernement sur son programme ou une déclaration de politique générale, celui-ci "présente sa démission au Roi et il est aussitôt procédé à la désignation du Président du Gouvernement selon les dispositions de l'article 99"."[4]. En revanche, la dissolution peut être prononcée à la demande d'un Président du Gouvernement disposant de la confiance du Parlement. C'est alors un acte de gestion politique inspiré de la pratique britannique, dont il est, là encore, seul responsable.

---

[1] Article 115 de la Constitution espagnole :
"1. Le Président du Gouvernement, après délibération du Conseil des Ministres, et sous sa responsabilité exclusive, pourra proposer la dissolution du Congrès, du Sénat ou des Cortes Generales, qui sera décrétée par le Roi. Le décret de dissolution fixera la date des élections.
2. La proposition de dissolution ne pourra être présentée quand une motion de censure est en cours.
3. Une nouvelle dissolution ne pourra avoir lieu avant l'écoulement d'un délai d'un an après la dissolution antérieure, mis à part les dispositions de l'article 99, alinéa 5.".

[2] La compétence du Roi est effet liée en la matière. Pour une présentation des différents arguments tirés de l'ambiguïté des dispositions constitutionnelles espagnoles, voir Philippe LAUVAUX, *op. cit.*, p.186-188.
On peut également citer Miguel HERRERO de MIÑON, qui conclut que l'organisation de ce pouvoir "oblige à (le) considérer comme l'expression de sa fonction de modération, d'après laquelle le monarque, "magistrat moral", prévient, conseille, et est informé, mais c'est le Gouvernement qui, pour assumer sa responsabilité, doit prendre la décision en dernier ressort." (Les sources étrangères de la Constitution", *Pouvoirs*, n°8 ("L'Espagne démocratique") 1979, p.105-106).

[3] Article 113-2 de la Constitution espagnole :
"La motion de censure doit être proposée au moins par un dixième des députés, et doit comprendre la présentation d'un candidat à la Présidence du Gouvernement.".

[4] Philippe LAUVAUX, *a dissolution des assemblées parlementaires*, *op. cit.*, p.186 (citant l'article 114-1 *in fine*).

L'Espagne a connu deux dissolutions après la mise en place de ses institutions. La première a été organisée le 27 août 1982, et a débouché sur l'arrivée au pouvoir du PSOE. La seconde a eu lieu le 1° septembre 1989, à l'initiative du Président du Gouvernement de l'époque, Felipe GONZALEZ, selon le "modèle britannique", pour tirer un profit politique de sa popularité du moment.

Quant à la procédure qui a été organisée sous la V° République, la dissolution y prend un visage particulier. Tout en empruntant certains éléments des "dissolutions royales" du siècle dernier[1], elle devient ce que le Professeur Philippe LAUVAUX qualifie dans sa thèse de "système de dissolution autonome"[2]. Elle est en effet prononcée par le Président de la République, dont c'est un pouvoir propre, dépourvu de contreseing ministériel, et absolument discrétionnaire, puisque les seules conditions auxquelles elle est soumise sont formelles, procédurales[3]. Cette dernière caractéristique autorise en particulier le Chef de l'Etat à user de la dissolution en dehors de tout contexte de crise ministérielle. De telles dispositions pouvaient se justifier par le souci de confier au Président, en vertu de sa mission d'arbitrage, le soin de faire trancher par le peuple un conflit entre deux Pouvoirs publics, en l'occurrence Exécutif et Législatif, et ce sans s'en mêler pour autant. Cependant, bien qu'elle ait été au départ présentée comme un élément des prérogatives arbitrales du Chef de l'Etat, la dissolution est dès 1962 apparue comme une arme potentielle, utilisée par un Chef de l'Etat politiquement irresponsable dans la poursuite de ses objectifs de politique personnelle[4], et ce bien que l'Assemblée Nationale n'ait de son côté aucun moyen d'action sur le Président. On constate en effet que "la dissolution sous la V° République ne rentre pas forcément dans le cadre des dissolutions parlementaires et n'intervient pas nécessairement pour faire respecter les intérêts permanents de l'Etat."[5]. Cet ensemble de caractéristiques rend la procédure de dissolution prévue dans la Constitution de la V° République susceptible de s'adapter à des usages politiquement très divers, mais jamais "neutres", comme l'ont montré

---

[1] C'est en France que la dissolution du Parlement présente le plus de caractères hétérogènes par rapport au modèle parlementaire classique. Son histoire y a été mouvementée. Introduite sous la Restauration au profit du Roi ("dissolution royale"), elle est utilisée sous le régime de la Charte de 1814 comme une arme contre un Parlement indiscipliné ou trop hardi, ou pour favoriser un Ministère, et toujours conjointement avec l'utilisation de "procédés d'influence électorale" qui permettent de donner au Roi la majorité qu'il recherche (Voir Philippe LAUVAUX, *La dissolution...*, *op. cit.*, p.24-25). La Monarchie de Juillet conserve le droit de dissolution, mais dans un contexte dans lequel le Ministère joue un rôle beaucoup plus important (selon le modèle du régime parlementaire dualiste classique, comportant une double responsabilité du premier Ministre devant le Roi et l'Assemblée) : la dissolution sert désormais moins le Roi que le Ministère, en permettant de faire arbitrer par le peuple les conflits entre ce dernier et la Chambre dissoute. De ces expériences découlera le lien souvent établi entre la technique de la dissolution et le régime monarchique.

[2] Philippe LAUVAUX, *La dissolution...*, *op. cit.*, p.165.

[3] Il doit ainsi s'entourer des avis du Premier ministre et des Présidents des deux Assemblées (qui ne le lient cependant en rien). S'ajoutent à ces conditions des interdictions de dissoudre en certaines circonstances : en période d'intérim de la Présidence de la République, de circonstances exceptionnelles, et pendant l'année suivant une première dissolution.

[4] Et l'aspect discrétionnaire de cette prérogative donne indirectement au Président de la République "le pouvoir de révoquer le Premier ministre, ce qui constitue une rupture avec le parlementarisme classique", comme le note Marie-France VERDIER, "Le droit de dissolution sous la V° République : essai de typologie d'un pouvoir discrétionnaire", article en cours de publication, p.7.

[5] Marie-France VERDIER, "Le droit de dissolution sous la V° République : essai de typologie d'un pouvoir discrétionnaire", *op. cit.*, p.8.

les cinq dissolutions effectivement prononcées depuis 1958[1]. Les commentateurs ont donc pu chercher à créer des typologies des dissolutions selon l'article 12 : "d'une dissolution-résolution des conflits... à une dissolution-soutien"[2] pour les uns, "riposte répressive, question de confiance, attaque préventive" pour les autres[3], ou encore moyen de pression de l'Exécutif sur les Chambres ("recours électoral")[4].
L'évolution généralisée vers un usage politisé du droit de dissolution que nous venons de constater explique qu'un contrôle de constitutionnalité soit en définitive difficile à exercer en la matière.

§ 2 : Un contrôle beaucoup plus délicat à exercer dans le cadre d'un usage "majoritaire" du droit de dissolution

Cette absence de contrôle existe aussi bien en Allemagne qu'en France, et est très probable en Espagne. Après en avoir étudié les manifestations (I-), nous verrons pourquoi elle est presqu'inéluctable (II-).

I - Les manifestations de cette absence de contrôle

Il semble que, dans l'hypothèse d'un usage "majoritaire" du droit de dissolution, le contrôle du Juge constitutionnel s'avère non seulement injustifié, mais même dangereux pour lui. Il est donc tout à fait normal que le Juge constitutionnel ne se reconnaisse pas compétent quand il est saisi. Cette attitude se vérifie en pratique dans les trois pays retenus pour notre étude, malgré les différences existant entre leurs mécanismes de dissolution.

En Allemagne tout d'abord, où l'existence de conditions constitutionnellement posées pour un exercice valide du droit de dissolution aurait dû favoriser l'intervention du Juge constitutionnel, ce dernier a fait preuve de la plus grande circonspection. Deux dissolutions sont intervenues, comme nous l'avons vu, en 1972 et 1982, sur le fondement de l'article 68 de la Loi Fondamentale. Toutes deux avaient pour objet de prévenir l'instabilité gouvernementale, et non de dénouer une crise ouverte, et ont été consécutives à des votes de défiance "calibrés" pour permettre au Chancelier de demander la dissolution. Elles ont donc constitué, de l'avis général, des "détournements de procédure". La Cour Constitutionnelle Fédérale n'a été consultée que sur la deuxième de ces dissolutions, à l'initiative de parlementaires du Bundestag dissout[5], par la voie d'une procédure de "conflit inter-

---

[1] Pour mémoire, en 1962 et 1968 par le Général DE GAULLE, 1981 et 1988 par François MITTERRAND, et 1997 par Jacques CHIRAC.
[2] Raymond FERRETTI, "La dissolution sous la V°", *LPA* 2 juillet 1997, p.7-9.
[3] Marie-France VERDIER, "Le droit de dissolution sous la V° République : essai de typologie d'un pouvoir discrétionnaire", *op. cit.*, p.15 s.. Elle qualifie ainsi successivement la "dissolution parlementaire "royale" de 1962" (p.16), les "dissolutions-référendums "ministérielles de 1968 et 1997" (p.18) et les "dissolutions présidentialistes de 1981 et 1988" (p.26).
[4] Christopher POLLMANN
[5] Et ce bien que la dissolution elle-même ait fait l'objet d'un accord entre tous les partis.

organes" (*Organstreitverfahren*)[1]. Il demandaient en fait que le droit de dissolution soit limité aux deux hypothèses expressément prévues par la Loi Fondamentale, et que tout détournement "politique" de procédure soit sanctionné par la Cour constitutionnelle fédérale. Cette dernière aurait pu user des larges pouvoirs qui lui sont constitutionnellement conférés et s'appuyer sur la place importante qu'elle occupe au sein des institutions allemandes pour sanctionner en l'espèce le Pouvoir exécutif. Cependant, dans une décision du 16 février 1983[2], elle a entériné cet usage, en lui fixant tout de même de strictes limites pour éviter les détournements de procédure à l'avenir[3]. Il semble ressortir de cette décision, si on lui donne valeur d'exemple, que, dans le cadre de procédures d'*Organstreit*, la Cour peut seulement "interpréter la Loi Fondamentale, et non invalider l'action du Gouvernement"[4]. Le Juge a donc refusé de se livrer à une appréciation politique, et n'a pas sanctionné l'usage détourné de la dissolution par le Président Karl CARSTENS à la demande du Chancelier Helmut KOHL, afin de "ne pas s'immiscer dans les marges respectives d'appréciation des situations par le Chancelier et le Président, ni dans le choix discrétionnaire du Président de prononcer la dissolution"[5]. Cependant, même s'il n'y a pas eu invalidation immédiate, les conditions posées pour l'avenir ont largement restreint les possibilités d'emploi de la dissolution - au point qu'il ne s'en est plus produit depuis 1982.

En Espagne, depuis la Constitution de 1978 il n'existe plus d'"actes politiques" à proprement parler, au sens où les régimes précédents pouvaient en connaître[6]. Mais

---

[1] Les parlementaires requérants invoquaient la violation de leurs mandats électoraux - droit attaché au statut constitutionnellement protégé des parlementaires, auxquels l'article 38 de la Loi Fondamentale attribue un mandat de 4 ans - par le décret de dissolution. Il demandaient en fait que le droit de dissolution soit limité aux deux hypothèses expressément prévues par la Loi Fondamentale, et que tout détournement "politique" de procédure soit sanctionné par la Cour constitutionnelle fédérale.

[2] BVerfGE 62, 1, "Bundestagsauflösung", p.35, (42, 52, 62). Voir aussi pp.66, 70 et 108 pour les opinions dissidentes.

[3] Elle explicite ainsi le contenu de la Loi Fondamentale : la décision de dissoudre prise par le Président fédéral est une décision politique, et à ce titre libre du moment que sont remplies les conditions posées par la Loi Fondamentale. Le Président doit veiller au respect de cette dernière à tous les stades de la procédure qui précèdent son intervention. La Cour rappelle également le sens qu'il convient de donner au terme de "confiance", en relation avec les traditions constitutionnelles allemandes : "approbation officielle du parlement - manifestée par l'acte de voter - au programme du Chancelier, au regard de ses aspects personnels et quant au fond". Elle explicite le contenu non-écrit de l'article 68, selon lequel le Chancelier ne peut essayer de dissoudre le Bundestag que quand il se trouve dans l'impossibilité absolue de gouverner en l'état des forces en présence - au point de ne plus pouvoir espérer réaliser son programme politique de manière significative en s'assurant du soutien d'une majorité. Une dissolution "de convenance" serait donc inconstitutionnelle. Cependant, considérant la grande latitude d'appréciation dont jouissent le Président, le Chancelier et le Bundestag en la matière, on peut considérer que la Loi Fondamentale s'appuie principalement sur l'équilibre des pouvoirs constitutionnels. La Cour constitutionnelle fédérale ne pourra donc sanctionner que la violation des règles expressément posées par la Loi Fondamentale.

[4] Donald P. KOMMERS, *The constitutional jurisprudence of the Federal Republic of Germany*, *op. cit.*, p.121-122.

[5] Christian AUTEXIER, *Introduction au Droit public allemand*, *op. cit.*, p.49.

[6] Voir sur ce point Mariano BAENA del ALCAZAR, "Los actos políticos del Gobierno en el Derecho espanol ", (I et II), *Documentación Administrativa* n°177 et 178, 1978, p.5-62 et 5-48, Edorta COBREROS MENDAZONA, "Sobre el control de los actos del Gobierno - Aportaciones a una cuestión abierta", *Revista de Administración Pública* n°31, 1991, p.161-177, Juan PORRES AZKONA, "La decisión sobre poderes excepcionales", *Revista Vasca de Administración Publica* n°6, 1983, p.9-72, et surtout, pour son point de vue synthétique, Eduardo GARCIA de ENTERRIA, *La lucha contra las inmunidades del poder*, Cuadernos Cívitas, Madrid, 1983 (réed.), 99 p..

la dissolution des Cortes n'en contient pas moins un élément politique non équivoque, ne fut-ce qu'en raison de son caractère autonome. En conséquence, pour respecter la séparation des pouvoirs, et conformément à sa jurisprudence habituelle, le Tribunal Constitutionnel devrait normalement, s'il était saisi de la constitutionnalité d'un décret de dissolution, respecter le champ d'activité libre de l'Exécutif, et, soit décliner son contrôle, soit au moins s'en tenir aux aspects externes de l'acte (compétence, procédure, etc...).

En France enfin, la possibilité d'un contrôle de constitutionnalité sur les décrets de dissolution se heurte à plusieurs difficultés. Nous avons vu que le Conseil constitutionnel ne bénéficiait pas d'une compétence de règlement des conflits entre organes constitutionnels[1]. Sur quel fondement pourrait donc se fonder un tel contrôle ? Théoriquement le Conseil devrait pouvoir intervenir, par un contrôle incident, à partir de sa compétence de juge de la régularité des élections. Mais, s'il accepte depuis 1981 de contrôler le déroulement des opérations électorales, et notamment la régularité d'un décret de convocation des collèges électoraux[2], il refuse de contrôler celle du décret de dissolution. Il le qualifie en effet d'acte préliminaire indétachable des opérations électorales elles-mêmes[3]. Il semble donc suffire que les dispositions de l'article 12 de la Constitution soient respectées formellement, pour que la constitutionnalité d'une dissolution n'ait pas à être mise en cause. On peut citer à ce propos l'opinion du Professeur François LUCHAIRE : il retient l'éventualité d'une intervention du Conseil dans le cas où une des conditions d'application de l'article 12 (strictement formelles, rappelons-le) serait violée; il pense que le Conseil se reconnaîtrait alors compétent[4]. On peut donc résumer la situation en disant que "le Conseil constitutionnel n'a pas voulu contrôler la dissolution elle-même afin de ne pas s'immiscer dans un processus à caractère hautement politique et paraître donner des armes à l'opposition contre le Président de la République. Mais il a admis sa compétence pour examiner le décret de convocation des électeurs car l'irrégularité éventuelle de celui-ci entachant l'ensemble des opérations électorales, il a estimé nécessaire qu'il soit statué avant le premier tour de scrutin."[5].

Ce déni de contrôle n'est cependant pas compensé par l'existence d'un contrôle de la part du Juge administratif : le Conseil d'Etat décline aussi sa compétence en la matière[6]. C'est en effet pour lui un "acte de gouvernement" (c'est-à-dire un acte manifestant une volonté politique que le pouvoir juridictionnel ne peut apprécier, ou, pour se référer à la définition proposée par Pierre SERRAND en conclusion de ses

---

[1] Cf. *supra*.

[2] Décision du 11 juin 1981, "Delmas" (*Rec.* p.97), Notes : L. FAVOREU, *RDP* 1981, p.1347; FERRER, *AJDA* 1981, p.481; C. FRANCK, *JCP* G, 1982, II, n°1975; Cl. GOYARD, *AJDA* 1981, p.357; F. LUCHAIRE, *D* 1981, p.589; S. RIALS, *RA* 1981, p.272; D. TURPIN, *Gaz. Pal.* 23-24 novembre 1981, p.4; M. de VILLIERS, *RA* 1981, p.489.
Il a fait prévaloir à cette occasion l'esprit de la "mission" de Juge électoral prévue par l'article 59 de la Constitution sur la lettre des textes ayant trait à cette attribution (voir par exemple sur ce point Dominique TURPIN, *Mémento de la jurisprudence du Conseil constitutionnel*, col. Les Fondamentaux, Hachette supérieur, Paris, 1997, p.62 s.).

[3] Décision du 13 juillet 1988, "AN, Charentes-Maritimes, 1°" (*Rec.* p.92).

[4] François LUCHAIRE, *Le Conseil constitutionnel*, *op. cit.*, n°119 (p.119).

[5] Marie-France VERDIER, "Le droit de dissolution sous la V° République : essai de typologie d'un pouvoir discrétionnaire", *op. cit.*, p.11.

[6] CE 20 février 1989, Sieur Allain, *Rec.* 60, *RFDA* 1989, p.868, concl. FRYDMAN.

travaux sur la question, "une décision prise par les organes exécutifs pour l'accomplissement de fonctions non-administratives de l'Etat, et exprimant une irréductibilité du politique au juridique[1]).
Pour pallier cette absence de contrôle, Didier MAUS a proposé en 1989 de permettre au Conseil d'Etat de saisir le Conseil constitutionnel "de la régularité d'un décret de dissolution de l'Assemblée nationale". Il estime qu'"un juge pourrait de la sorte vérifier si les consultations obligatoires préalables à la décision de dissolution ont été matériellement effectuées."[2]. Donc dans tous les cas il ne s'agirait bien sûr pas d'un contrôle de l'opportunité de la dissolution, mais seulement de sa régularité formelle. Un tel contrôle serait effectivement un progrès dans le contrôle des actes du président de la République, qui sont actuellement couverts par son irresponsabilité, bien qu'ils aient, contrairement à ce qu'avance le Professeur Olivier DUHAMEL, le pouvoir de modifier l'ordre juridique existant[3]. Mais il n'irait quand même pas très loin, car c'est difficilement possible, du fait de la différence d'"ordre d'intervention" entre l'acte de dissolution (politique) et le contrôle de constitutionnalité (juridique) : peut-on censurer juridiquement un acte d'essence politique, autrement que sur des critères formels ? On est donc en présence d'un acte personnel, à portée politique, qui n'engage pas la responsabilité du Président[4], et qui n'est par ailleurs soumis pour l'instant à aucun contrôle, ce qui est regrettable dans une perspective "maximaliste" de l'Etat de Droit.

II - Tentatives d'explication de ce phénomène

Une des clés d'explication de ce phénomène de non-contrôle réside peut-être dans la différence qui existe entre les champs d'action respectifs du Juge et du titulaire du droit de dissolution. Nous avons vu que l'intervention d'un Juge constitutionnel

---

[1] Pierre SERRAND, *L'acte de gouvernement (Contribution à la théorie des fonctions juridiques de l'Etat)*, *op. cit.*, p.668.
[2] Didier MAUS, "Le rôle du Conseil constitutionnel - Allez plus loin", *Le Monde*, 13 juillet 1989.
[3] Sur ce débat, voir *supra*, Introduction.
[4] Pas même sa responsabilité "politique", contrairement à ce qui est généralement avancé.
Dans le cadre d'un usage "politique" du droit de dissolution - surtout dans le cas français où il s'agit d'une décision discrétionnaire et entièrement autonome d'un Chef de l'Etat qui n'est pas responsable devant l'Assemblée visée - on pourrait comprendre que l'absence de contrôle juridique soit contrebalancée par l'existence d'un contrôle "politique", la décision des électeurs valant le cas échéant sanction de la responsabilité politique du Président. Dans une telle hypothèse, l'expression de "responsabilité politique" a un sens. La responsabilité renvoie à l'idée de "rendre compte", de "répondre" d'un acte devant autrui (Voir en ce sens Jacques HENRIOT, "Note sur la date et le sens de l'apparition du mot "responsabilité"", *Archives de Philosophie du Droit* 1977, t.XXII, p.59 s., et Michel VILLEY, "Esquisse historique sur le mot responsable", *idem*, p.45 s.). Donc quand un acte du responsable engage cette responsabilité, il est possible de se retourner contre lui (sans d'ailleurs que la notion de "faute" apparaisse obligatoirement, mais plutôt l'idée de dérangement de l'ordre établi).
Mais cette "responsabilité" est très altérée, dans un système qui permet au "responsable" de choisir entre le fait de tirer les conséquences de la décision des électeurs ou de les ignorer, et donc entre la possibilité d'être sanctionné ou celle de ne pas l'être. Certes ses pouvoirs sont très altérés si la décision des électeurs le contraint à une "cohabitation" avec un Gouvernement d'une tendance politique différente de la sienne; mais il n'a pas à tirer d'autre conséquence pratique de ces élections : il reste en fonction, et seul le Gouvernement précédent est contraint à la démission (l'intervention d'une "grève des ministères", seul moyen de concrétiser cette responsabilité, évoquée par Chantal CARPENTIER dans son article de la *RRJ* 1997, n°1, "L'alternative "soumission ou démission" est-elle toujours opposable au Président de la V° République ?", p.175 s., semble en effet très peu probable en l'état actuel des forces politiques).

pouvait se concevoir dans le cadre du contrôle des rapports entre pouvoirs publics, et que certaines Constitutions ont prévu ce type de compétence à son profit. Mais ceci implique que l'acte de dissolution du Parlement (ou d'une de ses Chambres) obéisse à une pratique "neutre" de la dissolution[1]. Or une telle hypothèse "neutre" correspond plutôt aux débuts du régime parlementaire, dans un contexte dans lequel la Constitution était un texte politique, dont il n'était pas question de faire contrôler juridictionnellement l'application. Pour exprimer cette idée autrement, la Constitution était une règle du jeu politique, et non le sommet de la pyramide juridique qu'elle est devenue depuis Kelsen (pour réemployer les métaphores du Professeur Pierre AVRIL). Aujourd'hui, un tel contrôle serait aussi difficile à exercer, mais pour une raison différente, car, si la Constitution est devenue dans une large mesure un texte juridique (en grande partie d'ailleurs du fait de l'intervention du Juge constitutionnel), en revanche, la pratique de la technique dissolutoire ne s'est pas "juridicisée" pour autant : il apparaît qu'elle est restée très clairement et essentiellement politique.

D'autre part, un contrôle de constitutionnalité est également plus facile à organiser quand la procédure ou l'acte à contrôler est encadré dans des formes strictes, clairement énoncées. Sinon il est facile au Juge de verser dans le contrôle d'opportunité, et il est préférable d'éviter ce risque. Or cette condition est surtout vérifiée dans le cas des "dissolutions automatiques", ou au moins conditionnées; elle reste très formelle dans le cadre des dissolutions autonomes. Mais, s'il arrive que le Juge constitutionnel interprète largement sa compétence au risque de développer un contrôle frôlant celui de l'opportunité, c'est, comme nous l'avons vu, de préférence au cours du contrôle de constitutionnalité des lois. Une telle extension en matière de dissolution, qui comporte des risques similaires, ne présente en revanche aucune contrepartie attractive pour lui. En effet, ces actes sont par nature rares, et pris dans des situations politiquement troublées (même en l'absence de crise ouverte, quand il ne s'agit que de stratégie, il s'agit quand même d'un bouleversement institutionnel important[2]). La plus grande circonspection est donc de mise.

Nous avons donc pu constater qu'en matière de contrôle de la constitutionnalité de la dissolution il convenait de distinguer deux hypothèses. Quand cette technique peut être rangée parmi les dissolutions "arbitrales", l'intervention du Juge constitutionnel est envisageable, mais elle est limitée dans son principe même, puisqu'elle ne peut porter que sur les conditions formelles de sa mise en œuvre. Mais cette première hypothèse se rencontre rarement, car le plus souvent l'usage de la dissolution est politisé. En ce cas l'intervention du Juge constitutionnel est plus périlleuse, et il décline autant que possible cette compétence. En effet, même si l'absence de tout contrôle juridictionnel en matière de dissolution est à l'évidence une situation de non-Droit (que le Juge français s'efforce de combler en matière d'actes relatifs aux opérations électorales), le Juge constitutionnel ne trouve pas assez d'intérêt en tant qu'institution à risquer un contrôle dans cette matière dangereuse. On

[1] Et l'Histoire montre que, dès l'origine, ce ne fut pas toujours le cas, puisqu'elle permet de constater l'existence de dissolutions "politiques" sous la Monarchie de Juillet.

[2] C'est "le caractère par nature brutal de la dissolution" (Jean-Claude ZARKA, *Fonction présidentielle et problématique...*, *op. cit.*, p.61).

ne peut donc pas dire qu'il soit mû par le seul objectif de la réalisation de l'Etat de Droit : il reste conscient des limites de ses possibilités d'intervention.

Le contrôle du Juge constitutionnel sur les recours au peuple déclenchés par l'Exécutif pose, comme nous l'avons vu, des problèmes essentiellement liés au fait que cette matière se situe à la charnière du Droit et du politique. Il est de ce fait difficile pour le Juge de justifier une intervention trop poussée sans disposer d'une légitimité, et surtout de moyens d'imposer son point de vue, équivalents à ceux de l'Exécutif. S'agissant du référendum aussi bien que de la dissolution, il est préférable que le Juge s'en tienne à un contrôle de la régularité formelle de ces actes, car un contrôle au fond le mènerait à exercer une compétence politique, sortant de ce fait du cadre de l'"Etat de Droit". En ces matières en effet, "la règle est de texture très ouverte"[1] : en dehors du respect des conditions de forme, on peut dire que le pouvoir d'interpréter la Constitution de manière authentique revient au titulaire de la compétence en cause. Le Juge constitutionnel ne peut donc l'invalider sans s'approprier par là même la compétence en cause, excédant les limites de son pouvoir : on sort du domaine de la juridicité pour entrer dans celui de la légitimité, et du politique au sens le plus noble : celui de la prise de décision[2]. D'où la retenue dont il fait preuve en la matière.

---

[1] Pierre SERRAND, *L'acte de gouvernement...*, *op. cit.*, p.161.

[2] Voir dans ce sens Michel TROPER, "Le droit, la raison et la politique", *Le Débat* n°64, 1991, p.187 s..

CONCLUSION DE LA PARTIE 2

Au terme de cette deuxième partie, les hypothèses que nous avions posées initialement semblent se vérifier. Les compétences dont il y a été question présentent deux caractéristiques communes : manifester des prérogatives de l'Exécutif, dans l'exercice desquelles celui-ci se réserve le pouvoir de décision - raison pour laquelle nous les avons qualifiées de "régaliennes" -, et être soumises à un contrôle direct du Juge constitutionnel. Nous avons pu constater d'une part que, dans l'exercice de ce contrôle, le Juge se montrait invariablement prudent, et d'autre part que la portée sanctionnatrice de ses décisions restait limitée : quand il reconnaît sa compétence, il va rarement au bout des possibilités ouvertes par elle.

En matière d'exercice de la compétence relative à la conclusion des engagements internationaux tout d'abord, il développe une jurisprudence nuancée : sans être sévère au regard du respect des compétences respectives des acteurs de la procédure, il interprète cependant largement ses propres compétences en la matière. S'il refuse de s'immiscer dans le champ de décision proprement "politique" de l'Exécutif, il le force à tenir compte du contenu de sa jurisprudence, en particulier en matière de souveraineté et de respect des droits fondamentaux. En matière de contrôle du Droit communautaire dérivé, faute de compétences expressément dévolues par la Constitution, c'est encore la circonspection du Juge constitutionnel qui domine; la Cour constitutionnelle allemande tranche cependant sur ses homologues français et espagnol, en insistant sur la potentialité de son contrôle. C'est enfin en matière de recours au peuple que le contrôle du Juge constitutionnel est le moins poussé : quand il existe, il est limité à la régularité formelle de ces actes.

Cette prudence est sans doute due pour une part importante à la "prudence institutionnelle" du Juge constitutionnel, confronté à un pouvoir qui dispose de moyens efficaces pour défendre l'exercice de ses compétences. Elle doit cependant aussi beaucoup à la grande particularité de ces compétences : échapper en grande partie au Droit, du fait de leur composante "décisionnelle". Cette caractéristique est en effet commune à la compétence diplomatique, bien que l'importance du Droit en la matière n'ait cessé de s'y affirmer - de même que la jurisprudence du Juge constitutionnel -, qu'à la compétence en matière de Droit communautaire dérivé - surtout s'agissant des "deuxième et troisième piliers", et enfin et surtout qu'à la compétence pour recourir au peuple, dont l'utilisation relève essentiellement d'une décision politique, faiblement formalisée par la Constitution. S'y manifeste donc avec une force variable l'irréductibilité du politique au juridique.

CONCLUSION GENERALE

Au terme de ce travail, il est donc possible de répondre par l'affirmative à la question de savoir si le Juge constitutionnel contrôle les activités du Pouvoir exécutif. Les hypothèses posées initialement se sont révélées exactes, et nous avons pu constater un certain parallélisme dans les situations des trois pays étudiés. Le Juge constitutionnel est devenu, du fait de l'évolution des régimes politiques contemporains - et en particulier parlementaires - qui ont tous connu une montée en puissance de l'Exécutif, un contre-poids essentiel pour le bon fonctionnement global des institutions. Ce contrôle n'est cependant pas uniforme : son intensité et son efficacité varient selon le type d'activité contrôlée.

Quand l'Exécutif intervient dans l'exercice de compétences nominalement attribuées à un autre pouvoir, le contrôle du Juge constitutionnel sur son activité peut être qualifié d'"indirect". C'est comme nous l'avons vu le cas en matière législative, où l'Exécutif n'est touché que "par ricochet", dans la mesure de son intervention. Nous avons pu constater une bonne adaptation du contrôle du Juge constitutionnel à cette évolution de son propre champ traditionnel d'intervention. Il a pu étendre assez largement sa capacité de contrainte à l'égard de l'Exécutif, empêchant ce dernier de tirer un parti complet de sa position dominante dans le système des pouvoirs institués. Cette jurisprudence n'est cependant vraiment efficace qu'en matière de politique normative. Le contrôle du respect de la répartition des compétences lors du déroulement de la procédure législative laisse davantage à désirer.

Lorsque le contrôle du Juge constitutionnel intervient sur des activités manifestant des prérogatives décisionnelles du Pouvoir exécutif - ce qui justifie selon nous leur dénomination de "régaliennes" -, il peut être qualifié de "direct", car l'Exécutif est nommément concerné. Il s'agit aussi bien de la compétence diplomatique au sens le plus large que de la capacité de déclencher un recours au peuple. Le Juge s'est montré en la matière beaucoup plus mesuré dans l'exercice de ses compétences de contrôle, afin de ne pas heurter de front l'Exécutif. Ainsi, en matière de relations internationales, il a refusé de sanctionner la plupart des problèmes de compétence. Il n'a développé une jurisprudence contraignante pour l'Exécutif que sur le fond des engagements internationaux, en s'appuyant sur la légitimité que lui donne la défense des droits fondamentaux. De même, en matière de Droit communautaire, et malgré l'importance des problèmes constitutionnels soulevés, seule la Cour de Karlsruhe est sortie de la réserve commune à ses homologues espagnol et français. Enfin, en matière de recours au peuple, le Juge constitutionnel manifeste son respect du champ de décision proprement politique de l'Exécutif.

Cette jurisprudence nuancée appelle quelques observations.

Tout d'abord, on ne peut que louer la retenue du Juge constitutionnel pour tout ce qui touche le champ proprement politique de l'activité du Pouvoir exécutif. Pour reprendre les termes du Professeur Yves MENY, "Dieu nous garde d'un juge qui aurait à trancher de toutes les questions constitutionnelles ! (...) Il faut souligner le risque d'une "juridicisation" (...) extrême du jeu politique : (ce serait) le blocage institutionnel. Même si (elle) ne peut et ne doit pas être une jungle sans foi ni loi, il est nécessaire que la politique conserve un espace autonome comme l'ont compris aussi bien la Cour Suprême des Etats-Unis que (...) le Tribunal Constitutionnel de Karlsruhe"[1] - et pourrait-on ajouter les Juges constitutionnels français et espagnol. Les actes essentiellement "politiques" ne peuvent, nous semble-t-il, être soumis qu'à un contrôle formel - en tout état de cause utile - mais en aucun cas à un contrôle au fond, qui aboutirait à substituer la décision politique du Juge constitutionnel à celle du Pouvoir exécutif. Là apparaissent sans doute les limites du développement de l'"Etat de droit".

Pour autant, il ne semble pas que les perpectives de développement de la jurisprudence constitutionnelle concernant l'activité de l'Exécutif soient fermées. Nous avons en effet pu constater en premier lieu que l'attitude du Juge constitutionnel pouvait aboutir à permettre au Pouvoir exécutif d'ignorer, dans une large impunité, des règles de compétences pourtant établies par la Constitution. Ce constat vaut aussi bien pour le contrôle de la procédure législative que pour celui du respect de la séparation des pouvoirs en matière de conclusion des engagements internationaux. Une jurisprudence plus sévère semble ici parfaitement justifiée, ne remettant nullement en cause l'essence même du pouvoir de l'Exécutif.

On peut enfin se demander dans quelle mesure il ne serait pas souhaitable d'élargir le champ de compétences du Juge constitutionnel. La question se pose notamment en matière de Droit communautaire dérivé. Peut-être serait-il envisageable que des révisions constitutionnelles l'habilitent à se prononcer par avis publié sur la constitutionnalité des projets d'actes de droit communautaire dérivé, afin d'empêcher leur adoption en l'état s'ils se révélaient inconstitutionnels. A moins qu'un Juge européen, existant déjà ou à créer, ne se voie reconnaître une telle fonction de contrôle d'un Pouvoir exécutif lui-même européen, qui se substituerait progressivement aux Exécutifs nationaux.

---

[1] Yves MENY, *Le système politique français*, col. Clefs, Montchrestien, Paris, 1993 (2° éd.) p.13-14.

BIBLIOGRAPHIE THEMATIQUE

Ouvrages généraux

PHILOSOPHIE ET THEORIE DU DROIT - SCIENCE POLITIQUE

LIVRES

ARNAUD André-Jean, *Dictionnaire encyclopédique de Théorie et de Sociologie du Droit,* LGDJ-Story-Scientia, Paris,-Bruxelles, 1988, 510 p.

CAPITANT René, *Ecrits constitutionnels*, Ed. du CNRS, Paris, 1982, 485 p.

CHEVALLIER Jacques, *L'Etat de droit*, col. Clefs-Politique, Montchrestien, Paris, 1994 (2° éd.), 158 p.

CHEVALLIER Jacques et alii, *Droit et politique*, col. CURAPP, PUF, Paris, 1993, 310 p.

CORNU Gérard, *Vocabulaire juridique,* Association Henri-Capitant, PUF, Paris,1996, 904 p.

DUHAMEL Olivier, *Les démocraties : régimes, histoire, exigences*, col. Science Politique, Seuil, Paris, 1993, 359 p.

DUHAMEL Olivier, *Les démocraties*, col. Points-Essais, Seuil, Paris, 1995, 313 p.

DWORKIN Ronald, *L'empire du droit*, col. Recherches politiques, PUF, Paris, 1994 (1° éd. US = 1986), 468 p.

FERRIERE Claude-Joseph (de), *Dictionnaire de droit et de pratique contenant l'explication des termes de droit, d'ordonnances, de coutumes et de pratique,* chez J. Dupleix, Libraire Juré de l'Université, rue St-Rome, à la Bible d'Or, 1779, 2 t.

FREUND Julien, *L'essence du politique*, Sirey, Paris, 1986 (4° éd.), 828 p.

FREUND Julien, *Politique et impolitique*, col. Philosophie Politique, Sirey, Paris,1987,426 p.

FUNK B.C. et alii, *Staatsrecht und Staatswissenschaften im Zeiten des Wandels*, Springer-Verlag, Wien-New-York, 1992, 774 p.

GOYARD-FABRE Simone, *Les principes philosophiques du droit politique moderne*, col. Thémis Philosophie, PUF, Paris, 1997, 425 p.

GRZEGORCZYK Christophe, MICHAUT Françoise et TROPER Michel (dir.), *Le positivisme juridique*, col. La pensée juridique moderne, Story Scientia-LGDJ, Bruxelles-Paris, 1992, 536 p.

HERRERA Carlos-Miguel (dir.), *Le Droit, le Politique - Autour de Max Weber, Hans Kelsen, Carl Schmitt*, Ed. L'Harmattan, Paris, 1995, 315 p.

KRYNEN Jacques, *L'Empire du roi - Idées et croyances politiques en France, XIII°-XV° siècle*, col. Bibliothèque des Histoires, Gallimard, Paris, 1993, 556 p.

LANGLOIS Jacques, *Qu'est-ce que le pouvoir politique ? Essai de problématique*, Ed. Anthropos, Paris, 1982, 340 p.

MANSFIELD Harvey Claflin, *Le Prince apprivoisé - De l'ambivalence du pouvoir*, col. L'esprit de la Cité, Fayard, Paris, 1994 (trad. fr. de l'éd. amér. de 1989), 414 p.

MIRKINE-GUETZÉVITCH Boris, *Les Constitutions des nations américaines*, Bibliothèque américaine de l'Institut des Etudes Américaines, Delagrave, Paris, 1932, 480 p.

MIRKINE-GUETZÉVITCH Boris, *Les Constitutions européennes,* Bibliothèque de la Science Politique, PUF, Paris, 1951, t.1, 427 p.

MÜLLER Friedrich, *Discours de la méthode juridique*, (trad. O. JOUANJAN), col. Léviathan, PUF, Paris, 1996, 438 p.

PASSERIN d'ENTREVES André, *La notion de l'Etat,* col. Philosophie politique, Sirey, Paris, 1969, 288 p.

ROUSSEAU Jean-Jacques, *Du contrat social,* Bordas, Paris, 1985 (1° parution 1762), 256 p.

SCHMITT Carl, *La notion de politique,* col. Champs, Flammarion, Paris, 1992, 202 p.
SÉGUR Philippe, *Le politique,* col. Ellipses, Editions Marketing, Paris, 1996, 128 p.
SEURIN Jean-Louis (dir.), *Le constitutionnalisme aujourd'hui,* Economica,Paris,1984,240 p.
DUVERGER Maurice, *Les régimes semi-présidentiels*, col. Centre d'Analyse Comparative des Systèmes Politiques, PUF, Paris, 1986, 367 p.

ARTICLES
BÉCHILLON Denys (de), *Hiérarchie des normes et hiérarchie des fonction normatives de l'Etat,* col. Droit Public Positif, Economica, Paris, 1996, 577 p.
CAPITANT René, "Les principes juridiques de la démocratie", in *Ecrits constitutionnels*, Ed. du CNRS, Paris, 1982, p.191-232
CHEMILLIER-GENDREAU Monique, "L'Etat de Droit au carrefour des droits nationaux et du Droit international", in *L'Etat de Droit - Mélanges en l'honneur de Guy Braibant*, Dalloz, Paris, 1996, p.57-68
CHEVALLIER Jacques, "L'Etat de Droit", *RDP* 1988, p.311-380
CHEVALLIER Jacques, "L'ordre juridique", *in* CURAPP, *Le droit en procès*, PUF, Paris, 1984, p.7-49
COLLIARD Claude-Albert, "Cadre institutionnel et technique d'élaboration du Droit", in Société Française pour le Droit International, *Pays en voie de développement et transformation du Droit international*, Pédone, Paris, 1974, p.89-114
DWORKIN Ronald, "Controverse constitutionnelle", *Pouvoirs* n°59, 1991, p.5-16
EMERI Claude, "L'Etat de droit dans les systèmes polyarchiques européens", *RFDC* n°9, 1992, p.27-41
FAVOREU Louis, "Le Droit constitutionnel, Droit de la Constitution et constitution du Droit", *RFDC* 1990, n°1, p.71-89
HAMON Léo, "L'Etat de droit et son essence", *RFDC* 1990, n°4, p.699-712
LANGEON Pierre, "La recherche en Droit comparé", *Revue de Recherche Juridique et de Droit Prospectif*, n° 4, 1996, p.1101-1111
LAUVAUX Philippe, "Existe-t-il un modèle constitutionnel européen ?", *Droits* n°14, "L'Europe et le Droit", 1991, p.49-60
LEISNER Walter, "L'Etat de Droit - Une contradiction ?", in *Mélanges Eisenmann*, Cujas, Paris, 1975, p.65-79
RAYNAUD Philippe, "La démocratie saisie par le droit", *Le Débat* n°87, 1995, p.97-116
TROPER Michel, "Le concept d'Etat de Droit", *Droits* n°15, 1992, p.51-63
TROPER Michel, "Le droit, la raison et la politique", *Le Débat* 1991, n°64, p.187-192
TROPER Michel, "Sur la théorie juridique de l'Etat", *Le Débat* n°74, 1993, p.81-93
ZOLLER Elisabeth, "Splendeurs et misères du constitutionnalisme - Les enseignements de l'expérience américaine", *RDP* 1994, p.157-184

FRANCE

LIVRES
Association Tunisienne de Droit Constitutionnel, *Journées tuniso-françaises de Droit Constitutionnel - 1988,* Centre d'Etudes, de Recherches et de Publications, Tunis,1990,362 p.
AVRIL Pierre, *Les conventions à la Constitution,* col. Léviathan, PUF, Paris, 1997, 202 p.
CARCASSONNE Guy, *La Constitution - Introduite et commentée,* Points Essais, Seuil, Paris, 1996, 375 p.
CHANTEBOUT Bernard, *La Constitution française - Propos sur un débat,* col. Connaissance du Droit, Dalloz, Paris, 1992, 137 p.
COLAS Dominique (dir.), *L'Etat de Droit - Travaux de la Commission sur la modernisation de l'Etat,* col. Questions, PUF, Paris, 1987, 280 p.

Comité Consultatif pour la Révision de la Constitution (présidé par Georges VEDEL), *Rapport au Président de la République - Propositions pour une révision de la Constitution - 15 février 1993,* col. des Rapports Officiels, La Documentation Française, Paris, 1993, 137 p.

CURAPP (Centre Universitaire de Recherches Administratives et Politiques de Picardie), *Droit et Politique,* PUF, Paris, 1993, 310 p.

CURAPP, *Les usages sociaux du Droit,* Journée d'études du 12 mai 1989, PUF, Paris, 1989, 335 p.

DUGUIT Léon, *Traité de Droit Constitutionnel,* Boccard, Paris, 3° éd., 1928, 888 p.

DUHAMEL Olivier et MÉNY Yves, *Dictionnaire constitutionnel,* PUF, Paris, 1992, 1112 p.

DUHAMEL Olivier et PARODI Jean-Luc (dir.), *La Constitution de la V° République,* col. Références, Presses de la Fondation Nationale des Sciences Politiques, Paris, 1988 (2° éd.), 849 p.

Ecole Nationale d'Administration - Promotion René Char (1993-1995), *Le travail gouvernemental,* col. ENA, La Documentation Française, Paris, 1996, 2 t., 984 p.

GEORGEL Jacques, *Contradictions de la Cinquième - Anti-manuel de Droit Public,* col. Questions, PUF, Paris, 1990, 160 p.

HAURIOU Maurice, *Précis de Droit constitutionnel,* Sirey, Paris, 1929, réimp. Ed. CNRS, 1965, 759 p.

JAN Pascal et ROY Jean-Philippe (dir.), *Le Conseil constitutionnel vu du Parlement,* col. Ellipses, Editions Marketing, Paris, 1997, 192 p.

LUCHAIRE François et CONAC Gérard, *La Constitution de la V° République - Analyses et commentaires,* Economica, Paris, 1987 (2° éd.), 1402 p.

MAUS Didier, *Etudes sur la Constitution de la V° République : la mise en place, la pratique,* col. Les Grands Actuels, STH, Paris, 1990, 301 p.

REDOR Marie-Joëlle, *De l'Etat légal à l'Etat de Droit : l'évolution des conceptions de la doctrine publiciste française (1879-1914),* col. Droit Public positif, Economica-PUAM, Paris-Aix-en-Provence, 1992, 389 p.

RENOUX Thierry S. et VILLIERS (de) Michel, *Code Constitutionnel - commenté et annoté,* Litec, Paris, 1995, 1512 p.

TROPER Michel, *Pour une théorie juridique de l'Etat,* col. Léviathan,PUF,Paris,1994,358 p.

VEDEL Georges, *Institutions politiques et Droit constitutionnel - 1960-1961,* Les Cours de Droit, Paris, 1961, 660 p.

ARTICLES

ARDANT Philippe, "La fonction consultative dans le Droit Constitutionnel de la V° République", in *Journées tuniso-françaises de Droit constitutionnel - Tunis-Sousse 1988,* Tunis, 1990, p.277-300

ARNÉ Serge, "L'esprit de la V° République - Réflexions sur l'exercice du pouvoir", *RDP* 1971, p.641-728

BIDEGARAY Christian et EMERI Claude, "Du Droit Constitutionnel au Gouvernement comparé", in *Etudes offertes à Jean-Marie Auby*, Dalloz, Paris, 1992, p.445-462

FAVOREU Louis, "L'apport du Droit constitutionnel au Droit Public", *Pouvoirs* n°13, 1980, p.17-26

FAVOREU Louis, "De la démocratie à l'Etat de Droit", *Le Débat* n°64, 1991, p.158-162

FAVOREU Louis, "Le Droit Constitutionnel jurisprudentiel (mars 1983 - mars 1986)", *RDP* 1986, Chronique constitutionnelle, p.395-495

HAMON Léo, "L'Etat de Droit et la latitude d'action du pouvoir", in *Journées tuniso-françaises de Droit constitutionnel - Tunis-Sousse 1988*, Tunis, 1990, p.75-92

LACHARRIERE René (de), "Opinion dissidente", *Pouvoirs* n°13, 1980, p.133-150

ROUSSILLON Henry, "Rigidité et souplesse des Constitutions modernes - Réflexions sur un paradoxe à partir du cas français", in *La Justice constitutionnelle au Mexique et en France - Bilan et perspectives*, Presses de l'Université Autonome de Mexico, Mexico, 1998, 14 p.

ALLEMAGNE

AUTEXIER Christian, *Introduction au Droit Public allemand*, col. Droit fondamental, PUF, Paris, 1997, 379 p.

BACIGALUPO Mariano, "Politica y Constitución en la Alemania actual", *Revista de Estudios Políticos* n°75, 1992, p.271-290

BUSSE Volker, "Der Kernbereich exekutiver Eingenverantwortung im Spannungsfeld der staatliche Gewalten", *DöV*n°2, 1989, p.45-54

DENNINGER Erhard, "La reforma constitucional en Alemania : entre ética y seguridad jurídica", *Revista de Estudios Políticos* n°84, 1994, p.69-78

FRIEDRICH Carl Joachim, *Zur Theorie und Politik der Verfassungsordnung,* Quelle & Meyer, Heidelberg, 1963, 272 p.

FROMONT Michel, "Le pouvoir règlementaire et le juge dans la République Fédérale d'Allemagne", in *Mélanges Waline*, 1974, p.27-38

FROMONT Michel, "République Fédérale d'Allemagne - L'Etat de droit", *RDP* 1984, p.1203-1226

FROMONT Michel et RIEG Alfred, *Introduction au Droit allemand (République Fédérale)*, t.1 : "Les fondements", Cujas, Paris, 1977, 252 p.

ISENSEE Josef, *Handbuch des Staatsrechts der Bundesrepublik Deutschland,* C.F. Müller, Heidelberg, 1987-1996, 8 t.

KATZ Alfred, *Staatsrecht - Grundkurs im öffentlichen Recht,* col. Jurathek Studium, CF MÜLLER Juristischer Verlag, Heidelberg (RFA), 1996 (13° éd.), 428 p.

MAUNZ Theodor, *Deutsches Staatsrecht,* C.H. BECK'SCHE Verlagbuchhandlung, München, 1969, 432 p.

QUARITSCH Helmut, "La situation actuelle de la théorie générale de l'Etat en Allemagne", *Droits* n°15, 1992, p.65-76

SACHS Michael (dir.), *Grundgesetz Kommentar,* C. H. Beck'sche Verlagsbuchhandlung, München, 1996, 2016 p.

STEIN Ekkehart, *Staatsrecht,* JCB Mohr, Tübingen (Allemagne), 1993 (14° éd.), 512 p.

ESPAGNE

ALVAREZ CONDE Enrique, *Curso de Derecho Constitucional,* col. Biblioteca Universitaria, Tecnos, Madrid, 1992, 527 p.

ALVAREZ CONDE Enrique, *Diez años de regimen constitucional,* Tecnos, Madrid, 1989, 507 p.

ALZAGA VILLAAMIL Oscar (dir.), *Comentarios a las leyes políticas - Constitución española de 1978*, Edersa, Madrid, 1983-1988, 9 t.

BON Pierre, "Administration et fonctionnement de la Justice en Espagne", *Annuaire Européen d'Administration Publique*, vol.14, 1991, p.17-43

BON Pierre, "La constitutionnalisation du Droit espagnol", *RFDC* 1991, n°5, p.35-54

Enciclopedia Jurídica Basica, Civitas, Madrid, 1995, 4 vol., vol.1 (ABA-COR), p.199-201

Estudios sobre la Constitución española de 1978, Facultad de Derecho, Universidad de Valencia, Secretariado de Publicaciones, 1980, 530 p.

Etudes de Droit Constitutionnel franco-espagnol - Journées d'études des 31 mai et 1° juin 1991 à Pau, col. Droit Public Positif, Economica, Paris, 1994, 318 p.

FERNANDEZ SEGADO Francisco, *El sistema constitucional español,* Dykinson, Madrid, 1995 (réimpression), 1136 p.

GARRIDO FALLA Fernando (dir.), *Comentarios a la Constitución,* Civitas, Madrid, 1985 (2° éd.); 2503 p.

JIMENEZ-BLANCO Antonio (dir.), *Comentario a la Constitución - La jurisprudencia del Tribunal Constitucional*, Editorial Centro de Estudios Ramon Areces, Madrid, 1995 (2° éd.), 926 p.
LAVROFF Dmitri-Georges (dir.), *Dix ans de démocratie constitutionnelle en Espagne,* col. de la Maison des Pays Ibériques, CNRS-Centre Régional de Publication de Bordeaux, Paris, 1991, 215 p.
PECES BARBA Gregorio, *La Constitución española de 1978 - Un estudio de derecho y política,* col. El Derecho y el Estado, Fernando Torres, Valencia, 1984, 414 p.
PULIDO QUECEDO Manuel, *La Constitución española - Con la jurisprudencia del Tribunal Constitucional,* Editorial Aranzadi, Pamplona, 1996, 2142 p.

DROIT COMPARE

BISCARETTI di RUFFIA Paolo, *Introduzione al diritto costituzionale comparato,* Giuffrè, Milano, 1974, 571 p.
DAVID René et JAUFFRET-SPINOSI Camille, *Les grands systèmes de Droit contemporains,* col. Précis, Dalloz, Paris, 1992 (10° éd.), 523 p.
FROMONT Michel, *Grands systèmes de Droit étrangers,* col. Mémentos, Dalloz, Paris, 1994, 154 p.
GREWE Constance et RUIZ FABRI Hélène, *Droits constitutionels européens,* col. Droit Fondamental - Droit politique et théorique, PUF, Paris, 1995, 661 p.
GUCHET Yves (dir.), *Les systèmes politiques des pays de l'Union Européenne,* col. U Droit, Armand Colin, Paris, 1994, 431 p.
KRIESI Hanspeter, *Les démocraties occidentales - Une approche comparée,* col. Politique comparée, Economica, Paris, 1994, 491 p.
LAUVAUX Philippe (collaboration de Jean-Paul LEPETIT), *Les grandes démocraties contemporaines,* PUF, Paris, 1990, 713 p.
LAUVAUX Philippe, DELCAMP Alain et LÉONARD Yves (dir.), *Les régimes politiques européens en perspective,* col. Les Cahiers Français, n°268, La Documentation Française, Paris, 1994, 104 p.
MATHIOT André, *Institutions Politiques comparées : le pouvoir exécutif dans les démocraties d'Occident,* Les Cours de Droit, Université de Paris-Institut d'Etudes Politiques, Paris, 1968, 529 p.
MÉNY Yves, *Politique comparée : les grandes démocraties occidentales (Allemagne, Etats-Unis, France, Grande-Bretagne, Italie),* Précis Domat, Montchrestien, Paris, 1996 (5° éd.), 477 p.
OTETELISANO Alexandre, *Esquisse d'une théorie générale de la science du Droit comparé,* Sirey, Paris, 1940, 462 p.
PARINI Philippe, *Régimes politiques contemporains,* col. Concours Droit n°9, Masson, Paris, 1991, 307 p.
RODIERE René, *Introduction au Droit Comparé,* Précis Dalloz, Paris, 1979, 161 p.
SACCO Rodolfo, *La comparaison juridique au service de la connaissance du Droit,* col. Etudes Juridiques, Economica, Paris, 1991, 175 p.
ZILLER Jacques, *Administrations comparées - Les systèmes politico-administratifs de l'Europe des Douze,* col. Domat-Droit Public, Montchrestien, Paris, 1993, 511 p.

Sources

GENERALES

Comité National chargé de la Publication des Travaux Préparatoires des Institutions de la V° République, *Documents pour servir à l'Histoire de l'élaboration de la Constitution du 4 octobre 1958*, La Documentation Française, Paris, 1988, 3 vol. : vol. 1 : "Des origines de la loi constitutionnelle du 3 juin 1958 à l'avant-projet du 29 juillet 1958", 636 p.; vol. 2 : "Le Comité Consultatif Constitutionnel - De l'avant-projet du 29 juillet 1958 au projet du 21 août 1958", 799 p.; et vol. 3 : "Du Conseil d'Etat au référendum - 20 août - 28 septembre 1958", 793 p..
"Constitution française du 4 octobre 1958", *Documents d'Etudes-Droit Constitutionnel et Politique*, n°1-04, La Documentation Française, Paris, 1994 (1964), 35 p.,
MAUS Didier, *Les grands textes de la pratique institutionnelle de la V° République,* col. Retour aux textes, La Documentation Française, Paris, 1995, 409 p.

ALLEMAGNE

Entscheidungen des Bundesverfassungsgerichts, (Recueil des décisions de la Cour constitutionnelle fédérale), hrsg. Von den Mitgliedern des Bundesverfassungsgerichts, Mohr, Tübingen, ab. 1952 (cité : BVerfGE - n° du tome), retranscrit in Axel Tschentscher et.al., *German Case Law* , dernière modification le 1° juillet 1997, adresse Internet = <http: //www.uni-wuerzburg.de/ glaw/bv007377.html>
Grundgesetz der Bundesrepublik Deutschland - Loi fondamentale pour la République fédérale d'Allemagne, Traduction officielle de l'Office de presse et d'information du gouvernement fédéral, revue et corrigée par Chr. Autexier, J.-F. Flauss, M. Fromont, C. Grewe, O. Jouanjan, P. König, établie par le Centre juridique franco-allemand de l'Université de la Sarre (Version en vigueur au 20 janvier 1997)
Loi sur la Cour Constitutionnelle Fédérale, col. Documentation sur la politique et la société dans la République Fédérale d'Allemagne, InterNationes, Bonn (RFA), 1982, 79 p. (nouvelle édition en 1996)

ESPAGNE

Tìtulo Noveno de la Constituciòn Espanola, Ley orgànica, Normas Complementarias, Acuerdos y otras disposiciones referentes al Tribunal Constitucional, Tribunal Constitucional, Publicadas por el Boletin Oficial del Estado, Madrid (Espagne), 1988, 143 p.
Repertorio Aranzadi del Tribunal Constitucional (RTC), Aranzadi, Pamplona, annuel.

Les Institutions

GENERALITES

Association Française des Constitutionnalistes, *Le bicamérisme - Journées d'Etudes du 17 mars 1995,* col. Droit Public Positif, Economica-PUAM, Paris-Aix-en-Provence, 1997,168 p.
FAVOREU Louis, "Quel(s) modèle(s) constitutionnel(s) ?", *RUDH* n°11-12, 1995, p.337-364

KING Anthony, "Modes of executive-legislative relations : Great-Britain, France and West-Germany", in Philip NORTON (ed.), *Legislatures*, Oxford University Press, Oxford (UK), 1992, p.208-236

LAUNDY Philip, *Les Parlements dans le monde contemporain : mode d'élection, fonction,* Payot, Lausanne, 1989, 219 p.

LAUVAUX Philippe, *Le parlementarisme,* col. Que sais-je ? n°2343, PUF, Paris, 1997 (2° éd. mise à jour), 127 p.

LAUVAUX Philippe, *Parlementarisme rationalisé et stabilité du pouvoir exécutif : quelques aspects de la réforme de l'Etat confrontés aux expériences étrangères,* Col. Centre de droit public de l'Université libre de Bruxelles, Bruylant, Bruxelles, 1988, 304 p.

TURPIN Dominique, *Le régime parlementaire,* col. Connaissance du Droit, Dalloz, Paris, 1997, 110 p.

Union Interparlementaire, *Les Parlements dans le monde - Recueil de données comparatives,* Bruylant, Bruxelles, 1986 (2° éd.), 2 vol., 1676 p.

VERA SANTOS José Manuel, "Ciclo de conferencias sobre las tendencias del parlamentarismo", *Revista de las Cortes Generales* n°36, 1995, p.251-260

FRANCE

LIVRES

BIRNBAUM Pierre, HAMON Francis et TROPER Michel, *Réinventer le Parlement,* Flammarion, Paris, 1978, 222 p.

CABANNE Jean-Claude, *Réflexions sur le contrôle parlementaire en France*, thèse Doctorat en Droit, dir. Pierre MONTANÉ de la ROQUE, Toulouse I, 1975, 459 ff.

COHENDET Marie-Anne, *La cohabitation, leçons d'une expérience,* col. Recherches politiques, PUF, Paris, 1993, 343 p.

DUVERGER Maurice, *Bréviaire de la cohabitation*, PUF, Paris, 1986, 150 p.

FAVOREU Louis, *La politique saisie par le Droit - Alternances, cohabitation et Conseil constitutionnel,* Economica, Paris, 1988, 158 p.

HAMON Francis et ROUSSEAU Dominique, *Les institutions en question - Colloque des 17 et 18 janvier 1992 - Paris, Assemblée nationale,* col. Logiques Juridiques, L'Harmattan, Paris, 1992, 159 p.

LACHARRIERE René (de), *La V°, quelle République ?*, col. Politique d'aujourd'hui, PUF, Paris, 1983, 187 p.

LAGRANGE Nadine, *Le phénomène majoritaire, fondement de la V° République ?,* thèse Doctorat 3° cycle, dir. R. CHIROUX, Clermont-Ferrand 1, 1986, 354 p.

LAPORTE Jean et TULARD Marie-José, *Le Droit parlementaire,* col. Que sais-je ? n°2285, PUF, Paris, 1986, 127 p.

LUCHAIRE François,CONAC Gérard et MANGIN Gilbert, *Le Droit constitutionnel de la cohabitation : bilan juridique d'une expérience politique, 23 mars 1986-8 mai 1988,* Economica, Paris, 1989, 335 p.

MASTIAS Jean, *Le Sénat de la V° République : réforme et renouveau,* col. Politiques comparées, Série Institutions politiques, constitutionnelles et administratives françaises, Economica, Paris, 1980, 537 p.

MAUS Didier, *Le Parlement sous la V° République,* col. Ques sais-je, n°2217, PUF, Paris, 1996 (3° éd. mise à jour), 127 p.

MÉNY Yves, *Le système politique français,* col. Clefs, Montchrestien, Paris, 1993 (2° éd.), 160 p.

PARODI Jean-Luc, *Les rapports entre le Législatif et l'Exécutif sous la V° République : 1958-1962,* col. Travaux et recherches de Science Politique n°12, FNSP, Paris, 1972 (2° éd.), 323 p.

ROUSSILLON Henry, *Cohabitation 1986-1988 - Tribunes libres,* Presses de l'IEP de Toulouse, Toulouse, 1988, 107 p.
ROUSSILLON Henry (dir.), "Etudes sur les élections présidentielles - 1995", *Revue des Sciences Politiques de Toulouse*, n°34, 1995, 112 p.

ARTICLES

AVRIL Pierre, "Le Parlement législateur", *RFSP* , vol. 31, n°1, "Le Parlement français sous trois Présidents - 1958-1980", 1981, p.15-31
AVRIL Pierre, "La majorité parlementaire", *Pouvoirs* n°68, 1994, p.45-53
AVRIL Pierre, "Un tournant du régime ?", *RDP* 1973, p.777-801
BOUDANT Joël, "La crise identitaire du Parlement français", *RDP* 1992, p.1321-1402
COLLIARD Jean-Claude, "Un régime hésitant et déséquilibré", *Pouvoirs* n°4, 1978, p.119-122
COUDERC Michel, "Le législateur parlementaire : pour en finir avec un pléonasme", *Pouvoirs* n°64, 1993, p.49-62
DELCAMP Alain, "Le rôle législatif du Sénat", *RDP* 1972, p.1175-1228
DENQUIN Jean-Marie, "Recherches sur la notion de majorité sous la V° République", *RDP* 1993, p.949-1015
EMERI Claude et DANIEL Justin, "L'Assemblée nationale et son devenir", *RDP* 1989, p.1245-1272
GRANGÉ Jacques, "L'efficacité normative du Sénat", *Revue Française de Science Politique*, 1984, p.954-987
GRANGÉ Jean et MASTIAS Jean, "Le Sénat français comparé aux autres deuxièmes Chambres européennes", *Pouvoirs* n°44, 1988, p.131-140
MASCLET Jean-Claude, "La fonction parlementaire sous la V° République", *RA* 1985, p.327-330
MASSOT Jean, "Les risques d'une troisième cohabitation à la lumière des enseignements des deux premières", *LPA* n°60, 19 mai 1997, p.4-9
MAUS Didier, "Le Sénat, l'Assemblée nationale et le Gouvernement", *Pouvoirs* n°44, 1988, p.119-130
MORIN M., "La présence du Gouvernement dans les assemblées parlementaires sous la V° République", *RDP* 1986, p.1355-1394
PACTET Pierre, "L'application du principe majoritaire sous la V° République de 1958 à 1981", in *Itinéraires - Etudes offertes à Léo Hamon* , col. Politique comparée, Economica, Paris, 1982, p.507-523
PEZANT Jean-Louis, "Contribution à l'étude du pouvoir législatif selon la Constitution de 1958", in *Mélanges Burdeau*, 1977, p.455-480
SAVES Christian, "Le poids des institutions, la marque des hommes : la Cinquième République à l'épreuve des deux cohabitations", *RA* n°278, 1994, p.204-211
TARDAN Arnaud, "Le rôle législatif du Sénat", *Pouvoirs* n°44, 1988, p.97-110
VEDEL Georges, "Le problème des rapports du législatif et de l'exécutif", *RFSP* 1958, p.757-781
VERDIER Marie-France, "Le Sénat et le Conseil constitutionnel", communication à la Journée d'études sur le bicamérisme, à Paris, le 17 mars 1995, *LPA* 15 mars 1996, p.4-9

ALLEMAGNE

AUTEXIER Christian (trad.), KÖNIG Klaus, von OERTZEN Hans Joachim, WAGENER Frido, *L'Administration publique en République Fédérale d'Allemagne,* col. Administrations du Monde, Economica, Paris, 1983, 469 p.

BARING Arnulf, "Fédéralisme allemand et intégration européenne", *Géopolitique* n°59, 1997, p.67-71
EMBID IRUJO Antonio, "La relación entre los poderes del Estado en la reciente dogmatica alemana", *Revista de Administración Pública* n°115, 1988, p.403-423
FISCHER Jörg-Uwe, "Parlamentsdebatten : politschers Erziehung oder politisches Theater ? Zur Diskussion um die Rundfunkübertragungen von Reichstagsdebatten und -reden während der Weimarer Republik", *Zeitschrift für Parlamentsfragen* vol. 25 n°4, 1994, p.637-652
LAUFER Heinz, *Das Föderative System der Bundesrepublik Deutschland,* Bayerisches Landeszentrale für politische Bildungsarbeit, München (Allemagne), 1991 (6° éd.), 355 p.
SAALFELD Thomas, "Professionalisation of parliamentary roles in Germany - An aggragate-level analysis - 1949-1994", *Journal of Legislative Studies* , vol. 3, n°1, 1997, p.32-54
SANNWALD Rüdiger, *Die Neuordnung der Gesetzgebungskompetenzen und des Gesetzgebungsverfahren im Bundestaat : Einführung, Erläuterungen, Materialen,* Bundesanzeiger, Köln, 1996, 220 p.
SCHOLZ Rupert, "Parlamentsrecht und Parlamentspraxis", *Archiv des öffentlichen Rechts* vol.117, n°2, 1992, p.259-278

ESPAGNE

LIVRES

GOMEZ MONTORO Angel J., *El conflicto entre órganos constitucionales,* col. Estudios constitucionales, Centro de Estudios Constitucionales, Madrid, 1992, 508 p.
LOPEZ PINA Antonio (ed.), *Division de poderes e interpretación - Haciá una teoria de la praxis constituciona,* Tecnos, Madrid, 1987, 220 p.
TEROL BECERRA Manuel José, *El conflicto positivo de competencia,* col. Tirant lo Blanch alternativa, Tirant lo Blanch - Junta de Andalucia, Valencia (Espagne), 1993, 205 p.
TEROL BECERRA Manuel José, *Los conflictos de competencia entre el Estado y las Comunidades Autónomas* col. Derecho n°52, Servicio de Publicaciones de la Universidad de Sevilla, Seville, 1988, 220 p.
VILLACORTA MANCEBO Luis, *Hacia el equilibrio de poderes - Comisiones legislativas y robustecimiento de las Cortes,* col. Derecho n°15, Secretariado de Publicaciones, Universidad de Valladolid, Valladolid, 1989, 498 p.
VIRGALA FORURIA Eduardo, "Sobre el concepto de mayoría en el ordenamiento parlamentario español", *Revista de las Cortes Generales* n°37, 1996, p.43-63

ARTICLES

ALDA FERNANDEZ Mercedes y LOPEZ NIETO Lourdes, "El Parlamento español . 1977-1993 - Una revisión de su papel en la transición y en la consolidación", *Revista de Estudios políticos* n°81, 1993, p.241-264
Association des Secrétaires Généraux des Parlements, "Le système parlementaire espagnol", *Informations Constitutionnelles et Parlementaires* vol. 45, n°170, 1995, p.109-115
BIGLINO CAMPOS Paloma, "El conflicto entre organos constitucionales", *Revista Española de Derecho Constitucional* n°39, 1993, p.225-243
CAZORLA PRIETO Luis María, "Consideraciones acerca de la retórica parlamentaria actual", *Revista de la Cortes Generales* n°36, 1995, p.7-21
EMBID IRUJO Antonio, "El control parlamentario del Gobierno y el principio de la mayoría parlamentaria - Algunas reflexiones", *Revista de la Cortes Generales* n°25, 1992, p.7-30
GARCIA FERNANDEZ Javier, "La función de control del Parlamento sobre el Gobierno", *Revista de la Cortes Generales* n°31, 1994, p.31-69
OLLERO TASSARA Andrés, "El parlamentario en el sistema político español", *Revista de la Cortes Generales* n°31, 1994, p.7-30

PORRAS NADALES Antonio J., "Conflictos entre órganos constitucionales del Estado y Principio de división de poderes", *REP* n°52, 1986, p.19-46
RALLO LOMBARTE Artemi, "Poderes neutrales exentos de control gubernamental : reflexiones constitucionales", *Revista de las Cortes Generales* n°36, 1995, p.105-136
RAMIREZ Manuel, "Problemática actual del Parlamento", *Revista de Estudios Políticos* n°87, 1995, p.53-79
VIRGALA FORURIA Eduardo, "La forma de gobierno semiparlamentaria como alternativa a la presidencial y a la parlamentaria", *Revista de Estudios Políticos* n°89, 1995, p.119-164

Le Pouvoir exécutif

GENERALITES

AVRIL Pierre, *La présidence de la république en France et aux Etats-Unis,* Economica, Paris, 1986, 407 p.
BARTHELEMY Joseph, *Le rôle du pouvoir exécutif dans les Républiques modernes,* Giard, Paris, 1906
ELGIE Robert, "Models of Executive Politics - A Framework for the Study of Executive Power Relations in Parliamentary and Semi-Presidential Regimes", *Political Studies* 1997, vol. 45, n°2, p.217-231
GAUDEMET Paul-Marie, *Le pouvoir exécutif dans les pays occidentaux,* Montchrestien, Paris, 1966,120 p.
HENRIOT Jacques, "Note sur la date et le sens du mot "responsabilité"", *Archives de Philosophie du Droit* 1977, t.XXII, p.59-62
LE MIRE Pierre, "La réforme du pouvoir gouvernemental", *RDP* 1981, p.1241-1269
MARCOU Gérard et THIÉBAULT Jean-Louis (dir.), *La décision gouvernementale en Europe (Belgique, Danemark, France, Pays-Bas, Royaume-Uni),* col. Logiques politiques, L'Harmattan, Paris, 1996, 319 p.
PACTET Pierre, "L'évolution contemporaine de la responsabilité gouvernementale dans les démocraties pluralistes", in *Mélanges Burdeau,* 1977, p.191-210
PELLOUX Robert, "Remarques sur le mot et la notion d'exécutif", in *Mélanges Paul ROUBIER,* Dalloz-Sirey, Paris, 1961, 2 t., t.2, p.369-378
QUERMONNE Jean-Louis, "Un gouvernement présidentiel ou un gouvernement partisan ?", *Pouvoirs* n°20, 1982, p.67-86
VILLEY Michel, "Esquisse historique sur le mot responsable", *Archives de Philosophie du Droit* 1977, t.XXII, p.59-62

FRANCE

LIVRES

FOURNIER Jacques, *Le travail gouvernemental,* col. Amphithéâtre, Presses de la FNSP-Dalloz, Paris, 1987, 287 p.
GRANEL Paul, *Notion et rôle du pouvoir exécutif en Droit public français,* Thèse Droit, Toulouse, 1957, 259 ff.
MARTEL Pascale, *Gouvernement et Parlement au cours de la fonction législative dans la Constitution de 1958,* thèse Doctorat en Droit, dir. D. LÉVY, Paris II-Assas, 1992, 2t., 641p.
MASSOT Jean, *L'Arbitre et le capitaine : essai sur la responsabilité présidentielle,* Flammarion, Paris, 1987, 319 p.

MASSOT Jean, "Chef de l'Etat et chef du Gouvernement - Dyarchie et hiérarchie", *Notes et Etudes Documentaires*, La Documentation Française, Paris, 1993, 190 p.
MORABITO Marcel, *Le chef de l'Etat en France*, col. Clefs Politique, Montchrestien, Paris, 1996 (2° éd.), 160 p.
QUERMONNE Jean-Louis, *Le gouvernement de la France sous la V° République,* col. Etudes politiques, économiques et sociales, Dalloz, Paris, 1991 (4° éd.), 734 p.
REVEL Jean-François, *L'absolutisme inefficace, ou contre le présidentialisme à la française,* col. Agora, Presses Pocket, Paris, 1993, 208 p.
RIALS Stéphane, *Le Premier Ministre,* Que sais-je? n°1972, PUF, Paris, 1981 (1° éd.), 128 p.
RIALS Stéphane, *La Présidence de la République,* Que sais-je? n°1926, PUF, Paris, 1981 (1° éd.), 126 p.
VALETTE Jean-Paul, *La dynamique du pouvoir exécutif sous la Cinquième République* thèse Doctorat d'Etat en Droit, dir. Fr. LUCHAIRE, Paris I-Panthéon-Sorbonne, 1993, 2 t., 734 p.
ZARKA Jean-Claude, *Fonction présidentielle et problématique majorité présidentielle / majorité parlementaire sous la Cinquième République (1986-1992),* Bibliothèque Constitutionnelle et de Science Politique, t.75, LGDJ, Paris, 1992, 498 p.
ZARKA Jean-Claude, *Le Président de la V° République,* col. Ellipses, Ed. Marketing, Paris, 1994, 109 p.

ARTICLES

ARDANT Philippe, "L'article 5 et la fonction présidentielle", *Pouvoirs* n°41, 1987, p.37-62
AUVRET Patrick, "La responsabilité du chef de l'Etat sous la V° République", *RDP* 1988, p.77-117
AVRIL Pierre, "Pouvoir et responsabilité",in *Mélanges Burdeau*, 1977, p.9-23
BELANGER Michel, "La responsabilité politique du Chef de l'Etat", *RDP* 1979, p.1265-1314
BERLIA Georges, "Le Président de la République dans la Constitution de 1958", *RDP* 1959, repris dans les *Mélanges Berlia*, 1980, p.133-146
BIDEGARAY Christian et EMERI Claude, "Du pouvoir d'empêcher, veto ou contre-pouvoir", *RDP* 1994, p.323-352
BOURMEAU Sylvain et FRANCOIS Bastien, "Restaurons la responsabilité politique", *Le Monde* Mercredi 14 mai 1997
CAMY Olivier, "Le chef de l'Etat est-il souverain sous la V° République ?", *RFDC* 1996, p.3-20
CARPENTIER Chantal, "L'alternative 'soumission ou démission' est-elle toujours opposable au Président de la V° République ?", *Revue de Recherche Juridique et de Droit Prospectif*, n°1, 1997, p.175-230
CHABAL Pierre et FRAISSEIX Patrick, "Déclin et renouveau de la présidence française dans le contexte de l'élection de 1995", *RFDC* 1996, p.35-71
COLLIARD Claude-Albert, "Les pouvoirs du Président de la République en cas de coexistence institutionnelle (mars 1986 - mai 1988)", *RDP* 1989, p.1565-1605
COLLIARD Jean-Claude, "Que peut le Président ?", *Pouvoirs* n°68, 1994, p.15-29
DETRAGIACHE-DORLENCOURT Denise, "Responsabilité devant l'Assemblée ou devant le Président ?", *RDP* 1974, p.789-874
DREYFUS Jean-David, "L'aménagement, par le Président de la République, de la répartition des compétences en matière de pouvoir règlementaire", *LPA* n°56, 12 mai 1997, p.4-6
EMERI Claude, "De l'irresponsabilité présidentielle", *Pouvoirs* n°41, 1987, p.133-150
FOURNIER Jacques, "Politique gouvernementale : les trois leviers du Président", *Pouvoirs* n°41, 1987, p.63-74
JOBERT Michel, "Le partage du pouvoir exécutif", *Pouvoirs* n°4, 1978, p.7-15
JUILLARD Patrick, "La continuité du pouvoir exécutif", in *Mélanges Burdeau*, 1977, p.159-177

LASCOMBES Michel, "Le Premier Ministre, clef de voûte des institutions ? L'article 49, alinéa 3 et les autres...", *RDP* 1981, p.105-161

LUCHAIRE François, "Des rapports entre le Président de la République et le Premier Ministre", in *Journées tuniso-françaises de Droit constitutionnel - Tunis-Sousse 1988*, Tunis, 1990, p.199-218

MASSOT Jean, "L'exécutif dans le projet de réforme constitutionnelle", *RFDC* n°14, 1993, p.249-258

MASSOT Jean, "La place du gouvernement et du Premier ministre dans les institutions de la V° République", *LPA* n°54, 4/05/92, p.15-17

MOREAU Andite, "La haute trahison du Président de la République sous la V° République", *RDP* 1987, p.1541-1602

PAYRE Jean-Paul, "Pouvoirs discrétionnaires et compétences liées du Président de la République", *RDP* 1981, p.1613-1644

QUERMONNE Jean-Louis, "La notion de pouvoir d'Etat et le pouvoir présidentiel sous la V° République", in *Itinéraires - Etudes en l'honneur de Léo Hamon*, 1982, p.549-562

ROMI Raphaël, "Le Président de la République, interprète de la Constitution", *RDP* 1987, "Chronique constitutionnelle", p.1265-1297

ROUSSEAU Dominique, "Sur la monarchie présidentielle", *Le Débat*, n°55, 1989, p.37-41

SPITERI Josiane, "Du fait du prince à la responsabilité pénale, ou de l'Etat de droit", *Dalloz* 1993, chronique, n°LXIV, p.241-244

VENEZIA Jean-Claude, "Sur l'exercice de la fonction exécutive par le Parlement de la V° République", in *Mélanges Burdeau*, 1977, p.481-491

VIVIANO Michel, "La révision constitutionnelle de 1995, nouveau renforcement de l'Exécutif", *LPA* n°123, 13 octobre 1995, p.4-9

ALLEMAGNE ET ESPAGNE

AMPHOUX Jean, *Le Chancelier fédéral dans le régime constitutionnel de la République Fédérale d'Allemagne,* Bibliothèque constitutionnelle et de Science Politique, t.1, LGDJ, Paris, 1962, 561 p.

BLUTH Christoph, "Germany : Defining the national interest", *The World today* vol. 51 n°1, 1995, p.51-55

Gobierno y administración en la Constitución, Dirección General del Servicio Juridico del Estado, Madrid, 1988, 2 vol., 1891 p.

GUCHET (dir.), *Les systèmes politiques des pays de l'Union Européenne* , A. Colin, Paris, 1994, p.9-49

HELMS Ludger, "Executive leadership in parliamentary democracies - The British Prime minister and the German Chancellor compared", *German Politics* 1996, vol.5, n°1, p.101-120

LOPEZ GUERRA Luis, "Funciones del Gobierno y dirección política", *Documentación Administrativa* n°215, 1988, p.15-40

NIKLAUS Karlheinz, "Le gouvernement fédéral", *Pouvoirs* n°66, 1993, p.99-110

NOLTE Georg, "Ermächtigung der Exekutive zur Rechtszetzung - Lehren aus der deutschen und der amerikanischen Erfahrung", *Archiv des öffentlichen Rechts* vol.118, 1993, p.378-413

OTTO y PARDO Ignacio de, "La posición constitucional del Gobierno", *Documentación Administrativa* n°188, 1980, p.139-182

PEREZ FRANCESCH Juan Luis, "Notas acerca del Gobierno como órgano de dirección política en la Constitución española de 1978 - En especial su incidencia en el ejercicio de las potestades normativas", *Revista de Estudios Políticos* n°79, 1993, p.209-225

PORRAS NADALES Antonio J., "La funcion de gobierno : su ubicación en un emergente modelo de Estado postsocial" *Revista de Estudios Políticos* n°56, 1987, p.77-94

SAIZ ARNAIS Alejandro, "El Gobierno y la dirección de la política", *Revista Vasca de Administración Publica* n°34, vol.2, 1992, p.185-200

LES ACTES DE GOUVERNEMENT

Allemagne et Espagne

BAENA del ALCAZAR Mariano, "Los actos políticos del Gobierno en el Derecho espanol ", (I et II), *Documentación Administrativa* n°177 et 178, 1978, p.5-62 et 5-48
COBREROS MENDAZONA Edorta, "Sobre el control de los actos del Gobierno - Aportaciones a una cuestión abierta", *Revista de Administración Pública* n°31, 1991, p.161-177
EMBID IRUJO Antonio, "Actos políticos del Gobierno y actos políticos de las Cámaras Parlamentarias - Reflexiones en torno a su control por la jurisdicción contencioso-administrativa", *Revista de las Cortes Generales* n°13, 1988, p.53-87
FROMONT Michel, "L'évolution du Droit public allemand en 1968 - Le problème de l'état de crise", *RDP*, Chronique constitutionnelle étrangère, 1969, p.197-224
LEISTER Klaus Dieter, *Abgrenzung des Befehls vom Verwaltungsakt im Beamten- und Wehrrecht - Zugleich ein zur Lehre von der dienstlichen Weisung im Beamtenverhältnis und vom Befehl im Wehrdienstverhältnis,* thèse de Doctorat en Droit, Rheinischen Friedrich-Wilhelms-Universität, Bonn, 1970, 283 p.
SAIZ ARNAIS Alejandro, "Los actos políticos del Gobierno en la jurisprudencia del Tribunal Supremo", *Revista de Administración Pública* n°134, 1994, p.225-251
GARCIA de ENTERRIA Eduardo, *La lucha contra las inmunidades del poder,* Cuadernos Cívitas, Madrid, 1983 (réed.), 99 p.

France

AUVRET-FINCK Josiane, "Les actes de gouvernement, irréductible peau de chagrin ?", *RDP* 1995, "Chroniques administratives", p.131-174
CAPITANT René, "De la nature des actes de gouvernement", in *Mélanges Julliot de La Morandière*, Dalloz, Paris, 1964, p.99-115
CAYLA Olivier, "Le contrôle des mesures d'exécution des traités : réduction ou négation de la théorie des actes de gouvernement", *RFDA* 1994, p.1-20
CHAPUS René, "L'acte de gouvernement, monstre ou victime ?", *Dalloz* chron., 1958, p.5-10
MORANGE Georges, "Le contrôle des décisions prises au titre de l'article 16", *Dalloz* 1962, chronique, n°XVIII, p.109-114
SERRAND Pierre, *L'acte de gouvernement (Contribution à la théorie des fonctions juridiques de l'Etat,* thèse Doctorat en Droit, dir. S. RIALS, Panthéon-Assas (Paris II), dactylographiée, 1996, 773 p.
VIRALLY Michel, "L'introuvable "acte de gouvernement"", *RDP* 1952, p.317-358
VOISSET Michèle, *L'article 16 de la Constitution du 4 octobre 1958,* Bibliothèque Constitutionnelle et de Science Politique, t.XXXIX, LGDJ, Paris, 1969, 437 p.

LA "POLITICAL QUESTION DOCTRINE"

ALONSO GARCIA Enrique, "El Tribunal Burger y la doctrina de las "political questions" en los Estados Unidos", *REDC* n°1, 1981, p.287-299
BICKEL Alexander M., *The least dangerous branch,* Yale University Press, New-Haven - London, 1996 (2° éd.), 303 p.

BLACK Charles L. Jr., "The President and the rule of law : the "Steel Seizure" case", in Burke MARSHALL (dir.), *The Supreme Court and Human Rights*, Forum Series, Washington DC, 1985, 11 p.
FRANCK Matthew J., *Against the Imperial Judiciary : the Supreme Court vs. the sovereignty of the people,* University Press of Kansas, Lawrence (Kansas, USA), 1996, 287 p.
HADDAD Marty, "Substantive content of constitutional amendments : political question of justiciable concern ?", *Wayne Law Review*, vol. 42, 1996, p.1685-1718
MAC CORMACK Wayne, "The political question doctrine - Jurisprudentially", *University of Detroit Mercy Law Review*, vol. 70, 1993, p.793-822
MALTZ Earl M., "Political questions and representational politics : a comment on Shaw v. Reno", *Rutgers Law Journal*, vol. 26, 1995, "Symposium : Voting Rights after Shaw v. Reno", p.711-722
MERMIN Samuel, *Law and the Legal System - An Introduction,* Little, Brown and C°, Boston-Toronto, 1982 (2° éd.), 462 p.
QUINT Peter E., "The separation of powers under Nixon : reflexions on constitutional liberties and the rule of law", *Duke Law Journal* 1981, p.1-70
SANDSTROM SIMARD Linda, "Standing alone : do we still need a political question doctrine ?", *Dickinson Law Review* vol.100, 1996, p.303-340

Les Cours constitutionnelles

GENERALITES

LIVRES

CAPPELLETTI Mauro, *Le pouvoir des Juges - Articles choisis de Droit judiciaire et constitutionnel comparé,* col. Droit Public Positif, Economica-PUAM, Paris-Aix-en-Provence, 1990, 397 p.
Commission Européenne pour la Démocratie par le Droit, *Le rôle de la Cour constitutionnelle dans la consolidation de l'Etat de Droit - Actes du colloque de Bucarest des 8 et 10 juin 1994,* col. Science et Technique de la Démocratie, n°10, Ed. du Conseil de l'Europe, Strasbourg, 1994, 161 p.
EISENMANN Charles, *La Justice constitutionnelle et la Haute Cour d'Autriche,* col. Droit Public positif, Economica-PUAM, Paris-Aix-en-Provence, 1986 (rééd. thèse de 1928), 404 p.
FAVOREU Louis, *Les Cours Constitutionnelles,* Que sais-je n°2293, PUF, Paris, 1996 (3° éd.), 128 p.
FROMONT Michel, *La justice constitutionnelle dans le monde,* col. Connaissance du Droit-Droit Public, Dalloz, 1996, 140 p.
HARUTYUNYAN Gagik et MACIC Arne, *The constitutional review and its development in the modern world - A comparative constitutional analysis*, Hayagitak, Yerevan-Ljubljana, 1999, 444 p.
MARCOU Jean, *Justice constitutionnelle et systèmes politiques - Etats-Unis, Europe, France*, col. Le Politique en plus, Presses Universitaires de Grenoble, Grenoble, 1997, 165 p.
POULLAIN Bernard, *La pratique française de la Justice constitutionnelle,* Economica, Paris, 1990, 309 p.
ROUSSEAU Dominique, *La justice constitutionnelle en Europe,* Clefs-Politique, Montchrestien, Paris, 1992, 160 p.
STEINBERGER Helmut (dir.), *Modèles de juridiction constitutionnelle,* col. Science et Technique de la Démocratie, Ed. du Conseil de l'Europe, Strasbourg, 1993, 49 p.

VIALLE Pierre, *La Cour Suprême et la représentation politique aux Etats-Unis : nouvel essai sur le gouvernement des juges,* Bibliothèque Constitutionnelle et de Science Politique n°47, LGDJ, Paris, 1972, 258 p.

ARTICLES

BOUVIER Vincent, "La notion de juridiction constitutionnelle", *Droits* n°9, 1989, p.119-129
CASTANO Catherine, "L'exception d'inconstitutionnalité : la contrainte du Droit, la force du politique", *RFDC* 1990, n°4, p.631-649
FAVOREU Louis, "La légitimité du Juge constitutionnel", *RIDC*, n°2, 1994, p.558-581
FAVOREU Louis, "Quel(s) modèle(s) constitutionnel(s) ?", *RUDH* n°11-12, 1995, p.337-364
FRANCOIS Bastien, "Le juge, le droit et la politique : éléments d'une analyse politiste", *RFDC* n°1, 1990, p.49-69
RIALS Stéphane, "La fonction de juger - Ouverture : l'office du Juge", *Droits* n°9, 1989, p.3-20
RUBIO LLORENTE Francisco, "Tendances actuelles de la juridiction constitutionnelle en Europe", *AIJC* 1996, t. XII, 1997, p.11-29
TOINET Marie-France, "Puissance et faiblesses de la Cour Suprême",*Pouvoirs* n°59, 1991, p.17-30
TROPER Michel, "Justice constitutionnelle et démocratie", *RFDC* 1990, n°1, p.31-48

FRANCE

LIVRES

AVRIL Pierre et GICQUEL Jean, *Le Conseil constitutionnel,* col. Clefs Politique, Montchrestien, Paris, 1995 (3° éd.), 159 p.
BLANQUER Jean-Michel, *Les méthodes du Juge constitutionnel,* Bibliothèque constitutionnelle et de Science Politique, LGDJ, Paris, 1999, 467 p.
FAVOREU Louis, *Du déni de justice en Droit français,* LGDJ, Paris, 1964,570 p.
FAVOREU Louis, *La politique saisie par le Droit - Alternances, cohabitation et Conseil constitutionnel,* Economica, Paris, 1988, 158 p.
FAVOREU Louis et PHILIP Loïc, *Le Conseil constitutionnel,* col. Que sais-je ? n°1724, PUF, Paris, 1995 (6° éd.), 127 p.
GENEVOIS Bruno, *La jurisprudence du Conseil constitutionnel - Principes directeurs,* STH, Paris, 1988, 406 p.
GUETTIER Christophe, *Le Conseil Constitutionnel et le Droit parlementaire sous la V° République,* thèse Doctorat d'État en Droit, dir. J. GICQUEL, Paris, 1986, 2 t., 730 p.
HAMON Léo, *Les Juges de la loi - Naissance et rôle d'un contre-pouvoir, le Conseil constitutionnel*, Fayard, Paris, 1987, 300 p.
LUCHAIRE François, *Le Conseil constitutionnel*, Economica, Paris, t.1 : "Organisation et attributions", 1997 (2° éd. refondue), 490 p.; t.2 : "Jurisprudence, 1° partie : ", 1998 (2° éd. refondue), p.; t.3 : "Jurisprudence, 2° et 3° parties : L'Etat", 1999 (2° éd. refondue), 305 p.
MEUNIER Jacques, *Le pouvoir du Conseil Constitutionnel - Essai d'analyse stratégique,* col. La pensée juridique moderne, Bruylant-LGDJ, Bruxelles-Paris, 1994, 373 p.
PANTOU Eric, *La notion de juridiction constitutionnelle dans la doctrine française - Essai d'analyse critique,* thèse Doctorat d'Etat, dir. M. TROPER, Paris X- Nanterre, 1988, 298 p.
PINI Joseph, *Recherches sur le contentieux de constitutionnalité*, thèse Doctorat en Droit, dir. L. FAVOREU, Aix-Marseille III, 1997, 453 p.
ROUSSEAU Dominique, *La démocratie continue - Actes du colloque de Montpellier, 2-4 avril 1992,* col. La Pensée Juridique moderne, Bruylant-LGDJ, Bruxelles-Paris, 1995, 176 p.

ROUSSEAU Dominique, *Sur le Conseil constitutionnel - La doctrine Badinter et la démocratie*, col. "Droit", Descartes et C°, Paris, 1997, 198 p.
ROUSSILLON Henry, *Le Conseil Constitutionnel,* col. Connaissance du Droit, Dalloz, Paris, 3° éd., 1996, 149 p.
STONE Alec, *The birth of Judicial Politics - The Constitutional Council in comparative perspective,* Oxford University Press, New-York - Oxford, 1992, 312 p.
TURPIN Dominique, *Le Conseil constitutionnel - Son rôle, sa jurisprudence,* col. Les Fondamentaux, Hachette, Paris, 1995, 160 p.

ARTICLES

AUTEXIER Christian, "Le nouveau Conseil constitutionnel - Essai de définition de la fonction d'un contrôleur de constitutionnalité dans les démocraties occidentales", (in *Mélanges dédiés à la mémoire de Jacques TENEUR*, col. des Travaux de la Faculté des Sciences Juridiques, Politiques et Sociales de Lille, Université du Droit et de la Santé de Lille, Lille, 1977, p.1-28
BON Pierre, "Le Conseil constitutionnel français et le modèle des Cours constitutionnelles européennes", *Revista Española de Derecho Constitutional* 1991, p.45-72
BOULOUIS Jean, "Le défenseur de l'exécutif", *Pouvoirs* n°13, 1980, p. 27-34
CHAGNOLLAUD Dominique, "L'avènement d'une Cour souveraine : le Conseil constitutionnel", *RPP*, n°955, 1991, p.22-25
FAVOREU Louis, "Le Conseil constitutionnel, régulateur de l'activité normative des pouvoirs publics", *RDP* 1967, p.5-120
FAVOREU Louis, "La constitutionnalisation du Droit", in *L'unité du Droit - Mélanges en hommage à Roland Drago*, Economica, Paris, 1996, 503 p., p.25-42
FAVOREU Louis et TERRÉ François, "Quelle place pour le Conseil constitutionnel ?", *La Vie Judiciaire* n°2648, 12 janvier 1997, 4 p.
FRAISSEIX Patrick, "Le Conseil constitutionnel et le législateur, collaboration ou concurrence", *LPA* n°88, 1993, p.11-15
GARRIGOU-LAGRANGE Jean-Marie, "Les partenaires du Conseil constitutionnel, ou De la fonction interpellatrice des juges", *RDP* 1986, p.647-694
GENEVOIS Bruno, "L'influence du Conseil constitutionnel", *Pouvoirs* n°49, 1989, p.47-56
GOYARD Claude, "Unité du Droit et justice constitutionnelle", in *L'unité du Droit - Mélanges en hommage à Roland Drago*, Economica, Paris, 1996, 503 p., p.43-58
KNAUB Gilbert, "Le Conseil constitutionnel et la régulation des rapports entre les organes de l'Etat ", *RDP* 1983, p.1149-1168
LAVROFF Dmitri-Georges, "Le Conseil constitutionnel et la norme constitutionnelle", in *Mélanges Gustave Peiser*, 1995, p.347-362
MENNA Domenico, "L'emprise du Conseil Constitutionnel - La révision de la Constitution sous haute surveillance : les débats parlementaires de 1992 et 1993", communication au III° Congrès Français de Droit Constitutionnel, Dijon, 13, 14 et 15 juin 1996, 18 p.
PHILIP Loïc, "Le développement du contrôle de constitutionnalité et l'accroissement des pouvoirs du Juge constitutionnel", *RDP* 1983, p.401-418
PIZZORUSSO Alessandro, "Un point du vue comparatiste sur la réforme de la justice constitutionnelle française", *RFDC* 1990, n°4, p.659-671
Pouvoirs, n° spécial 13 "Le Conseil constitutionnel"
RENOUX Thierry S., "L'apport du Conseil constitutionnel à l'application de la théorie de la séparation des pouvoirs en France", *Dalloz* 1991, chron., n°XXXIV, p.169-174
ROBERT Jacques, "Propos sur le sauvetage d'une liberté", *RDP* 1971, p.1171-1205
ROUSSILLON Henry, "Le "testament" de Robert Badinter", *La Gazette des Tribunaux du Midi*, 19/11/94, p.1-2
ROUSSILLON Henry, "L'avenir du Conseil constitutionnel : la banalisation", *Administration*, n°177, 1997, p.41-45

TEITGEN-COLY Catherine, "Les instances de régulation et de la Constitution", *RDP* 1990, p.153-259

VEDEL Georges, "Le Conseil constitutionnel, gardien du Droit positif ou défenseur de la transcendance des droits de l'homme", *Pouvoirs* n°45, 1988, p.149-159

WERNER Alain, "Le Conseil constitutionnel et l'appropriation du pouvoir constituant", *Pouvoirs* n°67, 1993, p.117-136

ALLEMAGNE ET ESPAGNE

ALMAGRO NOSETE José et SAAVEDRA GALLO Pablo, *Justicia constitucional - Comentarios a la Ley Orgánica del Tribunal Constitucional,* Tirant lo Blanch, Valencia, 1989, 738 p.

BACHOF Otto, "Der Verfassungsrichter zwischen Recht und Politik", in col., *Summum jus, summa injuria*, Universität zu Tübingen, Tübingen, 1963, p.41-57

BON Pierre, "Présentation du Tribunal Constitutionnel espagnol" et "Entretien avec Alvaro RODRIGUEZ BEREIJO", *Cahiers du Conseil Constitutionnel*, n°2, 1997, p.38-53et p.54-61

BON Pierre, MODERNE François et RODRIGUEZ Yves (dir.), *La Justice constitutionnelle en Espagne,* col. Droit Public Positif, Economica-PUAM, Paris-Aix-en-Provence,1984,284 p.

EISENMANN Charles, "La Justice constitutionnelle dans la République Fédérale d'Allemagne", in *Itinéraires - Etudes en l'honneur de Léo Hamon*, 1982, p.195-215

FERNANDEZ SEGADO Francisco, "La jurisdicción constitucional - Nacimiento, evolución y perspectiva actual", *Revista General de Legislación y Jurisprudencia*, t. XCIX (2° epoca), n°5, 1/09/89, p.533-635

FIGUERUELO BURRIEZA Angela, "La incidencia positiva del Tribunal constitucional en el poder legislativo", *Revista de Estudios Políticos* n°81, 1993, p.47-72

FROMONT Michel, "La Cour Constitutionnelle Fédérale et le Droit", *Droits* n°11, 1990, p.120-130

GARCIA ROCA Francisco Javier, "Tribunal Constitucional y conflicto entre organos constitucionales : ¿ la inclusion de la racionalisación en el sistema de gobierno ?", *Revista Juridica de Castilla-la-Mancha* n°3 et 4, 1987, p.247-262

HÄBERLE Peter, "Verfassungsgerichtsbarkeit als politische Kraft", in P. HÄBERLE (dir.), *Verfassungsgerichstbarkeit zwischen Politik und Rechtswissenschaft*, Athenaüm Verlag, Königstein (RFA), 1980, p.59-79

KLEIN Hans H., *Bundesverfassungsgericht und Staatsraison,* Alfred Metzner Verlag, Frankfurt-am-Main-Berlin, 1968, 42 p.

KOMMERS Donald P., *The constitutionnal jurisprudence of the Federal Republic of Germany,* Duke University Press, Durham and London, 1997, 620 p.

LEISNER Walter, "La conception du "politique" selon la jurisprudence de la Cour constitutionnelle allemande", *RDP* 1961, "Chronique constitutionnelle étrangère", p.754-796

LIMBACH Jutta (Prof. Dr.), "Das Bundesverfassungsgericht als politischer Machtfaktor", *Humboldt Forum Recht* n°12, novembre1996, <http://www.rewi.hu-berlin.de/HFR/12-1996>

RICHTER Ingo et SCHUPPERT Gunnar Folke, *Casebook Verfassungsrecht,* C. H. Beck'sche Verlagsbuchhandlung, München, 1996, 705 p.

RUBIO LLORENTE Francisco, "Seís tesis sobre la jurisdicción constitucional en Europa", *Revista Española de Derecho Constitucional* n°35, 1992, p.9-39

SIEDENTOPF Heinrich, "Administration et fonctionnement de la Justice allemande", *Annuaire Européen d'Administration Publique*, vol.14, 1991, p.145-168

Le contrôle de constitutionnalité

GENERALITES

AGUILA Yann, "Cinq questions sur l'interprétation constitutionnelle", *RFDC* 1995, n°21, p.9-46

BON Pierre, "Les nationalisations dans la jurisprudence constitutionnelle de l'Europe de l'Ouest", *RFDC* n°17, 1994, p.17-58

BRAIBANT Guy, LETOWSKI Janus et WIENER Céline, *Le contrôle de l'Administration en Europe de l'Est et de l'Ouest,* Ed. du CNRS, Paris, 1986, 278 p.

BRÜNNECK A. von, "Le contrôle de constitutionnalité et le législateur dans les démocraties occidentales", *AIJC* IV-1988, 1990, p.15-49

DELPÉRÉE Francis, *Le recours des particuliers devant le Juge constitutionnel,* Journée d'Etudes du 9 février 1990 à Louvain, col. Droit Public Positif, Economica-Bruylant, Paris-Bruxelles, 1991, 221 p.

DRAGO Guillaume, "Le contentieux constitutionnel des lois, contentieux d'ordre public par nature", in *Mélanges en hommage à Roland DRAGO - L'unité du Droit,* 1996, p.9-23

EZQUIAGA GANUZAS Francisco Javier, *La argumentación en la justicia constitucional española,* col. Tesis, IVAP, Madrid, 1987, 419 p.

FAVOREU Louis, "Actualité et légitimité du contrôle juridictionnel des lois en Europe occidentale", *RDP* 1984, p. 1147-1201

FROMONT Michel et alii, "Le contrôle de constitutionnalité - RFA, Espagne, Italie, pays socialistes européens", *Documents d'Etudes - Droit Constitutionnel,* Documentation Française, Paris, 1987, 52 p.

Gerichtsschutz gegen die Exekutive - Judicial protection against the Executive - La protection juridictionnelle contre l'exécutif, Carl Heymanns Verlag- Oceana Publications Inc.- Köln-New-York, 3t. : 1969, XLIII+633 p.; 1970, XI+625 p. ;1971, XI+400 p.

PINTO Roger, "A propos des techniques de contrôle de constitutionnalité", *RDP* 1991, p.1527-1532

ROUSSILLON Henry, "Le problème du contrôle de la constitutionnalité des lois dans les pays socialistes", *RDP* 1977, p.55-127

FRANCE

LIVRES

Association Française des Constitutionnalistes, *Vingt ans de saisine parlementaire du Conseil constitutionnel - Journées d'Etudes du 16 mars 1994,* col. Droit Public Positif, Economica-PUAM, Paris-Aix-en-Provence, 1995, 180 p.

AUBY Jean-Marie et FROMONT Michel, *Les recours contre les actes administratifs dans la CEE - Allemagne, Belgique, France, Italie, Luxembourg, Pays-Bas,* col. Jurisprudence Générale, Dalloz, Paris, 1971, 473 p.

BLACHER Philippe, *Contrôle de constitutionnalité et volonté générale - Etude sur l'*obiter dictum *: "La loi votée... n'exprime la volonté générale que dans le respect de la Constitution"*, thèse Doctorat en Droit, dir. D. ROUSSEAU, Montpellier I, 1998, 448 p.

DRAGO Guillaume, *L'exécution des décisions du Conseil constitutionnel - L'effectivité du contrôle de constitutionnalité des lois,* col. Droit Public positif, PUAM-Economica, Paris-Aix-en-Provence, 1991, 403 p.

FAVOREU Louis et Thierry RENOUX, *Le contentieux constitutionnel des actes administratifs,* col. Droit Public, Sirey, Paris, 1992, 206 p.

JAN Pascal, *La saisine du Conseil constitutionnel*, thèse Doctorat en Droit, dir. J. ROSSETTO, Tours, 1997, 2 t., 813 p.
OULD BOUBOUTT Ahmed Salem, *L'apport du Conseil constitutionnel au Droit administratif*, col. Droit Public positif,Economica-PUAM,Paris-Aix-en-Provence,1987,590 p.
TURPIN Dominique, *Contentieux constitutionnel*, PUF, Paris, 1994, 543 p.
VEDEL Georges et DELVOLVE Pierre, *Le système français de protection des administrés contre l'Administration*, col. Droit Public, Sirey, 1991, 280 p.
VIALA Alexandre : *Les réserves d'interprétation dans la jurisprudence du Conseil constitutionnel*, Bibliothèque constitutionnelle et de Science Politique t.92, LGDJ, Paris, 1999, 313 p.

ARTICLES

BEAUD Olivier et CAYLA Olivier, "Les nouvelles méthodes du Conseil constitutionnel", *RDP* 1987, p.677-710
CAR Jean-Christophe, "Contrôle, par le Conseil constitutionnel, du domaine de la loi organique", *Recueil Dalloz* 1995, Somm., p.290
DESWARTE Marie-Pauline, "L'intérêt général dans la jurisprudence du Conseil Constitutionnel", *RFDC* n°13, 1993, p.23-58
DI MANNO Thierry, "Réserves d'interprétation et "droit vivant" dans la jurisprudence du Conseil constitutionnel", communication au III° Congrès Français de Droit Constitutionnel, Dijon, 13, 14 et 15 juin 1996, 26 p.
DRAGO Guillaume, "La conciliation entre principes constitutionnels", *Recueil Dalloz* 1991, Chron., p.265
DRAGO Guillaume et MOLFESSIS Nicolas, Chronique "Justice constitutionnelle" à la revue *Justices - Revue Générale de Droit processuel*
FAVOREU Louis, "L'application directe et l'effet indirect des normes constitutionnelles", *RFDA* 1984, p.174-186
FAVOREU Louis, "Le principe de constitutionnalité - Essai de définition d'après la jurisprudence du Conseil constitutionnel", in *Recueil d'études en hommage à Charles Eisenmann*, Cujas, Paris, 1975, p.33-48
Louis FAVOREU et Loïc PHILIP, Chronique de jurisprudence constitutionnelle à la *RDP*
GENEVOIS Bruno, "La jurisprudence du Conseil constitutionnel est-elle imprévisible ?", *Pouvoirs* n°59, 1991, p.129-142
GENEVOIS Bruno, "Normes de référence du contrôle de constitutionnalité et respect de la hiérarchie en leur sein", in *L'Etat de Droit - Mélanges en l'honneur de Guy Braibant*, Dalloz, Paris, 1996, 817 p., p.323-340
GICQUEL Jean, "Chronique institutionnelle - II - L'application des articles de la Constitution du 4 octobre 1958", *Pouvoirs* n°49, 1989, p.136-145
HABIB Laurent, "La notion d'erreur manifeste d'appréciation dans la jurisprudence du Conseil constitutionnel", *RDP* 1986, p.695-730
JUILLARD Patrick, "Difficultés du changement en matière constitutionnel : l'aménagement de l'article 61 de la Constitution", *RDP* 1974, "Chronique constitutionnelle et parlementaire française", p.1703-1773
LAMARQUE Jean, "Légalité constitutionnelle et contrôle juridictionnel des actes pris en vertu de l'article 16", *JCP* G, 1962, I, n°1711, 11 p.
MATHIEU Bertrand et VERPEAUX Michel, Chroniques d'actualité : jurisprudence constitutionnelle, *JCP*
MODERNE Franck, "Complémentarité et compatibilité des décisions du Conseil constitutionnel et du Conseil d'Etat ?", in *Conseil constitutionnel et Conseil d'Etat*, LGDJ-Montchrestien, Paris, 1988, p.313-368

QUERMONNE Jean-Louis, "Les décisions et avis du Conseil d'Etat et du Conseil constitutionnel : enjeu politique", in *Conseil constitutionnel et Conseil d'Etat*, LGDJ-Montchrestien, Paris, 1988, p.397-317

RENOUX Thierry S., "Le droit au recours juridictionnel en Droit Constitutionnel français", in *Mélanges offerts à Jacques Velu*, Bruylant, Bruxelles, 1992, p.307-324

RIVERO Jean, "Les "principes fondamentaux reconnus par les lois de la République", une nouvelle catégorie constitutionnelle ? ", *Dalloz* 1972, Chron., p.265-268

RIVERO Jean et VEDEL Georges, "Les principes économiques et sociaux de la Constitution", *in* A. de LAUBADERE, A. MATHIOT, J. RIVERO et G. VEDEL, *Oeuvres choisies - Pages de doctrine*, LGDJ, Paris, 1980, t.1, 1980, t.1, p.93-145

ROBERT Jacques, "La loi et le Conseil constitutionnel", communication au colloque "Où va la République ?", *RA* , n°290, 1996, p.234-236

ROUSSEAU Dominique, Chronique de jurisprudence constitutionnelle, 1991-1992*RDP* 1993, p.5-56

ROUSSILLON Henry, "Le Conseil constitutionnel et l'article 17 de la Déclaration des Droits de l'Homme et du Citoyen", *in Propriété et Révolution*, CNRS-Presses Universitaires de Toulouse, 1990, p.179-195

TROPER Michel, "La théorie de l'interprétation et le problème de la supralégalité constitutionnelle", *in Recueil d'Etudes en l'honneur de Charles Eisenmann*, Cujas, Paris, 1975, p.133-152

VEDEL Georges, "Excès de pouvoir législatif et excès de pouvoir administratif" (I et II), *Cahiers du Conseil Constitutionnel*, Etudes et doctrines, 1996 et 1997, p.54-61 et p.77-91

VERPEAUX Michel, Chronique de jurisprudence constitutionnelle aux *Petites Affiches*

VERPEAUX Michel, "La reconnaissance et l'utilisation des principes fondamentaux reconnus par les lois de la République par le juge : la contribution de l'arrêt Koné du Conseil d'Etat à l'analyse de la hiérarchie des normes en matière de droits fondamentaux", *Dalloz* n°27, 17 juillet 1997, p.219-224

VERPEAUX Michel, "Les principes fondamentaux reconnus par les lois de la République ou les principes énoncés dans les lois des Républiques ?", *LPA* 1/01/93, n°84, p.9-13 et n°85, p.6-9

VIALA Alexandre, "Les réserves d'interprétation : un outil de "resserrement" de la contrainte de constitutionnalité", communication au III° Congrès Français de Droit Constitutionnel, Dijon, 13, 14 et 15 juin 1996, publiée à la *RDP* 1997, p.1047-1067

WACHSMANN Patrick, "Le contrôle de constitutionnalité des régimes législatifs d'exception - Note sous la décision n°85-187 DC du 25 janvier 1985 (loi relative à l'état d'urgence en Nouvelle-Calédonie et dépendances)", *AJDA* 1985, Jurisprudence, p.362-365

ZARKA Jean-Claude, "Les principes fondamentaux reconnus par les lois de la République", *La Vie Judiciaire* n°2653, 16 février 1997, p.2

ALLEMAGNE

AUTEXIER Christian, "L'exception d'inconstitutionnalité en Droit allemand", *RFDC* 1990, n°4, p.672-675

BENDA Ernst et KLEIN Eckart, *Lehrbuch des Verfassungsprozessrechts*, col. C.F. MÜLLER Grosses Lehrbuch, C.F. MÜLLER Juristischer Verlag, Tübingen (Allemagne), 1993, 553p.

FROMONT Michel, "Le principe de proportionnalité", *AJDA*, numéro spécial, 20 juin 1995, p.156-166

FROMONT Michel, "RFA : la jurisprudence constitutionnelle en ...", Chroniques biennales à la *RDP*, "Chroniques étrangères"

KLEUKER Mathias, *Gesetzgebungsaufträge des Bundesverfassungsgericht,* Münsterische Beitrage zur Rechtswissenschaft n°68, Duncker und Humblot, Berlin, 1993, 196 p.

LANDFRIED Christine, *Constitutional Review and Legislation,* Nomos Verlagsgesellschaft, Baden-Baden, 1988, 264 p.

GREWE Constance, "Subjectivité et objectivité dans le contentieux de la Cour de Karlsruhe", *Droits* n°9, 1989, p.131-142

RABAULT Hugues, "Les conditions d'une participation de l'armée fédérale allemande dans le cadre d'opérations militaires internationales (décision de la 2° Chambre de la Cour Constitutionnelle Fédérale du 12 juillet 1994)", *RFDC* 1994, n°20, Chronique Jurisprudence constitutionnelle étrangère, p.859-871

RECHENBERG Hans, "Zur Beteiligung des Deutschen Bundestages bei "out of area"-Einsätzen der Bundeswehr", Wissenschaftliche Dienste des Deutschen Bundestages, Fachbereich III-Verfassung und Verwaltung, 12/01/95, 5 p.

SAUER Jürgen, *Die Verfassungsbindung des Gesetzgebers : untersucht am Problem der Redimensionierung des Sozialstaates in den Jahren 1975-1985,* col. Europaïsches Hochschulschriften, Série 2 : Rechtswissenschaft, n°1061, Lang, Frankfurt-am-Main, 1991, 308 p.

SCHULZE Götz et SAAL Urs, "Les conditions d'engagement de la Bundeswehr dans des opérations militaires à l'étranger - Commentaire de l'arrêt de la Cour constitutionnelle de Karlsruhe du 12 juillet 1994", *Arès* vol. XV, 1996, p.75-82

SCHUPPERT Gunnar Folke, "Self-restraints der Rechtsprechung - Überlegungen zur Kontrolldichte in der Verfassungs- und Verwaltungsgerichtsbarkeit", *Deutsches Verwaltungsblatt* n°24, 1988, p.1191-1200

SCHWARZ-LIEBERMANN von WAHLENDORF H.-A., "Une notion capitale du Droit constitutionnel allemand : le *Bundestreue* (fidélité fédérale)", *RDP* 1979, p.769-792

ZIMMERMANN Bernd, "Die Kontrolldichte gerichtlichen Rechtsschutzes gegen Weisungen in der Bundesauftragsverwaltung - ein Problem der Zuständigkeitsverteilung zwischen BVerfG und BVerwG", *Deutsches Verwaltungsblatt* 15/01/92, p.93-97

ESPAGNE

AGUIAR de LUQUE Luis, "El Tribunal Constitucional y la función legislativa : el control del procedimiento legislativo y de la inconstitucionalidad por omisión", *Revista de Derecho Político* , n°24, 1987, p.9-30

ARAGON REYES Manuel, "El control de constitucionalidad en la Constitución española de 1978", *Revista de Estudios Políticos* n°7, 1979, p.119-195

BON Pierre, "L'exception d'inconstitutionnalité en Espagne (question d'inconstitutionnalité)", *RFDC* 1990, n°4, p.679-683

CANO MATA Antonio, *El control de garantias por el Tribunal Constitucional y otros estudios,* Editoriales de Derecho Unidos, Madrid, 1984, 390 p.

CANO MATA Antonio, *El recurso de amparo - Doctrina del Tribunal Constitucional,* Editoriales de Derecho Reunidas, Madrid, 1983, 236 p.

EMBID IRUJO Antonio, "El control parlementario del Gobierno en la jurisprudencia del Tribunal Constitucional", *Revista Vasca de Administración Pública* n°31, 1991, p.179-195

EMBID IRUJO Antonio, "La justiciabilidad de los actos de Gobierno - De los actos políticos a la responsabilidad de los Poderes públicos", *Documentación Administrativa* n°220, 1989, p.19-66

FERNANDEZ SEGADO Francisco, "Las prerrogativas parlamentarias en la jurisprudencia constitucional", *Revista de las Cortes Generales* n°38, 1996, p.7-46

PEREZ ROYO Javier, "Crónica de un error : el recurso previo de inconstitucionalidad contra leyes orgánicas", *Revista española de Derecho Constitucional*, n°17, 1986

PEREZ ROYO Javier, "Del Derecho político al Derecho constitucional : las garantias constitucionales", *Revista del Centro de Estudios Constitucionales* n°12, 1992, p.233-249

PUNSET BLANCO Ramon, "Las sentencias declaratorias de la inconstitucionalidad de las leyes : consideraciones sobre la posible reforma de los artículos 39-1 y 40-1 de la LOTC", *Anuario de Derecho Constitucional y Parlamentario* n°7, 1995, p.33-48

SANTAOLALLA LOPEZ Fernando, "Naturaleza del control de la constitucionalidad de las leyes", *Revista de la Cortes Generales* n°35, 1995, p.117-166

TOMAS y VALIENTE Francisco, "A modo de sugerencia (Notas sobre las recomendaciones del Tribunal Constitucional al legislador)", in col., *El Parlamento y sus transformaciones actuales*, Tecnos, Madrid, 1990, p.17-23

La compétence législative

GENERALITES

MORTATI Costantino, "Appunti per uno studio sui rimedi giurisdizionali contro comportamenti omissivi del legislatore", *Il Foro Italiano* 1970, p.153-191

PIZZORUSSO Alessandro (dir.), *Law in the making : a comparative survey,* col. European Science Foundation, Springer-Verlag, Berlin-New-York, 1988, 414 p.

FRANCE

LIVRES

AVRIL Pierre et GICQUEL Jean, *Droit parlementaire,* col. Domat-Droit Public, Montchrestien, Paris, 1996 (2° éd.), 356 p.

BARRÉ-AIVAZZADEH Sylvaine, *L'exception d'irrecevabilité pour inconstitutionnalité devant les assemblées parlementaires françaises,* thèse Doctorat en Droit, dir. M. VERPEAUX, Dijon, 1994, 357 p.

BAUFUMÉ Bruno, *Le droit d'amendement et la Constitution de la V° République,* Bibliothèque Constitutionnelle et de Science Politique, t.77, LGDJ, Paris, 1993, 618 p.

BAYNAST de SEPTFONTAINES Geoffroy (de), *L'inflation législative et les articles 34 et 37 de la Constitution,* thèse Doctorat en Droit, dir. P. AVRIL, Paris II Panthéon-Assas, 1997, 385 p.

BÉCANE Jean-Claude et COUDERC Michel, *La loi,* col. Méthodes du Droit, Dalloz, Paris, 1994, 301 p.

BEGON Bernard, *Les questions au Gouvernement à l'Assemblée Nationale*, thèse Doctorat en Droit, dir. J. MICHAUD, Montpellier, 1986, 328 p.

BONHOURE Jean-Pierre et BRILLANT Pascal, *Les principales étapes de la procédure législative,* col. Connaissance de l'Assemblée, La Documentation Française,Paris,1992,165 p.

CAMBY Jean-Pierre et SERVENT Pierre, *Le travail parlementaire sous la V° République,* col. Clefs, Montchrestien, Paris, 1994 (2° éd.), 154 p.

DUFFAU Jean-Marie, *Pouvoir réglementaire autonome et pouvoir réglementaire dérivé,* thèse Paris II, dir. Roland DRAGO, 1975, 421 p.

FAVOREU Louis (dir.), *Le domaine de la loi et du règlement, vingt ans d'application de la Constitution de 1958,* Actes du colloque d'Aix-en-Provence de 1977, col. Droit Public positif, Economica-PUAM, Paris-Aix-en-Provence, 1981 (2° éd.), 284 p.

GUETTIER Christophe, *Le Conseil Constitutionnel et le Droit parlementaire sous la V° République,* thèse Doctorat d'État en Droit, dir. J. GICQUEL, Paris, 1986, 2 t., 730 p.

MATHIEU Bertrand, *La loi,* Connaissance du Droit-Droit Public, Dalloz, Paris, 1996, 137 p.

MATHIEU Bertrand, *Les "validations" législatives", pratique législative et jurisprudence constitutionnelle,* Economica, Paris, 1987, 329 p.

OLIVA Eric, *L'article 41 de la Constitution du 4 octobre 1958 - Initiative législative et Constitution,* col. Droit Public positif, Economica-PUAM,Paris-Aix-en-Provence,1997,603 p.
PHILIP Loïc, *Les fondements constitutionnels des finances publiques,* col. Poche-Finances Publiques, Economica, Paris, 1995, 112 p.
POULET-GIBOT LECLERC Nadine, *La place de la loi dans l'ordre juridique interne,* col. Publications de la Faculté de Droit et des Sciences Economiques de l'Université de Limoges, n°16, PUF, Paris, 1992, 239 p.
TRÉMEAU Jérôme, *La réserve de loi - Compétence législative et Constitution,* col. Droit Public positif, Economica-PUAM, Paris-Aix-en-Provence, 1997, 414 p.

ARTICLES

AUBY Jean-Marie, "Sur l'étude de la hiérarchie des normes en Droit public, éléments de problématique", in *Mélanges Robert PELLOUX,* Editions L'Hermès, Lyon, 1980, p.21-37
AVRIL Pierre, "Le vote bloqué", *RDP* 1971, p.469-503
BARROT Jacques, "Article 40 de la Constitution - Rapport d'information sur la recevabilité financière des amendements", col. Les Documents d'Information - Assemblée Nationale, Commission des Finances, n°36-94, 1994, 229 p.
BAUMONT Stéphane, "Le Conseil constitutionnel et le droit d'amendement du Gouvernement - De l'amendement Tour Eiffel à l'amendement Séguin", *Annales de l'Université des Sciences Sociales de Toulouse* 1987, p.177-188
BIDEGARAY Christian et EMERI Claude, "Le contrôle parlementaire", *RDP* 1973, p.1633-1745
BRAIBANT Guy, "Qui fait la loi ?", *Pouvoirs* n°64, 1993, p.43-47
BURDEAU Georges, "Le déclin de la loi", *Archives de Philosophie du Droit* 1963, p.35-41
BURDEAU Georges, "Essai sur l'évolution de la notion de la loi du Droit français", *Archives de Philosophie du Droit,* Sirey, 1939, p.7-55
CAHOUA Paul, "Les commissions, lieu du travail législatif", *Pouvoirs* n°34, 1985, p.37-49
CARCASSONNE Guy, "A propos du droit d'amendement : les errements du Droit constitutionnel", *Pouvoirs* n°41, 1987, p.163-170
CARCASSONNE Guy, "Ce que fait Matignon", *Pouvoirs* n°68, 1994, p.31-44
CHAMINADE André, "Conseil constitutionnel et le droit d'amendement", *JCP* 1990 G I n°3441
CHAPUS René, "De la soumission au Droit des règlements autonomes", *Dalloz* 1960, Chronique, p.119
COCATRE-ZILGIEN André, "A propos des articles 49 (alinéa 1) et 89 (alinéa 3) de la Constitution - Question de langue", *RDP* 1974, p.521-529
DELCAMP Alain, "L'activité des Commissions pendant le première session unique du parlement", Sénat - Service des Commissions, Paris, 25 juillet 1996, 197 p.
DELCAMP Alain, "Bilan statistique de l'application des lois sous la X° législature (2 avril 1993 - 21 avril 1997) avec actualisation au 2 juin 1997", Sénat - Service des Commissions, Paris, 12 juin 1997, 120 p.
DOUAT Etienne, "Droit Constitutionnel financier", *Jurisclasseur Droit administratif* fasc. 1461
FAVOREU Louis, "La délégalisation des textes de forme législative par le Conseil constitutionnel", in *Mélanges offerts à Marcel Waline - Le juge et le Droit Public* , 1964, tome II, p.429
FAVOREU Louis, "La loi", in *La continuité constitutionnelle en France de 1789 à 1989,* Travaux de l'Association Française des Constitutionnalistes, Economica, Paris,1991,p.79-101
GICQUEL Jean-Eric, "L'ordre du jour réservé aux Assemblées parlementaires", *LPA* n°81, 7 juillet 1997, p.4-8
HONTEBEYRIE P., "Le fixation de l'ordre du jour prioritaire : un pouvoir sans contre-pouvoir", *Pouvoirs* n°34, 1985, p.13-21

LAKROUF Slimane, "Le droit d'amendement", *RDP* 1991, p.437-479
LASCOMBES Michel, "Le Premier Ministre, clef de voûte des institutions ? L'article 49, alinéa 3 et les autres ...", *RDP* 1981, p.105-161
LE MIRE Pierre, "L'ordre du jour parlementaire sous la V° République", *RFDC* n°6, 1991, p.195-232
MANDELKERN Dieudonné, "Le rôle du Gouvernement dans l'élaboration de la loi en France", *Journées de la Société de Législation Comparée - Année 1981*, Litec, Paris, 1982, p.47-63
MATHIEU Bertrand, "Les validations législatives devant le Juge constitutionnel - Bilan d'une jurisprudence récente", *RFDA* 1995, p.783-792
MONIN Marcel, "1989 : Réflexions à l'occasion d'un anniversaire : Trente ans de hiérarchie des normes", *Recueil Dalloz* 1990, Chron., p.27
MORANGE Georges, "La hiérarchie des textes dans la Constitution de 1958", *Dalloz* 1959, Chronique p.25
NGUYEN Van Tuong, "Domaines de la loi et du règlement (Conseil constitutionnel, 21 janvier 1997)", *LPA* n°67, 4 juin 1997, p.33-35
OLIVA Eric, "Le contrôle, par le Conseil constitutionnel, de l'exercice du droit d'amendement lors de la procédure législative", *Recueil Dalloz* 1995, Somm., p.291
PIERRE Michel, "Note sur la rationalisation de la navette parlementaire et l'équilibre des pouvoirs constitutionnels", *RDP* 1982, p.1675-1679
PRETOT Xavier, "La délimitation des compétences législatives et règlementaires", *Droit Social* 1986, p.258-268
PRIET François, "L'incompétence négative du législateur", *RFDC* n°17, 1994, p.59-83
SACCONE Gérard, "La répartition des compétences entre pouvoir législatif et pouvoir réglementaire", *AIJC* 1985, p.169-182
SCHMITTER Georges, "L'incompétence négative du législateur", *AIJC* V-1989, p.137-177
TERNEYRE Philippe, "La procédure législative ordinaire dans la jurisprudence du Conseil constitutionnel", *RDP* 1985, p.691-749
TERRÉ François, "La crise de la loi", *Archives de Philosophie du Droit* 1980, p.17-28

ALLEMAGNE ET ESPAGNE

AGUIAR de LUQUE Luis, "El Tribunal Constitucional y la función legislativa : el control del procedimiento legislativo y de la inconstitucionalidad por omisión", *Revista de Derecho Político* , n°24, 1987, p.9-30
AHUMADA RUIZ M. A., "El control de constitucionalidad de las omisiones legislativas", *Revista del Centro de Estudios Constitucionales* , n°8, 1991, p.169-194
ALONSO de ANTONIO Angel Luis, "Las ponencias en el procedimiento legislativo", *Revista de Estudios Políticos* n°85, 1994, p.85-120
EMBID IRUJO Antonio, "El derecho a la información del Parlamento y de los parlamentarios - Nuevas reflexiones a la luz de las innovaciones del ordenamiento jurídico", *Revista de las Cortes Generales* n°35, 1995, p.77-115
FERNANDEZ SEGADO Francisco, "Las prerrogativas parlamentarias en la jurisprudencia constitucional", *Revista de las Cortes Generales* n°38, 1996, p.7-46
JOUANJAN Olivier, "L'élaboration de la loi en République Fédérale d'Allemagne", *Pouvoirs* n°66, 1993, p.81-97
LAUVAUX Philippe et ZILLER Jacques, "Trente-cinq ans de parlementarisme rationalisé en République Fédérale d'Allemagne : un bilan", *RDP* 1985, p.1023-1073
LORENZINI Leonardo, "Le commissioni legislative in Spagna : origini, disciplina e funzioni del'istituto", *Quaderni costituzionali* vol. 15, n°3, 1995, p.455-466

SANCHEZ NAVARRO Angel J., "Control parlamentario y minorías", *Revista de Estudios Políticos* n°88, 1995, p.223-255
SANNWALD Rüdiger, *Die Neuordnung der Gesetzgebungskompetenzen und des Gesetzgebungsverfahren im Bundestaat : Einführung, Erläuterungen, Materialen,* Bundesanzeiger, Köln, 1996, 220 p.
SANTAMARIA PASTOR Juan Alfonso, "Las ponencias como instrumento del trabajo parlamentario", *Anuario de Derecho Constitucional y Parlamentario* n°6, 1994, p.57-75

Les Délégations législatives

GENERALITES

BAUDREZ Maryse, *Les actes législatifs du gouvernement en Italie - Contribution à l'étude de la loi en Droit Constitutionnel italien,* col. Droit Public Positif, Economica-PUAM, Paris-Aix-en-Provence, 1994, 374 p.
ECHAPPE Olivier A., "Tableau comparé des systèmes d'exception", *Pouvoirs* n°10, "Les pouvoirs de crise", 1979, p.115-122
ROSS Alf, "La délégation de pouvoir, signification et validité de la maxime "Delegata potestas non potest delegari"" , *Droits* n°25, 1997, p.99-119
TOUSCOZ Jean, "La notion d'ordonnance", *in Etudes de Droit Public*, Cujas, Paris, 1964, p.217-245

FRANCE

BACOT Guillaume, "La signature des ordonnances", *RA* 1986, p.453-454
BECET J.-M., "La pratique des ordonnances de l'article 38", *RA* 1968, p.704-715
BOYER-MÉRENTIER Catherine, *Les ordonnances de l'article 38 de la Constitution du 4 octobre 1958,* col. Droit Public Positif, Economica-PUAM, Paris-Aix-en-Provence, 1996, 416 p.
DEBBASCH Charles, "Les ordonnances de l'article 38 dans la Constitution du 4 octobre 1958", *JCP* G, 1962 I, n°1701, 8 p.
DICKSCHAT Siegfried, "L'article 38 de la Constitution et la loi d'habilitation du 22 juin 1967", *RDP* 1968, p.832-871
EBRARD Pierre, "L'article 38 de la Constitution du 4 octobre 1958 et la V° République", *RDP* 1969, p.259-304
FAVOREU Louis, "Ordonnances ou règlements d'administration publique ? La destinée singulière des ordonnances de l'art.38 de la Constitution", *RFDA* 1987,p.686-699
FAVOREU Louis, "Principes généraux du Droit et ordonnances non ratifiées", *RFDA* n°6, 1996, p.1111-1113
FOURRE Jean, "Le recours aux ordonnances en vertu de l'article 38 de la Constitution", *LPA* n°135, 10 novembre 1986, p.4-12
GAUDEMET Yves, "L'ordonnance du 1° décembre 1986 sur la concurrence est-elle législative ou règlementaire ? (A propos des ratifications implicites)", *JCP* G I 1991 n°3486
LARCHÉ Jacques, *Rapport sur le projet de loi constitutionnelle n°267 portant récision des articles 60, 61 et 63 relatifs au Conseil constitutionnel et instituant un contrôle de constitutionnalité des lois par voie d'exception,* Commission des Lois du Sénat, Documents du Sénat, n°351, 6 juin 1990, 79 p.

MATHIEU Bertrand, "Les rôles respectifs du Parlement, du Président de la République et du Conseil constitutionnel dans l'édiction des ordonnances de l'article 38", *RFDA* 1987, p.700-722

MESNARD A. H., "Ordonnances, lois d'orientation ou lois cadres ?", *RDP* 1982, p. 1073-1080

MONTANÉ de la ROQUE Pierre, "L'article 38 de la Constitution du 4 octobre 1958 et la loi de pouvoirs spéciaux du 4 février 1960", in *Mélanges offerts à Jacques Maury*, t.2, 1960, p.198-222

TROPER Michel, "La signature des ordonnances", *Pouvoirs* n°41, 1987, p.75-91

ALLEMAGNE ET ESPAGNE

AUTEXIER Christian, "République Fédérale d'Allemagne - Les ordonnances et les délégations législatives", *RFDA* 1987, p.748-750

BON Pierre, "Les délégations législatives en Droit comparé franco-espagnol", in *Mélanges offerts à Jean-Marie Auby*, Dalloz, Paris, 1992, p.463-492

CARRO Marta et MESTRE Juan, "Espagne - La délégation législative", *RFDA* 1987, p.725-727

DIEZ PICAZO Luis María, "Atti legislativi del Governo e rapporti fra i poteri : l'esperienza spagnola", *Quaderni costituzionali* vol.16, n°1, 1996, p.47-67

ESPIN TEMPLADO E., "Separación de poderes, delegación legislativa y potestad reglamentaria en la Constitución española", *Revista de la Cortes Generales* , n°6, 1985, p.167-230

FREIXES SANJUAN T., "La legislación delegada", *Revista Española de Derecho Constitucional*, n°28, 1989, p.119-176

NOLTE Georg, "Ermächtigung der Exekutive zur Rechtszetzung - Lehren aus der deutschen und der amerikanischen Erfahrung", *Archiv des öffentlichen Rechts* vol.118, n°3, 1993, p.378-413

SANTAOLALLA LOPEZ Fernando, "Tribunal Constitucional y control de legalidad de los decretos legislativos", *Revista de Administración Pública* n°132, 1993, p.209-222

La Compétence diplomatique

GENERALITES

BEAUD Olivier, "Le souverain", *Pouvoirs* n°67, 1993, p.33-45

CHAUMONT Charles, "Recherche du contenu irréductible du concept de souveraineté internationale de l'Etat", in *Mélanges Basdevant*, Pédone, Paris, 1960, p.114 s.

COMBACAU Jean, "Pas une puissance, une liberté : la souveraineté internationale de l'Etat", *Pouvoirs* n°67, 1993, p.47-58

DEMICHEL Francine, "Le rôle de la souveraineté dans les relations internationales contemporaines", in *Mélanges Burdeau*, 1977, p.1053-1071

FAVOREU Louis, "Souveraineté et supraconstitutionnalité", *Pouvoirs* n°67, 1993, p.71-76

HAMILTON Alexander, JAY John et MADISON James, *Le Fédéraliste,* col. Etudes Juridiques Comparatives, Economica, Paris, 1988, 788 p.

MERLE Marcel, *Sociologie des relations internationales,* col. Etudes politiques, économiques et sociales, Dalloz, Paris, 1988 (4° éd. entièrement revue et mise à jour), 576 p.

MOUTON Jean-Denis, "La notion d'Etat et le Droit International Public", *Droits* n°16, 1992, p.45-58

POIRAT Florence, "La doctrine des "droits fondamentaux" de l'Etat", *Droits* n°16, 1992, p.83-91
REUTER Paul, "Le traité international, acte et norme", *Archives de Philosophie du Droit*, t.32, "Le Droit international", Sirey, Paris, 1987, p.111-117
RIALS Stéphane, "La puissance étatique et le Droit dans l'ordre international - Éléments d'une critique de la notion usuelle de "souveraineté externe"", *Archives de Philosophie du Droit*, t.32, "Le Droit international", Sirey, Paris, 1987, p.189-218
ROUSSILLON Henry, "L'apport du Droit Constitutionnel au Droit International", in *Journées tuniso-françaises de Droit constitutionnel - Tunis-Sousse 1988*, Tunis, 1990, p.127-147
SASSEN Saskia, *Losing control ? - Sovereignty in an age of globalization*, col. University Seminars - Leonard Hastings Schoff Memorial Lectures, Columbia University Press, New-York, 1996, 149 p.
THOMSON Janice E., "State sovereignty in International Relations : bridging the gap between theory and empirical research", *International Studies Quarterly*1995,n°39,p.213-233
VEDEL Georges, "Souveraineté et supraconstitutionnalité", *Pouvoirs* n°67, 1993, p.79-97
VISSCHER Paul (de), "Les tendances internationales des Constitutions modernes", *Recueil des cours de l'Académie de Droit international de La Haye* (80), 1952, I, p.511-578

FRANCE

LIVRES

CARREAU Dominique, *Droit international*, col. Etudes internationales, Pédone, Paris, 1994 (4° éd.), 675 p.
COMBACAU Jean, *Le Droit des Traités*, col. Que sais-je ? n°2613, PUF, Paris, 1991, 125 p.
COMBACAU Jean et SUR Serge, *Droit international public*, col. Domat-Droit public, Montchrestien, Paris, 1995 (2° éd.), 852 p.
GAIA Patrick, *Le Conseil constitutionnel et l'insertion des engagements internationaux dans l'ordre juridique interne - Contribution à l'étude des articles 53 et 54 de la Constitution*, col. Droit Public Positif, Economica-PUAM, Paris-Aix-en-Provence, 1991, 406 p.
GOESEL - LE BIHAN Valérie, *La répartition des compétences en matière de conclusion des accords internationaux sous la V° République*, Publication de la Revue Générale de Droit International Public (nouvelle série) n°46, Pédone, Paris, 1995, 438 p.
HAQUET Arnaud, *Le concept de souveraineté en Droit constitutionnel français*, thèse Doctorat en Droit, dir. J. GICQUEL, Paris I-Panthéon-Sorbonne, 1998, 2 t., 674 p.
LACHARRIERE Guy (de), *La politique juridique extérieure*, col. Enjeux internationaux, Economica, Paris, 1983, 236 p.
LEVINET Michel, *Contributions à l'étude des rapports entre le Droit et la politique dans l'ordre constitutionnel et dans l'ordre international*, thèse Doctorat en Droit, dir. André CASTAGNE, Montpellier I, 1991, 438 p.
MARTIN Pierre-Marie, *Droit international public*, col. Droit Sciences Economiques, Masson, Paris, 1995, 373 p.
NGUYEN QUOC Dinh, DAILLIER Patrick, PELLET Alain, *Droit International Public*, LGDJ, Paris, 1999 (6° éd.), 1455 p.
ROUX Jérôme, *Le principe de la souveraineté de l'Etat dans la jurisprudence du Conseil constitutionnel*, thèse Doctorat en Droit, dir. D. ROUSSEAU, Montpellier I, 1998, 2 t., 611 p.
SABIANI François, *L'activité internationale dans le contentieux administratif - Esquisse d'une théorie de l'autorité diplomatique*, thèse Doctorat en Droit, Toulouse, dactyl., 1972, 344 p.
TOUSCOZ Jean, *Droit international*, col. Thémis-Droit public, PUF, Paris, 1993, 420 p.

ZOLLER Elisabeth, *Droit des relations extérieures*, col. Droit Fondamental-Droit International, PUF, Paris, 1992, 368 p.

ARTICLES

ARDANT Philippe, "L'article 5 et la fonction présidentielle", *Pouvoirs* n°41, 1987, p.37-62
BASSO Jacques-A. et RUFFAT Michèle : "Les groupes d'intérêt et le pouvoir", *Problèmes politiques et sociaux* n°511, La Documentation Française, Paris, 1985, 40 p.
BEAUD Olivier, "La souveraineté de l'Etat, le pouvoir constituant et le Traité de Maastricht", *RFDA* 1993, p.1045-1068
BECHILLON Denys (de), "De quelques incidences du contrôle de la conventionnalité internationale des lois par le juge ordinaire (*Malaise dans la Constitution*)", *RFDA* 1998, p.225-242
BLAIZOT-HAZARD Catherine, "Les contradictions des articles 54 et 55 de la Constitution face à la hiérarchie des normes", *RDP* 1992, p.1293-1319
BURDEAU Geneviève, "Les engagements internationaux de la France et les exigences de l'Etat de Droit", *AFDI* 1986, p.837-856
CAYLA Olivier, "Le contrôle des mesures d'exécution des traités : réduction ou négation de la théorie des actes de gouvernement", *RFDA* 1994, p.1-20
COHEN Samy, "La politique étrangère dans les institutions de la V° République", *Revue Française d'Administration Publique*, n°77, 1996, p.31-35
COLLIARD Claude-Albert, "L'irréductible diplomatique", in *Mélanges Pierre-Henri Teitgen*, Pédone, Paris, 1984, p.109-125
COLLIARD Claude-Albert, "Les pouvoirs du Président de la République en cas de coexistence institutionnelle (mars 1986 - mai 1988)", *RDP* 1989, p.1565-1605
Conseil d'Etat, "Droit International et Droit français - Etude du Conseil d'Etat", *Notes et Etudes Documentaires* n°4803, La Documentation française, Paris, 1986, 120 p.
"La Constitution française et le Traité de Maastricht", numéro spécial de la *RFDC*, n°11, 1992
COTTREL Yves, "Note sur le contrôle du Parlement sur la politique étrangère de la France sous la V° République - Importance du rôle des Commissions des Affaires Etrangères", *RDP* 1983, p.965-982
DHOMMEAUX Jean, "La conclusion des engagements internationaux en Droit français : dix-sept ans de pratiques", *AFDI* 1975, p.815-858
DHOMMEAUX Jean, "Le rôle du Parlement dans l'élaboration des engagements internationaux : continuité et changements", *RDP* 1987, p.1449-1488
DUTHEIL de LA ROCHERE Jacqueline, "La souveraineté de l'Etat et l'Union Européenne", in Roland DRAGO (dir.), *Souveraineté de l'Etat et interventions internationales*, col. Thèmes et Commentaires, Dalloz, Paris, 1996, p.53-56
DUBOUIS Louis, "Les trois logiques de la jurisprudence Sarran", *RFDA* 1999, p.57-66
ESPLUGAS Pierre, "Conseil constitutionnel et souveraineté", rapport présenté aux Journées Franco-tunisiennes de Droit Constitutionnel des 24-25 avril 1996, "La souveraineté aujourd'hui"
FAVOREU Louis, "Le Conseil constitutionnel et le Droit international", *AFDI*, 1977, p.95-135
FAVOREU Louis, "Le contrôle de constitutionnalité du Traité de Maastricht et le développement du "Droit Constitutionnel international"", *RGDIP* 1993, p.39-66
FAVOREU Louis, "L'interprétation de l'article 55 de la Constitution", *RFDA* 1989, p.993-999
FLAUSS Jean-François, "Le rang du Droit international dans la hiérarchie des normes du Droit français", *LPA* 10 et 15 juillet 1992, p.16-25 et 17-24
GENEVOIS Bruno, "Le Traité sur l'Union Européenne et la Constitution - A propos de la décision du Conseil constitutionnel n°92-308 DC du 9 avril 1992", *RFDA* 1992, p. 373-408
GOHIN Olivier, "La Constitution française et le droit d'origine externe", *RFDA* 1999, p.77-87

GONDOUIN Geneviève, "Des mystères de la supra-constitutionnalité à la logique fédéraliste - Réflexions sur la jurisprudence du Conseil constitutionnel", in *Mélanges Gustave Peiser*, 1995, p.295-311

ISAAC Guy, "Le "Domaine Réservé" du Président de la République - Contribution à l'étude de la première législature de la V° République", *Annales de la Faculté de Droit de Toulouse* t. XII, fasc. 2, 1964, p.21-141

JEZE Gaston, "Le dogme de la volonté nationale et la technique politique", in *Mélanges P. Fleiner*, Tübingen, 1927, p.117

KORTMANN Constantin, "Constitution et Conseil constitutionnel - Souveraineté et contrôle de constitutionnalité", *RA* 1994, p.574-578

LUCHAIRE François, "Le Conseil constitutionnel et la souveraineté nationale", *RDP* 1991, p.1499-1513

LUCHAIRE François, "Le traité d'Amsterdam et la Constitution", *RDP* 1998, p.331-350

MATHIEU Bertrand et VERPEAUX Michel : "A propos de l'arrêt du Conseil d'Etat du 30 octobre 1998, Sarran et autres : le point de vue du constitutionnaliste", *RFDA* 1999, p.67-76

MAUS Didier, "L'Assemblée Nationale et les lois autorisant la ratification des Traités", *RDP* 1978, p.1075-1088

MÉNY Yves, "La légitimation des groupes d'intérêt par l'Administration française", *Revue Française d'Administration Publique* 1986, n°39, p.483-494

MERLE Marcel, "Politique intérieure et politique extérieure", *Politique étrangère* 1976, p. 409-421

PILLET A., "Recherches sur les droits fondamentaux des Etats dans l'ordre des rapports internationaux et sur la solution des conflits qu'ils font naître", *RGDIP* 1898 et 1899, p.66 s., 236 s. et 503 s.

POLLMANN Christopher, "La révision de l'article 54 de la Constitution : nouvelle avancée de la juridicité, nouvel échec de l'instrumentalisme juridique", *RDP* 1994, p.1079-1136

RICCI Jean-Claude, "La Constitution, le traité et le juge", *RRJ* 1999, p.285-288

RIDEAU Joël, "Constitution et droit international dans les Etats membres des Communautés européennes - Réflexions générales et situation française", *RFDC* 1990, n°2, p.259-296

ROBERT Jacques, "La protection des droits fondamentaux et le juge constitutionnel français - Bilan et réformes", *RDP* 1990, p.1255-1285

ROUSSILLON Henry, "Traités, Constitution, Lois - La pyramide infernale", in *Mélanges Pierre Vellas*, Pédone, Paris, 1995, p.431-436

SABIANI François, "Pour une théorie de l'autorité diplomatique en Droit positif français", *AJDA* 1978, p.543-553

SIMON Denys, "L'arrêt Sarran : dualisme incompressible ou monisme inversé ?", *Europe* mars 1999, p.4-6

TEBOUL Gérard : "Ordre juridique international et ordre juridique interne - Quelques réflexions sur la jurisprudence du Juge administratif", *RDP* 1999, p.697-718

WILSON F.-L., "Les groupes d'intérêt sous la V° République - Test de trois modèles théoriques de l'interaction entre groupes et gouvernement", *RFSP* n°2, vol.33, 1983, p.220-254

ALLEMAGNE ET ESPAGNE

AUTEXIER Christian et GENIUS-DEVIME Barbara, "La Cour constitutionnelle fédérale, l'ordre constitutionnel allemand et le Traité de Maastricht (à propos de la décision du 12 octobre 1993)", *RFDC* n°18, 1994, Chronique "Jurisprudence constitutionnelle étrangère", p.421-432

BOTHE Michael et LOHMANN Torsten, "Verfahrensfragen der deutschen Zustimmung zum Vertrag von Amsterdam", *Zeitschrift für ausländisches öffentliches Recht und Völkerrecht* 1998, 58/1, p.1-46
BURGORGUE-LARSEN Laurence, *L'Espagne et la Communauté Européenne,* col. Etudes Européennes, Ed. de l'Université de Bruxelles, Bruxelles, 1995, 471 p.
FROMONT Michel, "Le Traité sur l'Union Européenne et le Juge constitutionnel en France et en Allemagne", in *Mélanges Gustave Peiser*, 1995, p.229-240
GERKRATH Jörg, "Le Traité sur l'Union européenne devant la Cour constitutionnelle fédérale allemande", *Europe* n°11, 1993, p.4-7
GREWE Constance et WEBER Albrecht, "Le Traité sur l'Union devant les juridictions constitutionnelles", *AIJC* IX-1993, Economica-PUAM, Paris-Aix-en Provence, 1995,p.11-30
HAHN Hugo J., "La Cour Constitutionnelle Fédérale d'Allemagne et le Traité de Maastricht", *RGDIP* 1994, p.107-126
HANF Dominik, "Le jugement de la Cour constitutionnelle fédérale allemande sur la constitutionnalité du Traité de Maastricht - Un nouveau chapitre des relations entre le Droit communautaire et le Droit national", *RTDE* n°30, 1994, p.391-423
MESA Roberto, "El proceso de toma de decisiones en politica exterior", *Documentación Administrativa* n°205, Jul.-Sept. 1985, p.143-163
OREJA Marcelino, "La politica exterior en un sistema democrático", in *Discursos y declaraciones del Ministro de Asuntos Exteriores don Marcelino OREJA AGUIRRE (7 de julio de 1976 - 31 de diciembre de 1977)*, OID, Madrid, 1978, p.51-64
PEREZ TREMPS Pablo, "Comunidades Autónomas y actividad exterior en la jurisprudencia del Tribunal Constitucional", *Autonomies - Revista Catalana de Derecho Publico* n°13, 1991, p.7-29
REMIRO BROTONS Antonio, "El poder exterior del Estado", *Documentación Administrativa* n°205, Jul.-Sept. 1985, p.53-90
REMIRO BROTONS Antonio, *La acción exterior del Estado,* col. Temas Clave de la Constitución española, Tecnos, Madrid, 1984, 268 p.
RIDEAU Joël, "Constitution et droit international dans les Etats membres des Communautés européennes - Situation dans les Etats membres autres que la France", *RFDC* 1990, n°3, p.425-454
RUBIO LLORENTE Francisco, "La Constitution espagnole et le Traité de Maastricht", *RFDC* 1992, n°12, p.651-662
Michael SCHWEITZER, *Staatsrecht III - Staatsrecht, Völkerrecht, Europarecht,* Müller Juristischer Verlag, Heidelberg, 1997 (6° éd.), 261 p.

Les Droits fondamentaux

AGUIAR de LUQUE Luis, "Los limites de los derechos fundamentales", *Revista del Centro de Estudios Constitucionales* n°14, 1/01/93, p.9-34
Association Internationale de Droit Constitutionnel, *Droit Constitutionnel et Droits de l'Homme - II° Congrès mondial de l'Association Internationale de Droit Constitutionnel* , Aix-en-Provence, 31 août-5 septembre 1987, col. Droit Public Positif, Travaux de l'Association Française des Constitutionnalistes, Economica-PUAM, Paris-Aix-en-Provence, 1987, 511 p.
BON Pierre, "La protección constitucional de los derechos fundamentales : aspéctos de derecho comparado europeo", *Revista del Centro de Estudios Constitucionales* n°11, 1992, p.43-83
CHAMPEIL-DESPLATS Véronique, "La notion de droit "fondamental" en Droit constitutionnel français", *Recueil Dalloz-Sirey*, Chronique, 1995, p.323-329

CAMBOT Pierre, *La protection constitutionnelle de la liberté individuelle en France et en Espagne,* col. Droit Public positif, Economica-PUAM, Paris-Aix-en-Provence, 1998, 513 p.
FAVOREU Louis (dir.), *Cours constitutionnelles et droits fondamentaux -Actes du colloque d'Aix-en-Provence des 19-21 février 1981*, col. Droit Public positif, Economica-PUAM, Paris-Aix-en-Provence, 1982, 540 p.
FERNANDEZ VILLAVERDE Luis Friginal, *La protección de los derechos fundamentales en el ordenamiento español,* Montecorvo, Madrid, 1981, 304 p.
FROMONT Michel, "Les droits fondamentaux dans l'ordre juridique de la République Fédérale d'Allemagne ", in *Mélanges Eisenmann*, Cujas, Paris, 1975, p.49-64
LUCHAIRE François, *La protection constitutionnelle des droits et libertés,* Economica, Paris,1987, 501 p.
OTTO y PARDO Ignacio (de), "La regulación del ejercicio de los derechos y libertades - La garantia de su contenido esencial en el artículo 53-1 de la Constitución", in L. MARTIN RETORTILLO y I. de OTTO y PARDO, *Derechos fundamentales y Constitución,* Madrid, Civitas, 1988, p.115
PAVIA Marie-Luce, "Eléments de réflexion sur la notion de droit fondamental", *LPA* 6 mai 1994
PECES-BARBA Gregorio, "De la fonction des droits fondamentaux", contribution au Séminaire UniDem "Le patrimoine constitutionnel européen", Montpellier, 22-23 novembre 1996, 11 p.
RIVERO Jean, *Les libertés publiques*, t.1 : "Les droits de l'homme", col. Thémis-Droit, PUF, Paris, 1997 (8° éd. mise à jour), 262 p.
STERN Klaus, "El sistema de los derechos fundamentales en la Republica Federal de Alemania", *Revista del Centro de Estudios Constitucionales* n°1, 1988, p.261-277
TERESTCHENKO Michel, *Philosophie politique*, t.1 : "Individu et société", col. Les Fondamentaux, Hachette, Paris, 1994, 158 p.

<u>Le Droit communautaire dérivé</u>

<u>*GENERALITES*</u>

<u>LIVRES</u>

BELLAMY Richard (dir.), *Constitutionalism, democracy and sovereignty : american and european perspectives*, col. Avebury Series in Philosophy, Avebury-Asgate Publishing Ltd, Aldershot (England)-Brookfield (USA), 1996, 162 p.
BERRANGER Thibaut (de), *Constitutions nationales et construction communautaire - Essai d'approche comparative sur certains aspectes constitutionnels nationaux de l'intégration européenne*, Bibliothèque de Droit Public, t.178, LGDJ, Paris, 1995, 564 p.
BERTRAND G., *La prise de décision dans l'Union européenne*, Réflexe Europe, La Documentation française, 1998
BOULOUIS Jean, *Droit institutionnel de L'Union européenne,* col. Domat Droit public, Montchrestien, Paris, 1997 (6° éd.), 407 p.
CONSTANTINESCO Vlad et al., *Traité instituant la CEE - Commentaire article par article,* Economica, Paris, 1992, 1666 p.
Direction Générale des Commissions et Délégations, *Les commissions spécialisées dans les affaires européennes des Parlements de Etats membres*, Ed. du Parlement européen, 1995
DORD Olivier B., *Cours constitutionnelles nationales et normes européennes,* thèse Doctorat en Droit, dir. G. CARCASSONNE, Paris X-Nanterre, 1996, 714 p.
DUPRAT Gérard, *L'Union Européenne - Droit, politique, démocratie,* col. Politique d'aujourd'hui, PUF, Paris, 1996, 317 p.

HAGUENAU Catherine, *L'application effective du Droit communautaire en Droit interne - Analyse comparative des problèmes rencontrés en Droit français, anglais et allemand,* col. de Droit international, Bruylant, Bruxelles, 1995, 619 p.
ISAAC Guy, *Droit communautaire général,* col.U, Armand Colin, Paris, 1998 (6° éd.), 361 p.
MÉNY Yves, MULLER Pierre et QUERMONNE Jean-Louis (dir.), *Adjusting to Europe - The impact of the European Union on national institutions and policies*, col. European Public Policy, Routledge, London-New-York, 1996, 181 p.
NEWMAN Michael, *Democracy, sovereignty and the European Union*, C. Hurst & Co, London, 1996, 236 p.
QUERMONNE Jean-Louis, *Le système politique de l'Union européenne : des Communautés économiques à l'Union politique,* col. Clefs politique, Montchrestien, Paris, 1994, 157 p.
SASSE Christoph, *Le processus de décision dans la Communauté Européenne - Les exécutifs au Conseil des Ministres,* PUF, Paris, 1977 (éd. originale allemande 1975), 216 p.

ARTICLES
AUTEXIER Christian, "L'hétérogénéité du Droit communautaire dérivé", *Revue Internationale de Droit Comparé*, 1982, p.337-372
BULMER Simon, "El análisis de la Unión Europea como un sistema de gobernación", *Revista de Estudios Políticos* n°90, número monográfico sobre la integración europea ante la reforma de 1996, 1995, p.85-112
CLOSA Carlos, "“E pur si muove” : Teorias sobre la integración europea", *Revista de Estudios políticos* n°85, 1994, p.339-364
COLLIARD Claude-Albert, "L'irréductible diplomatique", in *Mélanges Pierre-Henri Teitgen*, Pédone, Paris, 1984, p.109-125
COCOZZA Francesco, "Les droits fondamentaux entre justice constitutionnelle “transfrontière” de la CEDH et justice constitutionnelle nationale - Les lignes incertaines d'une relation structurée", *RFDC* n°28, 1996, p.707-724
DARMON M., "Juridictions constitutionnelles et droit communautaire (Réflexions sur la jurisprudence constitutionnelle d'Italie, de République Fédérale d'Allemagne et de France relative à l'insertion du Droit communautaire dans l'ordonnancement juridique interne)", *RTDE* 1988, p.217-250
DE WITTE Bruno, "Droit communautaire et valeurs constitutionnelles nationales", *Droits* n°14, “L'Europe et le Droit”, 1991, p.87-96
DEBBASCH Charles, "L'influence du processus d'intégration communautaire sur les administrations nationales", in *Mélanges J. Boulouis*, Dalloz, Paris, 1991, 556 p., p.113-137
DUTHEIL de LA ROCHERE Jacqueline, "La souveraineté de l'Etat et l'Union Européenne", in Roland DRAGO (dir.), *Souveraineté de l'Etat et interventions internationales*, col. Thèmes et Commentaires, Dalloz, Paris, 1996, p.53-56
FARAGO Béla, "Le déficit politique de l'Europe", *Le Débat* n°87, 1995, p.26-43
FARAGO Béla, "L'Europe : empire introuvable ?", *Le Débat* n°83, 1995, p.42-58
FROMONT Michel, "Le Droit constitutionnel national et l'intégration européenne", *Revue des Affaires Européennes* n°2, 1997, p.191-208
GOLLIET J., "Le contrôle des Parlements nationaux sur l'Union européenne", *Les Rapports du Sénat*, n°339, 1993-1994, 44 p.
GOSALBO BONO Ricardo, "L'élaboration du Droit Communautaire dérivé, avant et après le Traité de Maastricht", *Gaz. Pal.* 1993, I, p.428-450
GREWE Constance et WEBER Albrecht, "Le Traité sur l'Union devant les juridictions constitutionnelles", *AIJC* IX-1993, Economica-PUAM, Paris-Aix-en Provence, 1995, p.11-30
JACQUÉ Jean-Paul, "La communautarisation des politiques nationales", *Pouvoirs* n°48, 1989, p.28-38
LOTITO Pier Francesco, "Interpretazione comunitaria e regole costituzionali : gli esempi di Francia, Spagna e Germania", *Quaderni costituzionali* vol. 13, n°1, 1993, p.155-172

PETITE Michel, "Les lobbies européens", *Pouvoirs* n°48, 1989, p.95-103
PFERSMANN Otto, "Hans Kelsen et la théorie de la centralisation et de la décentralisation : le cas de la supranationalité", *Revue d'Allemagne et des pays de langue allemande*, t.28, 1996, p.171-185
RASMUSSEN Hjalte, "Les Etats membres et l'inexécution des obligations communautaires", *Pouvoirs* n°48, 1989, p.39-56
RIDEAU Joël, "La situation des Parlements nationaux dans l'Union Européenne - Un déficit démocratique peut en cacher un autre", *in Mélanges en l'honneur du Doyen Paul Isoart*, Pédone, Paris, 1996, p.324-344
STEIN Torsten, "El principio de subsidariedad en el Derecho de la Unión Europea", *Revista de Estudios Políticos* n°90, número monográfico sobre la integración europea ante la reforma de 1996, 1995, p.69-84
VERDIER Marie-France, "Vers une Seconde Chambre pour l'Europe ? De la nécessité démocratique d'associer les Parlements nationaux à la révision du Traité de Maastricht et d'institutionnalisert leur participation au processus décisionnel communautaire", *LPA* 20 septembre 1995, p.20-23

FRANCE

ALBERTON Ghislaine, "L'article 88-4 de la Constitution ou l'avènement d'un nouveau Janus constitutionnel", *RDP* 1995, p.921-950
ALLAND Denis, "Consécration d'un paradoxe : primauté du droit interne sur le droit international", *RFDA* 1998, p.1094
BÉCHILLON Denys (de), "L'applicabilité des directives communautaires selon la jurisprudence du Conseil d'Etat", *RDP* 1991, p.759-791
Conseil d'Etat, "Droit communautaire et Droit français",*Notes et Etudes Documentaires*, n°4679-4681, La Documentation Française, Paris, 1982, 287 p.
"La Constitution française et le Traité de Maastricht", numéro spécial de la *RFDC*, n°11, 1992
DUBOUIS Louis, "Le juge français et le conflit entre norme constitutionnelle et norme européenne", in *Mélanges Boulouis*, 1991, p.205-219
FAVOREU Louis, "La prise en compte du Droit international et communautaire dans la jurisprudence du Conseil constitutionnel", in *L'internationalité dans les institutions et le Droit - Convergences et défis - Etudes offertes à Alain Plantey*, Pédone, Paris, 1995, p.33-44
GAIA Patrick, "Les interactions entre les jurisprudences de la Cour européenne des droits de l'homme et du Conseil constitutionnel", *RFDC* n°28, "Constitutions nationales et droit européen", 1996, p.725-745, 21 p.
GAILLARD Maurice, "Le retour des résolutions parlementaires, la mise en oeuvre de l'article 88-4 de la Constitution", *RFDC* n°16, 1994, p.707-740
GAUTRON Jean-Claude, "Influence des Communautés Européennes sur les structures du pouvoir politique français depuis 1958", in *Mélanges Burdeau*, 1977, p.421-440, 20 p.
GENEVOIS Bruno, "Le Traité sur l'Union Européenne et la Constitution - A propos de la décision du Conseil constitutionnel n°92-308 DC du 9 avril 1992", *RFDA* 1992, p. 373-408
GENTON Jacques, "Le Sénat face à la législation communautaire", col. Les Rapports du Sénat, Délégation du Sénat pour l'Union Européenne, n°338, 1993-1994, 65 p.
GENTON Jacques, ESTIER Claude et GUÉNA Yves, *Comment organiser l'action collective des Parlements nationaux au sein de l'Union Européenne* , col. Les Rapports du Sénat, Délégation du Sénat pour l'Union Européenne, n°24, 1996-1997, 42 p.
LAPORTE Jean, "The Balance between Executive Power and Legislative Power in the Relations of France with the European Union", in LAURSEN Finn and PAPPAS Spyros A., *The Changing Role of Parliaments in the European Union*, European Institute of Public Administration, Maastricht (Pays-Bas), 1995, p.21-33

MATHIEU Bertrand et VERPEAUX Michel, "Le Conseil constitutionnel, la souveraineté et l'Europe", *LPA* 26 juin 1992, p.6-9

MEYER-HEINE Anne, "Le Droit constitutionnel français, instrument de remise en cause de la proposition de directive communautaire relative à "la protection des personnes physiques à l'égard du traitement et de la circulation des données à caractère personnel"", *RFDC* 1995, n°23, p.637-649, 13 p.

OBERDORFF Henri, "Les incidences de l'Union européenne sur les institutions françaises", *Pouvoirs* n°69, 1994, p.95-106

PANDRAUD Robert, " L'Assemblée nationale et l'Europe - Quelle influence sur la législation communautaire", *Rapport d'information de la Délégation pour l'Union Européenne* n°2459, Les Documents d'information - Assemblée Nationale - Délégation pour l'Union Européenne, 1995, 400 p.

PASSELECQ Olivier, LENOIR Noëlle, LUCHAIRE François, COHEN-TANUGI Laurent, de ROUX Xavier, FAVOREU Louis et MAUS Didier, "Les constitutions nationales face au droit européen - Conférence-débat - 12 juin 1996", *RFDC* n°28, "Constitutions nationales et droit européen", 1996, p.675-706

PIERRÉ-CAPS Stéphane, "L'adaptation du parlement français au système communautaire", *RFDC* 1991, p.233-273

RIDEAU Joël, "Droit communautaire et Droit administratif, la hiérarchie des normes", *AJDA* n° spécial, "Droit administratif et Droit communautaire - Des influences réciproques à la perspective d'un Droit administratif européen : les données du débat contemporain" (192 p.), 20 juin 1996, p.6-14

ROBERT Jacques, "Le Conseil constitutionnel et l'Europe", *Les Cahiers du Conseil Constitutionnel*, 1996, Coopération internationale et juridictions constitutionnelles étrangères, p.25-32

ROUSSILLON Henry (dir.), *L'article 88-4 de la Constitution française : le rôle du Parlement dans l'élaboration de la norme européenne*, PUSS, Toulouse, 1994, 292 p.

SIMON Denys, "L'arrêt Sarran : dualisme incompréhensible ou monisme inversé ?", *Europe* mars 1999, chron. 3

SIMON Denys, "Le Conseil d'Etat et les directives communautaires : du gallicanisme à l'orthodoxie", *RTDE* 1992, p.265-283

VERDIER Marie-France, "Le Conseil constitutionnel et le contrôle sénatorial sur les actes communautaires", *LPA* 4 juin 1993, p.8-12

ALLEMAGNE

ARNOLD Rainer, "L'influence du Droit communautaire sur le Droit administratif allemand", *AJDA*, n° spécial, "Droit administratif et Droit communautaire - Des influences réciproques à la perspective d'un Droit administratif européen : les données du débat contemporain" (192 p.), 20 juin 1996, p.110-117

AUTEXIER Christian et GENIUS-DEVIME Barbara, "La Cour constitutionnelle fédérale, l'ordre constitutionnel allemand et le Traité de Maastricht (à propos de la décision du 12 octobre 1993)", *RFDC* n°18, 1994, Chronique "Jurisprudence constitutionnelle étrangère", p.421-432

Bundesrat, "Note on how the Bundesrat's participation in the adoption of secondary Community legislation under the new article 23 of the Basic Law works in practice", *in* Dossier du Bundesrat sur "Participation by the Bundesrat in European policy", 11 septembre 1995, 10 p.

CONSTANTINESCO Vlad, "Cour constitutionnelle allemande, Droits fondamentaux et Droit communautaire : une musique nouvelle sur un air ancien...", *RTDE* 1987, p.537-553

EHLERMANN C.-D., "Zür Diskussion über einen Solange II-Beschluss", *Europarecht* 1991, p.27-38
EVERLING U, "Brauchen wir Solange III ?", *Europarecht* 1990, p.195-227
FROMONT Michel, "La Cour constitutionnelle fédérale et le traité sur l'Union européenne", *Géopolitique* n°44, 1993, p.76-79
FROMONT Michel, "République Fédérale d'Allemagne : la jurisprudence constitutionnelle en 1992 et 1993", *RDP* 1995, p.323-360
GERKRATH Jörg, "Le Traité sur l'Union européenne devant la Cour constitutionnelle fédérale allemande", *Europe* n°11, 1993, p.4-7
HAHN Hugo J., "La Cour Constitutionnelle Fédérale d'Allemagne et le Traité de Maastricht", *RGDIP* 1994, p.107-126
HANF Dominik, "Le jugement de la Cour constitutionnelle fédérale allemande sur la constitutionnalité du Traité de Maastricht - Un nouveau chapitre des relations entre le Droit communautaire et le Droit national", *RTDE* n°30, 1994, p.391-423
HERDEGEN Matthias, "Maastricht and the German Constitutional Court : Constitutional restraints for an “ever closer union”", *Common Market Law Review* n°2, 1994, p.235-262
MARCOU Gérard, "L'évolution récente du fédéralisme allemand sous l'influence de l'intégration européenne et de l'unification", *RDP* 1995, p.883-919
OSCHATZ Georg-Berndt et RISSE Horst, "Le gouvernement fédéral sous la coupe des Länder ? La participation du Bundesrat aux affaires politiques européennes", *DöV*, *in* Dossier du Bundesrat sur “La participation du Bundesrat aux affaires politiques européennes”, 1995, 23 p.
SAALFELD Thomas, "The German Houses of Parliament and European Legislation", *Journal of Legislative Studies* vol. 1 n°3, 1995, p.12-34
SCHLETTE Volker, "Les interactions entre les jurisprudences de la Cour européenne des droits de l'homme et de la Cour constitutionnelle fédérale allemande", *RFDC* n°28, “Constitutions nationales et droit européen”, 1996, p.747-768
SCHOLZ Ruppert et FRIAUF K.-H., "Wielange noch bis zum Solange III ?", *NJW* 1990, p.941-946
SCHWARZE Jürgen, "La ratification du Traité de Maastricht en Allemagne, l'arrêt de la Cour constitutionnelle de Karlsruhe", *Revue du Marché Commun* 1994, p.293-303
TIETGE Christian, "Europäischer Grundrechtsschutz nach dem Maastricht-Urteil, “Solange III” ?", *Neue Jurisctische Wochenschrift* n°3, 1994, p.197-202
TOMUSCHAT Christian, "Aller Dinge sind III", *Europarecht* 1990, p.340-361
TOMUSCHAT Christian, "Les rapports entre le droit communautaire et le droit interne allemand dans la jurisprudence récente de la Cour constitutionnelle allemande", *Cahiers de Droit Européen* 1989, p.163-178
VOLMERANGE Xavier, *Le fédéralisme allemand et l'intégration européenne* col. Logiques Juridiques, L'Harmattan, Paris, 1994, 176 p.

ESPAGNE

BURGORGUE-LARSEN Laurence, *L'Espagne et la Communauté Européenne,* col. Etudes Européennes, Ed. de l'Université de Bruxelles, Bruxelles, 1995, 471 p.
HERRERO de MIÑON Miguel, "Constitución española y Unión Europea - Comentarios al artículo 93 de la Constitución española", *Revista de las Cortes Generales* n°26, 1992, p.719
LOPEZ AGUILAR Juan Fernando, "Maastricht y la problemática de la reforma de la Constitución", *Revista de Estudios Políticos* n°77, 1992, p.57-93
LOPEZ CASTILLO Antonio, "La caracterización de la naturaleza jurídica de la atribución-cesión de competencias derivadas de la Constitución : unas consideraciones introductorias",

Revista de Estudios Políticos n°90, número monográfico sobre la integración europea ante la reforma de 1996, 1995, p.173-191
MORAJA Francesc, "Influir para decidir : la incidencia de los *lobbies* en la Unión Europea", *Revista de Estudios Políticos* n°90, número monográfico sobre la integración europea ante la reforma de 1996, 1995, p.129-146
REQUEJO PAGES Juan Luis, "Conjunción de sistemas normativos y reordenación del sistema de fuentes", *Revista de Estudios Políticos* n°90, número monográfico sobre la integración europea ante la reforma de 1996, 1995, p.113-128
RUBIO LLORENTE Francisco, "La Constitution espagnole et le Traité de Maastricht", *RFDC* 1992, n°12, p.651-662
SOLOZABAL ECHAVARRIA Juan José, "Algunas consideraciones constitucionales sobre el alcance y los efectos de la integración europea", *Revista de Estudios Políticos* n°90, número monográfico sobre la integración europea ante la reforma de 1996, 1995, p.45-67
TORNOS y MAS Joachim,: "Algunos problemas competenciales en la ejecución interna de directivas comunitarias", *Autonomies - Revista Catalana de Derecho Publico* n°13, 1991, p.31-43

Le Référendum

GENERALITES

Commission Européenne pour la Démocratie par le Droit, *Justice constitutionnelle et démocratie référendaire - Actes du Séminaire Unidem de Strasbourg des 23 et 24 juin 1995*, col. Science et Technique de la Démocratie, n°14, Ed. du Conseil de l'Europe, Strasbourg, 1996, 191 p.
CONAC Gérard et MAUS Didier, *Le référendum, quel avenir ? Journée d'Etudes du 23 avril 1989,* col. Les Grands Colloques, STH, Paris, 1990, 157 p.
DELPÉRÉE Francis, *Référendums*, CRISP, Bruxelles, 1985, 404 p.
FAVOREU Louis, "Le référendum sur le référendum : exemple d'un débat anachronique", in *Droit, institutions et systèmes politiques - Mélanges en hommage à Maurice Duverger* , PUF, Paris, 1988, p.65-79
GUILLAUME-HOFNUNG Michèle, *Le référendum,* col. Que sais-je, PUF, Paris, 1994 (2° éd. mise à jour), 127 p.
HAMON Francis, *Le référendum - Etude comparative,* col. Systèmes Droit Public, LGDJ, Paris, 1995, 200 p.
QUERMONNE Jean-Louis, "Le référendum : essai de typologie prospective", *RDP* 1985, p.577-590
ROUSSILLON Henry (dir.), *Référendum et démocratie*, Actes des II° Assises de l'Association des Auditeurs de l'Académie Internationale de Droit Constitutionnel, PUSS, Toulouse, 1998, 320 p.

FRANCE

AUGE Philippe, "La nouvelle rédaction de l'article 11 de la Constitution de la V° République - Vers une réactivation de la procédure référendaire", *LPA* 12 janvier 1996, p.7-13
BERLIA Georges, "Le problème de la constitutionnalité du référendum", *RDP* 1962, p.936-949
BRANCHET Bernard, "L'article 11 et le respect de la Constitution de 1958", *RDP* 1990, p.1705-1733

CHENOT Bernard, "Le référendum dans les institutions françaises", *LPA* 11 février 1985, p.11-15
CLAPIE Michel, "L'extension du champ d'application du référendum législatif : "Plus de peuple, moins de juge" ?", *RA* 1996, p.89-94
DARNOUX Roland, "Les techniques de démocratie semi-directe sous la V° République", *RDP* 1995, p.413-447
DIÉMERT Stéphane, *Textes constitutionnels sur le référendum,* Que sais-je ? n°2744, PUF, Paris, 1993, 127 p.
FLAUSS Jean-François, "Le contrôle de constitutionnalité des lois référendaires", *LPA* n°75, 23 juin 1997, p.7-15
GAUTRON Jérôme, "La non altération du mythe du référendum par la révision constitutionnelle de 1995", *Tribune du Droit Public*, n°1, 1997, p.27-50
GENEVOIS Bruno, "Le contrôle du référendum - Le rôle du Conseil constitutionnel", *RFDA* 1988, p.887-895
GUILLAUME-HOFNUNG Michèle, "L'article 11", *in* D. MAUS, L. FAVOREU et J.-L. PARODI (dir.), *L'écriture de la Constitution*, Economica, Paris, 1992
HAMON Francis, ""Vox imperatoris, vox populi" ? (réflexions sur la place du référendum dans un Etat de droit)", in *L'Etat de Droit - Mélanges en l'honneur de Guy Braibant*, Dalloz, Paris, 1996, p.389-402
MERCUZOT Benoît, "Référendum : les faux-semblants d'une réforme", communication au III° Congrès Français de Droit Constitutionnel, Dijon, 13, 14 et 15 juin 1996, 23 p.
MERCUZOT Benoît, "La souveraineté de l'expression référendaire : un principe nécessaire au Droit constitutionnel", *RDP* 1995, p.661-699
MOREL Laurence, "Le référendum -Etat des recherches", *RFSP* 1992, vol.42, n°5, p.835-864
NGUYEN Van Tuong, "L'article 11 de la Constitution et la coutume constitutionnelle", *RA* n°265, 1992, p.27-32
NGUYEN Van Tuong, "La loi référendaire est-elle soumise au contrôle de constitutionnalité ?", *Recueil Dalloz* 1996, Chron., p.17
PAVIA Marie-Luce, "Le référendum du 6 novembre 1988", *RDP* 1989, p.1697-1734
PHILIP Loïc, "Les attributions et le rôle du Conseil constitutionnel en matière d'élections et de référendum", *RDP* 1962, p.46-101
PREVOST Jean-François, "Le Droit référendaire dans l'ordonnancement juridique de la Constitution de 1958", *RDP* 1977, p.5-54
ROUSSILLON Henry, "Contre le référendum !", *Pouvoirs* n°77, 1996, p.181-190
VIVIANO Michel, "La révision constitutionnelle de 1995, nouveau renforcement de l'Exécutif", *LPA* n°123, 13 octobre 1995, p.4-9

ALLEMAGNE ET ESPAGNE

AGUILERA de PRAT Cesareo R., "El uso del referéndum en la España democratica (1976-1986)", *Revista de Estudios Políticos* n°75, 1992, p.131-163
BLECKMANN Albert, "Die Zulässigkeit des Volksentscheides nach dem Grundgesetz", *Juristenzeitung* 1978, p.217-223
BON Pierre, "Le référendum dans les droits ibériques", *RFDC* n°31, 1997
DANWITZ Thomas von, "Plebiszitäre Elemente in der staatlichen Willensbildung", *DöV* 1992, p.601-608
KARPEN Ulrich, "Plebiszitäre Elemente in der repräsentativen Demokratie ?", *Juristische Ausbildung* 1993, p.110-115
KARPEN Ulrich, "Probleme der Gesetzgebung im parlamentarischen Staat, vor allen in den neuen Bundesländern", *Deutsches Verwaltungsblatt* 1992, vol. 107, n°23, p.1525-1527

La dissolution

ALBERTINI Pierre, *Le droit de dissolution et les systèmes constitutionnels français*, PUF, Paris, 1978, 409 p.
ARNOLD Rainer, "L'élection et les compétences du Président fédéral allemand", *RDP* 1995, p.303-322
AVRIL Pierre, CARCASSONNE Guy, CHANTEBOUT Bernard, COHENDET Anne-Marie,
BAR CENDON Antonio, *La disolución de las Cámaras legislativas en el ordenamiento constitucional español,* Publicaciones del Congreso de los Diputados, Madrid, 1989, 395 p.
COLLIARD Jean-Claude, GICQUEL Jean, GUETTIER Christophe, ROUSSEAU Dominique, TURPIN Dominique, "Neuf constitutionnalistes répondent à trois questions concernant les élections législatives de 1997", *RDP* 1997, p.609-661
FERRETTI Raymond, "La dissolution sous la V°", *LPA* n°79, 2 juillet 1997, p.5-9
LAUVAUX Philippe, *La dissolution des Assemblées parlementaires,* Economica, Paris, 1983, 519 p.
MOHRHOFF Federico, *La dissolution des assemblées législatives dans les Constitutions modernes - Histoire, politique, droit constitutionnel et parlementaire comparé, procédure,* C. Colombo, Rome, 1953, 387 p.
UMBACH Dieter C., *Parlamentsauflösung in Deutschland - Verfassungsgeschichte und Verfassungsprozess,* De Gruyter, Berlin, 1989, 805 p.
VANDENDRIESSCHE Xavier, "L'apport du président Mitterrand au Droit constitutionnel de la V° République", *RDP* 1996, p.637-701
VERDIER Marie-France, "Le droit de dissolution sous la V° République : essai de typologie d'un pouvoir discrétionnaire", *RA* mai-juin 1998

INDEX DE LA JURISPRUDENCE

Décisions du Conseil constitutionnel

Décisions de la Cour constitutionnelle fédérale allemande

Décisions du Tribunal constitutionnel espagnol

Décisions du Conseil d'Etat

Décisions de la Cour de Justice des Communautés Européennes

TABLE DES MATIERES

Dans la même collection

Tome 1. — AMPHOUX (Jean) : *Le Chancelier fédéral dans le régime constitutionnel de la République d'Allemagne.* 1962.
Tome 2. — FERRETJANS (Jean-Pierre) : *Essai sur la notion de propriété sociale.* 1963.
Tome 3. — WAGRET (Jean-Michel) : *Histoire et sociologie politiques de la République du Congo (Brazzaville).* Épuisé.
Tome 4. — LE CORNEC (Jacques) : *Histoire politique du Tchad de 1900 à 1962.* Épuisé.
Tome 5. — BARALE (Jean) : *La Constitution de la IVe République à l'épreuve de la guerre.* 1984.
Tome 6. — AMELLER (Michel) : *Les questions, instrument du contrôle parlementaire.* Épuisé.
Tome 7. — GODECHOT (Thierry) : *Le parti démocrate-chrétien italien.* 1964.
Tome 8. — AVRIL (Pierre) : *Le régime politique de la Ve République.* 4e éd., 1979.
Tome 9. — KHEITMI (Mohammed Rechid) : *Les partis politiques et le droit positif français.* Épuisé.
Tome 10. — VASAK (Karel) : *La Convention européenne des droits de l'homme.* Épuisé.
Tome 11. — MICHEU-PUYOU (Jean) : *Histoire électorale du département des Basses-Pyrénées sous la IIIe et la IVe Républiques.* Épuisé.
Tome 12. — HALBECQ (Michel) : *L'État, son autorité son pouvoir (1880-1962).* Épuisé.
Tome 13. — BORTOLI (Gilbert) : *Sociologie du référendum dans la France contemporaine.* 1965.
Tome 14. — LUX-WURM (Pierre) : *Le Péronisme.* Épuisé.
Tome 15. — PRUNIÈRES (Bernard) : *La presse sans politique.* 1966.
Tome 16. — BOCKEL (Alain) : *La participation des syndicats ouvriers aux fonctions économiques et sociales de l'État.* Épuisé.
Tome 17. — BUFFELAN (Jean-Paul) : *Le complot du 13 mai 1958 dans le Sud-Ouest.* 1966.
Tome 18. — CAMUS (Geneviève) : *L'État de nécessité en démocratie.* 1965.
Tome 19. — AIRIAU (Jean) : *L'opposition aux Physiocrates à la fin de l'Ancien Régime.* 1965.
Tome 20. — PALAZZOLI (Claude) : *Les régions italiennes. Contribution à l'étude de la décentralisation politique.* 1966.
Tome 21. — SOULIER (Gérard) : *L'inviolabilité parlementaire en droit français.* 1966.
Tome 22. — LEROY (Paul) : *L'organisation constitutionnelle et les crises.* 1966.

Tome 23. — DESMOTTES (Pierre) : *De la responsabilité pénale des ministres en régime parlementaire français.* Épuisé.
Tome 24. — RIZK (Charles) : *Le régime politique libanais.* Épuisé.
Tome 25. — JOUVE (Edmond) : *Le général de Gaulle et la construction de l'Europe.* 2 vol., 1967.
Tome 26. — CHANTEBOUT (Bernard) : *L'organisation générale de la Défense nationale en France depuis la Seconde Guerre mondiale.* 1967.
Tome 27. — TAY (Hugues) : *Le régime présidentiel et la France.* Épuisé.
Tome 28. — ROHR (Jean) : *Victor Duruy, ministre de Napoléon III.* Essai sur la politique de l'instruction publique au temps de l'Empire libéral, 1967.
Tome 29. — LA CHAPELLE (Philippe de) : *La déclaration universelle des droits de l'homme et le catholicisme.* 1967.
Tome 30. — DUCLOS (Pierre) : *L'être fédéraliste.* 1968.
Tome 31. — EL BANNA (Mahmoud Atef Ali) : *Le particularisme du pouvoir d'autorisation budgétaire.* 1968.
Tome 32. — DRAN (Michel) : *Le contrôle juridictionnel et la garantie des libertés publiques.* Épuisé.
Tome 33. — GICQUEL (Jean) : *Essai sur la pratique de la Ve République.* Nouveau tirage avec mise à jour. 1977.
Tome 34. — GILSON (Bernard) : *La découverte du régime présidentiel.* 1968.
Tome 35. — VASAK (Karel) : *La Commission interaméricaine des Droits de l'Homme.* 1968.
Tome 36. — BEDOUELLE (Guy) : *L'Église d'Angleterre et la société politique contemporaine.* 1968.
Tome 37. — FERRIER (Jean-Pierre) : *La pensée politique de Constantin Pecqueur.* 1969.
Tome 38. — MARICHY (Jean-Pierre) : *La Deuxième Chambre dans la vie politique française depuis 1875.* 1969.
Tome 39. — VOISSET (Michèle) : *L'article 16 de la Constitution du 4 octobre 1958.* 1969.
Tome 40. — JEGOUZO (Yves) : *L'élaboration de la politique de développement dans l'Europe communautaire.* 1970.
Tome 41. — ZILEMENOS (Constantin) : *Droit de la presse hellénique.* 1970.
Tome 42. — CORM (Georges-G.) : *Contribution à l'étude des sociétés multiconfessionnelles.* 1971.
Tome 43. — GANZIN (Michel) : *La pensée politique d'Edmond Burke.* 1972.
Tome 44. — EL KOSHERI MAHFOUZ : *Socialisme et pouvoir en Égypte.* 1972.
Tome 45. — CLAISSE (Alain) : *Le Premier ministre de la Ve République.* 1972.
Tome 46. — MORAND (Jacqueline) : *Les idées politiques de Louis-Ferdinand Céline.* Épuisé.
Tome 47. — VIALLE (Pierre) : *La Cour suprême et la représentation politique aux États-Unis.* 1972.
Tome 48. — TROPER (Michel) : *La séparation des pouvoirs et l'histoire constitutionnelle française.* 1973.
Tome 49. — DEBRÉ (Jean-Louis) : *Les idées constitutionnelles du général de Gaulle.* 1974. Épuisé.
Tome 50. — CHIROUX (René) : *L'extrême-droite sous la Ve République.* Épuisé.

Tome 78. — BASRI (Driss) : *30 années de vie constitutionnelle au Maroc.* 1993.
Tome 79. — BARBOSA GOMÈS (Joaquim) : *La Cour Suprême dans le système politique brésilien.* 1994.
Tome 80. — ESPLUGAS (Pierre) : *Conseil constitutionnel et service public,* 1994.
Tome 81. — BLANQUER (Jean-Michel) : *Les méthodes du juge constitutionnel,* à paraître.
Tome 82. — BRANCHET (Bernard) : *Contribution à l'étude de la Constitution de 1958 : Le contreseing et le régime politique de la Ve République,* 1996.
Tome 83. — MARTIN (Arnaud) : *Le président des Assemblées parlementaires sous la Ve République,* 1996.
Tome 84. — LE GALL (Jacques) : *Les institutions de la Ve République à l'épreuve de l'alternance : la présidence de François Mitterrand,* 1997.
Tome 85. — FOURTEAU (Henri) : *L'application de l'article 3 de la Convention européenne des droits de l'homme dans le droit interne des États membres,* 1996.
Tome 86. — CALVÈS (Gwénaële) : *L'*affirmative action *dans la jurisprudence de la Cour suprême des États-Unis,* 1998.
Tome 87. — CAPITANT (David) : *Les effets juridiques des droits fondamentaux en Allemagne.* A paraître.
Tome 88. — DE POULPIQUET (Valérie) : *Le territoire chinois,* 1998.
Tome 89. — CHEVALIER (François) : *Le sénateur français (1875-1995),* 1998.
Tome 90. — MOURTADA-SABBAH (Nada) : *Le privilège de l'Exécutif aux États-Unis.* 1999.
Tome 91. — FAUPIN (Hervé) : *Le contrôle du financement de la vie politique, partis et campagnes,* 1998.
Tome 92. — VIALA (Alexandre) : *Les réserves d'interprétation dans la jurisprudence du Conseil constitutionnel,* 1999.
Tome 93. — JAN (Pascal) : *La saisine du Conseil constitutionnel,* 1999.
Tome 94. — BONDUELLE (Alexandre) : *Le pouvoir d'arbitrage du Premier ministre sous la Ve République,* 1999.
Tome 95. — CLÉMENT (Jean-Paul) : *Aux sources du libéralisme français : Boissy d'Anglas, Daunou, Lanjuinais,* 2000.
Tome 96. — TOURARD (Hélène) : *L'internationalisation des constitutions nationales,* 2000.
Tome 97. — BARBAROUSSIS (Nicolas) : *La fonction régulatrice du président de la troisième République hellénique,* 2000.
Tome 98. — RUEDA (Frédérique) : *Le contrôle de l'activité du Pouvoir exécutif par le Juge constitutionnel. Les exemples français, allemand et espagnol,* 2000.

Impression et façonnage par
IMPRIMERIE
FRANCE QUERCY
CAHORS

N° d'impression : 00648 FF
Dépôt légal : mars 2000

L.G.D.J.-E.J.A.
N° éditeur : 3344